**Horst Schmidt · Puten
Perlhühner
Gänse
Enten**

Horst Schmidt

Puten
Perlhühner
Gänse
Enten

134 Farbfotos
40 Schwarz-Weiß-Abbildungen

NEUMANN - NEUDAMM

CIP-Titelaufnahme der Deutschen Bibliothek

Schmidt, Horst:
Puten, Perlhühner, Gänse, Enten / Horst Schmidt. –
Melsungen: Neumann-Neudamm, 1989
  (Handbuch Rasse- und Ziergeflügel; 1)
  ISBN 3-7888-0575-7
NE: GT

© 1989 Verlag J. Neumann-Neudamm GmbH & Co. KG
Mühlenstraße 9, 3508 Melsungen

Printed in Germany

Titelgestaltung: Philipp Schneider unter Verwendung von 4 Dias
                 von Josef Wolters

Reprotechnik: Fa. Elnain GmbH, 6200 Wiesbaden

Gesamtherstellung: Werbedruck Horst Schreckhase GmbH, 3509 Spangenberg

Schrift: 9/10 Punkt Times roman
Papier: 90 g Primaset
Verarbeitung: Fadenheftung, Deckenband
Umschlag: Pappband, Polylein

Druck: Heidelberger VP 102

Inhaltsverzeichnis

Enten

Zum Geleit

Das vorliegende Buch ist in Text und Bild nicht nur für die Mitglieder des Sondervereins der Entenzüchter Deutschlands und ihre Freunde in Europa und Übersee, sondern für alle Vogel- und Naturfreunde ein äußerst wertvolles Dokument. Alle zur Zeit in Deutschland anerkannten Entenrassen und viele früheren, ausländischen und selten gewordenen Rassen sind in vortrefflicher Weise beschrieben und durch meisterhafte Fotografien dargestellt. Dem Autor des Buches, meinem Freund Horst Schmidt, und dem Tierfotograf Josef Wolters dazu auch stellvertretend im Namen der Vorsitzenden der Sondervereine der Puten-, Perlhuhn- und Gänsezüchter meinen herzlichen Glückwunsch und tiefe Anerkennung.

Die deutschsprachige Rassegeflügel-Literatur, ja, die Tierbücher der Welt haben damit eine einzigartige Bereicherung erfahren. Der Leser spürt aus dem Text und den Abbildungen etwas von der Faszination und Liebe zum Tier, die die beiden Zuchtfreunde bei ihrer aufwendigen und mühevollen Arbeit geleitet haben.

Neben der offiziellen Musterbeschreibung für unsere Entenrassen stellt das vorliegende Werk einen ausgezeichneten Leitfaden und ein hilfreiches Nachschlagebuch für die Hand des aktiven Züchters und Preisrichters dar. Aber auch der Landwirt, der Kleintierhalter, der Tierarzt, der Student und Haustierforscher findet eine sachliche und doch lebendige Quelle wertvoller Informationen, die unser Hausgeflügel als lebendes Kulturgut würdigt und ehrenvoll präsentiert.

Formen und Farben, Zeichnungen und Federstrukturen, Züchtungskunst und Achtung vor dem Geschöpf sind vereint in lebendiger Sprache und gefühlvollem Bildausdruck. Damit haben Horst Schmidt und Josef Wolters nicht nur der deutschen Rassegeflügelzucht, sondern auch allen ökologisch bewußten Menschen einen Dienst erwiesen, für den ich hiermit im Namen des Sondervereins der Entenzüchter Deutschlands herzlichen Dank aussprechen möchte.

Ich wünsche dem Buch eine ihm zustehende Verbreitung und bin sicher, daß es im Reigen der bedeutenden Geflügelliteratur einen ehrenvollen Platz einnehmen wird.

Rudi Kurz †
1. Vors. des Sondervereins der Entenzüchter Deutschlands
Alsfeld-Altenburg, im September 1987

Vorwort

Domestizierte Puten, Perlhühner, Gänse und Enten sind seit altersher Wegbegleiter der menschlichen Kulturentwicklung. Ihre Bedeutung als Kultvögel war in der Anfangszeit größer als ihr Nutzen durch Fleisch, Eier und Federn. Seit über 100 Jahren erfreut sich der Mensch am Groß- und Wassergeflügel im Ausstellungswesen. Nicht zuletzt gewinnen diese Vögel im Zeitalter zunehmenden ökologischen Bewußtseins als Park- und Ziergeflügel steigende Beachtung. Besonders die wilden Stammformen und die verwandten Arten, denen ein eigenes Handbuch in dieser Reihe vorbehalten bleiben soll, können dem weithin naturentfremdeten Menschen der Gegenwart die wunderbaren Vorgänge und Zusammenhänge der Natur wieder neu erschließen.

Im vorliegenden Band werden erstmals in der Geschichte der Geflügelliteratur alle Arten und Rassen nach dem neuesten Stand der Rasseentwicklung in Text und Farbfotografien dargestellt. Zum Erkennen und Verstehen der heutigen Zuchtformen und Farbenschläge sind genaue Kenntnisse aus dem Freileben der wilden Ahnen unseres Großgeflügels genauso wichtig wie Einblicke in die Kulturgeschichte von den frühesten Anfängen bis in unsere heutige Zeit. Nicht zuletzt sollen ausgestorbene und selten gewordene Rassen, deren Genmaterial die Grundlage für den heute erreichten hohen Stand der Wirtschaftlichkeit und Schauattraktivität des Großgeflügels darstellt, gewürdigt werden.

Zur verantwortungsvollen Geflügelhaltung und -zucht sind erfahrungsbezogene und wissenschaftlich abgesicherte Informationen gleichermaßen unentbehrlich. Harmonie und Ästhetik der Formen und Farben, der Zeichnungen und Federstrukturen befriedigen das Bedürfnis des Menschen nach der Betrachtung des Schönen, des Echten, des Natürlichen.

Wenn auch das lebende Tier in dieser Hinsicht die direkte Quelle, besonders in seinen Bewegungen und arttypischen Verhaltensweisen, darstellt, so können doch meisterhafte Farbfotos den ästhetischen Wert widerspiegeln. Dafür gebührt dem Tierfotograf Josef Wolters herzlicher Dank. Weiterhin möchte ich den Vorsitzenden der Sondervereine, die durch sachkundigen Rat wesentlich zum Gelingen dieses Buches beigetragen haben, ebenso herzlich danken wie den zahlreichen Züchtern und Preisrichterkollegen, deren freundliche Beratung ich erfahren durfte. Nicht zuletzt gilt mein Dank den verständnisvollen Mitarbeitern des Verlages Neumann-Neudamm und ganz besonders meiner Frau für die mühevolle Arbeit der Manuskriptkorrektur.

Dieses Buch ist in erster Linie für die Rassegeflügel-Züchter bestimmt, die sich in ihrer Freizeit der Erhaltung und Förderung der hier dargestellten Arten und Rassen widmen. Möge ihnen Text und Bild Hilfe und Ansporn sein zur artgerechten Pflege und zum friedlichen Wettstreit auf den Ausstellungen. Allen Freunden der Natur im allgemeinen und den Vogelbegeisterten im besonderen soll das Werk weitere Türen aufschließen zum Verständnis und zur Wertschätzung unserer Gefiederten.

Schließlich wendet sich mein Werk auch an Studierende, Tierärzte und Landwirte, wenngleich die wirtschaftliche Nutzung des Groß- und Wassergeflügels nicht vordergründig, sondern nur im Zusammenhang mit den Besonderheiten der einzelnen Rassen behandelt wird.

Ganz bewußt sind zahlreiche Zitate aus älterer Fachliteratur aufgenommen worden, um zeitgeschichtliche Informationen und Ausdrucksweisen der Experten zu dokumentieren. Dabei handelt es sich teilweise auch um Aussagen in Jahrgängen der Gründerzeit der im Literaturverzeichnis genannten Fachzeitschriften, die nicht einzeln nachgewiesen werden.

Die Kraft und die Freude, die in dieses Buch eingeflossen sind, verdanken wir letztlich unseren gefiederten Mitgeschöpfen.

Schwalmstadt, im Frühjahr 1989

Horst Schmidt

Die wilden Stammformen

Truthühner

Nach der neuesten zoologischen Systematik von H. E. Wolters (1982) „Die Vogelarten der Erde" stehen wilde Truthühner in der Ordnung Hühnervögel *(Galliformes)*, in der Unterordnung Eigentliche Hühnervögel *(Galli)*, *in der Familie Hühner (Phasianidae)*, in der Unterfamilie Truthühner *(Meleagridinae)*, in der Gattung *Meleagris*, Linné 1758.

Im Unterschied zur früheren Systematik ordnet Wolters die zuvor eigenständig geführte Gattung Pfauentruthuhn, *Agriocharis ocellata*, Cuvier 1820, als *Meleagris ocellata* der Gattung *Meleagris* zu. Raethel unterscheidet 1988 noch das Bronze-Truthuhn *(Meleagris gallopavo)* vom Pfauentruthuhn *(Agriochavis ocellata)*. Da das Pfauentruthuhn für die Domestikation der Pute nicht in Betracht kommt, sei es hier nur der systematischen Ergänzung halber erwähnt.

Als Unterarten von *Meleagris gallopavo* gelten:

Ostamerikanisches Truthuhn, *M. g. silvestris*, Vieillot 1817,
Engl.: Eastern Wild Trukey
Florida-Truthuhn, *M. g. osceola*, Scott 1890,
Engl.: Florida Turkey
Rio-Grande-Truthuhn, *M. g. intermedia*, Sennett 1879,
Engl.: Rio Grande Turkey
Merriam-Truthuhn, *M. g. merriami*, Nelson 1900,
Engl.: Merriam's Turkey
Südmexikanisches Truthuhn, *M. g. gallopavo*, Linné 1758,
Engl.: South Mexican Turkey
Gould-Truthuhn, *M. g. mexicana*, Gould 1856,
Engl.: Gould's Turkey
Moore-Truthuhn, *M. g. onusta*, Moore 1938,
Engl.: Moore's Turkey

Wildtruthühner sind sehr große Hühnervögel mit schlanker Gestalt und relativ hohen Läufen. Auffallend ist ihr glanzreiches Gefieder und die nackte, rot und blau gefärbte Haut an Kopf und Hals mit Hautfalten und Warzen, die beim Hahn stärker entwickelt sind und in der Erregung anschwellen können. Ein zapfenförmiger, dehnbarer, fleischiger Auswuchs sitzt an der Oberschnabelhaut in Stirnnähe. Ein Büschel aus langen, groben Haaren ragt aus dem Brustgefieder des Hahnes heraus. Der Lauf des Hahnes trägt einen langen Sporn, die Henne ist deutlich schwächer gespornt. Der Schwanz trägt 18 Federn, deren Ende gerundet ist und wie abgeschnitten wirkt. Der Hahn richtet diese Schwanzfedern bei der Balz zu einem Rad auf. Die Mauser der Schwanzfeder verläuft von außen nach innen (zentripedal).

Im Verhältnis zum großen Körper wirken Kopf und Schnabel klein und kurz. Die Henne ist kleiner als der Hahn und unscheinbarer gefärbt.

In Oligozän-Ablagerungen Nordamerikas wurden 7 fossile Truthuhn-Typen gefunden, was auf den rein amerikanischen Ursprung dieser Hühnervögel hinweist. Die Unterarten der Gattung *Meleagris* sind:

Das ostamerikanische Truthuhn, *Meleagris gallopavo silvestris* Engl.: Eastern Turkey

Vorkommen. Östliches Nordamerika von Süd-Maine, Süd-Ontario, Nord-New-York, Süd-Michigan, Süd-Wisconsin, Ost-Minnesota, Iowa, südöstliches Süd-Dakota, Nebraska, Kansas. Weiter südlich in Neu-England, New York, New Yersey, Pennsylvania, Maryland, Virginia, West-Virginia, Georgia bis Nordwest-Florida; in weiten Teilen von Ohio, Indiana, Illinois, Ost-Kentucky, Missouri. Östlich in Arkansas, Oklahoma, Ost-Texas, nordöstliches Neu-Mexiko, Golfküste. Diese Angaben beziehen sich auf die frühere Verbreitung. In neuerer Zeit ist das Ostamerikanische Truthuhn in großen Teilen der genannten

Gebiete ausgerottet, nicht selten auch mit Hausputen gekreuzt.

Beschreibung. Nackte Kopfhaut des Hahnes veilchenblau, Wangengegend etwas dunkler; unbefiederte Halshaut purpurfarben. Der Fleischzapfen kann in der Erregung 5 bis 6 cm über den Schnabel hinausragen. Faltige, schlaffe Haut am Hals färbt sich in der Erregung rot. Fleischwarzen auf Kopf und Oberhals, dort zwischen den Hautgebilden haarartige Borstenfederchen.

Grundfarbe des Gefieders dunkelbraun, schillert je nach Lichteinfall kupferbronzefarben, metallisch rot oder grün. Rücken-, Brust-, Körperseiten- und Flankenfedern tragen scharf abgesetzte, samtschwarze Endsäume. Unterrücken und Bürzel deutlich breiter schwarz gesäumt, ohne Bronzeschimmer, breites, nach oben hin schmal grünlich begrenztes Band, vor dem schwarzen Endsaum gelegen. Rücken- und Schultergefieder sowie kleine Flügeldecken grünlich. Oberschwanzdecken dunkel kastanienbraun, mit schmalem, samtschwarzem Band vor dem Endsaum, davor ein breites metallisch rötlichbronzefarbenes Band, zur Federbasis begrenzt von einem breiten, samtigen, grünlichschwarzen Band. Die übrigen Federstellen sind trübrötlich bis zimtbraun mit schmaler schwarzer Band-, Wellen- und Sprenkelzeichnung. Die Schwanzfedern sind rötlichbraun, breit schwarz gebändert und tragen vor dem Endsaum ein breites stumpfschwarzes Band, das nach den letzten Schwanzfedern hin wellenförmig wird. Starker Bronzeglanz auf den großen Flügeldecken mit weinrotbrauner Farbe auf den Außenfahnen, Innenfahnen schwarze Bänderung und schmale, schmutzigisabellfarbene Endsäumung. Regelmäßige weiße Querbänderung auf den nelkenbraunen Handschwingen, durchgezeichnet bis zum Schaft. Die Innenfahnen der sonst ähnlichen Armschwingen stark zimtbraun verwaschen und heller grau-oliv. Die borstenartigen Brusthaare sind fast schwarz. Mehr dunkelgrau sind Unterbauch- und Afterbefiederung mit gräulichisabellfarbener Querbänderung. Unterschwanzdecken tragen samtschwarze Endsäume.

Die Iriden sind dunkelbraun, die Schnabelwurzel orangefarbig, Schnabelspitze gelb, Läufe und Zehen purpurrot.

Maße des Hahnes: Flügel 480 bis 550 mm; Schwanz 370 bis 330 mm; Gewicht 6800 bis 8100 g.

Das Gefieder der deutlich kleineren Hennen ist mehr bräunlich gefärbt mit viel weniger Glanz. Brust-, Flanken- und Seitengefieder nicht wie beim Puter schwärzlich, sondern braun gesäumt. Der Hals ist stärker mit kleinen borstigen Federchen besetzt.

Maße der Henne: Flügel 382 bis 438 mm; Schwanz 306 bis 345 mm; Gewicht 4100 g.

Die Dunenküken des Ostamerikanischen Truthuhnes zeigen rötlichzimtbraunen Oberkopf, etwas heller auf dem Rücken, hellzimtbraune Farbe auf Brust und Flanken. Dunkle Flecken auf Scheitel und Oberseite, hellrötlichisabellfarben bis elfenbeingelb auf Kopf- und Unterseiten. Kinn und Kehle weißlich, Bauchdunen strohgelb.

Eifarbe: hellockerisabellfarben oder hellrötlichisabellfarben, auch isabellweißlich, gezeichnet mit feinen rötlichisabellfarbenen Pünktchen und Flecken; glattschalig, fast glanzlos. Gelegestärke 8 bis 15; Gewicht 65 bis 75 g; Maße 62,6 mm x 44,6 mm.

Das Florida-Truthuhn
Meleagris gallopavo osceola
Engl.: Florida Turkey

Vorkommen. Nord-Florida bis Gainsville.

Beschreibung. Unterscheidet sich von *M. g. silvestris* durch die schmaleren weißen Querbinden im Verhältnis zu den dunklen Zwischenräumen auf den Schwingen. Die Zeichnung geht nicht bis zum Schaft. Der metallische Gefiederglanz ist mehr rot und grün als bronzefarbig; die Oberschwanzdecken und Schwanzfedern sind heller rotbraun gesäumt.

Maße des Hahnes: Flügel 430 bis 487 mm; Schwanz 345 bis 390 mm.
Maße der Henne: Flügel 354 bis 390 mm; Schwanz 268 bis 304 mm.

Das Rio-Grande-Truthuhn
Meleagris gallopavo intermedia
Engl.: Rio Grande Turkey

Vorkommen. Mittel-Texas, Mexiko (Tamaulipas, Nuevo León, nordwestliches Coahuila, südöstliches San Luis Potosi).

Beschreibung. Endbinden der Oberschwanzdecken und Schwanzfedern heller als bei *M. g. silvestris*. Bürzel und Unterrücken fast einfarbig schwarz-glänzend, blaugrüner Schimmer vor den Federenden.

Maße des Hahnes: Flügel 462 bis 468 mm; Schwanz 346 bis 385 mm.
Maße der Henne: Flügel 385 bis 405 mm; Schwanz 277 bis 302 mm.

Das Merriam-Truthuhn
Meleagris gallopavo merriami
Engl.: Merriam's Turkey

Vorkommen. Mittel- und Südwest-Colorado, Neu-Mexiko, Arizona, Südwest-Texas (Guadelupe), bewohnt vorwiegend gebirgige Gegenden.

Beschreibung. Bürzel, Unterschwanzdecken und Schwanz hellrötlichisabellfarbene Endsäume, noch heller als bei *M. g. intermedia*. Rostbräunliche Federenden an Flanken und Unterschwanzdecken.

Maße des Hahnes: Flügel 502 bis 524 mm; Schwanz 373 bis 427 mm.
Maße der Henne: Flügel 400 bis 463 mm; Schwanz 325 bis 360 mm.

Das südmexikanische Truthuhn
Meleagris gallopavo gallopavo
Engl.: South Mexican Turkey

Vorkommen. Veracruz (bis Michoacán, Oaxaca).

Beschreibung. Unterscheidet sich von der vorhergehenden Unterart durch starken Metallglanz auf der Oberseite mit mehr grünlichem und rötlichgoldenem als purbronzefarbigem Schimmer. Die Endsäume an Bürzel, Oberschwanzdecken, Flanken und Unterschwanzdecken sind breit hellrötlichisabellfarben, an den Schwanzfedern fast weiß. Im Unterschied zu *M. g. silvestris* ist das schwarze Band noch dunkler und breiter. Die Steuerfedern tragen seitlich grünblauen Metallglanz.

Maße des Hahnes: Flügel 465 bis 513 mm; Schwanz 345 bis 400 mm.
Maße der Henne: Flügel 396 bis 416 mm; Schwanz 311 bis 323 mm.

Das Gould-Truthuhn
Meleagris gallopavo mexicana
Engl.: Gould's Turkey

Vorkommen. Chihuahua bis Durangeo und Nord-Jalisko (östlich der Cordillere).

Beschreibung. Weniger stark glänzend, mehr purpurbronzefarbene Oberrückenfedern als *M. g. gallopavo*. Außerdem ist der Unterrücken mehr kupfrig bis goldgrün schimmernd, statt blaugrün.

Maße des Hahnes: Flügel 465 bis 545 mm; Schwanz 363 bis 437 mm.
Maße der Henne: Flügel 402 bis 436 mm; Schwanz 318 bis 362 mm.

Das Moore-Truthuhn
Maleagris gallopavo onusta
Engl.: Moore's Turkey

Vorkommen. Nordwest-Mexiko (westliche Abhänge der Sierra Madre), Sonora, Chiahuahua, Durango.

Beschreibung. Fast identisch mit *M. g. merriami*; Unterschiede: Oberschwanzdecken und Schwanzfedern weiß, statt isabellfarben gesäumt; Binden auf der Schwanzunterseite mehr grau als rötlich.

Maße des Hahnes: Flügel 505 mm; Schwanz 421 mm.
Maße der Henne: Flügel 417 bis 448 mm; Schwanz 331 bis 347 mm.

Wildputen im Freileben

Typische Wildputen-Biotope sind durch lichtungsreiche, von Flußläufen durchzogene Waldungen gekennzeichnet, die den schweren Vögeln abwechslungsreiche Nahrungsmöglichkeiten, Äsungs- und Balzraum, aber auch genügend Deckung zur Brut und Jungenaufzucht bieten.

Nach den Freilandbeobachtungen des Naturforschers J. J. Audobon (1785 bis 1851) wechseln die eindrucksvollen Vögel oft ihre Weideplätze; bei Gefahr versuchen sie eher durch rasches Laufen als durch Fliegen zu entkommen. Im Unterholz und auf Waldlichtungen finden sie ihre vegetarische und animalische Nahrung. Zur Zeit der Eichelreife unternehmen die Truthühner große Wanderungen. In dieser Zeit wurden sie früher von den Eingeborenen und werden heute noch stellenweise Wildputen von lizensierten Jägern erlegt; daher wird diese Jahreszeit als „Trutenmonat" bezeichnet. Flüsse und Seen, die ihnen bei der Wanderung den Weg versperren, überqueren die großen Vögel nur höchst ungern. Allerdings können sie auch gut fliegen. Mit Leichtigkeit erheben sie sich in einem Winkel von 30° bis in Baumkronenhöhe. Mit nur wenigen Flügelschlägen sind sie in der Lage, bis zu 400 m weit fliegend zu überwinden.

1,1 Wildputen *(Meleagris gallopavo silvestris)*

Genaue Analysen haben ergeben, daß Puten 354 Pflanzen und 313 Kleintierarten als Nahrung aufnehmen. Neben Eicheln besteht im Herbst die Nahrung größtenteils aus Bucheckern, Kastanien, Hockory- und Pekanüssen. Mit dieser Nahrung legen sich die Vögel eine Energiereserve für den Winter in Form eines Fettpolsters an. Bei starkem Schneefall und Frost sind sie fast völlig auf diese Fettreserven und die zusätzliche Aufnahme von Baumknospen angewiesen. In dieser Zeit kommen sie auf ihrer Nahrungssuche auch häufig in die Nähe menschlicher Siedlungen und werden dort oft erlegt.

Die Hähne bilden keine festen Reviere, sammeln aber zu Beginn der Balzzeit möglichst viele Hennen um sich und vertreiben Rivalen, mit denen sie zuvor in den Wintermonaten zusammenlebten.

„Nähere Untersuchungen über die Balzhandlungen hat O. Heinroth im Berliner Zoo angestellt. Danach balzt der Puter auch allein, besonders aber, wenn Hennen in der Nähe sind. Plötzlich trennt sich eine Pute von ihren Genossinnen und umtanzt den balzenden Puter in eigentümlichen Sprüngen, dabei auch mit den Flügeln schlagend, bis sie sich schließlich in kurzer Entfernung vor ihm hinlegt. Der Hahn kommt, immer noch radschlagend, auf sie zu, besteigt in aufrechter Haltung ihren Rücken und trampelt nun eine ganze Weile auf ihrer Hüftgegend herum, so daß man glauben möchte, er müsse sie schwer beschädigen, was auch tatsächlich häufig vorkommt. Während des Trampelns geht der Schwanz der Henne allmählich nach oben, bis schließlich, indem sich der Hahn nun auch auf die Fersen niederläßt, die Kopulation erfolgt, worauf die Tiere auseinandergehen" (Wissel, Stefani, Raethel, 1966).

Im April hat dann die Henne ihr Gelege voll, das sie gut getarnt im Unterholz in einer flachen, mit Blättern ausgelegten Mulde hergerichtet hat. Übrigens können Kämpfe in der Balzzeit für manche Hähne tödlich ausgehen. Die wehrhaften Vögel, die polygam leben, führen die Kämpfe mit „leidenschaftlicher Erbitterung" (Doll, 1982), was sicher eine etwas problematische, d. h. vermenschlichende Formulierung ist. Die polygame Struktur der Fortpflanzungsgemeinschaft funktioniert dadurch, daß die Henne den von ihr bevorzugten Hahn zur Paarung zuläßt.

Das Gelege, bestehend aus 8 bis 10 Eiern, in Ausnahmefällen bis zu 20, wird 28 Tage bebrütet. Es sind schon Nester gefunden worden, in denen 3 Wildputen zusammen auf 42 Eiern brüteten.

Die Schale ist auf hellbraunem Grund dunkelbraun gefleckt. Bei den nördlichen Unterarten sind die Eier gelbbräunlich und gelbbraun gefleckt. Geht die Henne auf Nahrungssuche, bedeckt sie die Eier sorgfältig mit Blättern. Der Hahn wird während der Brut durch aggressives Verhalten der Henne vom Gelege und den Jungtieren ferngehalten, denn er könnte ihnen gefährlich werden. Sehr oft brüten Hennen in unmittelbarer Nachbarschaft und üben eine Art Wach- und Sicherungsdienst aus, denn die Freßfeinde für Eier und Jungvögel sind zahlreich.

Sind die Küken geschlüpft, werden sie zunächst etwa 2 Tage im Nest gehudert und gehen erst im Alter von 14 Tagen stundenweise mit der Pute auf Nahrungssuche. Jetzt verzehrt die Familie in größeren Mengen Wildkirschen, Erdbeeren, Weintrauben, Kaktusfrüchte, Weizen, Mais, Hafer, den Samen des Springkrauts, junge Gräser und Triebe, Insekten, Spinnen und besonders Heuschrecken. Nach 2 bis 3 Wochen übernachten die Jungen schon mit ihrer Mutter im Geäst der Bäume. Im nächsten Herbst bilden die Wildputen dann wieder größere Gesellschaften, wobei aber die Mutterputen mit ihrem Nachwuchs und die Hähnegesellschaft getrennte Schwärme bilden. In diesen Formationen können sie besser die Schwierigkeiten des Winters überstehen. Jungputen leiden stark unter Nässe und gehen nicht selten in regenstarken Spätsommermonaten ein.

In der Zeit der Bejagung sind Wildputen besonders scheu; sie können im Fluchtlauf eine Geschwindigkeit von 24 und mehr Stundenkilometern erreichen. Audobon konnte Wildputen nicht erreichen, obwohl er sie mit dem Pferd mehrere Stunden lang verfolgte.

Einbürgerungsversuche mit Wildputen sind in Europa mehrfach versucht worden. Seit 1871 bezogen deutsche, österreichische und ungarische Großgrundbesitzer Wildfänge aus den USA und wollten die Vögel in großen Auwaldungen heimisch machen. Vor allem Graf August Beunner-Enkevoirth setzte immer wieder nordamerikanische Bronze-Truthühner in den Forsten von Grafenegg in Nieder-Österreich aus. 1880 erhielt der Graf einen größeren Import durch die Tierhandelsfirma Ruhe in Alfeld. Graf Forgach in Ghymes hatte ihn unterstützt, nachdem der Ornithologe Xantus zu solchen Versuchen geraten hatte. Anfangs gab es große Schwierigkeiten, doch schon ein Jahr später hatte sich der Bestand verdreifacht. Im Herbst 1883 waren es schon 74 Truthühner und wiederum ein Jahr später etwa 200 Exemplare. Nach Mitteilungen von B. Dürigen (1890), der vom Grafen Breunner im Jahre 1884 einen ausführlichen Bericht erhielt, kann wegen des dokumentarischen Wertes das Originalschreiben des Österreichers zitiert werden:

„Vor mehreren Jahren kam mir die Idee, Wildputer einzuführen. Ein Freund, Graf Forgach in Ghymes, wurde durch Herrn Xantus, der als Forscher und Reisender den Lesern bekannt sein dürfte, ebenfalls zu dem Versuch angeregt. Ich ließ nun 6 der 30 Stück durch die Firma Reiche-Alfeld (muß es nicht richtig heißen Ruhe-Alfeld? – Anmerkung des Verf.) aus Amerika kommen. Zuerst wurden im Walde für die Puter Volieren gebaut und das Frühjahr abgewartet. Das Resultat war bei mir und bei ihm ein gleiches: die Vögel balzten nicht und legten unbefruchtete Eier, der Raum war also für sie zu klein. Das meinen Putern zur Verfügung stehende Gebiet war Ebene mit kleinen Auen, dazwischen Felder, am Granfluß, das für die meines Freundes großer zusammenhängender Eichen- und Buchenwald mit schmalen Wiesen im Mittelgebirge, beides in Ungarn. Wir jagten nun unsere Vögel ins Freie: seine wurden nach zwei Tagen auf einem Weidenbaum am Neutralfluß, ungefähr 6 Meilen vom Gebirge, aufgebäumt gesehen und dann nie wieder; meine blieben am Ort, vermehrten sich, der Bestand litt jedoch durch schändliches Getier und insonderheit durch Diebe, da leider an den Auen ein sehr belebter Fußweg hinführt. Trotzdem hatte ich schon einige 30 Stück, als die Felder von Mäusefraß heimgesucht wurden. Zur Beseitigung der Plage wendete man Arsenik an, die Puter kamen jedoch auch darüber und gingen bis auf einen Hahn sämtlich ein. So stand die Sache im Jahre 1881.

Ich hatte die Überzeugung gewonnen, daß die Vögel das Klima der niederösterreichischen und ungarischen Ebene vollkommen vertragen, daß sie der Ebene und nicht dem Gebirge angehören und daß sie an Flüssen gelegene Auen, der größeren Menge der Insekten wegen, jedem anderen Terrain vorziehen. Da ich hier in Niederösterreich an der Donau Auen im Ausmaße von etwa 14000 Morgen besitze, zwi-

schen denen ein Komplex von 5000 und ein anderer von nicht ganz 2000 Morgen liegen, die guten Freunden von mir gehören, so beschloß ich, nun hier den Versuch zu erneuern.

Ich ließ mir im Herbst 1881 6 Stück Puter kommen, welche ich auf einer etwa 800 Morgen großen, gänzlich unbewohnten Insel der Donau in einen mit Drahtgitter umfriedigten, sonst ganz offenen Futterraum einsetzte, nach Eintritt des Winters jedoch ganz frei ließ. Das Resultat war, daß der Stand im Frühjahr 1883 auf 18 Stück gewachsen war. Im Herbst 1883 waren es 74 geworden, und jetzt (Ende 1884) dürften etwa 200 die Auen bevölkern. Sie besuchen die an der Aue gelegenen Felder gar nicht, wandern aber im Frühjahr furchtbar herum, bis sie ihre Brutstätten aufgesucht haben, worauf die Hähne, in Ketten vereinigt, sich einen Ort für den Sommer wählen. Sie sind sehr dumm, stehen sehr ungern auf, streichen aber dann ziemlich weit fort, laufen schnell und gleich weit weg. Das Wildbret ist sehr gut und saftig, weit besser als das der Hausputen. Ich habe die Überzeugung, daß sie in den süddeutschen Auen, wo das Terrain für die Wanderungen des großen Vogels groß genug ist, vollkommen gedeihen dürften; in kleineren Gebieten sind sie der Wanderlust wegen nicht zu halten, und sie würden hier bald aufgerieben werden."

Im Jahre 1885 sollen in den genannten Gebieten schon 400 bis 500 Wildputen gelebt haben. Die Zucht wurde von dem Herzog von Ratibor weiter gepflegt. In Norddeutschland haben die Herren von Hohmeyer auf Ranzin und Murchin sowie Ph. v. Nathusius Wildputen eingebürgert.

In europäischen Tiergärten wurde fast immer nur die Unterart *M. g. silvestris* gehalten. Im Berliner Zoo sind Ostamerikanische Wildputen seit 1874 vertreten. Im Jahre 1891 pflegte dieser Zoo aber auch ein Paar „Westliche Wildputen", wahrscheinlich *M. g. mexicana*, das im darauffolgenden Jahr auch Junge erbrütete.

Die Haltung und Zucht von Wildputen bereitet keine besonderen Schwierigkeiten, wenn sie abwechslungsreich gefüttert werden und ihnen eine große Voliere, besser noch ein Parkgelände zum Freilauf zur Verfügung steht. Park- und Ziergeflügelzüchtern ist im Interesse der Erhaltung der Artenreinheit anzuraten, bei Importtieren von Kennern jeweils die genaue Unterart bestimmen zu lassen und diese möglichst rein weiter zu züchten. Mischlinge mit Hausputen sind ornithologisch wenig sinnvoll, auch solche mit dem Pfauentruthuhn, die wegen der nahen Artverwandtschaft sogar wieder fruchtbar sind, nicht.

Perlhühner

Wilde Perlhühner stehen in der zoologischen Systematik in der Ordnung Hühnervögel *(Galliformes)*, in der Unterordnung Eigentliche Hühnervögel *(Galli)*, in der Familie Fasanenartige *Phasianidae)*, in der Unterfamilie Perlhühner *(Numidinae)* und kommen in 4 Gattungen vor:

Agelastes − Waldperlhühner, Bonaparte 1849:

Schwarzes Waldperlhuhn, *A. niger,* Cassin 1857 (früher *Phasidus niger*),
Engl.: Black Guineafowl
Weißbrust-Waldperlhuhn; *A. meleagrides,* Bonaparte 1849,
Engl.: White-breastet Guineafowl

Guttera − Haubenperlhühner, Wagler 1832, Schlichthaubenperlhühner:

Westliches Schlichthaubenperlhuhn, *G. plumifera plumifera*, Cassin 1857,
Engl.: Cameroon Plumed Guineafowl
Östliches Schlichthaubenperlhuhn, *G. pl. schubotzi*, Reichenow 1912,
Engl.: Schubotz's Plumed Guineafowl

Guttera − Kräuselhaubenperlhühner:

Westafrikanisches Haubenperlhuhn, *G. edouardi verreauxi*, Elliot 1870,
Engl.: Western Crested Guineafowl
Sclater-Haubenperlhuhn, *G. ed. sclateri*, Reichenow 1908,
Engl.: Sclater's Crested Guineafowl
Seth-Smith-Haubenperlhuhn, *G. ed. sethsmithi*, Neumann 1908,
Engl.: Setg. Smith's Crested Guineafowl

Schouteden-Haubenperlhuhn, *G. ed. schoutedeni*, Chapin 1923,
Engl.: Schouteden's Crested Guineafowl
Chapin-Haubenperlhuhn, *G. ed. chapini*, Frade 1924,
Engl.: Chapin's Crested Guineafowl
White-Haubenperlhuhn, *G. ed. kathleenae*, White 1943,
Engl.: White's Crested Guineafowl
Grant-Haubenperlhuhn, *G. ed. granti*, Elliot 1871
Engl.: Grant's Crested Guineafowl
Malawi-Haubenperlhuhn, *G. ed. barbata*, Ghigi 1905,
Engl.: Malawi Crested Guineafowl
Sambesi-Haubenperlhuhn, *G. ed. edouardi*, Hartlaub 1867,
Engl.: Zambesi or Natal Crested Guineafowl
Pucheran-Haubenperlhuhn, *G. pucherani*, Hartlaub 1860,
Engl.: Pucheran's Crestede Guineafowl

Numida − Helmperlhühner, Linné 1766:

Marokko-Helmperlhuhn, *N. meleagris sabyi*, Hartert 1919,
Engl.: Saby's Helmeted Guineafowl
Guinea-Helmperlhuhn, *N. m. galeata*, Pallas 1767,
Engl.: Common Helmedet Guineafowl
Gabun-Helmperlhuhn, *N. m. marchei*, Oustalet 1882,
Engl.: Gabon Helmeted Guineafowl
Strassen-Helmperlhuhn, *N. m. strasseni*, Reichenow 1911,
Engl.: Strassen's Helmeted Guineafowl
Uganda-Pinselperlhuhn, *N. m. major,* Hartlaub 1884,
Engl.: Uganda Tufted Guineafowl
Sudan-Pinselperlhuhn, *N. m. meleagris,* Linné 1758,
Engl.: Tufted Guineafowl
Somali-Pinselperlhuhn, *N. m. somaliensis,* Neumann 1899,
Engl.: Somali Tufted Guineafowl
Erlanger-Helmperlhuhn, *N. m. macroceros,* Erlanger 1904,
Engl.: Erlanger's Helmeted Guineafowl
Reichenow-Helmperlhuhn, *N. m. reichenowi*, Ogilvie-Grant 1894,

Engl.: Reichenow's Helmeted Guinea-
fowl
Sambesi-Helmperlhuhn, *N. m. mitrata*,
Pallas 1767,
Engl.: Zambesi Helmeted Guineafowl,
Madagascar Helmeted Guineafowl
Natal-Helmperlhuhn, *N. m. coronata*,
Gurney 1868,
Engl.: Natal Helmeted Guineafowl
Damara-Helmperlhuhn, *N. m. damaren-
sis*, Roberts 1917,
Engl.: Damara Helmeted Guineafowl
Kalahari-Helmperlhuhn, *N. m. papillosa*,
Reichenwo 1894,
Engl.: Kalahari Helmeted Guineafowl

**Acryllium – Geierperlhuhn, A. vul-
turinum**, Hardwicke 1834,
Engl.: Vulturine Guineafowl

Allen Perlhuhnarten sind gemeinsam die
relativ hohen, meist sporenlosen Läufe,
der leicht hakig gebogene Schnabel, die abgerundeten Flügel, meist kurzer, abwärts
gerichteter Schwanz, der fast völlig unbefiederte Kopf und Hals. Der Schwanz besteht bei Schwarzperlhuhn und Weißbrust-
perlhuhn aus 14, bei den anderen Gattungen aus 16 Federn. Das Helm- und Schlichthaubenperlhuhn trägt an jedem Schnaben-
winkel einen Hautlappen. Während *Agelastes* nicht die kennzeichnende Perlzeichnung besitzt, haben die übrigen Arten auf
dunkler Grundfarbe die typische helle Perlfleckung.
Perlhühner kommen als „afrikanische Charaktervögel" südlich der Sahara, mit Ausnahme einer in Westmarokko lebenden
Unterart des Helmperlhuhnes, vor. Durch
Einbürgerung gelangten Perlhühner schon
in antiken Zeiten auf Madagaskar und andere tropische Inseln.
Da als Stammformen für das Hausperlhuhn nur die Helmperlhühner in Frage
kommen, werden hier die anderen Gattungen und Arten zugunsten einer gründliche-
ren Schilderung der Kennzeichen und Lebensweise der Helmperlhühner nicht weiter dargestellt.
Die Arten der Gattung *Numida* sind charakterisiert durch den nackten Kopf und
Hals sowie ein mehr oder weniger stark
ausgebildetes knöchernes Horn auf dem
Oberschädel. An jedem Schnabelwinkel

hängt ein fleischiger Hautlappen. Die Pin-
selperlhühner tragen auf den Nasenlöchern ein borstiges Haarfederbüschel. Unterschiede der Geschlechter in der Färbung
gibt es nicht.

Das Guinea Helmperlhuhn, *N. m. ga-
leata*

Verbreitung. In westafrikanischen Steppen-
gebieten der nördlichen Saharagrenzen bis
nördlich des Tschadsees, südwärts bis zum
Sanagafluß in Kamerun; Kapverdische Inseln. *N. m. galeata* gilt als eigentliche
Stammform des Hausperlhuhns. Dieses
wurde auf den Westindischen Inseln
(Kuba, Jamaika, Haiti, Puerto Rico) und
auf St. Helena eingebürgert.

Beschreibung. Helm nur mittelhoch,
stumpf-ockerbraun. Schiefergrau sind
Stirn und Kopfseiten bis zum Zügel; Wangen, Ohrgegend und Seitenhals unbefiedert, bläulichweiß. Von gleicher Farbe die
großen rundlichen bis spitz ovalen Flei-
schlappen am oberen Schnabelwinkel, un-
terer Teil und Ränder scharlachrot bis zinnoberrot. Roter Streifen unter der dunkelro-
ten Nasenwachshaut. Braunschwarze
nackte Haut an Kinn, Kehle, Hinterhals
und Hinterkopf. Dünne, schräg aufwärts
gerichtete haarartige schwarze Federn ent-
lang des schwarzen Hinterkopfstreifens.
Oberbrust und obere Mantelfläche tragen
ein breites weinrötliches oder lilagraues
Halsband. Oberseite und Flügeldecken
schwarze Grundfarbe, schwach isabellfarben gewellt, dicht besetzt mit kleinen weißen, schwarz umsäumten perlförmigen
Flecken, die auf den Flügeln größer werden und von den isabellfarbenen Wellen-
mustern netzförmig umzogen sind. Der
graue Schwanz ist wie der Rücken dicht gefleckt. Die Handschwingen sind dicht und
schmal weiß quergebändert auf schwärzli-
chem Grund, die Armschwingen sind bedeckt mit parallel verlaufenden Streifen
aus weißen Flecken oder kurzen Querbinden. Die Außenfahnen sind eng wellenförmig gezeichnet. Die rundlichen Perlflecken
sind besonders scharf auf der Unterseite
auf schwarzer Grundfarbe ausgeprägt; ihre
Form ist größer als auf der Oberseite.

Der Schnabel hat rötliche Wurzel und helle Spitze; Läufe und Zehen sind dunkelgrau. Iriden dunkelbraun.
Maße des Hahnes: Flügel 250 bis 265 mm; Schwanz 130 bis 160 mm.
Die Hennen unterscheiden sich beim wilden Helmperlhuhn durch die etwas kleinere Form, nicht aber durch Farbe und Zeichnung. Flügel der Henne 238 bis 253 mm.
Dunenküken sind am Kopf braun und isabellfarben und tragen mehrere stark ausgeprägte schwarze Längsstreifen, der mittlere geht über den Scheitel hinweg und ist am breitesten. Die Oberseite ist isabellgelb mit dunkelbrauner und schwarzer Sprenkelung, die Unterseite ist isabellweiß, der Unterhals hellbraun.
Gelegestärke 12 bis 15 Eier, sehr dickschalig; Farbe einfarbig gelb oder dunkelisabellgelb oder hellbraun, tiefe Poren. Gewicht 45 g; Maße 50 bis 54 mm x 39 bis 41 mm.

Das Marokko-Helmperlhuhn, *N. m. marchei*

Verbreitung. West-Marokko, in früheren Zeiten über ganz Nordafrika verbreitet.

Beschreibung. Von der vorigen Art unterscheidbar durch längeres Kopfhorn, längere Borstenbüschel am Hinterkopf, dunklere Schwingen- und Schwanzfedern. Das lilagraue Halsband ist nur angedeutet. In der Form leicht größer.
Flügel 280 bis 282 mm.

Das Gabun-Helmperlhuhn, *N. m. marchei*

Verbreitung. Süd-Kamerun und Gabungebiet.

Beschreibung. Helm noch kleiner als bei *N. m. galeata* (oft kaum sichtbar); Kinnlappen kleiner, spitzer und vollständig rot gefärbt. Halsband am Hinterhals nur schwach ausgebildet, oft dunkler, mehr purpurfarbig.
Flügel 276 mm; Schwanz 148 mm.

Das Gemeine Helmperlhuhn, *N. m. mitrata*

Verbreitung. Im Osten Kenyas, Ost- und Südost-Tanganyika, Nordost-Rhodesien, Süd-Rhodesien, Nyassaland, Mozambique, östliche Kapprovinz; Sansibar, Pemba, Mafia Madagaskar. Bei Stellenbosch in der südwestlichen Kapprovinz, auf den Inseln Grand-Comoro und Rodriguez eingebürgert.

Beschreibung. Länge und Form des Hornes individuell unterschiedlich; kann aufrechtstehend oder zurückgebogen sein. Höchstlänge 33 mm. Hornige Scheitelpartie und Horn rotbraun. Gesichts- und Halshaut grünlichblau; schmale, zapfenförmige blaue Kinnlappen mit deutlich abgesetzten roten Spitzen. Rote Nasenwachshaut. Haarartige schwarze Federn im Genick. Unterhalsbefiederung trägt schwarzweiße Querstreifung statt Perlenzeichnung. Außenfahnen der Armschwingen quergebändert. Rötlicher Schnabel mit gelber Spitze, Iriden rotbraun. Läufe fast schwarz.
Flügel 260 bis 292 mm.

Das Reichenow-Helmperlhuhn, *N. m. reichenowi*

Verbreitung. Uganda und Kenya (jeweils Südgebiete), Tanganjika.

Beschreibung. Helm höher als Breite auf dem Scheitelansatz; unterschiedliche Form und Länge, bei älteren Hähnen bis 56 mm. Hornspitze gelb bis braun, Helmbasis und hornige Nackenteile sowie Nasenwachshaut zinnoberrot. Kinnlappen nur selten mit blauen Spitzen, meistens völlig rot.
Flügel 270 bis 310 mm.

Das Angola-Helmperlhuhn, *N. m. marungensis*

Verbreitung. Südliche Gebiete der Kongo-Republik, Nord-Rhodesien, Angola (dort nicht im südlichen Teil).

Beschreibung. Helm mehr breit als zugespitzt von orangegelber Farbe, ebenso Stirnfärbung. Perlflecken und Bänder auf der mehr schwärzlichen Grundfarbe größer und stärker ausgeprägt.
Flügel 276 bis 307 mm.

Das Kalahari-Helmperlhuhn, *N. m. papillosa*

Verbreitung. West- und Süd-Betschuanaland.

Beschreibung. Helm niedriger als beim Reichnenow-Helmperlhuhn, jedoch auffallende Breite und Krümmung (bis über das Genick). Über den Nasenlöchern auf der Wachshaut Warzenbildung (beim Hahn stärker). Gesichts- und Halshaut ähnelt der von *N. m. mitrata*.
Flügel 273 bis 277 mm.

Das Damara-Helmperlhuhn, *N. m. damarensis*

Verbreitung. Süd-Angola; ehemaliges Deutsch-Südwestafrika (Damara- und Namaland).

Beschreibung. Helm gelb, schmal, lang hoch, Basis nicht stärker als Spitze, länger als bei *N. m. papillosa*. Hornteile an Stirn und Nacken rot. Schmale Lappen, lang, blau mit roten Spitzen. Beide Geschlechter tragen Nasenwarzen. Farbe und Zeichnung entsprechen den von *N. m. papillosa* und *N. m. mitrata*.
Flügel 278 bis 285 mm.

Alle übrigen 7 Arten des Pinselperlhuhnes tragen relativ kleine Hornhelme und im Genick mehr oder weniger dicke, wollige, weiche und gekräuselte Nackenfedern. Außerdem sind arttypisch die büschelartigen, langen aufrechtstehenden strohgelben Borstenfedern über den Nasenlöchern. Die Grundfarbe des Gefieders ist bräunlich bis grauschwarz, die Perlung meist feiner, die

Außenfahnen der Armschwingen fein wellenförmig gezeichnet, nicht gebändert wie bei den Helmperlhühnern. Das Bari-Pinselperlhuhn, *N. m. major*, und das Ruwenzori-Pinselperlhuhn, *N. m. toruensis*, tragen vollständig blaue Kinnlappen. Beim Somali Pinselperlhuhn, *N. m. somaliensis*, sind die Borstenbüschel auf den Nasenlöchern sehr lang, sehr kurz dagegen beim Bari-Pinselperlhuhn. Die Wollbefiederung im Genick ist beim Ruwenzori-Pinselperlhuhn nur schwach ausgebildet, beim Somali-Pinselperlhuhn bilden die wolligen Genickfedern deutlich kleine Büschel. Die Flügellängen entsprechen im Durchschnitt denen der Helmperlhühner.

Eine deutliche Abweichung von den übrigen Pinselperlhühnern zeigt das Erlanger Pinselperlhuhn, *N. m. macroceros*, durch den deutlich längeren Hornhelm, der auch manchmal etwas nach hinten gebogen ist und eine Länge bis 300 mm aufweisen kann. Auch bei dieser Art sind die Kinnlappen völlig blau, das Unterhalsgefieder ist feiner gebändert als bei den anderen Arten.

Wildperlhühner im Freileben

Außerhalb der Brutzeit bevölkern Helmperlhühner in Schwärmen trockene Savannen und Dornbuschsteppen, leben an Waldrändern, meiden aber geschlossene Waldgebiete. Lichte Wälder, felsiges Gelände mit einzelnen Büschen und Bäumen sind beliebte Aufenthaltsorte. Feuchte Biotope werden im allgemeinen gemieden, jedoch wurden auch Perlhühner am Weißen Nil im dortigen Marschland und Moorgebieten angetroffen. An ihren Wohnplätzen müssen Trockenheit und Wärme vorherrschen. Dort, wo menschliche Agrarflächen angelegt sind, dringt es auf Nahrungssuche vor, bleibt aber in der Regel sehr zurückhaltend und scheu. In Schirmakaziensteppen, an Steilhängen, im offenen Gelände, nicht jedoch an der Küste scharen sich die Vögel manchmal bis zu 100 Exemplaren zusammen. In der Steppe des Dogilanigrabens westlich von Nairobi sah H. v.

Boetticher (1954) zahlreiche Vertreter der Art *N. m. reichenowi* und bezeichnete sie als „Charaktervögel". Weiter schildert der Forscher: „In Kavirondo fand ich sie zur Mittagszeit im Schatten kleiner Feldgebüsche in der Steppe *(N. m. major)*. In Wäldern kommen sie eigentlich nur an deren Rändern vor, von wo aus sie tagsüber austreten und in der Steppe oder den parkartigen Busch streifen können. Eine Hauptbedingung für ihr Vorkommen ist das Vorhandensein von Wasser. Daher werden busch-

reiche Ufer von Flüssen und Seen gerne aufgesucht. Doch werden ausgesprochen feuchte oder gar sumpfige Gegenden streng gemieden. Im Küstengebiet trifft man die Perlhühner dieser Gruppe häufig auch in den Mangrovenbeständen an."
Vom Pinselperlhuhn kennt v. Boetticher Vergesellschaftungen mit Frankolinen in Eritrea. Sie lebten dort in großen Verbänden „an steilen oder nur mit Kandelabereuphorbien bestandenen steinigen Berghängen".

1,0 Wildperlhühner *(Numida meleagris galeata)*

Eine Freilandbeobachtung von Heuglin (1876) zeigt die Notwendigkeit von Wasser in den Perlhuhnrevieren: „Das Perlhuhn liebt vor allem buschiges, kupiertes Terrain und die Nähe von süßem Wasser, gleichviel ob Wildbäche, Lagunen, Sümpfe, Flüsse, Seen, Regenwassertümpel oder Steppenbrunnen. Auch die Nachbarschaft von Mais- und Gerstenfeldern ist ihm erwünscht, und es haust mit ebenso großer Vorliebe an den mit Gebüsch bestandenen Depressionen und Regenschluchten der Steppe als im Urwald oder längs den Stein-

halden der Gebirge, ja selbst im Marschland und in den Schilfmooren des Weißen Nils und seiner Zuflüsse und ist an geeigneten Orten ungemein häufig." Feste Reviere scheinen diese Vögel außerhalb der Brutzeit nicht zu bilden, denn die Forscher berichten von großen Wanderungen, wenn die Tiere auch nicht als Zugvögel bezeichnet werden können. Die Art *N. m. meleagris* soll allerdings ihre Wanderungen ziemlich regelmäßig vornehmen. Die westafrikanischen Arten *N. m. galeata* und *N. m. sabyi* sind trotz des ausgedehnten Umherschweifens relativ standorttreu, was ihre Domestikation bei Griechen und Römern erleichtert haben wird. „Auch von den ostafrikanischen Helmperlhühnern, *N. m. mitrata*, wird berichtet, daß sie zu Beginn der Regenzeit von der Küste, wo sie in großen Scharen leben, in das Innere des Landes ziehen, sich hier verteilen und zur Brut schreiten, um nach dieser Zeit wieder an die Küste zurückzukehren und sich hier erneut zu großen Flügen zusammenzuschließen" (v. Boetticher, 1954).

Helmperlhühner leben sehr gesellig. Ihr Tagesablauf ist regelmäßig. Am frühen Morgen suchen sie die Tränkstellen auf und beginnen dann die Nahrungssuche. In Kröpfen von erlegten Tieren fanden Forscher zur Hälfte Termiten und verschiedene Pflanzenstoffe, wie Beeren von Grewia, etwa 3 cm lange wilde Gurken, von *Coccinia sessilifolia*, u. ä. Andere Sämereien, Heuschrecken, Wurzeln, Schnekken, Spinnen, Käfer, Ameisen und Teile von Kulturpflanzen bilden die übrige Nahrung.

Am späten Vormittag ziehen sich die Vögel dann in den Busch zurück und nehmen erst nachmittags die Äsung wieder auf. Die größte Tageshitze verbringen sie im Schatten von Bäumen, Büschen oder Felsen. Die dösende Gesellschaft wird in der Regel von einem alten Hahn bewacht, der durch Warnrufe die ganze Schar bei Gefahr warnen kann. Vor der Nachtruhe gehen die Vögel noch einmal an die Tränken und suchen dann die Schlafbäume auf. Mit großem Lärm scharen sie sich dann zusammen, bis erst nach Stunden allmählich Ruhe eintritt. Merkwürdigerweise sind die Vögel frühmorgens, wenn sie ihre Schlafbäume verlassen, völlig still. Während des Weidens halten sie ständig durch leise Lockrufe miteinander Verbindung. Eine interessante Freilandbeobachtung überliefert Boehm (zit. in v. Boetticher, 1954): „Diese Perlhühner sind äußerst scheu und mißtrauisch. Mit unglaublicher Schnelligkeit machen sich Aufgestörte durch das Gebüsch und Gestrüpp laufend davon. Überhaupt suchen sie fast stets erst ihr Heil in der Flucht zu Fuß, und die mit langgestreckten Hälsen und weit ausgreifenden Schritten hintereinander herlaufenden Gestalten machen einen sehr komischen Eindruck. Die ge-

wöhnlich hörbare Stimme der Perlhühner ist ein sehr eigentümliches Schnarren und Gackern, welches sich mit nichts besser als dem Rasseln, Knarren und Quieken einer von der Winde laufenden Ankerkette oder auch mit dem Quietschen eines Lastwagenrades vergleichen läßt und sich beim Aufgehen des Volkes in Verein mit den brausenden Flügelschlägen zu einem wahrhaft ohrenbetäubenden Lärm steigert. Ein auseinander gesprengtes Volk lockt sich sofort wieder zusammen. Junge scheinen wie junge Hühner zu piepen. Abends bäumen die Perlhühner völkerweise auf, und es scheint, daß sie sich dann weit leichter anpürschen lassen als am Tage. Frankoline und Perlhühner findet man öfters zusammengeschart."

Die Szene am Abend schildert der gleiche Forscher so: „Auf den Schlafplätzen kommen, wenn die Sonne eben untergeht oder auch schon unter den Horizont verschwunden ist, gewöhnlich erst einige von der Erde aus angeflogen und fallen laut rauschend in möglichst dichtes Geäst ein. Hier bleiben sie erst ein Weilchen ruhig, um zu sichern, und beginnen dann ihr sonderbares Schnurren und Schnarren, welches nach und nach die übrigen herbeiruft, bis endlich das ganze Volk auf einem oder einigen benachbarten Bäumen versammelt ist. − Morgens ziehen die Völker an bestimmte Plätze, an den Waldrändern oder auch mitten im Holze gelegen, um hier nach Nahrung zu scharren. Sie treten dieselben so vollkommen kahl und wühlen den Sandgrund dermaßen auf, daß dieselben Reitbahnen ähnlich werden."

Von Stoneham ist überliefert, daß fünf Löwen in einer Schar sich sicher fühlender Perlhühner daherschritten, ohne daß die Vögel Angst zeigten.

In manchen Gegenden wurden Perlhühner erst mit Anbruch der Dunkelheit auf der Nahrungsuche beobachtet. H. v. Boetticher (1954) sah in Eritrea *N. m. meleagris* tagsüber niemals. Er schließt: „Je nach Örtlichkeit und Charakter der Landschaft ist das Verhalten der Vögel verschieden."

Sehr farbig schildert Brehm (1926) Verhaltensweisen und Flucht der Perlhühner. Sie sollen „wie die Indianer auf ihren Kriegspfaden" hintereinander herlaufen und das Verhalten des ersten Vogels nachahmen.

„Man darf wohl behaupten, daß die Perlhühner den mit niederem Grase bewachsenen oder ganz verdorrten Blößen einen prächtigen Schmuck verleihen. Die dunklen Vögel verschwinden zwischen den ihnen ähnlich gefärbten Steinen, heben sich aber scharf ab von den grün oder graugelb erscheinenden Grasflächen. Verkennen wird man sie nie: der waagerecht gehaltene Körper, die locker getragenen, wie gesträubt erscheinenden Bürzelfedern und der dachförmig abfallende Schwanz sind für ihre Gestalt so bezeichnend, daß nur der Ungeübte sie mit irgendeinem anderen Huhne verwechseln könnte. In der Schnelligkeit des Laufes kommen ihnen die Frankoline freilich gleich; ihr Flug ist aber von dem dieser Verwandten verschieden und ausgezeichnet durch die vielen fast schwirrenden Flügelschläge, auf die kurzes, schwebendes Dahingleiten folgt."

Auch der Ruf der wilden Helmperlhühner ist recht laut, wie wir ihn ja vom Hausperlhuhn her kennen. Er wird häufig ausgestoßen und klingt wie eine Kindertrompete. Der Stimmfühlungslaut klingt wie tschitschirr, der bekannte laute Ruf der Hennen kann mit tschiquè – tschiquè – tschiquè umschrieben werden, was in älteren Werken mit Glock acht! – Glock acht! verglichen wurde. Der Ruf des Hahnes in großer Erregung klingt wie „tschitscherrah-tschitscherrah" (Brehm, 1924).

Soweit aus den bisherigen, nicht allzu häufigen Freilandbeobachtungen zu schließen ist, leben alle Perlhuhnarten während der Fortpflanzungszeit monogam. Innerhalb der großen Gemeinschaften, die besonders von *Guttera*, *Numida* und *Acryllium* im Unterschied zu den stets paarweise lebenden *Agelastes* und *Phasidus* gebildet werden, bilden sich Paare, die das Brutgeschäft vorbereiten. Das arttypische Balzverhalten bei Helmperlhühnern zeigt der Hahn durch Hochlüften der Flügel, die manchmal wie ein Segel wirken. Dabei schreitet er stolz mit steifen Schritten, wobei nur die vorderen Teile der Zehen den Boden berühren. Zu Beginn der nahrungsreichen Regenzeit scharrt die Henne an einem geschützten Platz, meistens im hohen Gras, dicht bei einem Baumstamm, unter einem Busch oder Felsen, nicht selten auch am Fuß eines Termitenhügels eine flache Nestmulde. 12 bis 25 hellgelbe bis hellbraune Eier mit etwas dunkleren Porenpunkten in der Größe, wie bei den einzelnen Unterarten angegeben, legt die Henne. Die Schale ist ungewöhnlich hart und bruchfest. Während des Brütens durch die Henne hält der Hahn in Nestnähe Wache. Bei Gefahr warnt er durch laute Quietsch- und Trompetenstöße.

Nach 27 Tagen schlüpfen die Küken der Helmperlhühner (bei *Guttera* nach 23, bei *Acryllium* nach 24 Tagen). In Farbe und Zeichnung sind sie im rötlichbraunen, weißgelblich gefleckten Dunenkleid anderen Fasanen- und Hühnervögeln ähnlich. Beim Führen der Küken können die Eltern angreifende Feinde (Leoparde, Servale, Wüstenluchse, Schakale, Ginsterkatzen, Mangusten, Habichte, Bussarde, Falken, Schlangen, Varane, Agamen usw.) durch direktes Anfliegen oder Flügelschläge abwehren, unterliegen jedoch meist den Katzenartigen und verlieren dabei viele ihrer Küken oder selbst das Leben. Nach wenigen Tagen schon können die Küken aufbaumen; nach gut 2 Monaten tragen die Jungvögel schon das Federkleid ihrer Eltern und leben vergesellschaftet im Schwarm.

Wilde Perlhühner wurden immer wieder in Gefangenschaft gehalten, und man versuchte, sie zu züchten. Außer den antiken Haltungen sind einige Experimente dokumentiert, bei denen verschiedene Arten in Menschenobhut beobachtet wurden. So erhielt der Berliner Zoo zum erstenmal im Jahre 1875 das Nördliche Pinselperlhuhn, *N. m. meleagris*, wahrscheinlich aus der Sudanexpedition Hagenbecks. Die Unterart *N. m. somaliensis* kam erst 1925 nach einer Abessinien-Expedition nach Berlin. Drei Jahre später erhielt der gleiche Tiergarten das Reichenow-Helmperlhuhn aus Tanganjika. Vor der Jahrhundertwende wurde in Berlin vereinzelt schon das Gemeine Helmperlhuhn, *N. m. mitrata*, und seit 1914 das Gabun-Perlhuhn, *N. m. marchei*, gehalten. Zur Unterbringung, Fütterung und zu Fortpflanzungsversuchen sagt S. Reathel (1966): „Allgemein kann gesagt werden, daß die wilden Perlhuhnrassen bei uns nicht winterhart sind und das seit vielen Generationen unserem Klima angepaßte Hausperlhuhn in dieser Beziehung keineswegs als Vorbild gelten kann. Perlhühner sollen einen möglichst sonnigen Auslauf mit trockenem, gut drainiertem Boden erhalten und dürfen zur Brutzeit nur paarweise gehalten werden. Da Perlhennen in kleineren Volieren nur höchst selten ihre Gelege selbst erbrüten, müssen die Eier einer Hühneramme untergelegt werden. Die Aufzucht der Küken ist nicht schwer. Professor Ghigi (1930) empfiehlt, die geschlüpften Küken 24 Studen lang ohne Futter unter der Glucke zu belassen, sie dann 8 Tage lang im gleichen Raum, in dem sie geschlüpft sind, zu halten und im Alter von etwa 15 bis 20 Tagen mit der im Gluckenhäuschen eingeschlossenen Amme an warmen, trockenen Tagen ins Freie zu bringen. Nach dieser Zeit kann unbeschränkter Freilauf und allmähliches Absetzen von der Hühneramme erfolgen. Die Fütterung sei die gleiche wie für Fasanenküken. Auch erwachsene Perlhühner erhalten die übliche Fasanenkost aus Körner-, Weich- und Grünfutter."

Das Hausperlhuhn stammt vom westafrikanischen Guinea-Helmperlhuhn, *N. m. galeata*, ab. In Schwarzafrika gilt diese Art als einzige domestizierte Tierart überhaupt. Nach Ayeni (1981) sind dort allerdings Perlhühner im Zustand der Halbdomestikation. Die Einheimischen sammeln oft Wildgelege von Perlhühnern und lassen sie von Haushennen ausbrüten und führen. Die Jungen verlassen aber ihre Pflegemutter, sobald sie selbständig fressen können, und führen ein halbwildes Leben. Bei Annäherung von Menschen flüchten sie wie ihre wilden Artgenossen in den Busch, halten sich aber tagsüber öfter in der Nähe der Dörfer auf. Bei der gemeinsamen Futtersuche vermischen sich diese halbdomestizierten Perlhühner mit ihren wilden Artgenossen und ziehen auch zeitweise zur Futtersuche mit diesen auf die abgeernteten Felder. Nachts baumen sie auf Dorfbäumen oder auf den Strohdächern der Hütten auf. Die einheimischen Züchter fangen die Tiere bei Bedarf mit Schlingen und lassen auch wieder die Eier von Hühnerglucken ausbrüten, so daß die Perlhennen Nachgelege bis zu 20 Eier jährlich erbringen, und folglich bis zu 40 Küken von einer Henne erzielt werden können. Genaue Angaben aus neueren Freilandbeobachtungen sind in dem kürzlich erschienenen Werk von H. S.

Raethel „Hühnervögel der Welt", Verlag Neumann-Neudamm, Melsungen 1988, zusammengestellt.

Gänse

Der englische Forscher Prof. F. E. Zeuner (1963) gibt als Ausgangsform der Hausgänse folgende Wildarten an:

Anser anser, Linné 1758, Graugans
A. albifrons, Scopoli 1769, Bläßgans
A. cygnoides, Linné 1758, Schwanengans
Alopochen aegyptiacus, Linné 1758, Nilgans

Die Abstammung der meisten Hausgänserassen von der Graugans und die der Höckergans von der wilden Schwanengans ist unumstritten. Zweifelhaft dagegen ist die Annahme, daß auch die **Bläßgans** zu den wilden Ahnen unserer Hausgänse zählt. Zeuner (1963) hält es für möglich und behauptet das sogar zunächst, schränkt dann aber ein: „Es ist schwierig zu entscheiden, zumindest für die Zeit des Alten Reiches, ob es sich hierbei um echte Domestikation oder Haltung in Gefangenschaft gehandelt hat." (s. dazu auch Kapitel „Kulturgeschichte", Seite 34 bis 51).

Die Abbildung einer Bläßgans als Wandbild aus dem Grab des Kai-em-Anch (6. Dynastie) zeigt deutlich die Blässe über dem Schnabel und die dunklere Zeichnung der Brustbefiederung gegenüber der Darstellung einer Graugans aus demselben Grab. Ob es sich bei der Haltung von Bläßgänsen möglicherweise nur um eingefangene Wildtiere oder um aus eingesammelten Eiern künstlich erbrütete Jungvögel handelte, läßt sich gegenwärtig nicht sicher feststellen.

Völlig unklar und höchst unwahrscheinlich ist die Domestikation der **Nilgans**. Die in Ägypten gefundenen Abbildungen lassen nicht den Schluß zu, daß es sich um echte Haustiere gehandelt hat. Die Nilgans wird zwar zusammen mit anderen Arten, die domestiziert waren, dargestellt, Zeuner

(1963) hält es eher für wahrscheinlich, daß sie nie domestiziert wurde. Dagegen vertritt I. Krumbiegel in seiner Schrift „Von Haustieren und ihrer Geschichte", 1947, noch die Ansicht, daß die Nilgans in Ägypten in der Zeit von ungefähr 3000 bis 1000 v. Chr. „etwa die Rolle unserer Hausgans" spielte, ohne aber Beweise für deren Domestikation zu haben.

Beide Geschlechter der Graugans sind im Alterskleid übereinstimmend gefärbt und gezeichnet. Befiederung auf Kopf, Hals und Brust hell graubraun, Rücken- und Flankenfedern breit hellgrau gesäumt (Angaben in vereinzelter Literatur: *A. a. rubrirostris* soll infolge ihrer lichten Federenden insgesamt heller wirken). Bauchgefieder manchmal schwarz gefleckt. Bauch und Schwanzdecken weiß; Flügeldecken hell silbergrau. Schnabelspitze (Nagel) weiß. Füße blaßrot; Iriden braun. Maße des Ganters: Flügel 445 bis 482 mm; Schwanz 129 bis 150 mm; Schnabel 55 bis 72 mm; Lauf 73 bis 82 mm; Gewicht 2860 bis 3940 g. Maße der Gans: Flügel 416 bis 470 mm; Schnabel 54 bis 70 mm; Gewicht 575 bis 3540 g.

Dunenküken sind oberseits olivbraun, färben dann um in Graubraun; Kopf, Hals und Körperseiten grünlichgelb; gelblichweiß an der gesamten Unterseite, an Schultern und Flügelrändern. Schnabel und Läufe olivgrau. Im Jugendkleid tragen Graugänse breitere Säume der Deckfedern, die Grundfarbe ist mehr braun. Die Zeichnung wirkt verwaschen, das Halsgefieder ist noch glatt und wenig gerillt. Der anfangs graue Schnabel wird mit zunehmendem Alter gelb bis orangefarben. Die Iriden der Jungvögel sind graubraun, die Läufe und Füße olivgrau. Gewicht: Ganter 2630 bis 3630 g; Gans: 2360 bis 3265 g.

In der Ordnung Entenvögel *(Anatiformes)* wird die Graugans in die Gattung Gänse *(Anser)* zusammen mit Zwerggans, *A. erythropus*, Bläßgans, *A. albifrons*, Saatgans *A. fabalis*, eingeordnet. Sie kommt in 2 Unterarten vor:

A. a. anser = gelblich orangefarbener Schnabel und oft weiße Schnabelbasis
A. a. rubrirostris, Swinhoe = Schnabel rosarot oder fleischfarbig

Da beide Unterarten sich auch im Freileben vermischen, ist eine genaue Bestimmung sehr schwierig.

Das Verbreitungsgebiet der Graugans erstreckt sich über weite Teile Zentralasiens bis zum äußersten Osten *(A. a. rubrirostris)*, über Osteuropa, Randgebiete Skandinaviens, Islands, Britannien *(A. a. anser)*. Während des Winters zieht die Gans südwärts und kommt bis Nordafrika, Irak, Persien, Nord-Indien und Indochina. In der Bundesrepublik Deutschland befinden sich Brutplätze östlich der Elbe in Schleswig-Holstein, in der DDR in Mecklenburg, Brandenburg, in Polen über Böhmen und Mähren bis in das Pannonische Becken. Um 1970 wurde in der DDR der Graugansbestand mit etwa 10000 Exemplaren erfaßt, davon 4000 Brutvögel. „1600 Paare brachten im Mittel 3 Junggänse groß" (Kolbe, 1981).

In ihren angestammten Lebensräumen bevorzugt die Graugans Biotope mit Moor- und Sumpfcharakter. Seen mit versumpftem Dickicht, Flußmündungen, aber auch bebaute Felder und Kulturwiesen gehören zu ihren Wohnplätzen. Als Brutregionen wählen die Vögel stets ruhige Gebiete mit Wasser und Schilf aus; in der Nähe müssen aber Wiesen und Äcker zum Weiden sein. In östlichen Gebieten bewohnen die dortigen Populationen flache Steppenseen, Altwässer und pflanzenreiche Moore, in denen sie kleine schwimmende Inseln als Brutstätten aussuchen. Im schwedischen Küstenland leben Graugänse auf kurzem Grasland. In der Bundesrepublik Deutschland brüten derzeit einige hundert Paare mit zunehmender Tendenz. Zur Überwinterung suchen die mitteleuropäischen Gänse von August bis Oktober vorwiegend spanische Gebiete auf, während die nordischen Graugänse im Nordseegebiet überwintern.

Westlich wird das Brutgebiet durch den Atlantischen Ozean und östlich durch den Stillen Ozean begrenzt. Die südlichste Grenze liegt beim 45., die nördlichste zwischen 60. und 70. Breitengrad.

Die Nahrung der Graugänse besteht fast ausschließlich aus pflanzlichen Stoffen, wie z. B. Wiesen- und Ackerpflanzen, Samen, Wurzeln, Knollen. Im Herbst nehmen die stattlichen Vögel auf abgeernteten Getrei-

1,0 Graugänse *(Anser anser)*

defeldern die verbliebenen Körner auf, so daß der Körneranteil nach Schröder (1975) 59 % betragen kann. Junge Graugänse verzehren in großen Mengen Wasserlinsen und junge zarte Grasspitzen. Altvögel bevorzugen Rispengras, besonders *Poa annua*, und die nach ihnen benannte Gänsedistel, *Sonchus oleraceus*. Kleine Fische und Schnecken werden nur in geringem Umfang aufgenommen; lebenswichtig sind feine Kies- und Sandteilchen in der Nahrung zur Verdauung im Muskelmagen und zur Mineralstoffversorgung. Gerste, Hafer und junger Klee gehören zur Lieblingsnahrung der Graugans. In Rüben-, Möhren-, Kartoffel- und Kohlkulturen kann sie im Schwarm auf Nahrungssuche empfindlichen Schaden für die Landwirtschaft anrichten. Auf solchen Nahrungszügen können die Wildgänse sich mit dem weidenden Hausgeflügel zeitweilig vergesellschaften. So weiß Dürigen (1906) zu berichten: „Sie begleiten sie bis in die Nähe der Behausungen. Man hat schon öfter Graugänse auf dem Zuge flügellahm geschossen und sie dann unter das Hausgeflügel gebracht, wo

sie sich bald eingewöhnten und jahrelang lebten."

Die Paarbildung tritt im Alter von etwa 1½ Jahren, die Geschlechtsreife aber erst mit 2 Jahren ein. Graugänse bilden eine monogame Dauerehe und führen jährlich eine Brut durch. Nach Ankunft in den Brutgebieten beginnt die Balz. Nach Zusammenfinden der Brutpaare werden an schwer zugänglichen Stellen die Nester angelegt. Die Gans baut in Schilf oder Röhricht ein Nest aus abgestorbenen Pflanzenteilen. Der Ganter hilft dabei nur gelegentlich. Die Brutstätte kann auf einer kleinen Insel oder auf dem Lande sein. Das Gelege besteht aus 5 bis 10 Eiern, das die Gans nach geschlossener Ehe (Triumpfgeschrei im Duett beider Partner) bebrütet. Manchmal liegen solche Gelege in lockerer Kolonie beieinander. Der Ganter wacht während der Brutzeit in einiger Entfernung vom Nest, um es nicht zu verraten. Angreifende Feinde werden mit Zischen, Beißen und Flügelschlagen abgewehrt. Verläßt das Weibchen ab und zu das Nest, so werden die Eier mit den sich inzwischen angesammelten Dunen abgedeckt und so vor Wärmeverlust geschützt. Aber auch zur Tarnung spielt das eine Rolle. Immer wieder legt das Weibchen kurze Freß-, Putz- und Badepausen ein, so daß auch die Eier längere Zeit abkühlen können.

Maße der Eier: 76 bis 99 mm x 52 bis 62 mm; Farbe: weiß, glanzlos.

Nach 27 bis 28 Tagen Brutzeit schlüpfen die Gössel. Zunächst bleiben die Küken 24 Stunden unter der schützenden Mutter im Nest, die sie dann ins Wasser und zur Nahrungssuche führt, stets bewacht vom Ganter. Frischgeschlüpfte Gössel wiegen 96 bis 122 g. Sie wachsen bei guten Nahrungsmöglichkeiten relativ schnell und erlangen nach etwa 2 Monaten ihre Flugfähigkeit. Das Nest wird in den ersten Lebenstagen nachts immer wieder als Schlafstätte aufgesucht. In den ersten 12 Stunden lernen sie das Bild ihrer Eltern kennen. Diese Prägung in der „lernoffenen Zeit" und alle anderen wichtigen Verhaltensweisen der Graugans werden im Kapitel „Verhaltenskunde" genauer dargestellt.

Zur Wachstumsintensität liegen genauere Ergebnisse vor: In den ersten Lebenstagen verdreifachen die Küken ihre Schlupfmasse und erreichen 2/3 ihrer möglichen Körpermasse bereits im Alter von 3 Wochen. Die Jugendvollmauser beginnt im Alter von 11 Wochen; dann ist auch das Wachstum abgeschlossen, und die letzten Handschwingen sind verhornt. Nach weiteren 2 Wochen vermausern die Vögel die Konturfedern und werfen die ersten Schwanzfedern.

Alte Graugänse verlieren nach Abschluß der Brut und Jungenaufzucht alle Schwungfedern auf einmal, so daß sie einige Wochen flugunfähig sind.

Die beachtliche Entwicklungsgeschwindigkeit und Gewichtszunahme, die bei Hausgänsen erhalten geblieben und durch Selektion noch verstärkt wurde, ist aus folgender Tabelle ersichtlich:

Lebendmasseentwicklung von Graugänsen (nach Schneider, 1983)

Lebenstag	1.	21.	40.	70.	120.	250.
g/Tier	95	300	1000	2500	3000	4000
Zuwachs, rel.	1,00	3,16	10,35	26,3	31,6	42,11

Die wildlebende **Schwanengans**, *Anser cygnoides*, Linné 1758, früher auch Chinesische, Hongkong-, Honolulu- und Guinea-Gans genannt, wobei die Grenzen zur Haustierform, der Höckergans, verwischt waren, wird in der ornithologischen Systematik in die gleiche Gattungsgruppe Gänse *(Anser)* eingeordnet wie die Graugans. Sie bildet, zumindest im Äußeren, die Übergangsform zwischen den Gänsen und Schwänen. Ihre Gestalt mit dem langen dünnen Hals und den auffällig langen Beinen sowie ihre beachtliche Größe gaben ihr den Namen. Charakteristisch ist auch der sehr kräftige, lange Schnabel, der ohne Höcker mit dem First geradlinig in die Stirnpartie verläuft. Ganter und Gans sind im Alterskleid an der oberen Kopf- und hinteren Halshälfte gleichartig dunkelbraun gefärbt; hell rahmfarben sind die unte-re Kopfhälfte und der Vorderhals. Die Schnabelbasis ist senkrecht verlaufend schmal eingefaßt. Rumpf- und Flügelgefieder entsprechen dem der anderen Feldgänse. Der Schnabel ist schwarzgrau, die Iriden sind dunkelbraun, Läufe und Füße orangegelb. Das Weibchen ist an der etwas geringeren Körpergröße und dem deutlich kürzeren Hals zu erkennen.

Maße des Ganters: Flügel 450 bis 460 mm; Schwanz 138 bis 152 mm; Schnabel 87 bis 98 mm; Lauf 80 bis 82 mm. Gewicht ca. 3500 g.

Maße der Gans: Flügel 375 bis 440 mm; Schnabel 75 bis 85 mm; Gewicht 2850 bis 3450 g.

Im Dunenkleid tragen junge Schwanengänse hell olivgrüne Augenstreifen, Scheitel, Rücken-, Flügel- und Oberschwanzfedern. Nacken, Gesicht, Hals und Unterseite sind gelb. Der leicht abwärts gebogene Schnabel ist dunkelgrau; Iriden und Beine sind bleigrau.

Das Jugendgefieder zeigt noch nicht den weißen Schnabelsaum, die Kopf- und Halsfarbe wirkt unreiner und verwaschen. Das Rumpfgefieder ist mehr grau und die Säumung breiter als bei adulten Vögeln.

In ihrer ostasiatischen Heimat bewohnt die Schwanengans Biotope an Flußläufen, bewachsen mit Erlenbüschen und Zirbelkiefern. Auf Sachalin zählten Gisenko und Mischin 1952 auf 25 km Uferlinie etwa 12000 Brutpaare. In der westlichen Mongolei brütet die Art heute noch in großer Zahl; in der Sowjetunion gilt sie seit 1975 als vom Aussterben bedroht. 1970 schätzte Ogilvie immerhin dort noch den Bestand auf 10000 Exemplare.

Freilandbeobachtungen liegen von Johansen (1959) vor: „Die Schwanengans nistet nach Suschkin sowohl in der Ebene als auch auf den Hochplateaus bis 2400 m. Im Minussinsker Gebiet brütet sie an offenen, manchmal salzhaltigen Seen der Steppe; am Irtysch-Fluß sind es breite, von Rohr und Schilf eingefaßte Wasserflächen. In der Kuraisteppe im Altaigebirge liegen die Brutplätze am versumpften, mit Blüten- und Weidengesträuch bestandenen Ufer des hier ruhig fließenden Kurai-Flusses. In der Mongolei am Böku-Morin fand Suschkin die Gans auf sumpfigen Wiesen am schmalen, schnellen Wasserläufen mit Schilf und Weidendickicht. Nach dem Größerwerden der Jungen sieht man die Schwanengänse oft an sandigen oder schlammigen See- und Flußgestaden."

Nachdem diese Gänse im April zu ihren Brutplätzen zurückgekehrt sind, beginnen sie nicht sofort mit dem Brutgeschäft. Nach ausgiebiger Balz und rituellem Nestbau, der manchmal auch kolonieweise erfolgt, sitzen die Weibchen auf den Gelegen von 5 bis 8 schwach cremefarbenen Eiern, die wenig kunstvoll auf Grasinseln, im Ried oder auf trockenem Waldboden angelegt sind.

Maße der Eier: 76 bis 90 mm x 53 bis 58 mm.

Im Mai werden dann über den Zeitraum von 28 bis 30 Tagen die Eier erbrütet, wobei der Ganter in Nestnähe Wache hält. Beide Eltern führen dann die Jungen und mausern in dieser Zeit die Schwingenfedern. Erst im August sind sie dann zusammen mit den Jungvögeln wieder flugfähig. Vor Eintritt des Winters ziehen die Schwanengänse nach Korea, Südjapan und Nordost-China.

Als reine Vegetarier ernähren sich die stattlichen Wildgänse von Sumpfpflanzen, Gräsern, Moos, Kräutern, jungen Lärchennadeln und graben mit den kräftigen Schnäbeln Wurzeln aus.

Nach Heinroth (1931) gelangten wilde Schwanengänse erst nach 1928 nach Europa. Die Erstzucht gelang nach Delacour (1954) erst 1937 in England. Der Berliner Zoo pflegte zur gleichen Zeit 2 Bastarde aus Schwanenganter × Graugans, die dort geschlüpft waren (Steinbacher, 1937).

Die Haltung dieser ansonsten robusten Vögel in Gehegen ist deshalb etwas problematisch, weil sie tiefe Höhlen in die Teichufer graben und die Pflanzen zerstören.

Als Angaben zur Zucht seien Erfahrungen von Kolbe (1980) zitiert:

„In meiner Anlage wurde ein knapp zweijähriges Paar fortpflanzungsaktiv. Im März zeigten sich beide Partner enorm ruffreudig, das Männchen balzte auf dem kleinen Teich nach Art der Graugänter und verteidigte später das Nestrevier durch Beißen und Flügelschlagen. Gegen Ende März begann das Weibchen mit dem Nestbau, legte zwischen 11. und 19. April 5 Eier und erbrütete die Küken ab 17. 4. in 29 Tagen. Während dieser Zeit wurde der Nestbau komplettiert, anfangs wurden wenig, gegen Ende der Brut viele Konturfedern und Dunen untergemischt. Drei Küken wogen 78, 82 und 85 g, sie befiederten wie folgt: Schultern, Flanken und Schwanz zwischen 21. und 23. Tag, die Unterseite war am 32. Tag voll bedeckt, zur gleichen Zeit entfalteten sich die ersten Schwingen. Volle Befiederung um den 60. Tag (doch nicht volle Größe). Zwischen 3. und 4. Woche färbten sich die Füße gelboliv. Die Mitte Mai geschlüpften Tiere begannen um den 20. August an Rücken, Kopf und Hals mit der Umfärbung in das erste Alterskleid, doch war der weiße Schnabelsaum bis Ende Oktober nicht durchgefärbt."

Enten

Die wilde Stammform der Hausente ist die Stockente, *Anas platyrhynchos*, Linné 1758. Die monophyletische Abstammung gilt als sicher (Herre/Röhrs, 1971); andere Unterarten der Stockente haben sehr wahrscheinlich bei der Domestikation der Hausente keine Rolle gespielt (Rudolph, 1978). Die domestizierte Warzen-Ente geht auf die wildlebende Moschus-Ente, *Cairina moschata*, zurück.

In der zoologischen Systematik (Wolters, 1982) gehört die Stockente mit ihren 5 oder 6 Unterarten in die Ordnung Entenvögel *(Anatiformes)*, in die Familie Entenartige *(Anatidae)*, in die Unterfamilie Enten *(Anatinae)*, in die Gattung *Anas*.

Die Unterarten der Stockente sind in der Forschung umstritten. Übereinstimmend werden die Grönland-Ente, *A. platyrhynchos conboschas*, C. L. Brehm 1831, die Hawai-Stockente, *A. p. wyvilliana*, Sclater 1878, die Laysan-Stockente, *A. p. laysanensis*, Rothschild 1892, neben der Europäischen Stockente, die als Nominatform betrachtet werden kann, als echte Unterarten anerkannt. Kolbe (1981) betrachtet die Mexiko-Stockente, *A. p. diazi*, Ridgway, und die Florida-Stockente, *A. p. fulvigula*, ebenfalls als Unterart. Johnsgard (1975) und Bellrose (1976) bestimmen diese beiden Formen als eigenständige Arten und sehen auch *A. p. maculas*, Sennet, als Unterart der Florida-Stockente an.

Bauer und v. Blotzheim (1968) bestreiten, daß *A. p. maculosa* von *A. p. fulvigula* unterscheidbar sei. In der älteren Systematik von Wolters (1977) wird die Dunkelente, *A. rubripes*, Brewster 1902, noch als Unterart der Florida-Stockente geführt. In dem abgeschlossenen Werk von Wolters (1982) wird die Laysan-Stockente als eigene Art geführt. Die Hawai-Stockente wird dort als Zwergstockente und als vermutliche Konspezies mit *A. platyrhynchos* eingeordnet.

„Die Marianen-Ente, *Anas oustaleti*, Salvadori, wird heute einheitlich als eine kleine Bastardpopulation aus der Stockente und der Palau-Augenbrauen-Ente angesehen, die auf den Binnenseen mehrerer Marianen-Inseln (Mikronesien) lebt" (Kolbe, 1980).

Aufgrund der monophyletischen Abstammung der Hausente konzentriert sich hier die Darstellung auf die Europäische Stockente. Ihre Verbreitung erstreckt sich auf ganz Europa und Asien, mit Ausnahme des Hohen Nordens und des indischen Subkontinents. Außerdem fehlt sie im Nordwesten Amerikas, auf Grönland, auf dem südamerikanischen und afrikanischen Erdteil. Auf Neuseeland wurde die Art eingeführt. Die genauen Artkennzeichen sind nur im Brutkleid des Erpels zu erkennen. Dann erscheinen Kopf und Hals flaschengrün, die Brust braun. Rücken-, Bauch- und Flankengefieder sind fein grau gewellt, der weiße Halsring ist schmal und scharf abgegrenzt. Die Schwanzdeckfedern sind schwarz; die typischen Erpelfedern stehen etwas nach oben und sind lockenartig eingerollt. Beide Geschlechter haben blaue Spiegelfelder auf den Schwingen mit weißer und schwarzer Begrenzung. Im Prachtkleid ist der Schnabel des Erpels gelbgrün, die Füße sind organgerot.

Das Kleingefieder der Ente ist dunkelbraun mit hellem Saum. Schnabelfarbe rotbraun, Lauffarbe orangerot.

Maße des Erpels: Flügel 260 bis 270 mm; Schwanz 82 bis 95 mm; Schnabel 50 bis 56 mm; Lauf 40 bis 44 mm; Gewicht ca. 1200 bis 1400 g.

Maße der Ente: Flügel 240 bis 270 mm; Schnabel 43 bis 52 mm; Gewicht ca. 800 bis 1200 g.

Im Ruhekleid ähnelt der Erpel dem Weibchen, lediglich die Federn am Oberkopf und auf dem Rücken sind fast einfarbig schwarzbraun mit leichtem grünen Glanz. Außerdem ist der braune Federsaum schmaler als bei der Ente.

Dunenküken sind oberseits olivbraun, am Kopf dunkel gefleckt und seitlich dunkelgelb. Die Unterseite und die Flügelränder sind heller, hornfarbig der Schnabel und die Läufe. Noch nicht in das Alterskleid ausgemauserte Stockenten erscheinen insgesamt dunkler und mit weniger scharfer Zeichnung.

Stockentenweibchen sind von der Schnatterente, *Anas strepera*, durch besondere Größe, braunere Färbung, bläulichpurpurnen (nicht weißen) Spiegel und nicht so spitze Flügel zu unterscheiden. Gegenüber weiblichen Spießenten, *Anas acuta*, haben

1,0 Stockenten *(Anas platyrhynchos)*

weibliche Stockenten kräftigeren Schnabel und Kopf, dickeren Hals und Weiß an beiden Seiten des Spiegels, außerdem kürzeren, helleren Schwanz. Unterschiede zur weiblichen Löffelente: bedeutendere Größe, deutlich kleinerer Schnabel und längerer Hals.

In Mitteleuropa ist die Stockente die häufigste Wildente und bewohnt Reviere von der Küste bis ins Hochgebirge. Sie kommt bis zur Baumgrenze im Norden und in den Steppenzonen im Süden vor. In Mitteleuropa wird der Bestand auf 2 Millionen Exemplare geschätzt. Im Winter streicht die Stockente auf der Suche nach Nahrungsmöglichkeiten und eisfreiem Wasser umher und lebt manchmal in großen Schwärmen auf offenen Flüssen, Seen und Kanälen, sogar mitten in Großstädten, wo sie ein nahezu halbdomestiziertes Leben führt und sich nicht selten mit flugfähigen Hausentenrassen (z. B. Hochbrut-Flugente) vermischt. Nach Ogilvie (1975) überwintern in Nord-Westeurpa einschließlich Großbritannien alljährlich 1850000 Stockenten.

Aufgrund ihrer großen Anpassungsfähigkeit kann diese Art fast jedes Gewässer bevölkern, im Winter auch Meeresküsten, bevorzugt aber flache Binnengewässer.

Yocom und Keller legten 1961 eine genaue Analyse der Nahrung vor. Danach nimmt die Stockente im Durchschnitt 96,4 % pflanzliche Stoffe auf, davon 49,6 % Getreidearten, 13,9 % Laichkräuter, 5,8 % Sumpfried und 3,9 % Simsen. Die vegetarische Kost wird im Herbst durch Eicheln ergänzt, die die Ente durch Anfliegen der Eichenwälder findet. Das ausgeprägte Nahrungsbedürfnis hat Brehm (1926) treffend charakterisiert:

„Die Stockente gehört zu den gefräßigsten Vögeln, die wir kennen: sie verzehrt die zarten Blätter oder Spitzen der Grasarten und der verschiedensten Sumpfgewächse, deren Knospen, Keime und reife Sämereien, Getreidekörner, Knollenfrüchte, jagt aber auch eifrig auf alle Tiere vom Wurme an bis zum Fische und Lurche, scheint an einem unersättlichen Heißhunger zu leiden und frißt, um ihn zu stillen, solange sie wach ist und etwas findet."

Der Schnabel ist seitlich mit blätterartigen Hornzähnen versehen und funktioniert wie ein Seihapparat. Die sehr nervenreiche

Zunge ermöglicht der Ente, tastend unter Wasser die Nahrung zu finden. Das dichte, daunenreiche Gefieder, im Normalzustand eingefettet mit der öligen Substanz aus der Bürzeldrüse, isoliert das Luftpolster zusammen mit der Fettschicht unter der Haut hervorragend und schützt vor Kälte.

Das Flugvermögen der Stockente ist hinsichtlich Geschwindigkeit, Wendigkeit und Ausdauer ausgezeichnet. Auch kann sie fliegend beachtliche Höhen erreichen. Ein amerikanisches Flugzeug soll in 6000 Höhe mit Stockenten zusammengestoßen sein (Pingel, 1985). Spitzengeschwindigkeiten von bis zu 96 km/h sind gemessen worden. Das Verhalten der Stockente bei Balz, Paarung und Brutpflege ist gründlich erforscht und wird im Kapitel „Verhaltenskunde" genauer dargestellt. Die Brutzeit, deren Vorstufe schon in der Herbstbalz liegt, gipfelt in der Paarung im September. Das Nistrevier wird aber erst im darauffolgenden Frühjahr besetzt; allerdings verhalten sich die meisten Erpel polygam, d. h., sie verfolgen auch in anderen Revieren die Weibchen und versuchen sie, oft gewaltsam, zu paaren. Die eigentlichen Brutkopulationen erfolgen im Februar und März, während die Herbstpaarungen bei Altvögeln der Paarbindung dienen. Haben die Enten ihr Nest unter Gras, im Schilf, unter Reisighaufen oder manchmal auch in Baumhöhlen angelegt, wird die Paarbindung aufgelöst. In diesem Sinne führen Stockenten eine Saisonehe, die jährlich neu mit einem anderen Partner geschlossen wird.

In dem mit Dunen gut ausgepolsterten Nest brütet die Ente in der Regel ab Mitte April 7 bis 13 hellgrüne, graugrüne oder hellgelbe Eier. Das Weibchen legt in Intervallen von 24 Stunden.
Maße der Eier: 50,1 bis 64,3 mm x 36,4 bis 45,5 mm.
Anfangs wacht das Männchen noch in Nestnähe, nach und nach schließt es sich dann aber den Erpelgesellschaften an.
Nach 24 bis 28 Tagen Brutzeit schlüpfen die Küken und gehen mit der Mutter relativ kurze Zeit später ins Wasser. Die Jungen bleiben im Mutterfamilienverband 7 bis 8 Wochen zusammen. Nach 130 Tagen ist das intensive Körperwachstum beendet, und viele Jungenten fallen den Schüssen der Jäger zwischen dem 1. August und dem 31. Januar zum Opfer.

Als natürliche Feinde gelten Füchse, Iltisse, Fischotter, Wasserratten, Greifvögel, verwilderte Katzen und Hunde.
Charakteristisch ist die Stimme der Stokkente: Der Erpel ruft sein gedämpftes „Räb", die Ente quakt schallend laut. Das kurze „Weck-Weck" wird als Kontaktlaut, das etwas tiefere „Wack-Wack" als Locklaut gedeutet.

In menschlicher Obhut ist die Zucht der selteneren Unterarten für Ziergeflügelzüchter interessant, jedoch ist die Reinhaltung wegen der hohen Bastardierungsneigung nur dann möglich, wenn die Unterarten in Kleingehegen getrennt voneinander gehalten werden. Auf jeden Fall muß verhindert werden, daß wildlebende Stockentenerpel eindringen und die Weibchen begatten können.

In der neuen Systematik von Wolters (1982) wird die wildlebende **Moschus-Ente,** *Cairina moschata*, Linné 1758, nicht zusammen mit der Malaien-Ente, *C. scutulata*, Müller 1841, und der Hartlaub-Ente, (früher *C. hartlaubi*, Cassin 1859) in einer Gattung geführt, sondern die Hartlaub-Ente ist in der Gattung *Pteronetta hartlaubii* von der Gattung *Cairina moschata* (Moschus-Ente) getrennt. Die Moschus-Ente gehört demnach in die Ordnung Entenvögel *(Anatiformes)*, in die Familie Entenartige *(Anatidae)* und in die Unterfamilie Enten *(Anatinae)*.

In älterer Literatur wird nicht nur die domestizierte Warzen-Ente, sondern auch die wilde *Cairina* Bisam- und Türkische Ente genannt. Erstere Bezeichnung geht auf den bisamähnlichen Geruch zurück, den die Ente absondert, letztere ist falsch; sie rührt von der irrtümlichen Annahme, die Warzen-Ente käme als fremdländischer Vogel aus der Türkei.
Reinblütige, nicht mit domestizierten Warzen-Enten vermischte Vögel wiegen 3000 bis 5000 g (Erpel) bzw. 1600 bis 2800 g (Weibchen). Wie bei der Haustierform ist der Erpel bedeutend größer. Bei ihm ist das gesamte Klein- und Großgefieder schwarz mit starkem purpurgrünen Glanz. Das schwarzbraune Kopf- und Halsgefieder ist mähnenartig verlängert. Reinweiß sind die Flügeldecken und Axillarfedern.

Der charakteristische Stirnhöcker ist je nach Alter und Konstitution ausgedehnt und bedeckt die Schnabelwurzel bis zum Auge. Die Zügelgegend und die Augenumgebung sind nackt, zwischen der Schnabelwurzel und den Nasenlöchern befindet sich ein roter, fleischiger, kugeliger Höcker. Das Weibchen hat nur eine schmale, unbefiederte, rote, warzige Stelle über der Schnabelwurzel und vor dem Auge. Zügel und Augengegend sind also bei der reinen Wildform stets befiedert. Der Schnabel ist bei beiden Geschlechtern relativ groß und trägt an der Spitze einen scharf gekrümmten Nagel. Die Farbe ist dunkelgrau mit hellrosa Flecken. Gelbbraun sind die Iriden, Läufe und Füße schwarz. Auffallend sind die kräftigen Krallen, die die Art als Baumbewohner kennzeichnen. Während ausgewachsene Erpel eine Flügelspannweite bis zu 1,35 m erreichen, klaftern die Enten nur bis ca. 90 cm. Die Schwimmhaut ist etwas ausgerandet; die äußeren der 18 Schwanzfedern sind etwas kürzer als die mittleren. Wie die Haustierform sind auch die wilden Cairinas fast stimmlos. In der Erregung geben die Vögel ein Zischen, die brütenden Weibchen kurze, klagende melancholische Töne von sich.

Mittel- und Südamerika, weniger allerdings die Westküste und der Süden sind die Heimat der Moschus-Enten. In ihren Wohngebieten halten sie sich relativ wenig am Wasser auf. Wichtig dagegen ist hoher Baumbestand, der ihnen auch Nistmöglichkeiten in den Höhlen bietet. Die Art ist im Ursprungsland nirgends häufig, eine der letzten Freilandbeobachtungen stammen von Reichholf (1975), der Moschus-Enten im subtropischen Südamerika paarweise auf kleinen Flüssen, Bächen und in Sumpflagunen sah. Allerdings beobachtete der Forscher auch eine Herde von über 100 Tieren, die aus Familiengruppen zusammengesetzt war.

Mit ihren scharfen, spitzen Krallen kann die Moschus-Ente gut in Bäumen klettern. Zur Nachtzeit sitzen die Vögel auf waagerechten Ästen und sind so vor bodenlebenden Feinden geschützt.

Nach neueren Untersuchungen ist die frühere Annahme, Moschus-Enten lebten polygam, nicht mehr zu halten, auch wenn sie anscheinend keine feste Paarbindung eingehen. In der Brutzeit ist hauptsächlich das Weibchen mit Nistplatzsuche, Brut und Jungenaufzucht aktiv, während die Balz des Erpels sehr einfach erscheint. Zu Beginn des Regens, der zu unterschiedlichen Zeitpunkten fallen kann (Peru im März, Guyana im Februar bis Mai, Bolivien im November, Mittelamerika im Juni), legt die Ente in Baumhöhlen, seltener in Palmkronen 10 bis 18 hellgraue oder hellgrüne Eier. Aufgefundene Gelege mit 20 oder mehr Eier stammten vermutlich von mehreren Weibchen. In Ausnahmefällen wird auch einfach zur ebenen Erde im Gras gebrütet.

Maße der Eier: 56,5 bis 67,5 mm x 42,7 bis 48 mm.

Die brütenden Weibchen sollen sehr fest auf dem Nest sitzen und dieses nur bei größeren Störungen verlassen (Snethlage, 1928).

Die nach 35 Bruttagen frischgeschlüpften Jungen tragen ein Dunenkleid mit dunkelbrauner Oberseite, gelbem Gesicht, heller Bauchseite und gelben Flecken an Flügel und Bürzel. Schnabel und Füße sind schwarz. Im Jugendkleid sind Moschus-Enten schwarzbraun mit geringerem Grünglanz. Auch fehlt ihnen noch der charakteristische Stirnhöcker. Auf den Decken sitzen verstreut weiße Federn. Auch im halberwachsenen Stadium sind die Geschlechter an dem beträchtlichen Größenunterschied schon zu erkennen.

Sind die Jungen erwachsen, scharen sich die Mutterfamilien zu Trupps zusammen und ziehen dorthin, wo in der Trockenzeit die Wasserstellen noch nicht versiegt sind. Meist handelt es sich um tiefere Gewässer und Küstengebiete. Findet sich in den Brutgebieten ständig Wasser, so sind die Vögel seßhaft.

Es fehlen noch genauere Forschungsergebnisse zu den Nahrungsgewohnheiten der Moschus-Enten, wir wissen lediglich aus den Analysen von Johnsgard (1978), daß neben verschiedenen Pflanzen auch kleine Wasserlebewesen, Insekten und kleine Reptilien aufgenommen werden. Termiten scheinen häufiger, Krabben weniger in der Nahrung enthalten zu sein.

Reinblütige Moschus-Enten sind in Gehegehaltung relativ selten. Probleme bereitet die „Bösartigkeit" der Erpel, so daß ein Zusammenleben mit anderen Arten kaum möglich ist. Sogar größere Gänse und Schwäne sollen getötet worden sein. Kolbe (1981) berichtet von der Haltung wilder Cairinas in den Tierparks Berlin und Cottbus, die allerdings in Gefangenschaft geboren wurden. Die Erpel sollen dort friedlich sein. Seit 1963 besitzt der englische Wildfowl Trust angeblich Wild-Cairinas, die sich auch gut fortpflanzen. Leider gelang die Zucht im Westberliner Zoo über viele Jahre hinweg nicht, im Prager Zoo nur nach Rückkreuzungen mit domestizierten Warzen-Enten. „Die zahlreich heranwachsenden Jungvögel (1964 waren es 96 Stück) stellen zwar vom Erscheinungsbild *Cairina moschata* dar, bleiben aber dennoch domestizierte Moschus-Enten. Ihre Küken waren wie die der Wirtschaftsrassen rein gelb" (Kolbe, 1981).

Ob die gerade in jüngster Zeit in Fachzeitschriften angebotenen, angeblich reinblütigen Moschus-Enten in Wirklichkeit nicht halbdomestiziert sind, muß bezweifelt werden.

Kulturgeschichte

Die Pute

Erst 27 Jahre nach der Entdeckung des amerikanischen Kontinents durch Christoph Kolumbus – er war am Morgen des 12. Oktober 1492 auf der Bahama-Insel Guananahani gelandet – wurden „wilde", vom Menschen gezähmte Puten von dem spanischen Eroberer Ferdinand Cortez in Mexiko entdeckt. Er hatte 1519 durch einen Feldzug das Reich des letzten Aztekenkönigs Montezuma zerstört. Die spanischen Seeleute glaubten, wie zuvor Kolumbus, Westindien entdeckt zu haben. Deshalb wurden die Truthühner von ihnen als „Indische Hühner" bezeichnet.

Ob schon Kolumbus auf seiner Reise im Jahre 1502 auf der gegenüber der Küste von Honduras gelegenen Insel Guanaja zahme Truthühner angetroffen hat, ist nicht sicher, jedoch wahrscheinlich.

Europa erhielt die erste schriftliche Mitteilung über Puten im Jahr 1523 durch den Spanier Gonzalo Hernandes Oviedo aus Kastilien in seiner Schrift „Hystoria natural y general de las Indias". Darin wird das Truthuhn als eine Art Pfau beschrieben, der in Mexiko vorkomme. Montezuma hatte als Tierfreund nicht nur in den königlichen Parks und Ländereien Puten gehalten, sondern auch an anderen Orten seines Reiches. Zur Herkunft gibt es auch irrtümliche Angaben, die zu ebenso falschen Namensgebungen führten. So wurde früher überliefert, Puten seien durch die Reise des berühmten Seefahrers Vasco da Gama (1498) bekannt geworden. Die Benennungen „Kalekutischer Hahn", „Kalekut", „Türkischer Hahn", der englische Name „Turkey", vermutlich auch die französische, aus Coq d'Inde entstandene Bezeichnung „Dindon" verweisen auf die an der Südwestküste Ostindiens gelegene Stadt Kalkutta, früher Calicut.

Aus dem Buch von Marcel Brion „Die frühen Kulturen der Welt" geht hervor, daß schon in vorgeschichtlicher Zeit Truthühner von mittelamerikanischen Eingeborenen gehalten wurden. Im Jahr 1917 fanden Archäologen bei den Ausgrabungen von Havikuh, einer der berühmten „Sieben goldenen Städte" des Königreichs Gibola, nicht nur monumentale Bauwerke, Wohn- und Grabstätten aus mehreren Epochen, sondern auch interessante Hinweise über die Lebensweise dieser Indianer aus der Zeit um 500 v. Chr. Sie nannten die wilden Truthühner „Toka"; das Fleisch war sehr begehrt, die Knochen wurden zu Werkzeugen verarbeitet, die Federn dienten zur Herstellung von Bekleidung und Schmuck. Bei Ausgrabungen im Mimbres-Tal in New Mexico stieß Charles Bergen 1930 auf bemalte Tongefäße der Mogollan-Kultur (etwa zwischen 1050 und 1200 n. Chr.), die u. a. den „Wilden Truthahn" zeigen. Eindeutig sieht man die Brusthaarbüschel und die Fleischzapfen an der Stirn.

Fernandez berichtet 1576 in seinem Buch „Archivberichte aus dem neuen Spanien" über die Unterschiede zwischen gezähmten und wilden Puten. Daraus kann man schließen, daß spätestens zur Zeit der Eroberungen durch die Spanier das Truthuhn domestiziert war. Daneben scheinen die Eingeborenen wilde, eingefangene Puten gehalten zu haben. Der Engländer Sir Walter Raleigh berichtet um 1565 von großen Herden wilder Truthühner aus Virginia.

Entgegen den Schilderungen des englischen Zoologen Zeuner (1963) der das Jahr der ersten Einfuhr von Puten nach Europa mit 1523 angibt, behauptet A. Wulf in seinem Buch „Truthuhn, Perlhuhn und Pfau als Hausgeflügel", daß schon im Jahr 1499 im Norden Venezuelas Truthühner von einem gewissen Pedro Nino von den Eingeborenen für 4 Glasperlen pro Stück abgekauft wurden und im folgenden Jahr in Bayerie, in der spanischen Provinz Galicien, gelandet seien. Wulf berichtet von der Putenhaltung des Herkunftslandes: „Damals war der Vogel schon allgemein domestiziert, in Montezumas Palästen soll er zu Millionen gehalten worden sein, so daß er das gewöhnliche Futter der dort gehaltenen Raubtiere ausmachte. Der allgemeine Name war Totolui, der Hahn hieß huexoloth und die Henne cihuatslui."

Wahrscheinlich sind vor 1520 keine Puten lebend nach Europa gekommen, wenn auch Riedel (1933) überliefert, daß angeblich am 2. Mai 1497 der Italiener Giovanni Cabato und sein Sohn zu einer Fahrt aufbrachen und im gleichen Jahr mit 18 Mann Besatzung auf dem Segler „Matthew" die kanadische Halbinsel Labrador erreichten. Der Kapitän war auf Geheiß des englischen Königs Heinrich VII. gestartet, um die Entdeckung der Neuen Welt durch Kolumbus zu überprüfen. Es sollen von dieser Fahrt 2 Truthähne nach England gebracht worden sein.

Daß auf einer Augsburger Bäckerhochzeit schon 1496 15 Truthähne verspeist worden sein sollen, geht sicher auf eine Verwechslung mit Perlhühnern zurück, denn diese waren in dieser Zeit in Europa schon lange bekannt und wurden auch als „Turkey" bezeichnet.

R. Römer (1955) kennt noch einen Hinweis von einem gewissen Robinson, wonach Truthühner erstmals 1498 von Amerika nach Spanien gebracht worden sein sollen. Das wäre nur möglich gewesen, wenn Kolumbus bei seiner dritten Schiffsreise nach Südamerika Puten als lebenden Schiffsproviant mit nach Spanien gebracht hätte. Dazu fehlen aber gesicherte Angaben, so daß das Vorkommen von Puten in Europa vor 1520 wohl eine Vermutung bleiben wird.

In England gab es wahrscheinlich schon um 1524 Hausputen. Sicher ist, daß im Jahr 1541 der Erzbischof Cranmor verbot, bei festlichen Essen mehr als ein Gericht Truthähne auftragen zu lassen. Der britische König Eduard VI. verlieh um 1550 einem William Strickland ein Wappen, das einen Truthahn zeigt. Aus nicht ganz zuverlässigen Quellen geht hervor, daß schon während der Regierungszeit Heinrichs VIII. (1509 bis 1547) um 1525 Puten in England gehalten worden sein sollen.

In Frankreich wurden Puten ab 1540 durch den Admiral Philipp de Chabot unter der Regierung Franz I. eingeführt. Der französische Schriftsteller Scaliger berichtet, daß die Vögel aus Spanien gekommen seien. Nach Champier gelangten Puten wenige Jahre vor 1550 aus Westindien nach Frankreich. Der Dichter Jean Baptiste le Chadelier rühmt die Pute als vorzügliches Tafelge-

flügel schon im Jahr 1546. Zu dieser Zeit scheint der Vogel aber nur selten gehalten und gegessen worden zu sein. Noch 1576 ist das Erscheinen eines Dutzend gebratener Puten auf der Festtafel bei der Verlobung Karls IX. eine kleine Sensation, die besonders erwähnt wird. Aus den Annalen geht hervor, daß der Kardinal von Lothringen und die Königin-Mutter, die eigentliche Herrscherin des damaligen Frankreichs, sich den Magen an der seltenen Speise verdarben. Doch der König begann bald darauf die Zucht in größerem Umfang im Wald von St. Germain.

B. Dürigen (1906) schildert die Vorgänge aus dieser Zeit in seinem Standardwerk „Die Geflügelzucht": „Um 1550 hatte man Truthühner auch in Italien — nach Humboldt's ‚Kritische Untersuchung' soll sogar der Bischof Alexander Geraldini schon im Jahre 1516 unter anderem einen Truthahn an Papst Leo X. als Geschenk gesandt haben. Als Zeit der Einführung des Truthuhns in Deutschland gibt Konrad von Heresbach das Jahr 1530 an, doch möchten sie etwas später zu setzen sein; immerhin erschienen sie z. B. 1561 bei Fugger in Augsburg auf der Tafel." Am Niederrhein sollen in dieser Zeit Puten schon in Herden gehalten und gezüchtet worden sein.

Die Behörde in Venedig erwähnt die Pute in einem gegen den Luxus erlassenen Gesetz, wonach zahme Truthühner schon 1556 in Italien vorgekommen sein müssen. Sogar der Koch des Papstes Pius V. hinterließ in einem gegen 1570 erschienenen Buch einige Anleitungen zur Zubereitung gebratener Puten.

Sichere Berichte vom Vorkommen der Pute in Deutschland gibt es erst aus der Zeit um 1560, wenn auch einige Autoren vermuten, daß sie bei uns schon um 1530 vertreten war. Bei einer Hochzeit in Arnstadt sollen um 1565 nicht weniger als 150 Puten verzehrt worden sein.

Im 16. Jahrhundert war das Truthuhn auch nach Dänemark gelangt; erst zu Anfang des 18. Jahrhunderts kannten es die Holländer. Im Jahre 1669 sollen die ersten Puten durch die Armenier nach Persien gebracht worden sein. Auch der französische Reisende Tavernier wird in diesem Zusammenhang genannt. Zur Einbürgerung in andere Gebiete schildert L. Reinhardt

(1912) in „Kulturgeschichte der Nutztiere":
„In Indien gedeiht es nicht recht und bleibt
klein, ebenso auf Malakka und Java, wo es
sich manchmal überhaupt nicht fort-
pflanzt. Um 1879 waren sie in Annam neu
eingeführt. In China werden sie nur als Ra-
rität gehalten und nicht benutzt. An der
Küste von Oberguinea traf sie Bosmann
1705 auf den Gehöften der Europäer, doch
sind sie nicht in den Besitzstand der Neger
übergegangen. Die Indianer des nördlichen Südamerika dagegen hatten von den
mittelamerikanischen Kulturvölkern, speziell dem Stamme der Mayas, das Truthuhn
übernommen; so traf es 1860 der englische
Naturforscher Bates im Besitze der Indianer am Amazonenstrom."

Im Schleswiger Dom wurden 1939 an den
Wänden Fresken entdeckt, die offensichtlich Puten darstellen. Ein Wandbild, das im
Buch von R. Römer, 1955, „Die Truthühner" dargestellt ist, zeigt einen balzenden
Hahn mit starkem, weit über die Schnabelspitze herabhängenden Stirnzapfen und
deutlichen Haarbüschel an der Brust. Die
vorgewölbte Brustpartie ist stark betont,
der breite Stand zeigt den Typ der Mast-
pute. Die Echtheit der Fresken wurde von
Anfang an in Frage gestellt. Wären sie im
13. Jahrhundert angebracht worden, wäre
das ein Beweis für die Einfuhr der Puten
durch seefahrende Normannen dieser
Zeit. In den fünfziger Jahren unseres Jahrhunderts wurde aber die Fälschung in
Schleswig bewiesen, nachdem ähnliche
Fresken in Lübeck sich ebenfalls als ge-
fälscht herausstellten.

Nach amerikanischen Angaben sollen die
dortigen Hausputen auf Rückimporte aus
Europa zurückgehen, die dann erst wieder
im 19. Jahrhundert mit wilden Puten verpaart wurden. Übrigens sollen die Spanier
unter den ersten Puten in Mexiko auch
schon weiße Puten angetroffen haben, ein
deutliches Zeichen von Inzucht durch Domestikation.

Aus dieser Zeit sei ein Originalzitat zum
Abschluß dieses Kapitels gebracht. Der erste Europäer, der das Truthuhn sah, der
Spanier Oviedo, schreibt in seiner Geschichte Indiens: „In Neuspanien gibt es
sehr große und schmackhafte Pfauen, von
welchen viele nach den Inseln und in die
Provinz Castilia de Oro geschafft worden

sind und daselbst in den Häusern der Chri-
sten ernährt werden. Die Hennen sehen
unansehnlich aus, die Hähne aber sind
schön, schlagen auch oft ein Rad, obgleich
sie keinen so großen Schweif haben als die
Pfauen in Spanien."

Das Perlhuhn

Die Kulturgeschichte des Perlhuhnes beginnt in der antiken Sagenwelt der Griechen. Der Sohn des kalydonischen Königs
Oineus war auf einer Wildschweinjagd um-
gekommen. Darüber waren seine Schwe-
stern untröstlich und wurden durch das
Mitleid der Götter in Vögel verwandelt. Plinius berichtet, daß diese Vögel mit dem
schiefergrauen Gefieder und perlenartigen
Tropfen am Grabe des Meleager gehalten
werden und dort zu Ehren der Toten kämpfen. Historisch gesichert ist, daß in vorgeschichtlicher Zeit Kampfspiele zu Ehren
Verstorbener üblich waren.

Der lateinische Name des wilden Helmperlhuhnes, *Numida meleagris*, rührt also
daher, daß die Perlflecke als erstarrte Trä-
nen über den Tod des Meleagrides gedeutet wurden. Dieser Name wurde, übrigens
von dem schwedischen Naturforscher C.
v. Linné irrtümlich als Bezeichnung für
Truthühner verwendet.

Die ursprüngliche griechische Bezeichnung des Perlhuhnes im 5. Jahrhundert v.
Chr. lautete „melanargis", was so viel wie
„schwarz-weißer Vogel" bedeutet. In dieser Zeit war die Art als Wildvogel bereits
von Afrika aus eingeführt worden. Erst
später wurde der Name in „meleagris" ver-
fälscht und mit der griechischen Mytholo-
gie verknüpft. Seylax von Caryanda berichtet, daß Perlhühner zuerst in der Stadt Pon-
tion (am Golf Kotes, in der Nähe des Kap
des Hermes gelegen) gehalten wurden.
Von dort aus gelangten sie dann nach Griechenland. Der Aristoteles-Schüler Klytus
von Milet überliefert, daß auf der im
Ägäischen Meer gelegenen kleinen, von
den Milesiern kolonisierten Insel Leros um
den Tempel der Artemis afrikanische Perlhühner gehalten wurden, und beschreibt
die Vögel genau. Nach den Berichten von

Athenaeus sollen Aetolien und Böotien am Anfang des 3. Jahrhunderts n. Chr. die ersten Länder gewesen sein, die domestizierte Perlhühner züchteten. Pausanias berichtet, daß das Perlhuhn bei der ärmeren Bevölkerung als den Göttern wohlgefälliges Opfertier galt. In Italien erwähnt der Schriftsteller Varro den Vogel in seinen landwirtschaftlichen Schriften als selten und teuer. Als Plinius im Jahr 79 n. Chr. starb, war das Perlhuhn aber bei den Römern schon in Großzuchten verbreitet. Plinius erwähnt auch, daß das Fleisch des Perlhuhns einen unangenehmen Nebengeschmack gehabt haben soll. Von Kaiser Caligula (12 bis 41 n. Chr.) ist bekannt, daß er gestattete, ihm als „göttliche Majestät" Perlhühner zum Opfer darzubringen. So fand man auch Perlhuhnreste in der Saalburg, einem römischen Lager am Limes im Taunus, die von Opfertieren stammen könnten. Varro (116 bis 28 v. Chr.) hatte schon die afrikanischen Hühner als „Gallinae africanae" bezeichnet; von Martial wurden sie „Numidicae guttatae" oder „Libycae volucres" genannt. A. More vermutet, daß zur Zeit der Römer die marokkanische Unterart *Numida meleagris sabyi* gezähmt wurde; später erst führten sie die nordostafrikanische Unterart *Numida meleagris meleagris* ein. „Numida" gibt den Hinweis auf die Herkunft: das damalige Numidien, wie das heutige Algier in Marokko hieß.

In Phokis bei Tithorea wurden nach Pausanias zweimal im Jahr im Tempel der Isis neben Gänsen auch Perlhühner geopfert. Sowohl in Griechenland als auch bei den Römern erlosch die Perlhuhnzucht in den ersten nachchristlichen Jahrhunderten wieder, merkwürdigerweise parallel mit dem Zerfall des römischen Imperiums. Aus der Zeit des römischen Kaisers Diokletian (242 bis 313 n. Chr.) fand O. Keller 1913 noch zwei Darstellungen von Perlhühnern in einem Mosaik aus den kaiserlichen Thermen. Auch befindet sich im Haus der Vettier in Pompeji ein schlecht erhaltenes Fresko mit einem Perlhuhn.

Die Römer schätzten das Perlhuhn vorzugsweise zu Speisezwecken. Es ist überliefert, daß sie alles in den Mund stecken mußten und, je neuer und kostbarer ein Gericht war, um so gieriger danach trachteten. Manche Römer beklagten aber die schwere Verdaulichkeit des Perlhuhnfleisches, so auch Horaz: „Non afra avis descendet in ventrem meum" (Der afrikanische Vogel steigt nicht in meinen Magen hinab).

H. v. Boetticher (1954) vermutet, daß die Römer schon zwei verschiedene Formen des Perlhuhns kannten. Neben dem rotlappigen „gallina numidica" (wahrscheinlich *Numida meleagrtis sabyi*) kannten sie auch die blaulappige Unterart *N. m. meleagris*. Jedoch ist unbekannt, ob beide Formen als Hausgeflügel gezüchtet wurden. Vermutlich wurde das scheue Pinselperlhuhn *N. m. meleagris* (blaue Schnabellappen) nur als Jagdwild importiert und verzehrt.

Im 15. Jahrhundert segelten erstmalig portugiesische Schiffe an der Westküste Afrikas. Bartolomäus Diaz umschiffte 1486 als erster Europäer die Südspitze, das Kap der Guten Hoffnung. Was im Mittelalter arabische Forscher, die bis zum Sudan vordrangen, berichteten, erfuhren wir aus alten Schriften. Neben Einfuhren von Diamanten, Elfenbein, Gold, Kakao und Vanille gelangte auch in dieser Zeit erneut das Perlhuhn nach Europa. Der Portugiese Volatteranus will solche Vögel angeblich schon vor dem Jahr 1500 beim Kardinal San Clemente gesehen haben. Die erste Abbildung von Perlhühnern nach der portugiesischen Einfuhr stammt von dem Züricher Konrad Gesner in seinem berühmten „Icones animalium" von 1563. Er bemerkt dazu, es sei ein fremder wilder Hahn aus Afrika und der Berberei, den er von seinem Freund Cajus, einem englischen Arzt, erhalten habe. Da das fremde Huhn relativ leicht zu halten war, verbreitete es sich bald in allen westeuropäischen Ländern; vermutlich entstanden auch schon im Mittelalter weiße und scheckige Perlhühner, wie schon Staudinger von weißen Tieren in ihrem Ursprungsgebiet am Niger berichtet hatte. In Frankreich gab es Hühnerhöfe mit zahlreichen poule de Guinée, wie die Perlhühner genannt wurden. Ausgesetzte Tiere auf Inseln verwilderten wieder. So werden Perlhühner von den Kapverden, auf Ascension und St. Helena aus dieser Zeit gemeldet. L. Reinhardt (1912) berichtet, daß sie in verwildertem Zustand in Amerika kleiner wurden, schwarze Füße in

Verbindung mit weißem Bauch, weißem Rücken und Flügelspitzen bekamen. Auch verwilderten Perlhühner in klimatisch milden Gegenden Englands. Weitere Einbürgerungen erfolgten auf den Westindischen Inseln (Kuba, Jamaika, Haiti, Puerto Rico). Spanier hatten schon bald nach der Entdeckung Amerikas das Perlhuhn dorthin mitgenommen.

Sehr interessante Erkenntnisse zur Bezeichnung des Perlhuhns liegen vor. Spanier und Portugiesen nannten den Vogel wegen der wie gemalt erscheinenden Zeichnung „Polla pintada" (Gemaltes Huhn). Davon leitet sich auch die französische Bezeichnung „pintade" ab. Da die ersten Perlhühner nach England aus Oberguinea kamen, erhielten sie den Namen „Guineafowl" (Guineahühner). Italien hatte schon in sehr frühen Zeiten Perlhühner aus Ägypten eingeführt, und man nannte sie deshalb „Galline di Faraone" (Pharaonshühner). In Rußland hießen die Vögel „Zessarka", abgeleitet von „Cäsar". Holländische Buren bezeichneten Perlhühner als „Tarentaal". Außerdem gibt es noch eine Fülle zungenbrecherischer Namen für Perlhühner, die die verschiedenen afrikanischen Eingeborenenstämme verwenden.

Die Gans

Nach dem neuesten Stand der Haustierforschung kommen folgende Wildgansarten als Stammform für die Hausgans in Frage:

Anser anser, Linné 1758, Graugans
A. albifrons, Scopoli 1769, Bläßgans
A. cygnoides, Linné 1758, Schwanengans
Alopochen aegyptiacus, Linné 1766, Nilgans

Der englische Forscher F. E. Zeuner (1963) nimmt nach umfangreichen Ausgrabungen an, daß die Gans seit der Jungsteinzeit (6000 bis 5000 v. Chr.) als Haustier gehalten wird. Inwieweit die Nilgans in Ägypten tatsächlich domestiziert war, ist nicht genau bekannt. Die wilde Schwanengans nimmt hinsichtlich ihrer Domestikationsgeschichte eine Sonderstellung ein, die am

Schluß dieses Kapitels näher dargestellt wird.

Leider werden häufig Vogelknochen von den Ausgräbern nicht beachtet, so daß die gcnaue Datierung der Domestikation der Gans noch etwas im dunkeln liegt. Da die Graugans nicht südlich des 45. Breitengrades brütet, kann sie nur als Zugvogel im alten Ägypten vertreten gewesen sein. Die ursprüngliche Domestikation hat aber wahrscheinlich in einem Gebiet stattgefunden, in dem die Graugans auch brütet.

Durch Ausgrabungen und Kunstdokumente wissen wir recht viel von der Stellung der Gans in Ägypten. Aus der Fülle der Wasservogelarten des Nildeltas wählte man die Graugans und die Bläßgans aus, die zunächst in der ursprünglichen Wildform in menschlicher Obhut gehalten wurden. Wahrscheinlich sorgte man für Nachschub durch Fang großer Mengen mit Netzen. Das Stopfen der Gänse zeigt ein Relief aus der 5. Dynastie (etwa 3000 v. Chr., Museum in Berlin). Merkwürdigerweise ist auch das Stopfen von Hyänen zum menschlichen Genuß damals üblich gewesen. Eine weitere Nahrungsquelle der Ägypter bildeten die eingesammelten Bruteier wilder Gänse in den Nilsümpfen. Erst im Neuen Reich (ab 1536 bis 1085 v. Chr.) war die Graugans völlig domestiziert. Die Wandgemälde auf dem riesigen Pyramidenfeld von Saccare in den Grabkammern des Großwürdenträgers Ti, der unter zwei Königen der 5. Dynastie lebte und mit einer Prinzessin verheiratet war, zeigen noch typische Wildgänse neben den Anfängen der Haustierhaltung. Nach C. S. Th. van Gink zeigt ein Gemälde die Behausung und Fütterung der Gänse, das andere hauptsächlich die Mästung. Die Gänse im Landgans-Typ sind weiß, grau und gescheckt abgebildet.

Auf dem berühmten Gänsefries in einer Grabkammer zu Medium (etwa 2850 v. Chr.) sind dekorativ drei Gänse dargestellt. Van Gink glaubt, eine Schwangans, eine Rothalsgans und eine wilde Graugans zu erkennen (1963). In einem früheren Aufsatz von 1957 hatte er eine Art noch als Nilgans gedeutet.

Sicher ist, daß mumifizierte Exemplare von Grau- und Nilgans in anderen Gräbern gefunden wurden. Als Opfertier wurde die wilde Nilgans bevorzugt. Zeuner (1963) ist

Graugans auf einem Wandbild aus dem Grab des Ägypters Kai-em-Anch, 6. Dynastie, um 2320 bis 2160 v. Chr.

der Ansicht, daß die Nilgans wegen ihrer aggressiven Wildheit nie domestiziert wurde. Es gibt aber Abbildungen, auf denen Nilgänse mit anderen Hausgänsen zusammen sind. Nach L. Reinhardt (1912) wurde die Nilgans bereits sehr früh in Ägypten domestiziert. Schon auf den Grabgemälden des Alten Reiches (2980 bis 2475 v. Chr.) sind Bäuerinnen zu erkennen, die Nilgänse als Opfergabe auf den Markt oder in den Tempel bringen. Geflügelläden mit gemästeten Gänsen, das Stopfen, das Braten auf Spießen in glühender Asche zeigen Nilgänse, an der arttypischen Kopf- und Augenrandfärbung zu erkennen. Eine Darstellung aus dem Neuen Reich zeigt einen Küchenjungen, der eine Gans in einem über dem Feuer stehenden Metallkessel mit einer großen zweizinkigen Gabel wendet.

Im Britischen Museum in London wird ein Gräberbild aus Theben ausgestellt, auf dem ganze Herden von Gänsen und Körbe voll geschlachteter Leiber einem hohen Beamten vorgeführt werden. Die sich herandrängenden Gänsehirten werden dabei von dem Aufseher zur Ruhe gewiesen. Stets handelt es sich um die naturgetreue Abbildung der Nilgans, deren Zucht über den Zeitraum von über 2000 Jahren von großer wirtschaftlicher Bedeutung gewesen sein muß. Merkwürdigerweise sind diese Zuchten anscheinend völlig erloschen, denn weder im Niltal noch sonstwo in Afrika ist irgendeine Spur ihrer Erhaltung zu finden. Versuche, die Nilgans in Europa zu domestizieren, sind gescheitert. Lediglich als Ziergeflügel erlangte sie bis zur Gegenwart Bedeutung. Einige Ansätze in Frankreich, die Nilgans in den Haustierstand zu erheben (nach J. G. St. Hilaire um 1839), zeigten, daß die Vögel nach und nach an Größe zunahmen und die Befiederung etwas heller wurde. Auch gelang es, die Brutzeit von ursprünglich Anfang Januar bis April hinauszuschieben. Die Domestikationsbemühungen endeten aber dann doch erfolglos.

Die Spur der Hausgans bis zur Graugans läßt sich klarer zurückverfolgen. Wildgänse waren schon Nahrungstiere für Frühmenschen; so wurden Überreste von Graugän-

Zählung und Prüfung von Gänsen in Theben um 1400 v. Chr. Weiße Gänse und Küken verweisen auf erfolgte Domestikation. Britisches Musem

sen unter den Speiseabfällen der frühneolithischen Muschelesser Dänemarks („Kjokkenmöddings") gefunden. Auch die Menschen der Pfahlbauzeit kannten Graugänse als Nahrung. Wenn auch gänseähnliche Vögel neben Rinderköpfen auf einem bei Frankfurt an der Oder gefundenen heiligen Wappen der Bronzezeit zu sehen sind, muß man doch davon ausgehen, daß es noch keine domestizierten Gänse waren. Die Gans war in Europa nur als Wildtier bekannt, das neben seiner Nutzung zur menschlichen Ernährung als Opfertier für bestimmte Gottheiten diente.

Manche Forscher deuten allerdings Vogelplastiken aus der Bronzezeit (Lausitzer Urnenfelder-Kultur) als domestizierte Gänse (Zeuner, 1963). Gandert beschreibt 1953 zwei kleine Tonfiguren aus Biegen, Kreis Lebus, DDR, als vermutliche Hausgänse. Wissenschaftlich umstritten ist die Theorie von Hahn (1926), nach der die Gans die älteste domestizierte Vogelart ist. Aufgrund der Ähnlichkeiten der Bezeichnungen ist zu schließen, daß alle indogermanischen Völkerschaften bei der Besiedelung Europas die Gans bereits mitbrachten. Der Name der Gans lautet im Lateinischen „anser", altlateinisch „hanser", im Griechischen „chen", im Altskandinavischen „gas", im Altpreußischen „sansy", im Sanskrit „hamsa".

Aus dem alten Babylonien stammen Gewichte in Gestalt eines Schwimmvogels. Es könnte sich dabei um domestizierte Gänse gehandelt haben. In Indien hatte der Vogel religiöse Bedeutung, was sich aus den mehrfach in Gräbern gefundenen Gänsefiguren schließen läßt.

Im antiken Griechenland und in Kleinasien war die Gans der heilige Vogel der Aphrodite. Üppige Fülle und Fruchtbarkeit verkörperte die Gans in ihrer Frühzeit. Eine Fabel Äsops aus dem 6. Jahrhundert besagt, daß die Gans auch gelegentlich goldene Eier legen soll.

Im Homerischen Zeitalter wurden in Griechenland zahme Gänse in kleinen Herden gehalten. Im 15. Gesang der Odysee wird davon berichtet, daß am Hofe des Königs Menelaos von Sparta, dem Bruder des mächtigen Herrschers des „goldreichen Mykene", Agamemmnon, die „sehr große, gemästete, weiße Gans" gehalten wurde.

Elfenbeinarbeit aus Megiddo, Palästina, Darstellung der Ablieferung von Gänsen, 12./13. Jh. v. Chr.

Reinhardt (1912) vertritt die Ansicht, „daß wir es hier mit einem sehr alten, schon längst in der menschlichen Zucht und Pflege befindlichen Tiere zu tun haben, bei dem sich der bei Haustieren so weit verbreitete Leucismus schon vollkommen ausgebildet hatte. Wahrscheinlich hatten die alten Griechen die weiße Hausgans von Norden her erhalten. Da die wilde Stammform in Südeuropa nicht brütet, sondern im Herbst mit bereits erwachsenen Jungen in das Gebiet des Mittelmeeres fliegt, so ist sie wohl in ihrem südlichsten Brutbezirk, in Mitteleuropa, irgendwo vermutlich von indogermanischen Stämmen in die Haustierschaft gebracht worden. Hier konnten leicht nach Tötung der Mutter erbeutete junge Wildgänse in des Menschen Pflege herangezogen und später durch Brechen der Flügel vor dem Davonfliegen beim Größerwerden bewahrt werden."

Den Griechen erschien die Gans lieblich und schön; sie wurde zum bevorzugten Geschenk für Knaben und Mädchen. Im 19. Gesang der Odyssee erscheint sie als Ziervogel. Der Dichter singt davon, daß Penelope, die treue, von Freiern viel umworbene Gattin des Odysseus, als sie ihrem unbekannten, in Bettlergestalt ihr gegenübersitzenden Gemahl ihren Traum erzählt, auch von ihren 20 Gänsen berichtet, die sie sogar bei ihrer Wohnung, nicht in den sonst üblichen Ställen hält, weil die Vögel ihr Freude bereiten. Die eigens hervorgehobene Zahl soll wahrscheinlich überdies einen nicht unbedeutenden Reichtum ausdrücken. Später erlangte die Gans zusätzliche Bedeutung als Wächterin. Eine wachsame Hausfrau erhielt auf ihrem Grabe unter anderen Emblemen auch die Abbildung einer Gans als Zeichen für diese gute Eigenschaft. Aus dieser griechischen Periode stammen auch die Erwähnungen des Philosophen Aristoteles, der die Brutzeit der Gans mit 30 Tagen angibt, wobei er ausdrücklich erwähnt, daß der Ganter sich nicht an dem Brutgeschäft beteiligt. Die Gans galt den Griechen als Symbol der ewig göttlichen, geheimnisvollen Befruchtungskraft der Natur. Daher wurde sie der Göttin der Unterwelt, der Gemahlin des Pluto, aber auch der Isis geweiht. Daneben kannte man aber auch schon die Praxis des Mästens; das erzählt z. B. Homer aus dem

Hause des Menelaos, König von Sparta. Volle wirtschaftliche Nutzung der Gans betrieben erst die Römer. Aus der Frühzeit Roms ist bekannt, daß sie als sehr beliebte Speise zubereitet wurde; allerdings verzehrten Menschen höherer sozialer Stellung nur die Vorderteile des Vogels, die Hinterstücke wurden dem Hauspersonal überlassen. Gänseeier, nur weichgekocht, und die Leber galten als besondere Delikatessen. Zur Erzielung einer möglichst großen Gänseleber wurden die Tiere mit einer Mischung aus Mehl, Milch und Honig gestopft. Gänsefedern als Füllung für Kissen und Polster hatten schon die Moriner in Belgien verwendet; die Römer taten es ihnen nach, indem sie die Gänse zweimal jährlich rupften.

In seinem Buch über Landwirtschaft gibt uns der römische Ackerbauschriftsteller Columella im 1. Jahrhundert n. Chr. einen direkten und originalen Einblick in die damalige Praxis der Gänsezucht: „Die Gans wird vom Landmann sehr gern gehegt und gepflegt, weil man sich mit ihr nicht viel Mühe zu geben braucht und weil sie sorgfältiger wacht als ein Hund; denn sie verrät durch ihr Geschrei den Spitzbuben ganz sicher, wie sie denn einmal durch ihre Wachsamkeit das Kapitol (vor dem Überfall durch die Gallier oder Kelten) gerettet hat. Zur Gänsezucht gehört übrigens Wasser und viel Gras; auf Saatfeldern darf sie nicht weiden, denn sie reißt die zarten Pflänzchen ab. Sie liefert nicht bloß Junge, sondern auch Federn, die man jährlich zweimal, im Frühjahr und Herbst, ausrupfen kann. Auf drei Gänse hält man einen Gänserich. Gewöhnlich beschränkt man die Zahl der Gänse auf wenige. Will man aber ganze Herden davon halten, so muß man einen See oder Teich oder Fluß für sie haben. Man baut dann für sie allein einen Hof, umgibt ihn mit einer neun Fuß hohen Mauer, diese an der Innenseite mit einem Gang, der ein Dach hat und eine Wohnung für den Wärter enthält. Rings im Gange werden für einzelne Gänse steinere Verschläge gebaut, wovon jeder drei Fuß im Geviert mißt und eine feste Tür hat. Außer dem Wasser müssen die Gänse auch Wiesen haben, ferner müssen Äcker für sie bestimmt sein, welche mit Wicken, Klee, sogenanntem griechischem Heu (Bocks-

hornklee), vorzüglich aber mit Salat und einer Art Zichorie, welche die Griechen Seris nennen, besät sind; denn diese weichen Blätter fressen die Gänse besonders gern, und sie bekommen den Jungen vortrefflich. Man hält womöglich nur weiße Gänse, da sie die besten sind. Das Brüten beginnt im Februar oder März. Läßt man eine Gans nicht brüten, so legt sie jährlich zu drei verschiedenen Zeiten Eier, erst 5, dann 4, dann 3. Man läßt die Eier am liebsten von Haushühnern ausbrüten, auch die Jungen von diesen oder von den Gänsen selbst führen. Zur Legezeit muß man gut auf die Gänse aufpassen und diejenigen, bei welchen man das erste reife Ei fühlt, einsperren, bis sie gelegt haben. Hat man das beim ersten Ei getan, so sucht dann die Gans für jedes andere dasselbe Nest wieder auf. Einem Haushuhn darf man nur 3 bis höchstens 5 Gänseeier unterlegen, der Gans selbst 7 bis 15. Unter das Neststroh muß man Nesseln mischen; dadurch beugt man vor, daß später die jungen Gänschen nicht sterben, wenn sie von Nesseln gestochen werden. Gewöhnlich kriechen die Gänschen am 30. Tage aus dem Ei, bei warmem Wetter auch früher. Wie bei anderen jungen Tieren, so muß auch bei den Gänschen dafür gesorgt werden, daß sie keine Natter, keine Otter, keine Katze, kein Wiesel anhauchen kann; geschieht es doch, so sind die zarten Wesen unrettbar verloren." Erstaunlich, wie der antike Schriftsteller genaue, sachliche Angaben mit abergläubischen Ansichten vermischt!

Der Gelehrte Varro berichtet von Gänsezüchtereien, die mit dem griechischen Wort „chenoboskeion" bezeichnet wurden. „Scipio Metellus und Marcus Sejus besitzen große Gänseherden. Sejus schaffte große und weiße an; er hoffte von ihnen eine ebensolche Nachkommenschaft zu ziehen. Es gibt auch eine bunte (graue) Gänserasse, die man die wilde nennt, die sich nicht gern mit zahmen zusammentut und nicht leicht zahm wird. Man füttert sie mit der speziell für sie angepflanzten Seris oder mit Gerste oder anderem Getreide oder gemischtem Futter. Zur Mast nimmt man Junge von 4 bis 6 Monaten, sperrt sie in einen Verschlag, gibt ihnen eine mit Wasser naßgemachte Mischung von Gerstengraupen und Mehl, so daß sie sich täglich dreimal sättigen können, und nach dem Fressen reichlich zu saufen. Auf solche Weise müssen sie in 3 Monaten fett sein. So oft sie gefressen haben, wird ihr Verschlag gereinigt; denn sie verlangen, daß er rein sei."

Der Dichter Horaz rühmt die bei den Feinschmeckern des alten Roms begehrte Leber gemästeter Gänse: „Um eine delikate, große Gänseleber auftischen zu können, werden die Tiere mit Feigen gemästet." „Die Leber der Gans wird so groß wie die Gans selbst" übertreibt Juvenal, und Martial überliefert: „Da, sieh, eine Gänseleber, die größer ist als eine große Gans! Woher stammt denn diese?" Schließlich hören wir noch Plinius den Älteren in seiner Naturgeschichte: „Die Römer sind pfiffiger (als die Griechen) und schätzen die Gänse weniger wegen ihrer Liebe zur Philosophie als wegen ihrer wohlschmeckenden Leber. Werden sie gemästet, so wird die Leber außerordentlich groß und nimmt an Umfang noch zu, wenn man sie in eine Mischung von Milch und Honig legt. Es ist eine wichtige Frage, wer zuerst diese köstliche Entdeckung gemacht hat, ob der Konsular Scipio Metellus oder dessen Zeitgenosse, der Ritter Marcus Sejus. Das ist dagegen unbestreitbar, daß Messalinus Cotta, Sohn des Redners Messala, die Erfindung gemacht hat, Gänsefüße zu rösten und nebst Hahnenkämmen einzumachen."

Die Daunen der Gans wurden als willkommenes Produkt für Polstermaterial verwendet. Diese Möglichkeit hatten die Völker des Mittelmeerraumes von den Germanen übernommen; zuvor wurden Decken und Felle gebraucht. Dazu überliefert Plinius der Ältere: „Einen andern Vorteil (als die Leber) zieht man aus den Federn der weißen Gänse. An manchen Orten rupft man sie zweimal des Jahres, und sie bekommen doch wieder neue Federn. Der weichste Flaum sitzt der Haut am nächsten, der beste aber kommt aus Germanien. Die dortigen Gänse sind weiß, klein, heißen ‚ganz‘ (Gans), und das Pfund ihrer Federn kostet 5 Denar (3 Mark). Daher kommt es, daß die Offiziere der dort stehenden römischen Hilfsgruppen so oft angeklagt werden, ganze Kohorten auf die Gänsejagd, statt auf die Wache zu schicken. So sehr sind wir nun schon verweichlicht, daß sogar Män-

ner kaum schlafen können, wenn ihr Kopf nicht auf einem Kissen aus Gänseflaum ruht."

Die Gänsefeder als Schreibinstrument kannte das altertümliche Rom noch nicht. Statt dessen wurde das griechische Kalamós benutzt, ein Schreibrohr. Erst zur Zeit des Ostgotenkönigs Theodorich wird von Valesil die „penna" (Feder) als Schreibinstrument erwähnt. Später taucht die Gänsefeder in den Berichten des Isidorus Hispalensis (Bischof von Sevilla) in der ersten Hälfte des 7. Jahrhunderts n. Chr. und in den Annalen des um 670 n. Chr. lebenden Paulus von Ägina auf.

Besonders interessant sind die Überlieferungen von der Wächterfunktion der Gänse auf dem römischen Kapitol. Neben den Wachhunden hielt man geweihte Gänse zur Verehrung der Göttin Juno. Sie war Schützerin der Ehe; demgemäß wurden Gänse als Symbol der Fruchtbarkeit betrachtet. Auch gab es über die Gans Verbindung zum Fruchtbarkeitsgott Priapus und dem Kriegsgott Mars. Aus dieser ursprünglichen Bedeutung der kultischen Gänsehaltung entstand dann nach und nach die Rolle der Gans als Wächterin. Als die Gallier im Jahre 388 v. Chr. das Kapitol belagerten und heimlich bei Nacht am Felsen hinaufkletterten, um die Festung zu nehmen, schrien die Gänse und weckten damit die Wachsoldaten, die wiederum den Angriff erfolgreich abwehrten. Zum Dank für jene Rettung vor Überfall wurden nach Servius „jährlich am selbigen Tage mit Gold und purpur geschmückte Gänse auf Sänften in Rom zur Schau herumgetragen, während die Hunde, die den Feind nicht verraten hatten, ans Kreuz geschlagen wurden."

Die heiligen Gänse auf dem Kapitol wurden sorgfältig gefüttert. Dieser Vorgang wird durch Cicero (106 v. Chr.) bestätigt: „Auf dem Kapitol wurden Gänse und Hunde auf Staatskosten gefüttert, damit sie anzeigen sollen, wenn Diebe kommen. Mag dann bei Nacht kommen, wer da will, so geben sie Laut, denn sie können natürlich die Diebe nicht von den ehrlichen Menschen unterscheiden."

Die Rettung des Kapitols würdigt Livius (59 v. Chr.): „Als die Gallier in aller Stille bei Nacht das Kapitol erstiegen, bemerkten das die Schildwachen nicht, die Hunde schwiegen, die der Juno geweihten heiligen Gänse, die trotz Hungersnot von dem Schlächter geschont worden waren, erhoben ein großes Geschrei, schlugen mit den Schwingen und weckten die Soldaten. Wenn sich der Tag der Rettung jährte, begingen die Römer ein glänzendes Fest mit einem Umzug, bei dem kostbar geschmückte Gänse mitgeführt wurden."

Von Plinius ist überliefert, daß sich die Gänse sogar in die pflegenden Menschen verliebt hätten und sogar für menschliche Weisheiten empfänglich gewesen seien. Eine Gans habe dem Philosophen Lakydes eine solche Anhänglichkeit erwiesen, „daß sie ihn nirgends, weder auf der Straße, noch im Bade, weder bei Nacht, noch bei Tag verließ." Ein interessantes, frühes Beispiel für die von K. Lorenz (1965, 1978) entdeckte und beschriebene Prägung der Gänse auf Menschen.

Die Kelten und Germanen züchteten schon Gänse vor ihren Verbindungen zur römischen Kultur. Die Anfänge reichen zurück in vorchristliche Zeit. In der germanischen Dichtung „Edda" wird von den Gänsen auf dem Hofe Gudruns berichtet. Als die edle Frau am Sarg Sigurds laut jammerte, schrien auch die Gänse:

„Und hell aufschrieen
im Hofe die Gänse,
die zierlichen Vögel,
die Gudrun zog."

Im Herbst nach der Mästung aßen die Germanen, Kelten und Gallier die nicht zur Überwinterung und Zucht bestimmten Gänse zur Ehre des Gottes Thor mit großem Vergnügen. Der noch bis in unsere Gegenwart reichende Brauch eines Gänsemahls („Martinsgans") am 11. November geht zurück auf das Gedenken an den Heiligen Martin (um 400, Bischof von Tours), der bei der Christianisierung der Germanen Thor ablöste. Er war Schutzpatron der Gans im germanischen-frühmittelalterlichen Katholizismus. Der Sage nach soll sich Martin in einem Gänsestall versteckt haben, als er zum Bischof gewählt werden sollte und die Bürde des Amtes fürchtete. Heute noch singt man bei Martinsumzügen in Süddeutschland: „Den Herrn Martinum

soll man ehren, der uns die Gans gibt zu verzehren." Zins und Pachtverträge liefen von Martini zu Martini, so war auch an diesem Tage der Zehnte fällig. Nicht selten wurde er in Gestalt von fetten Gänsen geleistet, die bekanntlich um diese Zeit den Höhepunkt der Schmackhaftigkeit erreichten. Diese „Zinsgänse" wurden später dann an Klöster, Fürsten, Lehnsherren abgeliefert und dienten zur Verschönerung ihres festlichen Gastmahls und zur Bereicherung ihrer Lustbarkeiten. In Frankreich ist der Heilige Feréol der Schutzpatron der Gänse. Er soll nach Rabalais neben fetten Gänsen auch ganz besonders junge Mädchen geliebt haben.

Aus germanischen Beständen wurden manchmal große Herden über die Alpen ins römische Reich getrieben. Um 60 n. Chr. wurden Gänseherden aus Gallia Belgica nach Italien gebracht, wozu Zeuner (1963) humorvoll bemerkt: „Man fragt sich, wieviel von ihrem Fett wohl auf diesem Marsch verlorengegangen ist." In England fanden die Römer schon im letzten Jahrhundert v. Chr. zahme Gänse vor, die dort in erster Linie für Sportzwecke gehalten worden sein sollen, wobei unbekannt ist, um welche Sportart es sich gehandelt hat.

Karl der Große (742 bis 814) erwarb sich besondere Verdienste um die deutsche Gänsezucht. Auf seinen Hauptgütern mußten wenigstens 100 Hühner und 30 Gänse, auf den kleineren Höfen 50 Hühner und 12 Gänse gehalten werden. Die späteren Hohenstaufen-Kaiser förderten die Geflügelzucht noch stärker, so daß die Gänsehaltung zwischen 1140 und 1250 in Deutschland in hoher Blüte stand. Die Geflügelzucht überlebte auch die schlimmen Bauern- und Reformationskriege in Deutschland immer wieder, nur die Verwüstungen des 30jährigen Krieges (1618 bis 1848) hinterließ auch in den Gänsebeständen große Lücken. Erst am Ende des 18. Jahrhunderts war die Gans neben Huhn, Ente und Pute in Deutschland wieder so stark verbreitet, daß eine mehr oder weniger systematische Herauszüchtung bestimmter Lokalschläge und dann später auch von Rassen möglich wurde.

Nach Amerika gelangte die Gans von Europa aus und erreichte dort sehr schnell große Verbreitung. In London zählte man z. B. im Jahr 1934 auf dem Weihnachtsmarkt in den beiden letzten Dezemberwochen neben 2000 Puten auch 13000 Gänse aus englischen Zuchten. Neben Fleisch, Leber und Fett wurden ungeheure Mengen Gänsefedern für Bett- und Polsterfüllungen gebraucht. Auch die Gänsefeder als Schreibgerät war mit zunehmender Schulbildung, Schrift- und Schreibkundigkeit unentbehrlich geworden. Allein aus Amerika wurden zwischen 1828 und 1934 21,5 Millionen Gänsefedern als Schreibutensilien versandt. Der Spruch: „Die Gans gibt Federn, Fleisch und Fett, zwei für den Magen, eins für's Bett" könnte aus dieser Zeit stammen!

Die großen Gänseherden wurden von beauftragten Hirten, die kleineren Herden von Kindern gehütet. In diesem Zusammenhang ist eine schöne Anekdote überliefert. König Maximilian II. von Bayern ging am Starnberger See spazieren und wollte ein Buch lesen, das er aber im Schloß vergessen hatte. Ein Hütejunge soll gesagt haben: „Ich will dir das Buch holen, aber ich kann und darf nicht von den Gänsen fort, die würden dann das Weite suchen." Der König erklärte sich bereit, die Gänse zu hüten, und der Knabe warnte ihn: „Siehst du den Gansert dort, der den Hals so hoch in die Höhe reckt, dös is a Racker, wenn du auf den nicht immer Obacht hast, flugs gibt er das Zeichen, und die ganze Herde fliegt fort, weit auf den See hinaus." Als der Junge mit dem Buch zurückkam, hatte der Ganter tatsächlich die Herde auf den See geführt, was der König nicht verhindern konnte. Darauf soll dieser gesagt haben: „So geht es; ich will ein ganzes Land regieren und kann nicht einmal eine Herde Gänse zusammenhalten!"

Ein mittelalterlicher Bericht des Johann von Mailand läßt erkennen, welche Bedeutung der Vogel in dieser Zeit besaß: „Die Gans muß stets im Nassen sein, lebendig im Wasser und tot im Wein." In Paris gab es eine Spießbraten-Gilde, deren Mitglieder, genannt „Oyers", das Privileg besaßen, Gänse braten und feilbieten zu dürfen. Ihre Konzession wurde 1246 durch König Ludwig IX. dahingehend erweitert, daß sie auch gebratenes Fleisch und Fische verkaufen durften.

Die Gans als Weihnachtsbraten hat ihren Ursprung wohl in England. Am Heiligen Abend des Jahres 1588 traf ein Kurier am Königshof ein, der die Zerstörung der mächtigen spanischen Flotte meldete. Der Königin wurde gerade eine gebratene Gans serviert. Seit diesem freudigen Ereignis des Sieges ist am englischen Hof und nicht nur dort die gebratene Gans als Weihnachtsgericht zur Tradition geworden.

Der Feinschmecker Baron Vaerst, von dem das Sprichwort: „Eine gebratene Gans ist eine gute Gabe Gottes" stammen soll, war der Meinung, man müsse bei jungen Gänsen stets jenen Schenkel bevorzugen, auf dem die Gans stehe und schlafe, denn dieser sei kräftiger und saftiger.

Außer den schon erwähnten Gänsedarstellungen auf Wandbildern, in Gräbern und Mosaiken gibt es eine Fülle von Skulpturen und Denkmälern, die die enge Verbindung des Menschen mit der Gans als züchterisches Kulturgut zu allen Zeiten aufzeigen. Die älteste vollplastische Darstellung einer Gans, die mir bekannt ist, ist ein Bronzevollguß aus dem römischen Reich des 2./3. Jahrhunderts, ausgestellt in der Sammlung antiker Tierbilder des Dr. Leo Mildenberg. Es handelt sich um eine 7,5 cm hohe, 2,8 cm breite und 8 cm lange Figur einer Gans mit angriffslustig vorgestrecktem Kopf, auf einer Rundbasis als sogenannte „verlorene Form" stehend. Der Fuß ist glockenförmig, Beine und Füße sind vorn und an den Seiten dieses Standringes eingraviert. Der Vogel hat einen kurzen stoppeligen Schwanz und einen langen zylindrischen Hals. Der Schnabel ist gerade. Nach dem Guß sind alle Details eingraviert, einzelne Federn mit großer Genauigkeit, sogar feine Daunen auf dem Hals. Die Augen sind merkwürdig langgezogen und oval. Wahrscheinlich diente diese Gänsefigur als Zierstück eines Deckels oder eines anderen größeren Objekts, ihre Form eignet sich als Henkel oder Griff.

Gänse auf Brunnenfiguren und Denkmälern gibt es in aller Welt. Die bei uns wohl berühmteste Abbildung einer Gans ist die auf dem Gänselieselbrunnen in Göttingen. Auf dem Dresdener Altmarkt steht ein anderes Gänsedenkmal. Der Gänsedieb, umgeben von wasserspeienden Gänsen, versucht, die Tiere zu fangen. Eine alte Inschrift auf dem Brunnen besagt, daß er 1878 von der Hermann-Stiftung der Stadt Dresden geschenkt und von C. A. Bierling gestaltet wurde. Eine Gans trägt sogar eine Haube.

In der Nähe Dresdens, in Kreischa, befindet sich auf dem Markt an der Endhaltestelle der Straßenbahn das Denkmal einer gänserupfenden Frau. Man sieht deutlich an der Haltung des Gänsehalses, daß der Vogel lebend gerupft wird. In Weimar steht der Gänsemännchen-Brunnen. Ein Mann in der Tracht des 17. Jahrhunderts hält unter jedem Arm eine Gans, die zu Wasserspeiern gestaltet wurden. Auf einer Standfigur der Schutzpatronin der reisenden und fahrenden Schüler, Gertraude, in Ostberlin, ist eine Gans zusammen mit einem fahrenden Schüler abgebildet. H. Marks, DDR, erfuhr dazu vom Chronisten des Märkischen Museems, „daß die Gertraude wohl mit dem Burschen nichts, aber mit der Gans zu tun habe." Das Denkmal wurde 1896 enthüllt.

Schließlich sei die Rolle und kulturgeschichtliche Bedeutung der Hausgans erwähnt, die sich in vielen Märchen widerspiegelt, so z. B. bei „Hans im Glück" als „Goldene Gans" und in der „Gänseliesel".

Zur Entwicklungsgeschichte der wilden Schwanengans bis hin zur domestizierten Höckergans erfolgen Darstellungen im entsprechenden Kapitel zur Höckergans-Rasse.

Mosaik
(3. Jh. n. Chr.)
Museum Turin

Die Ente

Das erste Domestikationszentrum der Hausente, die von der Stockente abstammt, lag wahrscheinlich in Mesopotamien. Das ist aus den zahlreichen Plastiken aus diesem Gebiet zu schließen. Obwohl nicht ausgeschlossen werden kann, daß die Bewohner dieses Gebietes in der Jungsteinzeit im Rahmen ihrer Ackerbaukultur (5700 bis 5050 v. Chr.) schon frühdomestizierte Enten besaßen, ist es doch wahrscheinlicher, daß solche erst in der neolithischen Bauernkultur (4500 v. Chr.) gehalten wurden. Die ausgegrabenen Plastiken ent-

sprechen eher der zu dieser Zeit hervorgebrachten Buntkeramik. So wurden in einem Haus in Arpachijah fünf „Entenperlen" gefunden (Mallowan/Rose, 1935). Enten sind auch auf einem Tongefäß aus Tepe Gawra abgebildet. Es könnte sich allerdings auch um Gänse gehandelt haben. Die Unterscheidung ist wegen der Ungenauigkeit mesopotamischer Kunst schwer. Ähnliche Unsicherheiten bestehen bei der Deutung der Gewichte in Vogelform. Die aus Hämatit gefertigten Stücke zeigen den Vogel in Schlafstellung mit zur Seite gebogenem Kopf. Diese Gewichtssteine, von wenigen Gramm bis zu mehreren Pfunden, wurden von den Zeiten Sumers bis zur assyrischen Periode benutzt.

Ein Bronzeguß aus dem späten 8. bis frühem 6. Jahrhundert v. Chr. (Italisch, Villanova, Sammlung Mildenberg) zeigt drei stilisierte entenartige Vögel sitzend, aufgereiht auf einem Bügel einer Nadelraste (Schmuckfibel). Vögel waren zu dieser Zeit in der frühetruskischen Kultur wichtige Symbole. Wir wissen aber nicht, welche

Mosaik (3. Jh. n. Chr.) Museum Turin

Mosaik aus einer frühchristlichen Kirche (3. Jh. n. Chr.) Museum Turin

Bedeutung die drei Entengestalten gehabt haben; auch ist offen, ob es sich um domestizierte Tiere gehandelt hat. Aus dem 6. Jahrhundert v. Chr. stammen auch zwei aus Goldblech getriebene Enten, die wahrscheinlich von einer Fibel abgebrochen sind. Ihr Körper ist mit tordiertem Draht verziert: auf den Langseiten auslaufende Spirale, auf Rücken und Oberseite des Kopfes einfache Linien von ebensolchem Draht, auf der Brust S-Spirale. Kügelchen bilden die Augen. Beide Figürchen gleichen sich völlig.

Auf die Entenhaltung in Indien deuten Schriftzeichen der Induskultur (3. Jahrtausend v. Chr.) hin (Brentjes, 1976). Aus der gleichen Zeit gibt es entenartige Figuren, die im Nahen Osten gefunden wurden.

Die Annahme von Dürigen (1906), daß die Domestikation „zuerst jedenfalls in China" geschah, ist wissenschaftlich nicht belegt, doch kann man aus der Überlieferung schließen, daß die Chinesen schon lange vor der Zeitenwende Enten in größerem Umfang zur Gewinnung von Fleisch und Eiern hielten und domestizierten.

In Ägypten war die Hausente in der alten Zeit durchaus nicht unbekannt, wie manche Autoren heute noch annehmen, sondern Wildenten und deren halbdomestizierte Nachkömmlinge spielten eine bedeutende Rolle als Opfer beim Totenkult. Es ist dennoch unwahrscheinlich, daß Ägypten ein eigener Domestikationsherd war.

Aus dem Neuen Reich (19. bis 20. Dynastie, um 1300 bis 1100 v. Chr.) stammt ein Kalksteinbild (Ostrakon), das 1934 in Theben, Deir el-Medineh, gefunden wurde. Die Abbildung zeigt eine Katze als Unterdrückerin der Vögel, die dazu verurteilt ist, das Geflügel zu hüten. Diese sozialkritische Darstellung als „verkehrte Welt" soll zeigen, daß die Machtverhältnisse in der Tierwelt zugunsten der Schwachen vertauscht sind. Hier äußern sich soziale Unzufriedenheit und Kritik an der herrschenden Klasse der damaligen Zeit in Fabelbildern einer Wunschwelt. Die Katze steht aufrecht auf zwei Beinen und hält in der linken erhobenen Pfote einen Hütestock. Sie bewacht sechs Enten und eine Schale mit vier Eiern. Als „guter Hirte" trägt sie den Proviantsack an einem Stock über dem Rücken und erhebt schützend den Hirten-

stab über die gemächlich stolzierenden Enten und das Nest mit den Eiern. Die Entenabbildungen zeigen unterschiedlich gefärbte und gezeichnete Vögel, so daß es sich wahrscheinlich um domestizierte Tiere gehandelt hat.

Aus der 5. Dynastie (um 2650 v. Chr.) stammt ein Kalkstein, der im Grabe des Ti bei Sakkara lag. Er zeigt Menschen, die mit der Aufzucht und Fütterung von Kranichen, Ibissen und Entenvögeln beschäftigt sind, wobei nicht ganz sicher ist, ob es sich nicht auch um Gänse gehandelt haben kann.

Eine Wandmalerei in einem Felsengrab bei Theben aus der 18. Dynastie, um 1400 v. Chr., zeigt einen Garten mit Teich, in dem neben barschartigen Fischen auch ein Pärchen Enten und noch zwei andere, nicht klar erkennbare Wasservögel schwimmen. Eine eindeutige Wildente haben wir auf einem Fragment einer Estrichmalerei in Medinet Habu aus der 18. Dynastie, um 1370 v. Chr., vor uns, die sehr schön belegt, wie der Künstler sich von der Harmonie einer auffliegenden Ente hat ansprechen alsen. In ähnlicher Weise sind drei Wildenten zwischen Zyperusgras und Papyrusstauden auf einem Estrich-Fragment der gleichen Zeit aus Amarna abgebildet.

Im Louvre in Paris werden zwei Salbgefäße aus der 18. Dynastie aufbewahrt, die in Form von Schwimmerinnen vor sich Wildenten halten. Die Holzfiguren wirken wie eine Einheit aus Tier und Mensch, die das Wasser trägt. Aus dieser hohen Verehrung der Wildente, mindestens in künstlerischer Hinsicht, dürfte dann der Schritt zur Haustierhaltung in Ägypten nicht mehr weit gewesen sein.

In Griechenland sollen zu Beginn des 1. Jahrtausends v. Chr. an vielen Orten Stockenten gezähmt worden sein (Bogoljubskij, 1959). In den sogenannten „Nessotrophien", Gehegen für Enten, wurden zwar ausschließlich Wildenten gehalten, aber es gibt in den Schriften des Aristophanes (445 bis 384 v. Chr.) versteckte Hinweise darauf, daß Hausenten auf Zypern und Rhodos als Kultvögel der Göttin Aphrodite gepflegt wurden. Ob die von dem Schriftsteller erwähnten „scheckigen Enten" tatsächlich domestizierte Tiere waren, ist unklar, aber sehr wahrscheinlich. Sonderbare entenförmige Gefäße, manchmal mit dem Bild der Venus oder des Eros, hat man auf Rhodos und in Etrurien gefunden.

Aus spätrömischer Zeit ist eine Entenrasse belegt, die als „Germanische Ente" bekannt ist. Ob diese Haustierform bereits von den Römern gehalten wurde, wissen wir nicht. Sicher dagegen ist, daß die Römer Wildenten in Massen fingen und auch Wildenten-Küken von Hühnern erbrüten und aufziehen ließen, um sie dann als Tafelgeflügel zu verzehren.

Wie weit diese „Germanische Ente" bei den germanischen Stämmen verbreitet war, liegt im dunkeln. Hinweise auf domestizierte Enten im Mitteleuropa vorchristlicher Zeit bieten ein dargestellter Erpel auf einem Mosaik, 1941 von Fremersdorf in Köln gefunden, und die Nachbildung eines Wagens mit Enten aus der Urnenfeldkultur (Bronzezeit) aus Hart bei Altötting in Bayern.

Im Mittelalter war die wirtschaftliche Bedeutung der Hausente wahrscheinlich gering. Zwar werden Enten schon im Salischen und Alemannischen Gesetz erwähnt, wurden aber wohl im Gegensatz zu den besser mästbaren Gänsen in kleineren Zahlen und dann vorwiegend als Ziergeflügel gehalten. Allerdings hatte in dieser Zeit die kleine Lockente für die Jagd auf die wilde Stockente eine große Bedeutung. Wurde eine Ente gestohlen, sah das Gesetz als Strafe die Entrichtung von 3 Schillingen vor. Im Reich Karls des Großen (742 bis 814 n. Chr.) wurden genaue Angaben über den Entenbestand erhoben. Der „Zehnte" wurde oft in Form von Enten entrichtet. In Klosteraufzeichnungen aus dieser Zeit findet man in den Listen des lebenden Inventars häufig Hausenten. Im 17. Jahrhundert wurden verschiedene Schläge und Rassen von Enten gehalten, wie aus niederländischen und flämischen Gemälden hervorgeht. Auch Hauben-Enten sind aus dieser Zeit schon bekannt. In den Schriften der Heiligen Hildegard von Bingen werden deutlich Hausenten von Wildenten unterschieden.

Abschließend seien zur Domestikations- und Kulturgeschichte auszugsweise Ratschläge zitiert, die der römische Ackerbauschriftsteller Columella etwa um 60 n. Chr. hinterlassen hat: „Im Entenpark hält man Enten (anas), Knäkenten (auerquedula), Kriekenten (biscas), Wasserhühner und ähnliche Wasservögel. Das Ganze umgibt man mit einer 15 Fuß hohen Mauer, deckt es mit einem weitmaschigen Netz (damit keiner der Insassen hinaus und kein Raubvogel hinein könne, sagt an einer ähnlichen Stelle Varro), gräbt in der Mitte einen Teich von 2 Fuß Tiefe, der immer frisches Wasser erhält und dessen Ufer allmählich abwärtsgehen und mit Mörtel ausgestrichen sind. Rings am Ufer hin ist der Boden des Teiches gepflastert, in der Mitte dagegen besteht er aus Erde und ist daselbst mit Wasserpflanzen besetzt, unter welchen sich die Vögel verbergen können. Der Platz außerhalb des Teiches ist mit Gras bewachsen. Zum Nisten sind am Fuße der Mauer je einen Fuß ins Geviert haltende Zellen aus Stein gebaut, die von Buchs- und Myrtenbäumchen beschattet werden. Das Futter wird in einen besonderen flachen Wasserkanal geworfen. Am liebsten fressen sie die Körner der verschiedenen Hirsearten, aber auch Gerste. Hat man Eicheln und Weintrester, so gibt man auch diese. Ebenso sind Abgänge von Fischen und Krebsen und kleine Wassertiere dienlich. Das Eierlegen beginnt im März. Zu dieser Zeit wirft man Hälmchen hin, aus denen sie ihre Nester bauen. Übrigens verfahren manche Leute beim Anlegen eines Entenparks so: Sie lassen an Sümpfen Eier von wilden Enten sammeln und diese von Haushühnern erbrüten. Solche nisten dann leicht in der Gefangenschaft, alt eingefangene dagegen nicht gern."

Die zweite wilde Ausgangsform, die eine Hausentenform hervorgebracht hat, ist die **Moschus-Ente**, *Cairina moschata*. Aus ihr entwickelte sich durch menschliche Züchtung die Warzen-Ente bereits vor der Entdeckung Amerikas bei indianischen Völkern Süd- und Mittelamerikas. Vor allem Peru und Mexiko gelten als Domestikationsgebiete. Es ist noch unklar, ob domestizierte Carinas unmittelbar zu den an der Ostküste lebenden Völkern gelangten oder durch Vermittlung Europas. Auch in Afrika fand diese Hausente Verbreitung, zuerst an der Westküste. In Nordafrika war sie als „Berberische Ente" verbreitet. Verschiedene Bezeichnungen sorgten immer für Verwirrung in der Literatur. „Der italienische Naturforscher Aldrovande bezeichnete sie als ‚Ente aus Kairo‘. Bald aber wurde die *Cairina moschata* auch als „Türkenente" bekannt. Von Linné schlug wegen des angeblichen moschusartigen Sekrets den Namen ‚Moschus-Ente‘ vor. Es gibt noch einige weitere Bezeichnungen für die Warzen-Ente, wie z. B. Bisamente, Stummente, Flugente, La-Plata-Ente, Rothaut-Ente, Gansente. International hat sich die Bezeichnung ‚Moschus-Ente‘ durchgesetzt" (Pingel, 1985). Weitere Einzelheiten zur Domestikationsgeschichte der Warzen-Ente werden im entsprechenden Rassekapitel dargestellt.

Schließlich sei noch erwähnt, daß es auf der Halbinsel Yukatan in vorkolumbianischer Zeit noch eine kleine Ente unbekannter Abstammung als Haustier gegeben hat, deren Existenz erloschen ist (Wagner, 1960).

Physiologische und ethologische Abänderungen durch Domestikation

Wie bei jeder Haustierart treten im Laufe der Domestikation auch bei der Ente Veränderungen auf, deren Prozeß fortlaufend ist. Es handelt sich um Wandlungen der Körpermasse, der Körperproportionen, der Organe sowie anderer anatomischer und physiologischer Merkmale. Die stärkste Veränderung hat die Hausente im Vergleich zur Stockente hinsichtlich der Zunahme der Körpergröße erfahren. Die Stockente wiegt bei günstigen Bedingungen höchstens 1,4 kg; dagegen können einige Mastententypen bis zu 5 kg Gewicht erreichen. Die Lebendmassen von Stock- und Peking-Ente verhalten sich beim Schlupf wie 1:1,86, im Alter von 5 Monaten dagegen wie 1:3,60 (Mahelba, 1973). Damit verändern sich auch die Körperproportionen; es kommt zu Überbetonungen bestimmter Merkmale, Wandlungen im Aufbau des Skeletts, der Muskeln und der Organe.

Stockenten sind wie Peking-Enten im Alter von 130 Tagen körperlich ausgewachsen. Bei der Peking-Ente benötigt das Wachstum der inneren Organe — mit Ausnahme des Gehirns, der Augen und des Herzens — 100 Tage, gegenüber der kürzeren Wachstumszeit dieser Körperteile von nur 60 Ta-

gen bei der Stockente. Abwandlungen im Schädelbau ermöglichen die beachtliche Variabilität in der Länge und Breite des Kopfes und des Schnabels bei verschiedenen Hausentenrassen. Extrem ist das der Fall bei der Krummschnabel-Ente, die einen abwärtsgebogenen Vorderschnabel hat, was erblich ist. Eindeutiges Domestikationsmerkmal ist die Federhaube, bei größeren Hauben verbunden mit einer Knochenlücke in der Schädeldecke.

Die meisten Hausentenrassen können nicht mehr fliegen. Nur Zwerg-, Hochbrut-Flug-, manche Warzen-Entenweibchen und wohl auch leichte Smaragd-Enten fliegen noch, wenn auch längst nicht so gewandt und ausdauernd wie die Stockente. Die Hochbrut-Flugente hat sich das beste Flugvermögen erhalten. Der Verlust der Flugfähigkeit hängt mit der Verkleinerung der Flügeltragflächen bei steigender Körpermasse zusammen (Meunier, 1959). Mit der Verringerung der Höhe und Fläche des Brustbeinkammes, die Darwin schon 1868 beschrieb, ist die Verringerung der Brustmuskeldicke verbunden. Mahelka stellte 1973 die reduzierten Längenmaße der Handteile der Flügel bei Hausenten fest. Im Extrem kann dadurch Kippflügelbildung auftreten, die noch niemals bei Stockenten nachgewiesen ist (Dathe, 1955; Peters, 1931). Die Peking-Ente hat im Verhältnis zur wilden Stammart größere Schwimmhautflächen.

Markante Domestikationsmerkmale sind Abweichungen in der Körperform. Die steile Körperhaltung der von der Pinguin-Ente abstammenden Rassen steht im Gegensatz zu der mehr waagerechten Haltung der Wildform.

Hausenten befiedern sich langsamer als Stockenten. Stockenten zeigen einen stärkeren Unterschied der Befiederungsdichte der Bauch- und Rückenseite als Peking-Enten.

Mutation, Rekombination und Selektion sind die Faktoren, die Abwandlungen der Wildfarbe und -zeichnung bewirken. Sowohl Pigmentzunahmen als auch -abnahmen führten in der Domestikation zu einer beachtlichen Variationsbreite der Gefiederfarben. Allerdings sind bisher keine Enten mit Sperberungsfaktor im Gefieder und Lockenbildung aufgetreten.

50

Die sogenannte Kielbildung bei einigen Rassen ist durch Vergrößerung von Hautfalten entstanden, die im Ansatz auch bei der Wildform angelegt sind.

Die physiologischen Leistungen sind durch menschliche Zuchtwahl zum Teil beträchtlich vergrößert. „Hier ist zunächst die bedeutende Steigerung der Reproduktionsrate zu nennen. Große Herden Indischer Lauf-Enten oder Khaki-Campbell-Enten hatten eine Legeleistung von mehr als 300 Eiern je Ente. So berichtete Hutt (1952) über die Jansen-Farm in den Niederlanden, in der die durchschnittliche Legeleistung von rd. 50000 Khaki-Campbell-Enten bis zum Alter von 17 Monaten annähernd 340 Eier erreichte. Das beste Ergebnis wies die Ente Nr. 127126 mit 428 Eiern auf, die ohne Legepause produziert wurden. Clayton (1972) ist der Ansicht, daß der größte Beitrag für die hohe Fruchtbarkeit der Legeenten bereits im Lauf der jahrhundertelangen Domestikation geleistet wurde, ohne eine künstliche Selektion nach den heute üblichen Gesichtspunkten anzuwenden" (Rudolph, 1977).

Die Legeleistung wird bei einigen Rassen durch den Bruttrieb gemildert, der eigentlich nur noch bei Zwerg- und Hochbrut-Flugenten vorhanden ist. Warzen-Enten sind ebenfalls meistens zuverlässige Brüterinnen.

Der Fortpflanzungszyklus und die Mauser sind bei der Hausente nicht an die Jahreszeiten gebunden.

Frühreife ist ein weiteres Domestikationsmerkmal, verbunden mit einer beachtlichen Wachstumsintensität. In den letzten 30 Jahren führte das zu einer bedeutenden Verkürzung der Mastdauer, so daß gegenwärtig schon Masttypen im Alter von 6 Wochen Schlachtreife erhalten. Verbessert ist auch die Futterausnutzung, verbunden mit einer erstaunlichen Stoffwechselleistung. Bei der Hausente setzt schon von der 6. Lebenswoche an verstärkt der Depotfettansatz ein, falls energiereiches Futter verabreicht wird. Der Gesamtfettgehalt von Stockenten ist wesentlich geringer als z. B. von Aylesbury-Enten (Evans, 1972).

Entsprechend der Lebensweise mit viel Energieaufwand ist das Herz der Stockente relativ schwerer als das der Hausente. Auch ist ihr Wachstum früher beendet (Mahelka, 1973). Wesentlich geringere Hirngröße bei Hausenten im Vergleich zur wilden Stammform ist die Folge von Anpassungsverlusten im Haustierstand.

„Die Größenabnahme bezieht sich auf alle Teile des Gehirns und beträgt 21 bis 29 %. Das Vorderhirn ist am stärksten reduziert, dann folgt das Zwischenhirn. Die Variabilität nimmt zu. Nach Senglaub (1964) sollen rassetypische Merkmale im Furchungsmuster und in der Kleinhirnform bestehen" (Rudolph, 1977).

Durch den Wegfall natürlicher Selektionsmechanismen in der freien Natur sind bei der Hausente Wandlungen in der Leistungsfähigkeit der Sinne, des Bewegungsverhaltens, des Sozialverhaltens und des Sexualverhaltens eingetreten (s. dazu auch Kapitel „Verhaltenskunde").

Die Warzen-Ente hat sich erheblich weniger von der Stammform (Moschus-Ente) entfernt. Körpergröße, Körperform, Flugvermögen und Verhalten sind noch stärker identisch.

Farbatlas der Rassen

Puten

Rassegeschichte

Alle derzeit in der Bundesrepublik Deutschland anerkannten 11 Farbenschläge gehören im Grunde zu einer einzigen Putenrasse, der domestizierten Form der Mexikanischen Wildpute, *Meleagris gallopavo gallopavo*. Daher gibt es auch in der Musterbeschreibung einheitliche für alle Farbenschläge grundsätzlich geltende Beschreibungen der Rassemerkmale von Rumpf, Kopf, Flügeln und Schwanz sowie des Standes mit Schenkeln und Läufen. Allerdings werden Größe, Gewicht und die damit verbundenen Formmerkmale je nach Farbenschlag mehr oder weniger unterschieden.

Nach der Darstellung der allgemeinen Rassegeschichte, d. h. der Entwicklung der planmäßigen Zucht auf Rassemerkmale und Ausstellungsverwendung, besonders der interessanten Geschichte des Sondervereins seit 1907 in den wichtigsten Grundzügen, werden dann einige Entstehungsfakten des bronzefarbenen und vor der jeweiligen Beschreibung der anderen Farbenschläge deren Entstehung skizziert.

In England wurden Hausputen schon in der ersten Hälfte des 19. Jahrhunderts nach planmäßig festgeschriebenen Richtlinien gezüchtet. Der englische Truthahn-Züchterclub, 1888 gegründet, förderte das Zucht- und Ausstellungswesen durch Preisstiftungen. Vor der Jahrhundertwende wurden Puten in Deutschland nach dem amerikanischen „Standard of Excellence" bewertet. Hauptziele waren Größe und Gewicht der massigen, plumpen Tiere. So schreibt der wohl bedeutendste Putenzüchter Deutschlands, E. Hesse, zum 50jährigen Jubiläum des Sondervereins 1960: „Die Putenkäfige auf den Ausstellungen vor 40 Jahren zeigten ein anderes Bild als heute. Man sah sehr schwere, klobige Hähne mit zum Teil sehr groben Knochen und tiefem Hängekopf, daneben wenig kräftige Hennen." Zwischen 1920 und 1926 bildeten Ausstellungsputen noch keine rassenmäßige Einheit. Der Vorsitzende des in Leipzig gegründeten Sondervereins war Hans Bechtel aus Breslau. Dem Vorstand gehörten ferner an: Wilhelm Richter aus Zahna, Franz-Paul Schmidt aus Leipzig, Otto Hördemann aus Kassel, Emil Clemen aus Leipzig und Franz Runge aus Kemberg.

Die meisten Protokolle gingen in den beiden Weltkriegen verloren; eine verdienstvolle Arbeit von P. Doll faßt die wichtigsten Ereignisse und Entwicklungen aus der Zeit von 1907 bis 1982 anläßlich des 75jährigen Jubiläums zusammen. Danach wurden der amerikanische Bronze-Truthuhn-Standard in den Mitteilungen des Klubs deutscher und österreichisch-ungarischer Geflügelzüchter, eine Geflügel-Zeitschrift, die von Hugo du Roi, dem Präsidenten des Klubs, im Jahr 1890 erstmals herausgegeben wurde, veröffentlicht. Ein bronzefarbener Truthahn ist in der Nr. 18 am 15. September 1890 auf der Titelseite abgebildet und mit einem längeren Textbeitrag kommentiert. Die deutschen Züchter waren froh über die Veröffentlichung des amerikanischen Standards in Verbindung mit dem Titelbild eines Truthahnes, der von der „Poultry" am 13. September 1889 dargestellt wurde, weil er bei der Royal Counties Show in Horsham im Juli des gleichen Jahres mit dem ersten Preis ausgezeichnet worden war.

Schon im Jahr 1888 sollen auf einer Schau in Birmingham 120 Ausstellungsputen gezeigt worden sein. Die Engländer hatten durch die Einführung nordamerikanischer Bronze-Truthühner eine Spezialzüchtung erzielt: die Cambridge-Truthühner, „stets sehr metallisch gefärbt und bunt, mehr grau und weiß in den bronzenen Tönen gemischt, als dies um 1890 der Fall war" (Doll, 1982). Damit war den Engländern die Angleichung an die Form und Farbe der nordamerikanischen Schauputen gelungen. Speziell die Bronze-Puten haben in diesen englischen Cambridge-Typen ihre domestizierten Stammeltern. Dürigen schrieb 1890 in seinem „Katechismus der Geflügelzucht": „Die Färbung des Gefieders muß mit der des wilden Puters übereinstimmen, indes gehen bei der Henne die Federsäume der Oberseite, Flügel etc. häufig aus Schwarz in Grau bzw. Grauweiß oder Graugelb über." Vor der Jahrhundertwende gab es aber in England neben den Bronze-Truthühnern amerikanischer Herkunft und den veredelten Cambridge-Truthühnern auch schon schwarze Norfolk-Puten und Reinweiße sowie Hellgelbbraune. Bungartz schrieb 1885 in seinem „Illustrierten Handbuch zur Beurteilung der Rasse des Haushuhnes" auch von „andersfarbigen Truthühnern", ohne daß wir heute wissen, um welchen Farbentyp es sich gehandelt hat.

Der eigene deutsche Truthahn-Standard entstand dann nach der SV-Gründung und wurde 1908 in seinem Buch „Kennzeichen unserer Hühnerrassen und des übrigen Großgeflügels" veröffentlicht, im selben Jahr auch in dem Buch von Blanke „Das Großgeflügel". Schließlich erschien auch die Originalarbeit von P. Schmidt und H. Bechtel 1908 in Berlin.

Die Zucht der Bronze-Puten in Deutschland wurde nachhaltig durch die Beschaffung eines englischen Hahnes im Jahr 1909 durch C. D. Martens, Hamburg-Niendorf, bestimmt. Wenige Jahre später bezog P. Schmidt aus England 2,7 Bronze-Puten. „Zu Beginn des 20. Jahrhunderts waren Truthühner in Deutschland meist nur auf Gutshöfen, Rittergütern und großen landwirtschaftlichen Besitzungen anzutreffen. Auf mittleren und kleinen Bauernhöfen waren Truthühner nur selten, und wenn, dann vereinzelt als gewöhnliche Landtruthühner ohne farbliche Festlegung, anzutreffen" (Doll, 1982).

Um die Betreuung des bronzenen Farbenschlages hat sich um 1910 Frau Hedwig Scheibe, Rittergut Lemsel, verdient gemacht. Die Mitglieder des Sondervereins halfen sich beim Ausbau der Bronze-Zuchtstämme durch Austausch von Bruteiern, so daß es gelang, die Grundlage zur deutschen Truthuhnzucht in relativ kurzer Zeit zu sichern und zu verbessern.

1926 erhielt Frau Scheibe noch einmal einen amerikanischen Wildputer. E. Hesse berichtet dazu: „Dieser Hahn hatte tiefbraune Säumung und auch feine Bronze. Er brachte leichte Nachzucht, aber sehr gute Farbe, und das tiefe Kastanienbraun der Säumung hat sich bis heute in allen Zuchten sicher vererbt. Um nun die wertvolle Farbe zu erhalten und diese sehr schnittige, leichte Wildputen-Nachzucht in der Klasse der schweren Bronze-Puten nicht abfallen zu lassen, wurde für mehrere Jahre auf der Lipsia-Schau die Wildputenklasse eingeführt. Das war gut so, denn nun hatten die Züchter der Wildputen Zeit, die feine Farbe und Zeichnung langsam, aber konstant auch auf die schweren Blutlinien mit der hellen Säumung zu züchten."

Zu kämpfen hatten die damaligen Züchter außer mit dem Gewichtsproblem auch mit einfarbigen oder völlig schilfigen Schwingen bei den Bronze-Puten. Auch fehlte oftmals noch der ausgeprägte Metallglanz und die richtige Farbe der Säumung. Die richtige Schwingenzeichnung − saubere, schwarze, mit grauweißen Querstreifen im Verhältnis 1:1 − und dunkle Läufe wurden erst 1920 rigoros gefordert.

Der große Durchbruch in der Bronze-Putenzucht war erst 1936 gelungen, als E. Hesse seinen geradezu berühmt gewordenen Stamm auf dem Weltgeflügelkongreß in Leipzig vorstellte. Der Hahn wog 36, die Henne 18 Pfund. Die anderen, meist ausländischen Puten waren weitaus weniger rassig durchgezüchtet und zeigten folgende Fehler: rein weiße Säumung, unreine Flügelzeichnung, fast fleischfarbene Läufe, bläulichen Glanz auf Brust und Schultern. Typische Bronzeplatten waren auf Rücken, Schwanzdecken, Schenkeln und in den langen Schwanzfedern. Einen Hahn aus kanadischem Stamm konnte Hesse im Tausch für ein Paar halbwilde Puten erwerben und verpaarte ihn mit 4 tiefbraun gesäumten Hennen aus seinen verschiedenen Blutlinien. Dadurch erreichte der Züchter die rein violett-goldrot schillernden Bronzeplatten von den Schultern bis zur Schwanzspitze auch in Deutschland. Leider gingen alle wertvollen Nachzuchttiere infolge des Krieges und der anschließenden Bodenreform und Enteignung in der Ostzone zugrunde.

Nach 1946 fing E. Hesse mit Bruteiern aus der Zucht von Frau Heidenhein, Rickbruch-Rinteln/Weser, und Frau Hoffmann-Klemp, Soltau, wieder von vorne an und erzielte erst 12 Jahre später erneut die bekannten herrlichen Bronze-Puten. In Vollendung zeigte der Züchter nach der Einkreuzung von Rotflügel-Puten in den sechziger Jahren Bronze-Puten mit den Bronzeplatten auf den großen Schwanzdeckfedern.

So gelang es hauptsächlich deutschen Züchtern, aus den ehemaligen amerikanischen „Mammoth Bronze Turkeys", die auch vor der Jahrhundertwende im Hahnengewicht nicht weniger als 27 engl. Pfund (= 12,2 kg) aufweißen mußten (Hennen nicht weniger als 16½ engl. Pfund = 7,5 kg) – der damalige bedeutendste Züchter Amerikas, W. Simpson, besaß einen Hahn von fast 41 Pfund (19,5 kg) Gewicht –, eine hochrassige, zwar schwere, aber doch elegante Pute mit herrlicher Farbe und Zeichnung zu züchten, die sowohl wirtschaftlich als auch im Schaukäufig äußerst attraktiv ist.

Rassemerkmale für alle Farbenschläge

Der Rumpf muß langgestreckt, kräftig und breit erscheinen. Die größte Breite wird über den Schultern erreicht; über den Bürzel verläuft der Körper, schmaler werdend, in den langen etwas gesenkt und geschlossen getragenen Schwanz. Hähne und auch Hennen tragen in der Erregung die Schwanzfedern radförmig wie einen Fächer aufgerichtet und gespreizt.

Zur kräftigen Form gehört der lange Rücken, der zunächst etwas gerade, dann in leichter Neigung zum Schwanz hin verläuft. Die langen, breiten hochgetragenen Flügel sollen gut am Körper anliegen. Zu diesem stämmigen Körper passen nur kräftige, fleischige Schenkel, deren Konturen gut hervortreten, wenn die Federn glatt anliegen. Die schweren Farbenschläge (Bronze-, Weiße, Schwarzflügel-Puten) und die mittelschweren Schläge (Bourbon-, Schwarze und Rotflügel-Puten) zeigen deutliche, aus der Unterlinie hervortretende Schenkel, während die leichteren Farbenschläge im Landputentyp (Crollwitzer Pute, Kupfer-Pute, Blaue, Rote und Gelbe) im Stand tiefer erscheinen; die Schenkel sind dann kaum sichtbar. Die Brustlinie muß, seitlich gesehen, etwas vorgewölbt, von vorne betrachtet, recht breit erscheinen. Stets aber müssen die Läufe recht lang wirken, kräftig und glatt. Die Zehen sind gut gespreizt und langgestreckt. Puten-Hähne sollen Sporen haben.

Bei Schautieren darf niemals die Halsform als ein gewisses „Adelsmerkmal" außer acht bleiben: mittellang, schön bogenförmig; Oberhals, einschließlich Kopf beim Hahn unbefiedert, bei der Henne Nacken und Scheitel kurz befiedert. Nackte Hautstellen mit Warzen besetzt, im Ruhezustand bläulich, in der Balz hochrot. Kehlwammenartige, lose Haut bedeckt die Region unterhalb des Schnabels und dehnt sich bis zum Mittelhals aus. Der im Verhältnis zum Körper kleine Kopf ist lebhaft hell- bis mittelblau, besetzt mit roten Fleischwarzen. An der Stirn befindet sich beim Hahn ein starkes, bei der Henne nur ein zapfenförmiges fleischiges Gebilde, das sich beim erregten Hahn bis zur Handbreite verlängert und lose über dem Schnabel herabhängt. Die Scheitelbefiederung der Henne ist schon im Jungtieralter zu erkennen.

Die großen Augen werden dunkelbraun verlangt, der Schnabel lang und kräftig, im Oberteil etwas gebogen. Farbe: Hornfarbig. Die Lauffarbe ist je nach Farbenschlag unterschiedlich.

Männliches Geschlechtsmerkmal ist der ausgeprägte Haarbüschel an der Brust, der aber auch bei alten Hennen vorhanden sein kann und dann nicht als Fehler gilt. Junghähne tragen dieses roßhaarähnliche Gebilde noch unter dem Gefieder verborgen; alte Hähne können als Zeichen guter Vitalität Mehrfachbüschel aufweisen.

Formmängel bei allen Farbenschlägen sind zu schmaler, zu kurzer Körper, zu geringes Gewicht, zu kurze Läufe und Schenkel, zu wenig Brustfülle. Besonders entwerten schmale Schulterpartie und aufgewölbte Rückenlinie. Fehlt der Fleischzapfen (auch bei der Henne) und tragen Althähne keine Haarbüschel, so gilt das genauso als grober Fehler wie einseitige Sporenbildung.

2	1
3	4
	5
	6
8	7
9	
11	10
12	
13	
14	
15	34
16	
17	20
18	19
23	21
24	22
25	
26	29
27	
28	30
31	32
	33

Bezeichnung der einzelnen Körperteile (aus Gigas, 1986)

1	Oberkopf	18	Schwingen 2. Ordnung
2	Auge	19	Schwingen 1. Ordnung
3	Ohr	20	Brust
4	Nasenloch	21	Schenkelfedern
5	Schnabel	22	Brustbeinkiel
6	Fleischzapfen	23	Kleine Schwanzdecken
7	Kehllappen	24	Schwanzdecken
8	Hals	25	Schwanz
9	Nacken	26	Untere Schwanzdecken
10	Halswarzen	27	Bänder
11	Kragen	28	Federbausch (Flaumfedern)
12	Schulter	29	Ferse
13	Rücken	30	Lauf
14	Vorderseite des Flügels	31	Sporn
15	Flügelbogen	32	Zehen
16	Sattel	33	Zehennägel
17	Flügeldecken	34	Haarbüschel auf der Brust

Farbenschläge

Die Bronze-Pute

Der Grundton der Brust-, Hals-, Schulter- und Flügelbugbefiederung ist schwarz, darauf liegt ausgeprägter Bronzeglanz, in allen Regenbogenfarben schillernd. Die Ränder der Schulterdeckfedern sind tief samtschwarz (Säumung), der Hahn trägt ebensolche gesäumte seitliche Brustfedern, die Henne zeigt dunkelsandfarbigen bis dunkelbraunen Saum. Der Endsaum der schwarzbraun glänzenden Flügeldeckfedern ist schmaler und heller als die Schulterdecken. Das typische gold- bis violettrot schillernde, möglichst 1 bis 2 cm breite Bronzeband liegt auf jeder Feder der Oberseite von den Schultern bis zum Schwanz. Am Ende dieser Federn sitzt ein schmaler, samtschwarzer und ein etwas breiterer kastanienbrauner Streifen.

Auf den Flügeln werden breite olivgrünbronzefarbige Querbänder verlangt, die am Ende noch einmal glänzend schwarze, samtartige Bänder tragen. Die sehr breiten Schwanzfedern sind auf schwarzem Grund bänderartig gezeichnet. Hochwertige Schautiere tragen am Ende jeder Feder ein 1 bis 2 cm breites Bronzeband mit einem dunkelsandfarbenen bis goldbraunen Streifen am Ende. Hennen, die dieses Bronzeband noch nicht zeigen, werden milder bewertet als Hähne, bei denen es fehlt. Grauweiße Querbänder in scharfer Trennung bilden die unbedingt wichtige Streifungszeichnung der Schwingen. Schwarze Schenkelfedern mit breiten Bronzeplatten am Ende werden beim Hahn mit samtschwarzen, bei der Henne mit braunen Säumen eingefaßt. Farbe des Untergefieders: Schwarz; Lauffarbe: Dunkelbraun (bei mehrjährigen Tieren Rot bis Rotviolett).

Von geringerer Schau- und Zuchtqualität sind Tiere mit wenig Bronzeglanz, zu schwacher oder völlig fehlender Flügelzeichnung, weißen Federn in den Schwingen, im Rücken und in den Schwanzdecken, zu helle Bänderung im Schwanz. Ebenso sind völlig schwarzes Rückengefieder bei Hahn und Henne und heller Brustsaum bei Junghennen grob fehlerhaft. Tiere mit dem verpönten „Pfefferschwanz", d. h. einer kleinkörnig wirkenden Zeichnung, und „zerrissener" Schwingenzeichnung sind auch im Schaukäfig unerwünscht.

Die aus den Bronze-Puten herausgezüchtete *breitbrüstige Varietät* und die „Kleine breitbrüstige Bronze-Pute", z. B. Charlesvoix in Kanada, spielen für das europäische Schauwesen keine Rolle.

1,0 Puten
Bronze
RG 0

0,1 Puten
Bronze
RG I

Die Weiße Pute

Ein Blick in die Rassegeschichte dieses Farbenschlages zeigt, daß es schon relativ früh weiße Puten gab. So berichtet H. Gauss in der Zeitschrift „Der Hühner- oder Geflügelhof" (1853): „Ihre Färbung ist sehr verschieden; man findet sie schwarz, grün und roth schillern, braungrau, gesprenkelt und *schwanenweiß*." An einer anderen Stelle: „Man hat es von verschiedenster Färbung, als kupferroth, *weiß*, bronzefarben, schwarz."

In der Frühzeit der europäischen Putenhaltung wurden diese Farbenschläge in gemischter Zusammensetzung auf den Höfen gehalten; die Reinzüchtung auf klare Farbenschläge setzte erst später ein. Die älteste Erwähnung weißer Puten dürfte in der „Gemeinnützigen Naturgeschichte" von J. M. Bechstein (1793) zu finden sein: „Die Farbe ist eben den Veränderungen wie bei allen Haustieren ausgesetzt. Es gibt schwarze und *weiße*, schwarz- und weißgescheckte, weiß- und braungescheckte, weiß- und gelbrötliche und auch aschgraue, welche mit den weißen die seltensten und schönsten sind." Die damaligen Tiere waren wohl in den seltensten Fällen reinweiß; erst in der zweiten Hälfte des 19. und zu Beginn des 20. Jahrhunderts wur-

den weiße Puten im Zusammenhang mit dem Aufkommen einer in strengen Formen durchgeführten Rassezucht erzielt. In einem amtlichen Standard für deutsche Geflügelausstellungen von 1899 waren weiße Puten schon vermerkt. Ihr Ursprung als Ausstellungsgeflügel gilt, auch in amerikanischer Literatur, als europäisch. Allerdings wird dieser Farbenschlag im gegenwärtigen „Standard of Perfection" noch als holländisches Truthuhn bezeichnet. In Amerika kennt man im übrigen noch das weiße Beltville-Truthuhn. Die Einfuhr in früheren Zeiten aus Österreich-Ungarn führte in Übersee zu der Bezeichnung „Österreicher" für die weiße Pute.

B. Dürigen erwähnt schon 1886 in seinem bedeutenden Werk „Die Geflügelzucht" weiße Puten als Schmuckgeflügel. Ob es sich dabei auch um die Ende des 19. Jahrhunderts in Amerika neu erzüchteten Weißen handelte, ist nicht ganz klar. Diese sollen das Gewicht der Bronze-Puten erreicht haben. Die Annahme von B. Blancke (1903), daß es sich bei der sogenanten „Virginischen Schneepute" tatsächlich um einen in Virginia entwickelten Farbenschlag handelte, fehlt in der Neuauflage des Buches fünf Jahre später. Sicheres Zeugnis vom Vorkommen weißer Puten in Deutschland haben wir in der Neuauflage des „Handbuchs der Federviehzucht" von Baldamus

(1876). Nach Gründung des deutschen Sondervereins 1907 bemühte man sich verstärkt darum, dem gelben Anflug zu verdrängen und die Lauffarbe intensiv rosa zu bekommen. Auch die Verbesserung der Figur und des Gewichtes gelang den deutschen Züchtern dieser Zeit. Prof. R. Römer berichtet dazu 1955: „Die meisten hatten in diesen Jahren (1930 bis 1936, d. Verf.) eine seltene Größe und in allen Teilen ihre Vollendung erreicht, so daß es bei den Spitzentieren kaum noch etwas zu verbessern gab. Auch diese guten Zuchten

sind in Ostdeutschland geblieben. Die Züchter der Weißen Puten in Westdeutschland haben sehr viel zu tun, um den bereits vor 20 Jahren erreichten Stand der Zucht wieder zu erreichen."

Nach Kriegsende ging es aber bei uns mit der Zucht Weißer Puten rasch aufwärts. Alljährlich sehen wir Spitzentiere aus der bekannten Zucht von U. Güßbacher aus Ebern.

Die Vererbung des weißen Farbenschlages ist rezessiv; nicht selten schimmern bei den anderen Farbenschlägen vorkommende

Farb- und Zeichnungsanlagen durch. Auch ist die Fütterung mit Mais oder anderen stark karotinhaltigen Futtermitteln nicht ratsam, denn gelber Anflug als Folge ist auf Schauen nachteilig. Dagegen sollte bei der Bewertung leichtes Mausergelb nicht gestraft werden.

Die Farbe wird bis ins Untergefieder reinweiß gefordert. Nur der Haarbüschel ist schwarz, die Läufe sind bei Jungtieren kräftig rosa, bei Alttieren rot. Zu blasse Lauffarbe gilt als grober Fehler.

Zur Zucht und zu den Schauvorbereitungen sind einige Besonderheiten zu beachten. Die erforderliche Brust- und Schulterbreite kann man durch ausgleichende Paarung erreichen, wozu natürlich eine genaue Zuchtbuchführung unerläßlich ist. Nicht selten mindern Gesichtsblässe und zu helle Beinfarbe die Schauqualität; deshalb sollte der Züchter wirklich nur Tiere zur Zucht verwenden, die intensive Oberhals- Kopf- und Lauffarbe haben. 1964 meldete H. Steffens in einem Fachbeitrag Degenerationserscheinungen, denen eine „Blutauffrischung" Abhilfe schaffen sollte. Gegenwärtig ist den meisten Tieren, besonders denen aus den Spitzenzuchten von diesem Übel nichts anzumerken. Allerdings ist auf leichten blauen Anflug der Läufe zu achten.

Zum Schaufertigmachen schreibt der Experte U. Güssbacher (1975): „Sie wissen es selbst, der erste Eindruck, den man von einem Tier im Käfig erhält, ist meistens der entscheidende. Um ein weißes Tier in Schaukondition zu bringen, muß es gewaschen werden. Nun haben wir es hier nicht mit einem Zwerghuhn oder gar mit Wassergeflügel zu tun, das sich selbst säubert. Wenn man dabei das Temperament der Puten nicht richtig einschätzt, wird man spätestens nach der ersten Wäsche wissen, wie locker die Schwingen sitzen. ich habe die besten Erfahrungen damit gemacht, die Tiere eine Woche vor der Schau in einem geheizten Raum in einem Vollbad zu waschen. Es können für die Vorwäsche alle handelsüblichen Feinwaschmittel verwendet werden. Das Wasser soll gut handwarm sein. Zum Nachspülen ist klares, ebenfalls handwarmes Wasser zu verwenden. Zwei- oder mehrmaliges Nachspülen ist kein Fehler. Zumindest muß so gespült werden, daß keine Waschmittelreste im Gefieder bleiben, sonst putzen sich die Tiere nicht."

In einem temperierten Raum von 30 °C müssen die Puten dann trocknen; allerdings muß die Temperatur langsam gesenkt werden, damit keine Erkältungskrankheiten eintreten.

Da immer wieder weiße Puten an dem kontrastreichen Haarbüschel an der Brust herumpicken, empfiehlt Güssbacher, den Haarbüschel mit Klebpflaster zu umwickeln oder mit Holzkohlenteer zu bestreichen.

Dem Wunsch des erfolgreichen Züchters kann man sich nur anschließen: „Im Interesse der deutschen Putenzucht möchte ich hoffen, daß der weiße Farbenschlag seinen Hochstand hält und noch weitere Freunde gewinnt."

Die Schwarzflügel-Pute

Bei diesem Farbenschlag handelt es sich um die Abwandlung der Bronze-Wildfärbung. Die schwarzflügelige Bronze-Pute wird von Riedel/Vogt (1964) als Crimson Dawn-Pute erwähnt. Danach verhindert der Farbfaktor b^1 die Flügelstreifung und mindert die Intensität des roten Pigments. Genetisch bilden die Crimson Dawn eine 3fache Allenserie durch Schwarz (B), Bronze (b) und den Verhinderungsfaktor b^1.

E. Hesse kannte aus der amerikanischen Literatur die Beschreibung der schwarzschwingigen Bronze-Puten mit weißer Gefiedersäumung. Sein Plan war, für die deutsche Putenzucht einen standardgemäßen neuen Farbenschlag zu schaffen. Hesse verpaarte einen Bronzehahn und rote Bourbon-Hennen und erzielte daraus zunächst einen Rotflügel-Hahn mit einer einzigen rein dunkelbraunen Feder in den Armschwingen. Entgegen den sonstigen Gewohnheiten verpaarte der Züchter diesen Hahn mit einer Henne aus dem gleichen Elternpaar. Die Nachzucht bestand aus Rotflügel-Hähnen mit feinem Goldglanz und aus 2 Hennen mit ganz dunklen, schwarzbraunen Schwingen. Diese Tiere zeigten sogar auf den großen Schwanzdek-

1,0 Puten
Schwarzflügel
RG 0

ken ausgeprägten Bronzelack, der zu dieser Zeit den Bronzefarbigen weithin noch fehlte. Aus einer solchen Henne, verpaart mit einem Bronzehahn mit schwarzer Axialfeder, entstanden die ersten Schwarzflügel-Puten. Anfangs zeigten die Tiere noch leichten braunen Farbton in den Armschwingen, mauserten aber dann in Schwarz um. Auch die Flügeldeckfedern waren schwarz und schillerten in Grün, Purpur, Blau und Lila.

Nach Vorstellung des neuen Farbenschlages auf der 51. Nationalen Rassegeflügelschau in Dortmund vom 12. bis 14. Dezember 1969 wurde er anerkannt. Zwei Jahre später zeigte Hesse in Dortmund einen Stamm 1,1 Schwarzflügel, der schon die höchste Note zusammen mit dem Siegerband erringen konnte. Danach übernahmen auch andere Liebhaber dieses neuen Farbenschlages die Zucht und zeigen alljährlich wunderschöne Schwarzflügel-Puten auf den Schauen. Führende Zuchten befinden sich derzeit bei Löwer in Fritzlar/Hessen und Hausherr in Bochum/Nordrhein-Westfalen.

0,1 Puten
Schwarzflügel
RG I

Die Form- und Kopfmerkmale unterscheiden sich nicht von denen der Bronze-Puten. Die Grundfarbe ist tiefschwarz; auf Brust, Hals und Schultern sitzt intensiver Glanz, der je nach Lichteinfall dunkelbronzefarbig bis leuchtend grün schillert. Jede Feder der Oberseite trägt eine breite, leuchtende „Goldplatte" (Standard), d. h. einen goldfarbenen schimmernden breiten Fleck auf dem Federende. Auf den Schwanzdeckfedern sind diese Platten scharf abgesetzt und sollen auf den langen Schwanzdecken die Größe von 2 bis 3 cm erreichen. Breite Goldplatten werden auch auf dem Flankengefieder bei beiden Geschlechtern gewünscht. Die Säume an den Enden des Rückengefieders sind beim Hahn schwarz, bei der Henne grün; braun dagegen die Endsäume auf den großen und kleinen Schwanzdeckfedern. Die schwarzen Steuerfedern sind pfefferartig braun gezeichnet, kastanienbraun der Endsaum. Die Hand- und Armschwingen sollen möglichst reinschwarz sein, jede helle Zeichnungsandeutung ist fehlerhaft. Grünglanz sitzt auch auf den obersten 5 bis 6 Armschwingen, die am Ende von einem 2 bis 3 mm breiten weißen Saum eingefaßt werden, so daß eine stufenförmige Zeichnung entsteht. Die von Scholtyssek und Doll (1978) in „Nutz- und Ziergeflügel" getroffene Feststellung: „Das Untergefieder ist hellgrau mit weißen Federspitzen", ist in der Musterbeschreibung nicht verankert. Die Lauffarbe ist braunrötlich. Fehlerhaft sind völlig schwarzer Rücken, zu geringer Goldglanz auf den Schwanzdecken, helle Säumung auf Brust und Schwanzdecken, fehlender Grünlack.

Die Bourbon-Pute

Rote Bourbon-Puten und die lederfarbigen Jersey Buff-Puten sind nordamerikanische Züchtungen. Als Genkombination für die ersteren geben Riedel/Vogt (1964) an: bbrr und für Jersey Buff BBrr oder b^{l}b^{l}rr.

Nach dem Zweiten Weltkrieg kamen Rote Bourbon-Puten, die nach der Neufassung des Standards 1984 nur noch als Bourbon-Puten bezeichnet werden. Zunächst wurde dieser Farbenschlag vereinzelt als Rote Puten und sogar als Kupfer-Puten ausgestellt; die Tiere entsprachen aber durch ihre weißen Schwingen nicht diesen anderen selb-

1,0 Puten
Bourbon
RG 0

ständigen Farbenschlägen. Durch die Initiative von E. Hesse wurde die Bourbon 1962 als eigener Farbenschlag anerkannt. Die Zucht gilt im allgemeinen in farblicher Hinsicht als etwas leichter als die der einfarbig Roten, da bei Bourbon-Puten Schwingen und Schwanz nicht rot durchgefärbt sind. Den ersten mit „v" ausgezeichneten Bourbon-Hahn in Deutschland zeigte K. Hecker 1967 auf der 49. Nationalen Rassegeflügelschau in Frankfurt.

Das Kleingefieder des Hahnes ist dunkel braunrot. Mit Ausnahme der Halsbefiederung tragen alle Federn einen schmalen, schwarzen Endsaum. Wichtiges Kennzeichen sind die weißen Schwingen, die in den 6 oberen Armschwingen leicht braunrot enden. Auf den weißen Schwanzfedern sitzen vor dem Ende rote, weißgesäumte Querstreifen. Das Untergefieder wird heller, also lachsfarbig, verlangt.

Die Hennenfarbe entspricht im Grunde der des Hahnes, bei ihr fehlen jedoch die schwarzen Federsäume, das Brustgefieder soll schmal weiß gesäumt sein. Rosarot sind Lauf- und Zehenfarbe.

Als grobe Fehler gelten farbige Schwanz- und Schwingenfedern sowie fehlende Säumung.

Die Schwarze Pute

Ausgangsrassen der Schwarzen Pute waren die englische Norfolk-Pute und die französische Sologne-Pute. Die spanischen Schwarzen gab es ursprünglich nur im leichten Schlag, während die Franzosen ihre schwarzen Puten auf mehr Masse züchteten. In der Normandie, im Loirebogen, entstand die Sologne-Pute mit beachtlichem Gewicht. Der französische Züchter Verstraete-Delebart aus La Chapelle-en-Serval zeigte zum erstenmal 1901 schwarze Puten auf Ausstellungen, „die es an Mächtigkeit mit den größten aus Amerika eingeführten Mammoth-Bronze-Truthühnern aufnahmen" (Doll, 1982). Der Regent Alfons XIII. von Spanien bewunderte den 21 kg schweren Hahn im Park Buen Retiro in Madrid.

Die Norfolk-Pute ist nach der englischen Grafschaft benannt. L. Wright beschrieb

1,0 Puten
Schwarz
RG 0

1879 diesen Truthuhnschlag, der demnach mattschwarz mit bronzefarbigem sattgrünem Glanz und weißgefleckten Flügeln war. „In diesem Zusammenhang muß noch bemerkt werden, daß vor der Einführung der durch das Blut der nordamerikanischen Wildtruthühner verbesserten Bronze-Puten die Neigung zu Schwarz sehr stark vorhanden war. Bis zum heutigen Tag wird in allen Beschreibungen durchgängig der schwarze Grundton des Hauptgefieders herausgestellt. In Amerika gibt es schwarze Truthühner, die aber nicht bodenständig, sondern erst aus den Norfolks hervorgegangen sind" (Doll, 1982).

Noch 1905 erwähnt Prof. Dürigen, daß die schwarzen Puten in Deutschland selten vertreten waren. Sie sollen damals kleiner als die Bronze-Puten gewesen, aber von vielen Züchtern und Feinschmeckern höher geschätzt worden sein, da das Fleisch zarter und weißer war. Auch waren die Tiere feinknochiger und lieferten mehr Fleisch als die Bronze-Puten.

0,1 Puten
Schwarz
RG I

Der Schriftsteller des damaligen deutschen Sondervereins, Emil Clemen, importierte kurz vor dem Ersten Weltkrieg Norfolk-Puten. Die Weiterzucht gelang durch Kriegswirren aber nicht zufriedenstellend. Die Sologne-Rasse kam erst 1926 durch den Vorsitzenden des SV, Wilhelm Richter, zur Geltung. Gleichzeitig hatte Graf Welczeck schwarze Puten aus Spanien eingeführt. Schon ein Jahr später wurden diese Tiere auf Schauen gezeigt. Die deutsche Linie hat dann aber nicht weiter die mattschwarze Gefiederfarbe verfolgt, sondern umgestellt auf möglichst tiefes Schwarz mit samtartigem Glanz.

In den letzten Jahren wurden auf Großschauen sehr feine Kollektionen schwarzer Puten, hauptsächlich von Prof. Hilger, Weibern, gezeigt.

Zur Farbe ist schon gesagt: Schwarz, einschließlich Untergefieder. In den Endsäumen der Rücken- und Schwanzdeckfedern wird bronzeartiger Glanz toleriert, allerdings sind heller werdende Zeichnungsanlage, schilfige Schwingen sowie helles Untergefieder und weiße Kiele fehlerhaft. Die Läufe sollen möglichst schwarz sein; rötlichviolette Beinfarbe bei Alttieren ist ausdrücklich zulässig.

Die Rotflügel-Pute

Dieser Farbenschlag ist einer der jüngsten und geht ebenfalls auf Kreuzungsexperimente von E. Hesse zurück. In den fünfziger Jahren erzielte der Züchter aus einem halbwilden Bronze-Puter und einer roten Bourbon-Henne die Vorläufer der inzwischen gefestigten Rotflügel. Die Bronzefarbe dieser Tiere war oberseits hell. Die Rückpaarung zweier Hennen an den Bronze-Hahn sollte die Bronze verbessern, ohne daß ein neuer Farbenschlag beabsichtigt war. Tatsächlich war damit ein Fortschritt in der Bronzeintensität erzielt; die Jungtiere zeigten aber total rötlichbraun melierte Armschwingen. In der nächsten Kreuzung fielen dann neben bronze- auch bourbonfarbige Tiere mit rostroten Armschwingen und Endsäumen. Damit schlug Hesse systematisch den Weg zur Herauszüchtung der späteren Rotflügel

1,0 Puten
Rotflügel
RG 0

64

0,1 Puten
Rotflügel
RG I

ein. Er erreichte nach Vorlage der standardmäßigen Farbbeschreibung die Anerkennung des neuen Schlages im Jahr 1960, nachdem er schon 1956 auf der 37. Nationalen die ersten Rotflügel-Exemplare gezeigt hatte. 1958 passierte das Mißgeschick, daß die Neuzüchtung „Rotflügel" in Hannover bei der Deutschen Junggeflügelschau irrtümlich nicht bewertet wurde.

R. Römer hatte in seinem Buch „Die Truthühner" Rotflügel-Puten schon ausführlich beschrieben. Es ist bis heute unklar geblieben, wie es zu dieser genauen Beschreibung gekommen ist bzw. ob eine Verbindung zwischen Römer und den ersten schriftlichen Darstellungen des Erzüchters Hesse bestand. Auffallend ist eben, daß Ausführungen von Römer wortgleich mit dem offiziellen Standard sind. Merkwürdigerweise erwähnen Riedel/Vogt (1964) in ihrem Fachbuch neun Jahre später die Rotflügel-Puten nicht.

Die ausgestellten Tiere von Hesse und Fröhlich in den Jahren nach 1960 konnten immer wieder begeistern. So erhielt ein Althahn vom Herauszüchter schon 1961 auf der Deutschen Junggeflügelschau in Hannover die höchste Note und auf der 43. Nationalen in Frankfurt im gleichen Jahr ein Hahn des langjährigen Vorsitzenden des Sondervereins, Fröhlich, die Spitzenbewertung. Weitere Siegertiere wurden dann von A. Lutz, H. Schmudde und H. Ritzhaupt gezeigt.

Die Unterseite der Rotflügel-Puten wird im Grundton dunkellederbraun, orangerot bis olivgrün schillernd, verlangt. Der Hahn hat schwarze, die Henne sandfarbige bis rötlichbraune Endsäume. Auf dem Rükken ist jede Feder mit breiter, violett schimmernder Goldplatte besetzt. Der Hahn hat dort schmale Endsäume, die Henne trägt nach der Goldplatte auf jeder Feder einen schmalen, schwarzen Saum. Die Feder schließt mit einem leuchtenden smaragdgrünen Querband und mit einem kräftig rostroten Saum ab.

Dunkelbraun sind Hals und Schultern und weisen einen intensiven Glanz auf. An Hals, Schultern, Brust und Rücken ist das Untergefieder schwarz mit braunen Querwellen beiderseits des Federschaftes. Die kleinen Schwanzdeckfedern tragen bei beiden Geschlechtern breite, violett schillernde Goldplatten und breite rostrote Endsäume. Nicht mehr als 1 mm soll der schwarze Saum zwischen Goldplatte und Endsäumung breit sein. Diese Federpartien sind im Flaum braun-schwarz quergewellt.

Die großen Schwanzdeckfedern sind einfarbig leuchtend rostrot. Schwarze Querwellen tragen dagegen die rotbraunen Schwanzfedern; außerdem sind auf rotbraunem Grund kräftige, schwarze, pfefferartige Punkte eingelagert. Die Steuerfedern enden mit breiten Goldplatten und rostroten Endsäumen. Rund um jede Goldplatte verläuft im Ideal ein schwarzer Saum. Auf den Flanken sitzen ebenfalls breite Goldplatten und rostrote Endsäume. Die Handschwingen sind grauweiß und tragen kräftige schwarze Pfefferzeichnung. Die Kiele werden rostrot verlangt. Von gleicher Farbe sind die Armschwingen, zusätzlich fein pfefferartig gezeichnet.

Bei Jungtieren sind die Läufe dunkelbraun, bei Alttieren rot.
Sind die Goldplatten zu schmal oder fehlen gar völlig, sind die Armschwingen zu hell oder zu dunkel, die Endsäumung unklar und verwaschen oder zeigen die großen Schwanzdeckfedern eine schwarze Querbinde, so ist dies fehlerhaft. Da Rotflügel-Puten zu den mittelschweren Schlägen zählen, darf das Volumen der Schautiere, besonders das der Hähne, nicht zu schwer werden.

Die Cröllwitzer Pute

Ob es sich bei den von Rohlwes 1821 beschriebenen „Melierten" und den von Gauss 1853 erwähnten „Gesprenckelten" oder bei den „Gestreiften", die Dürigen 1906 nennt, um die Vorläufer der heutigen Cröllwitzer Puten handelt, ist nicht sicher, aber auch nicht auszuschließen. Fest steht, daß die Cröllwitzer unter Verwendung von weißen, gestreiften und gescheckten belgischen Ronquières-Truthühnern, in Italien Hermelinpute genannt, herausgezüchtet wurde. Eine ähnliche Varietät ist die in Ka-

lifornien aus einer gemischten Putenherde herausgezüchtete Royal Palm-Pute (Desert Palm).
Inwieweit in der Entstehungsgeschichte weiße Puten mit schwarzen Flecken, die 1947 bei breitbrüstigen Bronze-Puten herausspalteten, eine Rolle gespielt haben, muß einstweilen ungeklärt bleiben.
Der Direktor und Begründer der ersten staatlichen Lehr- und Versuchsanstalt für Geflügelzucht in Halle-Cröllwitz (1900 bis 1920), A. Beeck, gilt als Herauszüchter der Cröllwitzer Pute. In Cröllwitz stand ein großes Gelände in der Größe von 24 Morgen mit drei kleinen Teichen für die Kreu-

1,0 Puten
Cröllwitzer
RG I

66

0,1 Puten
Cröllwitzer
RG II

zungsversuche zur Verfügung. Neben den
erfolgreichen Experimenten mit Puten ge-
lang Beeck auch die Herauszüchtung des
Cröllwitzer Fleisch- und Bruthuhns, der
Cröllwitzer Wirtschaftsgänse und einiger
Entenrassen.

Ausgangstiere für den neuen Putenschlag
waren Kupfer-Puten und ein belgischer
Ronquières-Hahn. Bronze-Truthühner erschienen dem Züchter zu gering im Gewicht; geeigneter waren die in der Umgebung gehaltenen schwereren Kupfer-Puten. Die Vorzüge des Ronquières-Typs mit
seiner bedeutenden Wirtschaftlichkeit und
der hervorragenden Fleischqualität hatte
Beeck bei Louis van der Snickt in Belgien
kennengelernt.

Die ersten nach dem sächsischen Ort be-
nannten schwarz-weißen Puten wurden ab
1910, besonders bei den Lipsia-Schauen,
ausgestellt. Sie fanden Begeisterung bei
den Züchtern, und der Name wurde endgültig, auch in anderen Ländern, festgelegt. Nach R. Römer (1955) waren Farbe
und Zeichnung noch vielfach unrein: „Und
die Tiere sind oft kaum noch als Puten des
Cröllwitzer Schlages zu erkennen."

Römer führte bei der Weltausstellung 1933
in Rom einige Cröllwitzer vor, was eine
amerikanische Schrift folgendermaßen
kommentierte: „Das Royal Palm-Farbmuster (Royal Palm werden in USA die Cröllwitzer bezeichnet, was soviel wie königli-

che Palme bedeutet) ist vielleicht eine
Folge der Wirkung einer Modifikation auf
das bronzene Farbmuster, welch letzteres
deutlich als Hintergrund sichtbar wird. Das
Gen, das das Royal Palm-Farbmuster er-
zeugte, ist zweifellos in Europa erschienen,
da eine Abart, die der Royal Palm ähnelt,
aber ‚Cröllwitzer Pute' genannt wird, auf
dem Weltgeflügelkongreß ausgestellt
wurde. Diese Modifikation, wahrscheinlich geschlechtsgebunden, scheint rezessiv
zu sein, da bei einer Kreuzung des Royal
Palm- mit dem Bronze-Tier die gesamte erste Tochtergeneration im Aussehen bronzefarbig ist. Sowohl für den Markt wie auch
zu ornamentalen Zwecken scheint diese
Abart sehr hoch geschätzt zu werden. Die
verhältnismäßig geringe Größe läßt sie besonders geeignet für den Kleinhandel erscheinen."

Beeck selber hatte einst mit einem Merk-
satz die Richtung bestimmt: „Auf jeden
Fall muß bei einer Förderung der Putenzucht vermieden werden, alle etwa aufzu-
treibenden Farbenschläge heranzuziehen
und in Reinzucht zu züchten, da das nur zu
einer Zersplitterung führen würde." Die
Konzentration auf das typische Farben-
und Zeichnungsspiel der Cröllwitzer hat
dann auch den Erfolg beschert. Von 1920
bis 1933 hatte Prof. Römer als Nachfolger
von Beeck entscheidenden Anteil an der
Formung der Cröllwitzer-Zeichnung. Aus

dieser Zeit berichtet Prof. Hilger: „Einen ersten Höhepunkt erlebten die Cröllwitzer Puten anläßlich des 25jährigen Jubiläums des SV Deutscher Putenzüchter im Jahre 1932, als die Geflügelzuchtanstalt Cröllwitz erstmals auf der Lipsia-Schau 14 ‚gescheckte' Puten ausstellte. Man gab ihnen den Namen ‚Cröllwitzer'."

Die erste Musterbeschreibung für die Cröllwitzer Pute bestand nur aus drei Sätzen und wird von Hilger für die beste gehalten, „weil sie alles Wesentliche enthält und darüber hinaus die kürzeste ist"; veröffentlicht in Römer (1955): „Jede Feder reinweiß bis auf ein schwarzes Band am Ende der Feder, das von einem schmalen, weißen Streifen eingefaßt ist. Die Brust des Hahnes muß schuppenartig aussehen, bei der Henne tritt die scharfe Brustzeichnung weniger deutlich hervor; das gleiche gilt von dem Querband auf den Flügeln. Läufe fleischfarbig bis hellrot."

Der gegenwärtig gültige Standard differenziert diese Grundangaben. Danach dürfen die Halsfedern des Hahnes nur leicht gesäumt sein; beim Junghahn wird reinweißes Halsgefieder gefordert. Wichtig ist die Zeichnung des Federnendes: Sie soll stets als 1 bis 2 mm breiter „Silbersaum" an der Brust und auf dem Rücken mit einem etwas breiterem weißen Saum vorhanden sein. Allerdings finden wir diesen Silbersaum kaum auf der Brust. Das sollte dann höchstens als Wunsch, nicht als Mangel bei der Bewertung vermerkt werden. Stärkere Zeichnung sitzt auf Rücken, Schultern, Körperseiten und Schwanzdecken. Erscheint der Oberrücken des Hahnes überwiegend schwarz, gilt das noch als zulässig. Bei der Henne kann man nicht die ausgeprägte schuppenartige Brustzeichnung des Hahnes verlangen; allerdings ist völlig weiße Hennenbrust fehlerhaft. Schwarze Querbänder und weiße Endsäume sitzen auf den großen Schwanzdeckfedern.

Schwarzer Endsaum dagegen begrenzt die Flügelbinden. Die Armschwingen werden weiß, die Außenfahnen am Ende schwarz auslaufend verlangt. Dei schwarzgrauen Handschwingen müssen im Kiel weiß sein. Die Lauffarbe hat sich nicht geändert: fleischfarbig bis rot.

Prof. Hilger (1979) äußert sich zu der Forderung der reinweißen Halsfarbe skeptisch: „Zum anderen wird heute im Gegensatz zum ersten Standard beim Hahn ein reinweißer Hals verlangt. Eine Forderung, die leicht zu realisieren ist, aber für die Nachzucht verheerende Folgen haben kann: Einem Hahn mit reinweißem Hals fehlt doch offenbar eine Farbstoffreserve, die er infolgedessen auch nicht auf seine Nachkommen übertragen kann. Daraus resultiert, daß die Hennen der Nachzucht ebenfalls wenig schwarze Farbstoffreserven haben, was sich darin äußert, daß die im Standard geforderte klare, saubere Schuppenzeichnung auf Schulter und Flügelbug fehlt; die Zeichnung wirkt verwaschen. Läßt man dagegen die Forderung nach einem reinweißen Hals beim Hahn fallen (die ja im ersten Standard, also nach dem Willen der Erzüchter, nie vorhanden war) und eine den Proportionen der Halsfedern entsprechende schmale Säumung des Oberhalses zu, so wird der verwaschene Effekt der Hennenzeichnung ausbleiben. Damit wird man allerdings den schwarzen Oberrücken des Hahnes eher festigen, der meines Erachtens nur durch die Wiedererzüchtung des weißen Saumes an den Brustfedern verschwinden wird. Gerade das ist aber eine nicht leichte Aufgabe, die uns Cröllwitzer-Züchter seit Jahren beschäftigt und bis heute zu keinem Erfolg geführt hat. Ohne die Einkreuzung anderer Farbenschläge scheint dieses Problem nicht gelöst werden zu können."

In der DDR gelangen auch in den letzten Jahren Verbesserungen in der Zeichnung. Allerdings kamen neue Fehler auf. F. Schöne aus Sebnitz meldet 1982, daß einzelne Tiere seit einigen Jahren im Schwanz braune Farbtöne zeigen und matt in der Farbverteilung wirken. Ebenso haben die dortigen Züchter wie bei uns mit Pfeffer und Ruß (fehlerhafte Zeichnungen) zu kämpfen. Alte Hähne, die im Schenkelgefieder durch den breiten Saum oft ganz schwarz sind, eignen sich nicht mehr zur Ausstellung, wohl aber zur Zucht.

Neben dem aparten Zeichnungsmuster ist die Cröllwitzer deshalb zunehmend beliebt, weil sie als „Portionspute" für den kleineren und mittleren Haushalt, auch bei wenig Auslauf, geeigneter ist als eine schwere Pute.

Die Blaue Pute

Die älteste Erwähnung aschgrauer Puten dürfte in dem 1793 erschienenen Werk von J. M. Bechstein zu finden sein. Auch Rohlwes erwähnt 1821 schon „blaugraue" und Gauss 1852 „braungraue" Truthühner. Sehr wahrscheinlich handelt es sich, genetisch gesehen, um den im deutschen Standard verankerten blauen Farbenschlag, nicht zu verwechseln mit der sogenannten Narragansett-Pute, eine in Deutschland noch nicht anerkannte Varietät mit zu Blaugrau verdünnter Grundfarbe. Es ist eine Abart der Bronze-Pute, denn die schwarze Säumung bzw. Bänderung der Wildfarbe ist erhalten geblieben.

Bei den standardisierten Blauen handelt es sich um die Verdünnung der Hauptfarbe, was durch den Faktor D bewirkt wird. Riedel/Vogt (1964) führen weiter dazu aus: „Die Kombination mit BB (Schwarz) ergibt eine wunderschöne blaue Farbe, mit bb (Bronze) ein Schiefergrau, das zu Bronzeschimmer neigt. Weitere Kombinationen sind möglich. Ein zweiter rezessiver Faktor bewirkt ein helleres Schiefergrau." Inwieweit diese Differenzierung mit den im Deutschen Standard angegebenen zwei Arten von Blau („sattes Blau-spalterbig, mit einzelnen schwarzen Spritzern, Graublaureinerbig") identisch sind, müßte noch ge-

nauer geklärt werden. Auch Dürigen unterschied 1906 schon blaue Puten von grauen und graubraunen, ohne allerdings nähere genetische Zusammenhänge zu nennen. Römer erwähnt 1955 das seltene Vorkommen blauer Puten in Deutschland.

Der blaue Farbenschlag, eigentlich ein Zufallsprodukt, wurde erstmalig nach der Gründung des Sondervereins im Jahre 1907 unter der Bezeichnung „Schieferblaue Pute" in den Standard aufgenommen. Die damaligen Tiere hatten im Mantelgefieder noch viel schwarzen Farbstoff. Der Züchter Siebtrott aus Thüringen förderte die Zucht in den zwanziger Jahren verdienstvoll. Die Angaben von F. Schöne, Sebnitz, die dann von P. Doll (1982) in sein Putenbuch aufgenommen wurden, nämlich daß die blaue Pute reinerbig und das Auftreten weißer Tiere in der Nachzucht auf entsprechende Einkreuzungen zurückzuführen sei, gilt nicht allgemein, sondern nur für die rezessiv vererbende Varietät.

Der Kasseler Züchter O. Hördemann brachte vom Weltgeflügelkongreß in Rom 1933 einige blaue Puten mit, die dann die weitere Entwicklung dieses Farbenschlages positiv beeinflußten. Besonders die Zucht von E. Clemen aus Leipzig-Mökkern brachte die Richtung voran. E. Hesse (1968) sah die letzten blauen Puten vor dem Krieg in Hamburg, ausgestellt von dem putenbegeisterten Lorenz Hagenbeck. „Er war stets hilfsbereit und hatte

1,0 Puten
Blau
RG I

0,1 Puten
Blau
RG II

nach dem Weltkongreß für uns den Export von Puten und Bruteiern nach Übersee übernommen. Mit jedem Zeppelin schickten wir im Herbst und Winter Puteneier nach Argentinien, denn um diese Zeit fängt dort der Frühling und Sommer an. Diese Eier waren dort zu 80 % geschlüpft." Erst in den letzten Jahren wurden in der Bundesrepublik Deutschland und in der DDR wieder blaue Puten in guter Qualität auf den Schauen gezeigt. Schöne (1986) erwähnt das Ergebnis einer Umfrage unter den Züchtern der DDR, wonach von 22 Zuchten bei 4 Zuchten etwa 10 % weiße Tiere anfallen: "Diese Zuchten zeigen durchweg einen breiten Federabschluß in beiden Geschlechtern sowie gezeichnete Flügel. 14 Züchter schrieben uns, daß sie etwa die Hälfte der Tiere mit Flügelzeichnung haben, die andere Hälfte ohne." Verlangt wird ein einheitliches, gleichmäßiges dunkles oder helles Blau. Anzustreben ist ein Taubenblau. Während im bundesdeutschen Standard noch gilt: "Verstreut auftretende schwarze Punkte sind zulässig", wurde die entsprechende Passage in der Musterbeschreibung der DDR gestrichen. Grob fehlerhaft sind weißes Untergefieder, weiße Schwingen, verschwommene Farbe. Im DDR-Standard ist neu aufgenommen: "Die Schwanz- und Sattelfedern zeigen einen weißen Federabschluß, Schwingen gleichmäßig dunkleres oder helleres Blau."

Die Lauffarbe soll schmutzig fleischfarbig sein. Blaue Puten sehen sehr apart aus; freilich werden sie wahrscheinlich nie in der farblichen Vollendung zu erreichen sein wie Bronze- oder Schwarzflügel-Puten. Ihre dezente Pastellfarbe kann aber sowohl auf dem grünen Rasen als auch im Schaukäfig begeistern.

Die Kupfer-Pute

Die Herkunft dieses zu den leichten Schlägen gehörenden Farbtyps ist unklar. Nach Beeck soll es um die Jahrhundertwende in der Umgebung von Camburg/Saale auf ländlichen Gehöften zahlreiche Kupfer-Puten gegeben haben. Dürigen erwähnt sie 1923 gemeinsam mit dem roten Farbenschlag. Genetisch gehört dieser Typ auch zu den Roten. Es ist die am stärksten mit Dunkelpigment versehene Rotvarietät.

1,0 Puten
Kupfer
RG II

Vor dem Zweiten Weltkrieg war die Zucht von Menge, Böhlen in Sachsen, führend. Hesse (1968) bemerkt dazu: „Er zeigte die Hähne mit satter Kupferfarbe und der erwünschten 1 bis 2 mm breiten blauschwarzen Säumung auf Schultern und Brust. So haben wir sie nach dem Kriege leider noch nicht wieder gesehen." Die auf der Leipziger Lipsia-Schau vor 1939 gezeigten Kupfer-Puten fanden in der Züchterwelt begeisterte Zustimmung. In der DDR wurden in den letzten Jahren diese Tiere stark verbessert. Die ältere Zuchtrichtung − Kupfer-

Puten mit fast weißen Flügel- und Schwanzfedern − ist dort durch farbstarke Tiere abgelöst (Schöne, 1970).

In der Zucht der Kupfer-Pute treten zwei unterschiedliche Kükenfärbungen auf. Es gibt gelbliche Küken mit leichter dunkler Strichelung und kakaobraune Küken. „Normalerweise müßte nun angenommen werden, daß die dunkleren Küken im Alter ein recht dunkles Untergefieder besitzen. Leider ist das nicht der Fall. Alle kakaobraunen Küken haben nach der Mauser weißes Untergefieder, aber dafür eine

0,1 Puten
Kupfer
RG II

recht satte Mantelfarbe. Die Küken mit dem gelblichen, gestrichelten Federflaum zeigen dagegen das geforderte dunkle Untergefieder und den roten Federkiel. Dieser Umstand brachte findige Züchter auf den Gedanken, Tiere mit hellem Untergefieder als rote Puten auszustellen, da diesen auch fast völlig der Saum fehlt. So zeigten in Leipzig Züchter sowohl rote als auch Kupfer-Puten. Natürlich ist das ein Anfang, die roten Puten wieder entstehen zu lassen, bei denen allerdings ebenfalls weiße Kiele und weißes Untergefieder laut Standard als Fehler gelten" (Schöne, 1975).

Als Grundfarbe wird ein leuchtendes, sattes Kupferbraun mit lebhaftem Glanz verlangt, wobei die Gleichmäßigkeit des Obergefieders wichtig ist. Die 1 bis 2 mm breite, schwarzblau glänzende Endsäumung auf Hals-, Brust-, Bauch-, Rücken- und Flügelbuggefieder zeigen meistens nur Hähne, Hennen nur andeutungsweise. Die Enden der Schwanzfedern tragen ca. 2 cm breite helle Säume und davor gleichbreite dunkelbraune Binden. Das Untergefieder soll gelbgrau, die Federkiele sollen rotbraun sein. Die Angabe im DDR-Standard bezüglich der 1 bis 2 cm breiten Bänderung ist vermutlich ein Druckfehler, denn sonst wären die Bronze-Puten fast schwarz.

Die Schwingen seien möglichst frei von jeder Zeichnung, das Kupferbraun erscheint dort etwas heller als im Körpergefieder. Zeigen Hennen noch nicht den ausgeprägten Glanz, so ist das geschlechtsbedingt und nicht zu strafen. Grob fehlerhaft dagegen sind weißes Untergefieder und weiße Federn in Schwingen und Schwanz. Wird die Säumung blockig grob, mindert das die Schauqualität.

Die Lauffarbe ist bei Jungtieren dunkelbraun, bei Alttieren rot.

In der DDR werden seit einigen Jahren in der Abteilung Neuzüchtung Kupfer-Weißflügel-Puten gezeigt. Die Tiere sehen aus wie die früheren Kupfer-Puten mit hellem Großgefieder. Die Vitalität soll ausgezeichnet sein. Da sie aber rote Federkiele haben, vermutet Schöne (1975), „daß es nur farblich schlechte Kupfer-Puten sind." Dieser Experte erwartet bei der Weiterzucht die Aufhellung des Untergefieders in Weiß und das Verschwinden der Säumung. Schließlich wären die Unterschiede zu den Rotweißflügeligen anderer Zuchtrichtung aufgehoben.

Die Rote Pute

Die Erwähnung von Gauss (1853) in „Der Hühner- oder Geflügelhof": „Man hat es von verschiedenster Färbung, als kupferroth, weiß, bronzefarben, schwarz" — gemeint ist das Truthuhn des vorigen Jahrhunderts — läßt den Schluß zu, daß es rote oder rotgezeichnete Puten schon vor mehr als 100 Jahren gab. Nach Gründung des deutschen Sondervereins 1907 sollte dieser recht seltene Farbenschlag gefördert werden. Als nahe Verwandte der Kupfer-Pute ähneln sie dieser in der Grundfarbe, dürfen aber keinen dunklen Farbstoff im Gefieder zeigen.

In Paris wurden 1912 rote Puten ausgestellt, die allerdings noch weiße Flügelspitzen hatten. Aus Frankreich führte dann E. Clemen solche Puten nach Deutschland ein; es gab für die Tiere aus dem warmen nordwestlichen Frankreich Anpassungsschwierigkeiten in dem rauheren Klima in Thüringen und Sachsen. Bei der Nachzucht stellte sich dann aber gute Wetterhärte ein. In Aderstedt war es Oberförster Bähr, in Böhlen bei Leipzig dann O. Menge, die die Zucht der roten Pute förderten.

Nach Hesse (1974) wurden in Deutschland vor dem Zweiten Weltkrieg rote Puten so gut wie nicht ausgestellt; ihre Abgrenzung zu der Kupfer-Pute war zu unklar. Erst nach 1945 wurden wirklich rote Puten ohne Schwarzpigment gezeigt. Auf der 38. Nationalen Rassegeflügelschau im Januar 1957 in Köln, gleichzeitig Sonderschau anläßlich des 50jährigen Jubiläums des SV, fanden die Roten große Bewunderung. Ebenso konnten die Tiere von H. Böse

1960 auf der Nationalen in Köln begeistern. In den sechziger Jahren brachte E. Fetzer, Gönnern bei Reutlingen, diesen seltenen Farbenschlag gut voran. Im Januar 1963 zeigte der Züchter bei der 44. Nationalen in Stuttgart herrliche Rote in beiden Geschlechtern. Leider stehen aber auch in den kleinen Kollektionen immer wieder Tiere mit schwarzer Säumung, die den roten Bourbon ähneln.

Wir vermissen nach den 1966 von K. Hekker und 1968 von W. Springinsguth ausgestellten feinen roten Puten diesen Farbenschlag in den letzten Jahren auf unseren Schauen. In der DDR gibt es offensichtlich rote Puten in erfreulicher Zahl und Güte. In einem Bericht von 1984 meldet F.

Schöne, daß im wesentlichen noch die Untergefiederfarbe zu verbessern ist. Im dortigen Standard soll es in Zukunft heißen: „gleichmäßiges, kräftiges Ziegelrot, auf den Schulterdecken ins Schokoladenbraun übergehend mit dunklerem Fettsaum."

Im bundesdeutschen Standard wird ebenfalls ein einheitliches, gleichmäßiges Backsteinrot verlangt. Eine Formulierung des Zugeständnisses: „Weiße Flügelspitzen sind zulässig" soll eine Hilfe sein. Nicht toleriert werden dagegen jegliche Dunkelzeichnung, weißes Untergefieder und weiße Kiele. Die Erzüchtung der geforderten rötlichen Lauffarbe dürfte keine Schwierigkeiten bereiten.

Die Gelbe Pute

„Besonders hervorzuheben sind als hübsch die Blauen und die *Gelben*." Diese Bemerkung von Dürigen (1906) gilt sicher heute noch, denn gelbe Puten sind in ihrer zarten Pastellfarbe ästhetisch wirklich apart, leider aber äußerst selten. Sie müssen zwischen 1900 und 1930 wieder fast verschwunden gewesen sein, denn als der Apotheker Schulken aus Bad Sachsa in den dreißiger Jahren wieder gelbe Puten zeigte, war das eine echte Überraschung; wegen der Zuchtschwierigkeiten fanden sich aber keine Züchter, so daß der Farbenschlag mit dem Tod seines Erzüchters verschwand. Unklar ist immer noch das Vorhandensein

1,0 Puten
Gelb
RG I

gelber Puten vor dem Ersten Weltkrieg. Aus einer Erwähnung in der Chronik von Doll (1982), daß ein Züchter namens Jacobi aus Vilbel bei Frankfurt den gelben Farbenschlag betreute, läßt sich der Schluß ziehen, daß es Restbestände oder Neuansätze in dieser Zeit gab.

Riedel/Vogt (1964) kennen englische gelbe Puten, die „mehr in der Farbe eines Hirschkalbes (fawn = rehfarben) gezüchtet" werden oder wurden.

Das vorläufige Endprodukt der Wiederherauszüchtung zusammen mit namhaften Wissenschaftlern zeigte W. Walther aus Bürgel in der DDR 1979 in Leipzig. Die in der DDR ab 1979 gezeigten Hennen entsprachen den farblichen Vorstellungen bereits sehr gut. Bei den Hähnen ist eine leichte Zeichnung vorerst noch zu tolerieren (Doll, 1985). Bei der Herauszüchtung wurden nach Schöne (1984) Rote, Cröllwitzer, Kupfer-Puten und Weiße Puten verwendet. Rückkreuzungen führen aber gegenwärtig noch zu Rückschlägen. Die

Tiere sind dann zu rot oder neigen zur Kupferfarbe. Große Schwierigkeiten macht nach wie vor die Überwindung des noch vorhandenen schwarzen Federabschlusses, vor allem bei den Hähnen. Die Zuchtrichter in der DDR sind angewiesen, diesen Fehler vorerst nicht zu strafen. Abhilfe schafft sicher weitere konsequente Selektion. Es gibt aber schon feine gelbe Hennen in der mittleren Ockerfarbe. Der Ton ist jedoch nicht das Entscheidende, sondern die Reinheit des Mantelgefieders. Der etwas hellere Federabschluß der Hennen soll die Zucht nicht nachteilig beeinflussen. Dieser Tatbestand soll in den neuen DDR-Standard aufgenommen werden.

Der bundesdeutsche Standard schreibt vor: „einheitlich sattes Ockergelb mit tiefgelbem Untergefieder." Fehlerhaft sind matte Gefiederfarben und weißes Untergefieder sowie zu helle Schwingen. Die Läufe werden fleischfarbig bis hellrot verlangt.

Die Krefelder Pute

Seit 1985 existiert diese jüngste Varietät der Putenschläge. Einige Exemplare wurden in Hannover als Neuzüchtung vorgestellt. Im Exterieur und Gewicht gleichen sie den leichteren Putenschlägen, wie Blau, Rot und Gelb. An Brust und Hals wird die Dreifarbenzeichnung angestrebt, d. h., die Säumung verläuft von innen nach außen mehrfach weiß-braun-schwarz. Auf den Schultern enden die Federn nach der weiß-braunen Zeichnung mit einem breiteren schwarzen Band. Die Zeichnung der Schwanzdeckfedern ist ähnlich, nur erscheint der breite schwarze Saum bronzefarbig, teilweise mit braunem Endsaum.

Die Saumzeichnung der Henne ist im Hals grau, daher ist das Gesamtbild heller als das des Hahnes. Die Schulterfedern sind schön rostrot mit schwarzer Bänderung gezeichnet. Auf den dunkelgrauen Rückenfedern sitzen Bronzebänder und rötliche Endsäume. Schließlich erscheint das Rostbraun noch einmal auf den Schwanzdeckfedern, die überdies weißliche Querbinden tragen.

Man sieht den Tieren noch die Einkreuzung der Bronze-Puten an, wenn sie auch noch etwas kräftiger sein dürften. Auch macht die Unterschiedlichkeit im Farb- und Zeichnungsbild noch zu schaffen. Leider mußte die Benotung teilweise wegen nicht korrekter Zehenbildung bisher relativ niedrig ausfallen. Diese Neuzüchtung wurde 1986 und 1987/88 nicht wieder vorgestellt, es bleibt aber zu hoffen, daß dieser aparte Farbenschlag nach der offiziellen Anerkennung die Palette der deutschen Putenschläge bereichern wird.

Perlhühner

Form und Kopf

Das als Rasse- und Wirtschaftsgeflügel gehaltene Hausperlhuhn entspricht in Form und Proportionen etwa der Wildform (s. Seite 18, 19), Gewicht und Kopfbehänge sind aber etwas größer. Hauptsächliche Kennzeichen aller Perlhuhnschläge, bei denen es sich grundsätzlich um Farbmutationen einer einzigen domestizierten Art (dafür gilt auch der Begriff Rasse) handelt, sind die gewölbte, nach hinten abfallende Oberlinie, der nach unten gesenkte Schwanz, der unbefiederte Kopf mit dem helmartigen Höcker.

Für Schauzwecke stehen die Rassemerkmale der Form- und der Kopfpunkte neben Farbe und Zeichnung im Vordergrund. Die Rückenlinie verläuft hinter dem Hals zunächst abfallend, geht etwa ab der Mitte des Körpers in eine starke Wölbung über und endet in dem hängend getragenen, verhältnismäßig kurzen Schwanz. Die geschlossen getragene Schwanzstruktur besteht aus 16 Steuerfedern. Die Brustlinie unterscheidet sich geschlechtsspezifisch wenig: Die Hahnenbrust wirkt eher spitz, während die Brustregion der Henne vollfleischig erscheinen soll. Durch die aufgerichtete Haltung, beim Hahn noch stärker, wird die Brust etwas hoch getragen. Die Unterlinie wirkt bei der Henne durch ihre mehr waagerechte Haltung etwas voller. Wie das gesamte Gefieder, so liegen auch die langen und breiten Flügel fest am Körper an. Die langen Schwingenfedern sollen gut geschlossen, keinesfalls sperrig sein. Der Stand wirkt durch die kaum hervortretenden Schenkel und die relativ kurzen Läufe eher niedrig. Gut gespreizte Zehen mit abstehender Afterzehe gehören zum Perlhuhnfuß. Auf dem recht dünnen, eingezogen getragenen Hals, der nur in der Erregung gestreckt wird, sitzt der relativ kleine, im Schädel kurze und breite Kopf. Das Gesicht ist bis zum oberen Halsansatz weiß, das Oberteil des schwach befiederten Halses ist bläulich; der Unterhals ist mit feinen schmalen Federchen besetzt. Auf dem Hinterhals sitzen aufrechtstehende borstenartige Federn.

Beide Geschlechter tragen den charakteristischen Kopfhelm, ein bräunliches, dreieckiges, je nach Geschlecht mehr oder weniger nach hinten gebogenes Gebilde. Im Vergleich zum Gesichtsschädel wirkt der Schnabel recht stark, ist in Ober- und Unterschnabel leicht gebogen, farblich orangerot mit grauem Anflug, an der Schnabelwurzel rot. Die weit voneinander abstehenden Kehllappen sind ebenfalls rot, innen weiß, rundlich bis rautenförmig. Bei vitalen Tieren liegt ein bläulicher Schimmer auf der Gesichtshaut.

Die Geschlechtsmerkmale sind sicher nur bei ausgewachsenen Perlhühnern zu erkennen. Beim Hahn ist der Helm breiter angesetzt und weiter nach hinten ausgezogen, während die Helmspitze der Henne stumpfer wirkt. Außerdem zieht sich die Gesichtshaut des Hahnes an den Halsseiten tiefer herab, d.h., sie ist weiter unbefiedert und wirkt in der unteren Begrenzung spitzer als die knappere Halshaut der Henne. Am sichersten ist die Geschlechtserkennung an den beim Hahn stärker entwickelten Kehllappen möglich. Auch ist die Oberfläche mehr gefaltet und gerollt als bei den glatten Kehllappen der Henne. Durch die schon erwähnte flachere Haltung der Henne und den etwas volleren Körper ist eine weitere Möglichkeit der Unterscheidung gegeben.

Die geschlechtsspezifischen Lautäußerungen, wie bei der Wildform beschrieben, treffen auch für das domestizierte Perlhuhn zu: Die Henne stößt den zweisilbigen, am Ende in die Höhe gezogenen, wie „Glock acht" klingenden Ruf aus, der Hahn wiederholt oftmals sein charakteristisches „Tschereckreck".

Bei der Rassebeurteilung ist auf kräftige Form sowie möglichst breite Schulter- und Rückenpartie zu achten; demnach gelten schwache und mangelhafte Figuren ebenso als grobe Fehler wie schiefe Schwanzhaltung und schwachentwickelte Helme oder verkümmerte Kehllappen.

Die Farbenschläge

Die Farbe und Zeichnung des wildlebenden Helmperlhuhns, *Numida meleagris galeata*, ist die Ausgangsform. Frühe Haustierformen dieser Art zeigten aber schon Abwandlungen in der Gefiederfarbe (s. Seite 37). Um die Jahrhundertwende tauchen in der Geflügelliteratur die Farbenschläge Silbergrau, Braungrau, Weißbrüstig und andere Schecken auf (Dürigen, 1906); Reinweiße erwähnt W. Kleffner 1920. Stahl- oder Silbergraue kennt A. Wulf in seiner Schrift „Truthuhn, Perlhuhn und Pfau" schon vorher. In einem Fachaufsatz der „Geflügel-Börse" (1946) berichtet ein unbekannter Autor noch von „mindestens 3 Farbenschlägen". „Da sind zunächst einmal die Stahlblauen, d.h. wildfarbigen Perlhühner, dann gibt es eine silbergraue Art, und sicherlich am schönsten wirken die weißen Perlhühner mit der weißen Perlung. Scheckige Perlhühner sind ein Kreuzungsergebnis von Weißen mit Blauen und sollen auch als ausgestelltes Ziergeflügel durch die Unterschiedlichkeit der Scheckregionen nicht anerkannt und bewertet werden."

Noch 1961 sah die geltende Musterbeschreibung bei uns nur die 3 Farbenschläge Blau, Aschgrau und Weiß vor; demgegenüber beschreibt H. v. Boetticher in seinem Standardwerk „Die Perlhühner" (1954) schon die in Italien von Prof. Ghigi herausgezüchteten Spielarten Lilablau, Violett, Weißgelb („camosciata"), mit deutlich hervortretenden, ganz weißen Perlflecken, und Weißgelbe ohne jegliche Perlfleckung, also einfarbig weißgelb.

Aus einem Bericht von F. Schöne, DDR, (1985) geht hervor, daß zu diesem Zeitpunkt dort nur die Farbenschläge Blau mit natürlicher und reduzierter Perlung, Hellblau, Weiß und Violett mit reduzierter Perlung offiziell anerkannt sind.

Nach dem derzeitig gültigen Standard in der BRD von 1984 sind insgesamt 9 Farbenschläge anerkannt, die in zwei Gruppen unterschieden werden:

— Farbenschläge mit voller Perlung
  Blau (wildfarbig),
  Perlgrau (hellwildfarbig),
  Lavendelblau (bluetta),
  Chamois,
  Weiß.

— Farbenschläge mit reduzierter Perlung
  Violett (dunkel-wildfarbig),
  Arzurblau (hell-violett),
  Lavendelblau mit reduzierter Perlung,
  Chamois mit reduzierter Perlung.

Blau (wildfarbig)

Die Wildfarbe wirkt im Grunde durch die dicht aufeinanderliegenden Federn grauschwarz; betrachtet man die einzelne Feder, so scheint sie mehr indigoblau. In Italien und der Schweiz wird dieser ursprüngliche Farbenschlag als Grau bezeichnet. Die Perlenzeichnung, die auf jeder Feder verlangt wird, ist an der Körperunterseite deutlich größer als auf der Oberseite. Um die weißen Punkte zieht sich auf Rücken, Bürzel und Schwanz ein scharfer schwarzer Kranz, dagegen sind Hals- und Kopfgefieder ohne Perlung. Die Punkte lösen sich in den Hand- und Armschwingen in Streifen auf.
Wichtig ist die gleichmäßige Verteilung der Perlflecken über das gesamte Körpergefie-

1,0 Perlhühner
Blau
RG V

der. Bilden sich weiße, zusammenhängende größere Flecken auf Brust und Bauch, so ist das der Ansatz zur Schekkung; ebenso gehören weiße Schwingen und nicht durchgefärbte Zehen (Lauffarbe grauschwarz) zu den groben Fehlern. Sind allerdings nur die ersten Glieder der Zehen hell, sollte das nicht allzu hart gestraft werden, wenn die sonstigen Rassemerkmale gut ausgeprägt sind.

Zu achten ist auch auf gute Blaufärbung in der Grundfarbe, d. h., die Tiere, bei denen das Indigoblau deutlich hervortritt, zeigen die richtige Wildfarbe. Nicht selten ist diese Grundfarbe auf dem Rücken zu hell oder geht gar in einen erdfarbenen Ton über. Die Perlung muß glänzend weiß sein und so scharf als möglich vom Grunde abstechen.

0,1 Perlhühner
Blau
RG V

Perlgrau (hell-wildfarbig)

Bei diesem Farbenschlag handelt es sich um die Verdünnung der Wildfarbe zu Hellgraublau, früher in Deutschland „Aschgrau", im Ausland „Lila" oder „Blau" genannt. Die Grundfarbe wird hellgraublau verlangt, wobei das Hellgrau vorherrschend ist. Der bei den Wildfarbigen auf der Oberseite vorhandene Saum und die Perlung sind bei den Perlgrauen zu dunklem Blau aufgehellt. Sonst entspricht die Perlenzeichnung der der Blauen. Angestrebt wird die grauschwarze Lauffarbe; zulässig ist aber auch eine einheitliche orangefarbige Lauf- und Fußfarbe. Tiere mit orangefarbenen Flecken auf grauschwarzer Lauffarbe gelten als fehlerhaft. Nicht immer ist die Grundfarbe und Perlenzeichnung exakt; manche Zuchten haben noch mit ungleichmäßiger, verwaschener oder zu dunkler Farbe zu kämpfen. Auch werden weiße Flecken auf Brust und/oder Bauch als grobe Fehler nicht gerne gese-

hen. Durch den Aufhellungsfaktor kann es leicht zu weißen Schwingen kommen, deren Ausdehnung meistens noch größer ist als bei den Blauen. Es wäre wünschenswert, in Europa übereinstimmende Bezeichnungen für die aufgehellte Spielart zu finden. So beklagt einer der führenden deutschen Perlhuhnzüchter, B. Schmaus, schon 1968: „Leider werden in Deutschland gegenüber anderen Ländern die Farben anders bezeichnet. So findet man in Frankreich, Italien und in der Schweiz graue Perlhühner, bei uns Blaue (Farbe der Wildfarbigen). Ebenso findet man in Frankreich und Italien lila Perlhühner, bei uns unbekannt; man stellt sich bei uns unter diesem Namen vielleicht etwas anderes vor. Auch in Belgien findet man solche als Aschgraue. Auf der letzten Nationalen in Stuttgart standen deshalb 1,1 aus Frankreich als Aschgraue, die überall gute Kritik fanden."

Lavendelblau

Die Farbe der sogenannten Bluetta-Perlhühner stellt die stärkste Aufhellung der Wildfarbe dar. Ein feiner bläulicher Schleier überzieht die zart hellblaue Grundfarbe, was in der Schwingenfarbe am deutlichsten zum Ausdruck kommt. Die Perlung entspricht dem blauen Farbenschlag.
Die Lavendelblauen sind relativ selten; nichtsdestoweniger können sie auf grünem Rasen und im Schaukäfig durch ihr schleierartig wirkendes Farbbild faszinieren.

Natürlich sollte man bei diesem extrem aufgehellten Farbenschlag nicht die dunkle Lauffarbe der Blauen oder Perlgrauen verlangen; zeigen die Tiere hellgraue Läufe oder auch blaßorangefarbene, so wird das akzeptiert. Allerdings ist auch hier Laufscheckung verpönt.

Lavendelfarbige müssen sich in der Grundfarbe klar von den anderen Farbenschlägen unterscheiden. Manchmal sieht man noch Tiere mit zu dunkler Grundfarbe, weißen Gefiederstellen bis hin zu weißen Schwingen, was auf Einkreuzung anderer Spielarten schließen läßt.

1,0 Perlhühner
Lavendelblau
RG V

0,1 Perlhühner
Lavendelblau
RG V

Chamois

Hier ist die Grundfarbe zu einem Fahlgelb verändert. Davon muß sich die weiße Perlenzeichnung und auch die Säumung um die Perlen etwas intensiver gelb abheben. Die Grundfarbe der Hähne ist geschlechtsspezifisch (nicht „geschlechtsgebunden", wie es im neuesten Standard heißt!) blasser. Manchmal sieht man erst aus der Nähe die helleren Perlflecken. Das Fahlgelb-Pigment macht sich auch in der zulässigen orangefarbigen Lauffarbe bemerkbar. Ist diese hellgrau, ist das gleichwertig.

Violett

Hinsichtlich des Schwarzpigments der Wildfarbe haben wir hier das umgekehrte Phänomen vor uns: eine Verstärkung der Grundfarbe, verbunden mit der Verdrängung der Perlenzeichnung auf die Körperseiten und Schwingen. Dieser interessante Farbenschlag entstand etwa 1955 bei dem Italiener Prof. Ghigi. Noch 1968 waren sie in der Bundesrepublik Deutschland fast unbekannt.

In der DDR kennt man sie seit etwa 1960. Dazu schreibt 1982 P. Ehrlein, Viernau: „Sie nehmen bezüglich der Zeichnung eine Sonderstellung ein. Beim violetten Farbenschlag geht es vor allem darum, bei einer violetten bis ins Schwarze gehenden Farbe die Perlenzeichnung weitgehend zu unterdrücken. So tritt statt der Perlzeichnung nur noch eine zarte Rieselung auf. Die Intensität der Zeichnung ist auch bei den violetten Perlhühnern von der Federgröße abhängig. Das farbliche Zuchtziel über längere Zeit einzuhalten ist nicht einfach, da kein anderer dunkler Farbenschlag für Einkreuzungen zur Verfügung steht. Dennoch waren anfangs wegen der geringen Zuchtbasis und der zu erwartenden Inzuchtschäden Einkreuzungen anderer Farbenschläge erforderlich. Dazu eigneten sich die blauen Perlhühner recht gut. Bei der Kreuzung violetter und blauer Perlhühner fielen in der ersten Generation blaue Tiere, die eine kontrastreiche Farbe zeigten, wie der Standard sie fordert. Diese farblichen Vorzüge der Blauen traten dann auf, wenn ein 1,0 violett mit einer 0,1 blau verpaart wurde. Gleichzeitig konnte damit die grauschwarze Lauffarbe intensiviert und gleichmäßiger gestaltet werden. Bei Rückkreuzungen spalterbiger blauer Hennen mit violetten Hähnen fielen dann violette Tiere an.

Durch die Ein- und Rückkreuzungen wurde die Vitalität der Violetten verbessert. Farblich tendierte die Nachzucht immer mehr zu Blau. Gleichzeitig ging die feine Rieselung verloren; die Perlung wurde wieder größer. Als weitere negative Nebenerscheinung traten gefleckte Läufe bei den Violetten auf, wie sie vor Jahren als Fehler häufig bei den Blauen anzutreffen waren. Da die Basis im violetten Farbenschlag inzwischen größer geworden ist, wird es künftig nur selten notwendig sein, andere Farbenschläge einzukreuzen."

In der Bundesrepublik Deutschland sorgte B. Schmaus zusammen mit dem Züchter Walgenbach für Klarheit beim violetten Farbenschlag. Sie importierten Tiere aus Frankreich, Belgien und Italien. Der neue Standard definiert die Einzelheiten: die Grundfarbe entspricht dem schwarzvioletten Halsgefieder der Blauen. Die Brustfarbe ist deutlicher violett, die Körperoberseite schimmert mehr bläulich. Der dunkle Gesamtausdruck entsteht zusätzlich noch durch die tiefschwarzen Federsäume. Grobe Perlung bzw. Streifung sitzt am Körperseitengefieder und an den Schwingen. Auf Schultern und Brust zeigen die Violetten feine, helle Sprenkelung; die Federkiele sind deutlich dunkler als das Federfeld. Bei diesem dunklen Farbenschlag macht die geforderte grauschwarze, dunkelgeschuppte Lauffarbe meistens keine Schwierigkeiten. Allerdings sind oft die Zehen nicht ganz durchgefärbt, was nicht gestraft werden sollte.

Zeigen die Violetten oder Dunkelwildfarbigen, wie sie auch genannt werden, allerdings ausgeprägte Perlung oder gar Scheckung und weiße Schwingen, muß das als grober Fehler die Beurteilung bestimmen.

Im DDR-Standard heißt es: „Außenfahne der Schwingen leicht braun, dadurch entsteht bei geschlossenem Flügel ein braunes Flügeldreieck." Diese Angaben sind problematisch, da dadurch die eigentlich verpönte Vermischung mit Braunpigment ungewollt gefördert werden könnte.

Im Ausland werden violette Perlhühner „Paonata" genannt.

Azurblau

Dieser Farbenschlag wird auch als Hell-violett bezeichnet. Es handelt sich um eine Verdünnung von Violett unter Beibehaltung der reduzierten Perlung.

Die Grundfarbe erscheint graublau; der violette Anflug, am stärksten an der Körperunterseite ausgeprägt, zeigt noch die Dunkelwildfarbe. Ein schwach ausgeprägter Geschlechtsdimorphismus unterscheidet farblich Hahn und Henne: Beim Hahn ist die Grundfarbe etwas dunkler.

In der oberen Hälfte soll die Lauffarbe möglichst grau sein, besser noch durchgehend bis zum Fuß; meist hellt die Lauffarbe aber nach unten hin in orangefarbig auf.

Schwierigkeiten bereitet die gleichmäßige Verteilung der Grundfarbe unter Berücksichtigung der stärker pigmentierten Unterseite. Die Perlung muß unbedingt reduziert sein, sonst zählt das zu den groben Fehlern; ebenso jegliche Weißeinlagerung in größeren Gefiederflächen, wie Brust und Schwingen.

1,0 Perlhühner
Azurblau
RG V

Chamois mit reduzierter Perlung

Auch dieser Farbenschlag ist schon im Deutschen Rassegeflügelstandard von 1969 enthalten. Er unterscheidet sich von den „normalen" Chamoisfarbigen nur durch die reduzierte Perlung, d. h., wie bei Violett darf die Zeichnung nur auf den Körperseitengefiedern und den Schwingen sitzen.

Bei der Bewertung ist zu beachten, daß die Hähne geschlechtsbedingt nicht die ausgeprägte fahlgelbe Grundfarbe der Hennen haben können; sie erscheint wesentlich blasser.

Ist allerdings die Grundfarbe bei einwandfrei feststellbaren Hennen zu blaß oder verwaschen, gilt das ebenso als grober Fehler wie ausgeprägte Perlung oder scheckenartige Zeichnung im Körpergefieder oder in den Schwingen. Trotz der geforderten reduzierten Perlung muß diese unbedingt bei den Hähnen im Seitengefieder sichtbar sein, was bei den Hennen kaum Schwierigkeiten bereitet.

Dieser Farbenschlag ist äußerst selten; seine Förderung als Kostbarkeit in der Perlhuhn-Rassezucht wäre angezeigt.

Alle Farbenschläge mit verdünnter Grundfarbe sind im Körpergewicht etwas leichter und erscheinen auch im Volumen etwas geringer, was bei der Bewertung unbedingt berücksichtigt werden muß.

Weiß

Weiße Perlhühner sind schon aus der Antike bekannt und dürften eine Mutation sein, die möglicherweise auch im Freileben vorkommt. Allerdings sind dem Verfasser keine Albinos bekannt. Vielmehr handelt es sich bei den gegenwärtig rassemäßig gezüchteten Weißen um die Verdünnung der Färbung der Chamoisfarbigen, d. h., die Grundfarbe ist nicht silber-, sondern rahmweiß. Die Perlung ist eigentlich nicht reduziert, sondern soll reinweiß und glänzend

1,0 Perlhühner
Weiß
RG V

gut sichtbar sein. Tatsächlich heben sich bei guten Schautieren die Perlen von dem hellen Pastell des Grundgefieders ab.

Aus der DDR berichtet diesbezüglich F. Schöne (1985): „Der weiße Schlag mit einem creme-weißen Mantelgefieder und einer silberweißen Perle, die sich gut abheben sollte, ist ebenfalls in einer sehr guten Qualität vorhanden, wenn er auch offensichtlich nicht allzu gern gehalten wird, da man die weißen Tiere oft vor der Schau baden muß und das bei den recht scheuen Perlhühner nicht ganz einfach ist. Die SZG leistet aber gute Arbeit, denn zur letzten Hauptschau wurde eine ganze Reihe Weißer Perlhühner in einer guten Qualität gezeigt."

Aufgrund des fast völlig fehlenden Federpigments kann die Lauffarbe nur orangefarbig sein. Fleckige Läufe sind verpönt. Erscheint die Grundfarbe zu gelblich, tendiert sie also zu Chamois, so ist die Schauqualität gemindert. Auch sehen wir nicht gerne zu schwache, kaum noch sichtbare oder gar völlig fehlende Perlung.

Lavendelblau mit reduzierter Perlung

In der Grundfarbe entspricht dieser sehr seltene Farbenschlag den „Bluettas"; in der Zeichnung dagegen den Violetten, d. h., sie tragen auf jeder Feder den tiefschwarzen Saum und auf den Schwingen und Seiten die grobe, weniger dichte weiße Perlung, die stellenweise wie eine Streifung erscheint. Unterbrochen wird diese Zeichnung stellenweise durch eine ganz feine, kaum sichtbare helle Sprenkelung. Bei diesem Farbenschlag wird hellgraue bis blaßorange-farbige Lauffarbe verlangt. Scheckung auf den Decken und auf der Brust ist genauso fehlerhaft wie zu dunkle Farbe und sichtbare Perlung auf der Oberseite. Manche Tiere zeigen noch weiße Schwingen als Folge der Aufhellung.

Perlhuhn-Schläge können auf Schauen gefördert werden, indem nach dem Gesamteindruck die charakteristische Perlzeichnung, die Grundfarbe und dann erst die

84

Beinfarbe und die Kopfpunkte im Preisrichterurteil zugrunde gelegt werden. Die Bewertung sollte in Ruhe und aus einigem Abstand geschehen, da die Tiere gemäß ihrem etwas flüchtigen Naturell im Käfig leicht in Panik geraten können. Allerdings ist die kurze Betrachtung der einzelnen Federn oft nützlich und unerläßlich, um die Perlung zu erkennen.

Eine interessante Bastardzucht von Perlhuhn unf Pfau wurde in der Jagdzeitschrift „Wild und Hund" (1913) veröffentlicht. Aus der Verpaarung eines Pfauhahnes mit einer Perlhuhnhenne gingen zwei Hybriden hervor, die sowohl in Größe als auch Gestalt einer Pfauhenne ähnelten. Beide Tiere, es waren Hahn und Henne, hatten jedoch mattere Farben und zeigten die Wellenzeichnung des Pfauhahnes im Jugendgefieder. Die äußersten Handschwingen waren weiß, Kopf schwarz, Gesicht und Unterkehle reinweiß. Über dem Gefieder zog sich ein silbriger Schimmer. Weder die verlängerten Kopffedern des Pfaues, noch die hornigen und lappigen Auswüchse des Perlhuhnes waren vorhanden. Gegenüber anderen Geflügelarten sollen die Mischlinge sehr verträglich gewesen sein, weder die „Gehässigkeit der Perlhühner", noch „das zänkische Wesen der Pfauen" war ihnen eigen. Es ist nicht bekannt geworden, ob mit diesen Kreuzungsprodukten die Weiterzucht gelang. Sehr wahrscheinlich waren beide Tiere unfruchtbar. Im Juni 1987 sah der Verfasser im Opel-Zoo bei Kronstein einen jungen Mischling aus 1,0 Rebhuhnfarbige Italiener und 0,1 Wildfarbige Perlhühner. Das Tier zeigte schon Ansätze der Perlzeichnung, ähnelte aber in der Gestalt einem Haushuhn.

Gänse

Die Emdener Gans

Rassegeschichte

Die Herkunft dieser schweren Gänserasse geht aus dem früheren lateinischen Namen „Anser domesticus frislandicus", im Englischen „Emden Goose", hervor. Die Wiege stand in Ostfriesland, wahrscheinlich schon vor 2000 Jahren. Die gezielte Zucht geht nachweisbar bis ins 13. Jahrhundert zurück. Dürigen (1906) überliefert, daß die Ausfuhr von Federn von Ostfriesland aus in die Länder des Mittelmeerraumes seit Beginn der Schiffahrt einen nicht unwesentlichen Betriebszweig bildete. Die frühere Bezeichnung „Bremer Gans" ist hinsichtlich der Herkunft nicht zutreffend. Vielmehr wurden in den Ems-Niederungen seit alters her riesige Gänseherden gehalten, bis im Jahr 1277 die hereinbrechenden Sturmfluten die Bestände empfindlich reduzierten. Dadurch wurde die Weiterzucht erschwert, und die Ausfuhr von Gänseprodukten kam vorübergehend zum Erliegen. Restbestände gab es noch in den Küstengebieten bis ins 19. Jahrhundert. Aber auch hier verschwanden die großen Gänseherden nach der schlimmen Sturmflut des Jahres 1863. Lediglich in zwei Ortschaften — Riepe und Siemonswalde — gab es bedeutende Zuchten des angestammten nordischen Gänseschlages. Dürigen (1906) berichtet, wie auch damals schon problematische Verwaltungsvorschriften Geflügelzuchten zum Erliegen bringen konnten: „In den übrigen Teilen Ostfrieslands wurde sie (die Zucht) durch das im Jahre 1842 erlassene Gesetz über Verkoppelung und Gemeinheitsteilungen hart betroffen und lahmgelegt und hörte endlich ganz auf." Gänse vom Typ des großen Emdener Schlages wurden in großen Mengen vor dem Niedergang der Großzuchten nach Böhmen und Ungarn ausgeführt. In diesen Ländern kreuzte man die schweren Gänse zu Zwecken der Gewichtsverbesserung einheimischer Schläge oder vermehrte den Emdener Typ in Reinzucht. Aus dem Jahre 1882 sind größere Ausfuhren nach Amerika bekannt; bei Dr. Snell und Fowler hatten die riesigen Gänse schon 1862 in England Aufnahme gefunden. Dort war man begeistert von der Massigkeit und gleichzeitigen Eleganz der Emdener. Durch Verpaarung mit Toulouser Gänsen schufen aber die Engländer bald einen anderen Typ, bei dem die Eleganz stark verloren ging.

Der frühere Emdener-Typ wird uns durch einen Bericht des Züchters Pfannenschmid aus der Zeit vor der Jahrhundertwende vor Augen geführt: „Die Emdener Gans unterscheidet sich von allen anderen Schlägen an erster Stelle durch den längeren Hals (Schwanenhals), durch eine nicht gedrungene, sondern hoch aufgerichtete Haltung, lebhaftes Temperament, blendendes, knapp anliegendes weißes Gefieder, blaue Augen, schön orangerote Füße und dunkelrosa gefärbten Schnabel. In voller Federpracht ist die Emdener Gans eine Zierde jeden Gewässers; auf der freien Weide in diesem Zustande kaum zu bändigen, entwickelt sie eine erstaunliche Flugkraft und fliegt oft stundenweit nach Wasser. An Körpergröße übertrifft sie die Pommersche Gans." Ein anderer Züchter aus dieser Zeit überliefert: „Ihre Zucht wird heutzutage nur noch in einigen Ortschaften betrieben: die Nachzucht wird höchstens 500 bis 600 Köpfe betragen. Durch ein irrationell an der jungen Gans betriebenes Feder-Raub-System erreicht sie nicht die volle Größe. Sie ist jedoch fruchtbar, legt im ersten Jahre 8 bis 10 Eier, brütet und führt gut."

Vor der Jahrhundertwende wurde die Emdener auch Seegans genannt, noch heute wird sie im Standard der USA als „Embden Geese" bezeichnet.

Nach der Einkreuzung von Toulousern in England war tatsächlich die Steigerung der Legeleistung von 15 auf 35 Eier pro Gans und Jahr erreicht. Die Formmerkmale trafen jedoch nicht den Geschmack der deutschen Züchter. „Sie äußerten sich vor allem in einem sehr großen Kopf, langem dicken Hals, einer Kehl- und Bauchwamme sowie einer kieligen Brust" (Schneider, 1983). Die doppelte Bauchwamme allerdings hat sich erhalten. Dürigen (1906) kennt die englischen Versuche, die Wirtschaftlichkeit der Emdener „Schwanengans", wie sie

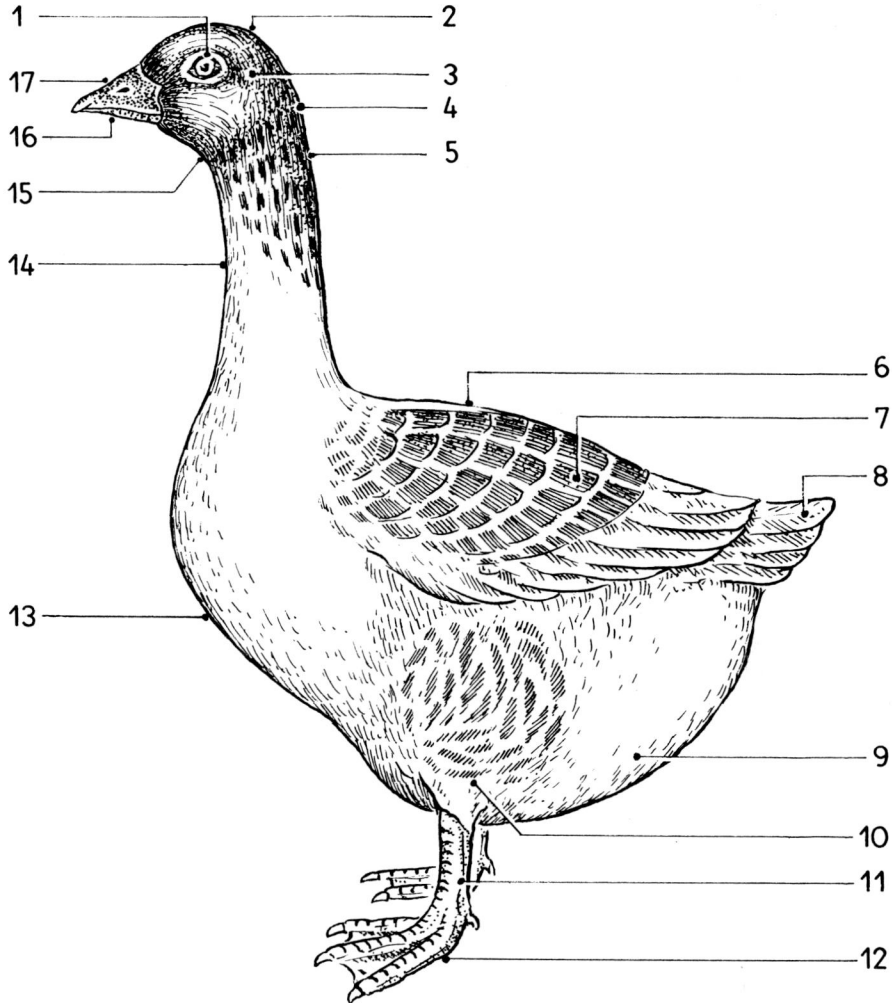

Exterieur der Gans (aus Schneider, 1983)

1 Auge	10 Unterschenkel
2 Scheitel	11 Lauf
3 Ohrgegend	12 Paddel mit Zehen und Schwimmhaut
4 Hinterkopf	13 Brust
5 Nacken	14 Hals
6 Rücken	15 Kehle
7 Flügel	16 Unterschnabel
8 Schwanz	17 Oberschnabel mit Hornnagel
9 Bauch	und Schnabelbohne

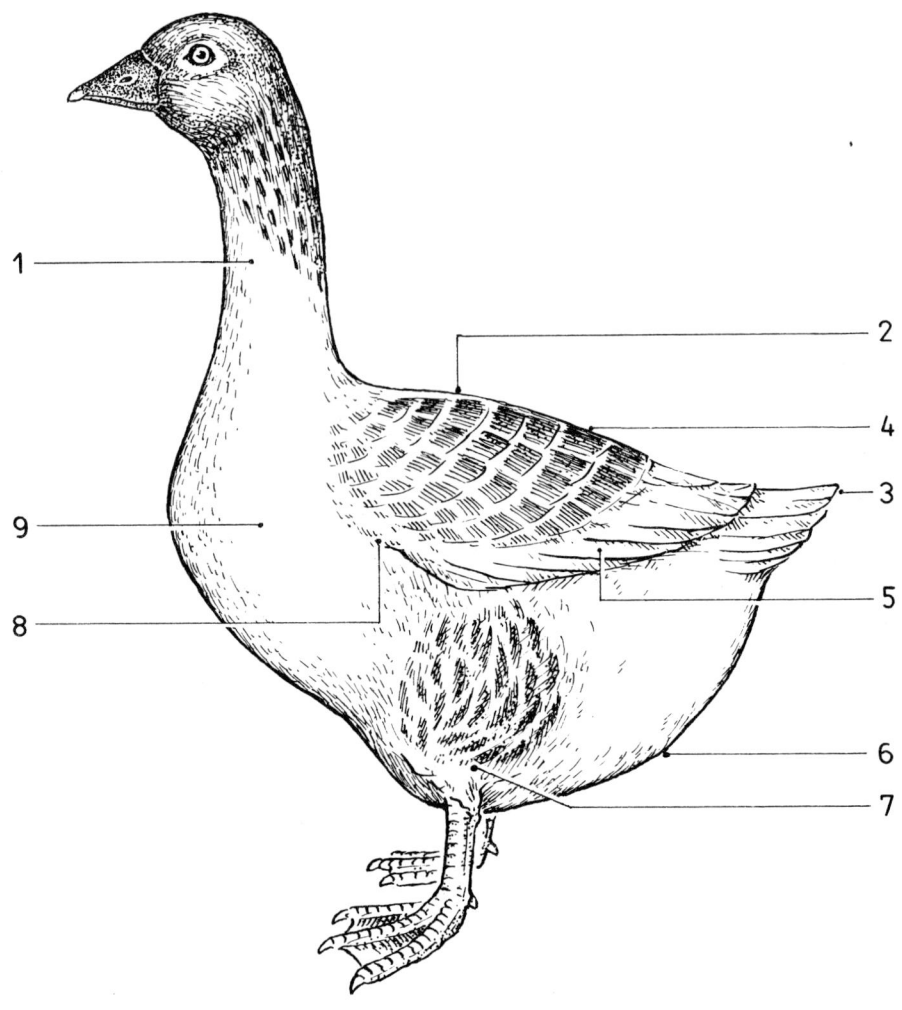

Gefiederpartien bei der Gans (aus Schneider, 1983)

1 Halsfedern	4 Flügeldecken	7 Schenkelfedern
2 Rückenfedern	5 Schwingen	8 Tragfedern
3 Schwanzfedern	6 Bauchfedern	9 Brustfedern

auch genannt wurde, noch zu steigern: „Die Engländer, welche die Gans wie das Schwein lediglich als ein wirtschaftliches Nutztier betrachten und füglich, ohne nach Rasse-Unterschieden zu fragen, nur weiße und graue Gänse unterscheiden und nach einheitlichem Typus züchten, haben nun neuerdings der ihnen zugeführten Emdener Gans das Gepräge der massiger erscheinenden Toulouser Gans aufgedrückt bzw. die alte Emdener durch Kreuzung mit Toulousern in der Form so umgemodelt, daß man versucht wäre, von weißen Toulousern zu sprechen."

Er spricht dann von „neumodigen Emdenern" und erwähnt den massigeren Ausdruck in der Bauchpartie und den ausgiebigeren Durchschnitt in der Höhe des Hinterkörpers, warnt aber schon gleich nach der Jahrhundertwende vor dem Verlust der typischen Emdener Merkmale: langer, bei aller Fülle doch gestreckter Körper, Schwanenhals (wenn auch etwas kürzer und stärker als früher), langgestreckter Kopf, schlanker Schnabel und hellblaues Auge.

Nach Römer und Weinmiller (1931) haben auch Pommern-Gänse bei der Herauszüchtung des neueren deutschen Emdener Schlages Verwendung gefunden. In diesem Zusammenhang soll sich der Züchter Krause in Rinteln besondere Verdienste erworben haben. Während die Emdener Gans „alter Zuchtrichtung" mehr als „Bratgans" bezeichnet wurde, heißt die seit der Jahrhundertwende in Deutschland aus den Toulouser-Kreuzungen wieder herausgeformte feinere Typ „Fettgans" (Kupsch, 1943). Schwierigkeiten bereitete nicht nur damals der vom Toulouser-Blut herrührende Brustkiel, auch über die letzten Jahrzehnte bis in die Gegenwart haben Züchter noch damit zu kämpfen. Überhaupt scheint die Veränderung des Emdener Schlages in England, die ja vornehmlich aus wirtschaftlichen Gründen geschah, den Rasseeigenschaften der Emdener Gans nicht unbedingt zuträglich gewesen zu sein. Frühere Äußerungen angesehener Fachautoren belegen das. „Ob die Einkreuzung der Toulouser eine Verbesserung der Emdener Gans − vom Standpunkte des Nutzgeflügelzüchters beurteilt − bedeutet, glauben wir bezweifeln zu müssen" (Kleffner, 1920). Und: „Man ersieht aus den interessanten Mitteilungen aus der Heimat der Emder Gans, daß das den englischen Züchtern gelieferte Material lediglich ein Substrat, aber freilich ein sehr günstiges, für die Züchtkunst der Herren Fowler, Hewitt usw. abgegeben hat und daß man sich − wie in ähnlichen Fällen sehr oft! − täuscht, wenn man ‚den Propheten im Vaterlande zu ermitteln' unternimmt" (Baldamus, 1897).

Einheitlichkeit im „deutschen" Emdener Typ der letzten Jahrzehnte geht auf die Initiative des Züchters Büsing, Wackerfeld, zurück. Nach dem Ersten Weltkrieg legte er durch fortwährende, fleißige Züchterarbeit, auch als Pionier des Sondervereins, den Grundstein für den heutigen Stand der Emdener Zucht. Auch in der DDR werden Emdener Gänse seit vielen Jahren züchterisch gefördert; die Richtung zielt auf rassigen Typ mit hoher Leistung ab.

In der Bundesrepublik Deutschland waren die Spitzenzuchten durch den Zweiten Weltkrieg fast völlig ausgelöscht. So schreibt 1958 rückblickend Westphal: „Wir haben bis heute ganz wenige Tiere, die an die 1939 gezeigten heranreichen. Gewiß, die Größe ist wieder da, bei noch mehr Schwere würde es mit den schnittigen Figuren vorbei sein." Und 1971: „Bis 1960 hatten wir dann erst den Vorkriegsstand erreicht. Heute haben wir auf den Sonderschauen bis 30 Emdener Gänse und die Spitzen-Tiere in einer Qualität, an der kaum noch etwas auszusetzen ist. Auch in der Größe haben wir die Grenze erreicht, noch schwerer würden die Tiere ihre elegante Figur verlieren."

Bei der Deutschen Junggeflügelschau 1985 in Hannover beklagt der Berichterstatter die fehlende Schulterbreite und die unkorrekten Wammenabschlüsse, jedoch werden die Alttiere gelobt, der Größenrahmen mit Rumpf- und Halslänge herausgestellt. Einige Zuchten haben noch mit losen Schwingen und Halsfedern zu kämpfen. Auf der Nationalen 1985 in Dortmund hebt der Schaubericht die großen, schweren Körper mit dem schwanenartig getragenen Hals hervor, aber auch: „Einseitiger und offener Wammenauslauf drückten die Noten, und das waren doch noch einige."

Form und Kopf

Das vorherrschende Formmerkmal, die schwanenähnliche Figur mit dem ausgeprägten Hals und dem gestreckten Kopf war auch bei den Emdener alter Zuchtrichtung vorhanden. Die Abbildungen in dem Standardwerk von Dürigen (1906) zeigen, daß die Gans vor rund 100 Jahren zwar massig erschien, sich jedoch in der Unterlinie, zwar tiefgehend, aber ohne ausgeprägte Wamme, von der neueren Zuchtrichtung, die Dürigen als „neumodig" bezeichnet, wesentlich unterscheidet.

Der Ganter war damals auch schon 90 bis 92 cm hoch und wog ohne Mast 7 bis 10 kg, doch erreichte man die typische Bauchpar-

1,0 Emdener Gänse
RG 0

tie und den vollen Hinterkörper erst später. Insgesamt wollen wir den riesenhaften Ausdruck bei dennoch schwanenhafter Eleganz. Das ist nur zu erreichen, wenn der Rumpf genügend Länge aufweist und recht breit ist, wobei er im Querschnitt mehr hoch als breit sein soll. Das geforderte Gewicht von 11 bis 12 kg beim Ganter und 10 bis 11 kg bei der Gans wird nur erzielt, wenn das Hinterteil massig ausgebildet ist. Die Wamme spielt dabei eine entscheidende Rolle: doppelt ausgebildete Bauchwamme, vorne parallel und deutlich

getrennt nach vorne verlaufend, hinten gut geschlossen. Einfachwamme und schiefsitzende Wamme zählen zu den groben Fehlern.

Die leicht angehoben getragene Brust muß breit und voll erscheinen. Keinesfalls darf sie eine Kielbildung als immer noch durchschlagendes, verpöntes Erbe der früheren Toulouser-Einkreuzungen zeigen. Zu dieser vollen Unterlinie gehört ein breiter Rücken mit nur leichter Biegung, von den Flügeln bedeckt. Die Schwingen sollen wie

0,1 Emdener Gänse
RG 0

ein Mantel aufliegen. Sie werden hoch getragen und zeigen bei guten Tieren eine beachtliche Länge und Breite. Der Gesamteindruck geht dann verloren, wenn die Flügel lose oder gekreuzt getragen werden.

Der etwas über der Waagerechten getragene Schwanz erscheint im Verhältnis zum massigen Körper eher kurz. Angezogene oder hängende Schwanzfedern verderben den Typ im Abschluß. Kaum mittellang, ins Flanken- und Bauchgefieder eingebettet, erscheinen die kräftigen Schenkel. Die Lauffarbe ist orangerot; die gut gespreizten Zehen tragen weiße Nägel.

Wichtig für den Gesamteindruck sind Hals- und Kopflinie. Die Bezeichnung „schwanenartig" für den Hals meint nicht nur Länge und Feinheit (plumpe Halslinie ist fehlerhaft), sondern die rassetypische S-förmige Biegung, die besonders beim Ganter zum Ausdruck kommen soll. Die Halslinie der Gans ist meist etwas kürzer. Erscheint der Hals zu stark und kurz, geht viel vom eleganten Typ verloren. Bei hochrassigen Tieren verläuft die vordere Begrenzungslinie des Unterhalses ohne Knick in die Brustpartie.

Feinlinig schlank ist der typische Emdener Kopf mit flacher Stirn, so daß vom Schnabel zum Nacken in der Seitenansicht ein sanfter Bogen verläuft. Die Backen werden zwar recht breit verlangt, dürfen aber nicht nach außen gewölbt sein. Gezogener Schnabelfirst, kein Absatz vor der Stirn, gibt dem Kopf den entscheidenden Adel. Die Kehllinie sei gut ausgebogen; grob fehlerhaft ist ausgeprägte Kehlwamme ebenso wie der kurze, breite Kopf mit nach unten gebogenem Schnabel. Die Schnabelfarbe ist lebhaft orangerot, die Bohne zart fleischfarbig. Die Augenfarbe wird hellblau gefordert, die schmalen roten Ringe darum sind ein besonderer Ausdruck der Vitalität.

Der bewegliche Gesamteindruck darf nicht durch zu starke Wammenbildung beeinträchtigt werden. Stets soll die Wamme frei sein, d. h. nicht schleppend den Boden berühren.

Farbe

Der Standard fordert reinweiße Farbe; bei jungen Gänsen sind einige graue Federn, nicht jedoch bei Gantern zulässig. Zwei- und mehrjährige Tiere müssen reinweiß sein. Es gibt jedoch noch das umstrittene Thema „graue Federn". Dazu meint 1957 W. Mesch, Sallfeld, DDR: „Daß man auch bei den Emdener Gänsen von einer kennfarbigen Gänserasse sprechen kann, werden wohl nur wenige Züchter wissen. Die Gössel, die mit gelbem Flaum schlüpfen, werden fast immer Ganter. Scheckiger Flaum auf Kopf und Rücken deutet auf weibliche Tiere hin. Es fallen auch Gössel mit grünlichem Flaum, bei denen eine bestimmte Entscheidung nicht möglich ist. Bekommt jemand aber aus garantiert reinrassigen Zuchten etwas dunkel gescheckte Küken, so braucht er keineswegs zu erschrecken und etwa an Betrug zu denken." Nach alten Überlieferungen soll die Emdener Gans früher grau gewesen sein. Erst als ein Singschwan mit einer Gans Hochzeit gehalten hatte, sei bei den Nachkommen das reinweiße Gefieder vorhanden gewesen. Diese Annahme ist sicher nichts als eine Sage. Tatsache ist aber, daß Emdener Junggänse wie Schwäne mausern, d. h., sie haben nach dem Schlupf zunächst grauen, nur wenig weißen Flaum. Wenn die Kiele durchbrechen, kommt mehr oder weniger schwangraues Gefieder zum Vorschein. Diese Restpigmentierung ist vermutlich ein Relikt der bei der Rassenbildung verwendeten Ausgangspopulation, die ein graues wildfarbenes Federkleid besessen haben soll (Schneider, 1983).

Besonderheiten

Schon in früheren Zeiten wurden Emdener Gänse wegen ihrer guten Legeleistung gelobt. In kontrollierten Zuchten der DDR wird die Legeleistung im Landesdurchschnitt mit 35 Eiern pro Gans und Jahr angegeben. In einigen Zuchten erreichen aber auch schon Tiere die geforderte Norm von 40 Eiern. Die Variationsbreite ist mit 21 bis 65 Eiern beträchtlich. In anderen Ländern sollen einzelne Gänse schon bis zu 80 Eier pro Jahr gelegt haben. Diese relativ hohen Legeleistungen sind nur zu erreichen, wenn die Gans nicht brütet. Daher gehört Nichtbrütigkeit zu den vordringlichen Zuchtzielen.

Auf der Lipsia-Schau 1978 in Leipzig standen 69 Emdener Gänse, ein Rückgang gegenüber 1973 von 41 Exemplaren. Vom Ge-samtbestand der 1978 in Leipzig ausgestellten 399 Gänse betrug der Anteil der Emdener 17,3 %. 1973 waren es noch 28,4 % von 387 Tieren.

Schneider veröffentlichte 1983 Reproduktionsergebnisse verschiedener Gänserassen in den Zuchten des VKSK (nach Kuschel): Emdener Gans — Anzahl der Zuchten: 99, Legeleistung: 41/Gans/Jahr, Befruchtung: 72 %, Schlupf 51 %, Gössel pro Gans: 17,2, Zuchtziel: 20 Gössel.

Durchschnittsmassen der Emdener Gans nach den Wägeergebnissen von der Lipsia-Schau, Leipzig 1978

Ganter		Gänse		Differenz	
Stück	kg/Tier		kg/Tier	kg/Tier	%
5	9,5	5	8,6	0,9	9,4

Zur Zucht sind zwei- oder mehrjährige Tiere am geeignetsten. Den Gantern wird eine gewisse Ungeschicklichkeit beim Tretakt nachgesagt. Ausschließlich Landhaltung wirkt sich ungünstig auf die Befruchtung aus. Wenigstens eine ausgiebige Badegelegenheit sollten die Zuchttiere haben. Ein relativ enges Anpaarungsverhältnis von etwa 1:3 ist zu empfehlen. Über-schwere Tiere, besonders mit verfetteten, stark hängenden Wammen, sind für die Zucht nicht gut geeignet.

Schließlich noch die Ausschlußfehler: schiefer Rücken, toulouserartiges Exterieur und Farbe (offensichtliche Kreuzungstiere), schiefer Schwanz, Hänge- oder Kippflügel.

Die Toulouser Gans

Rassegeschichte

Die Toulouser Gans wurde noch um die Jahrhundertwende in der Fachliteratur als „Anser domesticus tolosatiensis" bezeichnet; damit sollte der Herkunftsort Toulouse in Südfrankreich ausgedrückt weren. In südlichen französischen Landstrichen, besonders am Fluß Garonne, wurden Hausgänse seit Jahrhunderten gezüchtet, wozu das milde Klima sicher förderlich war. Der Franzose Pierre Belon aus Le Mans berichtete schon 1555, daß in Frankreich zwei Schläge der Gans existieren: ein größerer, ergiebigerer und ein kleinerer, weniger ertragreich. Die Bevölkerung der Garonne-Niederung, nicht nur in Toulouse, legte Wert auf eine Gans, die massig war und besonders zartes Fleisch lieferte.

Baldamus bezeichnet 1897 den Toulouser als den fruchtbarsten Gänseschlag. In „Dresdner Blätter für Geflügelzucht" teilte ein Züchter mit, daß seine Toulouser Gans vom 22. Februar bis 16. Juni 1875, mit wenigen Pausen von 4 bis 5 Tagen, 55 Eier, von denen 38 Junge überlebten, gelegt hatte;

die übrigen Eier erwiesen sich als unfruchtbar.

Den einheitlichen Rassetyp erlangten die Toulouser Gänse in England, wohin sie zuerst aus Frankreich gekommen waren. Von Anfang an wurde auf Größe und Schwere und auch auf reine Färbung geachtet. In Deutschland wurden diese schweren Gänse seit etwa 1833 ausschließlich auf wirtschaftlichen Ertrag gezüchtet. Erst im Zusammenhang mit dem Ausstellungswesen spielten dann später die Gesamtheit von Masse, Form, Kopf und Farbbild eine bedeutende Rolle.

Im Rahmen seiner Darstellungen zur Toulouser Gans erwähnt Dürigen (1906) noch eine „Aleconer Gans", die um 1880 aus Alecon, der Hauptstadt des Departements Orne in der Normandie, nach Deutschland gebracht worden sein soll.

Der wuchtige Toulouser-Typ der folgenden Jahrzehnte bis zur Gegenwart ist dann durch Kreuzungen schwerer Landgänseschläge untereinander erzielt worden. Dabei war natürlich die Standardvorstellung Leitziel für die züchterische Selektion.

So entstand aus dem im Tal der Garonne über 500 Jahre gezüchteten schweren französischen Urschlag, der vor allem der Erzeugung der großen Leber diente und sich zunächst nicht von schweren grauen Landgänsen unterschied, eine Rassegans, die gegenwärtig nicht nur wegen ihrer enormen Wirtschaftlichkeit hohes Ansehen auf unseren Ausstellungen genießt.

Die deutsche Zuchtgeschichte der Toulouser Gans ist eng verknüpft mit der Züchterfamilie Radetzky aus Würzburg. Ein Originalbericht (F. Radetzky, 1956) gibt einen Einblick in die Rassegeschichte: „In meiner Jugendzeit wurde kaum Wert auf gerade Brustkiele und besondere Kopfbildung gelegt. Oft bekamen Tiere mit schiefen Brustkielbildungen oder spitzen Köpfen höchste Auszeichnungen. Erst in den zwanziger Jahren zu Büsings Zeiten besann man sich einer Verfeinerung in dieser Hinsicht. Große, wuchtige Tiere mit dikken, mit schönen Halskrausen versehenen Hälsen, schön gebogenen Köpfen und gut ausgebildeten, mächtigen Kehlwammen gewannen die Oberhand. Englisches Blut beeinflußte die Rasse in guter Richtung. Allerdings ließen sich die Engländer ihre Ware teuer bezahlen. So kostete um 1925 ein Paar englische Toulouser aus der Zucht Watson 500 Mark. Immer war ich bemüht, die Toulouser dem englischen Vorbild näher zu bringen, d. h., den Tieren neben der Wucht und den dicken Hälsen und famosen Köpfen noch die typisch rassigen Backenwülste anzuzüchten. Denn sie gaben einer Toulouser erst noch den letzten Schliff. Gerne erinnere ich mich noch heute, wie mein Vater immer erklärte, eine rassige Toulouser Gans muß einen ganz kurzen Schnabel und dicke Backen haben. Und ich glaube doch, daß er etwas von dieser Rasse verstanden hat und man ihn nicht umsonst den Altmeister genannt hat."

Die Familie Radetzky züchtete seit 1873 Toulouser Gänse. Im Familienbesitz sind heute noch Trophäen von Weltrang, so von den Internationalen Schauen 1899 und 1900 in Paris, den Weltausstellungen 1911 in Turin und 1912 in St. Petersburg, der Nationalen in Berlin, wo die Radetzkyschen Tiere als höchste Auszeichnung der Schau den Kaiserpreis errangen. Adam Radetzky war der Gründer der „Deutschen Toulouser-Dynastie", sein Sohn Franz setzte die berühmte Zucht bis 1945 fort; in den sechziger Jahren wurde Hermann Radetzky, Ochsenfurt, mit seinen Tieren in Züchterkreisen berühmt.

Wilhelm Bremer beklagt 1961 das völlige Fehlen der Toulouser Gänse auf der großen Märzausstellung in Paris und den Tiefstand der Rasse in England. Dagegen berichtet er in „Eine kleine Story rund um die Toulouser Gans" in der „Geflügel-Börse" Nr. 20 von einem Erlebnis mit Hermann Radetzky und seinen Gänsen: „Es ist noch gar nicht lange her, daß unser Freund aus Ochsenfurt eine der Münchner Landesschauen besuchte und mit mir auf die Gruppe der Toulouser zuging, schon mit dem Bemerken, daß ich nun etwas erleben werde. Beim ersten Altganter angekommen, merkte man sofort, daß dieser seinen Herrn und Betreuer erkannt hatte, und schon der kleine Zuruf ‚Biwi' brachte den alten Herrn in starke Erregung, die er mit einem mächtigen Schrei zum Ausdruck brachte. Eigenartig – sämtliche Gänse von Hermann Radetzky stimmten ın den Schrei ein, während sich die anderen teilnahmslos verhielten."

Form und Kopf

„Die Toulouser Gans hat keine so aufrechte Haltung wie die Emdener, aber eine noch kompaktere Gestalt"; diese Feststellung ist 90 Jahre alt, stammt von Baldamus und gilt noch heute. 1905 wurde von Dürigen die Höhe als „etwa die der Pommerschen" angegeben. Es sind aber auch Unterschiede herauszustellen: „Der Querschnitt über Schultern und Brust soll bei der Pommerschen Gans ein liegendes Oval, bei der Toulouser ein stehendes Oval sein" (Wildhagen, 1981). Der Körper ist auffällig kurz und gedrungen. Die alte Formulierung: „vierschrötiger, tiefer Körperbau" trifft auch auf den heutigen Typ zu. Der Gesamteindruck muß eben massig wirken, was durch den vollen Körper, den kräftigen Hals und den gedrungenen, fast kreisrunden Kopf unterstrichen wird. Die herunterhängende Doppelwamme verleiht dem Rumpf besondere Fülle und Tiefe.

Die typische Toulouser-Figur entsteht durch den relativ kurzen, gedrungenen, nicht langgezogenen Rumpf, der bei guten Tieren fast ebensoviel Körperhöhe wie -länge aufweist. Zur Massigkeit gehören unbedingt der breite Rücken und die tief heruntergehende Brust mit breitem Volumen.

Die Unterlinie der Toulouser Gans wird durch die starke Kielbildung betont, d. h., eine aus Fett- und Hautgewebe herunterhängende Hautfalte verläuft nach vorne hin möglichst in gerader Richtung. Noch in den sechziger Jahren verlangte man den Brustkiel nur bei Jungtieren genau in der Mitte, während bei fast allen Alttieren der Kiel in die rechte oder linke Bauchwamme verlief. Gegenwärtig finden wir aber auch oft bei ausgestellten Alttieren korrekten Kielsitz, so daß diese Forderung verschärft werden sollte.

Auch aus der DDR meldet F. Schöne (1975): „Wenn vor Jahren nur bei den Jungtieren der Brustkiel genau in der Mitte war, so ist es erfreulich, daß jetzt auch Alttiere dieses Merkmal in guter Qualität zeigen. Es kommen aber auch Brustkiele vor, die zwar nicht ganz gerade sind, aber auch noch nicht als schief bezeichnet werden können. Dort sollte der Zuchtrichter auch das Alter der Tiere berücksichtigen und mit etwas Toleranz bewerten. Zu strafen sind dagegen absolut schiefe, besser gesagt, wellenlinienförmige Brustkiele. Dieser Fehler wird hartnäckig vererbt."

Schwanz und Flügel erscheinen eher kurz, ersterer muß in der Breite zum wuchtigen Körper passen und wird waagerecht getragen, letztere sollen die Körperseiten gut abdecken, aber auch hoch getragen werden und dicht anliegen. Tiere mit schiefen und angehobenen Schwänzen sind nicht gerne gesehen.

1,0 Toulouser Gänse
RG 0

0,1 Toulouser Gänse
RG 0

Auch ist bei vielen Ausstellungstieren die Schwingenlage noch problematisch. Stark lose Schwingen, die womöglich noch zerschlissen sind und gekreuzt getragen werden, können nicht zu hohen Noten führen, auch wenn das Tier sonst noch so rassig ist. Zum schweren Toulouser-Typ passen nur kurze und kräftige Schenkel, die vom Seitengefieder verdeckt sind. Auch die Läufe erscheinen kurz, im Knochenbau aber kräftig und zeigen orangene Färbung bei dunklen Zehennägeln. Eintagsküken zeigen übrigens dunkle Läufe, was den Züchter nicht irritieren sollte.

Die Unterlinie ist zur Ausprägung des Toulouser-Typs besonders wichtig. Der Standard verlangt eine tief herunterhängende doppelte Bauchwamme, die hinten möglichst geschlossen ist. Bis zu einem Drittel ihrer Gesamtlänge muß die Wamme vor die Läufe gehen, d. h. auf beiden Seiten gleichmäßig lang und tief ausgebildet sein. Stehen die Wammenteile zu eng beieinander, ist das genauso fehlerhaft wie stark bogig verlaufende, die vorne beinahe wieder geschlossen sind. Auch wird zu hoher Wammensitz gerügt; es erscheint dann zu viel „Luft unter dem Bauch". Dann wirken auch die Läufe zu lang, und das ganze Tier ist in der Regel zu leicht.

„Deswegen sollten Preisrichter auf den Ausstellungen keine großen Zugeständnisse mehr machen, besonders was die Hauptrassemerkmale angeht. Brustkiel, Kehlwamme, Kopfform und doppelte Bauchwamme, nicht zu vergessen der massige, breite Körper, das alles soll in Vollendung da sein" (Langer, 1982).

Ebenso wichtig wie die figürlichen Merkmale des Körpers sind die des Kopfes und des Halses. Die Schnabel-Kopf-Linie könnte man auch als verkleinerte Entsprechung der Rumpflinie bezeichnen. Der kurze, dicke Schnabel mit der etwas abwärts gebogenen Spitze muß flach in die Stirnlinie verlaufen; dabei soll der Scheitel doch gute Höhe erreichen, damit der gesamte Kopfausdruck Kürze und Breite zeigt. Die gut entwickelte Kehlwamme trägt dazu wesentlich bei. Bei Alttieren und bei Gantern ist die Kehlwamme meist mehr ausgebildet als bei Jungtieren bzw. bei Gänsen. Der Verlauf der Kehllinie soll möglichst gerade-rund, nicht zackig oder wellenlinienförmig sein. Das völlige Fehlen der Kehlwamme gilt als grober Fehler.

Der Schnabel ist orangefarbig mit dunkler Bohne; bei Jungtieren ist etwas Dunkelpigment auf der Bohne zulässig. Alttiere dagegen sollten reine Schnabelbohnen haben. Aufgrund des hohen gewölbten Schädels sitzen die großen Augen nicht unmittelbar unter der Schädeldecke, sondern etwa in Höhe des oberen Schnabelfirstes; ihre Farbe soll dunkelbraun, der umlaufende schmale Hautring orangefarbig sein.

Kürze und Kompaktheit des Halses unterstützen zwar den massigen Gesamteindruck, die Halslinie darf jedoch nicht zu kurz wirken, denn die Musterbeschreibung fordert ausdrücklilch „mittellang". Dünne Hälse sind genau so untypisch für Toulouser Gänse wie gebogen getragene. Rassig wirkt die kräftige und gerade, aufrecht getragene Halspartie, verbunden mit der stattlichen Höhe der schweren Gans.

Der Spitzenzüchter O. Radetzky (1958) warnte vor Jahren schon vor spitzen Köpfen: „In den letzten Jahren sind die Ansichten über die Köpfe bei den Toulouser Gänsen weit auseinander gegangen. Man war sonst immer bestrebt, die Köpfe so gut ausgebildet zu sehen. Man wollte damit wenigstens dem englischen Standard nahekommen. Unser allverehrter Altmeister Büsing hatte auch immer die Zuchten in diesem Sinne geführt. Nun soll auf einmal all dies Schöne nichts mehr sein. Wenn man diese herrlichen Köpfe nicht mehr will, dann will man leichte, spitze Köpfe. Sie zu erzielen, ist keine Schwierigkeit und keine Züchterkunst. Ich bin aber der Überzeugung, wenn erst mal diese schönen Köpfe verloren sind, dann schreit man wieder danach, wie es ja nun mal bei uns ist."

Farbe und Zeichnung

1874 schrieb der Engländer Wright zur Farbe: „Die Toulouser Gans hat einen hellgrauen Rumpf und ebensolche Brust; der Hals ist dunkelgrau, wird aber zum Rücken hin heller, die Flügel sind von der gleichen Farbe, hellen sich jedoch nach unten hin auf, während der Leib nach und nach weiß wird."

Um die Jahrhundertwende schilderte Marten sen.: „Die Halsfedern sind dunkelgrau, der Rücken, die Flügel und Schenkel dunkelstahlgrau; jede Feder ist mit einem fast weißen Rand umsäumt. Die Brust sollte eine kräftige graue Farbe haben, ohne Saum sein und möglichst gleichmäßig zum Kiel hinabgehen." Mit „stahlgrau" meinte Marten ein Grau mit einem gewissen Einschlag von Blau. Auch andere Gänseken-

ner vergangener Zeit, wie R. Kramer, A. Wildhagen und E. Schneider, liebten einen bläulichen Hauch, der allerdings nur etwa das erste halbe Jahr nach der Mauser auf dem Gefieder anhielt, später aber der Witterung zum Opfer fiel.

In der Zeit um 1930 sah man diesen Farbton nur bei älteren Tieren, während junge Vögel stets ein mehr nach Braun hin neigendes Gefieder hatten. Daran hat sich bis heute kaum etwas geändert.

Deshalb ist auch bei Jungtieren im ersten Jahr der Stich ins Braungrau nicht fehlerhaft; dagegen müssen wir bei Alttieren die ins Schwarz oder Blau spielende Wildfarbe der Graugans verlangen. Unabhängig vom Alter der Tiere soll die feine weiße Federsäumung, nicht zu breit und verschwommen, vorhanden sein. Auch das Schwanzgefieder muß weiße Ränder aufweisen, ohne die graue Grundfarbe zu überlagern. Nur Bauch und Steißgefieder sind völlig weiß, möglichst ohne braune oder gar schwärzliche Flecken oder Schleier. Besonders auf den Decken, den Schwingen und auf dem Schenkelgefieder kommt der gleichmäßige Saum zum Ausdruck. Hier liegen aber auch die meisten Angriffspunkte bei der Bewertung. Selbstverständlich sind rostige Töne im Gefieder stark fehlerhaft.

Furchung und Reifenstruktur des Halsgefieders treten auch bei Tieren auf, die kein Schwimmwasser haben und sollte bei der Bewertung unberücksichtigt bleiben.

Dagegen ist lockeres, ungepflegtes, oft durch fehlende Bademöglichkeiten verklebtes oder zerschlissenes Gefieder unschön und zu strafen.

Besonderheiten

Der Bemerkung von W. Kupsch (1952): „Die Vorzüge der Toulouser Gans sind mit einer Reihe von Nachteilen verknüpft", muß man sich nüchtern anschließen. Tatsächlich ist diese Rasse leider nicht so robust und problemlos in Fortpflanzung und Haltung wie die deutschen Landgansrassen. Deswegen bemerkte schon Dürigen (1906): „Die Toulouser Gans verlangt, soll sie wohlgedeihen, unter unseren klimatischen und örtlichen Verhältnissen aufmerksame, sachverständige Behandlung, da sie sonst in ihrer Größe, resp. ihren wirtschaftlichen Eigenschaften zurückgeht und etwas weichlich ist."

Nur mäßige Wetterfestigkeit bescheinigt ihr auch A. Wulf (1926) und bemängelt die etwas groben, starken Knochen als nachteilig bei der Schlachtausbeute, freilich bei guter Fleischqualität. Hervorgehoben wird in der gesamten Literatur die gute Legeeigenschaft. Die unzuverlässige Brut wird vom Züchter, der Naturbrut bevorzugt, beklagt; der am Eiererertrag Interessierte begrüßt die geringe Brutlust.

Seit einigen Jahrzehnten hat sich die Toulouser Gans den Witterungsbedingungen in Deutschland angepaßt, benötigt aber doch im Winter solide, frostgeschützte Unterbringung und besonders nährstoffreiche und abwechslungsreiche Fütterung. Der massige Körper, der leicht zum Verfetten neigt, muß durch richtige Ernährung im gesunden Gleichgewicht gehalten werden. Die Legeleistung wird in älterer Literatur für einjährige Gänse mit 20, für mehrjährige mit 30 bis 50 Eiern pro Jahr und Tier angegeben.

Genaue Leistungsauswertungen in der DDR zeigen, daß dort der an sich schon niedrige Legestandard von 25 Eiern um 3 Eier unterschritten wird. Die relativ geringe Legeleistungsveranlagung im Vergleich mit modernen Legerassen unter den Gänseschlägen kommt durch die Variationsbreite von 8 bis 33 Eiern pro Gans und Jahr zum Ausdruck. Problematisch sind nicht selten die geringen Befruchtungsergebnisse, bedingt durch die riesigen Bauchwammen, die beim Tretakt stören.

In der DDR erreichten die anerkannten Zuchten 1976 ein Befruchtungsergebnis von 57 % und einen Schlupf von 47 %. Dadurch konnte nur die bescheidene Vermehrungsrate von etwa 9 Gösseln pro Gans und Jahr erzielt werden.

Die Federnutzung wird durch den relativ hohen Anteil an grauen Federn etwas eingeschränkt, wenn auch nur optische Gründe eine Rolle dabei spielen.

Die in der DDR zuletzt vorgelegte Statistik der ausgestellten Gänserassen auf der Lipsia-Schau 1978 in Leipzig weist eine Zahl von 28 Toulousern aus; 7,0 % der insgesamt ausgestellten Gänse. 1973 waren es noch 38 Exemplare (9,8 %).

In der Bundesrepublik Deutschland werden alljährlich hochrassige Kollektionen von Toulouser Gänsen gezeigt. So standen in Hannover 1985 47 Tiere in typischen Figuren. „Die düsteren Farben gehen wie die Strubbelschwingen zurück" (Wittlich). Gerügt werden noch vereinzelt schmale Schultern, zu geringe Größe, aufgerichtete Haltung und nachlassende Deckensäumung. In Dortmund waren auf der Nationalen 1985 in einem Beschickungsrekord 85 Toulouser Gänse ausgestellt. Die Alttiere waren dort meist wegen ihrer ausgeprägten massigen Körper im Vorteil. Zu geringe Brustkielausbildung sorgte für die Abstufung. Die Richter achten auch verstärkt auf hinten geschlossene Doppelwamme und möglichst korrekte Flügellage. Der erreichte Zuchtstand ist so hoch, daß hier schon härter durchgegriffen werden muß als noch vor wenigen Jahren. Die gegenwärtig erfolgreichsten Züchter dieser Rasse sind: Deiss, Tuma, Crede, Joekel und Schellberger.

Die Pommern-Gans

Rassegeschichte

Nach zeitgeschichtlichen Berichten römischer Schriftsteller soll die planmäßige

Zucht schwerer Hausgänse in Pommern weit über 3000 Jahre zurückliegen. Um das Jahr 1550 verfaßt der Chronist Pommerns, Kantzow, sein Werk „Pommerania" und erwähnt darin die zahlreichen Gänse des Landes Rügen, die damals noch Rügensche Gänse genannt wurden. Die großen

Herden sollen regelmäßig zum Markt nach Sunde (Stralsund) getrieben worden sein. Dürigen zitiert 1906 eine kurze Beschreibung der Rügenschen Gänse durch den Fürst Wizlaw III. von Rügen; der nordische Minnesänger hatte nicht vergessen, die Gänse seiner Heimat zu besingen. Die Insel Rügen kam nach dem Tode des Fürsten im Jahre 1325 an Pommern-Wolgast.

Der eigentliche Zuchtschwerpunkt lag um die Jahrhundertwende in Vorpommern, speziell in Neu-Vorpommern, Regierungsbezirk Stralsund. Durch die Abnahme des Körneranbaues und der Kleeweiden gingen dann die Gänsebestände zugunsten des Rübenanbaues zurück, allerdings wurden doch noch in den ersten Jahrzehnten unseres Jahrhunderts auf den Pommerschen Märkten große Mengen Gänse angeboten. Besonders die heimischen Spezialitäten, wie geräucherte Gänsebrüste, Gänsepökelfleisch und Gänseschmalz, hatten vor wie nach auch über die Grenzen Pommerns hinaus im ganzen Reich, in angrenzenden Ländern Europas, ja sogar bis nach Übersee, große Bedeutung. Von Prof. Dr. H. von Marck-Greifwald stammt die Bemerkung, daß die Pommersche Gans zwar nicht wie ihre berühmten römischen Vorfahren die Retterin des Kapitols, wohl aber eine Ernährerin und Erhalterin des Kapitals sei.

Neben dem finanziellen Wert erreichte auch die Zucht schon früh kulturelle Bedeutung. Obwohl noch eine einheitliche Rassezucht existierte, waren die Zuchtziele doch klar festgelegt: Größe und Schwere als Voraussetzung des wirtschaftlichen Ertrages.

Die Pommern-Gans hat im Gegensatz zu der eng verwandten Emdener keine Umwandlung durch Einkreuzung erfahren, sondern wurde durch beharrliche Selektion, d. h. durch Zuchtwahl auf größeren Körper, und durch Ausnutzung der vorhandenen Anlagen für Fleisch- und Fettbildung geformt. Ihre Ausbreitung erfolgte auch von Anfang an nach Osten über Polen nach Rußland. Dort hat sie zur Entstehung anderer Rassen beigetragen in Verbindung mit der asiatischen Höckergans und gewöhnlichen Hausgänsen europäischer Abstammung. „Ende des 19. Jahrhunderts reichten die damals schon verkleinerten

Bestände in ihrer Heimat nicht mehr aus, um den Weihnachtsmarkt zu befriedigen. Damals setzte insofern eine Art ,Rückwanderung' ein, als in jedem Herbst Tausende von Magergänsen in Fußmärschen über Polen in die norddeutschen Mastgebiete kamen. Ausgemästet dienten sie von Stettin bis Hamburg als Weihnachtsbraten. Erst 1914 fanden diese Wanderungen ein Ende" (Regenstein, 1976). Gemästete, d. h. durch die heute verbotene Methode des Stopfens fettgemachten Tiere, erreichen ein Gewicht von bis zu 30 Pfund.

Steffens erwähnt 1962 die Blutführung der Toulouser Gans bei der Herausbildung der Pommern-Gans, eine Annahme, die sich in der Fachliteratur sonst nicht findet.

Anläßlich der Versammlung der „Vereinigten Deutschen Gänsezüchter" in Hannover wurde die Pommern-Gans im Jahre 1912 als eigenständige Rasse anerkannt. Auch in den folgenden Jahren gab es, was die Wammenstruktur betrifft, 2 unterschiedliche, aber offiziell anerkannte Typen: mit Einfach- und mit Doppelwamme. Erst 1929 wurde vom SV die einfache Bauchwamme als verbindlich festgelegt. Schneider (1983) nimmt an, daß die Herausforderung der Pommern-Gans nach der Bildung der Emdener Gans liegt, da die Emdener angeblich verwendet worden sind.

Andere in Ostseeregionen vorkommende Gänseschläge früherer Zeit, z. B. Angelner, Probsteier und Mecklenburger, waren der Pommern-Gans sehr ähnlich. Die ursprüngliche Bedeutung als Fleisch-, aber auch als Brutgans hat die Pommern-Gans neben ihrer zunehmenden Attraktivität als Ausstellungsgans bis zur Gegenwart behalten.

Form und Kopf

Zu den ältesten schriftlichen Darstellungen des Pommern-Typs gehören die von Baldamus (1897), wonach „ihr Gestell nicht nur ein höheres, sondern zugleich ein längeres" ist. Damit war ein wesentliches Unterscheidungsmerkmal zu den übrigen deutschen Landgänsen beschrieben. Man strebte schon damals ein Herbstgewicht der jungen ungemästeten Pommern-Gänse von 7½ bis 9 kg an.

Diese ausgeprägte Länge und Breite im Rumpf steht noch heute im Vordergrund der formlichen Rassemerkmale. Brust und Schultern müssen gut gefüllt erscheinen, d. h., der eiformige, abgerundete Körper wird vorne durch die breite, gut gefüllte und etwas angehoben getragene Brust, unten durch die einfache Bauchwamme, die möglichst gerade zwischen den Läufen sitzen und deutlich vor die Beine gehen soll, begrenzt. Fehlerhaft dagegen ist die Bildung des Brustkiels.

Der Formulierung von Regenstein (1976), das Exterieur betreffend, können wir auch heute voll zustimmen: „Sie ist in etwa einem querliegenden Ei vergleichbar, dessen beide Pole gleichförmig stumpf sind. Der Körper soll also breiter als tief sein."

Zum breiten und massig wirkenden Rumpf gehören unbedingt die lange, etwas gewölbte Rückenlinie und möglichst waagerechte Haltung. Erscheinen die Tiere in den Schultern zu schmal, zeigen sie meistens auch eine unterentwickelte Brustregion und zu wenig Hinterkörper. Bei kurzem Rumpf ist ebenso der Pommern-Typ verfehlt.

Die mittellangen, gut anliegenden Flügel sollen möglichst in den Enden nicht kreuzen. Auch sind Hänge- oder gar Sperrflügel verpönt.

Brust- und Keulenfleisch war von Anfang an ein Zuchtziel bei der Pommerngans. Daher wünschen wir starke Schenkel, die allerdings fast völlig in dem Seitengefieder eingehüllt sind. Die Läufe dürfen nur mittelhoch, dabei jedoch kräftig sein, ohne in den Knochen zu plump zu wirken. Die Lauf- und Fußfarbe ist orangerot.

Die Kopfpunkte müssen sich deutlich von denen der gezogenen Linie der Emdener und den mehr kreisförmigen Umrissen der Toulouser unterscheiden. Dürigen konnte noch 1906 sagen: „... ähnlich dem Kopf der Emdener alten Schlages", und bei Kramer (1899) hieß es nur: „Kopf kräftig gebaut, mittellang und breit." Heute dagegen verlangen wir in Analogie zur Körperform eine eiförmige Kopfform, allerdings mit gut abgerundeter, manchmal etwas eckig

wirkender Genicklinie. Also sind lange, schmale Köpfe mit gezogener Stirnlinie und flachem Scheitel, wie sie anscheinend gegenwärtig in der DDR bevorzugt werden, bei uns nicht erwünscht.

Zeigen einzelne Tiere Ansatz zur Haubenbildung, ist das nicht fehlerhaft und übrigens nicht unbedingt ein äußeres Geschlechtsmerkmal, denn kleine Federaufwölbungen können auch weibliche Tiere haben.

Zum eiförmigen Kopf paßt nur ein mäßig langer Schnabel, der jedoch kräftig erscheinen soll. Der First ist etwas nach unten durchgebogen, also nicht gerade, wie etwa bei der Emdener oder Steinheimer Gans. Rosa bis orangerote Farbe wird verlangt. Damit wirkt die ganze Kopfpartie etwas derb und wird dem Pommern-Typ gerecht. Die Augenfarbe ist blau oder braun, die Umrandung rot. Grob fehlerhaft sind deutliche Kehlwammen; wir müssen aber bei der Bewertung schon durchgreifen, wenn die Kehle zu voll erscheint. Selbstverständlich entwertet auch doppelte Bauchwamme nach Toulouser oder Emdener Art.

Im Stand erscheinen die Pommern etwas höher als Toulouser und Emdener, es sollen aber keine „Luftvögel" sein, die meistens bei zu hohem Stand auch zu wenig Körperfülle zeigen. Das fest anliegende Gefieder wirkt eher knapp, daher auch die relativ kurzen Schwanzfedern, die jedoch recht breit sein und waagerecht getragen werden sollen.

Entscheidenden Adel bekommt die Pommerngans nicht zuletzt durch die Halspartie. 1962 schrieb dazu Steffens: „Der kräftige, gerade Hals ist nur mittellang; schwanenartiger Hals ist zu verwerfen." Und H. Marks meldet aus der DDR 1982: „... dünne, lange Hälse stören oft den Typ." Damit ist festgestellt, daß zu der etwas derb und vierschrötig wirkenden Pommerngans nur ein gerader, mittellanger kräftiger Hals paßt, der sich möglichst in Kehlnähe nicht verschmälert, ohne allerdings übertrieben plump zu wirken, und doch etwas schlanker sein muß als der Hals der Toulouser.

Farbenschläge

Die Pommerngans kommt in den 3 Farbenschlägen Weiß, Grau und Graugescheckt
vor. Dürigen (1906) konnte noch schreiben: „... die Färbung des reichen, schönen
Gefieders spielt bei der Züchtung keine
Hauptrolle, obgleich reinweißen Gänsen
gern der Vorzug gegeben wird."

Weiß. Auch heute werden immer noch
oder wieder neu die Weißen, wenigstens in
der DDR (Schneider, 1983), bevorzugt.
Beim einfarbigen Farbenschlag wird ein

reines Weiß ohne andersfarbige Federn verlangt, möglichst frischgebadet oder gewaschen, wozu natürlich Schwimmwasser immer vorteilhaft ist.

Grau. Die Grauen zeigen farbiges Gefieder an Kopf, Hals, Brust, Rücken, Flügel
und Schenkeln. Das Grau darf nicht bläu-
lich-hell, aber auch nicht zu dunkel erscheinen. Bauch und Hinterteil müssen weiß
sein. Die Schultern- und Schenkelfedern
sind auf grauem Grund weiß gesäumt.
Auch die Schwingen sollen scharfen, weißen Saum tragen. Zu breiter Saum ist ge-

1,0 Pommern-Gänse
Weiß
RG 0

0,1 Pommern-Gänse
Weiß
RG 0

1,0 Pommern-Gänse
Grau
RG 0

nauso unerwünscht wie verschwommener. Die Saumfarbe soll möglichst reinweiß, nicht bräunlich oder hellgrau sein. Die feine Wildfarbe und -zeichnung der Graugans ist hier Vorbild.

Graugescheckt. Dieser Farbenschlag muß als schwierig bezeichnet werden, da die meisten Tiere nicht die gewünschte Pigmentverteilung im Gefieder zeigen. Verlangt wird farbiges Gefieder an Kopf, Hals (ein Viertel bis zur Hälfte), Schultergefieder in herzförmiger Ausdehnung (ohne daß Grau bis zum unteren Flügelrand auslaufen darf), Schenkelgefieder und Steuerfedern. Analog dem grauen Farbenschlag sollen die Gescheckten auch möglichst scharfe weiße Säumung auf den Schultern, den Tragefedern (Schenkeln) und den Steuerfedern zeigen. Leichter bräunlicher Ton im grauen Farbfeld ist kein Fehler; ebenso wenig wird helle Kehle gestraft. Geht aber der helle Kehlfleck bis über die Wangen oder verläuft am Vorderhals bis in die weiße untere Halsseite, so ist das bei der Bewertung zu strafen.

0,1 Pommern-Gänse
Grau
RG 0

Man achte darauf, daß der Hals nicht weiß-gestrichelt, sondern rein braungrau ist, da-gegen ist die untere Begrenzung nicht peni-bel danach zu bewerten, ob sie etwas schräg nach oben oder kreisrund um den Hals läuft. Fehlerhaft ist allerdings die un-gleiche Halszeichnung, d. h., wenn die eine Seite mehr als handlang tiefer gefärbt ist als die andere. Unerlaubt sind auch mehr oder weniger große farbige Flecke im weißen Teil des Halses. Wichtig ist überdies die gleichmäßige Zeichnung des Schultergefie-ders. Weiße Winkel in dem farbigen Teil an einer oder sogar beiden Seiten werden nicht gerne gesehen. Die Schwanzfedern sind an der Spitze weiß, ebenso die Ränder. Völlig weiße oder farbige Schwänze sind fehlerhaft. Alljährlich müssen die Züchter der Graugescheckten eine stattliche An-zahl Gössel aufziehen, um einige vollendet gezeichnete Schautiere zu bekommen. Oberstes Gebot ist eben die richtige Plazie-rung der Scheckung, d. h., die graue Grundfarbe darf sich nicht beliebig mit dem Weiß abwechseln, sondern sie muß da sitzen, wo sie standardmäßig hingehört.

Besonderheiten

Nicht unerwähnt bleiben sollten die früher in Mecklenburg vorhandenen hellblauen Pommerngänse und die Blauschimmel, deren Färbung ähnlich wie die entsprechend benannte Taubenfarbe aussah. Regenstein erwähnt auch 1976 noch die seltenen Gelbschimmel: „... die in der Blauschimmelzucht hin und wieder anfielen und unser besonderes Interesse fanden. Vermutlich entstanden sie durch einen Pigmentverlust, wie er auch bei Taubenfarben – sei es aufgrund eines Verdünnungsfaktors oder ohne eine solchen – bekannt ist. Leider haben wir damals versäumt, Gelbschimmel-Pommern-Gänse getrennt unter sich zu verpaaren."

Gezielt auf Fleischertrag, möglichst fettarm, wird die Pommern-Gans in der DDR gefördert. Das angestrebte Körpergewicht von 8,0 kg beim Ganter und 7,0 kg bei der Gans wurde 1978 aber bei den auf der Lipsia-Schau in Leipzig gezeigten Tiere nur zu 90 % erreicht (Schneider, 1983). Im ersten Gelege liefert die Gans 10 bis 15 Eier, im zweiten nur noch 10. Gefordert werden in der DDR 20 Eier je Gans und Jahr. „Der Durchschnitt der anerkannten Zuchten und Anwartschaften liegt bei 22 und die Variationsbreite zwischen 4 und 46 Eiern pro Gans" (Schneider, 1983). 1976 wurde eine durchschnittliche Befruchtung in den kontrollierten Stämmen von 76 % und ein Schlupf von 59 % erreicht. Die 11,4 Gössel pro Gans übertrafen die im Zuchtziel mit 10 Gössel pro Gans festgelegte Anzahl.

Auch als Schautier erfreut sich die Pommern-Gans in der DDR wie bei uns großer Beliebtheit. Unter den 126 auf der 1. DDR-Kleintier-Siegerausstellung in Leipzig gezeigten Pommern-Gänse (etwa 40 % der 300 ausgestellten Gänse) konnten 5 Pommern die Note „vorzüglich" erhalten, während unter den 60 % der übrigen Rassen nur 5 höchstbewertete Tiere waren. 1973 war die Pommern-Gans auf der Lipsia-Schau in Leipzig mit 91 Tieren unter 387 insgesamt ausgestellten Gänsen (23,5 %) hinter den Emdener Gänsen zweitstärkste Rasse, 1978 hielt sie mit 150 (37,6 %) unter 399 insgesamt hinter der Emdener mit 69 Tieren die Spitze.

Ein interessantes Einzelergebnis teilt 1976 der DDR-Züchter Duschek aus Ramsla mit: „In meiner Zucht haben die beiden alten Gänse im Jahre 1975 folgende Ergebnisse gebracht:

Gans	gelegte Eier	geschlüpfte Gössel
erste Altgans	46	36
zweite Altgans	26	20

Im Jahr 1975 sah das Ergebnis folgendermaßen aus:

	gelegte Eier	geschlüpfte Gössel
erste Gans	29	18
zweite Gans	27	17

Die Auswahl der Zuchttiere erfolgt bei mir in erster Linie nach der Legeleistung. Das Eigewicht muß bei Alttieren bei 170 bis 180 g liegen, bei Jungtieren zwischen 160 und 170 g. Dieses Gewicht sollte bei Brutfeiern nie überschritten werden."

H. Rienecker meldete 1984 aus Ramsla bei Weimar folgende Kennziffern aus einer Zucht:

- Anzahl und Stärke der Zuchtstämme: 1 (1,3)

- Durchschnittliche Legeleistung aller Zuchttiere 1983: 25 Eier

- Legeleistung der Spitzengans 1983: 31 Eier

- Bisherige Spitzenleistung: 46 Eier (1974)

- Befruchtungsrate 1983: 64 %

- Schlupfrate 1983: 60 %

- Nachzucht 1983: 45 Gössel

Diese Zahlen drücken zugleich die Wirtschaftlichkeit und relativ ergiebige Züchtbarkeit der Pommern-Gans aus. Gleichrangig aber muß ihr Schauwert beurteilt werden. Handelt es sich doch bei der robusten Pommern-Gans zugleich um altes deutsches Kulturgut und um eine stattliche Vertreterin der Gänserassen, die nichts Extremes, sondern gediegene Vitalität, natürliches Verhalten und besondere Vertrautheit ihrem Pfleger gegenüber aufweisen.

Die Diepholzer Gans

Rassegeschichte

„Die Diepholzer Gans ist nie und nimmer eine verkleinerte Ausgabe der Emdener mit geringer Größe und niedrigerem Gewicht, sondern hat ihr eigenes Gepräge." Diese Worte von W. Woith (1953) mögen die Darstellungen dieser eigenständigen deutschen Gänserasse einleiten.

Schon Ende des vorigen Jahrhunderts stand die Herauszüchtung und Veredelung deutscher Landgänse in voller Blüte. In Deutschland betrug am 1. Dezember 1900 der Gänsebestand fast 1½ Millionen. Neben den Hauptzuchtgebieten in Norddeutschland, wo große, nutzbringende Schläge, wie die Pommern- und Emdener Gans, in großen Zahlen gezüchtet wurden, entstand in dem an Oldenburgs Südostgrenze liegenden Teil Hannovers, in der Grafschaft Diepolz, und dem benachbarten Oldenburgischen ein leichter Gänsetyp, der bis heute als Diepholzer Rasse erhalten und veredelt ist.

Relativ eigenständige Landgansschläge wurden um die Jahrhundertwende auch im nördlichen Oldenburg, im Harlingerland (Wittmund, Esens), im Bremer Gebiet, in Holstein und Schleswig, in der Landschaft Angeln an der Ostseeküste gezüchtet. Damals wurden unterschieden: Bremer, Probsteier, Mecklenburger, Wetterauer und die Rieser Gans aus der fruchtbaren, wasserreichen Nördlinger Ebene.

Dürigen kennt in der Erstausgabe seiner „Geflügelzucht", 1886, noch nicht die Diepholzer Gans. Erst in der dritten Auflage von 1921 beschreibt er sie als 4. Gänserasse neben den Lokalschlägen aus Mecklenburg, Oberlausitz, Voigtländer und den Cröllwitzer Gänsen.

Die Stadt Diepholz hatte eine Münze als Notgeld herausgegeben, auf der ein Gänsehändler, der seine Ware feilbietet, mit folgender Inschrift dargestellt ist: „De Deffholter Goos, de smeckt all ganz got, weel beter as dat dröge Brot." Nach Steffens (1964) soll diese Gänserasse in der ehemaligen Grafschaft Diepholz im Regierungsbezirk Hannover aus der Kreuzung der Pommerngans mit der Italienischen Gans entstanden sein. Obwohl schon jahrhundertelang in den bäuerlichen Betrieben auf Sumpf-, Sand- und Moorboden Weidegänse gehalten wurden, gehört die Diepholzer in ihrer eigenen Ausprägung erst im 18. Jahrhundert als Selbstverständlichkeit zum bäuerlichen Anwesen. Besonders ihre Genügsamkeit und leichte Züchtbarkeit boten für die in bescheidenen Verhältnissen lebenden Ackerbürger Anreiz zum Erwerb von Bargeld aus dem Erlös verkaufter Gänse. Die stark ausgeprägte Weideeigenschaft machte es möglich, daß die Gans auf den kargen Böden ihr Futter fand und im Sommer ohne besonderes Beifutter aufgezogen werden konnte. Ihr Gewicht von 4 bis 6 kg machte sie gerade als Portionsgans für eine Familie lohnend. Sie war im Alter von 12 bis 15 Wochen aufgrund ihrer Frohwüchsigkeit und guten Futterverwertung schlachtreif. Besonders in den Dümmerniederungen bis hinein in das Oldenburger Grenzgebiet schätzte man die bewegliche Weidegans, nicht zuletzt wegen ihrer frühen Legereife; begannen die Gänse doch bereits im September des Geburtsjahres, manchmal sogar schon früher. Anfangs kamen die Diepholzer auch unter dem Namen Hamburger oder Vierländer Gänse in den Handel.

Zur Herausbildung einer eigenständigen Gänserasse, die erst um 1920 als „Diepholzer" bezeichnet wurden, kreuzte man neben den schon erwähnten italienischen Landgänsen auch Höckergänse ein (Schneider, 1983). Hauptanteil an der Veredelung der alten nördlichen Landgansschläge dürfte aber die Verwendung der Emdener Gans haben.

Ein Bericht der „Geflügel-Börse" aus dem Jahre 1930 schildert die Beliebtheit der Diepholzer vor dem Zweiten Weltkrieg: „Weit über die Grenzen ihrer engeren Heimat hinaus ist die Diepholzer Gans bekannt als Schlacht- und Weihnachtsgans. Ein Weihnachtsfest ohne Gänsebraten kann man sich bei uns kaum noch vorstellen. Aber auch zu anderer Zeit gilt diese Gans in den größeren Städten stets als Delikatesse für den verwöhntesten Gaumen. Anderseits dagegen findet man sie als Nutz- und Zuchttier sehr, sehr selten. Wahrscheinlich ist dieses darauf zurückzuführen, weil ihre hervorragenden Nutzeigenschaften zu wenig bekannt sind, vielleicht mag es aber auch daran liegen, daß sie als Landschlaggans gilt und daher vielfach geglaubt wird, auf anderem Boden würde sie nicht so gut gedeihen und befriedigenden Nutzen zeitigen." Der Verfasser betont aber, daß die Gans sowohl auf leichtem wie auf schwerem Boden sehr gut gedeiht. Regenstein berichtet 1975, daß in seiner Heimat Mecklenburg stets Herden von Diepholzer Gänsen neben den bodenständigen Pommerschen Gänsen gehalten wurden. Die Diepholzer hätten die schweren Pommern nicht nur an Frohwüchsigkeit und in der früheren und besseren Legetätigkeit übertroffen, sondern sich oft auch intelligenter gezeigt: „Nahte die abendliche Fütterungszeit, verließen sie die Stoppelhütung gegen den Willen des Hütejungen, indem sie recht elegant über dessen Kopf hinweg nach Hause flogen, solange sie noch nicht legereif waren."

Der systematische Ausbau der Diepholzer Gänserasse begann erst durch die Schaffung eines Herdbuches im Jahre 1932, das erste in Deutschland geschaffene Herdbuch dieser Art. Danach wurde ein Herdbuchverein für Diepholzer Gänse gegründet. Die Nachwuchstiere wurden in dieser Zeit noch von den eingesetzten Vertrauensleuten beringt. Die Herdbuchkartei, die Brutlisten und andere Aufzeichnungen bildeten das sichere Fundament für den zuverlässigen Ausbau. Die Zuchten, die dadurch volles Vertrauen genossen, entwickelten sich sehr rasch aufwärts. Eine Körkommission hatte die Ankörung der Nachzucht im November/Dezember vorzunehmen und alle Verkäufe entsprechend zu begutachten und zu kontrollieren, damit der Name der Genossenschaft nicht durch unsaubere Elemente mißbraucht werden konnte. Besondere Zuchtstationen entstanden in dieser Zeit in Thüringen und Sachsen. Nach dem Ersten und Zweiten Weltkrieg waren besonders die Gänsemäster und später auch die Großmästereien an der Diepholzer Gans interessiert, denn der Feinschmecker bevorzugte gerade diese feinknochige Gans und zahlte dafür auch gute Preise. So wurde Diepholz zum Großlieferant und war weithin bekannt. Ladung auf Ladung verließen den Diepholzer Bahnhof nach allen Gegenden Deutschlands.

Die spätere Einkreuzung der Tschechischen Gänse brachte die unerwünschten kürzeren Körper und Köpfe, so daß diese Versuche keine Fortschritte bedeuteten. Gegenwärtig haben Züchter in der DDR Mühe, die klare Linie der Diepholzer Gans von dem Typ der Tschechischen Gans abzugrenzen.

Form und Kopf

In den Musterbeschreibungen von 1924 (nach Kleffner) hieß es schon: „Anspruchsloses, leicht bewegliches Weidetier, das auch mit geringen Weidegräsern vorlieb nimmt. Fruchtbar, sehr gut im Brüten und in der Führung der Gössel, widerstandsfähig und leicht aufzuziehen." Dieses Zuchtziel liegt auch der gegenwärtigen Musterbeschreibung, Stand 1984, zugrunde. Der Zusatz „mit stolzer, aufrechter Haltung" ist zur Charakterisierung der heutigen Diepholzer Gans unbedingt wichtig und skizziert den Gesamteindruck.

Trotz Beweglichkeit darf diese Rasse keinesfalls schmächtig erscheinen, wenn auch der Rumpf nur mäßig breit und tief, dabei gut gerundet, verlangt wird. Der bewegliche Typ geht aber verloren, wenn der Körper plump und kantig, womöglich noch mit Wammenansatz, angedeutetem Brustkiel und stark ausgeprägter Bauchregion ausgestattet ist. Während in der DDR nach Berichten des dortigen Obmannes für Großgeflügel, H. Marks, der Altganter eine kleine, einfache, in Bauchmitte sitzende Wamme, „Altersspeck", und die Gans nach der ersten Legeperiode eine kleine Wamme, als Attribut guter Legetätigkeit, haben dürfen, wollen wir unsere Diepholzer stets ohne Wamme im Schaukäfig sehen.

Der gut ausgefüllt erscheinende Körper muß oberseits schräg abfallen, ohne Aufwölbung oder Hohlrücken, die Schultern sollen eher etwas hervortreten als schmal zulaufend eingebaut wirken. Obwohl die Musterbeschreibung nichts zur Brustpartie aussagt, wünschen wir eine zwar nicht über-

mäßig vorgewölbte und allzu breite, aber doch gut gefüllte und abgerundete Brustlinie, die mit der etwas weiter heruntergehenden Bauchregion harmonieren soll. Verpönt sind zu stark herunterhängende Hinterpartien wie auch die schon erwähnten Wammenansätze jeder Art. Allerdings sollte die vor Legebeginn auftretende kleine Bauchfalte der Gans nicht zur Zurückstufung führen.

Passend zu diesen fließenden Linien muß der Schwanz fast waagerecht getragen, nicht zu lang und gut geschlossen sein. Der Flügeleinbau fordert die dichte Lage der Schwingen am Körper, in den Gelenken hoch angesetzt und über dem Bürzel leicht kreuzend. Die Beweglichkeit der Diepholzer wird durch die mittellangen, leicht hervortretenden Schenkel unterstützt. Die mittelhohen Läufe von rötlicher Farbe dürfen nicht zu dünn sein, jedoch auch nicht grobknochig wirken.

Auch in den Kopfpunkten zeigen die Diepholzer ihre schlanke Form: Hinter dem et-

was gestreckten, aber nicht zu langen Schnabel von rötlicher Farbe und mit leicht gebogener Spitze verläuft die Kopflinie über die flache, nur sehr leicht gewölbte Stirnlinie in das gut gebogene Genick. Kehlwammenbildung würde diese fließenden Linien der Kopfpunkte nur stören.
Die Augen sind dunkelblau und werden von schmalen, orangegelben Ringen eingefaßt. Das „Weidewerkzeug" Hals ist zwar reichlich mittellang, soll sich aber deutlich von dem schwanenartig getragenen Hals der Emdener unterscheiden. Schlanke Halsform und leichte Biegung (im Unterschied zur geraden Haltung der Steinbacher Kampfgänse) sind für die Diepholzer typisch. Über der Brust darf die Halspartie keinesfalls plump erscheinen.
Das Gefieder ist bei guten Schautieren schön glatt und liegt gut an. Stets sind Diepholzer Gänse reinweiß, ohne jede andere Gefiederfarbe und ohne gelben Anflug.
Die rassetypische Figur kann durch groben und kantigen Körperbau ebenso verdorben werden wie durch langen Hals und rundliche Kopflinie, die dann an Pommerngänse erinnern.

Besonderheiten

Diepholzer Gänse sind altes deutsches Kulturgut, attraktives Großgeflügel im Schaukäfig und zugleich interessant unter wirtschaftlichen Gesichtspunkten. Sowohl für die Früh- als auch für die Spätmästung sind Diepholzer rentabel, besonders dann, wenn ihnen große Weideflächen zur Verfügung stehen, so daß sie fast ohne Körner- und Kraftfutter auskommen. Weidegang begünstigt die Entwicklung schmackhaften, feinfasrigen und fettarmen Fleisches, das heute geschätzt wird. Während im DDR-Standard für den Ganter 6,5 kg und 5,5 kg für die Gans gefordert werden, sieht die bundesdeutsche Musterbeschreibung jeweils 0,5 kg mehr vor. Damit wird eine relativ leichte, jedoch im Anteil des Bratenfleisches sehr günstige Schlachtgans erzielt. Frühmast-Diepholzer erreichen in der Re-

gel ein Gewicht von 4,4 kg in 8 Wochen und 4,5 kg in 10 Wochen. Spätmasttiere wiegen zwischen 6 und 7 kg je nach Geschlecht. Durch die Frühreife legt die Diepholzer Gans bereits im Frühherbst und liefert im 1. Gelege 15 bis 18 Eier. Im Winter folgt dann nochmals ein Gelege von 12 bis 15 Eiern. Die 3. Legeperiode im Frühjahr erbringt 8 bis 12 Eier. Damit kann eine Jahresleistung von 35 bis 45 Eiern unter den Bedingungen der Naturbrut erreicht werden. Der DDR-Standard fordert als Zuchtziel 30 bis 50 Eier.
Zum Futterverbrauch liegt eine statistische Angabe von H. Marks, DDR, aus dem Jahre 1981 vor: „In den 7 Wochen der Mästung bis zur 10. (Anfangsmasse durchschnittlich 0,923 kg) wurden je kg Massezunahme 3,4 kg Futter (Mischfutter und Getreide) verbraucht. Diese Zahlen sprechen für die Qualität der Diepholzer Gänse, die frohwüchsig und futterdankbar sind."
Nicht unerwähnt bleiben soll der Ertrag der Federn, die wegen ihrer reinweißen Farbe ohne jegliche Beimischung besonders begehrt sind. Wenn auch das regelmäßige Rupfen nicht unbedingt tierfreundlich ist, ist doch festzustellen, daß im Laufe eines Sommers pro Gans 500 g Federn zu erzielen sind.
Wegen ihrer relativen Leichtigkeit im Körper und der guten Führungseigenschaften benutzen nicht selten Züchter von wertvollem Wasserziergeflügel Diepholzer Gänse zum Brüten und Führen der Gössel; allerdings sollte man hierbei das Problem der Fehlprägung bedenken.
In kontrollierten Zuchten der DDR wurde ermittelt, daß die Befruchtungsrate auch ohne Wasserhaltung im Durchschnitt 83 %, der Schlupf 61 % beträgt. Allerdings sind die Züchter mit der Reproduktionsrate von 13,2 Gösseln noch nicht zufrieden (Schneider, 1983).
Die Schauberichte aus dem Jahre 1985 von der Deutschen Junggeflügelschau in Hannover und der Nationalen in Dortmund zeigen, daß die Formmerkmale noch zu verbessern sind. Brustbreite und Schultermarkanz wurden ebenso moniert wie teilweise hohle Rückenlinie. Der derzeitige Zuchtstand zeigt aber überwiegend gut abgerundete Formentiere in den Käfigen mit Vitalität und Kondition.

Die Celler Gans

Rassegeschichte

Gänse mit braunem Gefieder als Mutation kommen bei Landgänsen nach Lühmann (1977) häufig vor. Diese Farbspielart als eigenständiges Rasseattribut, wie bei der Celler Gans, die auch als Celler Braune bezeichnet wurde, ist die jüngste standardisierte Gänserasse Deutschlands. Die planmäßige Herauszüchtung begann ab 1948, die Anerkennung muß nach 1969 erfolgt sein, denn die Rasse erscheint erstmalig in der Auflage des Deutschen Rassegeflügel-Standards von 1974; in der Ausgabe von 1969 fehlt sie noch.

Eine wissenschaftlich fundierte und umfassende Darstellung über die braune Färbung des Gefieders bei Hausgänsen erschien im Februar 1977 in der „Geflügel-Börse" Nr. 4 von M. Lühmann, die hier in den wichtigsten Teilen zugrundegelegt wird.

Während bei verschiedenen Wildgansarten hell blaugraue Exemplare als Mutanten vorkommen, z. B. Blaue Schneegans, *Anser coerulescens*, Nonnengans, *Branta leucopsis*, Kaisergans, *Anser canagicus*, Indische Streifengans, *Anser indicus*, finden sich braune Färbungen bei Wildgansarten nicht. Gründe dafür sind unbekannt. Allerdings mutieren sehr selten Wildgänse der *Anser*-Gruppe, die sonst graubraun sind, in Richtung bräunliches Gefieder. Lühmann erwähnt in diesem Zusammenhang eine „sehr schön gefärbte, braune Kurzschnabelgans", *Anser fabalis brachyrhynchus*.

Wesentlich häufiger sind braune Varianten bei Hausgänsen bekannt. In der Altmark, in Niedersachsen, in Ostfriesland und im süddeutschen Raum sah der erwähnte Verfasser braun-gescheckte Gänse. Sowohl dunkel lederbraunes Gefieder als auch helleres in mittelbrauner Färbung bis fast völlig aufgehellte Farbe mit bräunlichem, rahmfarbigen Schimmer sind bekannt: Zur Genetik der braunen Farbe kann zusammenfassend gesagt werden: braune Gänse vererben rezessiv und geschlechtsgebunden. „Diese Eigenart erklärt sich jedoch aus der Lokalisierung dieser Färbungsgene im Geschlechtschromosom. Da bekannt-lich bei den Vögeln im männlichen Geschlecht zwei Geschlechtschromosomen vorhanden sind (XX), bei den weiblichen Tieren jedoch nur ein normales und eventuell ein stark reduziertes mit entsprechend reduziertem Genbestand (XY), sind naturgemäß braune Gänse bei den Landgansschlägen ungleich häufiger als Ganter. Braune Ganter können immer nur dann auftreten, wenn eine braune Gans von einem Ganter getreten wird, der in einem Geschlechtschromosom auch die Anlage für Braun trägt. Braune Gänse können dagegen von solchen Gantern aus allen Farbenschlägen fallen" Lühmann (1977). Zur Verdeutlichung des Erbganges siehe das Schema nach Lühmann auf Seite 109.

$(X^W X^b)$ = wildgrauer Ganter, spaltbrig in braun
$(x^b Y)$ = braune Gans

P = Eltern
K = Keimzellen
F_1 = Nachzucht

In der umfangreichen Zucht von Frau Weidemann aus Sargstedt bei Halberstadt soll sich eine Herde gleichmäßig brauner Gänse mit entsprechend braunen Gantern befunden haben. Braune Gänse in Reinzucht sollen auch in den USA gehalten werden.

Lühmann (1977) konnte durch Kreuzungsexperimente die braune Farbe auch auf Höckergänse übertragen, wobei allerdings im Laufe weiterer Rückkreuzungen die braune Farbe auf dem Zeichnungsmuster der Höckergänse erscheint. So wären schon nach der dritten Rückkreuzung zur Höckergansseite ausstellungsreife braune Höckergänse zu erzielen.

Da die braune Färbung durch Einlagerung von braunen Phäomelaninen zustandekommt, ist die braune Farbe gegen Witterungseinflüsse sehr empfindlich. Überdies wird die Bildung einer ausstellungsgeeigneten gleichmäßigen Braunfärbung noch dadurch erschwert, daß alle Gänse bei der ersten Mauser nicht alle Federn ins Alterskleid wechseln, so daß ein Teil des Jugendgefieders stehen bleibt. Dadurch entsteht ein gewisser Kontrast zwischen den alten,

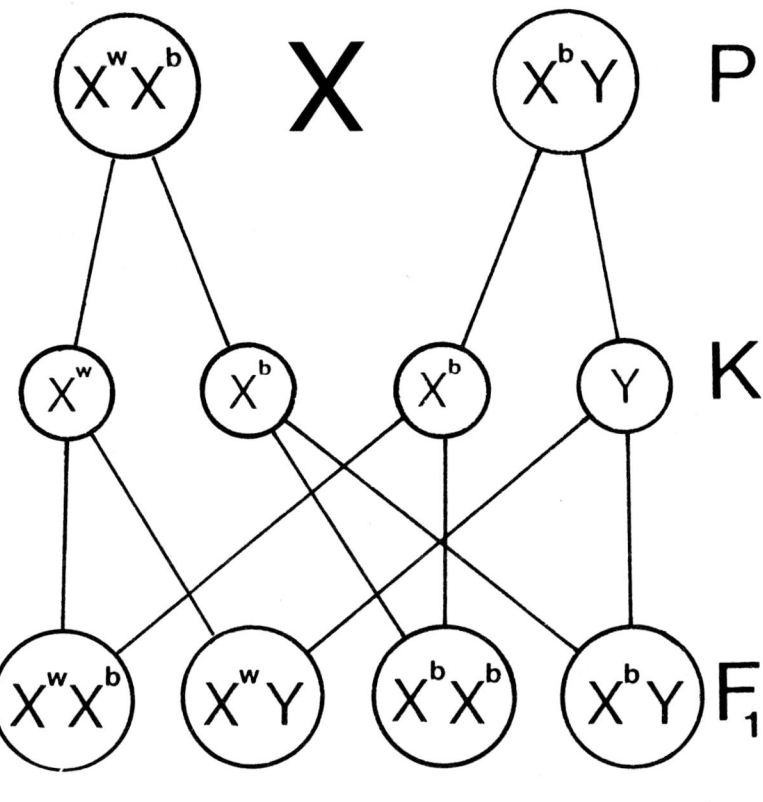

1,0 wildfarbig
spalterbig braun

0,1 braun

X^wX^b X X^bY P

X^w X^b X^b Y   K

X^wX^b X^wY X^bX^b X^bY F_1

25 % 1,0 wild-
farbig spalt-
erbig braun

25 % 0,1 wild-
farbig

25 % 1,0 braun

25 % 0,1 braun

schon ausgebleichten Federn und den neuen, farbstärkeren. Die Gleichmäßigkeit und Glätte des Gefieders kann aufgrund der nachlassenden Greiffähigkeit der Federhäkchen nicht mehr optimal sein; einige Federn wirken zerschlissen. Auf diese Farbnuancen verweist auch Langer (1983).

Aus dem Landkreis Gifhorn erhielt Lühmann (1977) eine braungescheckte Landgans, mit der er in Kiel Kreuzungsversuche unternahm. Wesentliche Fortschritte wurden durch den Einsatz einer weiteren einfarbigen Gans und mit spalterbigen Gantern erzielt. In der früheren Bundesforschungsanstalt für Kleintierzucht in Celle begann die eigentliche zielgerichtete Erzüchtung erbfester brauner Stämme. Der Züchter Meckmann in Offensen setzte dann diese Arbeit konsequent fort und zeigte braune Gänse als Neuzüchtung auf der Deutschen Junggeflügelschau in Hannover, wie übrigens auch schon braune Höckergänse dort vorgestellt wurden, die aber wieder verschwunden zu sein scheinen.

Seitdem werden alljährlich auf den Gänsesonderschauen und nicht selten auch auf kleineren Ausstellungen Celler Gänse gezeigt, die stets wegen ihrer schönen, warmen Färbung große Beachtung finden.

Form und Kopf

Die Celler Gans repräsentiert im Habitus den mittelgroßen Typ. Zur guten Beweglichkeit trägt der leicht aufgerichtete Rumpf mit der breiten, abgerundeten Brust, ohne Kielbildung, bei. Die Rückenlinie wird lang verlangt, die Oberrückenpartie soll breit erscheinen. Unterhalb der Brust wünschen wir zunächst eine glatte, d. h. wammenfreie Fortsetzung der Unterlinie, die dann aber in die gut gerundete, stets einfache Bauchwamme verlaufen soll.

Diese Einfachwamme sitzt bei guten Schautieren völlig gerade. Fehlerhaft ist dagegen schon der Ansatz zur Doppelwamme, erst recht ihre vollständige Ausbildung. Der Hinterkörper darf nicht zu füllig erscheinen, damit die Gans nicht im Abschluß schleppt, sondern sich frei über dem Boden bewegen kann. Auf mittelhohen Läufen stehend, jedoch ohne hervortretende Schenkel: so paßt der Stand zu der Landgansform mit der gewissen Eleganz.
Vom Pommern- oder gar Toulouser-Kopf müssen sich die Kopfpunkte der Celler Gans deutlich unterscheiden. Es heißt im

1,0 Celler Gänse
RG I

0,1 Celler Gänse
RG I

Standard: „mittellang, kräftig". Niemals darf jedoch daraus der breite Pommern-Kopf oder gar der gedrungene Toulouser-Kopf werden. Die Stirn soll eben flach verlaufen, das Genick nicht abgesetzt und der Schnabel weder zu kurz noch zu lang wirken. Die verpönten Ansätze zum Schnabelhöcker sind gegenwärtig fast ausgemerzt. Blaß fleischfarbig bis schwach orange wird die Schnabelfarbe, die Bohne hell hornfarbig verlangt. Die Augenfarbe ist braun, die Augenringe stehen dazu schön gelbrot im Kontrast.

Obwohl der Hals recht kräftig verlangt wird, darf er nicht zu kurz und plump wirken, weil das auch wieder den beweglichen Landganseindruck mindern würde. Allerdings wollen wir auch keine zu langen und dünnen Hälse bei den Cellern. Die Schwingen sollen gut anliegen, dürfen jedoch wie bei der Diepholzer Gans leicht gekreuzt getragen werden. Sperrige und zu lange Schwingenfedern stören das Gesamtbild. Zum gewissen „Landadel" gehört auch das glatte, gut anliegende Gefieder am ganzen Körper.

Der Ganter ist in der Figur regulär etwas stärker und etwas aufgerichteter in der Körperhaltung.

Farbe

Im ersten Standard von 1974 wurde hinsichtlich der Herkunft noch vermerkt: „aus braunen und braungescheckten Landgänsen sowie Höckergänsen … entwickelt". In der neuen Musterbeschreibung fehlt die Erwähnung der Höckergänse aus guten Gründen. Außerdem war noch ausdrücklich von der „Wegzüchtung des Aalstriches" die Rede, was aber durch eine Änderung vor 1974 schon gestrichen wurde. Diese Hinweise verraten die Annahme, daß zur Herausbildung der Celler Gans mit ihrer braunen Färbung die Höckergans verwendet sein soll. Dazu äußerte sich Lühmann (1977) mehr oder weniger eindeutig. Er argumentiert, daß es keine Höckergänse mit braunem Gefieder, außer den durch Rückkreuzung mit Celler gezogenen

Neuzüchtungen, gibt. Deswegen sei der Irrtum entstanden, daß solche braunen Höckergänse bei der Herauszüchtung der braunen Celler eingesetzt worden seien. Nach diesen Erkenntnissen wurde dann die Wegzüchtung des Aalstriches und die Abstammung von der Höckergans folgerichtig gestrichen, zumal die Aalstrichzeichnung bei der Celler Gans nicht auftritt. Demgegenüber vermutet doch noch Langer (1983) die Einkreuzung der Höckergans. und verweist auf die kaum noch vorkommende Aalstrichzeichnung. Diese Annahme dürfte aber überholt sein.

Bei gut gefärbten Celler Gänsen sind Kopf, Hals und Brust hell lederbraun, wie auch die offizielle Farbbezeichnung lautet. Angestrebt wird eine gleichmäßige Farbverteilung an diesen Partien, jedoch ist zu beachten, daß dies annähernd aus den schon genannten Gründen fast nur im ersten Jugendgefieder zu erreichen ist. Die in der Mauser nachwachsenden Federn bekommen naturbedingt einen mehr grauen Farbton und heben sich dadurch zusätzlich von den auch schon etwas ausgebleichten ersten Federn meist deutlich ab. Wie die Wildgans zeigt die Celler verstärkt den Braunton auch auf Schultern, Rücken, Flügeln und Schenkelgefieder. Das gleichmäßige Farbbild kann durch fleckiges Gefieder und weiße Schwingen stark gestört werden. Wichtig ist der möglichst scharf abgegrenzte helle Saum auf der Oberseite und dem Flankengefieder. Bauch und Hinterpartie werden weiß verlangt; die Oberseite des Schwanzes soll jedoch dem Rückengefieder gleichen.

Besonderheiten

Der jüngste deutsche rassemäßig durchgezüchtete Landgänseschlag ist unter den Gänserassen durch seine Farbe eine einmalige Erscheinung. In den letzten Jahren standen regelmäßig kleinere Kollektionen auf unseren Großschauen. Die 11,11 Tiere in Hannover 1984 waren von überdurchschnittlicher Qualität. 1985 wurden dort wiederum 8,10 überwiegend feine Tiere gezeigt, wobei sowohl die Ganter als auch die Gänse des Züchters Heckmann hervorstachen. Der Berichterstatter lobte den „vitalen Eindruck und die rumpfigen Figuren". Kritisiert wurden die zum Teil nicht korrekt sitzenden Einfachwammen. Bei den kleineren Typen fielen die zu kurzen Hälse negativ auf.

Auf der Nationalen 1984 in Nürnberg präsentierten sich 4,3 Celler von durchschnittlicher Qualität; die Voliere von H. Wiedenroth, mit „hv" bewertet, begeisterte. 1985 waren auf der Nationalen in Dortmund 16 Celler ausgestellt, eine ausgeglichene Sammlung mit wenig Mängeln bei zu kleinen Tieren. Kein Tier dieser beiden Jahre kam jedoch an die 1982 in Hannover mit „vorzüglich-Blaues Band" bewertete Gans des Züchters R. Schäfer heran.

Natürlich schätzen die Züchter neben der wunderschönen Gefiederfarbe auch die Leistungsmerkmale, die denen anderer Landgansschläge entsprechen. Die Rasse hätte weitere Verbreitung verdient.

Die Lockengans

Rassegeschichte

In einem der ältesten Geflügelbücher aus dem Jahre 1897, „Illustriertes Handbuch der Federviehzucht", von E. C. Baldamus wird die Lockengans mit folgenden Worten lobend erwähnt: „Schönes Gefieder und zartes Fleisch sind die Vorzüge der Lockengans." Sie wurde im vorigen Jahrhundert auch als Strupp-, Seiden-, Zottel-, Astrachan-, Sebastopol-, Donau- und Türkische Gans bezeichnet. Der lateinische Name lautete *Anser domesticus crispus*, im Englischen hieß sie Danubian Goose, in Frankreich Oie frisée du Danube. Ursprünglich am Nordufer des Schwarzen Meeres beheimatet, hat sich die Lockengans wahrscheinlich über Südungarn und die Donauländer ausgebreitet.

Die Entstehung des gelockten Gefieders dürfte auf eine unbeabsichtigte Mutation zurückgehen. Die anfängliche Verbreitung war sicher noch mehr oder weniger zufällig, bis die Menschen in Südrußland und in verschiedenen Balkanländern neben dem wohlschmeckenden Tafelfleisch den hübschen Anblick der verlängerten und gedrehten Federn schätzen lernten.

Die ersten Lockengänse kamen im Jahr 1860 durch Mr. John Harvey nach London. Ob aus den englischen Zuchten oder direkt aus den Ursprungsgebieten die ersten Exemplare nach Deutschland kamen, wird sich wohl nie mehr genau klären lassen. Um 1862 gelangten schon die ersten Gelockten nach Nordwestdeutschland. Dürigen erwähnt um die Jahrhundertwende, „daß mitunter zwischen den großen Transporten von Schlachtgänsen gelockte Tiere eingeführt wurden."

Federstruktur, Form, Kopf

Für die „Lockung" dieser Gänserasse kann die Strukturfeder der Lockentaube oder auch die des Strupphuhnes nicht Vorbild sein. Bei letzterem ist das Federende nach außen aufgerollt, bei der Lockentaube soll sich sogar die Locke wieder schließen. Für die Lockengans heißt es ausdrücklich: „... verlängerte, spiralig gedrehte Federn." Gemeint sind in erster Linie die verlängerten Deckfedern der Schwingen. Die eigentlichen Schwungfedern sorgen für die mittellangen, möglichst gut anliegenden Schwingen. Zeigen manche Tiere auch noch verlängerte Bürzel- und Rückenfedern, wirken sie besonders hochrassig in der Struktur. Spricht der Standard aber davon, daß dies nur „mit Ausnahme von Brust und Hals" der Fall sein kann, so sollten die Tiere mit gelockten Federn am übrigen Körper nicht unbedingt durch höhere Bewertung gefördert werden. Zeigen die Schwungfedern etwas Wellung und die

1,0 Lockengänse
RG I

Schwanzfedern leicht verlängerte Ausmaße, darf das selbstverständlich nicht gestraft werden. Entscheidend ist die lockenartige Befiederung des Flügelschildes, wobei den Schulterfedern wesentliche Bedeutung zukommt, besonders hinsichtlich der Dichte und Länge.

Ohne Lockenfeder erschiene die Rasse im Landganstyp, d. h., es wird ein verhältnismäßig kurzer, gedrungener Rumpf verlangt, der möglichst waagerecht getragen werden soll. Dazu gehören die volle runde, etwas angehoben getragene Brust und der breite Rücken mit guter Rundung und etwas abfallenden Schultern. Das geforderte Körpergewicht von 5 bis 6 kg beim Ganter und 4,5 bis 5 kg bei der Gans wird nur erreicht, wenn der Körper gut füllig erscheint, wobei der Bauch allerdings nur wenig hervortreten soll. Eine nicht zu starke Einfachwamme ist gestattet; Doppelwamme muß als grober Fehler gerügt werden. Zur Problematik der Doppelwamme, mit der auch die Züchter in der DDR zu kämpfen haben, schreibt der dortige Obmann H. Marks (1982): „Die 1. Kleintier-

0,1 Lockengänse
RG I

Siegerausstellung in Markkleeberg zeigte das sehr deutlich; standen dort doch noch zu viele Lockengänse mit doppelter Wamme. Eine Altgans war darunter, die mit ihrer doppelten Wamme ständig den Käfig fegte."

Der kurze Schwanz wird waagerecht getragen, die Läufe erscheinen nur knapp mittellang, wobei der Stand durch die herunterhängenden Flügelfedern etwas tiefer erscheint, als er eigentlich ist. Orangerot ist die Lauffarbe, ebenso die Schnabelfarbe mit heller Bohne.

Zum Landganstyp paßt nur der kleine, länglich-runde Kopf. Die Kopf-Schnabel-Umrisse sollen kurz erscheinen. Blaue Augen mit gelblich-roten Rändern gehören zu den übrigen Kopfpunkten. Bei der Bewertung ist überdies zu beachten, daß der Hals weder zu kurz und dick, noch zu lang und dünn erscheint. Gefordert wird eine knapp mittellange Halspartie, die nur wenig gebogen sein soll. Dem Rumpf entsprechend erscheint bei guten Formentieren der Halsansatz kräftig.

Farbe

Zeitweise soll es gescheckte Lockengänse gegeben haben. Seit der Standardisierung dieser Rasse ist sie aber bis heute nur in der Farbe Weiß anerkannt. Wir wünschen ein Reinweiß ohne andersfarbige Federstellen am ganzen Körper.

Besonderheiten

Zur Frage, wie die eigenartige Federstruktur bei dieser Gans entstanden ist, kann kurz festgestellt werden: die „Locken" entstehen durch mutative Veränderungen am Federschaft. 2 bis 3 cm über der Haut wird eine Verweichlichung des Schaftes und sein Auftrudeln in fasrige Fäden verursacht, die sich zu Locken zusammenrollen und lose herabhängen. Die einzelnen Lockenfedern verlieren in der Federfahne von beiden Seiten ihren Zusammenhang. Dadurch verdrehen sie sich und bekommen ihr locken-

artiges Aussehen. Der Kiel ist so biegsam, daß die Feder nicht bricht, wenn man sie zusammenrollt. Manche Tiere zeigen überdies den Ansatz einer Haubenbildung. Trotz der gründlichen Untersuchungen von W. Rüst um 1930 ist die Genetik der Haubenbildung bei Gänsen noch nicht restlos geklärt. Es scheint nur festzustehen, daß die Haubenbildung nicht wie bei Enten mit einem Letalfaktor gekoppelt ist. Unabhängig von der Haubenvererbung ist ein Letalfaktor in Verbindung mit dem Lockengefieder nicht sicher nachgewiesen, wenn auch einige Berichte vorliegen, nach denen übertriebene Lockenbildung zum Rückgang der Schlupfraten und zu Aufzuchtschwierigkeiten führen soll. Deshalb gilt auch heute noch der Grundsatz: „Je voller und schöner die Locken, desto empfindlicher das Tier."

Zeigen die Tiere außer den verlängerten Flügeldeck- und Rückenfedern auch noch eine leichte Lockung des Kopf- und Halsgefieders, dann ist ebenso Vorsicht mit der Verpaarung solcher Tiere untereinander geboten wie bei solchen, deren Federstruktur durch zu starke Aufspaltung der Federschäfte zerschlissen wirkt. Auf jeden Fall sollte man davon Abstand nehmen, zwei Tiere mit Haubenbildung untereinander zu verpaaren.

Haubengänse vererben hinsichtlich der Lockung spalterbig (intermediär), d. h., aus der Verpaarung eines gelockten mit einem glattfedrigen Tier fallen in der F_1-Nachzucht schon durchschnittlich 25 % gelockte Junge, wenn auch die Federstruktur etwas kürzer bleibt als bei rein durchgezüchteten, bei denen die Flügelfedern oft mehr als 40 cm herabhängen. Der Vererbungsgang ist also als dominant zu bezeichnen; demnach fallen auch aus gelockten Elterntieren stets glattfedrige Junge. Es gibt noch einige Unklarheiten in der Vererbung; schon F. Regenstein sagte deshalb 1979 in einem Fachaufsatz zweierlei: „Mir wurde bestätigt, daß die Lockenbildung dominant vererbt wird." Und zugleich: „Diese (die Lockenbildung) ist meines Wissens genetisch nicht näher erforscht."

Nach der Arbeit von Koch, Fischer und Schumann in „Erbpathologie der landwirtschaftlichen Haustiere" (1957) liegen die Gene für Struppfiedrigkeit und Haubenbildung im gleichen Autosom (Autosomen sind alle Chromosomen mit Ausnahme der Geschlechtschromosomen).

Experimente zur Erzeugung von gewichtshöheren und legestärkeren Lockengänsen führte 1983/84 der Züchter E. Hauck, DDR, durch. Er berichtet: „Ich kreuzte Emdener ein. Das Ergebnis war teils positiv, teils negativ. Die Lockenbildung setzte sich durch, schon in der F_1-Generation fielen gelockte Tiere. Die Masse wurde stark verbessert und die Legeleistung ebenfalls. Ich hatte Gänse bekommen, die etwa 20 bis 30 Eier legten und dann noch selbst brüteten. Ich konnte dadurch einen Teil der Nachfrage nach Bruteiern befriedigen. Aber – ich hatte mir die heute bei Lockengänsen verpönte Doppelwamme eingehandelt. So gesehen, war diese Einkreuzung ein Rückschlag."

Als Zuchtgrundsatz kann gelten: Möglichst gutgelockte, aber in der Struktur nicht übertrieben langfedrige und mit stark zerschlissenen Federfahnen ausgestattete Tiere in die Stämme einstellen, wobei das zeitweise geltende Zuchtziel, überdies die Haube zu erzielen, besser fallengelassen werden sollte! Übrigens zeigen manche Gänse erst im 2. Jahr ihre ausgereifte Lockenstruktur und -länge.

Immer wurde schon darüber gerätselt, warum die Lockengans bei uns nur wenig verbreitet ist, zeitweise wurde sogar schon ihr Aussterben befürchtet oder irrtümlich gemeldet. Zum Glück ist uns die schöne Rasse, die von Dürigen noch 1906 als „Schmuckgeflügel" und von W. Kleffner 1920 als „Ziergeflügel" bezeichnet wird, erhalten geblieben. Wenn sie auch gegenwärtig zu den seltensten Gänserassen gerechnet werden muß, so bleibt ihr doch alljährlich ein begeisterter Kreis von Züchtern und Ausstellern treu.

Gut gehaltene Lockengänse legen jährlich 20 bis 30 Eier; die Aufzucht ist in der Regel ebenso problemlos wie Befruchtung und Schlupf. Stets sollten die Tiere gute Bademöglichkeiten haben, was der Federstruktur zugute kommt.

Leider ist die Rasse auch in der DDR verhältnismäßig gering verbreitet. Auf der Lipsia-Schau 1978 in Leipzig betrug der Anteil an Lockengänsen nur 4,5 %.

Marks veröffentlichte von dieser Schau die Wägeergebnisse der Durchschnittsmassen:

Lockengänse

Ganter/Anzahl	kg/Tier	Gänse/Anzahl	kg/Tier
6	5,8	7	5,1

Die Steinbacher Kampfgans

Rassegeschichte

Nach dem derzeitigen Kenntnisstand zur Abstammung der Steinbacher Kampfgans kann so gut wie ausgeschlossen werden, daß russische Kurzschnabelgänse, von denen Pallas, Baldamus und Dürigen berichteten, zu den unmittelbaren Vorfahren der heutigen Steinbacher Gänse gehören. Der Vollständigkeit halber sollen hier aber solche Tiere, „deren Ganserte dem Namen ‚Kampfgänse' alle Ehren machen" (Dürigen, 1906), erwähnt werden. Schon Baldamus überliefert 1897: „Die berühmtesten und größten Gänse wurden in der Umgegend der Stadt Assams gezogen, und zwar von Kreuzungsprodukten der (zahmen) Chinesergans mit der gewöhnlichen (‚cum vulgari capitolina ave'). Diese Mischlinge ähneln in Gang, Kampflust, Klang der Stimme und in der Größe den gezähmten Chinagänsen; in der ‚unterbrochenen Artikulation' der Stimme, im höckerlosen, in der Basis dicken Schnabel und in der meist weißen Färbung hingegen den gewöhnlichen Hausgänsen."

Dürigen unterscheidet um die Jahrhundertwende bei den Kurzschnabel-Gänsen die Tulaer und Arsamas'sche Art: „Das Bezeichnende an ihnen ist der auffallend kurze, an der Stirn recht stark und ohne Knick angesetzte, die Richtungslinie der Stirn einhaltende keilförmige, nicht selten nach der Spitze hin abwärts gebogene (‚Krummnase') und in diesem Falle um so mehr an den kurzen, starken, gebogenen Schnabel der australischen Hühnergans erinnernde matt- oder pergamentgelbe, an der Spitze weiße Schnabel."

Die Tiere sollen kurze, breitstirnige, dicke, fast runde Köpfe, gut bemuskelte schlanke Hälse und kurze, außergewöhnlich breite, stämmige, flach- und geraderückige, vollbrüstige Körper gehabt haben. Besonders auffallend seien die stark entwickelten Schultermuskeln und die an den Spitzen etwas gesenkten Flügeln gewesen. Der breite Stand und die verhältnismäßig langen Läufe vollenden das Bild eines kampftüchtigen Gänseschlages. Abschließend sei noch die Cholmogory'sche Gans erwähnt, die im Gouvernement Archangelsk am Weißen Meer mit größerem Körper, längerem Kopf und langem, stark gebogenen Schnabel gezüchtet wurde. Solche Tiere sind zwar im vorigen Jahrhundert unter den großen Gänsetransporten nach Westeuropa gekommen, auch erwähnt Dürigen (1906) die in Rußland vorkommenden Kreuzungstiere aus Haus- und Höckergänsen, doch scheint die heutige Steinbacher Kampfgans auf rein deutsche Herauszüchtung zurückzugehen. Allerdings liegen beiden Typen, der russischen und der deutschen Kampfgans, das gleiche Motiv zugrunde: Das Zuchtziel war unabhängig voneinander eine Gans, die zum Kampfsport, ähnlich wie beim Hahnenkampf, verwendet werden konnte.

Als eigentliche Ahnen werden im Schrifttum Japanische Höckergänse und Landgänse angegeben. Der DDR-Züchter P. Ehrlein bemerkt dazu 1975: „Noch heute treten bei Kreuzungen von Höckergänsen mit Pommerschen, Diepholzer oder Tschechischen Gänsen bereits in der ersten Generation Tiere auf, die in verschiedenen Punkten den Steinbacher Kampfgänsen

sehr ähneln. Daher werden zur Steigerung der Vitalität der Kampfgänse von Zeit zu Zeit noch Höckergänse eingekreuzt."

Im letzten Drittel des 19. Jahrhunderts war bereits ein Typ erzielt, der die gewünschten Merkmale einer Kampfgans aufwies. Um 1920 schreibt dazu F. Engelmann, Themar: „Die Steinbacher Kampfgans unterscheidet sich von all den anderen Gänsearten dadurch, daß es keine weiße, scheckige oder toulouserfarbige Gans ist, sondern eine Zeichnungsgans: sie ist hervorgegangen aus einer Höckergans und Landgans. Vor dem Kriege kamen teils waggonweise die Gänse von Rußland nach Thüringen; von hier wurden die Gänse in Herden nach dem Thüringer Wald getrieben, und unter diesen Herden habe ich oft recht kräftige graue Gänse bemerkt, welche immer gern gekauft wurden."

Die Höckergänse aus Rußland, größer und schwerer als die japanischen, mit starken Kehlwammen, wurden dann in den Ortschaften Suhl, Schwarza, Steinbach, Hallenberg, Brotterode, Geschwenda und Gräfenrode mit Japanischen Höckergänsen verpaart. Erst nach und nach wurden die Tiere unter Beibehaltung und Verstärkung ihrer Kampfeslust als „herrliche Zeichnungsgans" herausgebildet. Ende des vorigen Jahrhunderts, nachdem die Kampfgans lange Jahre nur Lokalrasse von Steinbach-Hallenberg und Umgebung gewesen war, erschien dann der erste Fachaufsatz zu dieser Rasse im „Thüringer Geflügelzüchter" im September 1925.

Sowohl Dürigen als auch Thüringer Züchter haben in Rußland den Gänsekämpfen beigewohnt und sicher die dortigen Vorgänge zum Maßstab genommen, den deutschen Kampfgänsen einen solchen „Geist" anzuzüchten, den der Russe M. Houdekow folgendermaßen beschrieben hatte: „Unsere Gänserassen verdanken ihr Dasein lediglich dem Sport der Gänsekämpfe. Die Kampfeslust ist bei ihnen zu solcher Wut entwickelt, daß erst nach dem Tode des anderen Kämpfers der Sieger den Kampfplatz verläßt." Auch der Engländer B. Mourbray hatte in Rußland solche Kämpfe miterlebt: „In St. Petersburg kennt man keine Hahnenkämpfe, wohl aber eine Arena für Gänse, wo man im Frühjahr besonders auf den Kampf vorbereitete Ganter zusammenbringt, die einander auf die Schultern loshacken, bis Blut kommt. Für solche Ganter sind Preise bis zu 500 Rubel bezahlt worden."

Der bekannte deutsche Geflügelexperte Marten, Lehrte, berichtet 1923 ähnliche Erlebnisse: „Ich sah sie bei einer Moskauer Geflügelausstellung im Jahr 1881. Sie sind von der Größe unserer gewöhnlichen Landgänse, fast so breit wie lang und meist weiß. Der Kopf ist sehr dick, fast rund, der Schnabel sehr kurz, an der Wurzel recht dick, nach vorn hin wie ein Keil spitz zulaufend, das Auge weiß, der Hals lang und dünn. Die Ganserte zeichnen sich durch Mut und Kampflust aus, werden gewissermaßen zum Kampf abgerichtet und gehen dann mit einer förmlichen Wut — die Lieblingsgänse der beiden Gegner kommen mit auf den Kampfplatz und reizen dieselben zum Kampf an — aufeinander los, um nicht eher abzulassen, bis entweder einer kampfunfähig ist oder beide mit Gewalt getrennt werden."

Ob später noch Toulouser Gänse eingekreuzt worden sind, ist nicht sicher. Es könnte sein, denn in alten Berichten über die Toulouser ist die Rede davon, daß es Tiere gegeben hat, die nicht so grau waren, sondern mehr ins Blaue übergingen.

Über ihr Entstehungsgebiet hinaus erlangte die Steinbacher Gans erst Beachtung, als die Züchter Fritz und August Recknagel aus Steinbach-Hallenberg ihre Tiere im Jahre 1931 zur Nationalen Geflügelschau schickten. Die Anerkennung durch den damaligen Bund Deutscher Rassegeflügelzüchter erfolgte am 17. März 1932; die erste Musterbeschreibung erschien in der „Geflügel-Welt" am 7. April 1932. W. Preiß, Steinbach-Hallenberg, schreibt in der „Deutschen Geflügelzeitung" 1961, daß schon um 1930 80 bis 100 Tiere, meist in Grau, auf der Steinbacher Vereinsschau ausgestellt waren. Der hellblaugraue Farbenschlag wurde 1951 anerkannt.

Form und Kopf

Wenn auch heute die Steinbacher Gans nicht mehr zu Kampfspielen verwendet wird, was aus Tierschutzgründen nur zu begrüßen ist, so soll doch der etwas kämpferisch-aggressive Ausdruck erhalten bleiben. Dieser zeigt sich u. a. in der stolzen Haltung und in dem senkrecht aufgereckten, völlig geraden Hals. In der Bewegung zeigen die Steinbacher ihre Gewandtheit und oft erstaunliche Schnelligkeit im Lauf und beim Wenden des Körpers. Obwohl wir es mit einer nur mittelgroßen Gans zu tun haben, wird doch ein kräftiger, nicht zu langer Körper verlangt. Der gedrungene Rumpf wird in der Oberlinie durch den breiten, leicht nach hinten abfallenden Rücken und in der Unterlinie durch die breite und volle, nicht zu hoch angesetzte Brust und das volle, gut entwickelte Hinterteil mit dem fülligen Bauch gebildet. Bei der Gans, besonders bei zwei- und mehrjährigen Tieren, sowie bei älteren Gantern ist eine Wammenbildung nicht fehlerhaft, sofern sie nicht allzustark ausgeprägt ist. Bei der Bewertung sind Jungganter ohne Wamme in diesem Punkt anderen vorzuziehen. Auf nicht zu lange, gut geschlossene Schwanzfedern in waagerechter Haltung ist ebenso zu achten, wie auf relativ lange, doch gut anliegend getragene Flügel, deren Enden nicht gekreuzt sein sollen.

Wichtig sind die Kopfpunkte; sind doch das charakteristische, sogenannte schwarze Gebiß und die schwarze Schnabelbohne unverwechselbare Rassemerkmale. Die schwarze Schnabelspitze ist auch auf dem Unterschnabel zu finden. Fehlerhaft sind jedoch über den First sich hinziehendes dunkles Band und/oder keilförmiger Einbruch in das Schwarz des Oberschnabels. Solche Tiere sollten nicht zur Zucht verwendet werden, auch wenn sie sonst gute Formmerkmale besitzen. Das schwarze Gebiß entsteht durch die seitlich leicht klaffende Unterkante des Oberchnabels. Der Schnabel ist an sich schlank, soll stets ohne Höckeransatz sein und an den übrigen Hornteilen rötlichgelb wie die Lauf- und Fußfarbe. Manchmal zeigen Kampfgänse leicht eingebogenen First oder etwas gesenkte Schnabelspitze. Unser verehrter Zuchtfreund F. Regenstein schrieb dazu noch 1973: „Sowohl das offene Gebiß wie auch der im Vorderteil gebogene Schnabel sind Kampfgansmerkmale, und glücklicherweise treten in den mir bekannten Zuchten immer noch Ganter auf, die diese Merkmale deutlich zeigen. Man merze sie nicht mehr aus, sondern verwende sie zur Zucht, wenn der Rassename überhaupt noch seinen Sinn behalten soll!"

Dem können wir eigentlich heute nicht mehr zustimmen, denn gesenkter Schnabel ist ebenso fehlerhaft wie gebogener Hals, den auch Regenstein für ein unverzichtbares Merkmal der ursprünglichen russischen Kampfgans hielt, von deren Ahnenschaft er übrigens für die Steinbacher überzeugt war.

Gegenwärtig sieht man nur noch selten Tiere mit Ansatz zum Schnabelhöcker, dagegen haben einzelne Zuchten immer noch mit der Ausdehnung des schwarzen Pigments über den Schnabelfirst zu kämpfen. Selbstverständlich wollen wir auch keine Kehlwammen, wenn auch das Blut der Höckergansmischlinge mit mehr oder weniger starken Kehlwammen in den heutigen Steinbachern fließt. Der Kopf soll insgesamt eher schlank und gut abgerundet erscheinen. Der aufrecht getragene Hals wurde schon erwähnt; an dieser Forderung der Musterbeschreibung ist unbedingt festzuhalten, auch wenn Regenstein (1973) auf den gewissen Widerspruch zum ursprünglich schlangenartig gebogenen Hals der kämpferischen Gänse aufmerksam gemacht hat. Zeigen die Tiere jedoch leicht zurückgebogenen Hals, so muß man bei der Bewertung vorsichtig sein, da dies durch Aufregung oder Abwehrbereitschaft bedingt sein kann.

Große, dunkelbraune Augen, eingefaßt von schmalen, gelben Ringen, gehören zu den übrigen Kopfpunkten.

Der Stand unserer Steinbacher darf keinesfalls tief, sondern muß durch die kräftigen Läufe und die etwas hervortretenden, jedoch gut befiederten starken Schenkel eher mittelhoch erscheinen. Glattes Gefieder, ordentliche Schwingen und anliegendes Weichengefieder runden den Gesamteindruck der beweglichen, stolzen Gans ab.

Farbenschläge

Neben dem **hellblauen** und dem **grauen** Farbenschlag sind silbergraue Tiere aus der Zucht von G. Pfütze, der in der DDR übrigens in den vierziger Jahren „schwere, breitschultrige, jedoch feingliedrige Landgänse" zur Gewichts- und Formverbesserung einkreuzte, gefallen. Solche, nicht anerkannte Tiere sind auch heute noch aus der fortdauernden Verpaarung hellblauer Tiere untereinander zu erzielen. Sie sind für die Weiterzucht keinesfalls zu empfeh-

1,0 Steinbacher Kampfgänse
Hellblau
RG I

0,1 Steinbacher Kampf-
gänse
Hellblau
RG I

len, weil das Schnabelpigment völlig verloren geht.

Bei beiden anerkannten Farbenschlägen
sind Kopf, Hals, Brust, Rücken, Flügel
und das Schenkelgefieder farbig. Scharfer,
jedoch nicht zu breiter, weißer Saum soll
auf den Schultern, den Flügeln und Schenkeln sitzen. Weiß gerändert sind auch die
grauen Schwanzfedern. Reinweiß werden
Bauch und Steiß verlangt. Fehlt die Gefiedersäumung völlig, muß das als grober Fehler gestraft werden, zu breite Säumung
schließt ebenfalls vom „sg" aus. Genetisch

betrachtet ist die Farbe der Blauen nichts
anderes als die Verdünnung von Grau.

Kreuzt man die beiden Farbenschläge miteinander, so fallen Tiere mit grober oder
verwaschener Zeichnung. Daraus ergibt
sich für die Farbenzucht eine doppelte
Schwierigkeit: zum einen tendiert die
Farbe zur weiteren Verdünnung, zum anderen fallen Mischfarben, die nur in der Hand
sachkundiger Züchter weiter einsetzbar
sind. Das Grau soll kräftig, das Blau dagegen zart wirken.

1,0 Steinbacher Kampf-
gänse
Grau
RG I

0,1 Steinbacher Kampf-
gänse
Grau RG I

Besonderheiten

Steinbacher Kampfgänse als mittelschwere
Brut- und Weidegänse bestechen durch ihren kämpferischen Adel, durch Körper-
und Halshaltung. Daneben ist ihre Wirtschaftlichkeit beachtlich. Das Fleisch gilt
als feinfasrig und wohlschmeckend. Das
Achtwochengewicht der Junggänse be-
wegt sich zwischen 2,5 bis 3,5 kg, gemästete Altgänse können bis zu 8 kg erreichen.
Das dreimalige Rupfen der Altgänse, wobei sich je Tier 500 g Federn ergeben, und
das Rupfen der Junggänse (250 g) sollte,
wenn überhaupt, vorsichtig geschehen.
Zur Ausstellung bestimmte Tiere werden
selbstverständlich überhaupt nicht gerupft.
Im 1. Jahr legt die Steinbacher Gans 12 bis
15 Eier, mehrjährige Tiere erbringen 25 bis
35 Eier. Bei noch höheren Legeleistungen
sind viele Eier meist unbefruchtet. In der
DDR ist das Zuchtziel für die Eizahl auf 15
bis 29 festgelegt. Die durchschnittliche Legeleistung wurde dort mit 18, bei einer Variationsbreite zwischen 12 und 35, ermittelt. Im 1. Gelege bringen die Gänse 15 bis
20, im 2. 12 bis 15 Eier. Die Befruchtungsrate in kontrollierten Zuchten betrug 69 %,
die Schlupfrate 42 % (Schneider, 1983).
Die Steinbacher Kampfgans auf den Lipsia-Schauen in Leipzig:

1973 = 43 (10,9 % der ausgestellten
Gänse),
1978 = 38 (9,5 %).

1982 wurden in der DDR folgende Schwerpunkte der Zucht festgelegt:
− Steigerung der Eierleistung und Nach-
  zuchtrate
− weitere Verbesserung der Vitalität und
  des Temperaments, besonders bei den
  1,0
− Erhöhung des Körpervolumens in beiden Farbenschlägen, besonders bei den
  0,1

Reproduktionsergebnisse der Steinbacher Kampfgans in der DDR (nach Kuschel, 1975)

Anzahl der Zuchten	Legeleistung	Schlupf	Gössel/Gans	Ziel
40	18	42	7,0	10

- volles oberes Gebiß, besonders bei den Blauen
- noch freierer Stand bei den Grauen
- aufgerichtetere Haltung bei den grauen 1,0
- ausgeprägte, in der Mitte sitzende Wamme bei den 0,1

Der Züchter H. Vogel — aus der Heimat der stolzen Kampfgänse — faßt die Vorzüge dieser Rasse zusammen: „Die Steinbacher Kampfgans ist eine forsche, fröhliche und robuste Gans, die stets in Bewegung ist und den bunten Strauß der vielen Gänserassen bereichert. In ihrer temperamentvollen Beweglichkeit und großen Lebenskraft liegt ihre Wirtschaftlichkeit begründet, die sie zur begehrten Landgans werden ließ."

Die Höckergans

Diese Rasse stellt die domestizierte Form der wilden Schwanengans, *Anser cynoides*, dar (s. Seite 27, 28). Wann die Entwicklung zum Haustier aus der in China und Japan gezähmten Schwanengans begann, ist nicht genau ermittelt, vermutlich aber schon vor einigen Jahrhunderten. Mit Sicherheit sind zur Herausbildung dieser Haustierrasse niemals Schwäne benutzt worden, wenn auch Mischlinge vorkommen können. So berichtet P. Westphal (1961) von einem Bastard aus Höckerschwan und Hausgans, der vor 1940 im Zoo Hellabrunn/München lebte. Im Naturkundlichen Museum Salzburg befindet sich das Präparat eines solchen Mischlings.

Der französische Gelehrte Buffon (1707 bis 1778) beschreibt die schwere Chinesische Gans: „Ihre Größe übertrifft die der anderen Gänse und nähert sich der der Schwäne. Sie ähnelt auch diesem Vogel in anderer Hinsicht durch die fleischartige Substanz, sich hebend vom Schnabelansatz. Sie unterscheidet sich aber vom Schwan und den gewöhnlichen Gänsen durch eine Kehlwamme oder Hautfalte, die eine kleine Tasche unter der Kehle darstellt."

Nach Nordamerika kamen diese China-Gänse schon im 18. Jahrhundert. Der Gouverneur Morris schenkte dem ersten Präsidenten der USA, George Washington, im Jahre 1788 zusammen mit einigen chinesischen Schweinen auch ein Zuchtpaar Höckergänse, die direkt aus China eingeführt worden waren. In früherer Zeit wurde die Höckergans auch Schwan-, Trompeter-, Chinesische-, Hongkong-, Guinea- und Russische Gans genannt. 1897 wird sie bereits von Baldamus als Nutzgans bezeichnet; um die Jahrhundertwende widmet ihr Dürigen in seinem „Geflügelbuch" ein ausführliches Kapitel, auch unter der englischen Bezeichnung „Chinese Goose" oder „Knobbed Goose", französisch „Oie caronculée".

In der indischen Stadt Cinscala wurden schon zu Anfang des 15. Jahrhunderts große, weiße Gänse mit Höcker und Kehlhaut gehalten, wie Odoricus de fora Julii, ein Italiener, berichtete. Die erste Erwähnung der Höckergänse in Deutschland dürfte von dem Berliner Gelehrten J. L. Frisch stammen: In seinem Buch „Die Vorstellung der Vögel Deutschlands", 1763, erwähnt er Schwangänse, ihre mutmaßlich chinesische Abstammung und die auffallenden schwarzen Schnabelhöcker. H. Thien (1986) äußert die Vermutung, daß die Herausbildung der domestizierten Höckergans schon vor 4000 Jahren begonnen hat. Im 18. Jahrhundert dürfte die Höckergans in Europa stellenweise vorgekommen sein. Ihre ursprüngliche Verbreitung verlief über Persien nach Rußland.

Zur Entwicklung in Deutschland überliefert P. Westphal (1961): „Wahrscheinlich hat man früher, vor dem Ersten Weltkrieg, aus Rußland eingeführte graue Hongkong-Höckergänse mit starker Kehl- und doppelter Bauchwamme eingekreuzt. Bis 1937 habe ich davon noch einige Stämme in der Gegend von Frankfurt am Main gesehen.

Sie waren nicht viel leichter als Toulouser."
K. Vogel äußert 1954 eine interessante Vermutung: „Während der Winterzeit verlassen die Höckergänse ihr Heimatland und ziehen nach China und Japan, wo sie schon sehr frühzeitig als Haustiere gehalten wurden. Mitunter sollen auch wilde Höckergänse bis in unsere Breiten kommen. Dadurch wird bestätigt, daß also nicht unbedingt gezähmte Tiere eingeführt worden sind." Es gibt allerdings keine gesicherten Beweise, daß in Europa gehaltene Höckergänse *direkt* aus wilden Schwanengänsen, die auf dem Kontinent eingefangen wurden, domestiziert worden sind.

Von der standardisierten Höckergans sind andere ähnliche Schläge zu unterscheiden: die schwere, grau-weiß-gescheckte russische Cholmogory-Gans mit Höcker und riesiger Kehlwamme und die sogenannte „Afrikanische Höckergans", die nicht aus Afrika stammt, sondern nichts weiter als ein Kreuzungsprodukt aus Höckergans und Toulouser Gans darstellt (s. Seite 82 bis 96). Die Frage, wie im Domestikationsprozeß Höcker und Kehlwamme, besser Hautfalte, bei der Höckergans entstanden sind, hat der Holländer C. S. Th. van Gink 1963 aufgeworfen. Dazu seine Überlegung: „Es gibt keine einzige wilde Art mit Ausnahme der Abessinischen Sporengans und der ihr verwandten und größeren Rüppels-Sporengans aus Nord-Ost-Afrika, die einen noch stärker entwickelten Höcker auf dem Vorkopf hat. Diese beiden schwarz und weiß gefärbten Gänsearten stehen weit entfernt in ihrer Färbung von den zahmen Gänsearten. Sie liefern nur den Beweis, daß Höckerentwicklung bei den Gänsefamilien möglich ist."

Nicht nur in Reinzucht als Nutz-, Zier- und Ausstellungsgeflügel, sondern auch in der Kreuzungszucht mit anderen von der Graugans abstammenden Gänseschlägen, zur Erzielung höherer Gewichte, besserer Fruchtbarkeit und Fleischqualität hat die Höckergans seit ihrer Verbreitung in der Alten und Neuen Welt Beachtung gefunden. Sie erzeugt in der Verpaarung mit jeder anderen Gänserasse fruchtbare Mischlinge, die auch untereinander wieder fortpflanzungsfähig sind. Bei der Herauszüchtung der Steinbacher Kampfgans stand die Höckergans Pate.

C. S. Th. van Gink äußert 1963 die Meinung, daß diese großen Gänse auch zur Vergrößerung der Emdener und Toulouser benutzt worden seien. Anhaltspunkte dafür sind die in der ersten Hälfte des vergangenen Jahrhunderts bei diesen schweren Rassen immer wieder auftretenden Höckeransätze und der bräunliche Anflug im Gefieder. Auch zeigten manche Emdener damals noch geringe Kehlwammenentwicklung.

Form und Kopf

Mit der Bemerkung von Dürigen: „Die Höckergans vermittelt den Übergang von der Gans zum Schwan, indem sie bei dem Körperbau der ersteren in Haltung, Halsform und Höckerschnabel dem Höckerschwan sich nähert", haben wir weniger eine Information zum verwandtschaftlichen Verhältnis der beiden Arten als zum rassetypischen Gesamtausdruck der Höckergans vor uns. Schon im „Taschenbuch der Rassegeflügelzucht" von R. Kramer (1899) findet sich für die sogenannte Höcker- oder Trompetergans unter der Rubrik „Allgemeine Erscheinung" die Formulierung: „schwanenartig gebaute Gans, welche sich durch ihre trompetende Stimme kennzeichnet". Etwa zur gleichen Zeit charakterisiert Baldamus: „schwanenhalsig, gestreckter und höher als die Landgans". W. Kleffner stellt 1920 die Länge des Halses und den Höcker heraus; A. Wulf betont das Schwanenartige gleichermaßen in seinem „Geflügel-Buch", erschienen 1926.

Im Zusammenspiel von Schlankheit, aufgerichteter Haltung, langgestrecktem Rumpf und dünnem, langen, gebogenen Hals entsteht der edle Gesamteindruck. In der Rumpflinie kommen bei guten Tieren die recht breiten Schultern und das bogige Hinterteil zur Geltung. Die Hinterpartie soll aber nicht zu füllig und vor allem nicht zu tief herunterhängend erscheinen, sonst wirkt der Körper plump, was als grober Fehler gilt. Durch die aufgerichtete Haltung bedingt, fällt der Rücken nach hinten stark ab. Etwas Wölbung soll die Oberrückenlinie zeigen. Der Haltung entsprechend wirkt die gut abgerundete Brust hochgetragen. Die schlanke, elegante Figur entsteht nicht zuletzt durch den über mittelhohen Stand auf orangeroten Läufen mit flachen, aber kräftigen Schenkeln und die zwar langen und breiten Flügel, die aber eng am Körper anliegend getragen werden sollen. Schließen die Enden, ohne zu kreuzen, mit dem Körperende ab und sind die Handgelenke gut in die Brustfedern eingebettet, kann der Gesamteindruck nur profitieren. Nicht selten bereiten sperrige, lockere Schwingen und sogar die verpönten Kippflügel Probleme. Letztere entstehen meistens, „wenn die Federkiele aus den Handschwingen wachsen, da ja diese bekanntlich mit Blut gefüllt sind und deshalb ein Gewichtszuwachs entsteht, wodurch sich dann durch die Schwere die äußeren Handschwingen umdrehen, also vom Körper nach außen" (Flauaus, 1981). Der Ratschlag des Züchters, mit Hilfe eines seidenen Damenstrumpfes, der dem Tier mit Kippflügel über Kopf und Rumpf gezogen wird, die Läufe durch eine Öffnung freilassend, wieder die richtige Flügelstellung zu erreichen, wird im Taschenkalender für Rassegeflügelzüchter der DDR 1986 von G. Schneider, Viernau, wieder aufgegriffen, weil er sich offensichtlich bewährt hat. Weniger erfolgversprechend ist die Befestigung der kippenden Flügel mit einem Gummiband.

Der Kopf erscheint zwar breit, soll aber in der Linie langgestreckt sein mit mittellangem, hochfirstigem Schnabel und halbkugeligem Höcker. Die Oberlinie des Höckers verläuft dann in den Scheitel, wovon das Genick sich gut absetzen soll. Der Höcker bildet sich mit zunehmender Geschlechtsreife aus und erreicht die volle Größe erst bei Alttieren. Stets werden Höcker und Schnabel schwarz verlangt. Manche Tiere zeigen in der Entwicklung noch kleine Einbuchtungen im vorderen Teil des Höckers, die meist mit zunehmendem Alter mehr oder weniger verschwinden. Natürlicherweise ist der Höcker des Ganters · stets stärker, bei beiden Geschlechtern gilt aber zu schwache Höckerbildung als grober Fehler. Die Kehllinie wünschen wir zwar glatt, d. h. ohne Wammenansatz oder herabhängende Kehlhaut, aber der Standard sagt ausdrücklich: „Etwas volle Kehle ist jedoch kein Fehler." Bei vitalen Tieren erscheint die Kehle, bedingt durch die Zungenbeinstruktur, etwas ausgefüllt. Die länglich-runden Augen sind dunkelbraun.

Zu beachten ist noch die Unterlinie: Die Bauchregion sei frei von jeglichem Wammenansatz, erst recht ist die ausgebildete Doppelwamme verpönt. Der kurze Schwanz wird etwas hoch getragen und unterstützt so die bogige Hinterpartie in der Unterlinie.

1,0 Höckergänse
Grau
RG I

0,1 Höckergänse
Grau RG I

Farbenschläge

Grau. Bei den Grauen muß der braune Ton deutlich sein. Wir wünschen keine überwiegend blau erscheinende Mantelfarbe. Deutlich dagegen soll sich die rahmweiße Säumung an Schultern, Flügeln und Schenkeln hervorheben, wobei der Saum weder zu schmal noch zu breit und verschwommen erscheinen darf.

Oberkopf und Hinterhals bis zu den Schultern tragen den möglichst gleichmäßig verlaufenden, scharf begrenzten, dunkelbraunen Aalstrich, ein farbliches Erbmerkmal der wilden Schwanengans. Hinter dem Höcker verläuft senkrecht ein schmaler weißer Streifen, der das Gesicht abgrenzt.

Die Unterseite, beginnend an der Kehle, Vorderhals und Oberbrust sollen weißlich-fahl, die Brust dagegen fahl-braun sein, ohne dunkle Farbstoffeinlagerungen, die dann fehlerhaft fleckig wirken. Fast weiß sind Bauch und Hinterpartie, die Schwanzfedern tragen auf grauem Grund weiße Ränder.

1,0 Höckergänse
Weiß
RG I

124

0,1 Höckergänse
Weiß
RG I

Weiß. Weiße Höckergänse wirken meistens in den Formmerkmalen noch rassiger, besonders durch die betonte Halslänge. Auch sind sie gewichtsmäßig stärker. Manche Autoren vertraten die Meinung, weiße und wildfarbige Höckergänse würden abstammungsmäßig nicht derselben Rasse angehören. C. S. van Gink hat aber 1963 diesen Irrtum klargestellt: „In Wirklichkeit führt die weiße Art einen pigmentverhindernden Erbfaktor. Dies wurde ganz klar und deutlich festgestellt, als in der Staatsprobezuchtanstalt in Ottawa eine Schneegans (Ganter) an eine weiße Chinesische Höckergans gepaart wurde. Die 4 Mischlinge aus dieser Paarung zeigten Farbe und Zeichnung der braunen Chinesischen Höckergans. Obwohl die Schneegans außer den schwarzen Schwungfedern ganz weiß ist, führt diese Gänseart anscheinend einen Erbfaktor, den der pigmentverhindernden Erbfaktor der weißen Chinesischen Höckergans außer Wirkung setzt." Die Weißen sind also durch Mutation entstanden, wobei das höhere Körpergewicht durchaus eine Folge konstruktiver Inzucht sein kann. Bei diesem Farbenschlag wirken die rötlichgelben Schnäbel, Höcker und Läufe sehr schön kontrastreich. Die Augenfarbe ist blau. Sicher sind früher auch andere weiße Hausgänse eingekreuzt worden. Durch die Verpaarung von grauen und weißen Höckergänsen können auch Ge-

scheckte fallen, die aber nicht anerkannt und wenig erwünscht sind. Die Versuche, braune Höckergänse zu erzielen, sind im Kapitel „Celler Braune" dargestellt.

Besonderheiten

Nicht nur im vorigen Jahrhundert (nach Berichten von H. O. Lenz war die Höckergans in Deutschland schon um 1840 bekannt), sondern auch gegenwärtig erfreut sich diese Rasse in zunehmendem Maße großer Beliebtheit, sowohl als Wirtschaftsgeflügel als auch als Ausstellungsgans und Ziergeflügel in Zoos, Parks und auf städtischen Teichanlagen. Die Züchter loben immer wieder die ursprüngliche Robustheit, ihre Widerstandskraft gegen Krankheiten und ungünstige Witterung.
Ernährungsphysiologisch ist das Fleisch der Höckergans dem fettreicherer Mastgänse vorzuziehen. Auch wird der Braten wegen der Feinknochigkeit und der Zartfasrigkeit geschätzt. Will man schwere Mastgänse in Verbindung mit der annähernden Fleischqualität reiner Höckergänse, kreuzt man mit der Toulouser oder mit der Pommerngans. Regenstein berichtet 1977, daß die Gans aus solchen Verpaarungen mehrere Gelege im Jahr brachten.

Die durchschnittliche Legeleistung reingezogener Höckergänse betrug 35 Eier pro Jahr. Der DDR-Standard sieht als Zuchtziel bis zu 50 Eier pro Gans und Jahr vor. Zur Zeit beträgt die Durchschnittsleistung in den dortigen anerkannten Zuchten aber nur 24 Eier pro Gans, bei einer Variationsbreite von 8 bis 51.

Auch ohne Schwimmwasser erzielen Höckergänse eine erstaunliche Befruchtungsrate. Schneider meldet 1983 aus der DDR 83 %, bei einer Schlupfrate von 61 %. Das Endergebnis von 13,2 Gössel pro Gans und Jahr nennt der Autor aber „bescheiden".

Nicht verschwiegen werden soll, daß die Ganter in der Fortpflanzungszeit aggressiv sind und im Angriff Kindern gefährlich werden können. Auch ist die laute trompetende Stimme, die beim Ganter in der Tonlage eine Terz höher als bei der Gans liegt und rezessiv vererbt wird, nicht jedermanns Geschmack und kann tatsächlich im geschlossenen Wohngebiet störend sein. Hält man Höckergänse mit anderen Rassen zusammen, so halten erstere sich stets etwas getrennt davon auf.

Der Ertrag an Bettfedern ist bei Höckergänsen deutlich geringer als bei anderen, flaumreicheren Rassen.

Ein engagierter Höckergänsezüchter, Pfarrer und Ornithologe, W. Thienemann, faßte das Charakteristische so zusammen: „Sie vertreten die Schwäne im kleinen, musizieren zwar zuweilen etwas scharf und sind ein wenig unverträglich mit ihren Genossen, den Hühnern, Enten und Hausgänsen, haben aber auch der empfehlenden Eigenschaften in ihrem Betragen, ihren gefälligen Bewegungen, ihren abgerundeten Formen so viele, daß man sie gern haben muß." Von dieser Beliebtheit zeugen auch gegenwärtig die alljährlich auf den Schauen gezeigten Höckergänse. In Hannover wurden 1985 41 graue und 4 weiße Tiere mit herrlichen Figuren und feinem Farbenspiel gezeigt. Auch die noch verbesserungswürdigen Schwingenstrukturen konnten den Berichterstatter nicht von der Bemerkung „rosige Perspektiven!" abhalten.

Die Höckergänse auf der Nationalen 1985 in Dortmund waren mit 51 Exemplaren, davon 4 Weiße, vertreten. „Schöne Typen mit viel Adel" wurde gemeldet; allerdings störten bei einigen Tieren noch Kehlwammen und geringe Größe.

In der „Rassebeschreibung der Hühner, Zwerghühner und des Groß- und Wassergeflügels" von A. Wulf (1927) ist neben der Musterbeschreibung der Japanischen Höckergänse noch ein Kapitel „Höckergänse — andere Schläge" in Text und Bild dargestellt. Zunächst wird ein „schwerer, mehr hausgansähnlicher Typus" erwähnt, dessen Kehl- und Bauchwamme sofort auffallen. Die Schnabel- und Höckerfarbe war auch nicht schwarz, sondern „mit Gelb gemischt". Wulf übernimmt die im fremdländischen Schrifttum benutzte Bezeichnung „Afrikanische Gänse". Dieser schwere Schlag, Gewicht bis 10 kg, soll von Madagaskar eingeführt worden sein.

Dem relativ hohen Körpergewicht entsprechend wurde reichliche Mittelgröße verlangt, breiter und voller Rumpf, gut gefüllte Brust, aber ohne Kielbildung. Auf dem recht großen Kopf saß der besonders bei mehrjährigen Tieren stark entwickelte Höcker. Volle Kehlwammen waren bei Alttieren gefordert, bei Jungtieren wenigstens die Andeutung der vollen Kehle. Weiter beschreibt Wulf: „Der Hals ist nur mittellang, ziemlich stark und gerade. Die Körperhaltung ist waagerecht, auch der Schwanz wird nicht angezogen."

Schnabeleinfassung und Aalstrich wurden wegen der „vorgeschrittenen Domestikation" nicht in „scharfer Ausprägung" verlangt. Im Vordergrund standen eben Form und Masse. Gegenüber der Japanischen Höckergans wurde ein wirtschaftlich noch rentablerer Schlag angestrebt, der mit den schweren Toulousern und Emdenern in etwa in dieser Hinsicht Schritt halten konnte.

In südosteuropäischen Gebieten scheint sich dieser Gänsetyp erhalten zu haben. In dem rumänischen Geflügelbuch „Rase de Păsări Domestice", Editura Ceres, Bucuresti 1981, von A. A. Cuparencu ist er als Gîsca Africană im Text und in einer Farbzeichnung dargestellt. Die Färbung erscheint im Unterschied zur abgebildeten „Gîsca Chineză" mehr dunkelgrau.

Alte und ausländische Gänserassen

Vorab seien zwei Rassen dargestellt, die gegenwärtig existieren und für die die Bezeichnung „ausländisch" eigentlich nicht zutrifft, die allerdings nicht im Standard des BDRG enthalten sind.

Die Deutsche Legegans

Seit 1941 erfolgte die Herdbuchzucht dieses Gänseschlages in der DDR mit dem Ziel, hohe Nutzeigenschaften, besonders gute Legeleistung, zu erreichen. Nur weniger wichtig waren von Anfang an Bodenständigkeit, Weidetüchtigkeit und eine Körpermasse von 6,5 kg für den Ganter und 5,5 kg für die Gans. Als Zuchtziel für die Legeleistung sind 40 Eier pro Gans und Jahr festgelegt. Nicht zuletzt ist beabsichtigt, einen überdurchschnittlichen Federertrag zu erzielen (Norm: 200 g Federn pro Gans und Jahr).

Die Ausgangstiere der Legegans waren weißfiedrige Gänseschläge aus der Graugansabstammung, also ohne Beimischung von Höckerganstypen. Diese Eigenschaften können nur erreicht werden, wenn auf den Typ einer mittelschweren, leicht beweglichen Gans mit tiefem, breiten und mittelhochgestellten Rumpf geachtet wird.

In der DDR gibt es für diese Rasse eine Musterbeschreibung, nach der 1973 auf der Lipsia-Schau in Leipzig 11 und 1978 schon 22 Legegänse bewertet wurden. Sie stellten damit immerhin schon 2,8 % bzw. 5,5 % der insgesamt ausgestellten Gänserassen.

Kuschel (zit. in Schneider, 1983) gibt die Reproduktionsergebnisse der Legegans an:

Anzahl der Zuchten	Legeleistung Gans/Stück	Befruchtung %	Schlupf %	Gössel/Gans Stück	Ziel
42	39	74	49	17,4	25

Das Eigewicht wird mit 160 g angestrebt und meistens auch erreicht. Die Ringgröße ist die Nummer 0. Noch nicht ganz befriedigend ist die Legeleistung, gemessen am Zuchtziel. 1976 lag sie durchschnittlich 11 Eier darunter. Die Variationsbreite betrug 10 bis 55 Eier. Der Standard sieht 25 Gössel pro Gans und Jahr vor, es wurden bisher aber im Durchschnitt nur 18 erreicht.

Das Gefieder dieser mittelschweren, leicht beweglichen Gans soll dicht, straff anliegend und reinweiß sein. Mittelgroßer orangefarbener Schnabel und dunkelblaue Iris wirken farblich gefällig. Der Rumpf wird mittellang, der Kopf kräftig, aber ohne Kehlwamme verlangt. Der Hals ist mittellang, im Nacken leicht gebogen und wird aufrecht getragen. Zu dünne Hälse gelten als fehlerhaft. Der Rücken soll gut entwickelt und ausgefüllt erscheinen. Die Unterlinie ist gekennzeichnet durch den nicht tief heruntergehenden, aber gut gerundeten Bauch mit doppelter, kleiner Wamme. Der Schwanz wird waagerecht und geschlossen getragen und tritt wenig hervor. Dicht und hoch anliegende Flügel, mittelhohe, starke, aber nicht grobe Läufe vollenden das Bild einer beweglichen Weidegans.

Fehlerhaft sind: plumper, kantiger, knochiger Körper, dicker und langer schwanenartiger Hals, loses und dunkles Gefieder, zu stark entwickelter und herabhängender Bauch, hohe Stellung, langer Rücken, spitze Figur und Drehflügel.

Die Schaffung dieser Legegans ist nicht unumstritten. Die klare Begründung für den Sinn dieses Schlages hat aber schon F. Juhre, DDR, 1975 schriftlich mitgeteilt: „Warum Legegans? Die Gründe für die Herauszüchtung einer besonderen Legegans sind darin zu erblicken, daß unsere anerkannten Gänserassen, wie z. B. Emdener, Toulouser, Pommersche Gänse, nur eine geringe Anzahl von Eiern je Gans und Jahr (12 bis 30 Stück) legen. Vielfach brüten und führen diese Gänse selbst und sind demzufolge nicht in der Lage, eine zahlenmäßig recht hohe Nachkommenschaft zu erzeugen. Da uns daran aber im Hinblick auf die bessere Versorgung unserer werktätigen Menschen mit Gänsefleisch, Gänsefett und Bettfedern besonders gelegen ist, lag nichts näher, als eine Legegans herauszuzüchten, die ihren Namen – im Gegensatz zu den vielfach so gepriesenen „Viellegern" unkontrollierbarer Herkunft – wirklich verdient."

Die ersten Zuchtrichtlinien für diese Rasse wurden bereits im Jahr 1958 herausgegeben.

Die Tschechische Gans

Die DDR importierte 1959 eine neue Gänserasse aus der Tschechoslowakei. Diese Rasse war auch schon in früherer Zeit in Deutschland als Böhmische Gans wegen ihres sehr zarten Fleisches bekannt und begehrt. Sowohl als Fleisch- als auch als Fettgans war sie nicht zuletzt deshalb beliebt, weil sie als kleine Gans mit 4 bis 5 kg Gewicht als Portion für die Normalfamilie in Frage kommt. Sie soll schon immer eine relativ große Leber gehabt haben, die sich sehr gut zu Leberpastete verarbeiten ließ. Federn dieses Gänseschlages, besonders Daunen von ausgezeichneter Qualität, waren immer willkommen. Bis heute haben im Export der CSSR Gänsefedern eine große Bedeutung.

Trotz ihrer hohen Nutzeigenschaften ist die Tschechische Gans sehr genügsam. Frühmastgänse-Erzeugung wird durch die oft schon im Dezember einsetzende Legetätigkeit begünstigt. Ursprünglich als Brutgans erzüchtet, legte man später mehr Wert auf Wirtschaftlichkeit. Heute wird besonders die hohe Legeleistung angestrebt, wobei auch die große Gösselzahl im Vordergrund steht.

In ihrer tschechischen Heimat und seit ihrer Einfuhr in die DDR wird dieser Gänseschlag in Herden bis zu 50 Stück gehalten.

Aus der Tschechoslowakei liegt der Bericht des Züchters J. Sustr vor, der ungekürzt wiedergegeben werden soll:

„Wenn ein Fremder durch Südböhmen reist, findet er zahlreiche große Teiche. Diese Teiche beanspruchen einen wesentlichen Teil der landwirtschaftlichen Fläche Böhmens. Die Teichwirtschaft wurde hier schon vor Jahrhunderten betrieben, das ist eigentlich auch der Anlaß zur Gänsezucht gewesen. Die Ufer der Dorfteiche dienen als Gänseweide (auch für Herden), sie wären ungenutzt, wenn nicht unsere Gänse und Gössel sich dort aufhalten würden.

Schon vor 50 Jahren galt der Gänseverkauf im Herbst als Haupteinnahmequelle für unsere Bauersfrauen. Auf jedem Bauernhof wurden daher 4 bis 5 Zuchtgänse gehalten. Bereits im Dezember beginnen die Gänse mit dem Legen. Gewöhnlich bringen sie es im ersten Jahr auf 15 bis 20 Eier und brüten sie selbst aus. Danach liefern sie noch ein zweites Gelege mit etwa 10 Eiern, die sie ebenfalls ausbrüten. Auf diese Weise wird die Gänsezucht bei uns in kleineren Beständen betrieben.

Es gibt aber auch Gänse, die 60 und 100 Eier legen. Sie brüten dann natürlich nicht mehr selbst. Gänse mit derartig hohen Leistungen sind für die individuelle Gänsehaltung bei uns nicht erwünscht. Das liegt daran, daß den Besitzern einfach die Möglichkeit zur Bebrütung der vielen Eier fehlt.

Obwohl bei der Tschechischen Gans nur auf niedrige Legeleistung Wert gelegt wurde, setzten sich immer wieder hohe Legeleistungen durch. Es wäre sehr interessant zu prüfen, ob sich diese Leistung bei Selektion auf hohe Legeergebnisse vererbt. Heute ist in der sozialistischen Landwirtschaft mit Großproduktionen die Zucht von Legegänsen, die 70 bis 100 Eier mit einer Befruchtungsrate von 80 % bringen, dringend erforderlich. Dabei darf nicht außer acht gelassen werden, daß die Nachkommen das erforderliche Exterieur und die Gebrauchseigenschaften der Tschechischen Gans behalten.

Mit der Sozialisierung in den südböhmischen Dörfern ist es notwendig geworden, dort die Möglichkeiten für eine nach modernen Gesichtspunkten wirtschaftliche Zucht der Gänse zu finden. Deshalb haben schon einige landwirtschaftliche Produktionsgemeinschaften in Südböhmen Großgänsezuchten errichtet. Die ersten Versuche, größere Gänsezuchten nach dem Muster der individuellen Gänsehaltung aufzubauen, sind gescheitert. Daher werden heute verschiedene Möglichkeiten zur Haltung größerer Zuchtgänsebestände angewandt. Einmal halten wir etwa 50 Gänse in einer Herde, oder aber, wie in meiner LPG ‚Malè Chráštány‘, verschiedene Stämme. Bei uns sind es 4 Gänsestämme mit je 1 Ganter und 5 Gänsen. Dabei verwenden wir nur Gänse mit einer Legeleistung von mindestens 30 Eiern jährlich. Es muß erwähnt werden, daß die Vorkontrolle oft über 2 oder auch 3 Jahre erfolgt, ehe die Tiere in die Stämme kommen. Man darf sich von den Ergebnissen im 1. Jahr nicht irreleiten lassen. Oft bringen die Gänse im 1. Legejahr nur 11 bis 14 Eier, in den darauffolgenden Jahren steigt dann die Leistung. Als Beispiel gebe ich die Leistung unserer Gans Nr. 741 an:

Legejahr	Zahl der gelegten Eier
1.	9
2.	17
3.	37
4.	46
5.	57
6.	64
7.	76
8.	69
9.	54

Im 7. Lebensjahr zeigte sich die höchste Leistung. Dieser Gans gaben wir in den ersten 5 Jahren die Möglichkeit, selbst zu brüten, dann aber brüteten wir ihre Eier künstlich aus. Wir kannten nur die Kunstbrut der Enteneier, deshalb haben wir die Gänseeier ebenso bebrütet. Erfolg: 83,5 % Schlupf. Die genannte Gans brachte uns in einem Jahr sogar 52 Gössel.

Wir sind der festen Überzeugung, daß unsere Gänse aus Südböhmen auch in der DDR ähnliche Erfolge erzielen werden."
Die Zuchtrichtlinien, die auch in der DDR gelten, sehen eine mittelgroße Gans vor, mit abgerundetem, vollen ovalen Rumpf, breiter Brust und mittelhohem Stand. Der Ganter zeichnet sich durch kühne Haltung, Unerschrockenheit und Kampflust aus. Die Gans ist von ruhigem Temperament, sie weidet gut und nutzt die Nahrung gut aus. Brut und Führung gelingen fast immer optimal. Das Gefieder soll fein, dicht, beim Ganter glatter anliegend als bei der Gans sein. Besonderer Wert wird auch auf glattes Halsgefieder gelegt. Stark ausgeprägt ist das Flaumgefieder.
Die Oberlinie des Rumpfes wird durch den mäßig gewölbten Rücken und die breiten Schultern gebildet. Die Schwingen liegen fest an und sind an der Schwanzwurzel gekreuzt. Die Schwanzhaltung ist fast waagerecht. Der Kopf wird klein verlangt, der Schnabel mittellang, gerade im First und orangerot mit leicht rosafarbener Bohne. Verpönt ist jeder Kehlwammenansatz. Ebenso soll am glatten und breiten Bauch keine Wamme vorhanden sein. Hellblau ist die Augenfarbe. Der Hals ist ziemlich lang, schlank und mäßig gebogen.
Die Gans hat einen deutlich kürzeren und gedrungeneren Hals, aber mehr Rumpflänge und -tiefe als der Ganter; die Rükkenlinie verläuft fast waagerecht, der Schwanz wird ein wenig angezogen getragen.
Zu den leichten Fehlern zählen: blasse Schnabelfarbe, geringeres Gewicht als angegeben, wenig gekreuzte Flügel, einfache Wamme bei älteren Gänsen.
Schwere Fehler sind: Schopf, Schnabelauswüchse, entwickelte Halsfalten, einfache Wamme bei jungen Tieren, doppelte Wamme, andersfarbige Augen, kurzer und starker Hals oder langer Rumpf; beim Ganter eckiger Rumpf, hohe Schultern, Karpfenrücken, seitlich getragener oder aufgebogener Schwanz, ungekreuzte Enden der Schwingen, hochgetragener Bauch oder kurzer Rumpf bei der Gans.
Stets soll die Tschechische Gans reinweiß sein; manche Tiere haben aber graue Federn unter den Flügeln und am Rücken verborgen.

Das Bruteiermindestgewicht beträgt 150 g, das durchschnittliche Eigewicht jedoch nur 135 g. Beide Geschlechter tragen die Ringgröße 1.

Schneider meldet 1983 21 Tschechische Gänse bei der Lipsia-Schau 1973 in Leipzig und 24 im Jahre 1978.

Reproduktionsergebnise der Tschechischen Gans (nach Kuschel, 1975)

Anzahl der Zuchten	Legeleistung Eier/Gans	Befruchtung %	Schlupf %	Gössel/ Gans	Ziel
59	48	87	66	26	20

Wichtig sind noch die Unterschiede zur Diepholzer Gans. Der Hals ist etwas stärker, der Schnabel kürzer und die Bauchlinie voller als bei der Diepholzer Gans. Auch steht die Tschechische Gans durch die nicht sichtbaren Schenkel etwas tiefer.

Russische Gänse

Die Kurzschnabel-Gans. In der deutschsprachigen Fachliteratur ist dieser Gänseschlag meines Wissens nur im „Geflügelbuch" von Dürigen (1906) dargestellt. Auch der Holländer C. C. Th. van Gink erwähnt in einem Fachaufsatz 1963 eine weiße Kurzschnabel-Gans.
Im vorigen Jahrhundert waren immer wieder unter den großen Gänsetransporten aus dem Osten einzelne Tiere nach Deutschland gelangt, „die durch ihren robusten, in der Breite fast die Länge erreichenden Körper, den ziemlich langen, dünnen, aber muskulösen Hals, den dicken runden Kopf und den ganz kurzen, an der Wurzel außergewöhnlich dicken und nach vorn keilförmig spitz zulaufenden Schnabel als Vertreter eines besonderen Typus erschienen" (Dürigen). In Rußland hatte Dürigen auf der Internationalen Geflügel-Ausstellung in St. Petersburg 1899 solche Gänse gesehen, die als „Kampfgänse" großes Aufsehen erregten.
Zwei unterschiedliche Typen waren bekannt: die Tulaer und die Arsamas'sche Kurzschnabel-Gans. Beide wurden in den Gouvernements südlich und östlich von Moskau gezüchtet. Tula war ein getreide- und viehreicher Bezirk, Arsamas im Gouvernement Nischnij-Nowgorod eine Kreisstadt. Hervorstechendes Kennzeichen dieser Gänseschläge war der Schnabel, an der Wurzel schon sehr stark, ohne Absatz aus der Stirn hervortretend, keilförmig bis zur Spitze, oft nach unten gebogen. Diese Form erinnerte an den Kopf der Australischen Hühnergans *(Ceresopsis novaehollandiae)* mit dem ausgeprägten, muskulösen Nacken. Der Hals war ebenso muskulös, lang, schlank und leicht gebogen. Die Augenfarbe kam in Schwarz, Grau und Blau vor, umsäumt mit mattgelben Ringen. Kürze, Breite und Stämmigkeit kam auch im Körper zum Ausdruck. Besonders die Schultermuskeln waren stark entwikkelt, die Flügel wurden etwas gesenkt getragen. Der Stand erschien durch die breitgestellten, muskulösen, relativ hohen Schenkel und Läufe kämpferisch. Beide Schläge sollen in Grau-wildfarbig, Lehmfarbig und Weiß vorgekommen sein. Van Gink unterscheidet noch einmal 3 unterschiedliche Typen in den Schnabelpunkten: die mit geradem Schnabel, die Krummschnäbligen und die mit etwas eingebogenem Oberkiefer.

Die schwere Arsamas-Gans soll 15 russische Pfund = 6,1 kg, die Tulaer nur 12 russische Pfund = 4,9 kg Gewicht gehabt haben.

Die Tulaer Ganter waren angeborenermaßen mutig und kampflustig, eine Verhaltensweise, die selektiv durch Züchtung verstärkt worden war. Weniger kampflustig sollen die Arsamas-Ganter gewesen sein.

Die Cholmogorische Gans. Auch dazu kennen wir nur die kurzen Ausführungen von Dürigen und van Gink. Angenommen wird, daß frühe Zuchtformen der Schwanengans in China die Ausgangsstämme für die schwere russische Gans bildeten. Cholmogoris sind die größten der 3 echten russischen Gänserassen. Benannt wurden sie nach der Kreisstadt im Gouvernement Archangelsk am Weißen Meer. Besonders großer Körper, langer Kopf und langer, stark gebogener Schnabel, bei der Abbildung von van Gink in der „Allgemeinen Geflügelzeitung" (Nr. 2/1963) mit Stirnhöcker und starker, zweibogiger Kehlwamme (Dürigen [1906] erwähnt nichts von diesen Merkmalen bzw. erklärt den Höcker als unzulässig). Das Gefieder war weiß oder grauweiß. Gemästete Cholmogoris sollen bis zu 20 russische Pfund = 8 kg schwer gewesen sein. Van Gink gibt sogar das Gewicht mit bis zu 10 kg an.

Ob diese beiden „klassischen" russischen Gänseschläge gegenwärtig noch existieren, ist mir nicht bekannt, kann aber vermutet werden. Auch ist unklar, ob sie Ausgangsformen für die folgende gegenwärtige Rasse darstellen.

Die Russische Graue Gans. Dazu können wir auf einen Bericht des DDR-Züchters H. Nawoi, aus dem „Taschenkalender für Rassegeflügelzüchter" 1986 zurückgreifen. Danach wurden in den siebziger Jahren zur weiteren Entwicklung und Förderung der Gänsezucht und -haltung in der DDR auch Gänse aus der Sowjetunion importiert. Es handelte sich um Gänse mit guten Leistungsmerkmalen, robust und „apart". Die Tiere haben sich in der DDR seit einigen Jahren in der industriemäßigen Produktion sehr bewährt. Vor allem wird die gute Mastqualität hervorgehoben; deswegen wird dieser Schlag vorrangig zur Einkreuzung in andere Gänserassen benutzt. Daneben gewinnt diese Gans in den Reihen der Züchter, die an Ausstellungszucht interessiert sind, zunehmend Beliebtheit. 1983 wurde die Russische Graue anläßlich der 2. Kleintiersiegerausstellung von der Standardkommission des Zentralvorstandes als eigenständige Rasse anerkannt.

Als Zuchtziele werden genannt: Frohwüchsigkeit, gute Futterverwertung, Temperament, eine mittelschwere Gans mit einer jährlichen Legeleistung von mindestens 35 Eiern (Eimasse 160 g). Zum Teil werden diese Zuchtziele sogar überschritten.

Eine Leistungsprüfung mit dieser Rasse in der Lehr- und Versuchsstation der Karl-Marx-Universität Leipzig in Schlobachshof zeigte folgende Ergebnisse:

Legeleistung:	1. Jahr = 40,9 Stück
	2. Jahr = 44,5 Stück
Einzeleimasse:	1. Jahr = 146 g
	2. Jahr = 177 g

Bedeutungsvoll für die private Gänsezucht ist auch die Tatsache, daß die Russische Graue eine zuverlässige Brüterin ist und zugleich ihre Eier für die Kunstbrut gut geeignet sind. Als Weidegans sucht sie bei freiem Auslauf das meiste Futter selbst und gedeiht auch ohne Schwimmwasser recht gut. So schreibt Nawoi: „Bei den mir bekannten Züchtern verfügt keiner über natürliche Gewässer bzw. künstliche Wasserflächen. So lag im Gänsezuchtbetrieb in Gosda und bei den individuellen Zuchten die Befruchtung bei über 80 %."

Die Italienische Gans

Um 1880 sollte die sogenannte „Italienische Riesen-Schwanengans" (Dürigen, 1906) alle deutschen Gänseschläge hinsichtlich Größe, Fruchtbarkeit, Feder- und Fleischertrag übertreffen. Aber schon nach relativ kurzer Zeit stellte sich heraus, daß diese Italiener-Gans, wie sie von A. Wulf in der „Rassebeschreibung" von 1927 bezeichnet wird, nicht an die Leistungsfähigkeit der Pommern, Emdener und Toulouser herankam. Auch die anderen norddeutschen Schläge zeigten mindestens gleichhohe Nutzeigenschaften, so daß die Italienische Gans keine wesentliche Verbesserung brachte. Man rühmte die angebliche Legeleistung von 50, 70, sogar bis zu 100 Eiern jährlich pro Gans mit einem Eigewicht von 150 bis 215 g. Dürigen (1906) weiß aber, daß die so hochgerühmte Gans meistens erst im März mit dem Legen begann, so daß kaum Frühbruten möglich waren. Er bezeichnet sie deshalb als „gute Durchschnittsgans", die höchstens in süddeutschen Gebieten, wo schwere Gänse nicht so beliebt waren, Bedeutung erlangen konnte. Ein gewisser Liebhaberkreis kam aber doch zustande, so daß die Italiener-Gans in den zwanziger Jahren standardisiert wurde. Allerdings kamen auf Ausstellungen leicht Verwechslungen vor, da die Italiener-Gänse im Typ der Emdener und Pommern erschienen, wenn auch meistens etwas leichter im Habitus. Besondere Kennzeichen waren: langer, dünner schwanenartiger Hals mit deutlicher Biegung, flach gebauter, hochgestellter Rumpf. Die Angaben zur Kopfform gehen etwas auseinander. Während 1906 noch Dürigen den gestreckten, feinen Kopf nennt, benutzt 1927 Wulf dafür die Attribute „rund und kräftig". Da immer wieder einige Tiere eine kleine, höckerartige Aufwölbung an der Schnabelwurzel zeigten, ist die Herauszüchtung aus der Höckergans wahrscheinlich.

Trotz des „flach gebauten" Rumpfes wurde breiter und gut gerundeter Rücken, breite Brust und volle Bauchregion mit Einfachwamme verlangt. Die Läufe waren starkknochig, die großen Augen dunkelblau.

In der Mehrzahl traten Italienische Gänse in reinem Weiß auf, manchmal auch in leichter Scheckung. Die wildfarbigen Tiere waren fast immer im Typ identisch mit den deutschen Landgänsen. 1927 wird der Wirtschaftswert noch mit „fleißige Legerin, schnellwüchsig, im Fleisch mittelwertig, mäßiger Fettansatz" beschrieben.

Besondere Schläge der deutschen Landgans

Außer den bis heute erhaltenen und zu neuen Hochzuchten entwickelten deutschen Gänserassen gab es in früheren Zeiten Landgansschläge, die nach ihren Entstehungs- und Zuchtgebieten bezeichnet wurden. Wenn auch fast alle ihre ehemalige Eigenständigkeit verloren haben, fließt ihr Blut doch in den gegenwärtig standardisierten Rassen, und sie dürften auch zu den Ausgangsstämmen einiger ausländischer Gänserassen gehören. Von einigen sind uns Angaben der damaligen Musterbeschreibungen erhalten geblieben.

Die Elsaß-Lothringische Landgans. Dieser relativ leichte Gänseschlag erreichte ein Gewicht von 4 bis 4,5 kg und stellte sich mit kurzem, breitem Rumpf, recht kurzem Hals, breitem, ein wenig gewölbten Rücken, langen und breiten, gut am Körper angelegten Flügeln dar. Dazu paßte der kurze, breite, waagerecht getragene Schwanz. Die mittellangen Läufe standen breit auseinander, mußten stark wirken und waren fleischfarbig. Nach Landgansart erschien der Kopf dick und kurz, ebenso der blaßrote Schnabel.

Elsässische Gänse kamen weiß, grau und graugescheckt vor. Bei Bewertungen galten geringe Körpergröße, schmaler Rumpf, zu wenig Brustfülle, enge Beinstel-

1,0 Elsässer Gänse
RG I

lung, langer, schmaler Kopf, breiter Schnabel, langer Hals und nicht eindeutige Gefiederfärbung in den 3 genannten Farbenschlägen als Fehler.

Neuerdings scheinen die Gänse vom Elsässer-Typ wieder als eigenständige Rasse herausgebildet zu sein. Am 14. Mai 1987 hat der BDRG ein entsprechendes Vorstellungsverfahren zugelassen. Auf der Deutschen Junggeflügelschau 1987 in Hannover wurden in der Klasse „Neuzüchtung" 4 Ganter und 9 Gänse der Elsässer Rasse ausgestellt. Davon erhielten schon 6 weibliche Tiere die Note „sehr gut". Inzwischen ist die Rasse anerkannt. Der Berichterstatter bezeichnete die Tiere mit 4 bis 4,5 kg als „Portionsgewichte"; damit ist auch der Typ der beweglichen Gans angesprochen. Mittlere Größe, recht niedriger Stand, kurze, breite und etwas massig wirkende Körperproportionen, jedoch ohne jegliche Kielbildung, ziemlich kurzer Hals, in aufrechter Haltung getragen: so präsentierten sich die Elsässer-Gänse dem interessierten Publikum. Zu diesem zwar nur mittelschweren, aber doch etwas „vierschrötigen" Typ ge-

0,1 Elsässer Gänse
RG I

hört der breite und leicht gewölbte Rücken, die volle und runde Brust mit gutem Fleischansatz und der auffallend breite Stand. Die langen und breiten Flügel müssen am Ende doch gut geschlossen sein. Der Schwanz wird eher kurz verlangt.

„Der Kopf soll nicht zu dick und kurz sein, der Schnabel mehr hoch als breit und von blaßroter Farbe. Braune Augenfarbe wird bevorzugt" (Wolff, 1988).

Nach dem französischen Standard werden 4 bis 4,5 kg Gewicht gefordert. Untergewicht ist meistens mit zu schmalen Körpern verbunden, was als grober Fehler gilt. Ebenso sind Hänge- oder Drehflügel, schwanenartiger Hals, blaue Augen, langer Schnabel und Kielansatz unerwünscht. In ihrer elsässischen Heimat kommt diese Landrasse in den Farbenschlägen Grau, Grau-Weiß und Weiß vor.

Die Franken-Gans. Im Typ war diese Landgans mit der Diepholzer vergleichbar. Ursprünglich kam sie von Frankreich und erreichte dann auch in West- und Süddeutschland wegen ihrer feinen Fleischqualität, besonders wegen ihres ausgeprägten Brustfleisches (Räucherbrüste) Beliebtheit. Frühreife, gute Legeleistung, Genügsamkeit und gute Weidefähigkeit begünstigten ihre Zucht und Haltung. Das Gewicht war mit 5 bis 7 kg festgelegt.

Im Exterieur zeigte dieser Schlag einen langgestreckten, breiten, waagerecht getragenen Rumpf mit ausgeprägter Walzenform. Trotz voll erscheinender Brust war Kielbildung verpönt, um nicht die Beweglichkeit einzuschränken. Der wenig gerundete Rücken wurde recht breit gewünscht. Der Schwanz war kurz und breit, etwas gestreckt in waagerechter Haltung. Die mittellangen Flügel wurden fest am Körper angelegt getragen. Wegen der reichen Befiederung erschienen die Schenkel etwas hervortretend. Die Läufe waren mittellang, kräftig und orangerot.

Der kräftige, mittellange Kopf mit den verhältnismäßig großen, hellblauen Augen ähnelte der der Pommern-Gans. Der kräftige Schnabel wurde mittellang, blaßorangerot mit rosafarbener Bohne verlangt. Meistens waren Franken-Gänse schneeweiß, seltener grauweißgescheckt.

Zu den Fehlern zählten: zu kleiner Körper und zu kurze Läufe. W. Rupsch (1952) bezeichnete die Franken-Gans auch als „Rieser-Gans".

Die Wetterauer Gans. Die Wetterau ist eine hessische Landschaft nördlich von Frankfurt/Main. Die dort gezüchtete Gans wurde auch Schwanen-Gans genannt. Dürigen nennt ihr Vorkommen noch um die Jahrhundertwende. Es soll ein „großer, schöner Schlag mit langem, hoch getragenem Hals und meist weißem, doch auch grauem und gescheckten Gefieder" gewesen sein. Die Eigenschaften werden mit denen der Pommerngans verglichen; brachten ausgewachsene Wetterauer Gänse doch 9 bis 10 kg Gewicht auf die Waage.

In den Musterbeschreibungen im „Hausgeflügel" von W. Kleffner (1920) ist dieser Schlag nicht mehr als Rasse dargestellt.

Die Kurhessische Landgans. Sie findet ihre Erwähnung im „Gänsebuch" von W. Kupsch (1952). Nur im grauen und graugescheckten Farbenschlag soll sie vorgekommen sein. Ihre relativ gute Verbreitung in der Kasseler Gegend verdankte sie ihrem kurzfasrigen Fleisch mit gutem Fettansatz. Das Gewicht des Ganters betrug 6 bis 7 kg, das der Gans 5,5 bis 6,5 kg. Als gute Brüterin war die Gans beliebt. 30 bis 36 Eier wurden als Jahresleistung angegeben.

Die Main-Gans. Dieser Landganstyp wurde im Gebiet Main-Franken gezüchtet. Es handelt sich um eine leichte, lebhafte Gans, die 2 Gelege mit 15 bis 20 Eiern pro Jahr brachte und als Brutgans beliebt war.

Die Ulmer Gans. Es muß sich wohl um einen ähnlichen Typ wie die Franken-Gans gehandelt haben, der „in Ulm und um Ulm herum" seine spezielle Ausprägung erfahren hatte.

Die Oberbayerische Landgans. Mit einem Höchstgewicht von 6 kg beim Ganter und 5 kg bei der Gans zählte dieser Typ zu den leichten Schlägen. Der Rumpf war eiförmig und wurde fast waagerecht getragen. Als Fleischgans mußten die Tiere aber viel Brustfleisch bringen, daher die volle und runde Brust mit viel Breite. Die festanliegenden Flügel waren mittellang, der Schwanz wurde kurz, der Rückenlinie folgend, verlangt. Der Bauch ohne Wamme war gerundet.

Auf dem kräftigen, mittellangen bis langen Hals saß der kräftige Kopf mit guter Bakkenbildung und dem starken, keilförmigen, länglichen Schnabel. Die Grundfarbe war dort orangerot, zur Form hieß es: „vordere Spitze des Schnabels gekerbt und nach abwärts gebogen, seitlich gezähnt." Der Stand erschien durch die langen Läufe recht hoch, die Lauffarbe war orangerot, auffallend die langen Zehen mit den spitzen Krallen.

Die Gefiederfarbe war teils reinweiß, teils grau mit Schenkelbinden. Originalformulierung aus dem Jahr 1920: „Die Grauen sind am Hals scharf abgesetzt. Der Bauch ist fast immer weiß. Das Weiß zeigt keinen gelben Anflug" (Kleffner). In Bayern war diese Gans wegen ihrer vorzüglichen Nutzeigenschaften sehr beliebt. Wenn es auch damals hieß: „als Fleischgans jedoch zu klein", so erlangte dieser Schlag aufgrund der guten Beschaffenheit des Schlachtkörpers, der Anspruchslosigkeit in Haltung und Ernährung und nicht zuletzt wegen der guten Legetätigkeit Bedeutung, besonders im nördlichen Oberbayern, in den Mooren Erdings, Schleißheims und der Donau.

Den Versuch, Oberbayerische Landgänse wieder zur Anerkennung zu bringen, hat der BDRG durch die Ablehnung der Vorstellungszulassung im Mai 1987 zunächst eingedämmt.

Die Probsteier Gans. Die Angabe von Kleffner (1920) „Höchstgewicht 15 kg" erscheint ungewöhnlich hoch, das Gewicht würde dem gemästeter Toulouser Gänse entsprechen. Ob die Probsteier Gänse tatsächlich solche Körpergewichte erreichten, muß heute bezweifelt werden, denn die Tiere hatten nur eine einfache Bauchwamme, wenn auch der Rumpf breit, Brust und Hinterteil, namentlich bei weiblichen Tieren, recht tief gefordert wurde. Der Körperbau war gedrungen, die Erscheinung wird als „schön" und „kräftig" charakterisiert. Entscheidend wird wohl die Forderung „massig" gewesen sein.

Dazu mußte der lange, fast senkrecht getragene Hals und die mittelhohe Stellung passen.

Probsteier Gänse legten jährlich 12 bis 16 Eier, die sie in der Regel selbst ausbrüteten.

Die Elb-Gans. In der Gegend von Wittenberg-Dessau wurde dieser lokale Gänseschlag gehalten. Es soll sich aber meistens um Toulouser-Kreuzungen gehandelt haben. Mit 6,5 bis 7,5 kg Gantergewicht und 5,5 bis 6,5 kg bei der Gans blieben sie aber deutlich unter der Größe reinblütiger Toulouser zurück, wenn es auch kräftige Gänse mit zartem, wohlschmeckenden Fleisch gewesen sein werden. Besonders gerühmt wurde ihre gute Mastfähigkeit. In 2 Gelegen brachte die Gans 22 bis 28 Eier.

Die Böhmische Gans. Noch nach dem Zweiten Weltkrieg galt die Böhmische Gans sowohl auf dem heimischen als auch auf dem Auslandsmarkt wegen ihres sehr zarten, schmackhaften und saftigen Fleisches als begehrtes Speisegeflügel. Man rühmte ihre Robustheit und Anspruchslosigkeit. Schon im Alter von 8 Wochen gaben die frohwüchsigen Junggänse einen guten Braten ab. Nach weiteren 3 bis 5 Wochen erzielten die Gänsezüchter durch spezielle Mästung beim Ganter ein Gewicht von 11 kg, bei der Gans von 7 kg. Das „Normalgewicht betrug 4 bis 5 kg bzw. 6 kg (Ganter).

Es handelte sich um eine mittelgroße, gut abgerundete Gans mit ovaler Körperform, breiter Brust und mittelhohem Stand. Ihr ruhiges Temperament brachte Pluspunkte bei Brut, Führung und Nahrungsnutzung. Die Legeleistung betrug 12 bis 15 Eier pro Gans und Jahr.

Die Sachsenland-Gans. Die mittelgroße Gans kam im weißen und gescheckten Farbenschlag vor. 2 Gelege jährlich erbrachten 28 bis 30 Eier. Die Gestalt soll mittelgroß, das Gewicht 5 bis 6 kg gewesen sein. Hervorgehoben werden in der Literatur die guten Brut- und Führungseigenschaften.

Die Oberschlesische Landgans. Überliefert ist der Vorzug des zartfasrigen Fleisches dieser Weidegans im mittelschweren bis leichten Typ (Gewicht etwa 5 kg). Auch diese Lokalrasse kam weiß und gescheckt vor. Die Gössel galten als schnellwüchsig, ein Gelege erbrachte 15 bis 20 Eier.

Die Leine-Gans. Für die bäuerliche Gänsezucht und zur guten Ausnutzung der Viehweiden war eine mittelgroße Gans wie geschaffen, die auch weite Wege zurücklegen konnte. Wetterhärte, Widerstandsfähigkeit und vorzügliche Bruteigenschaften, verbunden mit problemloser Gösselaufzucht, machten diese Gans in Oldenburg und an der Ems, vornehmlich um Lingen herum, beliebt. Auch im südwestlichen Teil der Provinz Hannover war dieser Gänseschlag vertreten.

Mit einem Höchstgewicht von 8 kg war der Gesamteindruck mehr schlank als massig; die Beweglichkeit und Marschfähigkeit wurde, nicht zuletzt durch die mittelhohen, stämmigen Läufe, voll erhalten. Leine-Gänse hatten eine aufrechte Haltung, gerade verlaufende Rückenlinie, wammenfreie Bauchregion, kurze Schwanzbefiederung, fest anliegende Flügel und aufrecht getragene, kräftige Hälse. Der Kopf war etwas gewölbt und eher kräftig als gezogen.

Es gab weiße und gescheckte Leine-Gänse. Das Gefieder wurde dichtanliegend verlangt.

Unerwünschte Eigenschaften: Kehlwamme, Bauchwamme, plumper Körperbau, Schwerfälligkeit in den Bewegungen, dünner Hals.

Die Lippe-Gans. Noch 1954 galt die Lippe-Gans als standardmäßig anerkannt. In der Musterbeschreibung der BDRG von 1969 wird sie jedoch schon nicht mehr erwähnt. Eine der letzten Veröffentlichungen zu dieser Lokalrasse dürfte der Aufsatz von H. Steffens in Nr. 18/1963 der „Geflügel-Börse" gewesen sein.

Im Lippeland, besonders in den Entstehungsorten Hörste, Malinghausen, Boke und Schwelle wurden in den sechziger Jahren noch zahlreiche Herden und Stämme gehalten. Dort dürften auch heute noch Nachkommen und Kreuzungen der ehemaligen standardisierten Lippe-Gans vorkommen.

Die Musterbeschreibung sah eine weiße Gans von mittlerem Gewicht in mittelhoher Stellung vor.

Der ziemlich lange und breite Rumpf wurde fast waagerecht getragen und mußte in allen Teilen gut gerundet sein. Die Rückenlinie verlief etwas abfallend; ordentliche Länge wurde verlangt, auch ohne den optisch etwas verlängerten Schwanz. Die Brust sollte zwar etwas hoch angesetzt, aber doch voll und rund sein. Dieser gewünschte Typ war nicht immer in befriedigender Ausprägung vorhanden; besonders die Brustpartie ließ manche Wünsche offen. Steffens gibt dazu 1963 Ratschläge: „Wenn sich ein Mangel an Brustfülle und -rundung auch durch geschickte Zuchtwahl nach und nach ausgleichen läßt, so sollte man solche Tiere doch nur in äußersten Notfällen zur Zucht einstellen. Sicherer kommt man zu einer in diesem so wichtigen Punkt einwandfreien Nachzucht, wenn beide Zuchtpartner die gewünschte volle, runde, sich lang ausziehende Brust haben. Ganz besonders wertvoll sind weibliche Tiere, die in dieser Beziehung restlos befriedigen."

Unerwünscht waren Bauchwamme und Kehlwamme. Der Kopf sollte vielmehr „ziemlich lang und trocken" sein mit mäßig gewölbtem Scheitel. Zu „Schnabel" hieß es: „dreikantig mit aufspringenden Nasenlöchern." Die großen Augen waren blau, umsäumt mit gelbroten Ringen. Der Hals durfte nicht zu dünn, mußte aber gut mittellang sein. Fest anliegende Flügel und muskulöse Schenkel paßten gut zum Gesamteindruck des beweglichen Landganstyps.

Schnabel- und Fußfarbe waren rotgelb.

Mit einem Gewicht von 6,5 bis 7 kg beim Ganter und 5,5 bis 6 kg bei der Gans war die Beweglichkeit der Weidegans gesichert. Zu den Zuchtzielen gehörten Ausdauer bei der Futtersuche, Wetterfestigkeit und Widerstandkraft gegen Krankheiten. Junge Weibchen legten im 1. Jahr bis zu 16 Eier mit einem Gewicht von 140 g. Keine Probleme bereiteten den Bauern die Brut und Aufzucht durch die fürsorglichen Führgänse.

Als Schlachttier galt die Lippe-Gans als familiengerechte „Portionsgans" und marktgerechte, preisgünstige Bratgans. Allerdings wollte man auch keine Tiere mit zu geringer Größe mit wenig Brustfleisch. Ebenso waren umgekehrt Hängebäuche verpönt. Zu den groben Fehlern zählten auch zu starker oder zu dünner Hals und viel Grau im Gefieder.

Sollten die Zeiten der Lippe-Gans endgültig vorbei sein? Vielleicht bekommen die Schlußworte in dem Fachbeitrag von H. Steffens (1963) wieder neue Aktualität: „Ist zur Zeit auch noch das Zuchtgebiet der Lippe-Gans in Westfalen zu suchen (dort erzielten besonders rassige Tiere, vor allem aus bäuerlichen Zuchten, gute Ausstellungserfolge), so ist dieser wirtschaftlichen Gänserasse eine weitere, besonders in größeren Zuchten geförderte Ausweitung zu gönnen."

Die Niederrheinische Legegans. Dieser Lokalschlag war auch als „Rheinische Vielleger-Gans" bekannt. Im Vordergrund der Zucht stand die hohe Legeleistung. Die Zuchtbasis lag am Niederrhein. Das Rheinische Gänseherdbuch bestand bis 1965. Rheinische Vielleger waren über die Grenzen dieses Gebietes hinaus bekannt und begehrt. Gegenwärtig werden Tiere dieses Legetyps noch in Frankreich, Italien, Ungarn und in den USA gehalten und wurden inzwischen dort sogar in ihrer Leistungsfähigkeit gesteigert. Auch in Dänemark findet das rheinische Vorbild bezüglich der Legeleistung Anwendung. Durch strenge Selektion wurden dort bis zu 70 Eier pro Gans und Legeperiode erreicht. Außer diesen Vielleger-Gänsen werden in Dänemark schwere Typen herausgebildet, die schon beachtliche Mastergebnisse bringen, sowohl hinsichtlich der Mastdauer als auch der Futterrentabilität und der Endgewichte.

Von anderen deutschen Landgansschlägen sollen abschließend noch erwähnt werden: **Mecklenburgische Landgans** und **Ostpreußische Hausgans**, zwei Schläge, die größeres Fleischansatzvermögen besitzen; **Wendische Gans** und **Rhöngans**, beide gehören zu den leichten, typischen Landgansschlägen, letztere ist auffallend hochbeinig.

In Dänemark werden **Graue Dänische Gänse** und **Dänisch-Graugescheckte** gezüchtet und ausgestellt. Beide Rassen standen auf der 20. Europaschau im Dezember 1985 in Herning, Dänemark. Die Grauen (8,10) ähnelten in der Farbe der Graugans. Graugescheckte waren in 10 Exemplaren ausgestellt. Der Berichterstatter bemerkte dazu: „Die Spitzentiere gaben schon einiges her" (Wolff). Ein Paar **Øhlands-Gänse** auf der gleichen Schau repräsentierten einen kleinen Gänsetyp im graugescheckten Farbenschlag. Außerdem gibt es in Dänemark **Weiße Landgänse mit Haube**. Ein Foto von Proll zeigt einen Ganter als Neuzüchtung mit einer deutlich abgesetzten Haube. Die Gans soll im Exterieur zu leicht gewesen sein.

Enten

Die Rouen-Ente

Rassegeschichte

Die Heimat dieser schweren Entenrasse ist Frankreich. In der Umgebung der Stadt Rouen im Departement Seine inférieur ist sie aus einem alten Lokalschlag entstanden, der von Baldamus (1897) als „Anas boschas" bezeichnet wurde. Die Erpel dieser Stammform wogen höchstens 1 1/2 kg, die Enten kaum 1 kg. Diese Landenten waren wildfarbig; sie stammten in direkter Linie von Stockenten ab (Ives, 1947).

Wie alt die Rouen-Ente selbst ist, wissen wir zwar nicht, aber schon im Jahre 1555 kannte der Franzose Belon aus Le Mans die Toulouser Gans. E. Klein schreibt in diesem Zusammenhang schon 1947: „Es besteht kein Grund dazu, der Rouen-Ente nicht ein ähnlich hohes Alter zuzuschreiben."

Spätestens seit der Mitte des vorigen Jahrhunderts wurden diese schweren Landenten, bei deren Zucht in ihrem Ursprungsland nur Schwere und Fleischqualität im Vordergrund standen, in England als Rasseenten verfeinert. Vor der Jahrhundertwende stellte der Engländer Hewitt in Birmingham schon 1,2 Rouen-Enten aus, die zusammen 14,6 kg gewogen haben sollen. Er hatte diese Tiere allerdings mit Milch und schottischem Hafermehl gemästet. Die Engländer als seefahrendes Volk führten gut mästbare Enten ein, um sie auch als lebenden Schiffsproviant zu verwenden. Die eigentliche Ausformung der heutigen Rouen-Ente geschah aber aus Interesse an einem zwar schweren, doch eleganten Rassetyp. Um 1900 war diese Ente, die auch „Normandiner" genannt wurde, zahlreich in England vertreten, hatte schon die typische Kielbildung und die feinen Farb- und Zeichnungsmerkmale. Um 1870 gelangten die ersten Exemplare, teils aus England, teils direkt aus Frankreich nach Deutschland. Allerdings waren es nicht die besten Tiere, die unsere westlichen Nachbarn abgaben; in Frankreich wurden noch zahlreiche Mischlingsformen zur Erzeugung von Tafelfleisch gezogen. In der Stadt Toulouse gab es neben der bekannten Lokalgans auch eine bedeutende Entenzucht; es sollen auch weiße Tiere gehalten worden sein, die von Baldamus als „am wenigsten vorteilhaft" bezeichnet werden.

Vor dem Ersten Weltkrieg war die Zucht der Rouen-Ente in Deutschland weit verbreitet, hatte allerdings in der nur wenig leichteren Peking-Ente scharfe Konkurrenz. Während die Konstantheit der Form überwiegend in England züchterisch gefestigt wurde und in Frankreich die beachtliche Größe und die Fleischqualität im Vordergrund standen, hat die Rouen-Ente in Deutschland ihre farbliche und zeichnungsmäßige Festigkeit erhalten.

Bei den Weltausstellungen dieser Zeit präsentierte der deutsche Züchter Adam Radetzky in Paris, St. Petersburg, Turin und anderen Großstädten massige und zugleich sehr fein gefärbte und gezeichnete Rouen-Enten, die große Bewunderung fanden. Die Söhne dieses Züchters nahmen dann 1925 die berühmte Zucht auf. Neben der international anerkannten Zucht der Toulouser-Gans war bei diesen Züchtern das beste Material an Rouen-Enten Europas in Familienhand.

Aber auch die Zucht von Benno Hünten auf Schloß Balkow in Pommern erlangte Weltruf. Ein Bericht aus den fünfziger Jahren schildert: „Die Erpel hatten damals noch das schöne gleichmäßige Perlgrau, das am Bauch und auf dem Rücken sich ähnelte; die Enten waren einfach wundervoll mit der prachtvollen Hufeisenzeichnung mit dem heute so seltenen Mandelbraun darin (Radetzky, 1959).

Nach der Teilung Deutschlands gingen diese Hochzuchten zurück. Die Tiere wurden nicht mehr so einheitlich und richtungsweisend bewertet, wie das vor dem Krieg der Fall war.

H. Radetzky selbst beklagt, daß z. B. die zur Junggeflügelschau 1958 gezeigten Tiere in Hannover mehr einen Rückschritt als einen Fortschritt gemacht hatten, hauptsächlich in Farbe und Zeichnung. Der ehemalige Vorsitzende des Sondervereins der Entenzüchter Deutschlands W. Schmidt äußert sich dann aber 1966 wieder sehr lobend über die Rouen-Enten auf der Nationalen in Frankfurt: „Neben den feinen Formen auch in der Farbe eine tolle Gesellschaft."

Seitdem geht es mit der Zucht der Rouen-Ente als Rassetier bei uns aufwärts, wenn auch F. Woppelmann noch im Januar 1986 in einem Fachaufsatz unter der Fragestellung: „Wohin geht es mit den Rouen-Enten?" die zu dunkle Farbe bei vielen Tieren kritisiert.

Form und Kopf

Obwohl der Gesamteindruck bei dieser Rasse durch wuchtige Köperlinien und Massigkeit gekennzeichnet ist, drückt der Rechteckschnitt des Körpers doch eine harmonische, edle Form aus. Das geforderte Gewicht bei beiden Geschlechtern ist nur zu erreichen, wenn der Rumpf genügend Breite, Länge und Tiefe aufweist. Im Ideal verläuft die Oberlinie über den langen, leicht gewölbten Rücken waagrecht in den geschlossenen Schwanz; die Unterlinie von der etwas vorspringenden Brust über die bis zur Begrenzungslinie des Halses durchgehende kielartige Hautfalte bis zur tiefgehenden Bauchregion.

Bei Spätbruttieren kann natürlich der Kiel noch nicht voll ausgebildet sein. Es handelt sich dabei ja auch nicht um das knöcherne Brustbein, analog der unteren Begrenzung eines Schiffsrumpfes, sondern um Haut- und Fettgewebe, das sich ja erst nach Abschluß der Gefiederbildung aufbaut. Will man voll entwickelte Tiere in die Schaukäfige stellen, muß man eben frühzeitig bebrüten. Angesichts des heutigen hohen Zuchtstandes können hinsichtlich Körpervolumen, waagerechter Haltung und gut ausgebildeter Kiellinie kaum noch Zugeständnisse gemacht werden. Geringe Größe und Körperlänge, zu schwache Kielbildung und eingezogene Bauchpartie zählen zu den groben Fehlern.

Trotz der beachtlichen Rumpfschwere drückt sich die edle Eleganz in dem schlanken Kopf mit wenig ansteigender Stirn und flachen Backen aus. Der Hals ist mittellang, leicht gebogen. Der Schnabel muß lang und breit wirken, die Firstlinie soll gerade verlaufen. Der Erpel hat ölgrüne, die

Exterieur der Hausente (aus Pingel, 1985)

1 Stirn	6 Schnabelbohne	11 Bauch
2 Hinterkopf	7 Hals	12 Schwanz
3 Auge	8 Rumpf	13 Schenkel
4 Rachen	9 Rücken	14 Läufe
5 Schnabel	10 Brust	15 Paddel mit Schwimmhaut

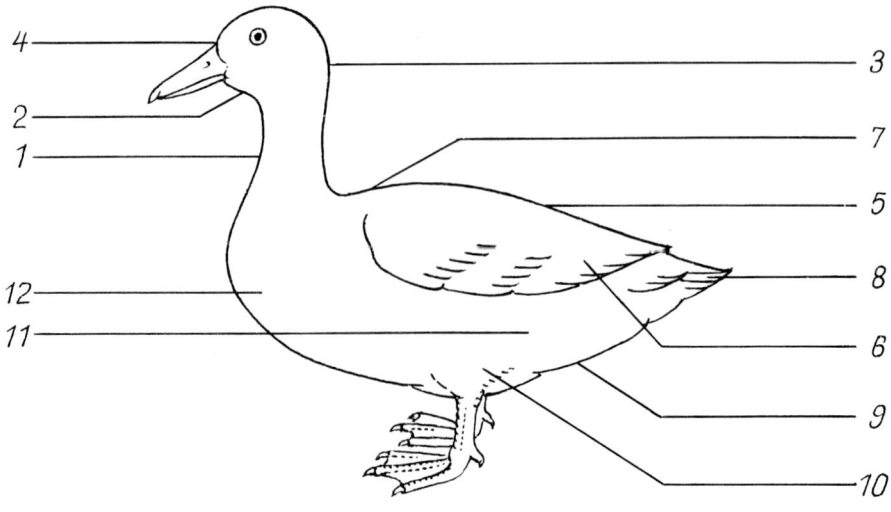

Gefiederpartien der Hausente (aus Pingel, 1985)

1 Halsfedern
2 Federn der Kehle
3 Nackenfedern
4 Schnabelring
5 Flügeldecken
6 Schwingen

7 Rückenfedern
8 Schwanzfedern
9 Bauchfedern
10 Schenkelfedern
11 Flanken
12 Brustfedern

Ente braungelbe Schnabelfarbe. Nur die Ente zeigt schwärzliche Sattelzeichnungen, beide Geschlechter haben schwarze Bohnen.

Meistens ist der Weibchenschnabel leicht kürzer. Legt die Ente, ist der dunkle Sattelfleck etwas weiter ausgedehnt. Bleifarbener Schnabel des Erpels zählt zu den groben Fehlern. Die Augenfarbe ist dunkel.

Trotz des massigen Rumpfes kommt die edle Form nicht zuletzt durch glatt anliegendes Gefieder, besonders der recht langen Flügel, zum Ausdruck. Rauhes Gefieder ist meist auf fehlende Schwimm- und Bademöglichkeit zurückzuführen. Fehlende Kondition macht sich durch gefächerte Schwanz- und Schwingenfedern bemerkbar.

Schließlich gehören zur feinen Rouen-Form die kräftigen Schenkel, die allerdings im Bauch- und Flankengefieder verborgen sind. Die stämmigen Läufe sollen nur mittellang sein. Bei der Bewertung wird auf unversehrte Schwimmhäute, orangerote Lauf- und Zehenfarbe und dunkle Nägel geachtet. Die Lauffarbe der Ente ist meist etwas blasser.

Farbe

Rouen-Enten gibt es im wildfarbigen und blau-wildfarbigen Farbenschlag. Entsprechend der wildfarbigen Stockente charakterisierte schon 1897 Baldamus: „Der Rouen-Erpel soll dem Märzenerpel so ähnlich als möglich gefärbt sein, die Brust soll aber ein tieferes Klaretbraun zeigen ohne jede andersfarbige Feder." Auch die weitere Farbenbeschreibung, die fast 90 Jahre alt ist, findet ihre differenzierte Präzision im heutigen Standard: „Kopf und Hals prächtig smaragdgrün mit Purpur- und Metallglanz und mit einem rein weißen Halsband endigend, das hinten zwar nicht schließen darf, aber, so weit es eben reicht, auch klar und abstechend sein muß. Die Brust soll, wie schon gesagt, von prächtigem tiefen Weinrot (Klaretbraun), gleichtönig, d. h. ohne hellere oder dunklere Federsäumung, sein (was die Züchter ‚chain armour' – Kettenpanzer! – nennen), und diese Färbung muß sich bis zur Wasserlinie – ‚water-line' – erstrecken."

Unterhalb des scharf umrissenen, gut abgesetzten, schmalen, weißen Federringes am

**1,0 Rouen-Enten
Wildfarbig
RG IV**

unteren Drittel des Halses beginnt die schokoladen- oder rotbraune Brustfarbe mit möglichst wenig Ausläufern in die gleichmäßig silbergraue Perlfarbe der Seiten und der Schenkel. Die Rückenfedern werden dunkel verlangt; sie gehen allmählich in Schwarz-grün über. Die Flügeldecken sind silbergrau, die Schwingen und Flügelränder dunkel. In der Flügelmitte sitzen die gut ausgeprägten blaugrünen Spiegel, vorn und hinten mit zuerst schwarzer, dann schmaler, weißer Einfassung.

Der Wildfarbe des Stockentenweibchens entsprechend, zeigt die Ente mittelbraunes Kopfgefieder, etwas hellere Halsfarbe, saftiges Goldbraun auf Rücken, Brust, Seiten und Bauch. Wichtig ist die Zeichnung: Schwarzbraune Hufeisenzeichnung in klarer, scharfer Abgrenzung verläuft von der Brust über den Rücken (dort am klarsten) über die Flanken bis zum Hinterteil. Bei guten Tieren ist die einzelne Feder in der Mitte um den Kiel braun und wird hufeisenförmig schwarz eingefaßt. Um die Federmitte zieht sich dann ein braunes, danach ein schwarzes und am äußeren Rand

**0,1 Rouen-Enten
Wildfarbig
RG IV**

wieder ein braunes Band. Merkwürdigerweise ist von dem „vom Schnabel durchs Auge gehenden und von da nach dem Nakken ziehenden, oben durch einen hellen gelbbräunlichen Streifen von der dunklen Kopfplatte getrennten breiten braunschwarzen Strich" (Dürigen), der doch die charakteristische Kopfzeichnung mitbestimmt, im gegenwärtigen Standard keine Formulierung enthalten, außer der Erwähnung unter „Grobe Fehler". Nicht immer finden wir den korrekt gefärbten Erpel. Der Experte H. Radetzky kritisiert schon

1959: „Wenn in Kritiken davon gesprochen wird, daß die Rouen-Erpel heute viel zu dunkel sind, dann ist dies nicht abzustreiten. Selten findet man ein Tier, daß noch mit Vögeln aus früheren Zeiten Ähnlichkeit hat. Die braune Brustfarbe hört viel zu früh auf. Die Perlfarbe ist heute vielfach rußig. Es scheint, als ob die Perlung mit einem Hauch brauner Farbe überzogen sei. Zuweilen sieht man Erpel, die auf dem Rücken fast schwarze Decken zeigen. Trotz der dunklen Perlung sind sie obendrein noch am After weiß oder haben die ab-

scheulichen dunklen Flecken an der After-
partie."
Auch äußert sich dieser Züchter kritisch zu
der Grundfarbe der Enten und vermißt die
„goldbraune Zeichnung". Zu dunkle
Farbe, unterbrochene Hufeisenzeichnung,
verschwommene Zeichnung, fehlende
Spiegeleinfassung, zu helle Bänderung
über den Augen oder helle Kehlbefiede-
rung zählen auch heute noch zu den Fehlern.
Bei den Blau-wildfarbigen ist das Schwarz
im Gefieder zu einem Blaugrau verdünnt.

Besonderheiten

Neben dem Schauwert wird diese Entenrasse zur Erzeugung von hochwertigem Tafelfleisch besonders geschätzt. Auch die
Legeleistung von 60 bis 90 Eiern pro Jahr
und Ente ist beachtlich, obwohl sie deutlich hinter der Leistung der Legeenten-
schläge zurückbleibt. Im Vergleich zu anderen schweren Rassen ist die Rouen-Ente etwas spätreif, sollte daher frühzeitig erbrütet werden. Solche Tiere erreichen im gemästeten Zustand bis zu 5 kg und darüber.
In der DDR wurden in den letzten Jahren
einige Male mehr als 100 Rouen-Enten auf
einzelnen Schauen gezeigt. Die Beschik-
kungszahl zur Lipsia-Schau in Leipzig be-
wegt sich seit 30 Jahren zwischen 60 und 85
Tieren. Zum neueren Stand der Zucht in
der DDR teilt H. Marks mit: „Betreut wird

diese Rasse jetzt von der SZG Rouen-Enten des VKSK, die erstmals im Jahrbuch
für Geflügelzüchter 1953/54 unter den
SZG-Anschriften aufgeführt wird. Mitte
der siebziger Jahre gab es bei uns rund 300
Zuchten dieser Rasse mit durchschnittlich
6 Zuchttieren. Im Zuge der Aufwärtsent-
wicklung der Wassergeflügelzucht stieg
auch die Zahl der Rouen-Enten-Zuchten
bis Anfang der achtziger Jahre um rund
15 % bei etwa gleichbleibendem Tierbestand je Zucht, womit die eingangs für die
weitere Steigerung der Leistung genannte
Zuchtbasis gut vorhanden ist."
Auch in England, Frankreich, in der
Schweiz, in Nordamerika und Kanada wird
die Rouen-Ente gezüchtet. In Frankreich
wird sie in 2 Varietäten gehalten. Neben
dem großen, schweren Typ, den die Franzosen „fonce" (dunkel) bezeichnen, kennen
sie die „clair" (hell). Letztere sind leichter,
haben weder Kiel noch einheitliche Form
und entsprechen in der Farbe unseren wildfarbigen Landenten im etwas helleren Erscheinungsbild.
Schließlich seien noch die interessanten
Forschungsergebnisse von Lancaster
(1963), zur Genetik der Wildfärbung, auch
zutreffend für die Rouen-Ente, erwähnt.
Das Muster der Wildfärbung wird danach
von Serien multipler Allele modifiziert.
Bei der Rouen-Ente liegt wie bei der Stockente der genetische Faktor „Li" vor, der die
„dunkle Phase", im Unterschied zur „hellen Phase" der Welsh-Harlekin-Ente, bestimmt.

Die Deutsche Peking-Ente

Rassegeschichte

Die Ausgangsform der Deutschen Peking-
Ente ist sehr wahrscheinlich die schon vor
einigen hundert Jahren in China und Japan
vorkommende legendäre Pinguin-Ente.
Sie war zugleich auch Stammutter der
Lauf- und der Japanischen Ente. Nach

dem Abstammungsschema von Rudolph
(1978) ist die Pinguin-Ente schon in der
Frühzeit der Entendomestikation als eigene Linie aus der Stockente entwickelt
worden. Kennzeichen neben der mehr
waagrechten Körperform der anderen
Landenten ist die aufrechte Haltung. Allerdings sollten die Importtiere aus China, die
1873 oder 1874 nach England gelangten,
noch nicht die steile Körperhaltung gehabt
haben, die unsere heutigen Deutschen Peking zeigen (Robinson, 1927). Nach Brown

(1929) soll eine beträchtliche Mischung der Aylesbury mit den Peking stattgefunden haben. Auch bestreitet der gleiche Autor die Hypothese, daß bei der Herausbildung der Peking-Ente in ihrem Heimatgebiet die Pinguin-Ente verwendet wurde.

Sicher ist: Die Deutsche Peking-Ente war nicht immer „deutsch". Die Bezeichnung „Anas domestica sinensis", die Baldamus 1897 gebraucht, verrät ihre Herkunft. Dürigen (1906) nennt sie dann „Anas domesticus subflava" und gibt die Beobachtungen von Köhler, Leipzig, weiter, wonach in China dieser Entenschlag verhältnismäßig selten war. In Peking und in Tientsin war die Ente als „shi-chin-ya-tze" (Zehnpfund-Ente) oder „pai-ta-ya-tze" (Große weiße Ente) sehr geschätzt. Der englische Entenzüchter R. Keele importierte dann mehrmals, zuletzt 1883, Peking-Enten und stellte solche schon 1874 auf der Kristallpalastschau in London aus. Die Tiere sollen schön kanariengelb gewesen sein.

Auf das europäische Festland gelangten die ersten Pekings aber nicht von den britischen Nachbarn, sondern waren schon um 1870 vor den englischen Tieren aus Nordamerika gekommen und wurden 1872/73 schon auf Tier-Auktionen im Zoologischen Garten Antwerpen versteigert. Eine ungefähre Vorstellung vom Aussehen der ersten Pekings gewinnen wir durch die Schilderung von Baldamus (1897): „Die ersten Tiere waren mehr hell kanariengelb als weiß, und es soll das weiße Gefieder auch einen leicht gelblichen Anflug gehabt haben, den man leider selten genug noch antrifft: Es fanden nämlich die Peking-Enten in Folge ihrer eigenthümlichen aufrechten, pinguinartigen Haltung, des hohen Fruchtbarkeit verrathenden 'Legebauchs', ihrer wegen des lockeren Gefieders scheinbaren Größe sehr gute Aufnahme und schnelle, weite Verbreitung, welche letztere wiederum zur Folge hatte, daß recht viel 'Ausschuß' gezüchtet − oder richtiger nicht gezüchtet, sondern in die Welt gesetzt − wurde, so daß man vielfach jede weiße Ente mit orangefarbenem Schnabel und Füßen als Peking-Ente ausgiebt."

In der Literatur bestehen Unklarheiten über den Zeitpunkt der Ersteinfuhr aus Peking. Einerseits sollen Peking-Enten zum erstenmal von dem Amerikaner J. E. Palmer aus Stonington am 14. März 1873 eingeführt worden sein, wie die „Geflügel-Zeitschrift" des Klubs Deutscher und Österreichisch-Ungarischer Geflügelzüchter vom 15. April 1890 meldet, andererseits sollen die Ausgangstiere der englischen Importe schon um 1870 in Amerika existiert haben. Gesichert erscheint die Einfuhr im Jahr 1873 nach einem Bericht in der „Fanciers Gazette" vom 11. April 1874, gegründet auf zwei Briefe von M. C. Weld aus New York vom 20. Januar und 23. März 1874. Der Originalbericht vom 11. April sagt aus: „Mr. Joseph E. Palmer zu Stonington, einer an der Meeresküste gelegenen Stadt in Connecticut / USA, kehrte im verflossenen Jahre von einer Reise in den Osten zurück, auf welcher er China und seine Hauptstadt besucht hatte. In Peking sah er eine große Entenart, welche er auf den ersten Blick für Gänse hielt, in Betracht ihrer Größe, der Länge ihrer Hälse und der Stärke ihrer Köpfe. Er erwarb eine größere Anzahl derselben und brachte sie in dem Schiffe, mit welchem er nach den Vereinigten Staaten zurückkehrte, herüber. Fast alle starben unterwegs, mit Ausnahme eines Erpels und zweier junger Enten, die lebend, aber sehr durch die Reise im Umfange zurückgegangen, am 14. März 1873 in New York anlangten und nach Herrn Palmers Farm bei Stonington transportiert wurden."

Die Tiere sollen sich dann erstaunlich rasch erholt und „eine große Anzahl Eier am Bache" gelegt haben. Aus den umfassenden Gelegen wurden etwa 50 Küken aufgezogen. Erstaunen löste die Brutzeit von nur 25 Tagen und die um ein Drittel größere Gestalt im Vergleich zu Rouen- oder Aylesbury-Küken aus. Auch wird das rasche Heranwachsen ausdrücklich erwähnt.

Auf der Ausstellung im Dezember 1873 in Hartford zeigte Palmer 10 Tiere unter der Bezeichnung „Kaiserliche Peking Enten", wobei das nur 5 Monate alte stärkste Jungpaar die Alttiere beträchtlich an Umfang und Gewicht übertraf. Schon ein Jahr später nahm der amerikanische Standard die neue Rasse unter dem Namen „Peking-Duck" auf. Weitere Einfuhren aus dem gleichen Herkunftsgebiet in China erfolgten bis 1875.

Das farbige Musterbild im „Taschenbuch der Rassegeflügelzucht" von R. Kramer (1899) zeigt ein Paar Peking-Enten mit zwar schon deutlich aufgerichteter Haltung und sehr vollen Hinterteilen, aber die Tiere wirken eher wie eine Mittelform zwischen heutiger Deutscher und Amerikanischer Peking-Ente.

In deutsche Zuchten gelangten diese schweren China-Enten durch die Einfuhren von H. Marten, Lehrte, um 1877. Die interessanten „Pinguin-Enten" fanden bei den Züchtern großen Anklang, so daß die bis dahin zahlreich gehaltene Aylesbury-Ente zurückgedrängt wurde. Allerdings wurden immer wieder Kreuzungen dieser beiden Rassen vorgenommen, die zur starken Veränderung des ursprünglichen chinesischen Rassetyps führten.

Vor dem Ersten Weltkrieg kamen „Peking-Enten amerikanischer Zuchtrichtung" nach Deutschland, konnten jedoch nicht mit den hier inzwischen gefestigten Zuchtstämmen konkurrieren, so daß sich die Deutsche Peking-Ente durchsetzte.

Schulz berichtet 1957, daß „bis zum Zweiten Weltkrieg eine harmonische Ausgeglichenheit in der Züchtung dieser Rasse zu erkennen" war, wofür die Weltausstellungen 1933 in Rom und 1936 in Leipzig den Beweis lieferten. Der bekannteste und erfolgreichste Züchter Deutscher Peking-Enten dieser Zeit dürfte Otto Schmeißer, Dresden, gewesen sein, der in den Jahren 1928 bis 1932 auf den bedeutendsten Schauen des In- und Auslandes allein insgesamt 140 Peking-Enten zeigte und dreimal zur Kristallpalast-Schau in London ausstellte. Radetzky schildert 1963 die großartigen Erfolge des Züchters Böhm: „Eine Vielzahl feinster Tiere stellte sich uns vor. Ich nenne dabei Leipzig 1934, wo sich gleich 120 Stück präsentierten, oder Magdeburg 1936 mit 103 Stück. Man sah damals große, lange Tiere mit besten Köpfen und Hinterteilen."

Der Krieg zerstörte dann die meisten Zuchten. Der Neuanfang aus Restbeständen war sehr mühsam. 1948 wurden in Hannover wieder 5 Deutsche Peking-Enten gezeigt. In diesen Jahren hatten die Amerikanischen Peking die Oberhand mit einer Ausstellungszahl von 44 Tieren auf der gleichen Schau. In den fünfziger Jahren nahm die Zahl der ausgestellten Deutschen Peking wieder zu; so bestaunte die Züchterwelt 1956 auf der Nationalen in Köln 76 Tiere. Der Züchter Treusch errang gleich dreimal die Höchstnote „vorzüglich", was als Sensation galt.

Form und Kopf

„Die Haltung der rassereinen Peking-Enten ist in Folge der weit nach hinten angesetzten Beine eine energisch aufrechte, hochgereckte mit senkrecht getragenem Hals, steil abfallendem Rücken und stark aufgerichtetem Schwanz." Diese, aus dem vorigen Jahrhundert stammende Formulierung (Dürigen 1897) charakterisiert die typische Form der Deutschen Peking-Ente, wie wir sie heute noch verlangen.

Das Erbe der Pinguin-Ente drückt sich in der aufgerichteten Haltung aus. Daher ist ein mehr zur Waagerechten neigender Körper genauso fehlerhaft wie zu steile Körperhaltung. Im Unterschied zur schlanken, flaschenförmigen Lauf-Ente muß die Deutsche Peking-Ente aber viel Masse zeigen, was sich im Körpergewicht des Erpels mit 3,5 kg und der Ente mit 3 kg ausdrückt. Die typische Figur des aufgerichteten Rechtecks kommt durch die parallel verlaufende Ober- und Unterlinie zustande. Dabei soll der Körper etwa doppelt so lang wie breit und tief erscheinen. Der Experte Radetzky formulierte 1956 zur Gestalt und Körperfülle: „Die Peking-Ente soll in jeder Beziehung klobig wirken. Man kann sie gleichermaßen mit dem rheinisch-belgischen Pferdeschlag vergleichen."

Die Vorderseite wird durch die stark entwickelte Brust gebildet, die deutlich hervortreten, aber ohne jegliche Kielbildung sein soll. Nach unten hin verläuft die Vorderlinie in den stark entwickelten Bauch und das voluminöse Hinterteil. Länge und Stärke des Halses müssen dem wuchtigen Körper entsprechen und ohne Absatz in den Rumpf übergehen. Die kräftige Halspartie trägt viel zum massigen Gesamteindurck bei.

Der „vierschrötigen" Körpergestalt entsprechend soll der Kopf mehr rund als lang sein. Die Stirn sei breit und muß deutlich

1,0 Deutsche Peking-Enten
ten
RG IV

nach oben gehen, die Backen werden gut entwickelt kräftig verlangt. Der flache Kopf mit schmalen Backen verdirbt das rassige Bild der Peking-Ente.

Wichtig ist die Schnabelform: Kürze und Breite werden verlangt; der First soll gerade, nicht eingebogen verlaufen. Meistens ist flache Kopflinie mit zu langem Schnabel verbunden, was als grober Fehler gilt. Die Schnabelfarbe ist schön orangerot, die Bohne soll reinweiß sein; zeigen allerdings ältere Enten schwarze Striche auf dem Schnabelhorn, ist das nicht hart zu strafen. Zu den typischen Kopfpunkten gehören die gut ausgeschnittene Kehllinie, die relativ kleinen, ziemlich tiefliegenden Augen von dunkler Farbe und die sogenannte Frisur; darunter sind die verlängerten Hinterhalsfedern zu verstehen, die in der Mittellinie zusammenstoßen und eine abstehende Kimme bilden. Dürigen sprach von der „leichten Federkammbildung längs der Nackenlinie". Baldamus führte dazu aus: „An dem langen Hals stoßen die schräg aufgerichteten Federn des Hinterhalses längs der Mitte des Nackens zusam-

0,1 Deutsche Peking-Enten
ten
RG IV

men und bilden so eine Art Kamm – der von vielen gefordert, von manchen nicht für erforderlich gehalten wird." Heute ist unstrittig, daß zu einem guten Pekingkopf, besonders bei älteren Erpeln, die deutlich ausgeprägte Frisur gehört. Übrigens soll der Hals nicht gebogen, sondern gerade und aufrecht getragen werden.

Der Schwanz sei kurz und breit, seine Haltung zwar angezogen, aber nicht steil nach oben führend. Das Brustbein ist bei hochrassigen Tieren gut eingebettet, die Flügel liegen gut an und ragen nicht über den Körper hinaus. Auch stören gekreuzte oder lose Schwingen erheblich.

Die Peking-Ente steht auf kurzen, kräftigen Läufen von orangeroter Farbe mit hellen Nägeln. Der Stand darf jedoch nicht so tief erscheinen, daß das Hinterteil auf dem Boden aufsitzt. Zu volle, schwammige Hinterpartie, besonders bei Enten, wirkt unschön. Ebenso gilt ein spitzes Hinterteil als grober Fehler.

Nicht ohne Grund fordert der Standard das Obergefieder straff und das Untergefieder mit reicher Daunenentwicklung. Die Kombination von straffer Deckbefiederung und dichter, etwas lockerer und schön weicher Daunenbefiederung unterstützt die rechteckige, abgerundete Körperform. Keinesfalls darf die Federstruktur flaumarm oder andererseits zu weich und zerschlissen sein, was natürlich auch wieder von den Haltungsbedingungen (Wasser) abhängt. Die furchenähnliche Rinne auf der Brust entsteht durch die Federteilung und ist keinesfalls fehlerhaft.

Farbe

Ein einzigartiges weiteres Rassemerkmal der Deutschen Peking-Ente ist die zartgelbe Pigmentierung im sonst weißen Gefieder. In älterer Literatur kann man noch lesen, daß der kanariengelbe oder „schwefelgelbe" Hauch nur im Untergefieder sein soll, heute zeigen aber gute Exemplare auch gelben Anflug im Großgefieder.

Um eine solche weißgelbe Färbung zu erzielen, ist Zuchtauslese, auch auf Farbe

hin, unerläßlich. Daneben scheinen regionale Klimabedingungen und die chemischen Inhaltsstoffe des Bade- und Schwimmwassers mitzuwirken. Schon um die Jahrhundertwende vertrat Dürigen diesbezüglich folgende Meinung: „Auffallenderweise hat diese Färbung in Deutschland die Neigung zu verbleichen, dergestalt, daß gut gefärbte Vögel einige Monate nach stattgehabtem Import aus England oder anderen Gebieten an dem neuen Orte nahezu reinweiß wurden, bis auf den (nicht sichtbaren) Flaum. Man wird diese Erscheinung vielleicht auf das Wasser und die in ihm enthaltenen Substanzen, auch auf die Zusammensetzung des Futters, mehr aber wohl noch auf Mangel an Farbstoff im Blute der Pekings zurückführen dürfen."

Interessant sind die Ausführungen von Importeur Martens (1923): „Durch geeignetes Futter ist dieser Mangel jedoch abzustellen. Es dürfte sich empfehlen, dem Weichfutter Schrot von gelbem Mais beizumengen, auch etwas Cayennepfeffer beigemischt würde nachhelfen; beides, Mais wie Pfeffer, werden aber dennoch geringe Dienste leisten, wenn die Enten nicht von rassereiner, gutfarbiger Abkunft sind."

Durch Einkreuzungen von Aylesburys oder rasselosen, weißen Landenten sind schon gute Stämme farblich und formlich verdorben worden.

Besonderheiten

Deutsche Peking-Enten gelten als wetterhart und wirtschaftlich. Allerdings sind sie nicht überragend in der Legeleistung. Das Eigewicht beträgt durchschnittlich 80 g, die jährliche Anzahl aber kaum 100 Stück. Dafür entschädigen die massigen Tiere durch ihre vorzügliche Fleischqualität und ihr günstiges Verhältnis von verwertbarem Fleisch zu Knochengerüst. Wenn auch das Fleisch etwas grobfasriger als das der Aylesbury-Ente ist, so ist es doch äußerst schmackhaft.

Nicht zu unterschätzen sind die guten Mengen hochwertiger Daunen, die aber nur von geschlachteten Tieren entnommen werden sollten. Der Züchter F. Schöne, DDR, berichtet dazu 1984: „Die Federstruktur der Deutschen Peking-Ente ist gegenüber allen anderen Hausenten ganz unterschiedlich. Zwar ist bei allen Schwimmvögeln eine besonders ausgeprägte Daunenentwicklung festzustellen, doch diese wird bei der Deutschen Peking noch übertroffen und ist hier am stärksten ausgebildet. Die Federn sind von guter Qualität und sehr gut als Bettfedern geeignet." Der Züchter kommt zu dem Schluß: „Feder fast wie bei der Gans!"

Für die Beschickung von Ausstellungen empfehlen erfahrene Züchter, die Tiere niemals unter einem halben Jahr zur Schau zu stellen. Wenn auch die Tiere mit 3 Monaten schon voll befiedert sind, haben sie aber doch noch nicht das nötige Gewicht und die Form, die höheren Anforderungen genügen.

Alljährlich sehen wir nun auf unseren Schauen feine Kollektionen, von denen besonders die hochrassigen Tiere der hessischen Züchterfamilie Kurz hervorgehoben werden müssen.

Die Aylesbury-Ente

Rassegeschichte

Das Herkunftsland der Aylesbury-Ente ist eindeutig England. Ihr früherer lateinischer Name „Anas domestica buckinghamen" verweist auf das Gebiet um die Hauptstadt der Grafschaft Buckingham, Aylesbury, nordwestlich von London, an der Themse gelegen. Dieses Gebiet ist zugleich auch die Stammheimat der englischen „National-Fleischhühner", der Dorking. Im milden, fruchtbaren Tal der Themse wurde um die Jahrhundertwende das Dorf Haddenham für seine hervorragende Entenzucht berühmt. Schon einige Zeit vor 1780 war dieser Entenschlag durch planmäßige Züchtung zu einer wirtschaftlichen Rasse herausgebildet worden. In der Zeitschrift „Practical Poultry Keeper" veröffentlichte einer der berühmtesten englischen Entenzüchter und -aussteller der damaligen Zeit, J. K. Fowler, einen Aufsatz, später am 15. Mai 1890 auszugsweise in der „Geflügel-Zeitschrift" des Klubs Deutscher und Österreich-Ungarischer Geflügelzüchter in Braunschweig wiedergegeben.

Daraus geht hervor, daß die Aylesbury-Ente ihre Entstehung und Verbreitung nahezu ausschließlich der Nachfrage auf den großen Londoner Märkten verdankt. Zur

damaligen Zeit waren Brutapparate kaum, Kühlschränke und Gefriertruhen überhaupt nicht bekannt, so daß sich der Absatz junger Mastenten hauptsächlich auf die Monate Februar bis Juli beschränkte. Um die Nachfrage decken zu können, mußten sich zahlreiche ländliche Familien mit der Zucht dieser Mastenten befassen. Es war eine gute wirtschaftliche Möglichkeit für die „kleinen Leute", d. h. Familien mit kleinem landwirtschaftlichen Besitz. Jeder verfügbare Raum, ob Keller, Küche oder Schlafkammer wurde zur Aufzucht und Mast von Enten in diesen Wochen des Jahres gebraucht. Zeitweise konnte man mit der Nachfrage der Londoner Bevölkerung nicht Schritt halten. Nach und nach bildeten sich größere Züchtergemeinschaften und Betriebe mittlerer Größenordnung, die schon ab Ende September bis Anfang Oktober alle in der Nachbarschaft erreichbaren Enteneier aufkauften und für Brutzwecke verwendeten. In Baldamus' „Handbuch über Federviehzucht" wird berichtet, daß hierbei der Preis für ein Dutzend Eier im Dezember etwa 12 Mark betragen habe, sich aber bis Mai auf 2 Mark für die gleiche Zahl verringerte. Die Eier wurden hauptsächlich durch festsitzende Orpington-Glucken ausgebrütet. Einzelne Züchter sollen bis zu 150 solcher Bruthennen zur gleichen Zeit eingesetzt haben, wofür feste Verträge abgeschlossen wurden. Nach alten Aufzeichnungen aus der Zeit um 1880 soll es Brutexperten gegeben haben, die schon nach wenigen Stunden Bebrütung unbefruchtete Eier feststellen und entfernen konnten. Waren die Küken geschlüpft, wurden der einzelnen Glucke bis zu 50 Entenküken zur Betreuung übertragen. Als Futter bekamen die Jungenten gekochten Reis und Brot, hartgekochte Eier, verrührt zu einer weichen Masse. Im Alter von 2 bis 3 Wochen gab man einen steifen Brei, hergestellt aus Gerstenmehl, Talggrieben und Wasser. Besonderen Wert legte man auf Sauberkeit, weshalb auch Gerste und Mais in niedrigen Behältern oder Pfannen gereicht wurden, um eine zusätzliche Verschmutzung der Einstreu zu verhindern.

Nach 6 bis 8 Wochen erreichten die Jungenten das Schlachtgewicht von 1,5 bis 1,8 kg.

Neben dem wirtschaftlichen Wert gewann um die Mitte des vorigen Jahrhunderts die Aylesbury-Ente als Ausstellungstier an Bedeutung. Die Erstellung eines Standards wurde möglich, und die hochbewerteten Tiere auf Ausstellungen brachten ihren Züchtern neben Anerkennung auch beträchtliche Einnahmen und sorgten für die weitere Verbreitung der Rasse.

Übrigens ist diese englische Mastrasse nach der Rekonstruktion der Rassenbildung von W. Rudolph (1978) herausgebildet worden, ohne daß ein Hausententyp des Pinguin-Schlags beteiligt gewesen ist, der ja als Ausgangsform der Lauf-Ente, der Japanischen Ente und der Deutschen Peking-Ente gilt.

In älteren Geflügelbüchern werden schon seit 90 Jahren die Vorzüge der Abhärtung, Größe und Frühentwicklung zur Reife gerühmt. Die Aylesbury-Ente gilt immer schon als „die am leichtesten zu akklimatisierende von allen Wasservögeln-, und sie gedeihen, wo andere Schläge mißrathen" (Baldamus, 1897).

In den Anfangszeiten der Aylesbury-Zucht in Deutschland blieb diese zunächst von der englischen abhängig. Seit 1860 kannte man die englischen schweren, weißen Enten; ihre Bestände in Deutschland gingen aber in den folgenden Jahrzehnten durch das Aufkommen der Deutschen Peking-Enten stark zurück. Im berühmten Geflügelbuch von R. Kramer (1899) sind die Vorzüge herausgestellt: "Aylesbury-Enten le-

gen frühzeitig große Eier, die Küken wachsen schnell und sind nicht wählerisch im Futter. Als Fleischente, welche sich vorzüglich zur Mast eignet, sehr empfehlenswert." Das in Farbe abgebildete Paar zeigt die feine Hals-Kopf-Linie bei massigem Rumpf, allerdings ohne ausgeprägten Kiel. Die Forderung nach tiefer Kielbildung setzte erst ab 1890 ein. Dazu bemerkt P. Doll (1985): „Die verhältnismäßig wenigen Neueinführungen nach der Umzüchtung mit Kiel gaben der Rasse jedoch keinen Auftrieb, zumal die Tiere zu schmal im Rumpf wirkten und der große Kiel keine Abrundung bewirkte, sondern sie noch spitzer erscheinen ließ."

Form und Kopf

„Körperform schwanenartig gebaut, sehr lang, schlank und breit, besonders über den Schultern; waagrecht stehend" lautet eine der ältesten Standardformulierungen aus dem Jahre 1899. Heute steht bei den Formmerkmalen zweifellos der massige, schwergewichtige Typ mit breitem, tiefen und langen Rumpf, der sich am Körperende etwas verjüngt, im Vordergrund. Dennoch muß der Körper der Aylesbury-Ente eine feine Linienführung, eine gewisse Eleganz und die erforderliche waagerechte Haltung zeigen. Das wollte wohl Kramer (1906) mit „schwanenartig" ausdrücken. Zur flüssigen Linie trägt entscheidend der recht dünne, in feiner Bogenlinie getragene Hals bei. Dürigen scheute sich nicht zu sagen: „schwanenartig gebogen". Die Körperlänge soll die der Rouen-Ente noch übertreffen, obwohl das Gewicht bei Erpel und Ente zwischen beiden Rassen identisch ist. Alle Körperpartien sind gut abgerundet. Das trifft besonders für den breiten Rücken und die volle, breite Brust zu, die den typischen tief herabreichenden Kiel, der ja eigentlich aus einer Hautfalte besteht, aufweisen soll.

Der gut ausgebildete, aber nicht herabhängende Bauch bildet die rassige Unterlinie, die zum Schwanz hin eher steil als flach aufsteigen soll. Das ist nur möglich, wenn die Bauchpartie fast bis zum After hin gut ge-

füllt ist. Die Vorderbrust geht bei guten Tieren gegen den Hals hin noch etwas nach vorne: weniger vorteilhaft ist die völlig gerade Senkrechte von Hals und Brust, fehlerhaft auch die flache Brustlinie ohne herabreichenden Kiel.

Der Schwanz sei möglichst geschlossen, in der Linie waagrecht oder leicht abfallend. Aufrecht getragene oder gefächerte Schwanzfedern können erheblich den Gesamttyp stören. Die Rumpflänge erscheint dann zu gering, der Abschluß ist untypisch.

Die langen Flügel sollen dicht am Körper anliegen.

Im Gegensatz zum fülligen Körper steht der auffallend schmale Oberkopf von eleganter Länge. Die Backen dagegen sollen im Unterschied zum Rouen-Kopf recht breit sein, deutlich hervortreten, ohne den ganzen Kopf plump erscheinen zu lassen. Die typische Kopflinie wird aber erst durch den sehr langen, kräftigen Schnabel erreicht, der im vorderen Drittel etwas löffelartig verbreitet erscheint und nur flach gewölbt ist. Die Stirnlinie setzt dem rassigen

Aylesbury-Kopf buchstäblich die Krone auf: Es ist ein flacher, sanfter, aufsteigender Bogen ohne Knick und Absatz. Zur Schnabelfarbe galt schon im vorigen Jahrhundert der Leitsatz „as pink as a lady's nail" — so rosig wie der Fingernagel einer Dame! Dazu berichtet Baldamus (1897): "So sieht er aus in der Nähe von Aylesbury. Hier haben aber auch Flüsse und Teiche ein Bett und Ufer von sandigem Kies, der mit kleinen Muschelschalen vermischt ist. Außerhalb des Tales von Aylesbury werden die Schnäbel oft gelb, was als Fehler gilt. In Nordamerika werden indes gelbe Schnäbel zugelassen, da die heiße Sommersonne dieses Landes dieselben bräunt und zugleich nicht gestattet, die Tiere im Hause zu behalten. Nur wenn man sie in einem beschatteten Parke und von unreinem schlammigen Wasser fern halten kann, bleibt die Reinheit des Gefieders und der bewunderten Schnabelfarbe erhalten. Man tut zu letzterem Zwecke auch etwas Kies in die Wassertröge." Das Zitat kann auch den heutigen Züchtern Hinweise zur Haltung geben, um eine schöne Schnabelfarbe durch günstige äußere Bedingungen zu fördern.

Abweichungen in den typischen Kopfpunkten, wie runde, hohe Stirn, kurzer, schmaler, stark gelblicher und fleckiger Schnabel mit dunkler Bohne, gelten als grobe Fehler. Die Läufe werden zwar kräftig verlangt, wirken jedoch etwas zarter als bei Rouen-Enten und sollen beim Jungtier dunkelgelb, beim Alttier orangefarbig sein.

Farbe

Die Farbforderung ist klar: Reinweiß. Jeder andere Farbton ist verpönt. Leider zeigen immer wieder Tiere gelben Anflug. Wahrscheinlich macht sich hierin die frühere Einkreuzung von Amerikanischen Peking-Enten bemerkbar, auch wenn das viele Generationen zurückliegen mag. Möglicherweise ist der gelbe Anflug auch haltungs- und fütterungsbedingt. Mit Maisfütterung sollte man ebenso vorsichtig sein wie mit abfärbender Stroheinstreu.

Besonderheiten

Verbunden mit einer gewissen Robustheit ist die Aylesbury-Ente beliebt wegen ihrer hervorragenden Fleischqualität. Das zarte Fleisch ist äußerst wohlschmeckend. Frohwüchsigkeit begünstigt die Aufzucht, wenn auch die Jungtiere nicht ganz die erstaunlich rasche Gewichtszunahme der Peking-Ente erreichen. Sehr ergiebige Schlachtkörper erreicht man durch Kreuzung mit der Peking-Ente, wodurch der Fleischansatz verbessert wird. Auch ist die Legeleistung der Kreuzungstiere beachtlich.

Will man feine Schautiere züchten, so eignet sich die Haltung auf sumpfigem Boden nicht; fließendes Wasser mit Sand und Kies ist vorteilhafter. Besonders für die schon erwähnte Herausbildung der Schnabelfarbe, wobei eine feine gelbliche Lederhautschicht beim Gründeln abgeschabt wird, ist rauher Untergrund im Schwimmwasser, wenigstens aber im künstlich angelegten Becken erforderlich. Auch begünstigt sauberes Fließwasser die reinweiße Gefiederfarbe ungemein.

Der Zuchtstamm sollte nicht mehr als 3 Enten bei 1 Erpel umfassen, da sonst schlechtere Befruchtungsergebnisse die Folge sind. Krankheitsfreien Beständen macht bei richtiger Fütterung rauhe Witterung nichts aus.

Die früher übliche Methode, bei Aylesburys eine besonders schöne Schnabelfarbe durch Abschaben der hornigen Schnabeloberschicht mit einem Messer zu erzielen, dürfte heute als Tierquälerei erkannt sein und endgültig der Vergangenheit angehören.

In den letzten Jahren hat die Zucht dieser attraktiven Entenrasse in der Bundesrepublik Deutschland großen Aufschwung erfahren. Nicht nur die Anzahl, sondern auch die Rassequalität der alljährlich gezeigten Tiere lassen das Herz eines Entenzüchters höher schlagen. In der zuletzt 1986 in Hannover gezeigten Kollektion verkörperten die beiden Spitzentiere von M. Schweitzer und M. Jökel fast das Ideal.

Die Cayuga-Ente

Rassegeschichte

Obwohl viele Einzelheiten der Entstehung dieser Entenrasse im dunkeln liegen, steht doch fest, daß ihre Heimat Nordamerika ist. Der alte lateinische Name „Anas domestica cayugensis" ist vom Ursprungsgebiet, dem schmalen, langgestreckten Cayuga-See, südlich des Ontario-Sees, im Staat New York, abgeleitet. Cayuga war die Bezeichnung für einen See und zugleich für einen Indianerstamm aus der großen Familie der Huronen. Das veranlaßte W. Woith 1957 auch in Verbindung mit „Wyandotten" zu der Bemerkung: „Wie doch die Rothäute in unsere Liebhaberei hineinspuken!". Der alte, am Wasser lebende Indianerstamm erhielt wiederum seinen Namen von dem aus dem Spanischen abgeleiteten „Cayo", ein Wort für Wasser. Sehr wahrscheinlich befaßten sich die Indianer schon mit der Wassergeflügelzucht; aus ihrer Züchtungspraxis könnte eine große schwarze Ente hervorgegangen sein, die eine der Ahnengruppen der heutigen Cayuga-Enten darstellt.

Am Cayuga-See und Senega-Fluß im Staate New York, sollen im vorigen Jahrhundert zu Zeiten der Vogelzüge zahlreiche Wasservögel Ruhepausen eingelegt haben. Grünglänzende Enten hatte schon ein Dr. Bachmann 1812 bei einem Müller in den USA beobachtet. Die Müllersfamilie hielt etwa 30 Enten, die sie aus der freien Wildbahn eingefangen und durch Kupieren flugunfähig gemacht hatten. Erstaunlicherweise seien die Tiere in kurzer Zeit recht zahm geworden und hätten sich im darauffolgenden Frühjahr am Mühlteich wie zahme Hausenten fortgepflanzt. Schwarze Farbe, leichte Zähmbarkeit und sichere Brut in menschlicher Nähe verraten bestimmte Domestikationsmerkmale, die auf die Herkunft der Züchtung in Indianerhand schließen lassen.

Die amerikanischen „Ur-Cayugas" sollen duffschwarzes Gefieder gehabt haben und stellenweise auch weiße Federn. W. Rudolph (1976) gibt eine Vermutung von Baldamus (1897) wieder, wonach die Cayuga im Verhältnis zur Smaragd-Ente entgegengesetzt selektiert worden sein soll. In der Grafik zur Übersicht der Rassenbildung bei Enten stellt Rudolph die Cayuga-Ente als Abkömmling eines alten Landententyps dar, der wahrscheinlich später auch Blut der Pommern- und der Weißbrüstigen Ukrainischen Ente zugeführt bekam. Nach Lancaster (1963) könnten Cayugas aus schwarzen Landenten mit weißem Brustlatz entstanden sein. Die Geflügelexperten Marks und Krebs, DDR, äußern 1966 die Vermutung, daß Smaragd- und Duclair-Enten eingekreuzt worden sind.

Als die ersten Cayugas 1870 nach England eingeführt wurden, war dort die kleinere und ursprünglichere Smaragd-Ente schon bekannt. An dem herrlich schillernden Lack dieser kleinen, vermutlich aus Brasilien stammenden Ente gemessen, erschienen die größeren Cayugas im Gefieder stumpf und unansehlich. Im Vergleich zu den viel schwereren Aylesbury-Enten, vermißte man die für Schlachtzwecke willkommene Körperfülle bei den Cayugas. Also begann ein Umzüchtungsprozeß; das Zuchtziel pendelte zwischen den Polen: Farbe und Gewicht!

Auch in Deutschland wurden die Cayugas ab 1875 umgebildet. Zur Farbverbesserung wurden Smaragd-Enten, zur Gewichtssteigerung Rouen-, Peking- und Aylesbury-Enten eingekreuzt. Rouen-Kreuzungen brachten Probleme durch die rotbraune Brustfarbe. Nachkommen aus Pekings × Cayugas zeigten untypische Pinguinhaltung und breite, kurze vollbackige Köpfe. Auch hatten die meisten Jungtiere weiße Latzzeichnung. In vielen damaligen Zuchten der Duclair-Enten wurden solche Nachzuchttiere verwendet. Relativ brauchbar war die Nachtzucht aus der Aylesbury-Einkreuzung, denn die Tiere waren reinschwarz und behielten die Farbe auch bis zur zweiten Mauser. Danach nahmen weiße Gefiederstellen immer mehr zu, so daß mehrjährige Alttiere gescheckt waren. Erst als in mehreren Zuchten wieder starkglänzende Smaragd-Enten eingekreuzt wurden, erzielte man die herrliche Lackfarbe auch bei den Cayugas, freilich zunächst auf Kosten des angestrebten Gewichts.

In Deutschland erreichte man zum Beginn des Zweiten Weltkriegs farbstarke Cayugas bis zu einem Gewicht von 5 Pfund, während die Engländer 8pfündige Tiere hatten, die aber den deutschen in punkto Farbe noch nachstanden. Nach dem amerikanischen Standard ist die Cayuga-Rasse seit 1874 unter der Rubrik „Medium weight class", mittlere Gewichtsklasse, anerkannt.

Form und Kopf

Die wohl älteste farbige Abbildung eines Paares Cayuga-Enten im „Taschenbuch der Rassegeflügelzucht" von R. Kramer (1899) zeigt langgestreckte, kräftige Tiere mit dem charakteristischen „Schlangenkopf". Vorbild für das Gemälde waren die Tiere von W. Trumpler, Edersleben. Kramer leitet auch seine Musterbeschreibung mit der Formulierung: „Allgemeine Kennzeichen: große, schwarze, grünschillernde Ente" ein. Damit sind schon wesentliche Merkmale genannt, wie sie heute auch noch gelten.

Die typische Cayuga-Form kommt durch den waagrecht getragenen, recht langen und allseits abgerundeten Rumpf zum Ausdruck. Die Oberlinie (Rücken) wird durch eine leichte Wölbung betont; dabei soll der Rumpf nicht nur gestreckt, sondern auch von den Schultern aus bis in die Hinterpar-

tie breit wirken. Zur fülligen Form gehört die breite und runde Brust, ohne jegliche Kielbildung. Das war in der Vergangenheit nicht immer selbstverständlich, denn in einigen Zuchten floß das Blut der Rouen- und Aylesbury-Enten, deren Kielanlage sich hartnäckig vererbt. Dürigen formuliert um die Jahrhundertwende: „massig, lang und tief gebaut" und trifft die Cayuga-Form recht genau. Die zu leichte Körperform ist untypisch, konnte doch Baldamus, diese Landente mit der Deutschen Peking-Ente vergleichend, schon vor 90 Jahren sagen, daß erstere ein größeres Gewicht erreichte. Ist der Körper zu kurz, wirkt auch meistens die Rückenlinie zu stark gewölbt, was als grober Fehler gilt.

Die Länge und Federstruktur des Schwanzes muß zur harmonisch abgerundeten Gesamtform passen. Zwar darf keine Fächerung auftreten, die Schwanzfedern sollen aber breit getragen werden und nicht zu lang wirken. Die Flügel liegen bei hochrassigen Tieren gut am Körper an und gehen mit den Schwingenspitzen bis zum Schwanzansatz.

Cayuga-Enten sind im Verhältnis zum kräftigen Körper fast tiefgestellt, wenn auch die Läufe im Standard als „mittellang" angegeben werden. Die Bein- und Fußfarbe muß so dunkel wie möglich, am besten schwarz sein; gelbe Läufe sind grob fehlerhaft. Die Bemerkung von Dürigen: „Die

1,0 Cayuga-Enten
RG V

153

Füße sind niedrig", paßt gleichfalls zum heutigen Typ, nicht dagegen die Formulierung zur Farbe: „rauchbraun oder schiefergrau bzw. rötlich mit schwarzem Anflug". Auch in dem erwähnten Werk von Kramer (1899) zeigt das abgebildete Paar der damaligen Zeit mittelrote Läufe. Die entsprechende Bezeichnung hieß: „schmutzig schwärzlich rot gefärbt". Die heute geforderte fast schwarze Lauffarbe kündigte sich aber schon in der Zusatzbemerkung an: „Je mehr Schwarz, desto besser!".

Von entscheidender Bedeutung für den Gesamtausdruck ist der Kopf. Wenn der Standard von einem ziemlich kleinen, länglichrunden Kopf mit flacher Stirn spricht, so ist damit die feine gezogene Schnabel-Stirn-Scheitel-Hinterkopflinie treffend beschrieben, die im züchterischen Vokabular „Schlangenkopf" heißt. Der Schnabel darf aber nicht zu lang wirken, soll vor allem flach sein, also möglichst ohne ansteigenden First. Die Form des Kopfes wird durch den relativ breiten Schnabel „schlangenartig" unterstützt, so daß weder ein deutlicher Absatz hinter dem Schnabel noch eine Verschmälerung im Vorderschnabel auftritt. Die kleinen, dunklen, nahe der Schädeldecke liegenden Augen passen gut zum gezogenen Kopfprofil. Die richtige Schnabelfarbe ist wichtig: dunkel-weidengrün beim Erpel. Der Jungerpel zeigt den dunklen Sattelfleck, der von der Wurzel fast bis

zur Spitze reicht. Beim Alterpel ist dieser Fleck noch einen Ton dunkler, fast schwarz und in der Ausdehnung kleiner. Die Ente soll schwarzgrüne bis schwarze Schnabelfarbe oder bleifarbene Tönung haben. Kramer verwendete vor 90 Jahren dafür noch den Ausdruck „blauschwarz".

Zum feinen Kopf paßt nur der schön nach hinten gebogene mittellange und eher dünn als plump wirkende Hals. Früher trug die Cayuga-Ente „straff emporgereckten Hals und Oberkörper", der „fast gänseähnlich" erschien (Baldamus, 1897). Bei der modernen Zuchtrichtung darf die Halslinie weder zu kurz noch zu lang und keinesfalls gänseartig gerade aufrecht wirken. Der Kopfschwung muß sich also in der feinen Halspartie fortsetzen. Zu dünne Hälse allerdings passen nicht zum mittelgroßen Volumen des Körpers.

Farbe

Die Formulierung von P. Doll (1986): „Heute kennen wir die Cayuga-Ente mit ihrem glanz- und lackreichen Gefieder als die schönste Art im schwarzen Kleid", könnte man zustimmen, wenn zwei Punkte berücksichtigt würden. Erstens ist die Cayuga-Ente keine Art, sondern eine

Rasse, und zweitens gibt es die geradezu phantastisch schillernde Smaragd-Ente, die im Durchschnitt den Glanz der Cayuga noch etwas übertrifft. Dennoch zeigt die heutige Cayuga-Ente herrlich grünglänzende schwarze Farbe, besonders intensiv auf Kopf, Hals und Rücken. Die Farbe des Spiegels muß sich deutlich davon abheben und klar blau schimmern. Die im amerikanischen Standard von 1985 abgebildeten gemalten Tiere zeigen allerdings keine blauen, sondern grüne Spiegel. In der Farbbeschreibung „black preferred, black with olive tip permissable" − bevorzugt schwarz mit grünen Spitzen zulässig − fehlt auch jeder Hinweis auf blaue Spiegelfarbe. Bei uns sind grüne Spiegel ebenso fehlerhaft (nicht zu verwechseln mit der Smaragd-Ente!) wie glanzlose, matte oder bräunliche Gefiederfarbe. Wir verlangen heute eine möglichst gleichmäßig verteilte Lackfarbe, wobei die Unterseite nie so glänzen kann wie die Hals- und Rückenpartie. Hellt die Farbe auf, bekommt sie einen braunschwarzen Ton; dann wirkt sie immer untypisch stumpf. Tiere mit viel Lack auf den Schwingen und Oberschwanzdecken bestechen besonders. Wenn auch in den gegenwärtigen Spitzenzuchten (z. B. der Familie Kurz, Alsfeld) kaum noch Tiere mit hellen Kehlen auftreten, so ist doch auf das verpönte Weiß (zurückgedrängter Rest des weißen Latzes früher eingekreuzter Landenten) zu achten. Mesch berichtete 1957 im „Thüringer Kleintierzüchter", daß die zeitweise angetroffenen Tiere mit weißem Kehlfleck oder sonst weißen Stellen Kreuzungen mit Pommern- oder Duclair-Enten seien. Nach Vogel (1956) können solche weißen Gefiederstellen auch aus Einkreuzungen mit wildfarbigen Enten herrühren. Marks bemerkt dazu (1965): „Sie traten manchmal bei älteren Enten auf, die vorher einwandfrei waren. Ist der weiße Kehlfleck nicht stark sichtbar, sondern nur ein weißes Stellchen unter der Schnabelwurzel vorhanden, so sollte man mit diesen Tieren nicht allzu streng ins Gericht gehen und die Bewertungsnote nicht drücken, denn sie haben meist beste Kopffarbe und hochfeinen käfergrünen Glanz." Eine Empfehlung, der wir uns heute nur noch bedingt anschließen können, denn nicht selten tritt bei der Nachzucht aus solchen weißkehli-

gen Tieren eine Verbreiterung der Kehlzeichnung nach unten auch dann auf, wenn die Eltern nur Andeutungen davon zeigten.

Ebenso sind aufgehellte Schwingenspitzen oder gar angedeutete helle Spiegeleinfassungen unnachsichtig zu strafen. Die Augenfarbe wird schwarzbraun verlangt. Übrigens standen Cayuga-Enten wegen ihrer Farbe bei der Herauszüchtung von Orpington- und Schwarzen Lauf-Enten Pate. Die genetische Bezeichnung der entsprechenden Allele lautet: EEggD(D).

Besonderheiten

Wer eine vollfleischige Ente mit feinen Kopfpunkten einer schlichten weißen vorzieht, dem seien Cayuga-Enten empfohlen. Hinsichtlich Fleischertrag und -qualität stehen sie Peking- oder Aylesbury-Enten kaum nach. Neben dem beachtlichen Nutzwert, der lediglich durch das dunkle Gefieder, d. h. durch Stoppelreste am Schlachtkörper, die etwas unansehlich wirken können, beeinträchtigt wird, wirken Cayuga-Enten durch ihren herrlichen Gefiederglanz, besonders auf grünem Rasen, durch ihr elegantes Wesen, bedingt durch den ausgeprägten Hals- und Kopfadel, und nicht zuletzt durch ihr hochinteressantes Sozial- und Brutpflegeverhalten. Bei der Haltung beeinflußt stark eisenhaltiges oder schmutziges Wasser die Gefiederfarbe wenig. Die Jungtiere sind schnellwüchsig und frühreif. Die Legeleistung beträgt zwischen 70 und 100 Eier pro Ente und Jahr mit einem Durchschnittsgewicht von 80 g. In den letzten Jahren wurden, besonders auf Groß- und Sonderschauen bestechende Kollektionen gezeigt, wobei 1986 besonders die Tiere der Jungzüchterin Anke Kurz, Alsfeld, begeistern konnten. In Hannover standen 57 Cayugas, deren Erpel im Durchschnitt noch besser waren als die Weibchen, was nicht nur in der Spitzennote „v-Blaues Band" für die Tiere von E. Dehrmann zum Ausdruck kam. Bei manchen Enten fehlte noch der typische Lack und die dunkle Lauffarbe.

Die Campbell-Ente

Rassegeschichte

Vor 1960 wurde diese Rasse als Khaki-Campbell-Ente bezeichnet. Die Herausbildung geschah ab 1895 in der englischen Grafschaft Gloucestershire durch die Pfarrersgattin Mrs. Campbell. Ihr schwebte wahrscheinlich von Anfang an vor, die hohe Legeleistung der Lauf-Ente mit einem höheren Körpergewicht zu Schlachtzwecken zu verbinden. Dieses Zuchtziel war schon annähernd durch die Herauszüchtung der Orpington-Ente erreicht, was der Pfarrersfrau jedoch nicht genügte. Sie benutzte eine Lauf-Ente, die in 196 Tagen 182 Eier gelegt hatte, und einen Rouen-Erpel als Ausgangstiere. Die Nachzuchttiere legten alle 200 Eier im Jahr und wogen im Alter von 10 Wochen 2 kg. Damit war das Zuchtziel noch nicht erreicht, denn die Tiere waren etwas schwerfällig und noch nicht beweglich genug für die Futtersuche. Mrs. Campbell kreuzte daher wilde Stockenten ein und erzielte zwar einen leichteren Typ, aber auch die Verstärkung der Wildfarbe, so daß die Tiere wie wildfarbige Landenten aussahen. Als die neue Rasse zum erstenmal 1898 der Öffentlichkeit vorgestellt wurde, fand sie keine Zustimmung, so daß weitere Versuche unternommen werden mußten. Erst nach Einkreuzung einer gelben Orpington-Ente zeigten einige Nachwuchstiere die gleichmäßige gelbbraune Farbe, die dann zur Bezeichnung „Khaki" führte. Der Vergleich mit der Farbe der Tropenuniform war aber nicht glücklich gewählt, wie ich im Abschnitt „Farbe" noch genauer darlegen werde.

Im Jahre 1901 gab es dann die erste standardmäßige Erfassung für die Campbell-Ente in England. Nach Deutschland kamen die ersten Vertreter dieser Rasse 8 Jahre später; sie sollen die Erwartungen auf Legetätigkeit zwar voll erfüllt haben, konnten aber keine größere Verbreitung finden.

Der Aufschwung der Campbell-Zucht vollzog sich erst in den Händen holländischer Züchter. Aber auch hier kämpfte man gegen die ungleichmäßige Erscheinung bei vielen Nachzuchttieren. Größe und Typ schwankten, Farbe, Gefieder, Schnabel und Fußfarbe zeigten starke Abweichungen von der englischen Musterbeschreibung. Doch die außergewöhnlich hohe Legeleistung ließ in Holland die Verbreitung lawinenartig anschwellen. Die bis dahin favorisierte weiße Indische Lauf-Ente als Eierlieferant wurde in den Farmen von der Campbell-Ente abgelöst. Allein die Jansen-Farm in Ermelo hielt Tausende dieser guten Leger. Von der „niederländischen Rekord-Ente" ist bekannt, daß sie in West-Grafdijk innerhalb von 360 Tagen 354 Eier legte! Allerdings soll eine Ente in englischer Zucht bei einem Wettlegen unter staatlicher Kontrolle in Newport-Salop in 336 Tagen auch 326 Eier gelegt haben. Die Tiere legten bis zum Ende des 17. Monats durch; die Durchschnittsleistung in 384 Tagen unter Legekontrolle betrug 365 Eier. Anschließend wurden sie 3 Monate lang gemästet und als Schlachtenten verkauft. Ein anderer amtlicher Legenachweis aus Holland nennt Stückzahlen einzelner Enten von 237, 264, 301 und 319 pro Jahr.

Nach dem Ersten Weltkrieg war die deutsche Bevölkerung stark auf wirtschaftliche Bindungen mit den Niederlanden angewiesen. Neben den Barnevelder und Welsumer Hühnern brachte uns der Warenaustausch auch wieder die Campbell-Ente. Mangel an Futtergetreide wurde durch die Genügsamkeit und die fleißige Futtersuche der Enten bei freiem Auslauf ausgeglichen. Gleichzeitig wurde die Schauqualität der Tiere verbessert; größere Gleichmäßigkeit hinsichtlich der Form und Farbe waren seit 1925 erreicht, was die damaligen Schauergebnisse beweisen. Ein Bericht in der „Geflügel-Börse" vom März 1928 bezeichnet die Campbell-Ente als „Zwieente" und führt aus: „Wenn sie auch nicht ganz das Gewicht der Orpington-Ente erreicht, so ist dafür ihre Legeleistung erstklassig. 200 bis 250 Eier im Jahr sind keine Seltenheit, und ein Stamm von 15 bis 20 Enten kann leicht einen Durchschnitt von 200 Eiern erreichen." Die Tiere von V. Bieten, Keyenberg/Rheinland, aus englischen Importen stammend, fanden besondere Beachtung. Zwischen 1925 und 1929 übertrafen die „Khakis" mit ihren Legeleistungen beim

Wettlegen in Newport die Leistungen der leichten Hühnerrassen, z. B.

Hühner im Durchschnitt 203,9 Eier, Enten 231,4 Eier;
Hühner im Durchschnitt 199,8 Eier, Enten 242,7 Eier;
Hühner im Durchschnitt 204,8 Eier, Enten 247,5 Eier.

Größer war auch die Gesamteimasse der Enteneier, allerdings mußte dafür mehr Futter eingesetzt werden.
Der Absatz von Enteneiern bereitete in dieser Zeit in Deutschland einige Schwierigkeiten. Zwar verkündete die Propaganda „größer, ausgiebiger, fettreicher als Hühnereier"; zahlreiche Todesfälle nach dem Genuß von Mayonnaise aus rohen Enteneiern führten jedoch zu dem Urteil „giftige Eier" und brachten die Verordnung über den Verkauf hervor. In Holland und England wurde dennoch die Enteneierproduktion unvermindert fortgesetzt. Ein Bericht von 1936 beschreibt die Haltung: „Jede Ente hat einen kleinen eigenen Stall, in dem sie bis morgens bleiben muß. Dann kommt die Kontrolle. Hat sie das durch Tastverfahren festgestellte Ei abgelegt, kommt sie hinaus. In Deutschland ist des Klimas wegen diese Unterbringung nicht zu empfehlen. Bei uns sitzen sie des Nachts besser in den üblichen Ställen, und in diesen befinden sich die Fallnester, die von ihnen gerne aufgesucht werden. So hat man eine gute Kontrolle und kann immer von den besten Legern nachzüchten, die Rasse und ihre vorzüglichen Eigenschaften immer noch mehr verbessern. Die Ente braucht kein Schwimmwasser. Ein Stamm von 1,7 kommt mit einer Fläche von 45 qm aus."
Die Züchter dieser Zeit wurden aufgerufen, ihre Bestände zu vermehren und die Leistung zu steigern, um vom Import der weißen Enteneier unabhängig zu werden.
In Deutschland trennten sich die Züchter der Campbell-Ente von der großen Gemeinschaft des Sondervereins der Entenzüchter von 1895. Nach dem Zweiten Weltkrieg lebte dieser Club der Campbell-Enten-Züchter durch die Initiative von O. Schamberger, Sonneberg / Thüringen, wieder auf. 1949 schlossen sich die bundes-

deutschen Züchter dem alten Sonderverein wieder an. Der Versuch von W. Englert, Kaiserau, 1959 nochmals einen eigenen Club zu gründen, schlug fehl.

Form und Kopf

Die Campbell-Ente der Gegenwart verkörpert den leichten, jedoch nicht schlanken Legeententyp. Die etwas aufgerichtete Körperhaltung und die lebhaften Bewegungen unterstreichen diesen Gesamteindruck. Halten die Tiere jedoch den Körper nach Peking-Enten-Art zu sehr aufrecht, ist das genauso fehlerhaft wie plumpe Figur, meistens in Verbindung mit fast waagrechter Körperhaltung.
Wichtig ist die annähernd parallel verlaufende Ober- und Unterlinie des länglichen, allseits gut abgerundeten Rumpfes. Die Oberlinie kommt nur durch einen langen, fast geradlinig, also nicht aufgewölbten Rücken zum Ausdruck. Unterbrust und Bauch seien möglichst glatt, d. h. keinerlei Ansatz eines Brustkiels oder gar Bauchwamme. Treten solche Fehler doch noch vereinzelt auf, zeigt sich hier das Erbe der frühen Rouen-Einkreuzung. Sozusagen die Verlängerung der Rückenlinie bildet der kaum angehoben getragene Schwanz. „Eingesteckte" Schwänze sind genauso untypisch wie stark angehoben getragene. Der Winkel zwischen Rücken und Schwanzfedern darf nur sehr gering sein. Manche Weibchen haben noch mit hängenden Hinterpartien zu kämpfen, wenn diese auch „gut ausgebildet" verlangt werden.
Zur eleganten Form paßt nur der mittelhohe Stand, wobei die Schenkel über den mittellangen Läufen nicht sichtbar sind. Der etwas höhere Stand des Erpels ist ausdrücklich zugelassen, jedoch sollte der optische Anklang an herausragende Schenkel nach Lauf-Enten-Art kritisiert werden. Allerdings gilt zu tiefe Stellung bei beiden Geschlechtern als grober Fehler. Aus den abgerundeten Schultern und der Brust tritt schön gleichmäßig der Hals hervor, ohne Absatz und nicht plump erscheinend. Die Beweglichkeit der Gestalt kommt auch in der anmutigen Biegung des Halses zum Ausdruck, der nach der Kehle zu schlank

wirken soll. Diese „Verjüngung" hebt den Adel des Kopfes hervor, der nur leicht ansteigenden Stirn aufweisen und oben gut gerundet sein soll. „Trockene Backen" im Standard meint eng anliegendes Gefieder an den Kopfseiten, was besonders in der Draufsicht feststellbar ist. Der mittellange Schnabel soll eher schlank als breit wirken, d. h., der vordere Schnabelteil darf sich nicht löffelartig verbreitern. Der First soll gerade verlaufen, die fehlerhafte Einsenkung ist meistens mit zu steiler Stirn und grober Kopflinie im ganzen verbunden. Der letzte Schliff des typischen Campbell-Kopfes kommt durch die gut ausgeschnittene Kehle zustande.

Farbenschläge

Khaki. Die klassische Farbe ist „Khaki"; was übersetzt so viel wie sandfarbig bedeutet. Damit ist auch schon das Problem markiert; denn es gibt hell- und dunkelfarbigen Sand. Die hellbraune, fast beige Tropenuniform der englischen Kolonialsoldaten kann auch nicht das Farbmuster abgeben, denn es wurden fast weiße bis dunkelbraune getragen. Im deutschen Sprachgebrauch umfaßt „sandfarben" sehr helle bis gelbliche Farbtöne, manche verstehen darunter sogar die gelblich-weiße Farbe.

Genetisch gehört khakifarbig zur Gruppe der Wildfarben, d. h., es ist eine Abänderung und sollte richtigerweise als gelb-dunkel-wildfarbig bezeichnet werden. Nach den Forschungsarbeiten von Lancaster (1963) gibt es 2 Serien multipler Allele, die das Muster der Wildfärbung bei Enten modifizieren. Die erste Serie, die mit Mr, M md bezeichnet wird, trifft auch für die Campbell-Ente zu und erhält die Bezeichnung md für „schwärzlich". In der Tabelle von Lancester erscheint das Gensymbol für die Khaki-Campbell-Ente unter der Bezeichnung eeggd(d) für die entsprechenden Allele.

Die Grundfarbe des Erpels ist gleichmäßig dunkel-khaki-farbig mit rötlichem Schein. Leichter grüner Schimmer darf nur auf der dunkelbraunen Kopffarbe und — schwächer werdend — auf den Halsfedern auftreten. Diese Grundfarbe wird außerdem auf den dunkelbraunen Schwanzdecken und dem Unterschwanz verstärkt. Ebenfalls ist ein keilförmiges Federfeld auf den Schultern dunkel, während die Flügelspitzen etwas heller zugelassen sind. Wichtig ist die Spiegelfarbe: Hier sitzt nicht, wie bei den meisten Farbenschlägen anderer Rassen Grün- oder Blauglanz, sondern der Campbell-Erpel darf nur ein mattes Samtbraun zeigen, keinesfalls glänzend oder gar mit heller Spiegeleinfassung. Das Erbe der wilden Stockente zeigt sich noch in der schwachen silbergrauen Sprenkelung an den Körperseiten und in der Aftergegend, was bei nicht zu starker Ausprägung nicht zu strafen ist.

Die Schnabelfarbe des Erpels ist grün, wobei ein dunkler Ton dem helleren vorgezogen wird. Die Bohne wird schwarz, die Läufe werden dunkelorangefarbig verlangt; Augenfarbe nuß- bis dunkelbraun. In manchen Zuchten treten immer wieder helle Augenstreifen bei Erpeln auf. Erfahrene Züchter können diesen Fehler schon bei Jungtieren erkennen und merzen diese dann aus. Auch achte man auf rußige Halsfarbe bei Erpeln, da sich dieser grobe Fehler hartnäckig vererbt. Selbstverständlich sind Tiere mit weißen Federpartien für die Ausstellung nicht und für die Weiterzucht kaum zu gebrauchen.

Ein besonderes Kapitel ist die Farbe und Zeichnung der Ente. Da es sich um eine Variante der Wildfarbe handelt, ist natürlich eine Zeichnungsanlage vorhanden. Diese darf sich aber nicht von der gleichmäßigen hellbraunen Grundfarbe kontrastreich abheben, sondern muß mattbraun bleiben. Die Säumung ist beim idealen Farbentier kaum erkennbar, d. h., die Feder ist fast einfarbig. Manche Enten neigen aber im Farbbild zum Extrem: sie zeigen kaum noch die Wildzeichnungsanlage, was nicht durch hohe Bewertungen gefördert werden sollte. Ein Irrweg ist auch die Verstärkung der dunklen Grundfarbe, da solche Tiere „zwar dunkel sind, aber dafür scharf abgegrenzte, sehr helle doppelte Säumung haben. Durch den starken Farbkontrast des hellen Bandes in der dunklen Feder erscheint diese Ente dunkler als ihre Nachbarin, die zwar die gleiche dunkle Grund-

**1,0 Campbell-Enten
Khaki
RG VI**

farbe hat, aber durch ein farblich angepaßtes Band keine Kontrastwirkung zeigt. Dies führt zu einer optischen Täuschung" (Kister, 1980). Der gleiche Experte fordert auch die Einfachsäumung anstelle der Doppelsäumung, die manche Preisrichter vorziehen, weil solche Tiere insgesamt dunkler erscheinen. Die Grundfarbe läßt mit zunehmender Legeleistung der Ente nach. Sind Wachstum und Hauptmauser beendet, legen die Tiere schon im Herbst und zeigen dann den Abbau von Farbpigmenten auf den Flügeldecken. Dem trägt die Bemerkung zur Erpelfarbe: „etwas hellere Flügelspitzen zugelassen" Rechnung. Und bei der Ente heißt es: „Farbe und Zeichnung verblassen mit fortschreitender Legeleistung."

Auch die Ente soll kaum absetzende Spiegelfarbe zeigen; beide Geschlechter haben übrigens cremefabriges Untergefieder. Mischt sich da Grau hinein, ist Vorsicht geboten. Die Schnabelfarbe der Ente entspricht der des Erpels, nur ist das Grün noch dunkler. Die Läufe sind mehr schmutzigbraun.

**0,1 Campbell-Enten
Khaki
RG VI**

Weiß. Seit 1931 ist dieser Farbenschlag bekannt. Der Ursprung geht auf weiße Tiere zurück, die aus khakifarbigen Campbell-Enten gefallen waren. Nach W. Münter (1932) ist die Einkreuzung weißer Enten anderer Rassen auszuschließen. Die ersten Weißen sollen auf der Junggeflügelschau 1932 in Hannover ausgestellt worden sein. Die 6 Erpel und 12 Enten zeigten jedoch uneinheitliches Aussehen. Der Berichterstatter legte damals großen Wert darauf, daß die Tiere nicht als „Weiße Khaki-Campbell-", sondern als „Weiße Campbell-Enten" bezeichnet wurden. In der Musterbeschreibung von 1933 heißt es: „Farbe: Reinweiß; Haut: Weiß; Schnabel: Grün ist anzustreben, einstweilen schmutzig, fleischfarbig, ins Gelbliche spielend mit grünen Flecken besprenkelt, zulässig. Läufe: Blaßorangerot. Augen: groß, braun. Grobe Fehler: reingelber oder bleifarbener Schnabel, helle Augen."

Zu den Gründen für die Herauszüchtung des weißen Farbenschlages berichtet ein nicht benannter Autor in der „Geflügel-Börse" vom April 1936: „Dieser Farben-

schlag wurde gezüchtet aus realen wirtschaftlichen Erwägungen heraus, aus nackten, materiellen Wirtschaftlichkeitsgründen. Die Khaki-Ente hat ein braunes Untergefieder, und die Kiele sind blauschwarz. Die gerupften Tiere sehen deshalb unansehnlich aus. Jegliche blaugraue Hautfarbe eines geschlachteten Tieres ist eine ungünstige Farbe, und darum wurde die Khaki-Campbell-Ente als Schlachtware nicht hoch bewertet und vom Käufer nicht begehrt. Jedenfall kann sie einen Vergleich mit einer weißhäutigen Ente nicht aushalten." Zuchtziel war also die Verbindung der hohen Legeleistung mit dem höheren Erlös für die Schlachttiere. Die Meinung der Berichterstatter bezüglich der verwendeten Ausgangstiere scheinen auseinandergegangen zu sein, denn im Unterschied zu H. Münter meint der letztgenannte, daß auch die Streicher-Ente neben fehlfarbigen Khaki-Enten zur Herauszüchtung benutzt worden sei. In der Nachzucht sollen dann auch gescheckte, bräunliche und schmutziggelbe Tiere gefallen sein. Auch soll das angestrebte reinweiße Gefieder der ausgestellten Tiere selten erreicht worden sein.

Nach dem Zweiten Weltkrieg wurden weiße Campbell-Enten in Deutschland zunächst 30 Jahre lang nicht gezeigt, obwohl in Fachberichten verstreute Bemerkungen vom Vorhandensein der Tiere zeugen. So erwähnt Steffens (1962) „sehr ansprechende weiße Campbell-Enten" und empfiehlt den Züchtern, von sich aus scharf auf die Reinheit ihrer Rasse achtzugeben. Eine Abbildung in der „Geflügel-Börse" Nr. 16/1960 zeigt einen weißen Campbell-Erpel des Züchters K. Backfisch, Eberbach, der in Freiburg im Stamm gezeigt wurde und die Note „sehr gut" erhielt. Daß gegenwärtig gute Stämme reinweißer Campbell-Enten in der Bundesrepubik Deutschland vorhanden sind, ist dem Vorsitzenden des Sondervereins R. Kurz, Alsfeld, zu verdanken. Er hatte sich schon 1983 darum bemüht, aus England Weiße zu bekommen, was leider scheiterte. Einige Monate später jedoch konnte der Züchter in Holland solche Tiere im Kükenalter kaufen. „Diese 5 Küken brachte mir Zuchtfreund Broekman im Juli 1983 nach Altenburg, um im Tausch von mir 15 Küken der Deutschen Peking-Ente mit nach Holland zu nehmen. Mr. Liefeith aus England brachte mir im gleichen Jahr zur großen Überraschung noch 1,2 weiße Campbell-Enten, fast ausgewachsen, aus der bekannten englischen Zucht von Mr. J. Morgan mit nach Deutschland. Ich habe anläßlich der 5. Nationalen in Frankfurt nach langen Jahren die weißen Campbell-Enten wieder der Öffentlichkeit vorgestellt" (Kurz, 1985).

Inzwischen ist die Musterbeschreibung geändert worden. Anstelle der Bezeichnung für die Schnabelfarbe „schmutzig-fleischfarben" heißt es jetzt „orange bis gelblich". Die Lauffarbe ist von „blaß bräunlich-rot" in „orange bis blaßrot" umgeändert. Die Augenfarbe wird nicht mehr braun, sondern graublau bis dunkel verlangt. Übrigens ist auch nach dieser Änderung bei älteren Tieren Grün im Schnabel erlaubt. Als grober Fehler zählt jedoch bei den Weißen fleischfarbiger Schnabel.

Besonderheiten

Neben dem attraktiven Schauwert steht bei dieser Rasse die enorme Legeleistung im Vordergrund. Als fleißige Futtersucher finden Campbell-Enten bei freiem Wiesenauslauf einen guten Teil der Nahrung selber, so daß die Futterkosten relativ gering sind, wenigstens vom Frühjahr bis zum Herbst. Da die Tiere Schnecken, Würmer und Kerbtiere verzehren, machen sie sich durch Schädlingsverzehr obendrein nützlich. Besonders auf Rinder- und Schafweiden vertilgen sie viele Weichtiere, die als Zwischenwirte für Parasiten, z. B. des Kleinen Leberegels, *Dicrocoelium dendriticum*, der als Saugwurm die Gallengänge von Rind und Schaf befällt, dienen.

Eine Schar khakifarbiger oder weißer Campbell-Enten auf grünem Rasen ist ein ästhetischer Anblick; auf dem Wasser entfalten die temperamentvollen Tiere so richtig ihre Wesensart. Leichte Aufzucht, Frohwüchsigkeit der Jungtiere und die Möglichkeit, gegenüber schwereren Entenrassen auf dem gleichen Raum mehr Jungtiere zur Schauauswahl aufzuziehen, sind weitere Vorteile.

In verschiedenen Ländern wurde in den letzten Jahren versucht, durch Kreuzung unterschiedlicher Rassen leistungsfähige Legeenten zu erzielen. Dazu wurden auch Campbell-Enten verwendet. In sozialistischen Ländern wurde aber damit keine befriedigende Schlachtleistung erzielt (Rudolph, 1977). Die Bestrebungen, kleinere Enten besser zu vermarkten, wurden von Rudolph seit 1961 vorgenommen. Neben Campbell- und Lauf-Enten benutzte Lühmann auch Hochbrut-Flugenten. Stasko kreuzte 1964 zu diesem Zweck Stock- und Landenten in Peking- und Campbell-Enten ein.

In der DDR beklagt Marks 1982 den Zuchtstand der Campbell-Ente: „Sie gehört infolge ihrer geringen Verbreitung zu den Sorgenkindern der SZG Wassergeflügel." Auf der Junggeflügelschau 1985 in Erfurt wurden aber wieder 10 Erpel und 10 Enten gezeigt. Im „American Standard of Perfection" zeigt der abgebildete Erpel eine für unsere Verhältnisse zu helle ledergelbe Rumpffarbe und die Ente eine kaum sichtbare Zeichnung. Die seit 1941 dort anerkannten Campbell werden auf Schauen disqualifiziert, wenn sie gelbe Schnäbel und sichtbares Weiß im Gefieder zeigen. Auch scheint man dort keinen Wert auf die bei uns typische Halsbiegung zu legen, denn die Bezeichnung „almost erect" bedeutet so viel wie „gerade-aufrecht".

Auf der Deutschen Junggeflügel-Schau 1985 in Hannover wurden als kleine Sensation 2,3 und 1986 7,9 weiße Campbell-Enten gezeigt, wobei besonders die Tiere von E. Merkel hervorstachen: reines Weiß, typische Figuren und Köpfe.

Auch unabhängig vom Vorteil der besseren Vermarktung der Schlachttiere aus optischen Gründen nach dem Rupfen ist diesem Farbenschlag für das Schauwesen der Enten weitere Verbreitung zu wünschen.

Die Amerikanische Peking-Ente

Rassegeschichte

Im „American Standard of Perfection" (1985) wird das Anerkennungsjahr der dortigen Peking-Ente mit 1874 angegeben. Nach Robinson (1924) und Ives (1947) sind die Stammeltern der späteren Nutzente 1873 aus China im Landententyp eingeführt worden. Robinson vertritt die Ansicht, daß in der Anfangszeit in den USA keine Aylesbury-Enten eingekreuzt worden seien. Doll (1985) führt dagegen aus, daß die schweren englischen Enten eingekreuzt worden seien, um die ursprünglich locker gefiederte, rahmgelbe Peking-Ente mit ihrer leicht aufgerichteten Haltung in einen wirtschaftlich verwertbaren Typ umzuzüchten. Die Gegend von Tientsin und Peking war wohl das Stammgebiet der chinesischen Landenten. Der Leiter der Sektion Tierproduktion der Wilhelm-Pieck-Universität Rostock, Prof. Dr. W. Rudolph, hat in letzter Zeit etwas mehr Licht in die Abstammungs- und Einfuhrgeschichte der Amerikanischen Peking-Ente gebracht.

Im November 1873 wurde in den USA erstmalig in „The Poultry World" auf den Import einiger Enten aus China hingewiesen. Ausführlicher berichtete C. P. Anthony im Juli 1874 in der gleichen Fachzeitschrift über die Einfuhr von 6 Enten und 3 Erpeln, die J. E. Palmer am 13. März 1873 von einer China-Reise mitbrachte. Palmer behielt zur Zucht 1,3 Tiere, die bis Ende Juli insgesamt 325 Eier legten. Erpel und Enten hatten weißes Gefieder (mit gelblichem Anflug) und waren relativ groß. Besonders erwähnt wurden von Anthony der lange Hals, der tiefgelbe Schnabel und die kurzen Läufe.

Skizzen aus den Jahren 1873 und 1874 zeigen eine nur leicht aufgerichtete Körperhaltung dieser Tiere, ein Rassemerkmal, das sich bis heute erhalten hat. Wenn nach 1900 immer wieder behauptet wurde, die ersten Peking-Enten hätten einen aufrechten, steilgestellten Körper gehabt, läßt sich das mit diesen Abbildungen eher widerlegen, wobei jedoch berücksichtigt werden muß, daß es nur Zeichnungen waren.

Nach Robinson und Brown (1924) ähnelten die Tiere den Aylesburys. Hiermit wollten sie offensichtlich zum Ausdruck bringen, daß die Importe nicht solche beträchtlichen Unterschiede in der Körperhaltung zum Landententyp aufwiesen, wie später von anderen Autoren angegeben wurde.

Im Dezember 1873 wurden die ersten Amerikanischen Peking (1,1 der Importtiere und 4 Paare der Nachzucht) in Hatford / Connecticut, ausgestellt. Der „Hatford Courant" berichtete in einer Notiz über die Schau, daß die ausgestellten Enten größer als die damals vornehmlich gehaltenen Aylesbury-, Rouen-, Cayuga- und Moschus-Enten waren. Für die Geflügelzucht wurde Palmers Entenimport als das bedeutendste Ereignis der Schau und des Jahres angesehen. Bereits 1874 nahm man die neue Rasse als „Peking-Enten" in den Amerikanischen Standard auf.

Mit ziemlicher Sicherheit sind bis 1875 noch weitere Enten aus dem gleichen Bestand importiert worden, der für die Tiere des Jahres 1873 genannt wird. Der gesamte Bestand der Amerikanischen Peking-Enten am Ende des 19. Jahrhunderts soll von den 6, 12 zuchttauglichen Importtieren abstammen (Robinson, 1924).

Ende des 19. Jahrhunderts wurden schon wieder Peking-Enten nach Japan ausgeführt. Nach der Rückführung wurden sie in den USA um 1906 als „Japanische Peking-Enten" in Unkenntnis ihrer amerikanischen Herkunft zur Zucht eingesetzt. Die Hauptmethode der Zucht bestand in der für die systematische Reinzucht betriebenen Auslese. Wahrscheinlich sind aber auch Kreuzungsversuche mit Aylesburys, Cayugas und Rouen unternommen worden, die aber wegen deren vergleichsweise geringeren Wachstumsintensität bzw. der schwarzen Stoppeln auf den Schlachtkörpern wieder eingestellt wurden. Die ständige Selektion der Peking-Ente auf rasches Wachstum und hohe Masterträge führte aber zu abnehmender Fruchbarkeit und Vitalitätsverlust. Dennoch wurde der Weg

fortgesetzt, wozu die Farmer Erpel mit geringerer Lebendmasse erwarben. Diese Tiere waren aktiver und erbrachten in der Verpaarung mit schweren Enten wieder vitale Nachzucht. Es ist aber immer noch nicht restlos geklärt, ob nicht auch wieder auf gekreuzte Tiere zurückgegriffen wurde. Nach 1873 entstanden relativ rasch große Entenfarmen in den USA. Der zu jener Zeit bekannteste Entenzüchter J. Rankin stellte bereits in den achtziger Jahren vergleichende Untersuchungen mit sehr großen Tiergruppen an. Um diese Zeit wurden in einigen Gebieten der USA, so z. B. in New England, Long Island und New Jersey, viele weitere Farmen gegründet.

Die ersten Peking-Enten amerikanischer Zuchtrichtung kamen nach 1918 nach Süddeutschland, wo sie bei der 18. Nationalen Rassegeflügelschau 1921 in München in einer besonderen Klasse ausgestellt wurden. Sowohl in der Wirtschaftsgeflügelzucht als auch im Ausstellungswesen fand diese neue Entenrasse große Beachtung. In der „Rassekunde" von W. Kleffner (1920) wird sie schon als „gute Wirtschaftsente, mittelschwer, gut legend, schnellreif und leicht mastfähig" bezeichnet. Wenn auch die ausschließliche Haltung ohne Schwimmwasser noch eine brauchbare Zucht zuließ, so meint Kleffner, „daß doch ihre Vorzüge am besten hervortreten, wenn sie in der Zuchtzeit auf Wasser gehen kann."

Interessanterweise sagt die erste Musterbeschreibung der Deutschen Landwirtschafts-Gesellschaft von 1919: „Gefieder weiß oder mit schwachem gelben Unterton, nicht zu flaumig, mehr anliegend. Ausschließende Eigenschaften: zu starker Kopf, kurzer, dicker Hals, zu steile Stellung, weiches, lockeres Gefieder, stark angemästete und grobknochige Tiere."

Man legte damals schon großen Wert auf den Unterschied zur Deutschen Peking-Ente: Die Haltung wurde waagerechter, der Schwanz wurde nicht mehr stark angezogen verlangt, der kanariengelbe Anflug, auf den man bisher so großen Wert gelegt hatte, war abgeschwächt oder fehlte völlig, und der Kopf war schlanker und kam dem Aylesbury-Typ näher.

Form und Kopf

Der leicht angehoben getragene, kräftige und abgerundete Körper, der etwas gestreckte Kopf und das glatt anliegende Gefieder stellt bei der heutigen Amerikanischen Peking-Ente den Mastententyp und zugleich die Ausstellungsente mit einer gewissen Eleganz dar. Im Habitus ist sie deutlich leichter als die Aylesbury- und erst recht als die Deutsche Peking-Ente, aber in beiden Geschlechtern jeweils 1 kg schwerer als die Campbell-Ente.

Zur typischen Figur gehört der langgestreckte Rumpf, der nur vorne etwas aufgerichtet getragen werden soll. Der Rücken fällt infolge der leichten Aufrichtung nach hinten ab. Er soll breit sein, wenig gewölbt und nicht zu kurz.

Durch die volle und breite Brust, die gut eingebauten Flügel und den füllig erscheinenden Bauch entstehen die geforderten Rundungen. Wenn auch im Standard merkwürdigerweise nichts zur Bauchpartie ausgesagt ist, wünschen wir jedoch nicht den allzu stark entwickelten Bauch, der dann meistens in Bodennähe schleppt. Durch die nur mittellangen Läufe, die in der Mitte

1,0 Amerikanische Peking-Enten
RG IV

0,1 Amerikanische Peking-Enten
RG IV

des Körpers eingesetzt sein sollen, und feinknochig, dunkelgelb bis orangefarbig mit hellen Zehennägeln verlangt werden, und die kaum hervortretenden Schenkel wirkt die Amerikanische Peking-Ente im Stand kaum mittelhoch. Der geschlossen und waagrecht getragene Schwanz schließt die Hinterpartie ab.

Durch den verhältnismäßig dünnen, nicht zu langen und schön gebogenen Hals zeigt diese Rasse weitere Unterschiede zur Deutschen Peking-Ente. Allerdings darf der Hals nicht nach Hauben-Enten-Art S-förmig gebogen sein. Auch der Kopf muß sich deutlich in seiner mehr länglichen als runden Form von dem der in Deutschland herausgebildeten Peking-Ente unterscheiden. Wir wünschen aber auch nicht den schlangenartigen, flachen Verlauf der oberen Schädellinie. Wirkt der Kopf im ganzen zu stark, ist auch meist der Schnabel zu wuchtig. Beides zählt zu den groben Fehlern, wie übrigens auch zu steile Körperhaltung, weiches Gefieder und zu kurze Körper.

Der lange und breite Schnabel von hellgelber bis oranger Farbe mit weißer Bohne gehört auf jeden Fall zu den Kopfpunkten. Die Bezeichnung „löffelförmig" in der Musterbeschreibung ist problematisch. Leistet man dadurch nicht dem zu großen Schnabel Vorschub? Auch sehen wir nicht gerne dunkle Flecken im Schnabel. Das Blut Deutscher Peking-Enten kommt manchmal noch durch die Andeutung einer Frisur und Halskrause zum Vorschein, was grob fehlerhaft ist. Der gewisse Adel der Kopfpunkte geht durch zu volle Kehlpartie verloren, Kielbildung verdirbt die Körperform. Die Augenfarbe wird dunkel verlangt.

Farbe

Im „American Standard of Perfection" wird bei den Peking Ducks noch „creamy white" (creme-weiß) verlangt. Wir aber wollen ein möglichst reines Weiß ohne gelben Anflug. Fast alle Tiere zeigen aber im frisch vermauserten Zustand leichten gelben Anflug, der ausdrücklich zugelassen

ist. Ist aber eine Kollektion zu bewerten, spielt die Farbreinheit schon eine gewisse Rolle bei der Abstufung. Ist das Gelb nach Art der Deutschen Peking-Ente kräftig hellgelb oder gar mit einem Stich ins Kanariengelb, muß „sg" versagt werden, auch wenn das Tier die schönste Form zeigt.

Besonderheiten

Die Zahl der in den USA zu Schlachtzwecken erzeugten Peking-Enten beläuft sich pro Jahr auf etwa 11 Millionen, in China auf ca. 3 Millionen. In Großproduktionen werden bestimmte Kreuzungsversuche mit Amerikanischen Peking-, Zwerg-, Hochbrut-Flug- und Stockenten zur Steigerung des Fleischanteils der Schlachttiere unternommen. Besondere Bedeutung haben Kreuzungen mit der Moschus-Ente erlangt; die Nachzucht wird als „Cairina 2000" angeboten (Rudolph 1978).

In sozialistischen Ländern wurden Peking-Enten mit Aylesbury-Enten zur Erzielung von leistungsfähigen Mastenten in größerem Umfang verpaart. Zu Mastzwecken bewährten sich unter Käfigbedingungen Kreuzungstiere aus Peking-Enten mit kleinen Ententypen.

In der DDR erlebte die Amerikanische Peking-Ente in den letzten Jahren einen enormen Aufschwung. Der Obmann der dortigen SZG Wassergeflügel, H. Marks, schreibt dazu: „Zu Hunderttausenden, ja, die Millionengrenze überschreitend, werden Peking-Entenküken in unserer Republik von Großbetrieben, wie dem VEB Entenzucht und -produktion Seddin bei Potsdam, u. a. erzeugt. Sie zeichnen sich durch schnelles Jugendwachstum aus, so daß sie, entsprechende Fütterung vorausgesetzt, bereits mit 7 bis 8 Lebenswochen bei einer Körpermasse um 2500 g geschlachtet werden können."

In wirtschaftlicher Hinsicht ist die „Zehn-Pfund-Ente", wie sie früher in den USA genannt wurde, äußerst rentabel als Futterverwerter. Für die Zunahme von 1 kg Körpergewicht benötigt sie bei der Schnellmast nur 3 kg Futter. Die Kunstbrutfestigkeit der Eier, die problemlose Aufzucht der Küken und die relativ gute Legeleistung sind weitere Vorzüge. Kontrollierte „Standard-Enten" in der DDR erzeugen jährlich 120 Eier im Durchschnitt mit einem Brutei-Mindestgewicht von 70 g. Viele Eier sind aber bis zu 90 g schwer. Die Mastendmasse von 3000 g beim Erpel und 2500 g bei der Ente wird in 8 bis 10 Wochen erreicht.

In der Bundesrepublik Deutschland zählt die Amerikanische Peking-Ente, wenigstens im Schauwesen, leider fast zu den Stiefkindern. Zwar werden alljährlich auf den Großschauen kleine Kollektionen gezeigt, nicht selten läßt aber die Qualität zu wünschen übrig. So standen z. B. auf der Deutschen Junggeflügelschau 1986 in Hannover nur 2,2 „Amerikaner", die unterdurchschnittlich bewertet wurden. Es gibt aber einen treuen Züchterstamm, so daß erwartet werden kann, daß die Rasse nicht nur bestehen bleibt, sondern hoffentlich eine weitere, verdiente Verbreitung erfährt.

Die Hauben-Ente

Rassegeschichte

Unter dieser Bezeichnung ist einzig die standardisierte Hauben-Ente gemeint, nicht zu verwechseln mit haubentragenden Enten anderer Rassen (Zwerg-Ente, Hochbrut-Flugente). Wenn auch in früheren Jahrzehnten die Hauben-Ente nicht als eigenständige Rasse anerkannt wurde (Friebel, 1922: „Hauben-Enten waren bis jetzt keine bestimmbare durchgezüchtete Rasse; Juhre, 1946: „Man kann diesen Entenschlag nicht als eine Rasse bezeichnen"), so galt sie aber schon vor der Jahrhundertwende als eigene „Spiel- und Abart der Hausente" (Dürigen, 1906). Ihr lateinisierter Name damals lautete „Anas domestica cristata", andere deutsche Bezeichnungen waren Hollen-, Schopf-, Federbusch- und Kaiser-Ente. Den letzten Namen erhielt die Ente Ende des 19. Jahrhunderts von einem geschäftstüchtigen Züchter, der mit dieser noblen Bezeichnung das Ansehen und den Umsatz seiner Zuchtprodukte steigern wollte. Das Prädikat „Kaiser" ist auch noch in dem 1910 unter dem Vorsitz von H. Fehrenbach in Essen gegründeten „Bund der Hauben-(Kaiser-) Enten-Züchter" enthalten.
In englischer und französischer Literatur wird die haubentragende Ente schon Ende des 19. Jahrhunderts als „Crested Duck" bzw. „Canared l'empereur" erwähnt. Es waren Landenten, die wegen ihres haubenförmigen Kopfschmuckes auffielen und gezielt weitergezüchtet wurden. Weiße Hauben-Enten wurden in den USA schon 1874 unter der Bezeichnung „Crested" standardisiert. Schwarze Hauben-Enten („Black Crested") sind innerhalb der „Medium weight class" seit 1977 im „American Standard of Perfection" aufgenommen.
Haubentragende Enten kannte man um 1800 auch schon in Deutschland, sie wurden aber „nach Mitte des vorigen Jahrhunderts infolge der verschiedenen zu uns gebrachten Neuheiten vernachlässigt" (Dürigen, 1905). Erst seit etwa 1890 scheint die Zucht bei uns planmäßig verlaufen zu sein, denn seit dem erhalten Hauben-Enten Eingang in das deutsche Ausstellungswesen. Nach W. Rudolph (1978) sind Hauben-Enten schon vor Jahrhunderten in verschiedenen Gebieten durch Mutation aus Landenten hervorgegangen.
Die domestizierte Stammpopulation der heutigen haubentragenden Zuchtform dürfte in Holland und Deutschland verbreitet gewesen sein. Gegenwärtig scheint kein Zusammenhang zwischen den haubentragenden Enten der verschiedenen Länder zu bestehen, d. h., die Haube ist kein näher verbindendes Rassemerkmal. Hauben-Enten in Deutschland werden in ihren Zuchten vom Sonderverein der Entenzüchter von 1895 betreut.

Übrigens ist es ein echtes Märchen, daß es die wilde Hauben-Ente, genannt „Fresake" oder „Fuligula fuligula" vom Polarkreis bis gegen den Wendekreis und von China bis Westeuropa verbreitet gegeben haben soll. H. J. Wieking zitiert 1986 eine nicht näher benannte Quelle und bemerkt treffend dazu: „Sicher hat der unbekannte Autor selbst an das geglaubt, was er niederschrieb, und es wurden durchaus nicht nur in früheren Zeiten Märchen aus dem Reiche der Natur verbreitet."

Die Bezeichnung „Ente von Bali" in einem Bericht aus den zwanziger Jahren ist nach heutigen Erkenntnissen über den Ursprung des haubentragenden Entenschlages ebenso absurd.

Form und Kopf

Das Hauptrassemerkmal sei vorweg dargestellt. Das Phänomen der Haube ist im Standard beschrieben, zur Genetik dieser Verlustmutation werden im entsprechenden Kapitel und unter „Besonderheiten" nähere Ausführungen gemacht. Auf dem länglich-runden Kopf mit deutlich hervortretenden Backen sitzt die kugelförmige Haube. Sie besteht aus Federn daunenartiger Struktur, d. h., diese unterscheiden sich von den wesentlich festeren Haubenfedern der Hühner durch die überwiegend offenen Fahnen und die weicheren Schäfte. Die Form der Haube soll rund und gerade sein, d. h. nicht nach hinten verlängert, meistens verbunden mit zu wenig Federn im Haubenansatz. Der Sitz wird genau auf der Mittellinie des Kopfes verlangt. Wichtig ist der Haubenschluß oben. Verpönt ist die oben offene oder gescheitelte Haube ebenso wie die schiefsitzende oder nach einer Seite herunterhängende. Dazu die Original-Formulierung aus der Zeit der Jahrhundertwende von B. Dürigen: „Bei der Beurteilung der Hauben-Ente kommt es zunächst und hauptsächlich auf eine schöne volle, auf der Mitte des Kopfes sitzende Haube an. In dieser Beziehung bleibt aber, namentlich bei sorgloser Zucht, oft zu wünschen übrig, indem die Haube zu klein, schief, einseitig oder zu kurzfederig ist."

Die Formulierung „eigroße Haube" im Standard von 1920 drückt eigentlich die Erwartung aus, die wir heute haben, wobei selbstverständlich nicht an die Größe eines Gänseeis gedacht ist. Im amerikanischen Standard ist die Forderung klar formuliert: „Crest: large, wellbalanced on crown of head" (Haube: groß, in der Mitte des Kopfes sitzend).

Dieses Federgebilde kommt durch einen mutativ entstandenen Defekt in der Struktur der Schädeldecke zustande. Bei haubentragenden Enten bleibt eine Öffnung in der Schädeldecke, die sich von der knochigen Erhöhung (Protuberanz) haubentragender Hühner unterscheidet. Auch die Schädelstruktur sogenannter Haubengänse ist anders: Bei diesen liegt eine Verdickung der Kopfhaut vor, die wiederum mit einer Verstärkung der Federpapillen und einem gesteigerten Wachstum der Federn verbunden ist. Daher handelt es sich bei der Haubengans um eine „völlig harmlose Mutation" (Engelmann, 1984); sie hat keinerlei Nachwirkungen auf die Lebensfähigkeit und Leistungen der Gänse.

Bei der Hauben-Ente ist der offene Schädel bei lebensfähigen Tieren entweder mit einer fettgewebsartigen Wucherung oder durch Knorpel überzogen. Diese Überkleidung schützt das sonst offenliegende Hirn und bildet die Unterlage für die verlängerten Kopffedern.

Bei den Formmerkmalen steht der starke Landententyp im Vordergrund. Der Rumpf wird durch den ziemlich langen und breiten Rücken gebildet, der ein wenig gewölbt sein soll und leicht abfallend verläuft. Die Brust wird voll und gut abgerundet, jedoch ohne jeden Kielansatz verlangt. Seitliche Rundungen entstehen durch die gut anliegend und geschlossen getragenen Flügel, deren Spitzen seitlich an den Schwanzwurzeln anliegen.

Ein wichtiges Rassemerkmal ist die Form und Haltung des Halses. Wir wünschen einen nicht zu starken, deutlich nach hinten gebogenen, gekrümmten Hals, wodurch der mittellange Bogen zum Ausdruck kommt. Obwohl in vielen Berichten von der „stolzen Haltung" der Hauben-Ente, als würde sie die Haube balancieren, die Rede ist, soll der Hals niemals hochgereckt und gerade getragen werden; ebenso ist die waagrechte Körperhaltung der aufgerichteten vorzuziehen.

Zu den übrigen Kopfpunkten gehören der mäßig lange, wenig gewölbte Schnabel, der nach der Stirn zu etwas ansteigt, und die dunkelbraunen Augen.

Der leicht angezogen getragene Schwanz in mäßiger Breite vollendet die typische Hauben-Enten-Figur.

Die Läufe seien nur kurz aber kräftig, ihre Farbe richtet sich nach der Gefiederfarbe.

Farbenschläge

Grundsätzlich sind Hauben-Enten in allen Farbenschlägen anerkannt, am häufigsten kommen jedoch Weiße vor. Früher gab es recht häufig Gelbe mit weißer Haube. Dürigen (1906) beschreibt den Farbenschlag: „Erpel fahlgelb, an Kopf, Oberhals und Schultern dunkler schattiert, mit angedeutetem weißen Halsring und rötlich-bronzefarbigem Spiegel oder aber mit hellgrauem

1,0 Hauben-Enten
Schwarzweißbrüstig
RG V

0,1 Hauben-Enten
Braun mit weißem Latz
RG V

168

1,0 Hauben-Enten
Blau mit weißem Latz
RG V

Kopf, rötlichbrauner Brust und Hals und etwas hellerem Spiegel, fahlgelbem Rükken und weißlichen Unterteilen, stets aber mit weißer Haube."

Nach dem Zweiten Weltkrieg gab es bei uns zunächst nur Tiere im weißen Farbenschlag, ab 1960 dann wieder 5 weitere Farbenschläge. Die Züchter der Wildfarbigen hatten in der Erpelfarbe allerdings stark mit heller Brustfarbe und Weiß in der Aftergegend zu kämpfen.

Forellenfarbige zeigten das Farbbild der entsprechenden Lauf-Enten, aber es fehlte den Tieren noch der gelbliche Elfenbeinton. Die Grundfärbung war meistens noch zu hell. Die größte Aufhellung der Wildfarbe zeigten die streicherfarbigen Hauben-Enten. Die zur Wiedererzüchtung verwendeten Streicher-Enten vererbten allerdings hartnäckig die zu geringe Körpergröße, so daß streicherfarbige Hauben-Enten zu leicht erschienen. Schwarze mit weißem Latz entsprachen dem Farbbild der

0,1 Hauben-Enten
Blau
RG V

0,1 Hauben-Enten
Weiß
RG V

Pommern-Ente, allerdings erzielen heute noch die Züchter, die sich diesem schwierigen Farbenschlag widmen, nur durchschnittlich 30 % ausstellungsfähige Farb- und Zeichnungstiere. Weiße Schwingen und farblich durchsetzte Latzzeichnung sind große Schwierigkeiten.

Reinschwarze finden immer wieder große Bewunderung wegen ihres herrlichen Grünglanzes. Zwar bereiten die Weißen die geringsten Sorgen, doch ist manchmal mauserbedingtes Gelb im Gefieder der Grund für die Zurückstufung bei der Bewertung.

In der DDR gab es in den sechziger Jahren auch Blaue mit weißem Latz, die Wiedererzüchtung bei uns wäre eine Bereicherung der Farbpalette. Auch gescheckte Hauben-Enten wurden wiederholt in den letzten Jahren auf DDR-Schauen gezeigt. Die Hauben können dann sowohl farbig als auch weiß sein.

1,0 Holländische Hauben-Enten
Bunt
RG V

Besonderheiten

Im Phänotyp kommen Hauben-Enten mit sichtbarer Haubenbildung vor und glattköpfige, sogenannte „Haubenblütige". Allerdings ist die letztere Bezeichnung irreführend, denn die Erbanlagen haben nichts mit dem Blut zu tun. Die genetischen Zusammenhänge der Haubenvererbung hat weitgehend W. Rüst, Nowawes, seit 1931 aufgeklärt und in der „Geflügel-Börse" veröffentlicht. Später ergänzte W. Woith, Oranienburg, diese Arbeiten. Die Entenhaube ist nicht reinerbig züchtbar, da reinerbige Tiere mit einem Letalfaktor (Todesfaktor) behaftet sind. Sie sterben entweder bereits im Ei, spätestens aber im Alter von 6 Wochen ab, da die Schädeldecke völlig offen ist und das Gehirn freiliegt. Lebensfähige Hauben-Enten sind daher immer spalterbig für „haubenbildend und ungehaubt". Aus der Verpaarung zweier haubentragender Enten müßten eigentlich theoretisch 25 % reinerbig Letale, 50 % lebensfähige spalterbig Gehäubte und 25 % reinerbig Haubenlose fallen. Nach den Arbeiten von Rüst (1940) wurde aber festgestellt, daß andere Verhältnisse entstehen: 25 % Letale, 25 % Gehäubte und 50 % Haubenlose. Daraus zog Rüst den Schluß, daß das Erbmerkmal Haubigkeit nur unvollkommen dominant ist und daß nur etwa die Hälfte der Spalterbigen eine Haube ausbilden.

Das Endresultat der genetischen Spürarbeit war also: 25 % reinerbig Letale, 25 % spalterbig Gehäubte, 25 % spalterbig Haubenlose und 25 % reinerbig Haubenlose. Bei haubenlosen Enten, die aus haubentragenden Eltern stammen, kann es sich also sowohl um spalterbige als auch um reinerbige Tiere handeln, ohne daß das äußerlich sichtbar wäre. Wird ein haubentragendes Tier mit einem unbehaubten verpaart, befinden sich unter der haubenlosen Nachzucht nur 1/3 Tiere, die wieder Hauben vererben können. Daher sind keinesfalls alle glattköpfigen Tiere „haubenblütig". Allerdings sind solche Glattköpfe durchaus zur Zucht zu gebrauchen, wenn man ihnen einen gehäubten Partner beigibt, denn es fallen daraus wieder einige Haubenträger.

Aus diesen komplizierten Zusammenhängen gibt es eine Züchter-Faustregel abzuleiten: wenigstens ein Tier in der Paar- oder Stammzucht sollte keine Haube tragen.

In der Schausaison 1986 wurden in Münster (Westdeutsche Junggeflügelschau) 6 weiße und 6 braun-weiße und in Hannover neben 10 weißen auch 2 wildfarbige Hauben-Enten gezeigt.

Neben dem attraktiven Haubenschmuck sind die wirtschaftlichen Gesichtspunkte bedeutsam: Hauben-Enten legen recht gut und liefern vorzügliches Tafelfleisch. Allerdings sollte bei der Zucht beachtet werden, daß die mit dem Letalfaktor verbundenen Ausfälle „tierethisch" noch zu verantworten sind.

Die Sachsen-Ente

Rassegeschichte

Die Sachsen-Ente gehört zu den jüngsten Entenrassen. Ihre Herauszüchtung wurde in zwei Phasen von Albert Franz, Chemnitz (heute Karl-Marx-Stadt), DDR, geleistet. Seit 1924 hatte der Züchter durch Kreuzungen mit Rouen-, Deutschen Peking- und blauen Pommern-Enten versucht, eine schwere, vollfleischige Ente zu schaffen, die nach 10 Lebenswochen als junge Mastente schlachtreif war. Zugleich verfolgte Franz das Ziel einer attraktiven Ausstellungsente mit feiner Farbe und interessanter Zeichnung. Besonderen Wert legte er auf helles Untergefieder, da dies für das Aussehen der Schlachtware vorteilhaft ist. Ob in der Anfangszeit auch Orpington-Enten verwendet wurden, ist nicht sicher, aber sehr wahrscheinlich.

Zum erstenmal stellte der Züchter seine

Tiere auf der Sachsenlandschau 1934 in der Sporthalle Chemnitz-Altendorf der staunenden Züchterwelt vor. Die volle Form und das pastellartige Farbbild fand sofort große Zustimmung. Der damalige Förderer der Rassegeflügelzucht P. Trübenbach unterstützte die Bemühungen um die offizielle Anerkennung, die aber erst 1957 ausgesprochen wurde. Dazu war ein zweiter Anlauf erforderlich gewesen. In den Wirren des Krieges ruhte zunächst die Zuchtarbeit. Dann sammelte Franz in der Nähe von Chemnitz Restbestände der Vorkriegszuchten und züchtete seit 1952 wieder zielstrebig. Auf der Lipsia-Schau 1955 in Leipzig stellte er 12 und dann ein Jahr später auf der Siegerschau 18 Tiere aus. Die neuen Sachsen-Enten wurden überwiegend mit „sg" bewertet, so daß der Anerkennung nichts mehr im Wege stand. W. Schulz (1958) kennt dazu Einzelheiten: „Waren auch beim Zuchtfreund Franz gute Zuchtanlagen vorhanden, so daß er eine große Herde halten konnte und Nachzucht im größeren Maße aufzog, so war doch ausschließlich das fachliche Können, die züchterische Note ausschlaggebend für den Erfolg der Herauszüchtung dieser aparten Rasse, die dann im Jahre 1957 anerkannt wurde."

Im Jahr der Anerkennung standen auf der Lipsia-Schau von 4 Züchtern 19 Tiere in guter Schauverfassung. Bald waren Sachsen-Enten auf allen Bezirksschauen der DDR zu sehen. Die Prüfung auf Mastleistung wurde genehmigt und 1959 auf dem Universitätsgut Schlobachshof bei Leipzig durchgeführt. Große Beachtung fanden die auf der Kleintier-Siegerschau 1957 in der DDR gezeigten 6 Stämme, von denen 4 die Note „sehr gut" erhielten, eine etwas verspätete Belohnung der schon 1934 gezeigten Tiere, von denen ein 6 kg schwerer Erpel damals schon den Ehrenpreis für die schwerste Ente der Schau erhalten hatte.

Im Jahre 1958 wurde die Rasse dann vom Bund Deutscher Rassegeflügelzüchter in der Bundesrepublik Deutschland anerkannt. Seitdem nimmt die Rasse bei uns eine ansteigende Entwicklung, auch zahlenmäßig. Bei dieser relativ jungen Rasse gibt es aber noch starke Schwankungen im Phänotyp, bedingt durch die unterschiedlichen genetischen Auswirkungen der Ausgangsrassen. Eine weitere Verschmelzung der Form-, Farb- und Zeichnungsmerkmale hin zur Vereinheitlichung ist gegenwärtige züchterische Aufgabe.

Form und Kopf

Sachsen-Enten stehen in der Gewichtsklasse mit Rouen- und Deutschen Peking-Enten gleich. Die kräftige Landentenform

1,0 Sachsen-Enten
RG IV

0,1 Sachsen-Enten
RG IV

kommt nur durch langen, breiten Körper mit fleischigem Gesamtausdruck zur Geltung. Der Rücken muß ausgeprägte Länge und Breite aufweisen. Die Linie ist leicht abfallend und verläuft in den waagerecht getragenen und geschlossenen Schwanz. Dazu muß die Brust mit ordentlicher Tiefe und Breite passen. Keinesfalls darf Kielbildung angedeutet sein. Manchmal kommt hier die Unterlinie der Rouen-Enten-Stammeltern noch durch. Die allseits abgerundete Form wird durch nicht zu lange, geschlossene und gut anliegende Flügel unterstützt.

Auf dem mittellangen, nicht schlank, sondern eher kräftig wirkenden Hals sitzt der lange, flachstirnige Kopf. Erscheint dieser grob, womöglich noch verbunden mit zu kurzer, plumper Figur, zählt das zu den groben Fehlern. Wichtig ist die Körperhaltung: sie sei waagerecht. Aufrechte Haltung läßt eine Angleichung zur Deutschen Peking-Ente deutlich werden, was fehlerhaft ist. Der Gesamteindruck vermittelt so das Bild der vollfleischigen Landente. Bei solchen hochwertigen Formentieren kommt auch die markante Schulterbreite zur Geltung. Keinesfalls darf aber eine gewisse Eleganz verloren gehen. Dazu tragen wesentlich die mittellangen, feinknochigen Läufe bei, die in der Mitte des Körpers eingesetzt sein sollen. Die Lauffarbe ist dunkelgelb, die Augenfarbe dunkelbraun.

Bei der Bewertung wird hinsichtlich der Formmerkmale auch besonderes Gewicht auf glattes Gefieder gelegt. Zwar ist das Untergefieder daunenreich, alle Federn sollen aber fest anliegen. Nicht selten zeigen Sachsen-Enten am Hinterkopf und Hals leichten Frisuransatz, das Erbe der Deutschen Peking-Enten.

Farbe

Die Standard-Bezeichnung „Blau-gelb" müßte eigentlich nach der Kategorie der Farben der Enten Gelb-blau-wildfarbig heißen. Es handelt sich um eine Kombination von der reinerbigen Form des Orpington-Blau (fast weiß) und Braun mit stark eingeschränkter Zeichnungsanlage der Wildfarbe. Nun ist aber bei der Sachsen-Ente die Färbung bei Erpel und Ente stark unterschiedlich.

Die Grundfarbe des Erpels zeigt sich in der blaßblau-grauen Bauch- und Unterschwanzfarbe; im Unterrücken und Bürzel ist sie dunkler taubenblau. Gleichfarbig sind die Spiegel, während Handschwingen, Schwanz und Locken mehlfarbig sein müssen. Rostrote Farbe sitzt auf Unterhals, Brust, Flügelbug und Schultern. Die Brust trägt leichte silberfarbige Säumung um jede Feder. Das charakteristische Taubenblau muß unbedingt auf dem Kopf- und Halsgefieder erscheinen. Nicht selten zeigen Erpel noch braune Einlagerungen auf dem Oberkopf und an den Backen. Auch sind manchmal die Flanken noch leicht gesprenkelt mit grauen Perlfedern der Wildfarbe, was fehlerhaft ist. Eine besondere Zierde des Erpels ist der geschlossene, möglichst scharf abgegrenzte Halsring. Ein spezielles Problem ist die Farbe der Locken. W. Dewitz weist in der „Geflügel-Börse" Nr. 14/1986 darauf hin, daß regulär alle Erpel taubenblaue Locken zeigen, da diese Federn aus dem taubenblauen Bürzelgefieder kommen und daher auch immer blau sind. Daher wäre eine Änderung im Standard zu diesem Punkt sinnvoll. Unschön wirken rußige Einlagerungen auf Schultern und Decken und zu grobe oder fehlende Brustsäumung beim Erpel.

Die Hauptfarbe der Ente ist „Satt erbsgelb", auf dem Rücken etwas heller. Leicht blaue Tönung sitzt auf Bürzel und Schwanz sowie auf den im Grunde cremefarbigen Flügeldecken. Deutlich taubenblau dagegen werden die Spiegel verlangt, kräftige gelbe Farbe auf Kopf-, Hals- und Brustgefieder. Bei der Ente muß unbedingt der „Zügelstrich" vorhanden sein; ein beiderseitig über den Augen sich hinziehender, heller, fast weißer Augenstreif. Geht ein solcher Strich außerdem vom Auge schräg nach unten zum Schnabelansatz, ist das kein Fehler. Bei der Bewertung gibt es immer noch Unsicherheiten bezüglich der Kehlfarbe. Diese darf so hell sein wie der Augenstrich, keinesfalls aber in eine Latzzeichnung ausarten. Auch sind völlig weiße Federn fehlerhaft. Allerdings wird die leicht angedeutete helle Halszeichnung,

die dem Ring des Erpels entspricht, ausdrücklich gefordert.

Die Schnabelfarbe soll beim Erpel gelb mit blaßgrüner Tönung und gelber Schnabelbohne, bei der Ente mit bräunlicher Tönung sein. Nun macht den Züchtern oft Dunkelpigment in der Erpelbohne zu schaffen. Dabei ist aber Vorsicht geboten, denn die Sachsen-Ente durchläuft eine Schälung der Schnabelbohne. Dazu bemerkt W. Dewitz (1986): „Es liegt der Verdacht nahe, daß dies etwas mit der taubenblauen Kopffarbe zu tun haben könnte. Die Schälung dauert 4 bis 6 Wochen, und kein Züchter kann vorhersagen, wann dieser Vorgang eintreten wird." Zeigen die Erpel hornfarbige Flecken und Streifen, kann das noch toleriert werden, nicht dagegen fast schwarzes Dunkelpigment in der Bohne. Verpönt ist übrigens auch dunkles Untergefieder bei beiden Geschlechtern.

Besonderheiten

Den starken Aufschwung der Sachsen-Ente in beiden Teilen Deutschlands und in anderen europäischen Ländern (in den USA ist sie übrigens nicht standardisiert) verdankt sie sowohl ihrer wirtschaftlichen Bedeutung als auch ihrem ausgesprochen hübschen Farb- und Zeichnungsbild. Die Farben wirken pastellhaft „warm", die Zeichnung des Entenkopfes und beim Erpel Halsring und Brustsaum lebhaft. Sicher wird die rassemäßige Durchzüchtung weiter gelingen, und die Zahlen der hochwertigen Schautiere werden zunehmen.

Die Hochbrut-Flugente

Rassegeschichte

Die planmäßige Herauszüchtung der Hochbrut-Flugente begann Anfang des 20. Jahrhunderts. Die Ausgangsformen waren

mit großer Wahrscheinlichkeit die wilde Stockente, *Anas platyrhychos*, und Landenten. Nach O. Franz (1981) soll auch die Zufallskreuzung von Stock- und Smaragd-Ente zu der neuen Rasse geführt haben. Nach Wegner (1947) wurden außerdem Lauf-Enten verwendet. W. Rudolph (1978) bezieht sich zur Frage der Abstammung auf die Angaben von Römer (1955), wonach die Hochbrut-Flugente in der ehemaligen Provinz Sachsen von Günther aus Land- und Stockenten gezüchtet worden sein soll. Die Herauszüchtung verlief in der Anfangszeit sporadisch; nach und nach schätzte man aber den feinen Wildgeschmack des Tafelfleisches, verbunden mit der Hoftreue der stockentenähnlichen Flugente.

Aus den ersten Jahrzehnten der Züchtungsgeschichte ist uns von H. Dittes (1927) eine interessante Bemerkung überliefert: „Eine Ente erbrütete ihre Küken, im Gegensatz zu allen anderen, auf einem Reisighaufen. Mit den hocherbrüteten Jungen wurde weitergezüchtet. Die alte Ente wählte im nächsten Frühjahr wieder ein hochgestelltes Jauchefaß als Brutort und benutzte den in das Einfülloch gesteckten Strohwisch als Nest. Diese sonderbare Gewohnheit sollte nun ausgenützt werden, und es wurde eine Niststelle auf einer langen Stange hergerichtet. Die Ente legte und brütete auch hier bald. Darauf wurde die Sache weiter ausgebaut, und es mußten alle von der Zucht ausscheiden, die nicht hoch brüteten. Bald war man so weit, daß selten junge Erstlingsenten Kriecher waren, d. h. am Boden brüteten."

Die Bezeichnung „Abart der Stockente" von J. H. Wieking (1985) für die Hochbrut-Flugente, womit er die Eigenschaft meint, an hochgelegenen Brutstellen zu brüten, läßt außer acht, daß längst nicht alle Stockenten an höher gelegenen Stellen ihr Nest errichten.

Halbzahme, leichte Enten mit viel Wildblut wählten damals in den Hochmooren, besonders im Bourtanger Hochmoor, hochgelegene Nistplätze. Dazu kennt Wieking wichtige Einzelheiten: „Besonders waren es die in der oben beschriebenen Gegend recht häufig vorkommenden Kopfweiden, welche allenthalben an den diese Gebiete reichlich durchziehenden Wasserläufen, wie Kanäle, Flüsse, Bäche, Gräben usw., gepflanzt wurden. Durch das ständige Beschneiden wuchsen sie nur bis höchstens 1½ m heran. Im Frühjahr trieben diese Stämme, die den Winter über aussahen wie dicke Weidenpähle, reichlich dünne Zweige bis zu etwa 1 bis 1½ cm Stärke. Diese Kopfweiden waren die bevorzugten Brutplätze der Enten, die gerne hoch brüteten."

Für die einheimische Bevölkerung, meistens nicht begüterte Bauern, waren die Eier aus solchen Entennestern willkommene Ergänzungen für den heimischen Speisezettel und für die Anreicherung des Geflügelbestandes. Die entnommenen Eier wurden von Hühnerglucken ausgebrütet und die Küken auf dem Hof aufgezogen. Die Enten blieben selbst dann dem Aufzuchthof treu, wenn sie wieder selbst zur Brut schritten. Dazu hängten die Bauern an hochgelegenen Stellen ausgediente Bienenkörbe auf. Wieking sah sogar einen Brutplatz auf einem Storchennest in der Spitze einer hohen Eiche. Erstaunlicherweise verletzen sich die frischgeschlüpften Entenküken bei ihrem Fall aus der Höhe niemals. Wie das „Foto des Monats" in „Das Tier" Nr. 1/1987 von K. Taylor zeigt, verlassen wenige Stunden alte Entenküken aus beträchtlicher Höhe im Sprung ihr Nest. Aus einer Baumhöhle segelt gewissermaßen ein Brutenten-Küken mit ausgebreiteten Schwimmhäuten und waagerecht abgestellten Flügelchen sachte herab. Die Bewegungsaufnahme gibt die einzelnen Phasen des Falles und der gesteigerten Ausbreitung der fallbremsenden Körperflächen hervorragend wieder. So dürften auch beim Auffall junger Hochbrut-Flugenten diese Leichtgewichte mit viel Flaum und dünnen, hohlen Knochen kaum Schaden nehmen.

Eine andere Verwendung in der Entstehungzeit der Hochbrut-Flugenten war die Lockentenfunktion bei der Jagd auf Wildenten. Die Tiere mußten allerdings handzahm sein, denn es war erforderlich, daß sie aus der Hand fraßen und auf einen Lockruf sofort herbeikamen. „Zur Jagd benutzt man etwa 7 bis 8 Enten. Hiermit fährt der Jäger morgens vor Tau und Tag zur sogenannten Entenhütte. Diese Hütte steht fast immer unmittelbar an einem der großen Moorkolke und besteht oft nur aus Schilf und Rohr, um den Jäger gegen Sicht zu schützen, denn die Wildente äugt ganz ausgezeichnet. Hat der Jäger die Hütte erreicht, so streut er in das Flachwasser vor der Hütte einige Pfund Getreide und wartet, bis es heller wird. Er darf die Hütte jetzt nicht mehr verlassen. Beim ersten

Büchsenlicht läßt er nun vorsichtig einige Enten auf die Wasserfläche hinaus, die jetzt natürlich sofort anfangen, nach dem ausgestreuten Getreide zu gründeln. Zwei, besser ist drei Enten, möglichst Erpel, läßt er noch bei sich in der Hütte." So konnte der Jäger die heranstreichenden Wildenten, angelockt durch Stimme und Bewegung der zahmen Tiere, erlegen. Die Lockenten wurden nach der Jagd wieder angelockt und heimgetragen.

Am Anfang der planmäßigen Zucht von Hochbrut-Flugenten stand also nicht die Rassezucht, sondern das Interesse am Gebrauchswert der Tiere, wozu sicher auch Fleisch- und Eiernutzung neben der Verwendung als Lockenten gehörten. Die Eigenschaften des Hochbrütens und der Standorttreue wurden sehr geschätzt und haben sich bis heute erhalten, wenn auch immer wieder einige Tiere zu ebener Erde brüten. D. Bornhalm plädiert 1971 dafür, die wildformnahe Veranlagung unbedingt zu erhalten. Daher sollte eine kritische Beurteilung zu weit domestizierte Hochbrut-Flugenten erkennen und von der gezielten Zucht aussondern: „Tiere mit überwiegenden Eigenschaften echter Hausenten sitzen meist träge umher oder wackeln stupide auf dem Hof herum, ohne von Fremden besondere Kenntnis zu nehmen. Die gute Hochbrut-Flugente wirkt immer etwas argwöhnisch, besonders bei Fremden. Senkt sich dann die Abenddämmerung über das Gewässer, so erwacht auch in der guten Hochbrut-Flugente das Erbe vieler vergangener Stockentengenerationen. Innerhalb kurzer Zeit streichen sämtliche Tiere auf den abendlichen Dämmerungsstrich, um mit hellklingendem Flügelschlag entfernte Gewässer oder Felder zur Nachtäsung aufzusuchen. Bei einer Beurteilung sollte man gerade auf diesen Umstand nie verzichten." Die Nachteile des Wildblutverlustes sind verkümmerte Instinkte, zu hohes Gewicht der Tiere, höhere Eierzahlen und Ausfall des Bruttriebes.

Form und Kopf

Wenn auch die Hochbrut-Flugente gegenüber der Stockente deutlich größer und etwas schwerer erscheint, so muß doch im Gesamteindruck der Wildtyp erhalten bleiben. Der Rumpf ist gestreckter als der der Stockente. Im Standard der DDR ist formuliert: „um etwa 2 cm länger als die Stockente." Im Käfig erscheint die Flugente meistens etwas ruhiger als die wilde Stockente (letztere soll in der Klasse „Wildgeflügel" hinsichtlich dieses Merkmals – zwar käfigvertraut, aber etwas wild-flüchtig – bei der Bewertung beachtet werden), aber die „lebhaft, flugfreudig" in unserem Standard geforderten Eigenschaften soll man ihr ansehen. Erst recht gegenüber der Zwerg-Ente soll die Hochbrut-Flugente größer erscheinen, denn die Zwerg-Ente ist wiederum gegenüber der Stockente um 1 bis 2 cm kürzer.

Wir verlangen die ausgeprägte Bootsform, d. h., die Unterlinie verläuft wie bei einem Boot etwas durchgebogen, was durch die gut gerundete Brust und den leicht gebogenen Bauch bedingt ist. Die Rückenlinie ist nur wenig aufgewölbt und deutlich flacher als die Unterlinie. Der Rücken soll doppelt so lang wie breit sein.

Das Körpervolumen darf aber trotz der gestreckten Figur nicht zu stark wirken, meistens ist mit Übergröße auch zu grobe Kopfpartie verbunden. Nicht der dicke, runde Kopf ist erwünscht, sondern der länglich gezogene mit wenig Stirn, wozu der Eindruck des relativ langen Schnabels entscheidend ist. Tiere mit steil nach oben gehender Stirnlinie, zu flacher Kopfrundung oder zu kurzem Schnabel werden auch dann bei der Bewertung zurückgesetzt, wenn sie gute Form und Farbe zeigen. Im Unterschied zur Zwerg-Ente sitzen die dunkelbraunen Augen, seitlich gesehen, bei der Flugente niemals nahe der Kopfmitte, sondern im oberen Drittel. Der Hals soll, zum beweglichen, lebhaften Typ passend, schlank und nicht zu lang sein.

Das „Heck" der Bootsform kommt durch den waagrecht und geschlossen getragenen Schwanz zum Ausdruck. Zur Flugfähigkeit gehören recht lange Flügel, die aber nicht sperren und oder zu stark kreuzen sollen. Der Stand wirkt durch die im Bauchgefieder verborgenen Schenkel und die kurzen Läufe recht niedrig. Die Lauffarbe ist je nach Gefiederfarbe orangerot bis dunkel.

1,0 Hochbrut-Flugenten
Wildfarbig
RG VIII

Farbenschläge

Im Unterschied zum DDR-Standard, der nur die Farbenschläge Wildfarbig, Weiß, Schwarz und Blau mit weißem Brustlatz, Gescheckt und seit 1981 „Sachsenentenfarbige" aufführt, sind in der Bundesrepublik Deutschland alle bei den großen Entenrassen vorkommenden Farbenschläge anerkannt.

Wildfarbig. Zwei Varianten der Wildfarbe gibt es: dunkel- und hellwildfarbig. Bei den Dunkelwildfarbigen fehlt der Verteilungsfaktor – die Tiere sind im weiblichen Geschlecht am ganzen Körper, einschließlich der Unterseite, ganz gleichmäßig gefärbt und zeigen keinen Augenstreif und keine blauen Flügelspiegel. Die Erpel zeigen im Prachtkleid keine rotbraune Brust, kein Spiel und keinen weißen Halsring. Die grüne Kopffarbe geht ohne Absatz in die graue Rieselfärbung über.

Hell-wildfarbige Enten ohne Verteilungsfaktor haben zwar die übliche Stockentenzeichnung, sind aber heller braun. Ihre Flü-

1,0 Hochbrut-FLugenten
Wildfarbig mit Latz
RG VIII

177

1,0 Hochbrut-FLugenten
Blau-gelb
RG VIII

gelspiegel sind gut ausgeprägt. Die Grundfarbe des Erpels ist deutlich heller als die der Stockente und die Vorderbrust heller kastanienrot ausgeprägt. Von gleicher Farbe sind auch ein Teil der Schulterfedern. Leider gibt es auf unseren Schauen noch keine getrennten Farbklassen für diese Aufsplitterung des Wildfarbenkomplexes.

Bei Wildfarbigen werden hohe Anforderungen an Farbe und Zeichnung gestellt. Helle Schwingenenden, rußige Rückenfarbe oder helles Aftergefieder schließen

die Erpel von der Note „sg" aus. Besonders wird auf klare, hufeisenförmige Zeichnung und scharfe Spiegeleinfassung bei ausgeprägter Grundfarbe der Ente geachtet.

Weiße werden alljährlich in sehr guter Schauqualität gezeigt. Unerwünscht ist gelber Gefiederanflug und fleckige Schnabelfarbe.

Schwarz. Reinschwarze (ohne Latzzeichnung) kommen relativ selten vor. Sie haben

0,1 Hochbrut-Flugenten
Blau-gelb
RG VIII

**0,1 Hochbrut-Flugenten
Blau-gelb mit Haube
RG VIII**

immer noch mit der Verwechslung mit Smaragd-Enten zu kämpfen, deren Blutsverwandschaft man vielen Tieren noch ansieht. Manche sind auch aufgrund von Cayuga-Einkreuzungen einfach zu groß und schwer.

Sehr hübsch wirken Hochbrut-Flugenten mit *Latzzeichnung*. Wir kennen sie im wildfarbigen, schwarzen und blauen Farbenschlag. Prof. Lühmann (1970) erhielt aus der Paarung einer wildfarbigen Ente mit einem heterozygoten schwarzen Erpel mit weißem Latz aus einer Brut 7 wildfarbige und 7 schwarze Enten, alle schwarzen mit weißem Latz. Die Latzzeichnung soll in Form und Ausdehnung der der Pommernente entsprechen, erscheint natürlich bei den kleineren Hochbrut-Flugenten in geringerem Ausmaß. Nicht selten sieht man heute in wildlebenden Entenpopulationen, manchmal mitten in Städten und Parks, auf Flüssen und Weihern latzgezeichnete Tiere, die nicht mehr als reinblütige Stockenten gelten können, ja, manche Bestände sind sogar wegen der Hochbrut-Flugenten-Einkreuzung in ihrer Artenreinheit gefährdet!

**0,1 Hochbrut-Flugenten
Wildfarbig-gescheckt
RG VIII**

Schecken in Wildfarbig und auch in Rehfarbig (in der DDR) wirken besonders attraktiv. Auf der Nationalen 1984 in Nürnberg wurden 1,2 schwarzgescheckte Tiere, leider nur in mäßiger Qualität, gezeigt.

Blau-gelb. Mit aparten Pastellfarben präsentieren sich die Blau-gelben. Ihre Zucht ist in farblicher Hinsicht nicht einfach. Der Zuchtstand ist noch relativ gering, so daß man noch Zugeständnisse beim Erpel-Halsring machen muß. Er kann offen oder geschlossen sein. Auch werden bei der

Ente in diesem Farbenschlag noch nicht unbedingt die klaren Augenzügel verlangt; sie sind meist nur angedeutet. Wenn sie völlig fehlen, ist das für die Weiterzucht schon problematisch. Die leicht angelaufene Schnabelbohne beim Erpel ist vorläufig noch zugelassen.

1964 berichtete D. Bornhalm von „brandgansfarbigen", gelben und sperberfarbigen Hochbrut-Flugenten bei dem Schweizer Züchter Henze, dem es auch zu verdanken ist, daß nach dem Zweiten Weltkrieg die Hochbrut-Flugente erhalten blieb.

Ein besonderes Kapitel ist die **Haubenbildung** bei dieser Rasse. Prinzipiell gilt für den Phänotyp, die Genetik und die Verpaarungsregeln das gleiche, wie für die Hauben-Ente im entsprechenden Kapitel dargestellt. In der Bundesrepublik Deutschland soll es vor 1940 schon haubentragende Enten im Wildtyp gegeben haben; in der DDR sind offiziell 1955 bei der Hochbrut-Flugente anerkannt worden. Grundsätzlich ist Haubenbildung bei allen Farbenschlägen möglich, in der Realität kommt sie jedoch fast ausschließlich bei Weißen und Wildfarbigen vor. „Die Haube soll in Zwiebelform auf dem Hinterkopf sitzen, und zwar gerade auf der Mittellinie, sie soll mit daunigen Federn nach allen Seiten gleichmäßig entwickelt sein. Geteilte oder schiefe Hauben sind fehlerhaft" (Theophile, 1959). Einerseits freue sich dieser Züchter über seine 20 weißen Flugenten mit Haube, andererseits beklagte er doch die relativ hohe Sterberate bei den Embryonen infolge der Schädeldefekte. Auch sind haubentragende Flugenten längst nicht so gut im Freiflug zu halten wie ihre glattköpfigen Vettern. Immer wieder kommen Tiere durch Unfälle an Leitungsdrähten oder als Opfer von Raubvögeln und sonstigen Feinden um, weil sie etwas sichtbehindert sind und wahrscheinlich auch die Gehirnfunktion beeinträchtigt ist.

Besonderheiten

Unterbringung, Pflege und Fütterung machen bei dieser Rasse keine besonderen Umstände. Manche Züchter verzichten sogar auf Stallunterbringung, wenn die Enten genügend Aufenthaltsmöglichkeiten auf schilfgeschützten Seen oder Flußläufen haben. Offene Schuppen in Hof oder Garten genügen den Tieren als Windschutz auch bei strengem Frost.

Als Nistkästen bringt man kleine Hütten in der Größe von etwa 40 cm x 60 cm Bodenfläche mit einem runden, genügend großen Einschlupfloch und davor ein Anflugbrett von etwa 40 cm x 140 cm Größe an. Die Höhe von 2 m soll nicht überschritten werden, denn die kleinen Küken sollen ja nicht aus schwindelnder Höhe purzeln.

Ende Februar fängt die Flugente schon an zu legen und beendet ihre Legetätigkeit im Juni. In dieser Zeit legt sie 90 bis 100 Eier von ca. 60 g Gewicht, wenn man die Eier immer wieder aus dem Nest nimmt, etwa zur Kunstbrut oder Gluckenaufzucht mit Hühnern. Besser ist aber die Naturbrut durch die Ente selbst, die meistens sehr zuverlässig sitzt und später führt.

Sind die Tiere voll flugfähig, streichen sie tagsüber zu nahegelegenen Bächen und Sumpfgebieten und suchen sich hier das meiste Futter selbst. Zur Gewöhnung an den Stammhof reicht man aber regelmäßig, meistens abends nach Rückkehr, etwas Futter, auch um die Tiere zahm zu halten. Zur Eingewöhnung fremder Tiere verzichtet man heute auf die früher üblichen Flugfesseln, um die Tiere nicht zu belasten, und beschneidet statt dessen die großen Schwingen etwas. Nicht selten fallen wildfarbige Flugenten den Jägern zum Opfer, wenn sie mit Stockenten verwechselt werden. Aus wirtschaftlicher Sicht ist die Hochbrut-Flugente nur bedingt interessant. In der DDR wird die Rasse zur Verbesserung des Brustmuskelanteils genutzt, in dem Einkreuzungen in Amerikanische Peking-Enten und Landenten vorgenommen werden. Wenn auch für den Rassezüchter die Rentabilität nicht unbedingt im Vordergrund steht, so zeigt doch die folgende Tabelle (nach Lühnemann, Bundesforschungsanstalt für Kleintierzucht, Celle, 1970) das günstige Verhältnis von Futterverbrauch und Gewichtszunahme:

Die eigentliche Bedeutung der Hochbrut-Flugente liegt im Liebhaber- und Ausstellungswert. Die Faszination dieser wildähnlichen Hausente geht gleichermaßen von ihrer Flugtüchtigkeit und der Standorttreue aus. Das kommt in den Worten von W. Mesch, Saalfeld, DDR, (1961) am besten zum Ausdruck: „Unvergeßlich ist mir jener Augenblick, wo ich zum ersten Male vor fast 4 Jahrzehnten gelegentlich eines Geflügelzuchtkurses in Halle-Cröllwitz diese Enten, die aus der Niederung der Wümme als Küken bezogen waren und sich jetzt ständig auf der Saale aufhielten, im Kursusgelände habe landen sehen, als man mittels eines aufgehängten Stahlstükkes mit dem Hammer mehrmals den Gong schlug, der die Enten zum Futterplatz im

Zunahme des Körpergewichts (g) und des durchschnittlichen Futterverbrauches in g je Tier und Tag bei wachsenden Flugenten (nach Lühnemann, 1970)

Alter in Wochen	+	1	2	3	4	5	6	7
Körpergewicht Erpel	36	83	191	350	540	737	885	992
Körpergewicht Enten	36	82	187	346	527	704	836	897
Futterverbrauch je Tier und Tag		12,1	29,8	48,5	67,8	74,8	76,8	73,1

Gelände zurückruft. Aufpassen hieß es plötzlich! Alles lenkte seine Blicke von der Höhe nach der nahen Saale hin. Schon sahen scharfe Augen dunkle Punkte von der Saale aufsteigen, die sich bald als nahende Enten erkennen ließen und nun über die Ufer und über die von Bäumen und Sträuchern umsäumten Wiesen in die Luft stiegen, eine hinter der anderen, wie an einem Faden hochgezogen. Nun kreisten sie noch auf ihrem Tummelplatz und nahmen hernach dann Richtung auf uns zu. In schrägem, gewandten, pfeilschnellen Gleitflug schossen sie auf uns zu, zogen eine kurze Schleife über unseren Köpfen und waren plötzlich unmittelbar vor uns eingefallen, wo um das vor uns ausgestreute Futter ein angeregtes Geschnatter entstand. Wie staunten wir alle ob dieses herrlichen Erlebnisses, wirklich ein einmalig schönes Schauspiel!"

Hochbrut-Flugenten haben sich ein feines Erbe bewahrt. Sie verkörpern als Rasseente in ihrer vornehmen Schlichtheit Wildcharakter und Zahmheit zugleich. Ihre Züchter begeistern sie immer wieder durch ihre robuste Flugfähigkeit, ihr sorgfältiges Brut- und Aufzuchtverhalten und nicht zuletzt durch ihr herrliches Erscheinungsbild im Ausstellungskäfig.

Die Warzen-Ente

Rassegeschichte

Die Hausform der wilden Moschus-Ente, *Cairina moschata*, wird auch als Flug-, Bisam- und Türken-Ente bezeichnet. Im Englischen wurde sie früher Muscovy Duck, in Frankreich Canard de Barbarie genannt. Die Bezeichnung Warzen-Ente hat sich im deutschsprachigen Raum gegenwärtig durchgesetzt. Gegenüber der wilden Stammform ist die Haus-Warzen-Ente durchschnittlich 25 % schwerer.

Die Domestikationsgeschichte ist nur den Grundzügen nach bekannt. Sehr wahrscheinlich hielten die Kulturvölker Südamerikas sehr lange Zeit vor der Entdeckung des Kontinents durch Europäer domestizierte Moschus-Enten. Domestikationsherde dürften in Peru und Mexiko gelegen haben. Hauptsächliche Nutzwerte waren Fleisch und Daunen. Im alten Peru war der Vogel unter dem Namen „Nunjuma" bekannt (nach Garcilasso de la Vega). Die nördlich wohnenden Kulturvölker hatten die Ente von den Peruanern übernommen. Christoph Columbus fand bei seiner Entdeckung des amerikanischen Kontinents zahme Moschus-Enten vor, so z.B. bei seiner zweiten Reise im Jahre 1493 bereits weiße Tiere bei den Einwohnern von Haiti, ein Zeichen weit fortgeschrittener Domestikation. Von Südamerika aus breitete sich diese Hausentenform später in die afrikanischen Kongo-Gebiete sowie am Euphrat, in Indonesien und schon im 16. Jahrhundert über Spanien in Frankreich aus. Der französische Historiker P. Belon beschreibt den Vogel in seiner „Histoire des oiseaux" als „canne de la Guinée". L. Reinhardt (1912) nimmt an, daß Warzen-Enten zu dieser Zeit in Frankreich nicht selten gewesen sind. Die Bemerkung: „Hier wurde sie aber mehr als „Zier-, denn als Nutzgeflügel gehalten" übernehmen noch Dürigen (1906) und Kleffner (1920) für ihre Zeit. Baldamus erkannte demgegenüber schon 1897, daß die Warzen-Ente „nicht zum Zier-, sondern eminent zum Nutzgeflügel" zählt. Der italienische Naturforscher U. Aldrovandi (1522 bis 1605) will mit der Bezeichnung „Anas cairina" die Herkunft ausdrücken: „Ente aus Kairo". In den afrikanischen Ländern begünstigte die Tropeneignung der Moschus-Ente die Verbreitung; die Tiere wurden hauptsächlich zur Kreuzung mit größeren Hausenten aus der Stockenten-Domestikation benutzt. Interessanterweise findet sich bei Reinhardt (1912) hinsichtlich der Bastardzucht die Bemerkung: „Die Bastarde erhalten die Mittelgröße zwischen beiden Eltern, wachsen sehr schnell und sind gut mastfähig. Entgegen früheren Annahmen sind sie fruchtbar, neigen aber zur Wildheit."

Anfang des 18. Jahrhunderts sind die ersten Warzen-Enten in Deutschland bezeugt. Nicht genau geklärt ist die Herkunft dieser Tiere, sehr wahrscheinlich kamen sie aus Spanien oder England. Die Bezeichnung Moschus-Ente wurde von C. von Linné nach dem Moschusgeruch abgeleitet, der in der Paarungszeit aus der Bürzeldrüse beider Geschlechter und aus den Schnabelwarzen des Erpels austreten soll. G. Naumann weist 1979 darauf hin, „daß im Falle der Warzen-Ente kein stärkerer Geruch wahrnehmbar ist als bei den Erpeln aller anderen Rassen während der Fortpflanzungsperiode." Sowohl Brehm (1869) als auch Dürigen (1893) und Kramer (1899) gebrauchen diese Namensbezeichnung. Auch Bisamente wurde verwendet, eine Anlehnung an das Sekret des männlichen Moschushirsches, das diese Tiere aus bestimmten Drüsen absondern und das zur Parfümherstellung früher Verwendung fand. Seit 1918 wurde in Fachaufsätzen immer wieder darauf hingewiesen, daß solche Namen falsch seien; plädiert wurde für die Bezeichnung „Flugente". Bis 1931 wurde der Vogel noch offiziell Türkenente genannt. Analog der Bezeichnung „Turkey" für den Truthahn verbirgt sich dahinter die Annahme der Herkunft aus fremden Ländern. Die Warzen-Ente hat überhaupt

nichts mit der Türkei zu tun. Doll erklärt 1985 die falsche Bezeichnung damit, „daß man bei der Entdeckung Amerikas fälschlich der Meinung war, Indien entdeckt zu haben." Um 1760 hatte Frisch schon einmal die Bezeichnung „Indianische Ente" benutzt.

A. Wulf (1926) ist es zu verdanken, daß sich der Name „Warzen-Ente" durchgesetzt hat; allerdings fehlte die Rasse in dem offiziellen Standard von 1934 völlig. Einen Sonderverein gab es nicht, der Entenzüchter-Club von 1895 hatte sich der Rasse nicht angenommen. Erst 1937 setzte sich der Sonderverein durch die Intitiative des damaligen Vorsitzenden H. H. Lorentz für diese fremdländische Entenrasse ein. Bis in die fünfziger Jahre wurde vereinzelt die alte Bezeichnung Moschus-Ente in deutschen Fachzeitschriften gebraucht.

In einer alten Musterbeschreibung (Kramer, 1899) lesen wir: „Die Moschus-Enten sind sehr fruchtbar und liefern besonders als junge Enten ein äußerst wohlschmeckendes und auch sehr viel Fleisch. Erwähnt sei noch, daß sie keine Stimme haben, denn sie geben nur einen hauchenden Ton von sich, und daß dem Erpel die Ringelfedern fehlen." Weniger geläufig waren in älteren Büchern und Zeitschriften die Bezeichnungen „La-Plata-Ente", „Rothaut-Ente" und „Gans-Ente".

Form und Kopf

Zur Körperform sagt eine Beschreibung aus dem vorigen Jahrhundert: „sehr groß, besonders Erpel (Ente bedeutend kleiner), langer und sehr breiter Körper. Stellung waagerecht" (Kramer, 1899). Beachtliche Länge und Breite im Rumpf bestimmen die Figur unserer Warzen-Ente. Dabei ist besonderes Augenmerk auf breite Schultern zu legen. Die frühere Formulierung: „vorstehend und sehr breit, doch an den Seiten schön abgerundet" ist eigentlich zutreffend. Der gegenwärtige Standard bezieht „breit" auf den gesamten Rücken, der, seitlich betrachtet, schwach gewölbt sein soll. Die Gesamtlänge wird wesentlich durch den 18federigen, breiten, am Ende abgerundeten Schwanz bestimmt. Durch die steifen Federn bedingt, ist nicht selten das Schwanzende etwas zerschlissen; die Tiere können sich in den Transportbehältern und im Schaukäfig nicht so frei wie notwendig bewegen. Die Bewertung nimmt darauf in gewissem Maße Rücksicht, nicht jedoch dann, wenn die Federn abgestoßen oder arg zerschlissen sind. Die Unterlinie wird durch die breite, keinesfalls tiefgehende Brust, die etwas angehoben wird, gebildet. Sie verläuft parallel zur Rückenlinie und sollte möglichst bis zum After durchgehen, d.h., sie darf nicht absetzen. Allerdings zeigen viele Altenten etwas tiefergehende Hinterbauchlinie, was mit der Legetätigkeit zusammenhängt und nicht gestraft werden sollte. Verpönt ist die Kielbildung, auch schon im Ansatz; sie wird leider durch die umstrittene Forderung nach tiefgehender Brust begünstigt; deshalb wäre es besser, mehr Brustbreite zu fordern. Die Körperlinien erscheinen dann straff und glatt, wenn die Schwingen hoch getragen und gut am Körper angelegt werden. Die Armschwingen, die bis zur Mitte des Schwanzes reichen, wünschen wir mit breiten Fahnen, dabei jedoch straff und in ordentlicher Lage. Im Verhältnis zur Körpergröße erscheinen Warzen-Enten durch die kaum mittellangen, starkknochigen Läufe eher tiefstehend. Besondere Artmerkmale sind die etwas ausgerundeten Schwimmhäute und die gekrümmten und spitzen Krallen. Erscheint der Rumpf zu kurz oder zu schmal, fehlt es stets an der erforderlichen Körpergröße, was als grober Fehler zählt. Besonders ausgeprägt sind die rassetypischen Kopfpunkte beim Erpel. Die Stirn soll flach verlaufen, der Scheitel dagegen schön gewölbt, so daß der Kopf insgesamt recht groß erscheint. Verlängert sind Scheitel- und Nackenfedern; sie haben eine etwas gelockte Struktur und müssen sträubbar sein. Bei der Bewertung ist darauf zu achten, daß diese Federn deutlich ausgeprägt sind, auch bei der Ente. Die Tiere sträuben schon bei leichter Erregung die Federn, was der Richter beachten sollte. Der Name Warzen-Ente darf nicht dazu führen, daß Tiere mit starker Warzenbildung bevorzugt werden. Im Gegenteil: wir wünschen eine möglichst glatte Gesichtshaut von roter Farbe rund um das Auge

und am Zügel bis zum Schnabelansatz. Die Bezeichnung „warzig" im Standard ist problematisch; besonders ist solche Gesichtshaut bei Enten für die Zucht nachteilig. Die Tiere bekommen dann ein unschönes, aufgetriebenes Gesichtsfeld.

Im ersten Jahr soll der Erpel überhaupt keine Warzenbildung im Gesicht zeigen, im zweiten Jahr haben die Tiere dann am äußeren Rand des Gesichtsfeldes etwas Warzenbildung, was zu berücksichtigen ist. Unschön wirkt warzenartige Gewebsstruktur bis zum Hinterhals.

Die Haut am Schnabelansatz bildet einen Halbring, der zunächst zungenartig, möglichst nicht zu breit verläuft und dann in einem nicht zu großen Schnabelhöcker endet. Das nackte Gesichtsfeld ist bei der Ente geschlechtsbedingt kleiner, auch hat der kleine Höcker mehr die Form und Größe einer Perle. Ein nur schmaler, womöglich noch stellenweise mit Federchen bewachsener Augenring genügt nicht. Bei beiden Geschlechtern soll die Gesichtshaut intensiv rot, nicht gelblich oder nur rosafarbig sein. Allerdings gibt es leichte Abweichungen je nach Gefiederfarbe.

Die Augenfarbe ist abhängig von der Gefiederfarbe, ebenso Schnabel- und Lauffarbe.

Die Form des Schnabels wird mittellang mit geradem First verlangt. Der hakige Nagel an dem schmal zulaufenden Vorderschnabel ist ein unbedingt zu erhaltendes Artmerkmal.

Den „letzten Schliff" bekommt eine hochrassige Warzen-Ente durch den sehr kräftigen, leicht S-förmig gebogenen Hals, der beim Erpel erheblich länger als bei der Ente erscheint. Bezüglich des Geschlechtsdimorphismus in der Größe erscheint dem Verfasser der im Standard ausgewiesene Gewichtsunterschied von nur 1 kg zu gering.

Farbenschläge

Gegenwärtig sind im Standard der Bundesrepublik Deutschland 6 Farbenschläge anerkannt: Wildfarbig, Blau-wildfarbig, Perlgrau, Schwarz, Weiß und Schecken in Schwarz und Blau. Braungescheckte wurden als Neuzüchtung 1986 in Hannover vorgestellt. Es handelte sich um Nachzuchttiere aus der DDR.

Taibel (1957, 1958, 1961) Hollander (1969, 1970) Hollander und Walther (1962) haben weitere Farbvarianten genetisch analysiert:

1. Weiß; rezessiv.

2. Scheckig „Duclair"; rezessiv. Weiß in der Brustregion und auf den Flügeln. Heterozygote können einen kleinen „Latz" haben.

3. Weißer Kopf und Oberhals; dominant. Nur bei erwachsenen Tieren.

4. Blau; unvollständig dominant. Homozygote sind wesentlich heller (perlgrau).

5. Gestreift; rezessiv. Die Dunenfarbe der Küken ist größtenteils weißlich, das erwachsene Tier zeigt der Sperberung ähnlich Streifen, besonders an der Brust und am Bauch.

6. Schwärzlich (atipico); rezessiv. Das Küken ist gleichmäßig braun auf dem Rücken und hat schwarze Füße. Die erwachsenen Tiere haben unter den Flügeln schwarzes Gefieder.

7. „Lavendel"; rezessiv. Die Federn haben keinen dunklen Saum. Die Küken sind fahlgrau, erwachsene Tiere möwengrau.

8. Braun-gewellt; rezessiv. Eigenartige, ungleich am Gefieder verteilte Streifenbildung, die auf unterschiedliche Aktivität des Stoffwechsels bei der Melaninsynthese zurückgeführt wird.

9. Sepia; rezessiv. Entenküken khakifarbig, erwachsene Tiere sepiafarbig.

10. Schokoladenbraun; geschlechtsgebunden, rezessiv.
(zit. nach Rudolph, W.: Die Hausenten [1977], Seite 62)

Baldamus kennt schon 1897 neben weißen und ganz schwarzen Tieren ohne weiße Flügeldecken auch bläulichbraune und schwarzweiße Warzen-Enten. Die vom DDR-Ob-mann der SZG Warzen-Enten-Züchter 1984 erwähnten, angeblich im Taschenbuch der „Rassegeflügelzucht" (Kramer, 1899) enthaltenen Gelben, sind dort zwar nicht aufgeführt, wohl aber neben Weißen auch Scheckige und Blaugraue. Pfennigstorf beschreibt 1903 neben den Hauptfarben Braune, Rötliche oder Gelbliche. Im Amerikanischen Standard 1985 sind enthalten:

White − seit 1874
Colored − seit 1904
Blue − seit 1950
Chocolate − seit 1982

Wildfarbig. Bei diesem Farbenschlag, für viele Züchter der schönste, haben wir Grundfarbe, Zeichnung und vor allem die bestechende Glanzfülle der wilden *Cairina moschata* vor uns. Das tiefe Schwarz glänzt auf dem Rücken intensiv metallgrün, auf den Flügeln mehr stahlblau und auf der Unterseite etwas matter purpurbraun. Je intensiver der lackartige Glanz, umso besser. Weiße Partien befinden sich auf den großen Flügeldeckfedern, bei ausgefärbten Jungtieren deutlich kleiner, oft nur aus 1 bis 3 Federn bestehend. Mit zunehmendem Alter vergrößert sich dieser Fleck über das ganze Oberarm- und Flügelbuggefieder. Nachteilig ist, wenn diese geforderte Flügelrose, auch Spiegel genannt (nicht identisch mit dem Glanzspiegel der Stockentenabkömmlinge!), durch schwarze Federn verdeckt ist, was durch vorsichtiges Putzen durch den Züchter und/oder Anheben der abdeckenden Federn durch den Preisrichter mit dem Stab ausgeglichen werden kann, um den Spiegel sichtbar zu machen.

Bronzefarbiger Glanz auf Hals und Brust erhöhen den Schau- und Zuchtwert, nicht dagegen hellbraune Säumung auf der Brust, die beim gegenwärtigen Zuchtstand nicht mehr akzeptiert werden kann. Eher kann die dunkle, mahagonibraune Säumung akzeptiert werden; die reinschwarze Grundfarbe ist vorzuziehen.

Manchmal machen noch weißmelierte Köpfe bei den Wildfarbigen Probleme. Toleriert werden einzelne kleine Federn bei mehrjährigen Tieren, keinesfalls im ersten Ausstellungsjahr, sonst nimmt das Weiß am

Kopf in der Nachzucht rapide zu; völlig weiße Köpfe bis in das Halsgefieder hinein wären die Folge. Leichte Silbersäumung unter den Flügeln und bei Enten an der Kehle sowie leicht aufgehellte Innenschenkel kommen von der natürlichen helleren Farbe des Untergefieders und dürfen bei der Bewertung nicht hart gestraft werden. Bei Wildfarbigen ist ausdrücklich schwärzliche Gesichtshaut gestattet, weil sie mit der Farbstoffanhäufung zusammenhängt.

Bis zu einem Alter von ca. 11 Monaten haben junge Warzen-Enten dunkle Augen.

Danach müssen aber auch Wildfarbige hellbraune Augen und bläulich-fleischfarbigen Vorderschnabel zeigen.

Schwarz bis dunkelschiefergrau sind die Läufe bei ausgefärbten Tieren dieses Farbenschlages. In diesem Zusammenhang: „Die Färbung der Läufe kann man bei den wildfarbigen Küken zur Geschlechtsbestimmung heranziehen, da Tiere mit sehr dunklen Beinen und Schwimmhäuten meist noch gekoppelt mit einem etwas dunkleren Schnabel zu ca. 85 bis 90 % Erpel, während die Enten in der Bein- und Schna-

1,0 Warzen-Enten
Blau-wildfarbig
RG II

belfarbe etwas heller sind" (Naumann, 1979). Zweijährige Tiere sind in Ihrer vollendeten Ausfärbung gegenüber ihren jüngeren Artgenossen in den Farb- und Zeichnungsmerkmalen in der Regel im Vorteil.

Blau-wildfarbig. Die schwarze Grundfarbe ist hier zu einem Blaugrau verdünnt und entspricht in etwa der Farbe des blauen Andalusierhuhnes. Allerdings wünschen wir nicht den ausgeprägten dunklen Saum um jede Feder, wenn das auch nicht grob fehlerhaft ist. Gleichmäßigkeit der blauen Farbe bei klaren weißen Flügeldeckfedern (Spiegel) werden stets angestrebt. Zeigen einzelne Tiere, besonders Erpel, fast schwarze oder braune Hälse, handelt es sich nicht um Ausstellungstiere, und diese sind auch nur bedingt brauchbar für die Zucht. Die Augen- und Fußfarbe entspricht der der Wildfarbigen, ist aber meist etwas heller.

In der DDR wird unterschieden zwischen Dunkelblauen und Hellblauen. Erstere sind spalterbig; der Hals des Erpels ist schwarzblau, jede Feder mit dunklem

0,1 Warzen-Enten
Blau-wildfarbig
RG IV

Saum. Die Ente ist heller, dem Andalusier-
blau ähnlich. Die Hellblauen vererben die
Farbe rein. Wahrscheinlich hatte Engelmann bei der Beschreibung dieses Farbenschlages 1970 die bei uns vorkommenden
Perlgrauen im Sinn.

Er führt dazu weiter aus: „Wildfarbige,
Dunkelblaue und Hellblaue kommen auch
einfarbig ohne weiße Spiegel vor. Aus ihnen entstehen leicht Schecken, unter denen die schwarzweißen die schönsten
sind."

Während die Wildfarbigen kaum die

Größe und Länge der Weißen erreichen,
bleiben die Blau-wildfarbigen meist deutlich hinter deren Volumen zurück. Auch ist
die Warzenbildung bei den Blau-wildfarbigen noch nicht so gut ausgebildet, so daß
hier Zugeständnisse gemacht werden müssen.

Perlgrau. Es handelt sich dabei um die Um-
benennung der vor 1977 als Blaue bezeichneten. Am ganzen Körper soll die Farbe
möglichst gleichmäßig perlgrau mit Ausnahme der weißen Spiegel sein. Früher

hieß es „lichtes Blaugrau". Offenbar wollte die Standardkommission perlgrauen Tieren ohne Flügelspiegel den Vorzug geben. Verpönt sind bei ihnen schillernder Glanz und selbstverständlich weiße Scheckungsanlage.

Schwarz. Bei diesem sehr selten anzutreffenden Farbenschlag fehlen nur die weißen Spiegel und der intensive Glanz der Wildfarbigen. Abzulehnen sind auf jeden Fall auch weiße Federn an Kopf, Hals und Brust. Reinblütig Schwarze litten in der Vergangenheit an fehlendem Körpergewicht, was durch Einkreuzung von Wildfarbigen verbessert werden sollte. Leider vererben sich die Zeichnungsfelder und der Glanz der Wildfarbigen durchschlagend, so daß beim Richten von Schwarzen die Unterflügel auf silbergraue Säumung überprüft und solche Tiere dann zurückgestuft werden müssen. Das Schenkelgefieder muß gut durchgefärbt sein. Die Farbe der Augen, des Schnabels und der Läufe entsprechen der der Wildfarbigen.

Weiß. Dieser Farbenschlag ist am weitesten verbreitet und formmäßig am besten durchgezüchtet. Alljährlich werden besonders schwere und in den Kopfpunkten hochrassige Tiere gezeigt. Die Farbe soll der von frischgefallenem Schnee entsprechen. Im Schaukäfig sind Tiere, die reines

Schwimmwasser zur Verfügung haben, diesbezüglich immer im Vorteil. Gelbliche Farbe kann von falscher Fütterung herrühren oder ist bedingt durch Selbst-Putzen mit Wasser, in dem Körner eingeweicht waren. Auch kann abfärbende Stroheinstreu die Ursache sein.

Kontrastreich heben sich die roten Gesichtsteile und die blaugrauen Augen sowie der rötlich-fleischfarbige Schnabel und die gelben Läufe und Füße ab. Dunkle Striche auf der Schnabelbohne und leichte schwärzliche Pfefferung in den Läufen oder fleckige Warzen gelten als Fehler, bei starker Ausprägung als Mängel. Überstarke Warzenbildung verrät die Herkunft aus der Wirtschaftsgeflügelzucht, wo besonders vitale Tiere mit starken Nasenhökkern wegen ihrer wirtschaftlichen Zuchtverwendung begehrt sind. Starke Lockung der verlängerten Scheitelfedern kann dazu führen, daß diese nicht mehr sträubbar sind. Naumann (1979) hält dies für eine recht problematische Degenerationserscheinung. Besonders hohe Anforderungen an die Körperform und die einwandfreie glatte Gesichtshaut mit harmonischer Warze sind an die Weißen zu stellen.

Schecken. Es existieren 3 unterschiedliche Scheckungstypen:
− gefleckte Scheckung aus der Kreuzung Wildfarbige × Weiße, Wildfarbe ist domi-

1,0 Warzen-Enten
Weiß
RG II

nant über Weiß;
– „Duclair"-Scheckung, rezessiv zur Wildfarbe (reinerbiger Scheckungstyp mit weißer Brust und weißen Flügeln);
– „Weißköpfe und Weißhälse", dominant
über den Wildtyp.
Da bei uns diese Typen nicht rein gezüchtet
werden, gibt es Übergänge und Mischformen, die bei der Bewertung nicht selten für
Verlegenheiten sorgen. Leider differenziert unser Standard hier nicht und nennt
nur „Schecken in Schwarz und Blau". Hinsichtlich der Körperform und -fülle können

viele Schecken den Vergleich mit Wildfarbigen und Weißen aushalten. Gesichtshaut,
Schnabel-, Augen- und Lauffarbe sind entsprechend der Gefiederscheckung kaum
einheitlich und spielen bei der Bewertung
eine untergeordnete Rolle. Die ausschließende Bewertung von nur weißmelierten
oder gesprenkelten, sonst überwiegend
wildfarbigen Tieren und die standardmäßige Aufteilung der 3 Scheckungstypen ist
unbedingt erforderlich.
Sogenannte „Gestreifte" oder „Gesper-
berte" (nicht anerkannt) sind nur im Ju-

1,0 Warzen-Enten
Braun-gescheckt
RG II

gendgefieder gezeichnet, die Alttiere zeigen die Wildfarbe.

Eigentliche Braunschecken und sogar Weiß-grau-Gescheckte gibt es seit einigen Jahren in der Tschechoslowakei. Aus der Schwarz-Schecken-Zucht von K-H. Pfers, Berka / Thüringen, fiel vor einigen Jahren eine braungescheckte Ente „mit schon feiner Herzzeichnung" (Wandelt, 1987). Erst durch die erneute Einkreuzung eines Blauschecken-Erpels erzielte der Züchter weitere Braunschecken, die allesamt Weibchen waren. Braungescheckte Erpel fielen dann aus der Rückpaarung mit schwarz-gescheckten Erpeln. 1986 wurden auf der Deutschen Junggeflügelschau in Hannover recht ansprechende Braun-Schecken gezeigt. Sie stammen aus der Zucht von K. Frick, Leusel / Hessen; der Züchter hatte aus der DDR 25 Bruteier bezogen, aus denen 18 Küken schlüpften, darunter 12 brauchbare Braunschecken. Leider scheiterte die Einfuhr eines Spitzenerpels aus der DDR an Formalitäten.

Braune. Warzen-Enten sind auch in der Bundesrepublik Deutschland wieder im Kommen. Es gibt eine geschlechtsgebundene Variante, deren Grundton schokoladenfarbig ist. Ein helleres Braun ist dagegen bei den braungeriffelten (rezessive Vererbung) bekannt. In den USA und in Kanada scheint die Zucht dieser Braunen gut

verbreitet zu sein. Der amerikanische Standard fordert „milk-chocolate brown". Tiere mit mehr als 10 % Weißanteil im Gefieder werden dort disqualifiziert. Der Farbenschlag scheint alt zu sein, denn schon Baldamus nennt 1897 „Bläulichbraune" und Blanke 1920 „Braune".

Lilafarbige (dunkelblau mit rotem Schimmer) kommen bisher nur in Kanada vor.

Schließlich seien die „Rötlichen und Gelblichen" erwähnt (Blanke, 1920).

Besonderheiten

„Diese in Bezug auf ihren wirthschaftlichen Werth lange und zumeist wohl auch heute noch verkannte Ente hat sich in unsern Händen bei weitem nicht als der undankbare und heimtückische Vogel erwiesen, als welcher sie verschrieen war und vielfach noch ist; wir haben vielmehr beobachtet, daß sie inmitten des übrigen großen Entenschwarms ein ruhiges, beschauliches Dasein führte, Zudringliche wohl abwehrte, aber selber nie Streit begann."

Diese über 90 Jahre alte Schilderung zeigt zugleich ein altes Vorurteil und entgegengesetzte positive Erfahrungen. Der wirtschaftliche Wert der Warzen-Ente ist unbezweifelbar. Weitere Vorzüge sind die kaum wahrnehmbare, also nicht störende Stimme, die sichere Brut- und Führungseigenschaft der Ente und ihre vitale Robustheit. Allerdings sei gewarnt vor ungeschützter Winterhaltung, da die Tiere sehr frostempfindlich an den Füßen sind.

Ihre weiche und dunenreiche Federfülle macht die Rasse zur Federgewinnung wertvoll. Haltung, Fütterung und Zucht sind recht einfach und kostengünstig. Nicht unbedingt ist Schwimmwasser erforderlich, wenn auch Befruchtung, Gefiederpflege und Schauwert dadurch erhöht werden. Auf erhöhte Sitzmöglichkeiten (etwa wie bei der Putenhaltung) sei hingewiesen. Die Brutdauer beträgt 35 Tage, jährlich kann die Ente 3 bis 4 Gelege ausbrüten.

In einigen Ländern hat die Hybrid-Zucht von Warzen- und anderen Enten zur Erzeugung von Geflügelfleisch besondere Bedeutung erlangt. In Frankreich werden die Bastarde „mulards" genannt und sind dort besonders geschätzt, da sie ungewöhnlich schnell heranwachsen und hervorragendes Fleisch und große Lebermasse liefern. Unklar sind die Ergebnisse hinsichtlich der Fortpflanzungsfähigkeit der Hybriden. In allgemeinen gelten sie als steril, da die Weibchen mangelhaft entwickelte Eierstöcke und Eileiter haben und kein Paarungsverhalten zeigen. Andere Autoren berichteten aber von der Weiterzucht mit Bastarden. Das Aussehen der Magpie Duck („Elster-Ente") erinnert stark an den Gattungsbastard Moschus-Erpel × Hausente. Lancaster (1963) räumt auch die Möglichkeit ein, daß die Elster-Ente aus Gattungsbastarden hervorgegangen ist. Auch muß einstweilen noch unklar bleiben, ob nicht doch das Blut der Warzen-Ente in der neu erzüchteten Altrheiner Elster-Ente fließt, da die etwas reduzierten Schwimmhäute und die auffällig langen und spitzen Krallen den Merkmalen der Moschus-Ente entsprechen.

Die Bastarde aus Warzen-Enten-Erpel × Peking-Ente haben nach den Untersuchungen von Pingel und Jeroch (1969) erhebliche wirtschaftliche Bedeutung. Dazu auszugsweise die tabellarische Übersicht:

Rasse und Geschlecht	Lebendgewicht	Kaltgewicht	Gewicht des Schlachtertrags
1,0 Am. Peking-Ente	2 237,5 g	1 974,0 g	1 603,2 g
0,1 Am. Peking-Ente	2 316,7 g	2 067,0 g	1 666,0 g
1,0 Warzen-Ente	2 644,2 g	2 288,5 g	1 892,5 g
0,1 Warzen-Ente	1 739,7 g	1 512,3 g	1 241,7 g
Kreuzung Warzen-Enten-Erpel × Peking-Ente:			
1,0 Bastard	2 943,8 g	2 564,2 g	2 061,8 g
0,1 Bastard	2 716,0 g	2 395,5 g	1 972,0 g

Aufgrund der unterschiedlichen Chromosomenzahl (Warzen-Ente 80, Hausente 78 Chromosomen) sind theoretisch die Bastarde unfruchtbar. Nach Pingel (1985) sind auch die Mischlingserpel nicht fruchtbar, da die männlichen Geschlechtszellen Mehrkernigkeit aufweisen.

M. Meissner erzielte vor 1964 Kreuzungstiere aus Stockentenerpel und Warzen-Ente. Er bezeichnete sie als „Riesenenten" und führt weiter aus: „Die Jungen unterschieden sich zunächst nicht von den reinen Stockentenjungen hinsichtlich der Färbung, sondern nur in der Größe. Sie waren größer. Sie ruderten genau mit derselben Lebensfreude auf dem Teich herum, wie es die Stockentenküken taten. Die Schwimmhäute waren wie bei der Wasserente vollständig ausgebildet; die Bastarde hatten auch die leicht gebogenen und spitzen Krallen, aber wenig Warzen."

Die Wachstumsgeschwindigkeit der Mischlinge war bedeutend größer als die der reinblütigen Stockenten. Der Typ der Warzen-Ente in seiner langgestreckten Form blieb auch bei den Bastarden erhalten.

In der DDR werden seit 1968 zur Fleischproduktion aus besonders leistungstarken Stämmen Masthybriden vermehrt. Durch Linienkombination werden Hybriden erzeugt, die in ihren Leistungsanlagen den

Ausgangslinien überlegen sind. H. Marks (1984) berichtet: „So hat die gegenüber unseren Zielen von 40 bis 50 Eiern in 2 bis 3 Gelegen erreichte Verdoppelung auf jetzt mehr als 100 Eier in der legefreudigen Mutterlinie zur Folge, daß die Brutlust weggezüchtet wurde. Bei der individuellen Mast sind die Anforderungen an die Mastdauer nicht so hoch wie in der industriemäßigen Produktion. Dort bringen die männlichen Masthybriden in 77 Tagen durchschnittlich 3,1 kg, die weiblichen in 70 Tagen 2,0 kg auf die Waage." Die „Cairina 2000", wie man die Nutz-Warzen-Ente in der DDR bezeichnet, wird bei einer Mastdauer von höchstens 16 Wochen in großen Mengen aufgezogen.

In der Rassegeflügelzucht stellt die Warzen-Ente mit ihrer bunten Palette der Farbenschläge für das Schauwesen eine sympathische Attraktion dar.

Die Gimbsheimer Ente

Rassegeschichte

Aus der Feder des Erzüchters Georg Richard Oswald aus Gimbsheim am Rhein, zwischen Mainz und Worms gelegen, stammt die authentische Rassegeschichte (1966): „Eines Tages kam in mir der Gedanke auf, blaue Enten zu erzüchten, die es bis dahin noch nicht gab. So machte ich mich an das Werk. Die reinblaue Feder ist bei Wassergeflügel sehr schwer zu züchten, denn die blaue Farbe spaltet stets in Weiß, Schwarz und Blau auf. Dieses Blau ist aber eine Mischung von Schwarz und Weiß, also keine reine Farbe. Das trockene Jahr 1964 kam mir sehr zur Hilfe, und der Zufall wollte es, daß eine meiner bis dahin gezüchteten blauen Enten von einem Orpington-Erpel ungewollt befruchtet wurde. So erblickten in meinem Brutapparat reinerbige blaue Entenküken das Licht der Welt. Bei der ersten Brut waren es 2 und bei der zweiten Brut 3 Jungtiere, von denen leider eines verendete. Es blieben aber immer noch 2 Erpel und 2 Enten, die ich 1964 bei der Nationalen in Frankfurt am Main als Neuzüchtung unter dem Namen ,Andalusier-Enten' meldete."

Zunächst hatte der Züchter beabsichtigt, blaue Amerikanische Peking-Enten herauszubringen, gab aber das Vorhaben bald auf, nachdem ihm klar geworden war, daß die Erzüchtung der Lauf- und Schnabelfarbe erhebliche Schwierigkeiten bereiten würde. Über die Herkunft der ersten 1964 in Frankfurt gezeigten blauen Enten herrschten zunächst erhebliche Unklarheiten. Eine Lösung glaubte man in der Bezeichnung „Blaue Campbell-Enten" zu sehen, obwohl die Tiere nicht das Blut der Campbell-Ente führten. Die Stammeltern vor der Einkreuzung des Orpington-Erpels waren vielmehr Mischlinge aus Amerikanischen Peking- und Sachsen-Enten. Die Verwirrung nahm noch zu, als einige Züchter die Einfuhrpapiere der „Andalusier-Enten" aus Spanien sehen wollten! Der damalige Vorsitzende des Sondervereins, Theodor Suerburg, hatte richtig erkannt, daß die neuen Blauen, weder bezüglich der Herkunft noch der Farbe etwas mit Andalusien zu tun hatten; aber erst der Vorschlag von Fr. Regenstein (Bundeszuchtausschuß), die neue Rasse als „Gimbsheimer Ente" zu bezeichnen, fand Zustimmung.

Zuvor hatte Oswald seine Tiere aber 1965 auf der Nationalen in Frankfurt noch unter der alten Bezeichnung ausgestellt; die 4 Tiere erhielten einmal „sehr gut", zweimal „gut" und einmal „befriedigend". Zum Glück wurde der allzu poetisch klingende Name „Wonnegauer Ente" als weiterer Vorschlag für die Bezeichnung abgelehnt. 1966 standen die „Gimbsheimer" in Hannover zum letzten Mal in der Klasse Neuzüchtung und wurden offiziell zugelassen. Im gleichen Jahr zeigte Oswald auf der Nationalen in Stuttgart schon beachtliche Tiere, die zum Teil prämiert wurden.

In den folgenden Jahren nahmen sich auch Züchter in Österreich, in der DDR und in Frankreich der neuen Rasse an. Oswald beklagt in einem Fachaufsatz 1983, „daß es um die Gimbsheimer Ente schlecht steht." Der neuen Rasse fehlt die für den Fortschritt so dringend notwendige Verbreitung. Seit ihrer Erzüchtung sind die Tiere etwas leichter und feinknochiger geworden. Probleme gibt es verständlicherweise immer noch mit der Farbe und der einheitlich angesrebten Figur.

Form und Kopf

Der Landententyp mit beachtlicher Länge und Breite, tiefem Rumpf, jedoch ohne jede Kielbildung und Plumpheit, steht im Vordergrund. Die Gesamterscheinung muß kraftvoll und doch mit einer gewissen Eleganz sein. Typisch für die gestreckte Landentenfigur ist der recht lange Rücken mit breiten Schultern und abgerundeten Seiten.

Manchmal kommt eine unerwünschte Plumpheit im Körper noch als Sachsen-Enten-Erbe zum Vorschein; die Gimbsheimer soll eben deutlich gestreckter sein. Keinesfalls jedoch wünschen wir die Annäherung zum Campbell-Typ; denn dann wären die Tiere in der Haltung zu aufgerichtet und im Volumen zu leicht. Vielmehr schreibt der Standard die fast waagerechte, nur leicht abfallende Haltung vor.

Die volle, abgerundete Brust und der breite, etwas nach unten ausladende füllige Bauch bilden die Unterlinie. Durch zu volle Hinterpartie, die dann womöglich noch auf der Erde schleppt, geht der gewisse „Landadel" der Gimbsheimer verloren.

Der nicht zu kurz wirkende Rücken verläuft in den waagrecht getragenen Schwanz. Obwohl wir noch nicht sehr hohe Anforderungen an die Form der Gimbsheimer stellen, ist doch darauf zu achten, daß die Tiere im Hinterkörper nicht zu schmal sind. Gut ausgefüllte Unterrücken- und Bürzelpartie gehören auch zum „übermittelgroßen" Habitus, den die Musterbeschreibung formuliert. Die Schwanzfedern sollen möglichst geschlossen, jedoch nicht spitz getragen werden. Gut am Körper anliegend und gut geschlossen werden die Flügel verlangt.

Weder zu plump, noch zu dünn darf der mittellange, leicht gebogene Hals sein. Er muß zum Landententyp mit der guten Beweglichkeit passen.

Der Stand wird durch die mittellangen Läufe und die im Gefieder verborgenen Schenkel gebildet. Zu volle Bauchpartie führt zu einem zu tief, zu lange Läufe zu einem zu hoch erscheinenden Stand. Die

1,0 Gimbsheimer Enten
RG IV

0,1 Gimbsheimer Enten
RG IV

Lauffarbe ist schwarzrot bis schwarz.
Die Stirnlinie verläuft vom kräftigen, langen Schnabel mit gleichmäßiger Breite flach in die gut gerundete Oberlinie des an sich recht langen Kopfes. Grober Kopf entsteht dann, wenn die Stirn zu steil und der Schädel im ganzen zu groß ist. Die Schnabelfarbe ist beim Erpel weidengrün mit schwarzer Bohne, bei der Ente schwarzgrün mit schwarzer Bohne. Aus der „Züchterwerkstatt“: „Bei der Schnabelfarbe hat sich nach wie vor nichts geändert. Hier sei hinzugefügt, daß sich die Schnabelhaut bei den Erpeln in jedem Frühjahr schält“ (Oswald, 1983). Die Augenfarbe ist dunkelbraun.

Farbe

Blaue Gefiederfarbe bei Enten entsteht in Abwandlung der Wildfarbe durch den Gen-Faktor G (Rudolph, 1978). Diese bei der Pommern-Ente erforschten Zusammenhänge dürften auch die blaue Gefiederfarbe der Gimbsheimer hervorrufen. Der Schwarzfarbstoff ist unverdünnt. Bei der Weiterzucht mit blauen Tieren spaltet die Farbe in Schwarz und Weiß auf. Theoretisch fallen 50 % Blaue, 25 % Schwarze und 25 % Weiße.

Das satte, über den ganzen Körper gleichmäßig getönte Blaugrau war von Anfang an Zuchtziel. Oswald strebte zwar anfänglich ein Taubenblau an, forderte dann aber 1983 die Zulässigkeit eines leichten Saumes auf den Federn, „denn damit wird Farbstoff gebunden; die Ente ist dann viel gleichmäßiger in der Farbe, und wir haben weniger schwarze Federn.“ Beide Geschlechter zeigen jedoch im Halsgefieder ein dunkleres Blau, was beim Erpel sogar fast schwarz erscheinen darf. Auch ist das Körpergefieder des Erpels einen Ton dunkler als das der Ente. Das helle Taubenblau ist mit durchgefärbter Kehle und ohne Latzzeichnung wie bei der Pommern-Ente wahrscheinlich bei der Gimbsheimer nie zu erreichen; daher ist auch die Farbbezeichnung „Blaugrau“ realistischer.

Obwohl gerade in letzter Zeit schon fast ideale Farbtiere gezeigt wurden, haben viele Züchter der Gimbsheimer Enten immer noch mit braunen Brustfedern, weißen Schwingen und weißen Spiegeleinfassungen zu kämpfen. Zur Erzielung eines leichteren Schlages und höherer Stellung hatte Oswald Campbell-Enten eingekreuzt. Von ihnen rühren die rostig-braunen Federn bei manchen Tieren her. Da sich der Rostton hartnäckig vererbt, sind solche Einkreuzungen gegenwärtig unbedingt zu vermeiden.

Nach Angaben eines Schweizer Züchters ist reines Quellwasser für die blaue Farbe sehr förderlich. Dagegen können starke Sonneneinstrahlung und Regeneinwirkung das zarte blaue Pigment ausbleichen. Etwas bräunliches Gefieder der Unterseite kann durch Schwimmwasser entstehen und sollte auf keinen Fall gestraft werden

Besonderheiten

„Warum die schöne Rasse kaum Anhänger findet, bleibt rätselhaft." So fragt 1986 H. J.

Wittlich. Gleichzeitig lobt er die in diesem Jahr in Hannover gezeigten Tiere wegen ihrer guten Farbe, der gestreckten Figuren und der festen Federn. Der Erzüchter zeigte 4,4 Gimbsheimer mit einer hervorragenden Ente.

Erstaunlicherweise findet man manchmal auf kleineren Schauen beachtliche Kollektionen, was die Qualität, weniger die Anzahl betrifft. Es handelt sich bei der Gimbsheimer Ente um eine echte deutsche Züchtung mit herrlichem Erscheinungsbild und guten wirtschaftlichen Eigenschaften, die sicher ihren weiteren Weg, auch in anderen Ländern, machen wird.

Die Altrheiner Elster-Ente

Rassegeschichte

Nach den Darstellungen des Erzüchters dieser jüngsten Entenrasse in Deutschland, P.E. Oswald, ist die Altrheiner Elster-Ente nicht identisch mit der schon seit langem existierenden englischen Magpie Duck.

Beide Rassen sind allerdings im äußeren Erscheinungsbild völlig gleich. Die genaue Entstehungsgeschichte der Altrheiner Elster ist nicht bekannt. Auch gibt es m. W. nur eine einzige Veröffentlichung des Erzüchters, in der er über die Stammtiere nur sagt, es seien Cayuga-Enten und Amerikanische Peking-Enten gewesen.

Gescheckte Landenten gibt es schon sehr lange, wenn auch in Deutschland niemals Wert auf das gleichmäßige Scheckungsmuster einer eigenständigen Rasse gelegt wurde.

In verschiedenen Zoos und Ziergeflügelparks sah ich solche Schecken schon öfter. Die Tiere zeigen meist schwarze oder dunkelgraue Gefiederpartien an Kopf, Hals, Rücken, Flügeln und Bürzel. Oft ist auch die Unterseite leicht gescheckt.

„Eine schöne gleichmäßig gescheckte Ente zu züchten, war schon immer mein

Wunsch. Der letzte Antrieb kam, als ich bei einem Ausflug gescheckte Enten sah. Sie waren natürlich nicht so gescheckt wie die heutige Rasse, von der Farbe mal ganz abgesehen. Im Jahre 1978 war es dann soweit, das erste Küken mit einer Scheckenzeichnung, wie ich sie mir wünschte, war geschlüpft. Im zweiten Schlupf kamen gleich noch mal 2. Nun waren diese Küken schon Anfang Januar geschlüpft und wuchsen auch gut heran. Ich konnte sie aber nicht in die Zuchtanlage bringen, da es noch zu kalt war. Sie mußten aber dringend baden. Kurzerhand wurde die Dusche zum Entenweiher umgebaut, wovon der Rest der Familie nicht gerade beglückt war; es waren aber ja auch besondere Küken" (Oswald, 1985).

1979 stellte der Züchter die Tiere in 2 verschiedenen Scheckungsarten in Hannover als Neuzüchtungen vor: Bandschecken und Herzschecken. Erstere wurden vom Zuchtausschuß wegen der unregelmäßigen Zeichnung abgelehnt. Die Herzschecken wurden dann nach der Nationalen 1981 in Köln anerkannt und als „Elster-Enten" in den Standard aufgenommen.

Oswald kreuzte Blaue Gimbsheimer Enten, die sein Vater erzüchtet hatte ein, aber ohne nennenswerte Erfolge zu erzielen. Die früher eingekreuzten Campbell-Enten vererbten immer wieder die braune Farbe und brachten in den Anfangsjahren erhebliche Schwierigkeiten.

Oswald versucht seit einiger Zeit, auch die Elsterscheckung auf die Hochbrut-Flug-Ente zu übertragen.

Es muß beim gegenwärtigen Stand der Kenntnisse ungeklärt bleiben, ob die englische Magpie Duck zur Herauszüchtung der Altrheiner Elsterente verwendet worden ist oder nicht. Auch ist völlig unklar, inwieweit die mögliche polyphyletische Abstammung der englischen Scheckenente (frühere Einkreuzungen von Warzen-Enten und Weiterzucht mit einzelnen fruchtbaren Bastarden), die Rudolph (1978) für möglich hält, eine bestimmte Rolle bei der Herauszüchtung der Altrheiner Ente spielt. Bei näherer Betrachtung der ersten Scheckenenten, die Oswald bei einer Tierbesprechung 1978 in Frankenau/Hessen zeigte, fielen mir die langen spitzen Krallen auf, die immerhin die Vermutung der Warzen-Enten-Einkreuzung bestätigen.

Der Erzüchter sagt dazu: „Meine Enten sind weder Bastarde noch sonstige Wundertiere. Eines aber steht sicher fest: Eine solche Scheckenzeichnung kann ich nur durch Wildfarbe oder eine Abart der Wildfarbe (Khaki-, Forellen-, Silber-, Wild-, Blau-Gelb oder Blau-wildfarbig) mit Einkreuzen von Weiß erhalten. Sicher ist es schwer, zu dieser Scheckenzeichnung zu kommen, aber sie ist reinerbig. Es fallen natürlich auch Tiere mit anderer Scheckenzeichnung oder manchmal auch ganz Weiße. Es ist aber bei jeder Rasse so, daß es Ausfälle gibt. Wobei noch zu bemerken wäre, daß die Tiere, die weiß fallen, auch weiß bleiben, ohne gelben Anflug."

Form und Kopf

Die Figur wird bestimmt durch den breiten, leicht nach hinten abfallenden Rücken, den ziemlich langen, geschlossenen und waagerecht getragenen Schwanz, die volle, breite Brust (ohne Kielansatz), die wenig hervortretenden Schenkel und die gut am Körper anliegenden Flügel. Das ergibt den gut abgerundeten, langgestreckten Typ der beweglichen Landente in der leicht angehobenen Körperhaltung. Der Hals in mittlerer Länge muß leicht nach hinten gebogen sein und relativ schlank, so daß niemals ein grober oder plumper Gesamteindruck entsteht. Ebenso sind zu stark aufgerichtete Haltung und dicker Hals Formfehler unter der Kategorie „Grobe Fehler".

Zu dem länglichen, nicht zu starken Kopf paßt nur eine flache Stirnlinie und ein breiter, langer Schnabel, so daß das Gesicht gezogen erscheint. Die Schnabelfarbe ist orangefarbig mit grünen Punkten und weißer

1,0 Altrheiner Elster-Enten
RG IV

197

Schnabelbohne. Die Augenfarbe soll dunkel sein.

Nur knapp mittelhoch ist der Stand, bedingt durch die kaum hervortretenden Schenkel und die mittellangen orangefarbigen Läufe mit oder ohne dunkle Flecken. Ob die geforderten hellen Zehennägel immer gegeben sind, muß bei dem der Rasse eigenen Scheckungsfaktor bezweifelt werden. Zeigen einzelne Tiere völlig grüne Schnäbel und/oder dunkle Läufe, verraten sie noch die verschiedenrassigen Stammeltern.

Farbe

Die Elster-Scheckung ist mit das wichtigste Rassemerkmal. Die Grundfarbe soll möglichst reinweiß sein, die schwarze Scheckung gleichmäßig an folgenden Gefiederstellen verteilt: Kopfplatte, Schulter (herzförmig auf die Flügel übergreifend), Oberseite des Schwanzes, einschließlich der Lockenfedern des Erpels. Einige schwarze Federn im Schenkelgefieder werden zuchtstandsbezogen noch toleriert.

1986 wurden schon beachtlich korrekt gezeichnete Tiere gezeigt, wenn auch in Hannover die Köpfe vereinzelt noch zu groß erschienen. Die früheren Fehlzeichnungen, wie Schwarz an Hals, Kopf, Schwingen und Schwanz sind überwiegend verschwunden.

Vorerst ist nur der schwarzgescheckte Farbenschlag zugelassen; es ist aber zu erwarten und sicher auch zu begrüßen, daß an der Herauszüchtung des blauen Farbenschlages gearbeitet wird.

Besonderheiten

Die interessante Scheckenzeichnung bleibt weiterhin ein noch zu verbesserndes Zuchtziel. Der Sonderverein der Entenzüchter in Deutschland ist stolz auf diese jüngste echte deutsche Entenrasse, wenn auch die Altrheiner Ente nach Oswald (1985) „nicht gerade eine Rasse für den Anfänger ist, da doch eine gewisse Erfahrung in der Verpaarung von Farbentieren vorhanden sein sollte." Der Züchter lobt aber auf jeden Fall die frühe Legereife und die gute Legetätigkeit. Bekanntlich ist eine junge Rasse durch den Heterosiseffekt der Genkombination besonders vital, leistungsstark und widerstandsfähig in der Aufzucht.

198

Die Orpington-Ente

Rassegeschichte

In den neunziger Jahren des vorigen Jahrhunderts wurde diese Rasse von dem englischen Züchter William Cook, Inhaber der Firma Cook & Loos, Str. Mary, Kent/England, geschaffen. Zuvor hatte der Züchter das gelbe Orpington-Huhn herausgebracht. Für die neue Entenrasse benutzte Cook verschiedene Landenten-Schläge, wobei die gelbscheckigen und mehr oder weniger einfarbig gelben Tiere, die aus dieser Zeit auch aus Norddeutschland und Holland bekannt sind, eine besondere Rolle spielten. Es soll auch gelbe Hauben-Enten gegeben haben. Der wichtigste Grundstock für die Cooksche Neuzüchtung dürfte die gelbe Schwedische Ente gewesen sein. Die Erpel dieses Schlages, übrigens auch identisch mit den Vorläufern der heutigen Pommern-Ente, waren mehr bräunlich mit weißem Halsring und dunklem Kopf und Bürzel. Die Enten waren deutlich heller, fast blaßgelb, und das schon recht gleichmäßig über das ganze Gefieder.

Da Cook mit Absicht keine genauen Angaben über die verwendeten Rassen und Methoden hinterlassen hat bzw. sogar bewußt irreführende Informationen gab, können wir den Werdegang der Orpington-Ente nicht mit letzter Sicherheit rekonstruieren. Ob tatsächlich Pommern-, Lauf-, Cayuga- und Aylesbury-Enten zu den Stammeltern der neuen ledergelben Rasse gehörten, wie der Herauszüchter angibt, ist nicht sicher, wenn auch wahrscheinlich. Allerdings ist z.B. sehr fraglich, ob die Cayuga-Ente mit dem intensiven Dunkelpigment überhaupt zur Herausbildung einer gelben Ente geeignet ist. Cook wollte offensichtlich sein Geheimnis bewahren, was ihm auch bis ins Grab gelungen ist.

Um 1900 wurden zum erstenmal Orpington-Enten öffentlich gezeigt. Anfangs wollte man sie als Rasse in England nicht anerkennen, zumal in dieser Zeit noch sehr ungleichmäßige Formen- und Farbentiere ausgestellt wurden. Es hatte davor auch schon gelbe Enten gegeben, wie wir aus dem 1891 erschienenen „Musterenten-buch" von A. Maar wissen, ohne daß deren Anerkennung gelungen war. Die gehäubten Erpel sollen fahlgelb und die Enten rein chamoisfarbig oder zimtgelb mit weißer Haube gewesen sein. Sehr wahrscheinlich ist, daß Cook gelbbunte Landenten sowie gelbe und blaue Schweden-Enten so lange miteinander kreuzte, bis das Gelb gleichmäßig über das gesamte Gefieder verbreitet war. Da es bei Enten einen engen Zusammenhang zwischen der gelben und der blauen Farbe gibt und der Schekkungsfaktor selektiv weggezüchtet werden kann, war es in relativ kurzer Zeit möglich, einfarbig gelbe Tiere zu erzielen.

B. Dürigen erwähnt in seinem Hauptwerk (1906) die „in Größe und Gestalt der Aylesbury ähnliche Orpington-Ente, die aus den Kinderschuhen noch nicht heraus und deshalb nach ihrem Wert noch nicht zu beurteilen ist." In der Ausgabe von 1923 heißt es dann: „die neuestens vereinzelt aus England zu uns gebrachte und von dem kürzlich verstorbenen W. Cook-Orpington dem Gerücht nach aus Aylesbury-, Cayuga-, Schweden- und Lauf-Enten-Blut ‚gemachte‘, in Blau ohne weiße Abzeichen und in Gelb (Erpel mit dunklerem Kopf) vorkommende, in Größe und Gestalt der Aylesbury ähnlichen Orpington-Ente."

H. Risler legte 1954 Untersuchungen vor, wonach tatsächlich Aylesbury-, Rouen- und Lauf-Enten als Ausgangsformen für die Orpington-Ente in Frage kommen. W. Rudolph (1978) setzt in seine grafische Rekonstruktion ebenfalls Cayuga- und Pommern-Enten bzw. die frühere Schweden-Ente ein.

Die Vererbungstherorie von F. M. Lancaster (1963) zeigt, daß die Farbe der Orpington-Ente durch das geschlechtsgebundene Gen „bu" erzielt und somit gekoppelt mit dem Faktor „d" vererbt wird.

Der blaue Farbenschlag der Orpington-Ente wurde nur in England anerkannt. Es gab in Deutschland vor wenigen Jahren Bestrebungen, im Zusammenhang mit der Erzüchtung der blauen Gimbsheimer Ente, diese als blaue Orpington-Ente zu bezeichnen. Aufgrund der Ähnlichkeit mit der blauen Pommern-Ente wurden die blauen Orpington-Enten von Anfang an in Deutschland abgelehnt. Es soll auch eine sogenannte porzellanfarbige oder Jubilee-

Orpington-Ente gegeben haben, wozu Schifferer in einem Fachaufsatz im Jahre 1956 fragt: „Gibt es sie noch irgendwo?" Andere Autoren erwähnen schon um 1902 Orpington-Enten in Deutschland (A. Friebel, 1920). 1919 organisierte der Orpington-Enten-Züchter in Leipzig eine Sonderschau mit 20 Tieren. Friebel sah 1 Jahr später wieder eine größere Kollektion auf einer Schau im sächsischen Erzgebirge. P. Doll (1981) kennt die Überlieferung, daß die Frau des Kriegsministers von Bronsart, Schellendorf, bei einer Klubausstellung in Halle/Saale 1904 die ersten Orpington-Enten zeigte. Wenn auch die Zucht zunächst noch große Schwierigkeiten bereitete, war die neue Rasse doch recht gut in Deutschland verbreitet; man schätzte den hohen wirtschaftlichen Nutzwert. B. Blancke, der die Rasse in seinem Buch „Das Großgeflügel" ,1908, erwähnt, hat die ersten Orpington 1905 aus England eingeführt, ist aber nicht der erste Züchter in Deutschland, wie Reichenbach (1985) schreibt.

Form und Kopf

Zwar zählt die Orpington-Ente zu den Legeententypen, der Standard verlangt aber einen mittelschweren Körper mit fülliger Walzenform. Der Rumpf soll allerdings mehr gestreckt als massig erscheinen. In der Gesamterscheinung sollen Robustheit und dennoch eine gewisse Eleganz zum Ausdruck kommen. Dazu trägt wesentlich die Körperhaltung bei. Das Lauf-Enten-Blut der Ahnen führt oft noch zu einer zu stark aufgerichteten Haltung. Das ist dann genauso fehlerhaft wie zu flache, der Waagerechten nahekommende Haltung. Ähnlich der Deutschen Peking-Ente soll der Körper nur leicht angehoben getragen werden. Verpönt ist die Haltung der Deutschen Peking-Ente genauso wie die des Rouen- und Aylesbury-Typs.

Der lange, gerade Rücken, nicht aufgewölbt oder gar nach unten hin durchgebogen, bildet die Oberlinie. Wenn auch die Ente in der unteren Hinterpartie füllig sein soll, gehört es doch zur Bewegungsfreiheit, daß das Hinterteil nicht schleppt. Ebenso ist in der Unterlinie jede Wammen- und Kielbildung fehlerhaft. Die Brust wird der leicht angehobenen Körperform gemäß etwas hoch getragen, muß aber auf jeden Fall gut abgerundet sein und darf nicht schmal erscheinen. Im Gesamtvolumen muß die Orpington-Ente deutlich schwerer sein als die Campbell-Ente, schließlich entspricht das geforderte Gewicht dem der Pommern- und Cayuga-Enten.

1,0 Orpington-Enten
RG V

0,1 Orpington-Enten
RG V

Ausreichende Beweglichkeit sichern der Ente die nicht zu tiefen, feinknochigen Läufe von orangeroter Farbe. Entsprechend sind die Schenkel mittellang.

Auch in den Kopfpunkten muß die Eleganz zum Ausdruck kommen: Lang und schmal soll der Schädel sein; die Stirn flach und Oberkopf sowie Nacken gut gerundet. Der gut mittellange Schnabel und die fein ausgerundete Kehle machen den Orpington-Kopf eher schlank als wuchtig. Fehlerhaft sind demnach volle Backen, ansteigende Stirn und zu hohe Kopfwölbung.

Sehr aufschlußreich ist eine Stellungnahme des damaligen 1. Vorsitzenden des Sondervereins der Entenzüchter von Hamburg-Altona, H.H. Lorenz (1935). Der Kommentar zu 8 in der „Geflügel-Börse", Leipzig, erschienenen, unterschiedlichen Zeichnungen hebt die Fehler hervor, die auch heute noch bei unseren Orpington auftreten: schwere, klobige Form, starke Kopfform, dünner Hals (er wird heute mittellang und etwas gebogen verlangt), zu kurze Figur (sie muß etwas gestreckter sein als die der Pommern-Ente), zu waagerechte Körperhaltung, zu schmale Rumpfform, kielige Unterlinie, zu dünne Läufe, zu niedriger Stand, lange und breite Schwanzform. Die Augenfarbe der Orpington-Ente ist dunkel.

Farbe

Wenn auch der deutsche Standard für die Farbbezeichnung den Begriff „Gelb" verwendet, so handelt es sich doch bei der Orpington-Ente nicht um eine gelbe Farbe analog der Farbe der gelben Orpington-Hühner, sondern um ein aus Blau und Braun zusammengesetztes Ledergelb. Dem wird auch die im Ursprungsland gebräuchliche Bezeichnung „buff" gerecht, was soviel wie „büffelledergelb" bedeutet. Das englische Wort „yellow" für gelb wäre für die Farbe der Orpington-Ente nicht angebracht. Das Ledergelb kommt bei den spalterbigen Tieren durch 2 Verdünnungsfaktoren zustande. Es gibt auch reinerbig „Gelbe" in schmutzigweißer Farbe, die nicht standardmäßig anerkannt sind.
In den USA heißt die analoge Rasse „Buff Duck" und wird seit 1914 nach Standard gezüchtet. Dazu berichtet Regenstein (1985): „In den USA hat man das Problem mit der gewünschten Gleichmäßigkeit auf andere Weise gelöst, indem man die fahlgelben Aufspalter, die ja reinerbig sind, züchterisch bearbeitete und so eine wirklich gleichmäßige, allerdings hellgelbe Entenfarbe erhielt, auch beim Erpel nur unbedeutend absetzend."
Das gemalte Musterbild im „American Standard of Perfection" zeigt fast gleichfar-

bige Tiere im Erpel- und Entenkleid in mehr graubrauner Farbe.

Die Farbe in den deutschen Zuchten ist genetisch so gefestigt, daß schon 1960 F. Juhre melden konnte: „Es fallen kaum mehr fehlfarbige Vögel als z.B. bei den Streicher- und Pommern-Enten." Allerdings stimmt immer noch die etwas humorige Bemerkung von H. Vogel (1956): „Wer sich einen einheitlich gefärbten Erpel wünscht, der muß ihn malen lassen."

Im Ideal soll der Erpel mit Ausnahme des schokoladenbraunen Kopfes am ganzen Körper möglichst gleichmäßig braungelb sein, wobei ein Ton dunkler oder heller keine große Rolle spielt. Entscheidend ist die Gleichmäßigkeit. Zeigen die Tiere fleckige Farbe, helle Schwingen, weißliches After- und Bürzelgefieder, ist es schon vorbei mit dem „sg" bei noch so typischer Form.

Die Kopf- und Oberhalsfarbe des Erpels ist aber auch nicht ohne Tücken. Leicht stellt sich ein blauer Anflug ein, oder der Kopf ist fast schwarz. Die Wildfarbe kommt nicht selten auch auf dem Unterrücken und den Schwanzdeckfedern als blauer Überzug zum Vorschein. Übrigens wollen wir auch nicht die graue Farbe an Kopf und Hals beim Erpel. Bedingt durch die Ansammlung des tiefen, satten Blaupigments bzw. der Schillerplättchen, die zusätzlich durch Lichtbrechung den Grünglanz auf den Spiegeln hervorrufen, ist es nicht leicht, dort auch den gelben Farbton zu erzielen. Daher ist die Spiegelfarbe meist etwas vom anderen Gefieder abgesetzt und sollte nicht bestraft werden, wenn nur der Gelbton vorhanden ist.

Auch das gelegentliche Auftreten des angedeuteten weißen Halsrings beim Erpel kommt als Erbe der wilden Stockente noch vor, zeigten doch die seit 1904 in Deutschland eingeführten englischen Orpington-Enten ein ziemlich uneinheitliches Farbbild mit der Tendenz, zur Wildfarbe zurückzugehen.

Der Erpelspiegel ist geschlechtsbedingt stets etwas intensiver und deshalb noch schwieriger gelb zu bekommen als der der Ente. Die Federstruktur des Spiegels ist aber auch bei der Ente anders beschaffen als das übrige Gefieder; daher ist Behutsamkeit und eine gewisse Toleranz bei der Bewertung diesbezüglich angebracht. Nicht dulden können wir allerdings völlig blaue Spiegel, womöglich noch mit weißer Einfassung.

Das Ledergelb der Entenfarbe ist meistens leichter zu erzielen, fehlen doch den weiblichen Tieren naturbedingt die ausgeprägten Glanzfelder im Gefieder. Nicht selten zeigen aber Orpington-Enten auch den bläulichen Anflug oder helle Schwingenenden. Kommt noch Weiß an After und Schwanz hinzu oder zeigt die Ente gar Zeichnungsanlage, muß sie in der Bewertung versagen. Jeder Richter muß aber wissen, daß das Orpington-Gelb leicht zum Verblassen neigt. Am intensivsten zeigt sich die Farbe unmittelbar nach der Mauser, deshalb kann die Blüte bei den Spätschauen schon vorbei sein.

Die Schnabelfarbe wird bei beiden Geschlechtern orangegelb mit dunkler Bohne verlangt; während der Legeperiode zeigt die Ente fleisch- bis bleifarbigen Schnabel, was nicht fehlerhaft ist.

Übrigens sind die letzten wissenschaftlichen Untersuchungen des Erbganges der Orpington-Rasse in England mehr als 20 Jahre alt. In Deutschland gibt es dazu keine neuen Erkenntnisse. Die Angaben von Regenstein (1985), daß es sich um eine „verdünnte und geschlechtsgebundene Färbung mit Anlage zur Wildentenfärbung" handelt, müssen einstweilen so unklar bleiben. Im übrigen meint dieser Verfasser, daß sich die angestrebte „intermediäre" Färbung in gleichmäßiger Sattheit in beiden Geschlechtern nicht werde schaffen lassen.

Besonderheiten

Während in früheren Berichten von der ausgezeichneten Legeleistung der Orpington-Ente immer wieder die Rede war, wird diese in neueren Beiträgen bezweifelt. Allerdings meldet H. Pingel (1985) aus kontrollierten Zuchten in der DDR durchschnittliche jährliche Legeleistungen von 180 Eiern. Vor allem der frühe Legebeginn, schon im Dezember des Schlupfjahres, unterstreicht die Wirtschaftlichkeit die-

ser Rasse neben dem hohen Ertrag an
wohlschmeckendem Tafelfleisch.

Die Verbreitung der Orpington-Ente geht
in der DDR in letzter Zeit zurück. In der
Bundesrepublik Deutschland gibt es zum
Glück einen konstanten Züchterkreis, der
alljährlich gute Schautiere zeigt.

Zucht und Haltung sind ohne besonderen
Aufwand leicht durchzuführen, zumal
diese Rasse nicht unbedingt größere
Schwimmwasserflächen benötigt. In den
Zuchtstamm kommen am besten zwei- und
mehrjährige Tiere, die ihre gleichmäßige
Farbe auch nach der Mauser behalten
haben, denn das sind nachweislich gute
Farbvererber.

Die Pommern-Ente

Rassegeschichte

Zweifellos ist die Vorläuferin der heutigen
Pommern-Ente die Schweden-Ente, von
Dürigen (1906) auch lateinisiert „Anas domestica coerulescens" genannt. Es handelte sich um große, weißbrüstige Enten,
die um 1850 in Neu-Pommern (Regierungsbezirk Stralsund), auch Schwedisch-Pom-
mern genannt, gezüchtet wurden. Der
Name Schweden-Ente ist also irreführend,
denn soche Tiere gab es in Schweden nicht.
Eine der ältesten Quellen, das Geflügelbuch von Baldamus (1897), spricht davon,
daß dieser Entenschlag „Anfang der siebziger Jahre" zu uns kam. Er wird „als ein
hübscher Farbenschlag von lebhaftem
munteren Wesen und guter Produktivität,
Frühreife und Mastfähigkeit" beschrieben.
Jedoch: „Besondere hervorragende Eigenschaften haben wir an ihr nicht zu entdek-
ken vermocht – wiewohl viele ihr solche
nachrühmen –, und sie ist auch allem An-
scheine nach nicht eben stark in Aufnahme
gekommen."
R. Kramer formuliert 1899 die charakteristischen Merkmale: „Lange und gestreckte
Körperform, zeichnet sich durch ihr blau-
graues Gefieder aus. In der Körperform
der Rouen-Ente sich nähernd. Schlanker,
doch dabei voller, massiger sowie waagerecht getragener Körper."
A. Friebel (1922) kennt Berichte, wonach
sich unter den einheimischen Enten Pommerns schon in der Mitte des vorigen Jahrhunderts viele Tiere mit weißem Brustlatz
befunden haben. Er betrachtet damals

schon die „Schweden-Ente" als deutsches
Zuchtprodukt.
In Chemnitz standen schon 1905 18 blaue
Schweden-Enten mit vorzüglicher Farbe
und Zeichnung; 1913 war die Zucht dort so
weit zurückgegangen, daß nur noch 2 Tiere
gezeigt wurden.
Die von Doll in der „Chronik des Enten-
züchter-Sondervereins", 1985, genannte
Zeitangabe 1760 bis 1780 für die Herauszüchtung der Pommern-Ente, dürfte ein
Fehler sein. Vor 1850 ist die gezielte Zucht
auf blaue, weißbrüstige Enten unbekannt.
1903 bestritt Blancke die Annahme von
Kramer, zur Herauszüchtung der Schweden-Ente seien Rouen-, Cayuga- und Aylesbury-Enten benutzt worden.
Um die Jahrhundertwende hatte die weißbrüstige Landente schon scharfe Konkurrenz in der damaligen Peking-Ente. Wahrscheinlich sind schon Anfang des 19. Jahrhunderts aus weißen, schwarzen und wildfarbigen Entenschlägen immer wieder
Kreuzungen erzielt worden, bis sich nach
und nach die Vorstellung von einer blauen
und dann später einer schwarzen Ente mit
Latzzeichnung entwickelte. Nicht ausgeschlossen werden kann, daß zufällig entstandene „Latztiere" die Züchter auf die
Idee brachten, solche Zeichnungsmuster
konstant zu züchten. Nach dem Abstammungsschema von Rudolph (1978) soll die
Schweden-Ente ohne Blut der asiatischen
Pinguin-Ente aus europäischen Landen-
tenschlägen entwickelt und wahrscheinlich
auch für die Herauszüchtung der Cayuga-
Ente verwendet worden sein. Auch die Orpington-Ente und die Sachsen-Ente führen
Blut aus alten Stämmen Schwedischer En-

ten. Auf der Insel Rügen und in der Ucker-
mark lagen am Anfang der planmäßigen
Zucht die Schwerpunkte. Interessanter-
weise geht aus einer Bruteierrechnung von
Oettels im „Hühnerologischem Verein",
Görlitz (1860), hervor, daß Bruteier der
blauen Schwedischen Ente, das Stück zu 5
Silbergroschen verkauft wurden.

In einem umfangreichen Fachaufsatz der
„Geflügel-Börse", Leipzig (1930), wird
eine ähnliche Rasse als „Uckermärker
Ente" bezeichnet und im blauen und
schwarzen Farbenschlag abgebildet.

Die Uckermärker Ente war in einer Liste
aller anerkannten Geflügelrassen des Bundes Deutscher Geflügelzüchter 1929 aufgeführt. Der Entenzüchter-Club hatte aber
dagegen Einspruch erhoben, da die Uckermärker Rasse nicht anerkannt war. Kurze
Zeit später korrigierte der Bund diese Liste
und stellte fest, daß es offiziell außer der
blauen und schwarzen Pommern-Ente
keine anderen ähnlichen Rassen (Duclair-
und Uckermärker-Ente) gibt. Die Folge
war die Festschreibung des Namens „Verein der Pommern-Entenzüchter" als Vereinigung unter dem Vorsitz von P. Jahnke.

In dem Buch des Engländers E. Brown
„Die Rassen des Hausgeflügels" wird aus-
drücklich Deutschland als Stammland der
Rasse genannt.

Eine rassegeschichtliche Dokumentation
liegt im „American Standard of Perfection" seit 1904 vor. Die Rasse ist dort unter
der Bezeichnung „Swedish" in der „Medium Weight Class" geführt. Es ist in den
USA nur der blaue Farbenschlag als „Blue
Swedish Duck" anerkannt.

Erwähnenswert im Zusammenhang mit
der Entwicklungsgeschichte der Pommern-
Ente ist noch die sogenannte Duclair-Ente,
die in Frankreich in der Nähe von Rouen
herausgezüchtet wurde. Es gibt aber keine
Belege über die direkte Verwendung zur
Erzielung der heutigen Pommern-Ente.
Die aus Belgien stammende Termonde-
Ente, eine große blaugefiederte Rasse,
dürfte heute ebenso ausgestorben sein wie
die als „lila" bezeichneten italienischen
Friaul-Enten (s. auch Kapitel „Ausgestorbene, ausländische und seltene Entenrassen").

Form und Kopf

Eigentlich drückt der Begriff „Landentenform" schon das Typische aus: langer, breiter und tiefer Körper. Die eigenen Ausprägungen der Pommern-Ente, d.h. die Beweglichkeit im Habitus, trotz gut gefüll-
tem, fleischigen und abgerundeten Rumpf,
steht im Vordergrund. Die Tiere dürfen keinesfalls plump oder überschwer wirken; sie
bleiben im Gewicht deutlich unter dem von
Rouen- und Deutschen Peking-Enten.
Dennoch kommt die kräftige Landentenform nur zustande, wenn der Rücken recht
breit und langgestreckt erscheint mit einer
leichten Aufwölbung. Die Charakterisierung „flach abgerundet" im Standard des
vorigen Jahrhunderts ist wirklich überlebt;
wir wünschen eben eine leichte Rücken-
wölbung bei heutigen Pommern-Enten.

Zwar fordert die Musterbeschreibung die
waagerechte Haltung des Körpers, ein
leichtes Abfallen ist aber nicht fehlerhaft.
Dem wird auch der amerikanische Standard gerecht durch die Formulierung:
„long, broad, with slight slope from shoul-
ders to tail" (lang, breit, mit leichter Neigung von den Schultern zum Schwanz).
Die Unterlinie wird aus der vollen und abgerundeten Brust und der breiten und tiefen Bauchregion gebildet. Unerwünscht ist
Kielbildung. Zum vollen Körper paßt nur
der höchstens mittellange, dennoch
schlanke und leicht gebogene Hals, der
nicht zu dünn aus den Schultern kommen
darf. Zu volle Form des Oberhalses ist
ebenso unschön wie schlangenhaft dünner
Hals, der an Cayugas erinnert. Eher schon
ist der Kopf cayuga-artig mit der langen flachen Stirn und gezogenem Scheitel, der
fast flach erscheint. Daher ist hochgehen-
der, runder Oberkopf untypisch. Der
Schnabel ist recht lang und breit; am First
soll er leicht gebogen sein. Die Amerikaner
dagegen fordern beim Schnabel „nearly
straight in outline", ziemlich gerade im
Umriß.

Das Großgefieder, also Schwingen und
Schwanz, wird bei guten Schautieren geschlossen getragen, wobei der Schwanz
nicht etwa hochsteht, sondern als verlängerte Rückenlinie verlangt wird. Das
„slighty elevated" (leicht gehoben) im amerikanischen Standard hat für uns keine Gül-

tigkeit! Das Gefieder insgesamt soll oberseits der Feder straff und unterseits daunenreich sein.

Zu den Kopfpunkten gehören noch dunkelbraune Augen. Durch die im Bauchgefieder versteckten Schenkel und die nur mittellangen Läufe, die in der Mitte des Körpers stehen sollen, wirkt der Stand eher niedrig, ohne daß die Ente ihre Beweglichkeit einbüßt.

Tiere mit zu wenig Rumpffülle, schmaler Brust und „enger" Hinterpartie können im Schaukäfig keine Lorbeeren ernten.

Farbenschläge

Blau. Der blaue Farbenschlag ist der ursprüngliche bei dieser Rasse. Verlangt wird ein „schönes lichtes Blau". In älteren Standardbeschreibungen heißt es noch „graublau" (Kramer, 1899), „gleichmäßiges Blau am ganzen Körper" (Friebel, 1922). Der amerikanische Standard sagt: „uniform bluish slate throughout", gänzlich blauschieferfarbig.

Genetisch handelt es sich bei der blauen Entenfarbe um eine Aufhellung von schwarzem Farbstoff, bedingt durch den Faktor G, der die Ausbildung von schwarzer Farbe verhindert. Nach den Untersuchungen von F.M. Lancaster (1963) erfährt das wildfarbige Gefieder deutliche Abwandlungen, wenn Gene wirksam werden, die schwarze, blaue oder braune Färbung hervorrufen. Die Buchstabensymbole für blaue Pommern-Enten sind: EFGGD (D) (g = nicht blau, D = nicht braun). Blaue Pommern-Enten haben neben dem Verdünnungsfaktor G auch das Gen E und können somit die weiße Latzzeichnung ausbilden. Zu diesen Fragen herrscht aber noch nicht völlige Klarheit, denn es ist bekannt, daß auch wildfarbige Enten Latzzeichnungen haben können. Nach Mitteilung von Rudolph (1978) ist in seiner Zucht schwarzer Pommern-Enten ein Tier wildfarbig mit weißem Latz gefallen.

Engelmann (1975) kennt die genetischen Zusammenhänge genauer: „Kommt zu diesem Schwarzfaktor E der dominante und geschlechtsgebundene Faktor G (Symbol für grey = grau) hinzu, wird aus dem Schwarz ein Blau. Über die Farbtiefe der Blautönung entscheidet dabei, ob der Blaufaktor in einfacher oder doppelter Dosis vorhanden ist. Da G die Menge des erzeugten schwarzen Farbstoffs einschränkt, haben homozygote GG-Enten ein fahles, blasses Blau, das sie fast weiß erscheinen läßt, heterozygote Gg-Enten zeichnen sich dagegen durch ein sattes Blau aus.

Das reinerbige blaue Entenküken (GGEE) ist fahl gelblich mit dunklem, blauen Schnabel und schiefergrauen Füßen (blaue Orpingon-, blaue Schweden-Enten: EEGGDD). Da die nicht reinerbigen (GgEE-) Tiere eine schöne satte Farbe haben, werden sie vom Züchter bevorzugt. Bei den Schweden-Enten sind beide Typen am Entenküken nicht zu unterscheiden, da die Farbtönungen sehr schwanken."

Wenn auch die Forderung „Blau über den ganzen Körper gleichmäßig getönt" besteht, so nehmen wir doch in Kauf, daß in einzelnen Federn die dunklen Pigmentteilchen so dicht sitzen, daß sie fast schwarz erscheinen, was nicht fehlerhaft ist, solange nicht ein Braun- oder gar Gelbton entsteht. Das Blau soll sich auch über die Spiegelpartie erstrecken, also ohne Grünlack und nicht zu dunkel. Nicht selten treten noch weiße Federn in den Schwingen oder scheckenartige weiße Federstellen auf der Unterseite und im Hinterhals auf. Verpönt sind auch völlig weiße Kehlen, womit wir auf die typische Latzzeichnung zu sprechen kommen. Zuvor sei aber noch angemerkt, daß die amerikanische blaue Schweden-Ente ausdrücklich 2 Flügelfedern in reinem Weiß aufweisen muß („two flight feathers, pure white").

Früher vertraten die Genetiker die Auffassung, daß die Ausbildung eines weißen Brustlatzes durch das Gen mit dem Symbol S hervorgerufen würde. Neuere Erkenntnisse von C. Engelmann: „Es hat sich inzwischen herausgestellt, daß die Anwesenheit des Genes S nicht allein genügt, um die weiße Latzbildung auszulösen. Dazu sind weitere Erbanlagen erforderlich, die als weniger wirksame Begleitfaktoren das Wirksamwerden des nicht geschlechtsgebundenen und dominanten Latzfaktors fördern bzw. unterstützen und seine Größenausdehnung bestimmen. Fehlen sie einer

Rasse, bildet sich auch kein weißer Latz aus, obwohl das Gen S im Erbgut enthalten ist. Dieser Fall tritt bei den völlig schwarzen Cayuga-Enten auf. Es wird angenommen, daß bereits die wilde Stockente einen nicht vorherrschenden (rezessiven) und nicht geschlechtsgebundenen Erbfaktor (Symbol = b) besitzt, der ebenfalls die Ausbildung eines weißen Latzes hervorruft."

Zusammengefaßt: die weiße Latzzeichnung kommt nur in Verbindung von Gen S und weiteren „Modifikatoren" im Phänotyp zustande.

Die Musterbeschreibung spricht davon, daß „an Vorderhals und Kropf ein weißer Latz mit möglichst regelmäßiger Abgrenzung" sitzen soll. Geht diese Zeichnung zu weit nach oben, ist die weiße Kehle unvermeidlich; geht sie zu weit nach unten, verläuft sie über die Brust bis in die Bauchpartie, was als grober Fehler gilt. An den Seiten nach hinten über den Hals auslaufende Lätze sind nicht nur optisch unschön, weil sie den Hals dünner erscheinen lassen, als er wirklich ist, sondern schlicht fehlerhaft und rassewertmindernd.

Das Untergefieder der Blauen ist immer einen Ton heller als das der Schwarzen, wenn auch dunkler als das Deckgefieder, also schwarzgrau.

Grob fehlerhaft sind weiße Gefiederstellen an Kopf und Körper. Die weiße Kehle, sofern es sich nur um einige kleine Federn handelt und nicht mit dem Latz zusammenhängt, ist milde zu bewerten.

Wichtig ist die Schnabelfarbe: beim Erpel dunkelgrün, bei der Ente dunkelschieferfarbig bis schwarz. Die Bohne soll bei beiden Geschlechtern schwarz sein. Schwarz-rot-gefleckt bis schwarz sind die Läufe.

Schwarz. Ohne Zeichnungsanlage der Wildfarbe muß das Gefieder völlig tiefschwarz mit intensivem Grünglanz sein. Die Spiegel dürfen keinen Blaulack zeigen, das übrige Gefieder selbstverständlich kein Weiß und Braun. Die Latzzeichnung, die beim Erpel meist etwas größer ausgebildet ist als bei der Ente, ist in Form und Ausdehnung bzw. Abgrenzung die gleiche wie beim blauen Farbenschlag. Die Lauffarbe wird sehr dunkel bis schwarz, die Schnabelfarbe beim Erpel dunkelgrün und bei der Ente dunkelschieferfarbig verlangt.

Besonderheiten

In der „Züchterwerkstatt" sind Einzelheiten zur Farbvererbung der Pommern-Ente nicht immer bekannt. Grundsätzlich gilt folgende Regel: blaue Pommern-Enten spalten in der F_1-Generation auf in 18,75 % Schwarze, 37,50 % Blaue, 18,75 % Silberblaue und 25,00 % Weiße. Die erhaltenen

1,0 Pommern-Enten
Blau
RG IV

Schwarzen geben untereinander gepaart Schwarze (75 %) und Weiße (25 %), Silberne unter sich gepaart Silberne (75 %) und Weiße (25 %), Schwarze mit Silbernen ergeben 25 % Weiße und 75 % Blaue, Weiße erbringen untereinander gepaart nur Weiße. Die Anpaarung an Gefärbte erzeugt 50 % Weiße.

Die Gesamterscheinung unserer schönen Pommern-Ente kann man mit „vornehme Ente im Frack" beschreiben. Neben ihrer attraktiven Farberscheinung ist der wirtschaftliche Wert beträchtlich. Wenn auch die Fachautoren früherer Jahrzehnte kei-

nen besonderen Nutzen in der um 1934 als Pommern-Ente bezeichneten Rasse sahen, so gilt aber die Beschreibung in Kramers Taschenbuch von 1899 noch heute: „Schwedische Enten sind sehr nutzbar, legen fleißig, werden früh reif und eignen sich vorzüglich zur Mast."

In der Sowjet-Union wurden schwarze, weißbrüstige Enten (Černye Belogrudye Utki) aus schwarzen Landenten mit weißem Latz sowie Peking- und Khaki-Campbell-Enten herausgezüchtet, die im Durchschnitt 1 kg schwerer sind als unsere Pommern-Enten (Gorjunov, 1960).

Die Streicher-Ente

Rassegeschichte

Als „Ableger der khakifarbigen Campbell-Ente" wird die Streicher-Ente in der älteren Literatur mit Recht bezeichnet. In England wurden seit 1917 weiße Campbell-Enten mit weißen Lauf-Enten-Erpeln verpaart, die aus einer Leistungszucht stammten und sich von hochgezüchteten Schautieren stark unterschieden. Die Ausgangstiere für die späteren Streicher-Enten waren also Mischtypen, die für eine Musterbeschreibung damals kaum zu kennzeichnen waren.

Der Engländer Gray nannte die Tiere Abocat-ranger, ein Wort, das sich aus dem Ortsnamen Abocat (Wohnort des Züchters) und dem Verb range = umherstreifen zusammensetzt. Dazu schrieb W. Woith in einem Fachaufsatz von 1957: „Schon damals wurde über den Namen 'Streicher-Ente' sehr viel herumgedeutet, dabei ist er sehr einfach zu erklären. Ich kenne aus meiner Jugend noch den Landstreicher, auf den die Gendarmen ihr besonderes Augenmerk hatten. Daneben gab es auch noch Landstreifer, das waren polizeiliche Streifen zum Absuchen eines Geländes." Der Erzüchter Gray wollte eine leistungsfähige Legeente schaffen, die aber ein höheres Gewicht erreichen sollte als die Lauf-Ente.

Durch den dänischen Züchter Lieker aus Graasten kamen die ersten Streicher-Enten im Jahr 1926 nach Deutschland. Sie hießen zuerst „Liekers Streifige" und wurden unter dieser Bezeichnung bald schon als Neuzüchtung ausgestellt. Zwei Jahre später erfolgte die Anerkennung der neuen Rasse und die Namensänderung in „Streifere Enten". Die bis heute gültige Bezeichnung Streicher-Ente wurde 1933 geprägt, wobei bis jetzt noch nicht völlig geklärt ist, ob diese wirklich auf die Übersetzung des ursprünglichen Abocat-ranger zurückgeht oder auf die Farbbezeichnung „Streifige".

Der Apotheker D. Schulken aus Bad Sachsa zeigte damals schon herrliche Farbentiere. 1934 gab es in Deutschland 85 Tiere dieser Rasse, von denen 50 bei Ausstellungen gezeigt wurden. Im Januar 1935 wurden bei der Deutschen Rassegeflügelschau in Essen 30 Streicher-Enten ausgestellt. Die Siegerente gehörte wieder Schulken.

In der schweren Zeit des Zweiten Weltkrieges war die Wirtschaftlichkeit der Entenrassen von besonderer Bedeutung. In einem Schreiben des Sondervereinsvorsitzenden werden 1943 die Mindestgewichte und die Legeleistung auch der Streicher-Ente festgelegt: Gewicht im Alter von 5 Monaten: 1500 g, ausgewachsener Erpel 2000 g, Ente 1750 g, jährliche Legeleistung 80 Stück.

Der Ostfriesische Züchter Siebens sammelte nach 1945 die letzten verbliebenen

Exemplare und baute die Zucht neu auf, so daß es ihm zu verdanken ist, daß die Rasse nicht völlig ausstarb. Ebenso sorgten R. Regenstein und H. Andresen für die Erhaltung und sichere Verbreitung der Rasse und zeigten nach 1950 wieder sehr gute Streicher-Enten auf deutschen Schauen.

Regenstein schrieb zum 50jährigen Rassejubiläum 1964: „Die nach 1950 wieder auftauchenden Tiere waren zweifellos zu zart und als ausgesprochene Wasserenten auch zu klein geblieben."

Vor fast 30 Jahren hatte man also mit dem untypischen Leichtgewicht zu kämpfen, während gegenwärtig viele Streicher schon zu schwer erscheinen. Daher auch die berechtigte Warnung von H. J. Wittlich (1972): „Solange ausgesprochene Masttypen mit hoher Stirn und groben Köpfen in die Preise kommen, haben die Züchter jede Veranlassung, diese Tiere dahin zu schicken, wo sie hingehören — in den Pott!"

Form und Kopf

Die elegante, bewegliche Gesamterscheinung der Streicher-Ente fordert einen länglichen, gut gerundeten Rumpf mit annähernd parallel verlaufender Ober- und Unterlinie. Der campbell-ähnliche Ausdruck kommt nur dann zustande, wenn der Rücken genügend Länge aufweist und Brust und Bauch nicht zu stark entwickelt sind. Wenn die Musterbeschreibung sagt: „nicht zu schlanke Form", dann ist zwar damit der „fleischig-vitale" Typ, nicht aber der zur Mastente tendierende Körper gemeint. Grob fehlerhaft sind in diesem Zusammenhang Bauchwammenbildung und Übergröße. Das Erpelgewicht sollte nicht mehr als 2,5 kg betragen. Ein paar Gramm weniger sind auch nicht von Nachteil. Der höchstens leicht angehoben getragene Schwanz bildet die Fortsetzung des geradlinigen Rückens. Die Flügel werden gut anliegend und geschlossen getragen, dürfen also nicht sperren und kreuzen. Die leicht aufgerichtete Haltung — beim Erpel etwas stärker als bei der Ente — wird durch den passenen Stand (nicht zu lange Läufe und Schenkel) unterstützt. Das Hinterteil der Ente darf nicht auf dem Boden schleppen. Der mittelange Hals wird zur Schulter hin allmählich stärker und soll anmutig gebogen getragen werden. Gut geschlossene, fest am Körper anliegende Flügel und nicht zu weiches Gesamtgefieder sorgen zusätzlich für den Eindruck der Beweglichkeit.

Zum relativ leichten Körperbau passend, darf der Kopf nicht grob sein, die Stirn nur wenig ansteigend; die Kopfseiten wünschen wir flach, „trockene Backen" genannt. Der Schnabel, dessen First sich zur

1,0 Streicher-Enten
RG VI

208

0,1 Streicher-Enten
RG VI

Stirn nur leicht erhöht, ist nur mittellang. Die Augenfarbe ist dunkelbraun.

Farbe

Streicher-Enten gibt es nur in Silber-wildfarbig. Es handelt sich dabei um eine Aufhellung der Wildfarbe, wobei die Braunpigmente der Ente und die Grautöne des Erpels durch Verlustmutation reduziert sind. Die sonst bänderartige Zeichnung der Ente ist zu kleinen Flecken aufgelöst und im Pigment schwächer. Während die Zügelzeichnung der wildfarbigen Ente bei der Streicher-Ente fehlt, bleiben Kopf- und Halsfarbe von der Aufhellung nicht oder kaum berührt. Auch entsprechen die Spiegel bei beiden Geschlechtern der Wildfarbe. Diese Abänderung der Wildfarbe kommt aber noch in unterschiedlichen Spielarten vor. Die Färbung der englischen Welsh Harlequin-Ente ist nicht völlig identisch mit unserer Streicher-Enten-Farbe.

Die Grundfarbe des Erpels ist noch heller als die der forellenfarbigen Enten (Laufente); sie tendiert in dem Silbrig-rahmweiß zum Weiß. Auf Bauch- und Weichengefieder wird dieses Rahmweiß völlig rein verlangt. Auf den Flanken ist aber fast immer etwas Dunkelpigment enthalten, was nicht zu sehr toleriert werden darf, da sonst das Perlmuster der Wildzeichnung verstärkt auftritt. Kontrastreich zur Grundfarbe sollen Schultern, Nacken, Halsansatz und Brust schön rotbraun sein. Verlangt wird dort aber auch der silberweiße Saum, der nicht zu schmal, aber auch nicht zu breit sein darf. Die braunschwarzen Bürzelfedern müssen ebenfalls weiße Säumung aufweisen, nicht selten kommen noch Tiere mit völlig schwarzen Bürzeln in die Schaukäfige, was unverständlich ist. Auch auf dem dunkelgetupften Rückengefieder müssen wir Silbersaum verlangen, sonst läßt bei der Nachzucht auch der Brustsaum nach. Die Schwanzfedern sind gelbgrau mit hellerem Außensaum, die Locken reinschwarz. In den leicht grau gemischten Schwingen sitzen die intensiv grünglänzenden, also nicht blauen, grauen oder braunen Spiegel.

Die Kopffarbe ist braunschwarz, der nicht zu schmale weiße Halsring muß am Hinterhals einwandfrei schließen; er darf niemals offen sein wie bei wildfarbigen Enten.

Die Aufhellung des Schnabels ist beim Erpel durch 2 X-Chromosomen bedingt. Daher muß er grau- bis weidengrün sein, Gelb wäre zu viel Aufhellung und fehlerhaft.

Die Schnabelfarbe der Ente ist, genetisch bedingt, dunkler (grau bis graugrün). Der Erpel hat orangefarbige, die Ente schmutzigbraune Läufe.

Die gelblich-weiße Grundfarbe muß auch die Ente deutlich zum Ausdruck bringen. Braune Strichelung, möglichst scharf und nicht zu breit, sitzt auf Nacken und Rükken. Ideal ist die gleichmäßige bräunliche Kopf- und Oberhalsfarbe, die auf der Wangengegend nicht aufhellen und keinesfalls helle Zügelstreifen zeigen darf.

Wie durch einen Halsring getrennt, setzt die Unterhalsfarbe hell ab, was besonders bei der Jungente kontrastreich erscheinen muß. Die Ente zeigt auf dem Unterrücken dunkle Tupfen auf gelbgrauem Grund und weiße Federsäume. Besonders auf der Unterbrust und der Bauchregion muß das Rahmweiß sauber sein. Das kontrastreiche Farbbild wird durch braungeflecktes Bürzelgefieder vollendet. Letzte Feinheiten zeigen sich dann noch in der dunklen Kopfstrichelung und in der feinen weißen Spiegeleinfassung.

Besonderheiten

Der frühere Vorsitzende des Sondervereins der Entenzüchter Deutschlands von 1895, W. Schmidt, charakterisierte die schöne Streicher-Ente so: „Die Streicher-Ente ist die Orchidee im bunten Strauß unserer Entenrassen!"

Als Legeente und familiengerechter Portionsbraten erfreut sich die Rasse großer Beliebtheit. Die Zucht farblich und zeichnungsmäßig vollendeter Tiere ist nicht gerade leicht, aber äußerst reizvoll.

Die Smaragd-Ente

Rassegeschichte

Die genaue Herkunft dieser ungewöhnlich glanzreichen Entenrasse ist noch immer nicht genau bekannt. Eine der ältesten Darstellungen dazu (Baldamus, 1876) gibt als Stammeltern die Cayuga-Enten an. Diese Vermutung nimmt 1965 Risler wieder auf. Fowler (zit. in Cook, 1894) nennt als Herkunftsland Ostindien; nach Wright (1872) sind die ersten kleinen Glanzenten aus Buenos Aires nach England eingeführt worden. Das dürfte in der Mitte des 19. Jahrhunderts gewesen sein. Auch Baldamus (1905) bezeichnete sie als „kleinere Form der Cayuga-Ente" und E. Brown (zit. in Cook, 1894) als „a 'Bantam representative' of the Cayuga". Die Bermerkung von Friebel (1922): „Sie unterscheidet sich nur durch die Größe von der Cayuga-Ente" tendiert ebenfalls zur Annahme, daß die Smaragd- auf die Cayuga-Ente zurückgeht, was Rudolph (1977) in seiner grafischen Übersicht zur Rassenbildung bei Enten mit einem Fragezeichen versieht. Je nach Annahme ihrer Herkunft wurde diese Entenrasse früher unterschiedlich bezeichnet: „Anas domesticus atrovirens", Black Brazilian, Buenos Ayren, Black East Indian Duck, Canrad du Labrador, Labrador-, Buenos-Aires-, Bahia-, Ostindische Ente. Im ameriaknischen Standard wird sie seit 1874 als „East India" geführt. Von Anfang an begeisterte diese Ente durch ihre gefällige Kleinheit und ihren wunderschönen Gefiederglanz. Allerdings wogen die meisten Tiere vor der Jahrhundertwende noch doppelt so viel wie die heutigen. Dürigen gibt 1906 noch das Gewicht mit 2 bis 2 1/2 kg an, erwähnt aber, daß englische Züchter versuchten, die Tiere so klein als möglich zu züchten.

Die Zoologische Gesellschaft zu London hatte 1870 einige Smaragd-Enten aus Brasilien eingeführt. Ihre Verbreitung in England und Frankreich ging dann relativ rasch vor sich. Nur zögernd nahmen deutsche Züchter diese neue Rasse an, in vielen Gebieten blieben Smaragd-Enten lange Zeit unbekannt; meistens wurden sie nur als Zierenten gehalten.

1,0 Smaragd-Enten
RG VIII

Form und Kopf

„Klein aber fein" ist das Leitmotto bei dieser Rasse. Die Musterbeschreibung spricht zwar ausdrücklich von „Rumpf länglich", entscheidend ist aber die Formulierung „möglichst klein". Wir wollen zwar bei der Smaragd-Ente keinen Zwerg-Enten-Typ, obwohl hinsichtlich des Gewichts so gut wie kein Unterschied besteht, doch muß sie mit der abgerundeten Figur, der eleganten Linienführung und dem lebhaften Wesen zwergenhaft keck wirken.

Die möglichst waagerechte Haltung des Rumpfes ist in diesem Zusammenhang wichtig. Der Rücken darf höchstens mittellang und nur leicht gewölbt sein. Die gut gerundete, leicht angehoben getragene Brust und die Bauchpartie ohne Kiel bilden die Unterlinie. Figürlich unterscheidet sich die Smaragd-Ente deulich von der noch gedrungener wirkenden Zwerg-Ente, darf aber nicht die langgestreckte Form der Hochbrut-Flugente zeigen.

Wir wünschen bei diesem flugfähigen Entenschlag verhältnismäßig lange Schwin-

0,1 Smaragd-Enten
RG VIII

gen, die aber möglichst nicht gekreuzt sein sollen. Der Schwanz wird kurzfedrig, dabei etwas angezogen getragen. Zu lange Schwanzfedern und stark angezogene Schwanzhaltung verderben das Bild.

Ein entscheidendes Rassemerkmal ist der Stand: Die feinknochigen Läufe müssen in den Fersengelenken deutlich sichtbar sein, d. h., das Bauchgefieder setzt bei hochrassigen Tieren einige Millimeter über den Gelenken an, so daß mindestens eine mittelhohe Stellung entsteht. Die Lauffarbe muß so dunkel wie möglich sein, wenn auch die Tiere im zweiten Jahr etwas aufgehellte Läufe und manchmal dort orangefarbige Stellen zeigen.

Viel Adel drückt sich auch in dem kurzen, aber gut gebogenen Hals und in dem etwas gezogenen, möglichst zierlich und kurz wirkenden Kopf aus. Dazu paßt nur ein kurzer, feiner Schnabel mit leicht eingebogenem First. Die Farbe ist beim Erpel sehr dunkel olivgrün, bei der Ente schwarz mit dunkelbraunem Vorderschnabel und schwarzer Bohne. Die ausdrucksvollen Augen sind dunkelbraun. Fehler bzw. Mängel in der Form sind zu großer und langer Körper, grobe Läufe und zu niedriger Stand.

Daneben sind die Zwerghaftigkeit, die feine waagrechte Körperhaltung und die Feingliedrigkeit im freien Stand zu beachten. K. Vogel nennt eine interessante Variante für die Zucht: „Farbenzüchterisch ist es einmalig, solche Smaragd-Enten zu zeigen, die ihre schwarzgrüne Gefiederfarbe – mit Ausnahme des Spiegels – verloren haben und daher weißgefärbt mit schwarzgrün glänzenden Spiegeln sind." Für Ausstellungszwecke dürften aber solche Tiere nicht in Frage kommen.

Starke Sonnenbestrahlung, unsaubere Haltung und reichlich Maisfütterung wirken sich auf die Glanzbilung negativ aus; förderlich dagegen sind viel Grünfutter und ölhaltige Sämereien. Ob die Haltung in abgedunkelten Räumen vor der Schau tiergerecht ist, bleibt dahingestellt, auch wenn es von erfahrenen Züchtern empfohlen wird.

Smaragd-Enten haben sich ihre natürliche Flugfähigkeit bewahrt und vertragen nicht gut enge Unterkünfte und Eingesperrtsein. Genügend Auslauf mit einem Wasserbecken von mindestens 3 m x 3 m werden empfohlen. H. Steffens (1967) kennt das Wild-

temperament: „Die Treue zur Heimat ist eine unbedingte, trotz voller Flugfähigkeit. So wenig wie eine Henne oder Gans von zu Hause fort will, will es auch die Smaragd-Ente nicht. Für Parkgewässer und Stadtgräben ist sie ganz besonders zu empfehlen. Hier nistet sie auch unbekümmert von allem Menschenlärm und fängt schon sehr zeitig mit dem Brutgeschäft an. Im Park macht sie im Gebüsch, ja manchmal sogar auf Bäumen ihr Gelege, wenn man alte Körbe mit Nistmaterial in die Bäume hängt oder auch Nistkästen auf Pfählen ins Wasser stellt. Die Schofe solcher Frühbrüter sind in der Regel schon Ende Juni oder Anfang Juli voll flugfähig."

Die Enten brüten sehr zuverlässig ihr Erstgelege von bis zu 25 Eiern aus. Stets brüten die Weibchen aber auch dann, wenn man ihnen die ersten Eier weggenommen hat, das Zweitgelege, manchmal sogar das Drittgelege aus. So kann die Ente im Jahr bis zu 80 Eier mit einem Gewicht von 55 bis 60 g erbringen. Die Eier sind nach dem Legen zunächst dunkelgrün und werden dann heller. Auch gibt es einen Zusammenhang von intensiv grün gefärbten Eiern und der späteren Lackbildung der Jungtiere. Smaragd-Enten, die Juwelen unter den Entenrassen, erbringen zwar keinen besonderen Nutzen, dafür aber tropische Faszination durch ihren herrlichen Kolibriglanz.

Farbe

Die alte Forderung von Dürigen (1897): „Gefieder mit schönem dunkel smaragdgrünen Metallglanz und tiefgrün glänzenden Spiegel" gilt immer noch. Schließlich hat diese Entenrasse vom grünen Edelstein Smaragd ihren Namen. Auf dem tiefen Schwarz jeder Feder muß intensiver, rein grüner Glanz funkeln. Die Farbbezeichnung heißt ausdrücklich „Smaragdgrün", also nicht blaugrün oder gar purpurfarbig. Das gilt auch für die Flügelspiegel. Im Unterschied etwa zu der Cayuga-Ente, wo sie sich deutlich blau abheben müssen, darf die Smaragd-Ente keine andere Spiegelfarbe als Smaragdgrün zeigen. Hier sitzt bei guten Farbtieren meistens der herrlichste Grünlack.

So erscheint auch die gesamte Unterseite mit Glanz überzogen, wie lasiert, einschließlich der Schwingen bis in die Spitzen. Das „Lustrous greenish black" im amerikanischen Standard formuliert die Forderung nach dieser Lackbildung deutlich.

Bei Jungtieren im ersten Jahr darf kein Weiß im Gefieder enthalten sein; mehrjährige Smaragd-Enten zeigen oft Ansätze zu Weiß bis zur völligen Aufhellung, wodurch sie für den Schaukäfig nicht mehr geeignet sind.
In den USA bedeutet dies deshalb folgerichtig für Tiere mit „conspicuous white in surface of plumage" (auffallendes Weiß auf der Gefiederoberseite) die Disqualifikation. Zu achten ist auch auf zu helle Schnabelfarbe, meistens verbunden mit zu wenig Dunkelpigment insgesamt.

Besonderheiten

Die „glänzende Erscheinung" der Smaragd-Ente ist zwar in erster Linie durch den ausgeprägten Gefiederlack bedingt, ihre Gesamterscheinung in der zierlichen Eleganz ruft aber auch immer wieder Bewunderung hervor.
Das Bild einer Herde grünglänzender Tiere auf der grünen Wiese oder im Schnee wirkt einfach bestechend. Besonders funkelt das Gefieder grün, wenn die Tiere frisch aus dem Wasser kommen und die abrinnenden Tropfen die Smaragdfarbe vielfältig spiegeln und zum Funkeln bringen. Da die Lackfarbe für Schauzwecke im Vordergrund steht, muß der Züchter bei der Auswahl der Stammtiere besonders sorgfältig sein. Den höchsten Zuchtwert haben solche Tiere, die am längsten ihr dunkelgrünes Gefieder behalten.

Die Lauf-Ente

Rassegeschichte

Neben den Landenten sind als zweiter Hauptstamm die südostasiatischen Pinguin-Enten aus der Stockente hervorgegangen. Nach der Übersicht zur Rassenbildung bei Enten (Rudolph, 1978) sind aus Pinguin-Enten drei Richtungen domestiziert worden, an deren Ende die Peking-, die Japanische Ente (s. Kapitel „Ausgestorbene, ausländische und seltene Entenrassen") und die Indische Lauf-Ente, wie sie früher bezeichnet wurde, stehen.
Wahrscheinlich wurden Enten mit der aufrechten, pinguinähnlichen Körperhaltung schon vor einigen Jahrhunderten als Legeenten unter den spezifischen Bedingungen der asiatischen bäuerlichen Entenhaltung (Reiskulturen, Weidegang in natürlichen Sumpfgebieten) gehalten.
Nach England gelangten in der ersten Hälfte des 18. Jahrhunderts mehrmals Pinguin-Enten, englisch Penguine-Duck, aus dem Malaiischen Archipel eingeführt.

Schon 1838 wurde die Bastardierung mit der Nilgans (?) erzielt (Dürigen, 1906). Der berühmte englische Naturforscher Ch. Darwin versuchte auch Artenkreuzungen mit der Nilgans und stellte die sehr starke Übertragbarkeit ihrer eigentümlichen Körperform und Haltung auf die Nachkommenschaft, auch auf die durch Kreuzung mit anderen Entenschlägen (Smaragd-) und Nilgänsen erzielte, als erwiesen fest.
Um 1880 muß die Pinguin-Ente, die es im braunen, rötlichen und graubunten Farbenschlag gegeben haben soll, in den Zoos von London und Berlin ausgestorben sein. Dürigen hielt diese Pinguin-Ente für die „Stammutter" der Lauf-Ente und spricht ausdrücklich von der „Wiederauferstehung". Er nennt die Lauf-Ente noch „Indische" und lateinisiert „Anas domestica cursitans".
Ein nicht namentlich genannter englischer Naturforscher schrieb 1855 über die Asiatische Ente mit der aufrechten Haltung: „Sie sind eine Rasse für sich, haben recht schlanke, gestreckte Körper und laufen aufrecht wie die Pinguine; sie haben eine fahl rötliche Aschfarbe" (zit. in Hoffmann,

1977). Ob es sich dabei um die ersten Lauf-Enten als Abkömmlinge der Pinguin-Ente gehandelt hat, ist nicht sicher. Den ersten zuverlässigen Bericht haben wir aus der Zeit um 1860 von dem englischen Experten J. Donald-Wigton aus Cumberland: „Ein Erpel und drei Enten wurden von einem Kapitän aus Indien mit nach England gebracht. Er schenkte sie einem Freund, der als Landwirt in West-Cumberland ansässig war. Einige Jahre später ist durch denselben Kapitän eine zweite Sendung Indischer Lauf-Enten nach England gekommen. Möglicherweise stammen alle heutigen Lauf-Enten von diesen beiden vor 70 Jahren importierten Stämmen. Selbst in England ist die Lauf-Ente anfangs unbekannt geblieben. Erst als 1895 auf der Krystallpalast-Schau in London eine Klasse für Lauf-Enten aufgestellt war und eine Musterbeschreibung veröffentlicht wurde, lenkte sich die Aufmerksamkeit der Züchterwelt auf diese eigenartige Entenrasse."

Nach Marten (1923) soll es schon Jahrzehnte vor ihrem Auftreten in der Rassezucht in Holland Lauf-Enten, eingeführt von der Insel Bali, gegeben haben. Sie wurden als kleine Enten mit vollständig aufrechter Haltung und Zimtfarbe beschrieben. Die ursprüngliche Färbung soll einfarbig rehbraun mit Wildzeichnungsanlage (pencilled fawn) gewesen sein; dieser Farbenschlag wird im „American Standard of Perfection" seit 1914 geführt. Seit 1898 war in den USA der Farbenschlag „Fawn & White" (hell-rehfarbig-weiß-gescheckt) bekannt.

In England fanden die „Indian runner" aufgrund ihrer guten Legetätigkeit, die sich auch über die Wintermonate erstreckte, große Beliebtheit. Besonders in der Grafschaft Northumberland wurden Lauf-Enten schon bald in Großzuchten vermehrt. Die Frühbruttiere waren dann schon schlachtreif, wenn andere Entenrassen noch kaum zu legen angefangen hatten.

Über die Einfuhr nach Deutschland berichtet Blancke (1920): „Die Berichte englischer Geflügelzeitungen über ihre große Fruchtbarkeit bewogen uns, einen Versuch mit dieser Rasse zu machen, und so bezogen wir im Dezember 1896 den ersten Stamm Indischer Lauf-Enten von einem der besten englischen Züchter, und da die Enten auch bei uns schon wenige Tage nach der Ankunft zu legen begannen und ihren guten Ruf rechtfertigten, ließen wir noch eine Anzahl Stämme aus England kommen und gaben davon auch an andere deutsche Züchter ab. Im Laufe der nächsten Jahre haben wir mehrere hundert Lauf-Enten aus England eingeführt, an 3000 selbst gezüchtet und ihre Verbreitung uns eifrigst angelegen sein lassen, da sie sich auch unter den veränderten klimatischen Verhältnissen vortrefflich bewährten. So wird denn heutzutage die Indische Lauf-Ente in Deutschland hoch geschätzt und hat bereits eine weite Verbreitung erlangt."

Allerdings hatten die ersten Tiere eine „solch unbestimmte Färbung und unkorrekte Zeichnung, daß niemand wußte, wie diese Rasse eigentlich sein sollte" (Friebel, 1922).

Zunächst kannte man nur „rouen-farbige" und rehfarbige Tiere; weiße kamen vereinzelt vor, waren aber zunächst unerwünscht. Aus Indien meldete ein Pater Frank während des Ersten Weltkrieges, daß dort rehfarbig-weißgescheckte Lauf-Enten unbekannt seien. Der landläufige Farbenschlag war ein Mittelding zwischen Braun und Wildfarbig. Im Jahre 1926 hatte E. Chur, Köln, einige braun-wildfarbige Tiere über Paris eingeführt, darunter 3 Original-Tiere aus Asien.

Seit 1900 hatten die deutschen Lauf-Enten-Züchter sowohl die Leistungsfähigkeit als auch den Rassewert ihrer Tiere stets verbessert. Die Legeleistung aus dieser Zeit wird mit 150 bis 190 Eier pro Ente und Jahr angegeben; das Eigewicht soll 70 g und mehr betragen haben. Die einheitliche Entwicklung des Typs wurde zunächst durch zwei unterschiedliche Zuchtrichtungen erschwert. Der Züchter Hogrefe aus Veesen förderte den leichten, schnittigen Typ, während Schäder aus Hameln schwerere Tiere zog und zeigte. Die englische und später dann auch die deutsche Musterbeschreibung legten den leichten, gestreckten Typ fest, so daß der massige Typ nicht durchkam. Doll (1981) beschreibt die Probleme aus dieser Zeit: „Wenn auch in den ersten Jahren des 20. Jahrhunderts der massige Typ stark zurückgedrängt wurde, so sahen die Preisrichter nicht das absolute züchterische Kunstwerk der Lauf-Ente in der Gesamtwirkung ihrer Erscheinung, sondern sie legten bei den Bewertungen immer mehr Wert auf Einzelmerkmale, wie Kopfpunkte und Zeichnung. Dadurch wurde teilweise die elegante Form der Lauf-Ente vernachlässigt, und hier mußte nun die Arbeit des Deutschen Entenzüchter-Klubs von 1895 einsetzen, um typreine Lauf-Enten zu züchten und auch auszustellen."

Fortgesetzte Meinungsverschiedenheiten unter den Züchtern führten schließlich zur Absonderung und Neugründung einer eigenen Sondervereinigung der Lauf-Enten-Züchter im Jahre 1908 unter dem Vorsitz von R. Gastreich, Köln-Merheim.

Form und Kopf

Der gegenwärtige Lauf-Enten-Typ unterscheidet sich von dem um die Jahrhundertwende beträchtlich. Betrachtet man alte Zeichnungen und auch noch Fotos aus den dreißiger, vierziger und fünfziger Jahren, so ist der enorme Fortschritt in der Herausbildung der hochedlen Rasse-Ente klar zu erkennen. Allerdings hatten die Züchter schon am Anfang dieses Jahrhunderts deutliche Vorstellungen vom schnittigen Lauf-Enten-Typ, was die Formulierungen aus dieser Zeit zeigen können: „Steil aufgerichtet, pinguinartig, Körper sehr lang und schlank, walzenförmig, hochbrüstig, hohe Beine, schmaler und in der Richtung des Körpers getragener Schwanz, Hals sehr lang, auffallend dünn, gerade aufrecht getragen, langer, schmaler, kantiger, im Genick scharf gebogener Kopf, flache Stirn, langer, gerader, keilförmiger Schnabel, mit der Stirn eine gerade Linie bildend" (Dürigen, 1905).

Damit sind tatsächlich die wesentlichsten Merkmale der Lauf-Ente, wie sie sich auch heute noch präsentiert, ausgedrückt. Standadel, Körperform, Halsführung und hochrassige Kopf- und Schnabellinie sind aber wesentlich verfeinert. Schon in den Kopfpunkten drückt sich die „trockene Eleganz" aus. Vom langen, geraden Schnabel, dessen First und Unterschnabel keilförmig ohne Einbuchtung verlaufen sollen, geht

die Linie ohne Unterbrechung in die sehr flache Stirn über, so daß man auch von einem Keil, der zusammen von Schnabel und Vorderkopf gebildet wird, sprechen kann. Völlig flache Backen, also eng anliegendes seitliches Kopfgefieder, betonen die „Trockenheit" des Kopfausdrucks. Hinterkopf und Genick sind bei hochrassigen Läufern scharf gebogen, wirken also keinesfalls kantig und nicht abgesetzt im oberen Hinterhals. Zum adligen Läuferkopf gehört die feine Kehllinie, schön ausgebogen im Halbrund, nicht voll wirkend, und der kaum sichtbare Unterschnabel. Scharfer Kehlschnitt und nur zu einem Drittel sichtbarer Unterschnabel tragen wesentlich zur unteren Begrenzung der Kopf-Keil-Linie bei.

Ansatz zur Stirnwölbung, volle Kehle, absetzendes Genick und eingebogener First können den Läuferkopf vollends verderben. Ebenso ist der zu kurze und schwache Schnabel fehlerhaft. Übertriebene Schnabellänge oder löffelartige Verbreitung im Vorderteil sind rassefremde, störende Mängel. Die Augen liegen dicht unter der Schädeldecke und unterstreichen so optisch die Flachheit des Kopfes.

Von besonderer Bedeutung sind Hals und „Einlauf". Die Bezeichnung „rheinweinflaschenförmig" für den Hals der Lauf-Ente meint die völlig gerade, aufgerichtete Haltung. Steht das Tier in Paradestellung, „zieht" der Hals schön in die Höhe, nimmt der Ente so schon im oberen Körperteil jede entstellende Kürze und Plumpheit. Bei der Beurteilung ist wichtig, daß der Vogel sich wirklich in gestreckter, aufmerksamer Haltung befindet; allerdings wirkt der überlange, meist dann auch zu dünne Hals eher übertrieben und extrem. Unterhalb der Kehle ist der Hals naturgemäß am dünnsten. Dann verläuft er über den sogenannten „Einlauf" tatsächlich wie bei einer Flasche ohne Kanten und Unterbrechungen in den schlanken, walzenförmigen Rumpf.

Der Hals mit dem Kopf stellen etwa 2/5, der Körper mit dem Stand 3/5 der Gesamtfigur. Der Übergang von Hals zum Rumpf wird allseits abgerundet verlangt, d.h., weder die Brust noch die Schultern dürfen hervortreten. Schmale, schön „eingebaute" Schultern und kaum vorgewölbte

Brust erinnern eben an eine wie „gedrechselt" erscheinende Weinflasche. Zwischen den Schultern darf kein Hohlraum entstehen. Gut ausgefüllter Oberrücken geht meistens bei hochrassigen Tieren mit gut im Gefieder verdeckten runden Schultern einher. Ebenso sind die Gelenkstellen der Schwingen wie eingeebnet, so daß die flaschenartige, allseitige Rundung entsteht.

Die Bauchlinie ist die fast senkrecht verlaufende Fortsetzung der Brustlinie. Auf dem schmalen Rücken liegen die Flügel fest an, ohne abzustehen.

„Unterkörper sektflaschenförmig auslaufend": das kann mißverständlich sein, denn es gibt Sektflaschen in verschiedenen Formen. Gemeint ist der schlanke „Auslauf", der in dem gerade nach unten getragenen, kurzen und geschlossen getragenen Schwanz endet. Fehlerhaft ist der sowohl ständig zwischen den Schenkeln nach vorne gedrückte als auch der nach oben angezogene Schwanz. Sind die Schwanzfedern zu lange gewachsen oder liegen sperrig, verliert die Lauf-Ente viel von ihrem Adel.

Gut sichtbare Schenkel, deren hervortretende Länge zusammen mit den gut hinten angesetzten, feinknochigen Läufen machen den typischen „Standadel" aus. Unter dem Bauch muß also „viel Luft" sein, wobei die Läufe am besten völlig gerade stehen, also nicht in den Fersengelenken eingeknickt.

Auch diese Rassemerkmale lassen sich erst dann richtig erkennen und bewerten, wenn der Läufer sich hoch aufgerichtet in Paradestellung zeigt, wozu die Beobachtung aus einiger Entfernung über einen gewissen Zeitraum unerläßlich ist. Natürlich kann eine Lauf-Ente nicht ständig diese Positur einnehmen, im entspannten Zustand zeigen sich die Tiere vielmehr leicht nach vorne geneigt oder auch der natürlichen Entenform in der Waagerechten angeglichen. Die Tiere senken dann die Schenkel oder gehen etwas in den Beingelenken winkelig, um sich von der anstrengenden aufrechten Haltung auszuruhen. Dann darf keinesfalls der falsche Eindruck: „Haltung zu wenig aufgerichtet" in die Bewertung einfließen, andererseits gehört eindeutige waagerechte Haltung zu den groben Fehlern. Zu volle Figur, massiger Rumpf, der

sich im plump erscheinenden Hals fortsetzt, verderben vollends die formlichen Rassemerkmale. Schnittigkeit, schlanke Symmetrie und viel Standfreiheit sind die wichtigsten Attribute.

Farbenschläge

Wildfarbig. Nach dem Ersten Weltkrieg wurden wildfarbige Lauf-Enten in deutschen Zuchten herausgebildet, die nicht nach dem Vorbild der dunkel-wildfarbigen Rouen-, sondern nach dem Farb- und Zeichnungsbild der artenreinen Stockente ausgerichtet waren. Diese wesentliche Unterscheidung bestimmt auch in der Gegenwart die Erscheinung und Bewertung der wildfarbigen Lauf-Enten.

Der Erpel zeigt das schön smaragdgrün schillernde Kopf- und Halsgefieder. Im unteren Drittel sitzt der reinweiße, nach hinten offene Halsring und bildet damit die Abtrennung zur braunroten Brustzeichnung. Das zu frühe Ende der rotbraunen Brustfarbe als altes Leiden der Wildfarbigen ist in den heutigen Zuchten selten geworden. Zu breite oder zackig gezeichnete Halsringe wirken unschön. Auf dem graubraunen Oberrücken wird markante Zeichnung verlangt, da solche Erpel die feine Zeichnung bei der Ente vererben. Unterrücken, Bürzel und Schwanz sind schwarzgrün, die Flügel zeigen braungraue Farbe und tragen von schwarzen und weißen Streifen eingefaßte Spiegel. Dabei ist wichtig, daß die weiße Streifung nicht zu breit und das Spiegelinnenfeld leuchtend stahlblau ist. Grauweiß ist die Unterseite der Flügel.

Auf dem Unterkörper und der Bauchgegend wird ein zartes Perlgrau mit gleichmäßiger schwarzer Wellenzeichnung verlangt. Die Bauchfarbe muß sich deutlich von der auf den Decken unterscheiden. Keinesfalls darf die Unterseite mit einem bräunlichen Ton erscheinen; das würde der dunkleren Rouen-Farbe entsprechen. Diese helle Perlung soll sich bis zum After hinziehen, „gewölkte" Bauchfarbe und Weiß in der Aftergegend sind Fehler. Wildfarbige Erpel haben dunkelgrüne Schnäbel mit schwarzer Bohne und orangegelbe Läufe.

0,1 Lauf-Enten
Wildfarbig
RG VII

vorgezogen werden jedoch braungelbe Schnäbel mit dunkler Sattelzeichnung und Bohne sowie dunkel-orangegelbe Läufe. In den letzten Jahren hatten die Züchter der Wildfarbigen mit zu langen „Tülpchen" und zu kurzen Schenkeln zu kämpfen. In den USA sind die „Gray" (Wildfarbigen) seit 1977 anerkannt.

Forellenfarbig. Wahrscheinlich sind die ersten Läufer in diesem Farbbild durch Einfuhren aus Frankreich nach dem Ersten Weltkrieg nach Deutschland gelangt. Unabhängig davon zogen R. Peil und E. Menden „Forellen" aus Kreuzungen zwischen weißen und wildfarbigen Tieren. Seit den fünfziger Jahren ist dieser Farbenschlag bei uns so gut verbreitet, daß er zahlen- und gütemäßig auf den meisten Schauen die Spitzenstellung eingenommen hat.

Die Grundfarbe bei beiden Geschlechtern ist deutlich heller als bei den Wildfarbigen. Die Kopf- und Halsfarbe des Erpels wirkt etwas heller grün als bei den Wildfarbigen. Der hinten nicht geschlossene Halsring trennt wieder die Halsfarbe von der weinroten Brust, die leicht gerieselt sein soll.

Die Grundfarbe der Ente ist goldbraun, ein leichter Stich ins Rötliche ist vorteilhafter als zu dunkles Braun. Besonderer Wert wird auf die Zeichnung gelegt. Sie besteht aus der hufeisenförmigen, havannabraunen Zeichnung, die mehrfach im Federfeld verläuft. Die Rücken- und großen Deckfedern zeigen dieses Muster am deutlichsten. Die Zeichnung ist dann am besten, wenn sie scharf abgegrenzt ist, wobei jedoch die dunklen Bänder nicht zu breit sind, so daß die Grundfarbe noch gut sichtbar ist. Laufen die Farben ineinander, so sind die beiden Hauptfarben nicht mehr unterscheidbar. Das Zeichnungsbild wirkt dann verschwommen. Die Zügelzeichnung zieht sich an den beiden Kopfseiten im Goldton bogenförmig bis in die Nackengegend. Sind die Zügelstriche zu hell, zeigen die Enten meistens auch zu helles Kehl- und Brustgefieder. Die Schwingen sind ungezeichnet braun, die Spiegelfarbe entspricht der der Erpel. Schilf in den Schwingen ist genauso fehlerhaft wie aufgehelltes Aftergefieder.

Zwar sind dunkel angelaufene Läufe und Schnäbel nicht als grobe Fehler zu werten,

1,0 Lauf-Enten
Forellenfarbig
RG VII

0,1 Lauf-Enten
Forellenfarbig
RG VII

ders die hellen Augenstreifen sichtbar sein. Das gesamte Körpergefieder muß elfenbeinfarbig sein und einschließlich Rücken braune Tupfen aufweisen. Gleichmäßigkeit in der Grundfarbe und Tupfenzeichnung hat hier Vorrang; fehlerhaft ist die Saumzeichnung der Federn, wie sie Wildfarbige zeigen. Allerdings sitzt brauner Saum auf den Decken, Schultern und Flügeln. Wie beim Erpel ist klare Spiegelfarbe und Zeichnung der Einfassung erforderlich.

Die Lauffarbe der „Forellenente" ist orangegelb, die Schnabelfarbe orangegelb mit grünen Tupfen. Gegenwärtig ist darauf zu achten, daß die Enten im Körper nicht zu zart werden.

Weiß. In der Frühzeit der Lauf-Enten-Zucht waren die Weißen unerwünscht, gewannen dann aber doch in den ersten Jahrzehnten dieses Jahrhunderts weite Verbreitung und zählen gegenwärtig zu den am besten durchgezüchteten Farbenschlägen. Im „American Standard of Perfection" sind weiße Lauf-Enten seit 1914 aufgenommen. Das Klein- und Großgefieder wird reinweiß, überzogen mit feinem Glanz, auch „Schmelz" oder „Glasur" genannt, ver-

Die Deckenfarbe ist silbergrau mit gleichmäßiger zarter Wellung. Weißgrauer Farbton wäre hier schon zu hell. Zeigen sich auf den Schultern und Flügeldecken rotbraune Federn mit schwärzlichbrauner Zeichnung, so handelt es sich um Rückschläge auf die Wildfarbe. Die Rückenfarbe ist dunkel, silbergraue Säumung sitzt auf den Bürzelfedern. Die gesamte Unterseite bis in die Schenkel soll aufgehellt perlgrau mit zarter schwarzer Wellung sein. Der Schwanz ist silbergrau, die Lockenfedern sind fast schwarz. Das bei Wildfarbigen fehlerhafte Weiß des Aftergefieders wird bei den Forellenfarbigen ausdrücklich gefordert. Die Spiegelfarbe und -umrandung entspricht der der Wildfarbigen, ebenso die Lauffarbe. Dagegen ist die Schnabelfarbe der Forellenerpel heller orangegelb mit grünen Tupfen.

Das Vorbild der Farbbezeichnung, die Tupfen der Bachforelle, verlangt auch beim Erpel auf dem elfenbeinfarbigen Bauchgefieder die wenigstens angedeutete Tupfenzeichnung.

Auch bei der forellefarbigen Ente müssen trotz des aufgehellten Kopf- und Halsgefie-

0,1 Lauf-Enten
Weiß
RG VII

langt. Dabei ist die festanliegende, glatte Feder, die weder zu breit noch zu schmal sein darf, von besonderer Bedeutung. Gelbe Farbtöne verderben den Silberglanz. Sie treten meist dann auf, wenn Mais gefüttert wurde oder wenn trübes und eisenhaltiges Schwimmwasser vorhanden ist. Zeigen aber sonst hochrassige Tiere nur leichten hellgelben Anflug und ist das Ausstellungsjahr schon fortgeschritten, so ist nachsichtige Bewertung angezeigt.

Die Schnabelfarbe soll zitronengelb mit heller Bohne sein. Zeigen Alttiere grüne Pigmenteinlagerungen in Tupfenform auf den Schnäbeln und dunkle Bohnen, so ist dies bei der Bewertung nicht zu strafen. Die Lauffarbe sollte möglichst rein orangegelb sein.

Weiße Lauf-Enten stehen gegenwärtig in der Gefahr, zu leicht und zierlich zu werden. Auch ist zu viel Toleranz gegenüber fleckigen Schnäbeln und dunklen Bohnen bei Jungtieren fehl am Platz. Zu lange Hälse und Schwingen stören nicht selten den Gesamteindruck, wie die Sonderschauen 1985 und 1986 zeigten.

Seit 1914 gibt es standardisierte weiße Lauf-Enten in den USA.

Schwarz. „Man kann niemanden zur Liebe zwingen, und so wird es wohl auch vergeblich sein, für die schwarzen Entenrassen jemals eine große Volkstümlichkeit zu erwarten." So schrieb ein ungenannter Autor in der „Geflügel-Börse" noch im Juli 1927 zum Thema „Schwarze Lauf-Enten" und meinte die dunkle Haut des Schlachtgeflügels. Für die Lauf-Ente galten diese Bedenken aber schon damals nicht, denn: „Ihre Hauptnutzung liegt nun einmal im Legen, und an Federn und Braten denkt man nur nebenbei."

In den zwanziger Jahren erlangten schwarze Lauf-Enten neben den damals schon gut verbreiteten Weißen, Rehbraunen und den jungen Farbenschlägen Wild- und Forellenfarbig zunehmende Beliebtheit. Ein abgebildeter schwarzer Erpel des Züchters E. Jöckel, Schierstein, ähnelt mehr einer etwas zu stark aufgerichteten Campbell- als einer Lauf-Ente heutigen Typs, zeigt aber schon eine vollständige schwarze Farbe mit Ausnahme des hellen Schnabels. Ebenso ist das fotografierte

1,0 Lauf-Enten
Schwarz
RG VII

Paar von K. Harig, Nordöllen, zwar schwarz, aber weit entfernt vom schnittigen Läufer-Typ der Gegenwart.

Zur Herauszüchtung meldet der Berichterstatter: „Die ersten glücklichen Versuche, schwarze Läufer zu erzüchten, zu denen gerade zu selbstverständlich Cayuga-Blut benutzt wurde, liegen um bald 20 Jahre zurück. Vor allem hatte der auch heute noch in diesem Farbenschlage an der Spitze stehende Züchter Emil Chur in Köln-Desbrück eine recht glückliche Hand dabei. Selbstverständlich sah man den ersten Tieren des Schlages ihre Herkunft noch an."

Chur hatte 1903 einen schwarzen Erpel, der aus einer Kreuzung von Cayuga- und Smaragd-Enten entstanden war, benutzt und paarte ihn mit weißen Lauf-Enten. Die ersten Nachzuchttiere waren noch ohne Grünlack. Später kreuzte Chur noch einmal wildfarbige Läufer ein.

Die Jahre bis zum Kriegsausbruch waren noch zu wenige, um die völlige Festigung des Typs zu erreichen. Auch war die Verbreitung anfangs nur gering. Auf der letzten Nationalen Schau vor dem Ersten Weltkrieg in Berlin standen neben 70 weißen und rehfarbigen Lauf-Enten nur 5 schwarze. Damals beklagten schon die Fachautoren die „mangelhafte Proportion", die wohl auch daher rührte, daß nach dem Krieg die Betonung der Wirtschaftlichkeit die Cayuga-Ähnlichkeit zunächst förderte. Der Rumpf war gegenüber dem Hals zu lang, der Übergang leider noch zu stark abgesetzt. „Es fehlte dadurch das Flaschenförmige, das dem Vorderkörper einer feinen Lauf-Ente das Gepräge gibt" (1927). Daher wurde die Einkreuzung feiner weißer Läufer empfohlen. Schon die erste Musterbeschreibung von 1909 hatte die Farbe des Schnabels und der Läufe als „möglichst dunkel bis schwarz" gefordert, wenn auch unter leichte Fehler „nicht ganz schwarzer Schnabel und nicht ganz schwarze Läufe" eingesetzt worden war. Bis in die dreißiger Jahre hatte man noch nichts anderes erreicht als die gelblich- grüne Schnabelfarbe bei den Erpeln und die dunkelgrüne mit schwarzen Flekken bei den Enten. Die Fußfarbe war damals ein schmutziges Orangegelb.

Das ist heute anders: Die Schnabelfarbe soll wenigstens dunkelolivgrün, besser noch schwarz sein. Dunkle, fast schwarze Läufe werden gefordert. Dieses Schwarzpigment kann nur erreicht werden, wenn das gesamte Körpergefieder, mindestens das Deckgefieder reinschwarz und das Untergefieder dunkel ist. Der geforderte smaragdgrüne Glanz bedeutet aber Zugeständnisse im nicht ganz satten Farbton. Mit Recht bemerkt deshalb M. Hoffmann (1960): „Beides auf die Spitze getrieben, wird niemals schönen Grünglanz aufkommen lassen. Schwacher Glanz, den man erst suchen muß, ist bestimmt nicht käfergrün. Es kann sogar dahin führen, daß tiefschwarze Tiere völlig ohne Glanz sind." Werden mehrjährige schwarze Läufer stellenweise weiß, handelt es sich doch um gute Zuchttiere, denn sie vererben oft den besten Lack. Experten unterscheiden in diesem Zusammenhang zwischen 2 Farbformen bei Küken. Es gibt einfarbig schwarze Küken und solche mit heller Brust. Erstere zeigen nach der Mauser braunen Überzug und matte Spiegelfarbe, letztere tragen durch das aufgehellte Dunkelpigment den intensivsten Grünglanz. Ungeeignet ist die Verpaarung von lackrei-

chen Erpeln mit stark glänzenden Enten. Hoffmann (1960) empfiehlt: „Zum Lackerpel nur Enten ohne Überlack stellen." Auch sind gute wildfarbige Tiere zum Einkreuzen geeignet, da schon in der ersten Generation tiefschwarzes, glänzendes Gefieder erzielt wird.

Blaulack und Bronzetönung, besonders häufig bei Erpeln auftretend, sind verpönt. Solche Einlagerungen in Streifenform rühren meistens von Wachstumsstörungen und Futterwechsel her.

Wenn auch beim Erpel nicht der völlig durchgefärbte Schnabel verlangt werden kann (geschlechtsbedingt), so führen doch gelbliche Schnäbel zur negativen Bewertung und reingelbe zum Ausschluß. Die geforderte dunkle Lauffarbe hängt mit der Einlagerung der Eumelanine in Unter- und Oberhautgewebe zusammen.

Schwarze Läufer sind in den USA erst seit 1977 offiziell anerkannt. Auf den Sonderschauen der letzten Jahre wurden in der Bundesrepublik Deutschland jeweils feine Kollektionen und auf manchen kleineren Schauen beachtliche Qualität gezeigt. Nicht immer war die Bewertung, aufgrund ungünstiger Lichtverhältnisse, korrekt; die Tiere zeigten einen bräunlichen Überhauch, was einer optischen Täuschung gleich kam. Manche Erpel zeigen noch immer eckige Schultern und zu lange Flügel. Der Zuchtstand bei den weiblichen Tieren scheint gegenwärtig höher zu sein.

Braun. Bei diesem Farbenschlag handelt es sich um die Aufhellung von einfarbig Schwarz. Im Unterschied zu Khakifarbig soll der ganze Körper gleichmäßig braun sein, allerdings beim Erpel geschlechtsbedingt an Kopf, Hals, Spiegel und Schwanzdecken etwas dunkler. Die Entstehung des braunen Gefieders der Lauf-Ente ist auf eine Dreifarbenkreuzung (Rehfarbig, Schwarz, Wildfarbig) zurückzuführen und soll zuerst in England erzielt worden sein. In der Hochburg der deutschen Lauf-Enten-Zucht, im hessischen Kirchhain bei Marburg, zeigten dann in den dreißiger Jahren die Pioniere der Rasse, H. Hankel und W. Noll, die ersten Lauf-Enten in der braunen Farbe. Der Krieg zerstörte aber die im Aufbau begriffenen Zuchten des neuen Farbenschlages, so daß nach Kriegs-

1,0 Lauf-Enten
Braun
RG VII

und Pfeffer in den Schwingen. Zur Verbesserung der Farbe wird die Einkreuzung von schwarzen und gelben (fehlfarbig blaue) Läufern empfohlen. Auch die aus den Schwarzzuchten vereinzelt gefallenen braunen Tiere sind zur Braunzucht bedingt zu gebrauchen. Besonders schön wirkt das Braun, wenn es fein glänzt, ohne allerdings starken Grünlack zu zeigen.

Die Schnabelfarbe ist dunkelgraubraun, die der Läufe schwarzbraun.

"Was ist mit den Braunen los?" fragt der Berichterstatter einer der letzten Sonderschauen. Es mangelt häufig an den abgerundeten Schultern und „verschliffenen" Köpfen. Enten haben immer wieder mit kurzen Schenkeln und freieren Einläufen zu kämpfen. Farbliche Gleichmäßigkeit bleibt weiterhin ein dringender Wunsch.

Blau. Der blaugrau erscheinende Farbstoff ist die Folge einer Verdünnung des Schwarzpigments. Ihre Entstehung verdanken die Blauen dem bekannten Züchter O. Giesecke, Quedlinburg/Harz. Er beschreibt selbst die Anfänge in einem Aufsatz von 1958: „Da ich schon lange Jahre blaue Pommern-Enten zog, kam ich auf

ende alles vernichtet erschien. So schreibt H. Hankel im März 1949: „Als ich aus der Kriegsgefangenschaft zurückkehrte, trieb es mich unbewußt zu der Stelle, an der ich als junger Züchter früher unvergeßliche Stunden erlebte. Was fand ich vor? Einen Trümmerhaufen. Nicht nur die Menschen und die Gebäude waren der Zerstörung anheimgefallen, auch die Zucht selbst war vernichtet und schien für immer ausgelöscht zu sein. Auch durch Informationen hörte ich, daß die zweite Zuchtmetropole ein ähnliches Schicksal getroffen hatte."

Doch der braune Farbenschlag wurde durch H. König, Elsen, nach dem Krieg neu herausgezüchtet. Wahrscheinlich hatte der Züchter einige wenige braune Tiere gesammelt und einen „Wildling" zur Hilfe genommen.

Die Musterbeschreibung fordert ein möglichst gleichmäßiges Braun. Dieses Schokoladenbraun entspricht dem der amerikanischen „Chocolate", die dort seit 1977 anerkannt sind. Schwarz und melierte Farbtöne, Purpurglanz und selbstverständlich weiße Federn sind verpönt. Nicht selten treten helle, fast fahle Schwungfedern auf

0,1 Lauf-Enten
Blau
RG VII

den Gedanken, auch blaue Lauf-Enten zu züchten. Ich war mir klar darüber, daß dies keine leichte Arbeit sein würde, denn gerade die blaue Farbe ist bei Enten wie bei Hühnern schwer zu erreichen. Deshalb hatte ich mehr Sorge um die Farbe als um die Form, was auch meine Versuche zeigten. Daß ich keine andere Rasse als blaue Pommern benutzen konnte, war mir klar. Unklar war mir zunächst, ob mit weißem Latz oder reinfarbig; ich entschloß mich dann aber zum letzteren."

Giesecke kreuzte einen forellenfarbigen Erpel aus einem französischen Transport mit 2 blauen Pommern-Enten, die fast keine Latzzeichnung hatten. Schon in der ersten Generation fielen einige blaue Tiere, die auch schon die Lauf-Enten-Form zeigten. Die Rückverpaarung mit dem reinblütigen Erpel erbrachte neben blauen auch gelbe und streicher-farbige Tiere. Wieder ein Jahr später verwendete der Züchter noch einmal einen hochrassigen Erpel und konnte schon auf der Lipsia-Schau in Leipzig mit seinen blauen Tieren höchste Preise erzielen. Besonders erwähnenswert sind die guten Legeleistungen der ersten Blauen; sie sollen höher gewesen sein als die der Forellenfarbigen. Durchschnittliche Eizahl pro Ente und Jahr: 200, Eigewicht 85 bis 90 g.

Blaue Lauf-Enten sind spalterbig. Aus der Verpaarung zweier blauer Tiere fallen neben schwarzen auch schmutzigweiße und reinweiße Tiere mit gelben Schnäbeln. Gelegentlich treten Hellgraue (Perlgraue) auf, aber es sind stets Weibchen. W. Salz (1984) erwähnt die Möglichkeit, aus Blauen einen neuen Farbenschlag zu schaffen: Blauwildfarbige, die auch schon vereinzelt gefallen sein sollen. Bei der Stammzusammenstellung nehmen die meisten Züchter schwarze Erpel und weiße Enten und umgekehrt, sofern die Tiere aus blauen Eltern gezogen sind.

Verlangt wird ein helles Blau, das sich über den ganzen Körper, auch über die Spiegelregion, hinzieht. Unvermeidlich, da genetisch bedingt, sind einzelne schwarze Federn. Besonders wertvoll in farblicher Hinsicht sind Tiere, die das lichte Blau gleichmäßig, also nicht fleckig oder blockig zeigen. Ist das Blau rußig, fehlt ein Auflockerungsfaktor; umgekehrt ist die Auflocke-

rung des Schwarzpigments dann zu weit fortgeschritten, wenn die Farbe insgesamt zu hell erscheint. Ein Blauton muß erkennbar sein, Hellgrau genügt nicht. Das reine Blau zeigt sich eigentlich nur kurze Zeit nach der Mauser. Infolge von Lichteinfluß wird das Farbkleid nach und nach blasser und kann dann auch gelbliche Tönung zeigen. Nicht selten zeigen Erpel in den Sommermonaten braune und gelbe Farbtönungen an Brust und Bauchseiten. Auch ist darauf zu achten, daß die Federenden durchgefärbt sind, wozu manchmal die Einkreuzung von schwarzen und weißen Tieren aus Nichtblau-Stämmen förderlich ist. Werden immer wieder Blaue untereinander verpaart, hellt die Farbe unweigerlich bis zu Gelb auf. Diese genetische Aufhellung ist nicht zu verwechseln mit dem sogenannten Altersdimorphismus, womit die Farbaufhellung bei blauen Enten im zweiten Lebensjahr bezeichnet wird.

M. Baumeister (1984) spricht das Problem der Bewertung blauer Lauf-Enten bei Neonlicht an: „Gerade das lichte Blau reflektiert in entstellenden Farben."

Schiefergrau wird der Schnabel verlangt, mit schwarzer Bohne. Die Läufe sind dunkelgrau, orangefarbige Flecken sind zugelassen.

In den USA gibt es seit 1977 die „Cumberland Blue". Erpel: „greenish-blue"; Ente „bluish-gray". Gelbe Gefiederstellen führen zur Disqualifikation.

Übrigens erwähnt Dürigen schon 1905 Lauf-Enten in „Grau". Derzeit sind die besten Tiere in den Zuchten von Schnell, Ebsdorf und Höpp, Nidda, zu finden.

Rehfarbig-weißgescheckt. Hierbei handelt es sich um den ältesten, man kann auch sagen, um den ursprünglichen Farbenschlag, wenn auch die ersten gescheckten Tiere in England sicher nicht die gleichmäßige Farbverteilung aufwiesen wie die heutigen Gescheckten. Bei der Lauf-Enten-Scheckung haben wir die Entpigmentierung bestimmter Gefiederbezirke vor uns. Der Farbverlust als Mutationsfolge ist an bestimmte Federfluren gebunden und deshalb in Reinzucht zu erhalten.

Schon vor der Jahrhundertwende gab es in Deutschland bedeutende Zuchten der damals „rehbraun" genannten Läufer. Düri-

**1,0 Lauf-Enten
Rehfarbig-weißge-
scheckt
RG VII**

hört dann noch das frei im Weiß liegende Auge und die gleichmäßige weiße Säumung am Schnabelgrund.

„Aber eine scharf abgegrenzte Kopfzeichnung hat es nie gegeben, und diese scheint auch kaum erreichbar. Die so leicht auftretende unreine Nackenzeichnung, die verpönten Spritzer, die beim Erpel sehr selten, bei der Ente um so häufiger vorkommen, werden dadurch vermieden, daß man nach Möglichkeit Tiere mit tiefer Backenzeichnung nur zur Zucht der Erpel verwendet, dagegen vermeidet man das starke Auftreten der Nackenspritzer bei der Ente durch Zuchttiere mit schmaler oder noch besser durch Zuchttiere ohne jegliche Backenzeichnung" (Hoffmann, 1960).

Angedeutete Wildzeichnung darf auf den Farbfeldern an Rücken, Schulter und Schwanz sitzen. Allerdings zählen weiße Deckfedern als fehlerhaft. Flügel und lange Schwungfedern sowie Bauchgefieder sind weiß. Zwischen Schenkeln und Schwanz und an den Außenseiten der Schenkel sitzen noch farbige Federfelder, wenn auch weiße Hosenzeichnung beim Erpel angestrebt wird. Farbige Federn in den Schwingen und unsauberer Abschluß der Schulter-, Flügel- und Brustzeichnung setzen bei der Bewertung zurück.

Die Schnabelfarbe ist gelb mit grünen Tupfen und dunkler Bohne, die Lauffarbe orangegelb.

Rehfarbig-gescheckte Lauf-Enten hatten es in Verbreitung und Qualität nie leicht, kommen doch zur Erzielung der typischen Lauf-Enten-Form die Schwierigkeiten mit der Farbe und Zeichnungsverteilung hinzu, was nur wenige idealistische Züchter meistern. So ist auch derzeit dieser überaus schöne Farbenschlag stark zurückgegangen. Die Einkreuzung sehr guter weißer und brauner Lauf-Enten könnte der Zucht wieder etwas auf die Beine helfen. Aufgehellte Rückenfarbe, starkes Kreuzen der Schwingen, zu wenig Körpervolumen der Enten (infolge von Inzucht?) sind gegenwärtig die Hauptprobleme.

Die amerikanischen „Penciled-runner" (seit 1914 anerkannt) unterscheiden sich von den dort seit 1898 vorkommenden „Fawn & White" durch ihre dunklere Zeichnungsfarbe und die gut sichtbare Wildzeichnungsanlage, während die „Fawn" ohne Wild-

gen spricht 1906 von der Grundfarbe Weiß und beschreibt die Zeichnungsfarbe als „ein möglichst gleichmäßiges Rehbraun". Die Bezeichnung „rehfarbig, die bis in die sechziger Jahre gebräuchlich war, ist aus zweifachem Grund irreführend. Erstens haben Rehe ein unterschiedlich gefärbtes Sommer- und Winterfell, und außerdem sind weiß-braun-gescheckte Rehe die höchst seltene Ausnahme.

Die braune Zeichnungsfarbe ist beim Erpel an Kopf, Rücken, Unterschwanz dunkler als bei der Ente, obwohl die Farbe bei beiden Geschlechtern sich nicht allzustark unterscheiden soll. Die Kopfzeichnung besteht aus braunem bis braunschwarzem Oberkopf und den länglich gezogenen Wangenflecken. Die Backenzeichnung darf aber nicht zu tief gehen; über der Kieferkante muß ein schmales weißes Federfeld bleiben. Das trägt auch optisch zur feinen ausgebogenen Kehllinie bei. Die weiße Halsfarbe (man sollte hier nicht von der „Zeichnung" sprechen, da es ja die Grundfarbe ist) soll nur ⅔ der Halslänge umfassen, woran sich dann das untere Drittel und die Brust in rehbrauner Farbe anschließen. Zur feinen Kopfzeichnung ge-

zeichnung in der Farbscheckung mehr gelb sind, jedenfalls nach dem farbigen Musterbild zu urteilen. Übrigens erscheinen alle Abbildungen im Amerikanischen Standard, verglichen mit den unsrigen, die Tiere entweder viel zu tiefstehend darzustellen, oder der Stand ist bei den Tieren in den USA tatsächlich, gemessen an unseren Verhältnissen, untypisch niedrig.

Erbsgelb. Dieses Farbbild gehört in die Kategorie der Gelb-blau-wildfarbigen, auch Blau-gelb genannt. Die Sachsen-Ente zeigt die Kombination der reinerbigen Form des Orpington-Blau und Braun mit stark eingeschränkter Zeichnungsanlage der Wildfarbe, während die erbsgelbe Lauf-Ente weniger blau-, mehr gelbbetont ist. Zugunsten des bräunlichen Grau ist das Blau der Sachsen-Ente zurückgedrängt, so daß der Kopf des Erpels mehr graubraun erscheint. Der Halsring muß hinten offen (nicht wie beim Sachsen-Erpel geschlossen!) sein. Die Brust ist braunrot, der Rücken erbsgelb, über dem Bürzel etwas dunkler. Die Spiegelfarbe ist braungrau, niemals grünglänzend. Bauch- und Schwanzgefieder sind cremefarbig.

Möglichst gleichmäßig erbsgelb wird bei der Ente das Gefieder an Kopf, Hals, Rücken, Brust und Schwanz verlangt. Wichtig ist die helle Streifenzeichnung über den Augen bis zum Kopfende und unter den Augen vom Schnabel bis zur Kehle. Diese Zeichnung und das Kehlgefieder müssen cremefarbig sein. In etwas hellerem Farbton sind Schwingen und Flügelbug. Auch die Ente zeigt braungraue Spiegel. Die Schnäbel bei beiden Geschlechtern sind gelb mit leicht grünlicher Tönung und brauner Bohne. Die Läufe sollen beim Erpel und bei der Ente orangegelb sein.

Im Standard werden bei diesem Farbenschlag als einzigem die groben Fehler ausdrücklich genannt: „zu breiter oder fehlernder Halsring, zu wenig Brand (rote Brustfarbe) beim Erpel, weiße Latzzeichnung bei der Ente."

Dieser jüngste Farbenschlag ist zuerst in der DDR herausgezüchtet worden. In einem Bericht von 1979 erwähnt P. Ehrlein von der 17. Jungeflügelschau in der DDR „streicher-entenfarbig zu bezeichnende Tiere", die „das Farbbild der erbsgel-

1,0 Lauf-Enten
Erbsgelb
RG VII

1,0 Lauf-Enten
Silber-wildfarbig
RG VII

224

ben Sachsen-Ente haben" sollen. Allerdings hatten diese Erpel taubenblaue Kopffarbe, so daß es sich wahrscheinlich um den gelb-blau-wildfarbigen Farbenschlag handelte, von dem sich in der Bundesrebublik Deutschland gezogenen Erbsgelben deutlich unterscheiden. Wesentliche Verdienste um den Aufbau der Zucht dieses neuen Farbenschlages bei uns hat R. Kurz, Alsfeld, erworben, der in den letzten Jahren immer wieder fast vollendete Tiere mit höchsten Bewertungen zeigte.

Die Augenfarbe für alle Farbenschläge der Lauf-Ente kann in einem Satz angegeben werden: nur die Weißen haben bräunliche, alle anderen Farbenschläge braune Iriden. Als Neuzüchtung wurden 1986 in Hannover 15 Lauf-Enten in „**Silber-wildfarbig**" ausgestellt, wovon schon 5 Tiere die Note „sehr gut" erhalten konnten. Inzwischen wurde dieser Farbenschlag anerkannt.

Der amerikanische Standard kennt noch „Buff-runner" (seit 1977), ein gelber Farbenschlag, der im Aussehen eher der Orpington-Ente entspricht.

Besonderheiten

„Perlen im Reich der Rasseenten", „Primaballerinas", „Vollblut-Renner" sind einige der teils zutreffenden, teils überschwenglich gebrauchten Bezeichnungen für die Lauf-Ente. Tatsächlich wirken die Tiere sowohl im Freiland als auch im Schaukäfig ungewöhnlich anziehend durch ihre elegante Beweglichkeit, ihre edle Figur und das herrliche Farben- und Zeichnungsspiel. Daher bilden sie auch auf den Geflügelschauen stets einen besonderen Anziehungspunkt.

Vom wirtschaftlichen Gesichtspunkt aus betrachtet, sind Lauf-Enten durchaus interessant. Sie gehören zu den besten Legeenten, und der Portionsbraten, fettarm und zartfasrig, ist in der Küche der Familie mittlerer Größe begehrt. Befruchtung, Schlupf und Aufzucht sind ohne besondere Schwierigkeiten. Ein Experte sagt: „Lauf-Enten-Küken schlüpfen wie die Leghorn-Hühner", also rasch und vital. Dennoch sollte beachtet werden: Lauf-Enten benötigen eine geräumige Unterkunft, möglichst nicht mit anderem Geflügel zusammen. Zur Schauvorbereitung gehört die ausreichende Gewöhnung an den Käfig, denn die Tiere sind von Natur aus scheu und schwer bewertbar. Deshalb sind auch Auskleidungen an den Rückwänden und Seiten der Schaukäfige vorteilhaft. Die leicht erregbaren, sensiblen Tiere dürfen nicht auf mehreren Schauen in kürzeren Abständen ausgestellt werden, da ihnen der Streß doch stark zu schaffen macht und das Zuchtergebnis darunter leidet.

Hochrassige Läufer brauchen Verständnis für ihr „Naturell", dann faszinieren sie Züchter und Schaubesucher.

Die Zwerg-Ente

Rassegeschichte

Das genaue Herkunftsgebiet der Zwerg-Ente ist unbekannt. C. S. Th. van Gink, äußert 1961 die Meinung, dieser kleine Hausentenschlag sei vor etwa 200 Jahren aus dem Orient nach Holland gekommen. Diese Annahme wird dadurch gestützt, daß die Stimme der Zwerg-Ente im Unterschied zu allen anderen Entenrassen hinsichtlich der Stimmhöhe und der viel größe-ren Häufigkeit des Ruftones in der Zeiteinheit völlig eigenständig ist, so daß es sich um eine sehr alte Domestikationsform handeln muß. W. Rudolph (1978) stellt die Hypothese auf, daß sie ohne Verwendung anderer Hausentenschläge direkt aus der Stockente herausgebildet wurde, wobei dies wahrscheinlich eher in asiatischen Gebieten geschah; denn in Holland hatten die Tiere in der Zwergform um 1800 in kurzer Zeit schon eine starke Verbreitung gefunden. Möglicherweise war die Zwerg-Ente eine damals schon mehrere Jahrhunderte alte Zierrasse in asiatischen Parks und an Fürstenhöfen.

In Holland wurden die Tierchen Kwakers oder Kwaketjes genannt und dort sowie in England (Call-duck) und Frankreich (Canard mignon) als Lockenten für Jagdzwecke gehalten. Auch in Belgien verwendete man die laut rufende Ente zur Jagd, bei der riesige Mengen von Wildenten in Kojen angelockt oder auch bei der Flintenjagd erlegt wurden. Die Engländer entwickelten bald einen besonderen Ehrgeiz, die Ruf-Enten rassemäßig zu festigen und brachten „Enten-Bantams" in der Rouen- und Aylesbury-Farbe heraus. Angestrebt wurde eine Nationalente in Zwergenform, doch ist den Briten nie gelungen, weiße Zwerg-Enten mit rosafarbigen Schnäbeln nach dem Vorbild der Aylesburys zu züchten. Die Tiere waren nur wenig größer als die wilde Knäkente, *Anas querquedula*, und hatten als Wirtschaftsgeflügel keinerlei Bedeutung.

A. Maar berichtet 1891 von weißen, wild- und rouen-enten-farbigen Zwerg-Enten. Baldamus kennt 1897 die Zwerg-Ente schon als „Ausgangspunkt eines Bantam-Sports", da „die immer zunehmende Seltenheit der Wildentenfänge die praktische Verwendung der Zwerg-Ente" eingeschränkt hatte. Die Autoren des 19. Jahrhunderts nannten diese kleine Hausente „Anas domestica minuta".

Um 1860 stellt der englische Tiermaler H. Weir wildfarbige Zwerg-Enten dar, die deutlich den kurzen Körperbau, den fast kugelrunden Kopf mit dicken Wangen und den wie eingesteckt wirkenden, sehr kurzen Schnabel zeigen. Die Weißen waren in dieser Zeit dennoch mengen- und qualitätsmäßig den Wildfarbigen überlegen. C. S. Th. van Gink fertigte 1916 ein Bild mit einem wildfarbigen Zwerg-Enten-Erpel und bemerkt dazu: „Merkwürdigerweise verlangt der Amerikanische Standard den wildfarbigen Ruf-Erpel nachdrücklich ohne weißen Halsring, weil sonst überall diese Zierde bei wildfarbigen Ruf- und Zwerg-Enten verlangt wird." Eine Forderung, die nach dem gegenwärtigen „American Standard of Perfection" nicht mehr stimmt.

Auf dem gleichen Bild ist noch ein Kreuzungstier in Schwarz, gefallen aus einer Verpaarung zwischen Ruf-Ente und Smaragd-Ente, „auffallend klein und gut im Körperbau und Kopf" (v. Gink, 1916). Glanzpunkt der Zeichnung ist aber eine weiße Zwerg-Hauben-Ente mit hervorragenden Rasseeigenschaften aus der Zucht Fehrenberg.

A. Friebel berichtet aus der Zeit um 1920: „Während der letzten Ausstellungssaison habe ich auf einer kleinen sächsischen Schau ein wirklich erstklassiges niedliches Pärchen weißer Zwerg-Enten angetroffen." Die niedlichen Zwerge – Doll (1985) schlägt vor, sie als „Urzwerge unter den Rasseenten" zu bezeichnen – waren aber in dieser Zeit in Deutschland noch recht selten.

Daß in Deutschland schon Anfang des 19. Jahrhunderts Zwerg-Enten gehalten wurden, wie H. Böse 1982 meldet („bei Ismer aus Ströhen"), dürfte ein Irrtum sein.

Gemeint ist sicher die Zucht und Haltung um 1900. Durch die beiden Weltkriege kamen bei uns die meisten Zuchten zum Erliegen. Die Bestände erholten sich erst wieder in den fünfziger Jahren. Besondere Förderung erfuhr die Rasse seit dieser Zeit durch den Züchter J. H. Webers. Neben der Verwendung als Lockente zur Jagd und als Ziergeflügel für Parkteiche verdankt die Zwerg-Ente von Anfang an ihre Beliebtheit der guten Brut- und Führungseigenschaft, die sie zur Aufzucht von wertvollen Wild-Ziergeflügel-Arten befähigt.

Form und Kopf

In dem zwergenhaften Gesamtbild drücken sich nicht die verkleinerten Proportionen von Rumpf, Hals, Kopf, Schwingen, Schwanz und Läufen der Stock- und Hochflugbrut-Flugente aus, d. h., der Habitus ist nicht deren verkleinertes Abbild, sondern die Proportionen sind eigenartig verändert. Hauptrassemerkmal ist der kurze und gedrungen wirkende Rumpf, an allen Stellen gut abgerundet und mehr dem Typ der wildlebenden Tauchente entsprechend. Diese zeigen im Unterschied zu allen Schwimmenten einen mehr rundlichen, zur zusammengeschobenen Ellipse neigenden Körper. Die Kleinheit der Zwerg-Ente ist aber noch nicht alles. Keinesfalls darf der Körper dabei länglich und schmal erscheinen.

Der kurze, flache Rücken trägt viel zum Zwerg-Enten-Typ bei, darf aber nicht zu sehr aufgewölbt, also nicht ball- oder kugelartig ausgebogen sein; auch die Forderung „gedrungen" hat ihre Grenzen. Die noch in der Musterbeschreibung von 1974 enthaltene Formulierung „so klein als möglich" wurde eben schon vor Erscheinen des neuen Standards 1984 gestrichen. In der unteren Begrenzungslinie geht die gut gerundete Brust in die flache, ohne jegliche Kielbildung verlaufende Bauchlinie über.

Aufgrund der Flugfähigkeit haben Zwerg-Enten verhältnismäßig lange Flügel, deren Handschwingen über den Bürzel leicht gekreuzt sind. Sie entstellen aber das Gesamtbild, wenn sie die Schwanzfedern überragen; meistens sind solche Tiere auch im Rumpf zu schmal und lang. Relativ kurze Schwanzfedern passen besser zum gedrungenen Typ. Die Haltung des Schwanzes wird waagerecht, die Struktur geschlossen verlangt.

Die relativ kurzen Läufe unterstreichen den zwergenhaften Gesamteindruck; sie sind unter der Mitte des Körpers angesetzt. Ihre Farbe ist je nach Gefiederfärbung orangerot bis dunkel. Erscheint der Stand zu hoch und ist der Körper insgesamt zu groß und der Hals zu lang, sind das bei der Bewertung grobe Fehler. Wir wünschen den kurzen, leicht gebogenen Hals mit fein ausgebogener Kehle.

In manchen älteren Fachaufsätzen heißt es noch: „Die Unterlinie ist bootsförmig wie bei der Hochbrut-Flugente" (Böse, 1982). Dies widerspricht aber dem Standard, der ausdrücklich den Bauch „flach, ohne Kielbildung" verlangt.

Die Kopfpunkte erhalten bei der Rassebewertung besondere Bedeutung: Im Verhältnis zum Rumpf muß der Kopf recht groß wirken. Nicht nur seine gewölbte Ausdehnung von der Stirn her, über den Scheitel und das etwas voll wirkende Genick, sondern auch die Kopfseiten, „Backen" genannt, werden gut entwickelt, d. h. nach außen hin in sanfter Wölbung schön abgerundet, etwas „pausbäckig" wirkend, verlangt. Erscheinen die Stirnlinien zu wenig aufgewölbt, die Backen zu flach und der Scheitel zu wenig gewölbt, ist die Kopflinie insgesamt untypisch. In der Draufsicht muß der Schädel ebenfalls recht breit sein. Zu schmale Schädelpartie zwischen den Augen mindert die Gesamtqualität.

Der geforderte breite Unterkopf steht in Beziehung zu Hals und Schnabel. Zu dünner Oberhals ist gekoppelt mit zu wenig Fülle unter dem Auge, zu wenig Unterkopffülle bringt meistens zu geringen Schnabelansatz. Gewissermaßen als Fortsetzung des zwergenhaften Schädels, bei dem im Ideal das Auge in der Mitte sitzt, bildet der nur 30 bis 35 mm lange Schnabel. Der vollendete „gnomenhafte" Zwerg-Enten-Kopf wird gekrönt durch den kurzen, dabei recht breiten und im First nur leicht durchgebogenen Schnabel, der keinesfalls im vorderen Drittel löffelartig verbreitert, im Verhältnis zum Stirnanstieg aber wie eingesteckt wirken soll. Ist der Schnabel zu lang, „streckt" er die gesamte Kopflinie, und der Eindruck des Kugelkopfes geht optisch verloren. „Skull wide" bezeichnet im amerikanischen Standard den großen Schädelumfang, „cheeks prominent" die hervortretenden Wangen. Nicht übertragbar auf die deutsche Standardforderung ist „slightly elevated" für die Schwanzhaltung, was so viel wie „leicht angehoben getragen" bedeutet. „Carriage nearly horizontal", fast waagerechte Haltung des Körpers, könnte eine Entsprechung in der deutschen Standardformulierung haben, da wir ebenfalls die nur ganz leicht abfallende Haltung wünschen.

Farbenschläge

Zwerg-Enten sind zwar grundsätzlich in allen Farbenschlägen der großen Entenrassen (Ausnahme: Warzen-Ente) zugelassen, sie kommen aber wirklich nur in Wildfarbig, Silber-wildfarbig, Weiß, Schwarz, Blau und Blau-gelb sowie, sehr selten, in Gescheckt vor. In den USA existieren folgende Farbenschläge:

Gray – Wildfarbig, seit 1874
White – Weiß, seit 1874
Blue – Blau mit weißem Latz und einigen weißen Schwingen, seit 1977
Snowy – Silber – Wildfarbig, seit 1982

Wildfarbig. Die Wildfarbigen entsprechen in Farbe und Zeichnung der Stockente (s. mehrfache Beschreibung bei anderen Rassen). Zu achten ist auf zu helle Grundfarbe und Farbverlust im Kehl- und Aftergefieder. Unsaubere Brust- und Flügeldeckfedern setzen bei der Bewertung genauso zurück wie unkorrekte Schwingen- und Spiegelfarbe. Bei den Enten müssen wir bei richtiger goldbrauner Grundfarbe die scharfe, schwarzbraune, hufeisenförmige Zeichnung verlangen. Das Flankengefieder der Erpel darf nicht rußig erscheinen.

Silber-wildfarbige zeigen das Farbbild der Streicher-Ente. Wahrscheinlich hatte C. S. Th. van Gink (1961) dieses Bild vor Augen, als er die „forellenfarbigen" Zwerg-Enten erwähnte, die es um 1925 gegeben haben soll.

Bei den silber-wildfarbigen Erpeln machen immer noch farblich überladene Flanken Probleme, auch fehlt nicht selten die für diesen Farbenschlag erforderliche silberweiße Brustsäumung. Bei der Ente muß scharfe Strichelung auf gelblich weißer Grundfarbe vorhanden sein.

1,0 Zwerg-Enten
Wildfarbig-weißge-
scheckt
RG IX

Weiß. Weiße gibt es in guter Verbreitung und Qualität. Meistens ist die Farbe völlig klar und schneeweiß, leichter gelber Überhauch kann jahreszeitlich bzw. mauserbedingt sein und sollte nicht zu hart gestraft werden.

Blau. Blaue Zwerg-Enten sind noch relativ selten. Die Farbe ist schwierig im schönen Reinton zu erzielen. Vereinzelte schwarze Federn sind eher zu tolerieren als völlig weiße Körper- oder Schwingenfedern.

Schwarz. Die klare Abgrenzung des schwarzen Farbenschlages von der Smaragd-Ente muß in jedem Fall einwandfrei zu erkennen sein, auch dann, wenn wir bei dieser Farbe noch nicht die vollendeten Figuren und Köpfe wie bei Weiß oder Wildfarbig erwarten können.

Blau-gelb. Die Blau-gelben sind in den fünfziger Jahren entstanden und erfreuen sich seitdem zunehmender Beliebtheit, Nicht die erbsgelbe Lauf-Ente, sondern die Sachsen-Ente ist für das Farbbild das Mu-

0,1 Zwerg-Enten
Braun mit Latz
RG IX

0,1 Zwerg-Enten
Silber-wildfarbig
RG IX

ster. Allerdings tragen noch nicht alle Erpel den bei der Sachsen-Ente geforderten „rundlaufenden" Halsring; der hinten offene Ring ist bei der blau-gelben Zwerg-Ente einstweilen zu dulden. Ebenso kann noch nicht die Augenstrichzeichnung der Sachsen-Ente in Vollendung verlangt werden. Ist er bei der Zwerg-Ente dieses Farbschlages angedeutet, genügt das, dem Zuchtstand entsprechend. Auch ist vorläufig die leicht dunkel angelaufene Schnabelbohne zugelassen. Das warme Farbenspiel der Blau-gelben paßt besonders gut zu dem zwergenhaften, drolligen Zwerg-Enten-Körper.

Bei allen Farbenschlägen ist die Augenfarbe dunkel. Nur Weiße haben gelbe Schnäbel, sonst entspricht die Schnabelfarbe der der Farbenschläge unserer Großrassen.

1,0 Zwerg-Enten
Weiß
RG IX

Besonderheiten

Im Zeitalter der zunehmenden Bedeutung der Zucht und Ausstellung von Ziergeflügel erlangen auch die Zwerg-Enten stärkere Beliebtheit. Schlachten und Verwerten von zuvor im eigenen Anwesen gepflegter Enten ist nicht jedermanns Sache.

Immer mehr Kinder und Jugendliche erfreuen sich, auch im Zusammenhang mit zunehmendem ökologischen Bewußtsein und der Suche nach Naturnähe, an ästhetischem Wassergeflügel, besonders auch in Verbindung mit selbstangelegten Teichen und Feuchtbiotopen. Nicht zuletzt verdankt die Zwerg-Ente das ihr zukommende Interesse den Merkmalen des sogenannten „Kindchenschemas" (Lorenz, 1963). Sie zeigt eben die babyhaften Attribute, wie runder Kopf, kurzer Schnabel und kleiner Rumpf, des jungen Nestflüchters in der Vogelwelt auch noch als erwachsenes Tier und spricht damit gewisse Instinktreste des dem Menschen angeborenen Brutpflegeverhaltens an.

Haltung und Zucht sind recht problemlos. Allerdings bedenke man die Flugfähigkeit. Sollen die Tiere davon keinen Gebrauch machen (was immer schade ist), so hält man sie in überspannten Volieren oder entschließt sich zum Kupieren (Tierschutzgesetz beachten!) der Daumenglieder.

Die Erpel sind recht stürmische „Liebhaber", so daß man ihnen am besten 3 bis 4 Enten beigibt. Die Weibchen legen sich an versteckten Plätzen, aber auch im Bruthäuschen Nester an. Mehr als 9 Eier vermögen sie zwar nicht zu bedecken; aber sie brüten ruhig und zuverlässig. Eine führende Mutterente mit den lieblichen Küken auf einem Teich bei der Futtersuche ist ein reizender Anblick. Etwas Schwimmwasser sollte auf jeden Fall auch schon wegen besserer Befruchtungsergebnisse zur Verfügung stehen. Mit 8 bis 10 Wochen erreichen junge Zwerg-Enten schon annähernd ihre volle Größe.

Zur wirtschaftlichen Verwertung kommen neben den kleinen Bratenportionen eigentlich nur die Eier in Betracht. Läßt man die Ente nicht brüten, so kann sie im Jahr bis zu 100 Eier legen.

Besonderen Reiz üben die fleißig schnatternden und rufenden Zwerg-Enten mit ihren herrlichen Federfarben im Schaukäfig aus, wo sie oft gerade die jugendlichen Aussteller beglücken.

Ausgestorbene, ausländische und seltene Entenrassen

Die Japanische Ente

Die Ausgangsform der Japanischen Ente, die Baldamus 1887 „Anas japonica" und Dürigen 1906 „Anas domestica erecta" nennt, dürfte die Pinguin-Ente aus dem süd- und ostasiatischen Raum gewesen sein. Dürigen hebt bei Lauf-, Peking-, Japan- und Pinguin-Enten die „außerordentlich nahe Stamm- und Blutsverwandtschaft der Vier" hervor.

Zum erstenmal gelangten Japanische Enten 1878 durch A. G. St.-Hilaire, Direktor des Akklimatisations-Gartens zu Paris, nach Europa. Die Tiere wurden von der japanischen Regierung auf der Pariser Weltausstellung gezeigt und von St.-Hilaire angekauft. In Figur und Haltung sollen die Enten an die damals aus Amerika importierten „Pekings", in der Gefiederfarbe an Wildenten erinnert haben.

Ein Jahr später gab es schon Nachzucht von den Importtieren, so daß J. F. Engelhard, Nürnberg, die ersten Tiere in Deutschland besaß und für deren weitere Verbreitung sorgen konnte.

Die Formmerkmale entsprachen den damaligen Lauf-Enten, nur das Gewicht war höher und der Hinterkörper deutlich stärker aus geprägt. „Sie haben verhältnismäßig langen Körper, dünnen Hals, feinen, mageren Kopf, kräftigen, langen, an der

Wurzel hohen Schnabel, breiten Rücken und zwischen den ziemlich hohen und starken Füßen einen Fettsack (Fettbauch), welcher an die Toulouser Gans erinnert" (Dürigen, 1906).

Die stark aufgerichtete Haltung erwähnt auch schon Baldamus; das Gewicht wurde damals für den Erpel mit 4 kg, für die Ente mit 3 bis 3 ½ kg angegeben.

In der Farbe waren die Japan-Enten wohl identisch mit den Rouen-Enten, wenn auch die Grundfarbe etwas heller und das Bauchgefieder des Erpels fast weiß gewesen sein soll. „Schon im Daunenkleid sollen sich die Geschlechter unterscheiden lassen: Die Erpel sollen grünlichgelb sein mit einem schwarzen Längsstrich am Oberkopf und schwarzem Bürzel, die Entchen tief graubraun mit gelbem Gesicht, Vorderhals, Unterleib und gelber Brust" (Dürigen, 1906).

Nach Angaben des Züchters Engelhard waren die Tiere sehr robust und wenig krankheitsanfällig, legten fleißig und lieferten viele weiche Federn und wohlschmeckendes Fleisch.

90 Eier pro Ente und Jahr war damals eine beträchtliche Leistung. Das Durchschnittseigewicht betrug 75,5 g. Für Nutzzwecke waren auch die Eigenschaften des Nichtbrüters und das schnelle Wachstum der Jungen vorteilhaft. Mit 6 Wochen waren sie völlig befiedert, mit 8 Wochen hatten sie ein Gewicht von 2 bis 2 ½ kg und waren im Alter von 4 Monaten fertig ausgemausert mit dem Gewicht der Alttiere.

Schon 1897 meldet Baldamus wieder das Verschwinden der Japan-Ente in Deutschland. Als Grund nennt er die negativen Darstellungen zu der Rasse in den Fachzeitschriften. Man bestritt die Rasseeigenschaften und hielt die Japan-Ente für Kreuzungen aus Peking- und Rouen-Enten. Baldamus stellt seine Meinung dagegen: „Unseres Erachtens war im vorliegenden Falle die Echtheit der Provenienz zweifellos, und bei uns steht fest, daß Japanesen und Pekings Kinder eines asiatischen Stammes – der Pinguin-Ente – sind."

Die Duclair-Ente

Diese heute als ausgestorben geltende Entenrasse hat ihren Namen von dem französischen Ort Duclair in der Normandie, 20 km westlich von Rouen gelegen. Dort wurden schon im 19. Jahrhundert große schwere Enten zu Mastzwecken gezüchtet. Daher vertritt A. Wulf (1922) klar die Ansicht: „Die Duclair-Ente ist eine Abart der Rouen." Sowohl Baldamus als auch Dürigen überliefen aus der Einfuhrzeit um 1880 nach Deutschland die Meinung, daß dieser schwere Entenschlag eine Kreuzung von Rouen-Erpeln und Cayuga-Enten sei. Den Anspruch auf Rasse-Eigenständigkeit bescheinigt jedoch Baldamus, so daß eine Standard-Beschreibung folgerichtig bis 1927 in der „Rassebeschreibung der Hühner, Zwerghühner, des Groß- und Wassergeflügels" von A. Wulf erschien. Während die Franzosen mehr Wert auf wirtschaftliche Nutzbarkeit legten, versuchten deutsche Züchter, die Duclair-Ente in ihre Rassemerkmalen zu verfeinern. Besonders die Zuchten von R. Ortlepp, Magdeburg, und C. Timpe, Geitelde, kamen diesbezüglich gut voran. Die Einkreuzung von Peking-Enten brachte gegenüber der waagerechten Rouen-Form eine mehr aufgerichtete Haltung. Der Rumpf wurde lang, breit und voll verlangt. Der große Kopf war breit und etwas gewölbt. Die recht großen Augen waren dunkel, der lange, breite Schnabel schwarzgrün oder bleifarbig. Der lange, kräftige Hals sollte etwas gebogen sein. Aus wirtschaftlichen Gründen legt man großen Wert auf breiten Rücken mit leichter Wölbung, gut ausgebildete Brust mit etwas Kielbildung. Bauch und Hinterteil waren sehr voll, so daß manche Tiere ein Gewicht von 4 kg erreichten.

Die Farbe der Erpel war oberseits braunschwarz, an Kopf, Oberhals und Spiegel grünglänzend. Kehle, Vorderhals und Brust waren weiß, die Unterseite wurde braunschwarz verlangt. Die Ente ähnelte einer dunklen Wildfarbe und -zeichnung, war also braunschwarz mit hellerer Unterseite. Der weiße Brustfleck entsprach dem des Erpels.

Zu den schweren Fehlern zählten kleiner, schwacher Körper, Weiß im Gefieder mit Ausnahme des Brustlatzes.

Die Duclair-Ente galt damals als wirtschaftlich noch interessanter als die Rouen-Ente aufgrund ihrer ungewöhnlichen Frühreife, ihrer leichten Mästbarkeit und der enormen Fleischbildung. Baldamus erwähnt die Massenzucht und die Lieferung von fetten jungen Enten in der Zeit zwischen Januar bis April jeden Jahres für den Stückpreis von 10 bis 12 Franken.

Schon 1905 äußert Dürigen Zweifel an der weiteren Entwicklung dieser Rasse in Deutschland: „Ein gültiges Urteil kann noch nicht gefällt werden, da ausreichende Erfahrungen fehlen."

1922 meldet A. Friebel, „daß diese schöne und nützliche Entenrasse seit vielen Jahren fast ganz verschwunden, während sie Ende der siebziger Jahre hauptsächlich auf süddeutschen Schauen viel gezeigt worden ist." Die Zucht soll angeblich Schwierigkeiten bereitet haben, was möglicherweise mit der übertriebenen Selektion auf Fleischbildung zusammenhing.

W. Kleffner sah sie vor 1920 noch in der Umgebung von Straßburg und vereinzelt auch in Baden. Er empfiehlt die Verwendung von Duclair-Enten bei Kreuzungsversuchen, um noch höhere Schlachtgewichte zu erzielen. Bei der Ausstellungsbewertung wurde damals schon neben den Form- und Gewichtsmerkmalen besonders auf die scharf abgegrenzte Brustzeichnung geachtet. Eines der letzten Fotos von einem Paar Duclaire-Enten zeigt aber einen weit nach unten und in die Kehlpartie auslaufenden Latz. Das „Blut" der Duclaire-Ente fließt heute zweifellos in der Pommern-Ente und wahrscheinlich auch in der Cayuga-Ente.

Die Krummschnabel-Ente

Derzeit existiert die Krummschnabel-Ente noch in Holland, in der DDR und der Sowjetunion. Nach Mitteilung des Vorsitzenden des Enten-Sondervereins, R. Kurz, laufen gegenwärtig Bemühungen, diese Rasse wieder in der Bundesrepublik Deutschland einzuführen.

Krummschnabel-Enten soll es schon vor Jahrhunderten gegeben haben. In der „Ornithologie" des Engländers Willughby wird die hakenschnäblige Ente bereits 1676 erwähnt. 1860 überliefert Ch. A. Buhle: „Sie ist über ganz Europa verbreitet und in Thüringen besonders da, wo man in Gärten Teiche hat, und wird wegen ihres wohlschmeckenden Fleisches (besonders von der weißen Spielart) und ihrer guten Eier in großen Herden gehalten."

Dürigen nennt sie 1906 auch Haken- oder bogenschnäbelige Ente, „Aanas domestica adunca", englisch Hooked-bill Duck, und vergleicht sie in Gestalt, Körperbau, Größe und Lebensweise mit einer kleinen Hausente. Hinsichtlich der Schnabelform schreibt der Autor: „Sie unterscheidet sich aber von dieser durch einen abwärts gebogenen Vorderschnabel und erinnert durch diese Bildung an den Schnabel der Bagdette."

In der Grafik zur Abstammung der Hausenten-Rassen von Rudolph (1977) ist eine hypothetische Linie zwischen einem Landenten-Abkömmling und der Hochbrut-Flugente eingezeichnet, was nicht besonders aufschlußreich ist. Vermutlich handelt es sich um eine Mutation, die in Menschenobhut aus züchterischer Neugierde und wegen des relativ guten Nutzens der Tiere weitergezüchtet und gefestigt wurde.

Sie kommt heute nur noch in Holland, (1983 = 15 Exemplare) in den Farbenschlägen Dunkel und Wildfarbig mit weißer Brustzeichnung vor. Im Berliner Zoo sol-

len früher Krummschnabel-Enten mit Hauben gelebt haben.

Auf der holländischen Schau 1987 in Zuidloren zeigte der Züchter R. Ottens, Schoonbeck, typische Tiere mit Haubenbildung, deren Schnäbel allerdings nur wenig gebogen waren.

Der weiße Farbenschlag ist sehr wahrscheinlich ausgestorben.

In den naturkundlichen Werken von J. M. Bechstein und J. L. Frisch wurden die Krummschnabel-Enten erwähnt (Bechstein: „Naturgeschichte Deutschland",

1790). Schon im vorigen Jahrhundert sollen diese Enten – nach H. Broekman (1987) – in der Provinz Nord-Holland zu Tausenden gehalten worden sein. Von dem Engländer H. Weir stammt folgendes Zitat aus seinem Buch „The Dutch way of keeping ducks": „Diese Enten fliegen bei Sonnenaufgang zu den Kanälen und Flüssen und kehren am Abend zum Nest zurück, um ihre Eier zu legen." In diesem Zusammenhang erwähnt er die kostengünstige Haltung dieser Entenrasse. In Holland besteht die Meinung, der krumme Schnabel

und die weiße Brustzeichnung seien herausgezüchtet worden, „damit sie an den Kanälen und Flüssen durch die Jäger von anderen Entenrassen zu unterscheiden waren" (Broekman, 1987).

Für den Rückgang wird vor allem die Tatsache verantwortlich gemacht, daß nach Bekanntwerden virusverseuchter Enteneier die Nachfrage stark nachließ und mehr Hühnerfleisch verzehrt wurde. Auch brachte der Krummschnabel-Ente die starke Konkurrenz mit dem Wasserziergeflügel auf den Ausstellungen eine enorme Bestandverminderung.

Schließlich ist noch die Vermutung von Broekman (1987) interessant, die Krummschnabel-Ente stamme aus Asien; dafür gibt es aber bis jetzt keine Belege.

Die Tiere erreichen ein Gewicht von 2 bis 2,5 kg. Die Legeleistung soll beträchtlich sein. Sollten auch nach Deutschland wieder Krummschnabel-Enten gelangen, so wäre dies sicher eine interessante Bereicherung in der Palette der Ausstellungsrassen, wenn auch optisch der nach unten gebogene Schnabel nicht von jedermann als schön empfunden wird.

In der holländischen Fachzeitschrift „Avicultura" Nr. 12/1987 berichtet J. C. c. c. Zaan über die „Grootste watervogelshow aller tijden" von der „Ornithophilia 1987" in Irenehal-Utrecht und würdigt die 27 ausgestellten „Krombekeenden". Eine dunkle wildfarbige Ente des Züchters J. G. Bonenkamp aus Hoogwoud errang die höchste Auszeichnung. 1988 wurde die Krummschnabel-Ente zum Vorstellungsverfahren zugelassen. In Hannover waren 5 Erpel und 5 Enten, wildfarbig mit weißem Latz, ausgestellt.

Belgische Enten

Im vorigen Jahrhundert züchteten belgische Bauern die **La Plaigne-Ente**, eine Unterart der Rouen-Ente. Sehr wahrscheinlich waren diese Tiere leichter als ihre englischen Vettern, rassisch wenig durchgezüchtet und hauptsächlich für die Verwertung als Tafelfleisch bestimmt. Sie kamen im weißen und wildfarbigen Schlag vor; außerdem gab es ein Variante mit weißen Abzeichen „oder unrein blau" (Wulf, 1926). Der Name bezeichnet ihre Herkunft aus dem Dorf La-Plaigne in südwestlichen Belgien, „auf dem hohen Ufer eines ausgedehnten Sumpflandes gelegen, das die Schelde kurz nach ihrer Vereinigung mit der Sambre bildet" (Kleffner, 1920). In diesen sumpfigen Wiesen und mit Schilf und Rohr durchwachsenen Brüchen brüteten zahlreiche Stockenten, deren Nester ausgenommen und deren Jungtiere verkauft wurden. Ein Angestellter einer Geflügelhandlung in Lille nutzte das Brutgebiet der Enten als Erwerbsquelle für das Dorf, in dem er aus der Normandie Rouen-Erpel bezog und diese über mehrere Jahre mit eingefangenen Wildenten kreuzte. Nach und nach erzielten die Züchter ruhige Tiere, gut mästbar, in den Farben Weiß, Gelb, Blau und Schwarz. Solche Tiere gelangten um 1918 auch nach Deutschland und gediehen dort prächtig, wo sumpfige Wiesen und große Weiher zur Verfügung standen. Die Züchter waren begeistert von der leichten Aufzucht und der Widerstandsfähigkeit der Belgischen Enten. Neben hohem Fleischertrag schätzte man die guten Legeleistungen. In ihrer Heimat zog man in jedem Winter in der Zeit von November bis April viele Küken auf und führte alljährlich viele tausend junge Enten zu guten Preisen aus. Mit Weizen- und Maismehl oder Buchweizenmehl und Kartoffeln, mit Milch oder Wasser angerührt, wurden die Tiere gemästet. Grünfutter durfte nicht verfüttert werden, weil dann das Fleisch gelblich wurde und sich schwerer verkaufen ließ. Innerhalb von knapp 3 Wochen waren die Tiere dann schlachtreif. „Sobald die Flügel sich auf dem Rücken zu kreuzen beginnen, darf das Schlachten nicht mehr verschoben werden, weil die Federn zum Nachteil des Fleisches zu wachsen beginnen und die Haut beim Rupfen ein häßliches Aussehen erhält" (Kleffner, 1920).

Italienische Enten

Ein nicht genannter Verfasser zitiert in einer Ausgabe der „Geflügel Börse", Nr. 73/1930, einen Oberstleutnant Sabel und bezeichnet die Italienische Ente als bloßen Landschlag: „In der Größe und Gestalt gleicht sie im allgemeinen unserer gemeinen Hausente. Man trifft jedoch auch größere Stücke und manchmal recht hübsche Tiere an, die sich an Größe selbst der Aylesbury-Ente nähern. Hinsichtlich der Färbung trifft man sie am häufigsten stockentenfarbig in Schwarz an. Bei letzteren Tieren soll das Gefieder glänzend schwarz sein, nur über Kehle, Vorderhals und Brust soll in Gestalt eines Halbmondes ein großer, rein weißer Fleck sich ausbreiten, Kopf und Oberhals des Erpels sollen grün schillern."

In Deutschland ist dieser Entenschlag im Unterschied zu den aus Italien stammenden Hühnerrassen nie züchterisch gefestigt und verbreitet worden.

Ein anderer italienischer Entenschlag wird als **Lila Friaul-Enten** bezeichnet. Der Name stammt von einem ehemaligen Herzogtum in Oberitalien am Golf von Venedig. Sie sollen auf einem Weltkongreß neben den sogenannten **Rovigo-Enten** ausgestellt worden sein. Die Friaul-Enten sollen im weiblichen Geschlecht ein Blaß-blau, die Erpel mit rötlichem Schulter- und Brustgefieder Anklänge an die Wildfarbe gezeigt haben.

Dänische Enten

Unter der Rassebezeichnung „Dänische Enten" standen auf der 20. Europaschau im Dezember 1985 in Herning, Dänemark, 7 Paare, unserer Pommern-Ente vergleichbar.

Über die dort gezeigten **Landenten** fehlen weitere literarische Angaben.

Sehr hübsch sind **Havanna-Enten** im schokoladenbraunen Federkleid mit weißem Brustlatz, ähnlich den Pommern-Enten, die ebenfalls in geringen Beständen in Dänemark vertreten sind.

Russische Enten

Von der **Ukrainischen Ente** (Ukrainiskie Utki) berichtet W. Rudolph (1978). Diese Enten wurden in der ukrainischen Versuchsstation Borki unter Verwendung von Landenten zu Nutzzwecken erzüchtet (Gorjunov, 1960). Es handelt sich um einen mittelschweren, breitbrüstigen Schlag, dessen enorme Wachstumsintensität und sehr gute Fleischqualität große Zukunft für diese Nutzrasse verspricht. Die Ukrainische Ente kommt im wild- oder lehmfarbigen und im weißen Farbenschlag vor. Als Körpergewicht werden 2,5 bis 3 kg angegeben. Die Legeleistung soll zum Teil über 200 Eier pro Tier und Jahr betragen.

Zur Erweiterung der genetischen Variabilität kreuzte Dakhnovsky 1962 Ukrainische Enten, Peking-Enten und schwarze weißbrüstige Enten vom Pommern-Schlag.

Die **Spiegel-Ente** (Zerkal'nye Utki) ist in der Sowjetunion aus Landenten, Khaki-Campbell- und Peking-Enten herausgezüchtet worden. Die beachtliche Mastleistung der mittelschweren Ente erbringt bis 3,5 kg Körpergewicht. Die Legeleistung soll jährlich 150 bis 200 Eier betragen. Der Erpel ist hellgrau mit blaugrauem bis schwarzem Kopf, die Weibchen sind weiß. Interessanterweise zeigen die hellen Enten auch die dunkelblaue Spiegelregion der Erpel.

Im Moskauer Gebiet wurde durch Kreuzung von Peking- und Khaki-Campbell-Enten die **Weiße Moskauer Ente** (Belye Moskovskie Utki) erzielt (Gorjunov, 1960). Begehrt ist dort die hohe Fleischqualität der mittelschweren Tiere. Ausschließlich in Weiß kommt dieser Schlag mit einem Gewicht von 3 bis 3,4 kg vor.

Die Vierländer Ente

Die Bezeichnung dieses leichten Entenschlages ist von einem Gebiet der Unterelbe, dem sogenannten Vierlanden, 4 kleine Inseln von den Armen der Elbe eingeschlossen, entliehen. Ihre Entstehung verdankt die Rasse dem Züchter Warburg aus York im „Alten Land".

Schon 1923 hatte der Züchter in einem Gespräch mit dem Fachautor H. Albers, Kirchwärden bei Hamburg, die Ziele dieser neugeplanten Entenrasse besprochen. Hintergrund der Bemühungen war die Verbesserung des damaligen Lokalschlages. „Die Legeente war als Hamburger Mastente zu klein, die Mastente brachte keine Wintereier, und die vor 12 bis 15 Jahren in Frage kommenden Vierländer Enten waren bunt im Gefieder und durch zu geringe Blutauffrischung stark degeneriert" (Albers, 1937).

Die ursprüngliche Vierländer Ente war also „bunt", wahrscheinlich wildfarbig oder scheckig.

Die örtlichen Bedürfnisse der in der Nähe liegenden Großstadt Hamburg als Welthandelsstadt mit 2 Millionen Einwohnern, starkem Fremdenverkehr, internationalem Schiffsverkehr und enormem Bedarf an Gemüse, Eiern und Geflügel- bzw. Entenfleisch verlangten mengen- und qualitätsmäßig die Massenproduktion von Mastenten. Besonders die Köche der chinesischen Schiffe und die Spezialitätenlokale auf St. Pauli (Geflügelsuppe mit Einlage) kauften stets größere Mengen feiner Schlachtenten.

In der zweiten Hälfte des Monats März gab es die Hamburger Mastenten. Sie wurden nach dem Muster der Hamburger Küken künstlich erbrütet und meistens in Stubenkäfigen bei Arbeitern und Kleinbauern aufgezogen und gemästet. Ende März waren die Jungenten 10 Wochen alt. Noch vor der ersten Mauser wurden sie den Hamburger Märkten als begehrte und sehr gut bezahlte Ware zugeführt.

Diese Hamburger Enten im bunten Gefieder wurden schon seit Jahren als kleine, landentengroße, zähe, genügsame Elboder Vierländer Enten gehalten. Die Tiere suchten das meiste Futter selber, legten auch in den Wintermonaten sehr fleißig, so

daß schon im Januar Bruteier zur Verfügung standen. Regelrechte Entenfarmen bemühten sich, die starke Nachfrage zu decken. Zu Mastzwecken waren die mittelschweren, frühreifen Enten mit weißem Gefieder bevorzugt. Deshalb wurden immer wieder Kreuzungen versucht, die dem Zuchtziel der fleischigen und dennoch gut legenden Enten näher kamen.

Der Erzüchter benutzte die kleine Hamburger Ente in der Verpaarung mit Amerikanischen Peking-Enten, weißen Eydthkuner Enten, einer Landente aus Ostpreußen, und ungarischen weißen Landenten. „Er stellte jede Rasse unter genaue Kontrolle auf Legetätigkeit, Befruchtung, Futterverwertung, prüfte die Frohwüchsigkeit der Jungenten, deren Qualität und Mast und dadurch auch den Gewinn durch vielerlei Versuche. In 2 Jahren war das weiße Gefieder zu 98 % vorherrschend, in weiteren 2 Jahren war eine Winterleistung erzielt, die es ihm ermöglichte, 20 Monate ununterbrochen mit den künstlichen Brutmaschinen durchzubrüten. Die Körperform der einzelnen ursprünglichen Rassen, die planmäßig untereinander gepaart wurden, verschwanden allmählich, und eine neue Rasse, die gleich in 4 verschiedenen Blutströmungen gehalten wurde, zeigte den Typ der ursprünglichen bunten Vierländer Enten" (Albers, 1937).

Zunächst wurde sie vom Züchter „Warburgs Peking" genannt, was aber unpassend war, denn der Peking-Typ war verschwunden. Die Hauptzuchtziele waren erreicht: gute Mastfähigkeit, Widerstandsfähigkeit und hervorragende Legeleistung. Die Legeleistung betrug 180 bis 200 Eier im Jahr, das Eigewicht war 75 bis 90 g. Gerühmt wurde auch der sehr gute Geschmack der Enteneier. Mit 5 bis 6 Monaten waren die Jungenten legereif und mit 10 Wochen schlachtreif. Mit einem Gewicht von 4 Pfund kamen sie als „Hamburger Portionsente" auf den Markt. Die Käufer achteten auf die volle, fleischige Brust, die Feinknochigkeit und auf nicht zu viel Fettansatz. Gegenüber dunkelhäutigen Mastenten hatten sie den Vorzug der schneeweißen Haut.

Die Vermehrung wurde dadurch begünstigt, daß die Enten das ganze Jahr hindurch legten. Mit zweijährigen Enten (zu einem Erpel stellte man 6 bis 7 Enten) wurden die besten Ergebnisse erzielt. Schlupfraten von fast 100 %, im Winter immerhin bis zu 75 %, waren üblich.

Bald verbreitete sich diese neue Entenrasse über das Hamburger Gebiet hinaus bis ins Ausland, besonders nach England. 1932 arbeiteten dann die Züchter im Ursprungsgebiet die erste Musterbeschreibung aus. Der damalige 1. Vorsitzende der Sondervereinigung der Entenzüchter, H. H. Lorenz, schrieb dazu 1936: „Wir haben den Hauptwert darauf gelegt, vor allen Dingen den Nutzwert der Ente zu unterstreichen. Wir denken nicht daran, einen ausgesprochenen Sportvogel zu züchten."

Anfangs gab es doch noch Probleme mit dem Anflug im Gefieder. Besonderen Wert legte man trotz der Forderung nach Mittelgröße („Ein kleiner Braten ist leichter zu verkaufen", Lorenz) auf den Legebauch der Ente. Der Kopf sollte rassig, nicht grob sein. Zu kämpfen hatten die Züchter noch mit den dicken Hälsen ihrer Tiere als Folge der zum Teil plumpen Ausgangstiere. Auch wünschte man nicht zu kurze Körper und aufrechte Haltung. In dieser Zeit gab es kaum Ausstellungstiere, die den Standardforderungen einigermaßen entsprechen konnten. Lorenz plädierte damals für die Bezeichnung „Hamburger Ente", was sich jedoch nicht durchsetzte.

In der Musterbeschreibung von 1943 heißt es zum Gesamteindruck der Vierländer Enten: „mittelgroß, langgestreckt, breit in den Schultern, fast waagerechte Haltung." Der Rumpf wurde lang, breit und tief, leicht nach hinten abfallend, verlangt. Die anfängliche Forderung nach dem gut entwickelten Legebauch der Ente wurde beibehalten. Die Schwanzhaltung war flach und gestreckt. Die leicht gewölbte Brust wünschte man breit, tief und voll, die Flügel fest anliegend. Das Gefieder an den nur mittellang erscheinenden Schenkeln durfte nicht lose sein, es wurden ausdrücklich „harte Federn" gefordert. Man bevorzugte den kleinen Kopf mit dem mittellangen, löffelartigen Schnabel von orangeroter Farbe mit weißer Bohne. Die ausdrucksvollen Augen sollten „möglichst rötlich" sein. Zum beweglichen Typ paßte nur ein mittellanger, schlanker, anmutig gebogener Hals.

Die Farbe der Läufe war orangerot mit weißen Zehennägeln, die des Gefieders und der Haut weiß. Noch in der Musterbeschreibung von 1952 ist hinsichtlich der Gefiederfarbe gelblicher Ton zulässig.

Das Gewicht der Erpel betrug 3,5 kg, das der Enten 2,5 bis 3 kg, das Bruteier-Mindestgewicht 70 g, die Schalenfarbe der Eier war gelblich bis weiß; Ringgröße beider Geschlechter V.

Gegenwärtig entsteht die Vierländer Ente in Norddeutschland durch die Bemühungen engagierter Züchter, die möglicherweise auf Restbestände der typischen Hamburger Ente zurückgreifen konnten, als neu anzuerkennende Rasse.

Die weiße Legemast-Ente

Die einzige Darstellung dieses Entenschlages, den man sicher nicht als Rasse bezeichnen kann, ist ein Fachaufsatz von J. Klaushenke, Cloppenburg, in der Nr. 20 der „Geflügel-Börse" vom März 1933.

Sie wurde als „Wirtschaftsente esten Ranges" bezeichnet und ist im südlichen Oldenburg entstanden. Die Züchter Rüßling, Neienkirchen, und Hackmann, Hemmelte, hatten die ersten Herden mit guter Leistung. Sie legten großen Wert auf die Benennung „Standard-Legemastente".

Es handelte sich bei diesem Schlag um Tiere mit gestrecktem Körper; der Rumpf wurde vorne etwas angehoben getragen. Durch die ziemlich weit hinten angesetzten Läufe war der Gang der Tiere „flott und behende". Im Unterschied zu den Deutschen Peking-Enten wurde der Kopf klein gezüchtet, der breite Schnabel war gelb. Verhältnismäßig lang war der gerade Hals. Besonders hervorgehoben werden in dem Bericht die glänzend weißen Federn und der Daunenreichtum der Enten.

Das Durchschnittsgewicht betrug beim Erpel 3,5 kg, das der Ente ein Pfund weniger. Gemästete Tiere erreichten ein Endgewicht von 4 kg; es sollen auch welche mit mehr als 5 kg vorgekommen sein. Damit standen sie in der Größe der Peking-Ente nicht nach. Die Jungtiere erreichten im Alter von 8 Wochen bei Schnellmastfütterung 2 bis 2,5 kg.

Zur Legetätigkeit ist überliefert: „Ein Stamm des Herrn August Hackmann, Hemmelte, war im März und April 1930 geschlüpft. Am 14. Oktober begannen die ersten 18 Enten mit der Eiablage; die Leistung betrug schon im Oktober 1926 Eier (von 120 Enten). Die niedrigste Monatsleistung war im Januar mit 1191 zu verzeichnen, die beste im April mit 3330. Das Durchschnittsergebnis waren 227 Eier auf den Kopf. Dabei war der Gesamtbestand am 11. Oktober 1931 noch 12 Erpel und 119

Enten, da nur ein Tier eingegangen war" (Klaushenke, 1933).

Als Futterverbrauch wurden auf Jahr und Kopf 8,63 Mark, also auf den Tag 2,38 Pfennige angegeben. Interessant sind die Angaben zu dem Erlös der Tiere: „Die Verkaufspreise der Enteneier standen hier im April am tiefsten mit nur 6,4 Pfennigen; überhaupt kamen sie von Februar ab bis Juli nicht viel über 7 Pfennige, der Jahresdurchschnittspreis war 8,7 Pfennige. Trotzdem bleibt ein für die jetzigen Verhältnisse noch recht guter Überschuß; dazu die Enten selbst mit ihrem Durchschnittsgewicht von in diesem Alter mindestens 5 ½ Pfund" (Klaushenke, 1933).

Die Füllkraft und Dauerhaftigkeit der Entenfedern verglich man mit besten Gänsefedern, so daß zusätzlicher Gewinn abfiel.

Eine Erfassung dieses deutschen Entenschlages im Rassestandard ist nicht bekannt.

Die Wallisische Harlekin-Ente

Diese englische Rasse wird als Legeente seit etwa 1949 gehalten. Sie verkörpert den lebhaften, mäßig aufgerichteten Typ.

Das Erpelkleid entspricht der Stockentenfarbe und -zeichnung, während die Ente an Kopf und Hals rehfarbig, am Körpergefieder cremefarbig mit rotbraunen und blauen Einlagerungen auf dem Rücken und den Flügeln sein soll. Die Spiegel sind stahlblau, die Schnabelfarbe wird gelb oder khaki-farbig verlangt.

Zu erwähnen sind noch die dunkelbraunen Läufe und Füße und der Halsring des Er-

pels, der rundum schließen soll, also nicht wie bei Wildfarbigen hinten offen sein darf. Als Gewichte werden angegeben: Erpel 2,5 bis 2,7 kg, Ente 2,25 bis 2,5 kg. Bei der Bewertung in England sieht die Punktskala vor:

Typ:	20 Punkte
Größe:	15 Punkte
Kopf, Schnabel, Hals:	15 Punkte
Haltung:	10 Punkte
Farbe:	15 Punkte
Kiel:	5 Punkte
Beine und Füße:	5 Punkte
Gesamtzustand:	15 Punkte
Maximal	100 Punkte

Die Rouen-Clair-Ente

Auf der Deutschen Junggeflügelschau 1988 in Hannover wurde in der Abteilung „Enten Neuzüchtung" zum erstenmal die

Rouen-Clair-Ente gezeigt und damit das offizielle Anerkennungsverfahren begonnen.

Der Züchter H. Wissel präsentierte 4 Jungerpel und 4 Jungenten neben einem Altpaar. Unter den 8 Tieren gab es keinen aus-

gesprochenen Versager, wenn auch die Note „gut" nur auf eine junge und auf die alte Ente vergeben werden konnte.

Herkunftsland dieser sehr lang wirkenden Ente ist Frankreich. Ausgewachsene Tiere sollen bis zu 90 cm Körperlänge von der Schnabelspitze bis zum Schwanzende erreichen. Trotz guter Körperbreite soll die Rouen-Clair-Ente insgesamt elegant erscheinen.

Hals und Kopf sind wie bei der Rouen-Ente; der Körper ist aber längst nicht so massig, erscheint etwas mehr aufgerichtet und die Unterlinie nicht so tief heruntergehend. Zur Farbe und Zeichnung liegt die Übersetzung aus dem englischen Standard von I. Schäfer (1988) vor:

„Gefieder des Erpels: Kopf und Hals grün mit deutlich gekennzeichnetem weißen Halsring, etwa ⅓ des Halses sind davon eingenommen. Es darf kein Grau in dem grünen Farbfeld sein. Die Brust ist kastanienrot mit hellweißen Rändern am Ende jeder Feder. Der Bauch ist hellgrau, in Weiß übergehend, ohne die Unterseite des Schwanzes zu erreichen, die schwarz ist.

240

Die Oberseite des Rückens ist perlmuttartig grau, dunkler als die Flanken. Die Flügel sind violett-grau, es darf keine kastanienfarbige Feder dazwischen sein. Das obere Schwanzgefieder ist glänzend schwarz. Die Schwanzfedern sind weißlichgrau, mit einigen schwarz glänzenden, gelockten Federn geschmückt. Die Schnabelfarbe ist gelb mit leichter grüner Färbung und ohne schwarze Linie in der Mitte. Augenfarbe: gelb. Beine und Schwimmhäute sind gelb-orange.

Gefieder der Ente: Die Flügel sind mit ihrer glanzvollen Reflektion die gleichen wie beim Erpel (Spiegel). Oberhalb des Auges zeichnet eine kleine, fast weiße geschwungene Linie die Augenbrauen.

Eine weitere weiße Linie verläuft vom Auge bis zum Anfang des Schnabels. Die Grundfedern sind in der Art der ‚Isabelle Clair' und kennzeichnend für die Federn des Rückens, der Seiten und des Bauches.

Jede Rückenfeder muß diese Isabell-Grundfarbe aufweisen, mit einer braunen Markierung in Form eines Hufeisens, leicht gerundet im Schnittpunkt der zwei Linien, die in V-Form auseinandergehen. Die Umgebung des Schnabels und die Vorderseite des Halses sind blaß gefärbt. Dieses cremefarbene Federfeld darf nicht zu weit in die Brust hineinreichen.

Die Schnabelfarbe ist ockergelb (leicht transparent grün), die Augenfarbe zeigt bei blauer Pupille dunkelbraune Iris. Die Beine und Füße sind orange-gelb."

Das Erpelgewicht soll 3,4 bis 4,1 kg, das der Ente 3,0 bis 3,4 kg betragen.

Sehr wahrscheinlich wird diese neue Entenrasse nach mehrmaliger Ausstellung in den Standard aufgenommen. Sie verbindet mit sehr guten Nutzungseigenschaften das Bild einer voll beweglichen Ente in dem Farbenkleid der wilden Stockente.

Unterbringung – Pflege – Fütterung

Puten

Im Rahmen dieses Buches, das in erster Linie für den Rassegeflügelzüchter bestimmt ist, wird auf Ausführungen zur Intensivhaltung des Großgeflügels für gewerbliche Zwecke bewußt verzichtet. Daher bleiben die Haltungsformen Rostenhaltung und Käfighaltung unberücksichtigt, die zwar höhere Rentabilität, aber auch „tierethische" Probleme bis an die Grenze der Tierquälerei mit sich bringen können.

Für Puten ist auf jeden Fall eine geschützte Unterbringung erforderlich, lebt die Wildform doch in Gebieten mit einer um 10 bis 15 °C höheren Durchschnittstemperatur und geringeren Niederschlägen als in Mitteleuropa. Die Haltung mit Weideauslauf ist nicht nur für die Gesunderhaltung der Tiere, ihr Wohlbefinden, bessere Zucht- und Aufzuchtergebnisse die beste Haltungsform, sondern bietet gerade dem beobachtenden Rassegeflügelzüchter die Gewähr zum richtigen Erkennen der Entwicklung und Schaumerkmale seiner Tiere. Erst im Freiland, bei natürlichem Sonnenlicht und normaler Luftfeuchtigkeit bildet sich das herrliche Gefieder der Puten aus und ist in seiner Glanz- und Farbenfülle voll sichtbar.

Stall und Auslauf

In Kombination mit dem Weideauslauf benötigt die einzelne Zuchtpute 0,75 bis 1,6 m² Stallfläche. Ist der Weideauslauf sehr beschränkt, wird die Stallhaltung mit Strohauslauf empfohlen. Zusätzlich zu der Stallfläche werden pro Tier nochmals 0,75 bis 1,0 m² gebraucht. Im Strohabteil wird je

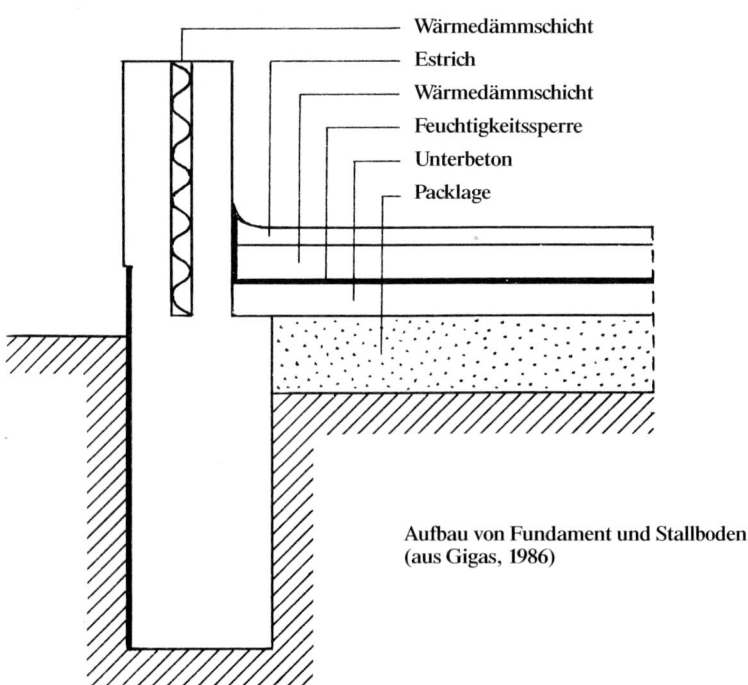

Aufbau von Fundament und Stallboden
(aus Gigas, 1986)

Wärmedämmschicht
Estrich
Wärmedämmschicht
Feuchtigkeitssperre
Unterbeton
Packlage

nach Bedarf immmer wieder frisches Stroh eingestreut, ohne den vorhandenen Belag zu entfernen, so daß eine dicke Strohmatte entsteht. Allerdings muß diese mindestens einmal im Jahr, am besten nach der Zuchtzeit, ausgeräumt werden. Die ganzjährige Stallhaltung kann nur dann empfohlen werden, wenn der Auslauf sehr schlecht ist oder abschüssige Hanglage für die Puten das Weiden zu mühsam macht. Im Unterschied zur reinen Intensivhaltung wird etwa die Hälfte der Stallfläche als Freiluftbalkon gestaltet. Der Boden des Sonnenbalkons wird am besten aus Latten (2,5 cm x 2,5 cm) mit einem Abstand von 2,5 cm angelegt. Das erleichtert die Reinigung und fördert die Luftzirkulation. Pro Tier sollten bei dieser Haltungsart mindestens 1,5 m² Stall- und Balkonfläche zur Verfügung stehen. Selbstverständlich sind das grobe Faustzahlen; die Differenzierung der Stallflächen ergibt sich aus der Größe und Schwere der einzelnen Putenschläge.

Grundsätzlich ist die Stallanlage für Puten identisch mit anderen Geflügelställen, z. B. für Hühner (s. dazu Ausführungen in meinem „Handbuch der Nutz- und Rassehühner", Verlag Neumann-Neudamm, Melsungen 1985, Seite 358 bis 373). Wände und Dach müssen material- und konstruktionsmäßig so angelegt sein, daß die Tiere vor Regen, Wind und extremen Witterungseinflüssen geschützt werden. Wichtig ist außerdem, daß das Fundament in frostfreier Bodentiefe gründet und 25 bis 30 cm über das Geländeniveau hinausgeht. Der Isolieranstrich verhindert das Eindringen der Bodenfeuchtigkeit. Der Fußboden, der gegen aufsteigende Erdfeuchte gut zu isolieren ist, muß ein Gefälle von 1 bis 2 % aufweisen, damit Reinigungswasser und Desinfektionsmittellösungen gut ablaufen können. Beim Bau orientiert man sich am besten an den Wärmedurchgangswerten einiger Baumaterialen (s. nachstehende Tabelle).

Wärmedurchgangswerte verschiedener Baumaterialien (nach Mothes, zit. in Gigas, 1986)

Baumaterial		Wärmedurchgangswert K kcal/h m² °C
Vollziegelmauerwerk, beidseitig verputzt (240 mm)		1,9
Mauerwerk aus Hochlochziegeln, beidseitig verputzt (240 mm)		1,5
Gasbetonwände, verputzt (240 mm)		1,1
Holzeinfachfenster, einfach verglast		4,5
Holzeinfachfenster, doppelt verglast		3,1
Glasbausteinflächen		2,5
Holzdoppelfenster		2,0
Brettertür, einfach (24 mm)		3,1
Brettertür, doppel (2 bis 24 mm)		2,2
Decken:		
Asbestbetonplatten (6 mm) mit einer Schicht		
Schlacken-, Mineral-, Glaswolle darüber Schichtdicke:	40 mm	0,80
	90 mm	0,40
	120 mm	0,31
Sparschalung mit verputzten Holzwolleleichtbauplatten		
Schichtdicke:	25 mm	2,2
	50 mm	1,1
Holzschalung (40 mm) mit verputzten Holzwolleleichtbauplatten		
Schichtdicke:	25 mm	1,4
	50 mm	0,9

Die Wärmedämmung des Daches muß noch besser konstruiert sein als die der Wände, da das Aufsteigen der Warmluft

zur Stalldecke zu bedeutenden Wärmeverlusten führt. Daher ist das Anlegen einer Zwischendecke mit einer entsprechenden

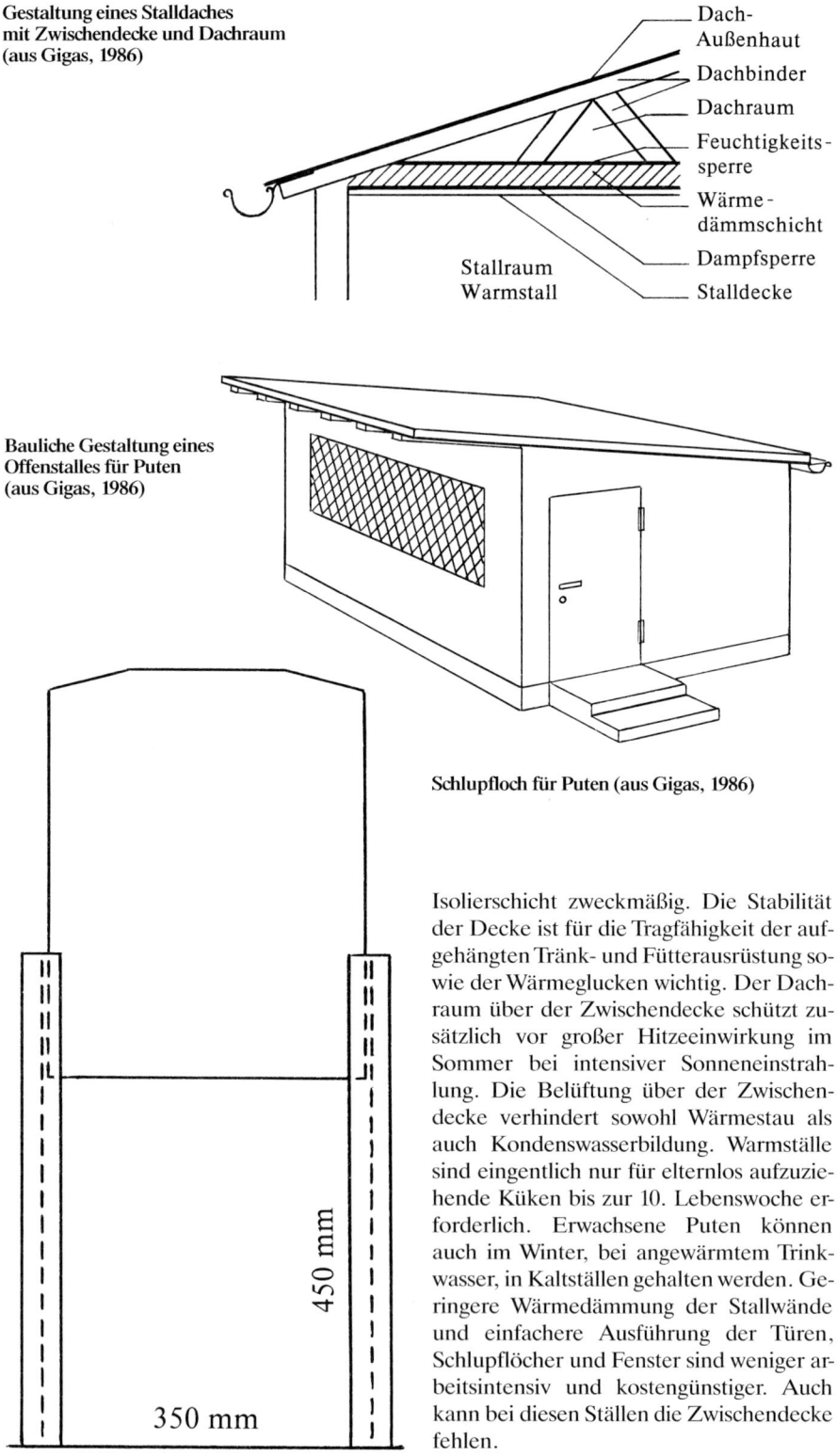

Gestaltung eines Stalldaches
mit Zwischendecke und Dachraum
(aus Gigas, 1986)

Dach-
Außenhaut
Dachbinder
Dachraum
Feuchtigkeits-
sperre
Wärme-
dämmschicht
Dampfsperre
Stalldecke

Stallraum
Warmstall

Bauliche Gestaltung eines
Offenstalles für Puten
(aus Gigas, 1986)

Schlupfloch für Puten (aus Gigas, 1986)

450 mm

350 mm

Isolierschicht zweckmäßig. Die Stabilität
der Decke ist für die Tragfähigkeit der aufgehängten Tränk- und Fütterausrüstung sowie der Wärmeglucken wichtig. Der Dachraum über der Zwischendecke schützt zusätzlich vor großer Hitzeeinwirkung im
Sommer bei intensiver Sonneneinstrahlung. Die Belüftung über der Zwischendecke verhindert sowohl Wärmestau als
auch Kondenswasserbildung. Warmställe
sind eingentlich nur für elternlos aufzuzie-
hende Küken bis zur 10. Lebenswoche erforderlich. Erwachsene Puten können
auch im Winter, bei angewärmtem Trinkwasser, in Kaltställen gehalten werden. Geringere Wärmedämmung der Stallwände
und einfachere Ausführung der Türen,
Schlupflöcher und Fenster sind weniger ar-
beitsintensiv und kostengünstiger. Auch
kann bei diesen Ställen die Zwischendecke
fehlen.

Lüftung

Zur Sicherung des Luftsauerstoffgehaltes und zur Beseitigung von Schadgasen ist die Lüftung wichtig. Ist der Stall nicht tiefer als 6 m, genügen Öffnungen an der der Hauptwindrichtung abgewendeten Wand (meist Südostseite) von 1,0 bis 1,2 m bis zur Stalldecke, die mit Maschendraht zu verkleiden sind. Bei größeren Ställen sind Öffnungen an den gegenüberliegenden Seiten in der gesamten Stallänge erforderlich. Auch sind Firstlüftungen unter dem Dachüberstand von mindestens 1 m lichter Höhe zweckmäßig.

Bei starker Hitze werden die Fenster herausgenomen oder Sommertore aus Latten oder Maschendrahtrahmen angebracht. Kleinere Ställe lassen sich gut durch Zuluftöffnungen mit verstellbaren Klappen unter den Fenstern belüften. Dabei ist wichtig, daß die Klappen nach oben zu öffnen sind. Die einströmende Kaltluft wird dann erst nach oben gelenkt, mit Stalluft vermischt und vorgewärmt. Zusätzliche Abluftöffnungen unter der Zwischendecke, gegen Eindringen von Raubwild und Vögeln vergittert, lassen die Luft aus den Seitenöffnungen gut zirkulieren. „Unabhängig vom verwendeten Lüftungssystem muß die gleichmäßige Durchlüftung des Stalles gewährleistet sein, dabei dürfen bestimmte Grenzwerte der Luftgeschwindigkeit nicht überschritten werden. Die Luftgeschwindigkeit kann bei Umgebungstemperaturen über 25 °C 0,6 m/s betragen, bei niedrigen Temperaturen 0,1 bis 0,3 m/s. Höhere Luftgeschwindigkeiten in Tiernähe sind als Zugluft zu werten, die das Wärmeregulationsvermögen der Tiere überfordern und zur Unterkühlung führen können" (Gigas, 1986).

Stalleinrichtung

Die Geräte für Tränke und Fütterung müssen nach Gigas (1986) folgenden Forderungen gerecht werden:

- leichte Bedienbarkeit, Reinigung und Desinfektion
- einfache Anpassung an die Körperhöhe der wachsenden Puten
- Stabilität
- Vorratshaltung für mehrere Stunden
- Verhinderung von Verletzungen und Unfällen
- Möglichkeiten zum Verabreichen von Vitaminen und Medikamenten

Stülptränken aus Kunststoff oder Glas sind für Küken, Ventilrundtränken für Jungputen und Mastputen zweckmäßig. Rinnen-, Durchlauf-, Nippel- und Kipptränken bedürfen besonderer Reinigung, mindestens einmal täglich. Für Fütterungseinrichtungen gelten folgende Merkmale:

- die Tiere dürfen nur mit dem Schnabel Zugang zum Futter haben
- die Verunreinigung des Futters durch Einstreu und Kot ist zu verhindern
- Futterverluste müssen so gering wie möglich gehalten werden

Anordnung der Sitzstangen über dem Kotbunker (aus Gigas, 1986)

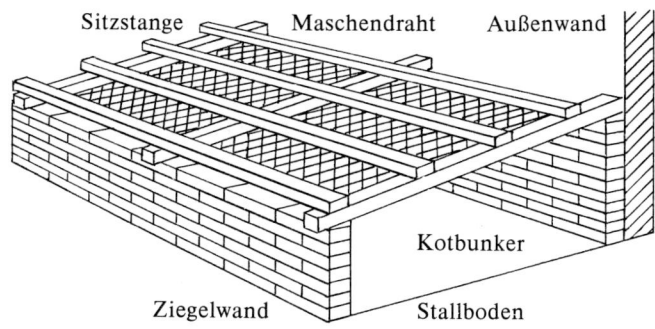

245

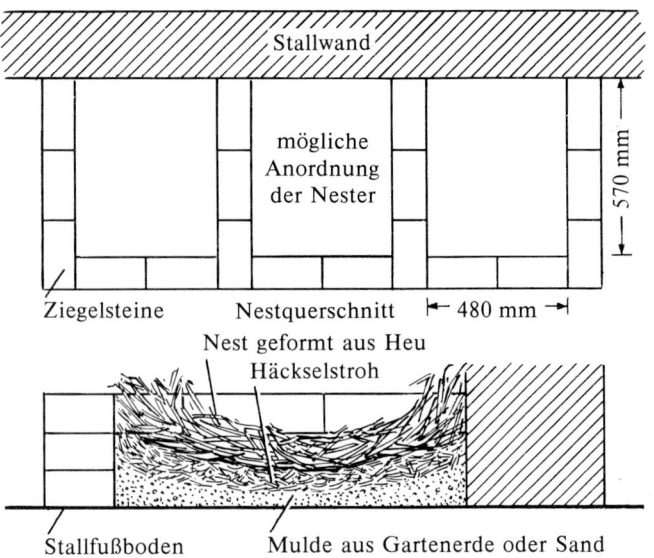

Stallwand

mögliche
Anordnung
der Nester

570 mm

Ziegelsteine   Nestquerschnitt   ⊢ 480 mm ⊣

Nest geformt aus Heu
Häckselstroh

Stallfußboden   Mulde aus Gartenerde oder Sand

**Darstellung eines Fallnestes
(aus Gigas, 1986)**

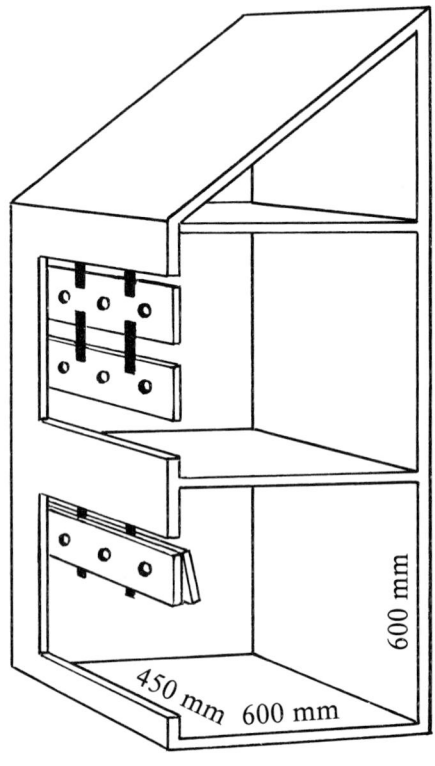

600 mm

450 mm   600 mm

Rundfutterautomaten mit Futterschüssel und rinnenförmigem Ring unter dem kegelförmigen Vorratsbehälter eignen sich gut für die Verabreichung von Trockenfutter. Angefeuchtetes Futter muß in Schüsseln oder Trögen gereicht werden, da sonst leicht die Nachrinnöffnungen der Automaten verstopfen.

Sitzstangen für Puten werden 1 m hoch über dem Boden angebracht, wobei der darunterliegende, für die Tiere nicht zugängliche Kotbunker (mit Maschendraht verkleidet) die Ausbreitung von Anstekkungskrankheiten verringert. Der Reihenabstand der Stangen beträgt 60 cm. Die einzelne Stange im Querschnitt hat die Maße 6 cm Höhe und 8 cm Breite. Pro Pute müssen 30 bis 40 cm Sitzfläche zur Verfügung stehen. Die hintere Stange muß 45 cm von der Stallwand entfernt sein.

Um bei der Zucht Einzeleinachweise zu bekommen, sind **Fallnester** anzubringen. Damit die Neststreu nicht durch Einstreu des Stallbodens verschmutzt wird, werden die Fallnester 20 bis 30 cm hochgesetzt. Benutzt man Zweietagennester, darf das untere Nest nicht mehr als 20 cm über der Bodenstreu stehen. Vor die oben gelegenen Nester werden Anflugstangen im Abstand von 30 cm zum Nesteingang angelegt.

Zur Eindämmung unerwünschter Brutlust bei den Puten sind Brüterkäfige erforderlich, die mit Rostboden ausgestattet sind. Die Brutlust wird schnell abgesenkt, wenn die Entwöhnungskäfige im Hellen stehen oder künstlich beleuchtet werden.

Als Einstreu wird kurzgeschnittenes Stroh, vermengt mit trockenem Sand, benutzt. Trockene Hobelspäne sind ebenfalls geeignet. Als wesentliche Erleichterung für die Putenpflege im Stall haben sich besondere Abstell- und Arbeitsabteile bewährt. Futtervorräte und Geräte werden in Regalen untergebracht. Ein Futtertisch erleichtert die Fütterungsvorbereitung; Reinigungsgeräte bringt man am besten an Wandhaken unter.

Auslauf

Für die Pute als Weidevogel ist freier Auslauf äußerst wichtig. Sichere Einzäunung, Trockenlegung feuchter Stellen und möglichst geschlossene Rasendecke sind wertvolle Vorraussetzungen. Allgemein gilt der Grundsatz: Je mehr Auslauffläche für die Tiere zur Verfügung steht, desto besser die Entwicklung, Gesundheit und Schaukondition der Puten. Soll eine Neuansaat erfolgen, verwendet man am besten ein Grasgemisch mit Luzerneanteil. Meistens zerstören die Puten in Stallnähe die Grasnarbe, so daß hier die Befestigung mit Beton ratsam ist; auch ist diese Stelle leichter mit dem Wasserschlauch zu reinigen, wobei für ungehinderten Abfluß des Reinigungs- und Regenwassers zu sorgen ist. Bei unbeschränktem Auslauf ohne Einzäunung ist Vorsicht geboten. „Puten sind Wandervogel, und es kann vorkommen, daß sie weit und weiter streunen und, sind sie ungehütet, abends irgendwo aufbaumen und nicht wiederkommen, besonders dann nicht, wenn sie kein Hunger nach Hause treibt. Ist letzteres nicht der Fall, so kommen sie, wie oft beobachtet, in prachtvollem Gleitflug zurück" (Römer, 1955).

Sehr zweckmäßig sind Wechselausläufe. Werden bestimmte Flächen zeitweise nicht von den Tieren benutzt, können sie vertikutiert werden, und das Gras kann sich durch Nachwachsen erholen. Dabei leisten verstellbare Zaunfelder und Elektrozäune gute Dienste. Da Puten, besonders die Hennen und die leichteren Schläge, recht gut fliegen können, ist eine Zaunhöhe von 1,80 m erforderlich. Ideal sind baumbestandene Auslaufflächen, da im Sommer den Tieren Schatten willkommen ist.

Fütterung und Tränke

Artgerechte und sinnvolle Fütterung beginnt bei der Auswahl der Fütterungs- und Tränkegeräte. Zu bedenken ist, daß die Pute ständig Gelegenheit haben muß, Futter und Wasser aufzunehmen, da sie in ihrem – im Verhältnis zum Haushuhn – relativ kleinen Kropf nur wenig Futter aufspeichern kann. Ein anderer Aspekt ist die Standfestigkeit der Futtergeräte. Die Pute wirft leicht durch ihr etwas plumpes Verhalten die Geräte um, was zu Futterverlusten und Verschmutzungen führt. Daher gilt der Grundsatz: „Runde Geräte sind langen vorzuziehen" (v. Kessel, 1969). Je nach Altersstufe unterscheiden sich die Futterbehälter. In den ersten Tagen erhalten die Küken das Futter auf Wellpappen. Nach etwa 3 Tagen benutzt man kleine Rundautomaten mit ca. 40 cm Durchmesser. Pro Tier sollte 3,5 cm Freßfläche zur Verfügung stehen.

In der ersten Lebenswoche wird Wasser in Rundtränken von 3 bis 5 l Fassungsvermögen gereicht. Die Geräte müssen sternförmig um die Wärmequelle herum aufgestellt werden, denn Putenküken sind etwas „phlegmatisch" und müssen die Wärmequelle leicht wiederfinden können.

Als Anregung zum Fressen wird empfohlen, Spuren von Haferflocken mehrmals täglich über das Futter zu streuen.

Zu beachten ist, daß bei einer Besatzdichte von 8 bis 10 Tieren pro m² in der 1. bis 6. Woche und 6 bis 8 Tieren pro m² – in der 7. bis 10. Woche sowie 5 bis 6 Tieren pro m² danach genügend Tröge und Tränken zur Verfügung stehen.

Als **Troglänge** je Tier ist vorzusehen:

1. bis 2. Woche 2,5 cm bei Preßfutter, 3,5 cm bei Mehlfutter
3. bis 7. Woche 3,5 cm bei Preßfutter, 4,5 cm bei Mehlfutter

Tränkelänge je Tier:
1. bis 8. Tag   4,0 bis 4,5 cm
2. bis 7. Woche   4,0 bis 4,5 cm

Tröge und Tränken stellt man in Rücken-
höhe der Puten auf und verteilt sie mit zunehmender Unabhängigkeit der Jungputen von der Wärmequelle im Stall gleichmäßig.
Erwachsene Puten benötigen eine Freßfläche von 15 cm je Tier; leichte Rassen kommen aber auch schon mit 12 cm aus.
Je nach Anzahl der Tiere werden Stülptränken oder automatische Tränken verwendet. Da die Wasseraufnahme der Puten ungefähr dem Zweieinhalbfachen der tägli-
chen Futteraufnahme entspricht, muß stets
sauberes Trinkwasser zur Verfügung stehen.

Die Tränken für kleine Küken haben
schmale Rinnen, damit die Tiere nicht hin-
einfallen und ertrinken. Für ältere Küken
und Jungputen verwendet man am besten
die als Standardtränke bezeichneten Rundtränken mit Doppelrinne. R. Trüller (1984)
warnt aber davor, diese Tränken noch nach
der 12. Woche zu benutzen, da für den breiter werdenden Unterschnabel die Wasser-
rinnen der Tränke zu schmal sind und die
Tiere dadurch bei der Wasseraufnahme be-
hindert werden. Außerdem sind Verletzungen im Bereich der Nasenöffnungen und
der vorderen Kopfpartie zu befürchten.
Verschmutzte Wasserstellen fördern die
Verbreitung von Krankheitserregern. Die
Behälter sind regelmäßig zu reinigen, um
Beläge, in denen sich schädliche Mikroorganismen (Bakterien, Pilze, Algen) bilden

Futterautomat, gegen Regen geschützt (aus Römer, 1955)

Schattenspender mit untergestellten Tränkgefäßen (aus Römer, 1955)

können, zu entfernen. Stehen die Futter-
und Wasserbehälter im Freien, stellt man
sie im Schatten auf, da kühles Wasser lieber
aufgenommen wird. Im Winter leisten
Tränkenwärmer unentbehrlich dort Hilfe,
wo Frost eindringt und das Wasser gefrie-
ren läßt. Vorsicht ist mit Blechbehältern geboten, da diese oxydieren können und
Giftstoffe dann in das Futter gelangen.

**Trinkwasserbedarf mittelschwerer Puten,
ml pro Tier und Tag (Richtwerte bei Trocken-
fütterung und Normaltemperatur; nach Gigas, 1986)**

Alter in Wochen	Wasseraufnahme	Alter in Wochen	Wasseraufnahme
1	20	11	300
2	40	12	330
3	60	13	350
4	80	14	360
5	120	15	380
6	150	16	400
7	200	17	420
8	240	18	450
9	260	19	480
10	290	20	500

Futterstoffe

In der Fütterungslehre gelten einige
Grundsätze für Puten, Perlhühner, Gänse
und Enten gleichermaßen. Spezielle Angaben zur Fütterung der einzelnen Arten
werden in den jeweiligen Kapiteln hinzugefügt.

Die folgenden generellen Ausführungen zu
den Futterstoffen dienen daher zur Orientierung für die Fütterung des gesamten Groß-
und Wassergeflügels.
Obwohl Puten ihrer natürlichen Herkunft
gemäß Weidetiere sind, benötigen sie auch
schon bei relativ großem Weideauslauf
und Graserwnährung die Zufütterung hochwertiger Getreidefuttermittel, um Mangel-
ernährung durch Unausgewogenheit der
einzelnen Futterration zu vermeiden.
Die Inhaltsstoffe der Futtermittel erfüllen
im Tierkörper verschiedene Aufgaben; wir
unterscheiden:

— Energieträger
— Eiweißstoffe (Proteine)
— Mineralstoffe und Spurenelemente
— Wirkstoffe (Vitamine, Medikamente
  und Ergotropika)

Energieträger. Für die verschiedenen Leistungen des Körpers braucht er die ständige Zufuhr von Energie. Vor allem Koh-
lenhydrate und Fette, daneben auch über-
schüssiges, nicht als Baustoff verwendetes
Eiweiß, sind Energieträger.
Im Tierkörper werden die Nährstoffe, die
ursprünglich in der lebenden Pflanze aus
Wasser und Kohlendioxid (CO_2) entstanden, physiologisch verbrannt. Das bedeutet für den Körper Energiegewinn.
Fett als chemische Verbindung des Glyze-
rins und verschiedener Fettsäuren hat von
allen Nährstoffen den höchsten Energiegehalt. Gleichzeitig sind Fette Träger der
fettlöslichen Vitamine. Die Stabilisierung

249

der ungesättigten Fettsäuren ist generell notwendig; daher werden den Futtermitteln Antioxydantien beigemischt, um durch Sauerstoffanlagerung (Oxydation) auftretende Ranzigkeit zu verhindern.

Eiweißstoffe. Proteine (und Proteide) bilden Baustoffe zur Gewebe- und Eierbildung. So besteht z. B. das Putenei aus 72,6 % Wasser, 13,2 % Stickstoffsubstanz (Rohprotein), 11,7 % Fett, 1,7 % stickstofffreien Stoffen und 0,8 % Asche.

Eiweiß setzt sich aus verschiedenen Aminosäuren zusammen. Von den bis heute aufgefundenen natürlichen Aminosäuren sind etwa 20 als Baustoffe der Eiweiße in den Eiweißstoffen der Lebewesen enthalten. Pflanzen und Mikroorganismen können alle Aminosäuren selbst aufbauen, der menschliche und der tierische Organismus nur 12; die restlichen müssen durch die Nahrung direkt zugeführt werden. Diese letzteren Aminosäuren bezeichnet man als unentbehrliche, d. h. essentielle Aminosäuren. Ein zu geringes Angebot an essentiellen Aminosäuren oder ihr Fehlen führt zu einer Störung der Eiweißsynthese in den Zellen, was schwere Stoffwechselschäden (z. B. Kümmern, Verzögerung der Eibildung oder der Entwicklung der Embryonen) zur Folge hat.

Einteilung der Aminosäuren nach ernährungsphysiologischen Gesichtspunkten − Geflügel (nach Jeroch, 1987)

Essentielle Aminosäuren	Halbessentielle Aminosäuren*	Nichtessentielle Aminosäuren
Arginin		Alanin
Histidin		Asparagininsäure
Isoleucin		Glutaminsäure
Leucin		Glycin
Lysin		Hydroxyprolin
Methionin	Zystin, Zystein	Prolin
Phenylalanin	Tyrosin	Serin
Threonin		
Tryptophan		
Valin		

*) können essentielle Aminosäuren partiell ersetzen (Zystin-Methionin, Tyrosin-Phenylalanin)

Tierische Eiweißfuttermittel sind biologisch wertvoller als pflanzliche, weil ihr Aminosäuren-Muster für eine Verwertung im tierischen Organismus günstiger zusammengesetzt ist.

Tierische Eiweißfuttermittel werden in drei große Gruppen unterschieden: Milchprodukte, Fischprodukte, Fleisch-Blut-Produkte. Gegenwärtig werden hauptsächlich Fisch- und Fleischmehle verwendet, da die Milchprodukte in der Weichfutterverwendung zu arbeitsaufwendig und in trockener Form zu teuer sind.

Bei der Bestimmung der biologischen Wertigkeit tierischen Eiweißes in Futtermitteln ist der Gehalt an Methionin, Zystin und Lysin (essentielle Aminosäuren) ausschlaggebend.

Mineralstoffe und Spurenelemente. Für die Ernährung des Geflügels, also auch des Groß- und Wassergeflügels, sind Mineralstoffe und Spurenelemente unentbehrlich. Zur einwandfreien Funktion der Stoffwechselvorgänge benötigt der Organismus nach dem derzeitigen Wissensstand 22 Elemente.

Sogenannte **Mengenelemente** sind:

Kalzium (Ca), Phosphor (P), Magnesium (Mg), Natrium (Na), Kalium (K), Chlor (Cl), Schwefel (S).

Zu den **Spurenelementen** gehören:
Eisen (Fe), Mangan (Mn), Zink (Zn), Kupfer (Cu), Selen (Se), Jod (J).

Kalzium ist zusammen mit Phosphor zu 75 % Bestandteil der im Tierkörper enthaltenen Mineralstoffe. Es ist für den Aufbau des Knochengerüstes, sogar schon während der Embronalentwicklung im Ei, erforderlich. Aus der Eischale baut der heranwachsende Keimling den Kalk teilweise ab und integriert ihn in sein Skelettsystem. Der Kalkabbau aus der Schale begünstigt andererseits das Aufbrechen beim Schlüpfvorgang. Für die Funktionstüchtigkeit der Körperzellen ist Kalzium unersetzlich. Fette und Eiweiße können nur unter der Wirkung dieses Minerals in die Zellen aufgenommen werden. Als Bestandteil des Blutes hat Kalzium eine wesentliche Funktion bei der Gerinnung.

Die Eischale besteht zu 93 % aus Kalziumkarbonat. Dem Blutkreislauf werden mit jedem gelegten Ei 5 bis 6 g Kalzium entnommen; da der Geflügelkörper aber nur in begrenztem Maße Kalk speichern kann, muß der Verlust ständig durch Zufuhr von Kalzium in der Nahrung ausgeglichen werden. Bei der Aufzucht der Jungtiere ist auf das richtige Verhältnis von Kalzium und Eiweiß zu achten. Wird hochprozentiges Eiweißfutter verabreicht, so wächst die Muskel- und Fleischmasse bedeutend stärker als das Skelettsystem. Es kommt dann leicht zu Überbeanspruchung und im Extremfall zur Verbiegung von Knochen, speziell des Laufapparates. Kalziummangel führt besonders dann zu gravierenden Schäden, wenn gleichzeitig eine Unterversorgung mit Vitamin D oder auch eine Übervitaminsierung vorliegt.

An der Reizleitung im Nervensystem ist neben Kalium und Natrium Kalzium hervorragend beteiligt. Außerdem werden die Muskelkontraktion und die Herztätigkeit von diesem Mineralstoff mitreguliert. Bei Unterversorgung können Herzschwäche, Wachstumshemmungen, rachitische Symptome, Lähmungserscheinungen, Appetitlosigkeit und Entkräftung auftreten. Für die einzelnen Arten des Groß- und Wassergeflügels ist der erforderliche Anteil im Fertigmischfutter aus den nachfolgenden Tabellen zu entnehmen. (s. Seite 258ff.)

Zu beachten sind aber auch die Auswirkungen eines Kalziumüberschusses im Futter: Rückgang des Futterverzehrs, Minderzunahme, Abfall der Legeleistung, Verschlechterung der Verdaulichkeit und damit der Futterverwertung, Störung des Zinkstoffwechsels (Jeroch, 1987).

Phosphor ist zur Stoffwechselregulierung unentbehrlich, weil dieser Mineralstoff eine Schlüsselfunktion für die Energieversorgung hat. Phosphor ist daneben im Zusammenwirken mit Kalzium ein wichtiger Baustein des Skeletts. Da Körperzellen und Knochensubstanz ständig erneuert werden müssen, ist die Regulierung dieser Prozesse durch Phosphor in Zellkernen, Enzymen und Hormonen von entscheidender Bedeutung. Bei der erblichen Informationsübertragung wirkt Phosphor in den Nukleinsäuren maßgeblich mit. Die Ernährung der Embryonen im Brutei setzt die Bereitstellung von Phosphor-Eiweiß-Verbindungen voraus. Im Blut und in der Zellflüssigkeit wirkt Phosphor als Puffersubstanz (Stabilisierung des pH-Wertes).

In den Futtermitteln muß das Kalzium-Phosphor-Verhältnis stimmen, da z. B. Kalziumüberschuß dem Knochen Phosphat entzieht und dann Knochenweiche eintreten kann. Nimmt das Tier zu wenig Phosphat auf, sind die Folgen Wachstumsstörungen, Leistungseinschränkungen, Blutarmut und allgemeine Schwäche. Bei Phosphorüberschuß verschlechtert sich die Eiqualität.

Magnesium ist für das Wachstum von Geweben und Knochen, die Mineralstation der Eischale sowie für die Bildung von Enzymen ein wichtiger Faktor. Ferner ist dieses Mineral indirekt an der Aktivierung verschiedener Enzyme beteiligt, bindet überschüssige Säure, wirkt auf die Erregbarkeit der Nervenzellen, die Muskelkontraktion und Thermoregulation. Zusammen mit Kalzium, Natrium, Kalium und Chlor fördert Magnesium die Spermaqualität, indem es die Bildung der sogenannten Seminalflüssigkeit des Ejakulats erhöht. Bei Magnesiummangel treten folgende Schäden auf: Blutgefäßerweiterung, vermindertes Wachstum, Übererregbarkeit, Letargie, Nierenschäden, Legeleistungsabfall,

Mengenelemente — Funktionen, Mangel- und Überschußsymptome (nach Jeroch, 1987)

Elemente	Funktionen	Auswirkungen eines Mangels	Auswirkungen eines Überschusses
Kalzium	Baustein für Knochen und Eischale, Aktivierung verschiedener Enzyme (Trypsin, Thrombokinase — Bedeutung für Blutgerinnung), Nervenerregung und Muskelkontraktion, Bestandteil (essentieller) der Zellmembran, Einfluß auf die oxidative Phosphorylierung (Energiestoffwechsel)	Wachstumsstörungen, Störungen des Knochenwachstums (Rachitis), Demineralisierung des Skeletts (Osteoporose), Schalendefekte Eier, Fließeier, Einstellung der Legetätigkeit	Rückgang des Futterverzehrs, Minderzuzunahmen, Abfall der Legeleistung, Verschlechterung der Verdaulichkeit, Störung des Zinkstoffwechsels
Phosphor	Baustein des Skeletts, Speicher und Donator von Energie in Form energiereicher Phosphatverbindungen, Puffersubstanz in Blut und Zellsaft, Vermittler von Hormonwirkungen als Bestandteil des cAMP	Wachstumsstörungen, gestörte Mineralisierung der Knochen	Schlechtere Eischalenqualität
Magnesium	Baustein für Knochen und Eischale, Bestandteil von Enzymen und Enzymaktivator (alkalische Phosphatase, Oxydasen, Kinasen, Peptidasen, Arginase), Erregbarkeit der Nerven, Muskelkontraktion und Thermoregulation	Vermindertes Wachstum, Lethargie, Legeleistungsabfall	Wachstumsstörungen, Rückgang der Legeleistung und dünnschalige Eier
Natrium Kalium Chlor	Aufrechterhaltung des osmotischen Druckes und des pH-Wertes in Zellen und Körperflüssigkeiten, Aktivierung von Enzymen	Na: Wachstumsdepression, Rückgang der Legeleistung, tetanische Erscheinungen	NaCl-Vergiftung, Verschlechterung der Eischalenstabilität (Cl)

Krämpfe, Wachstumsstillstand, Befiederungsverzögerung. Magnesiumüberschuß führt ebenfalls zum Rückgang der Legeleistung und mangelhafter Schalenbildung.

Natrium und Chlor regulieren den osmotischen Druck und den pH-Wert in den Körperflüssigkeiten und den Zellen. Darüber hinaus aktivieren sie zusammen mit Kalium verschiedene Enzyme. Chlor wirkt spezifisch bei der Verdauung im Magen mit, während Natrium für eine gute Nervenfunktion sorgt und den Säuren-Basen-Haushalt regelt. Fehlen beide Stoffe in ausreichender Dosierung, wirkt sich das u. a. in Wachstumsdepressionen und durch Rückgang der Legeleistung aus. Zuviel Natriumchlorid (Kochsalz) führt zu NaCl-Vergiftung und Verschlechterung der Eischalenstabilität.

Kalium kann gewissermaßen als Gegenspieler des Natriums gelten; seine Hauptaufgabe ist die Erhaltung der Dauerleistungsfähigkeit des Herzmuskels. Es wird daneben für Aufbau und Funktion der Skelettmuskulatur und des Nervensystems benötigt. Kalium ist in größeren Mengen in pflanzlichen Futtermitteln, insbesondere in Grünfutter, enthalten. Schlechtes Wachstum der Küken und Leistungsrückgang bei Alttieren sind oft durch Kaliummangel bedingt.

Schwefel ist ein wesentlicher Baustein der Eiweiße bzw. einiger essentieller Aminosäuren. Mangel an schwefelhaltigen Aminosäuren begrenzt die Eiweißsynthese, wodurch Wachstum und Eibildung stark beeinträchtigt werden. Während der Wachstumsperiode und besonders in der Mauser benötigt der Vogelkörper zudem ausreichend Schwefel zur Federbildung. Direkte Schwefelzuführung ist aber nicht ratsam; dieses Spurenelement ist dagegen über die Aminosäuren Methionin und Zystin bzw. Zystein und die Vitamine B_1 und Biotin indirekt zu verabreichen. Bei zu hoher Schwefelkonzentration im Futter kann Knochenweiche auftreten. Bei erhöhter Zufuhr nach Schwefelmangel ist die Koppelung mit Vitamin-D-Gaben erforderlich.

Eisen ist wesentlicher Bestandteil des roten Blutfarbstoffes Hämoglobin und für die Prozesse der Energiegewinnung unentbehrlich. Es ist außerdem Baustein verschiedener Vitamine. Groß- und Wassergeflügel wird bei Eisenmangel stark geschwächt, insbesondere, wenn Parasitenbefall vorliegt. Einseitige kohlenhydratreiche Kost oder der übermäßige Einsatz von Milchfuttermitteln können langfristig

schwerwiegende Eisenmangelanämie zur Folge haben. Die früher häufig vertretene Ansicht, ein rostiger Nagel im Trinkwasser könne dem Eisenmangel vorbeugen, ist falsch. Vielmehr muß die Eisenzufuhr über Grünfutter, Fleisch- und Fischmehl sichergestellt werden.

Mangan hat für die Blut- und Fettbildung sowie den Hormonhaushalt Bedeutung. Ausreichende Manganversorgung verbessert die Legeleistung, das Wachstum sowie die Bruteiqualität und hat damit auch Einfluß auf den Schlupfvorgang. „Bei einem Mangel sterben viele Embryonen ab, da sie wegen Mißbildung lebensunfähig sind. Bei geschlüpften Küken äußert sich Mangandefizit in der Sprunggelenkskrankheit. Oft sind Flügel und Beine verkürzt. Die Eier zeigen schlechte Schalenbildung" (Baumeister/Meyer, 1985).

Zink als Bestandteil des Insulins, das gemeinsam mit dem Glucagon der Bauchspeicheldrüse den Blutzuckerspiegel regelt, beeinflußt auch den Wirkungsmechanismus verschiedener Enzyme. Für den Aufbau von Horngebilden (Schnabel, Krallen) und die Gewährleistung wesentlicher Gehirnfunktionen ist Zink äußerst wichtig. Es spielt eine bedeutende Rolle für die Tätigkeit von Organen und Drüsen, z. B. Leber, Nieren, Genitalsystem. Nachlassende sexuelle Aktivität hängt oft mit Zinkmangel zusammen. Bei Defizit ist Zinksulfat zu verabreichen.

Kupfer ist Bestandteil von Enzymen und wird für den Aufbau des Skeletts sowie des Gefäßsystems gebraucht. Es greift entscheidend in die Funktionen des zentralen Nervensystems ein. Treten in Groß- und Wassergeflügelbeständen Entfärbung (Depigmentation) der Federn, Störung der Knochenbildung und Blutarmut (Anämie) auf, sind das deutliche Hinweise auf Kupfermangel. Zusammen mit Eisen und Kobalt fördert Kupfer deren spezifische Wirkungen im Tierkörper. So wird z. B. vermutet, daß Kupfer auch an der Blutbildung beteiligt ist. Ausreichende Zufuhr von Grünfutter, Fleisch- und Fischmehl, die dieses Spurenelement enthalten, gewährleistet eine gesunde Entwicklung des Junggeflügels.

Selen ist Bestandteil der Glutathionperoxydase, eines Enzyms, das für die Funktion der roten Blutkörperchen, bestimmter weißer Blutkörperchen (Granulozyten) sowie der Leber unentbehrlich ist. Selenmangel verursacht Wachstumsstörungen und Gewebs- sowie Organveränderungen verschiedener Art, z. B. Pankreasatrophie (Verkümmerung der Bauchspeicheldrüse), Kardiomyophathien (Herzmuskelerkrankung), Magenerosionen (Erkrankung der Magenschleimhaut), exsudative Diathese (verschiedene Hauterkrankungen). Selen steht in enger Wechselbeziehung mit Vitamin E, so daß Mangelerscheinungen vielfach mit Vitamin-E-Gaben zu beseitigen sind (Jeroch, 1987).

Jod spielt in erster Linie für die Synthese des Hormons der Schilddrüse und daneben für die physiologischen Prozesse bei der Entwicklung der Embryonen und dem Wachstum der Küken eine wichtige Rolle. Die früher zur Steigerung der Legeleistung

Spurenelemente — Funktionen und Auswirkungen eines Mangels (nach Jeroch, 1987)

Elemente	Funktionen	Auswirkungen eines Mangels
Eisen	Bildung von Hämoglobin und Myoglobin, Bestandteil von Oxydoreduktasen	Anämie und Federndepigmentierung
Zink	Bestandteil und Aktivator von Enzymen, Einfluß auf Spermatogenese und Erhaltung des Keimepithels, Einfluß auf das Skelettwachstum, Bestandteil des Insulins	Wachstumsstörungen (verminderte Proteinsynthese), Befiederungsstörungen, Fortpflanzungsstörungen (bei Hähnen), erhöhte Embryonensterblichkeit, Defekte bei den geschlüpften Küken, Verkürzung der Gliedmaßenknochen (Perosis), Dermatitis
Kupfer	Bestandteil von Enzymen, Hämoglobinsynthese, erforderlich für Skelett- und Gefäßaufbau, Einfluß auf die Funktionen des zentralen Nervensystems	Anämie, Depigmentation der Federn, gestörte Knochenbildung
Mangan	Ausbildung der organischen Knochenmatix (ausreichende Bereitstellung von Mukopolysacchariden), Aktivierung verschiedener Zellenzyme, erforderlich für Fettsäurensynthese und Aminosäurenstoffwechsel, Phosphataseaktivität (Knochenkalzifizierung)	Perosis, verminderte Legeleistung und Schlupffähigkeit, dünnschalige und schalenlose Eier
Selen	Bestandteil der Glutathionperoxydase	Wachstumsdepression, exsudative Diathese, Pankreasatrophie, Kardiomyopathien, Magenerosionen
Jod	Erforderlich für die Synthese der Schilddrüsenhormone Trijodthyronin und Thyroxin	Wachstumsverlangsamung, Hypertrophie und Hyperplasie der Schilddrüse, verminderte Schlupffähigkeit, gestörter Schilddrüsenstoffwechsel bei den Eintagsküken

verabreichte höhere Dosis Jod hat sich inzwischen als schädlich erwiesen. Die Leistung sinkt bei Überdosierung rapide ab. Bei Jodmangel sind Wachstumsverlangsamung, Hypertrophie und Hyperplasie der Schilddrüse, verminderte Schlupffähigkeit, gestörter Schilddrüsenstoffwechsel bei Eintagsküken die Folge. Baumeister und Meyer (1985) nennen noch in diesem Zusammenhang das umstrittene **Flour**, ein Spurenelement, das in zu hoher Dosis toxisch wirkt, und das **Silizium**, dem günstige Wirkung auf Bindegewebsbildung und Elastizität der Haut zugeschrieben wird.

Wirkstoffe sind Vitamine, Enzyme, Hormone, Antibiotika und verschiedene andere Medikamente, z. B. Kokzidiostatika, die dem Futter teilweise beigemischt werden.

Zum einwandfreien Ablauf aller Körperfunktionen werden *Vitamine* in kleinsten Mengen ständig benötigt. Da diese Schutzstoffe vom Tier meist nicht selbst aufgebaut werden können, müssen sie über das Futter aufgenommen werden. Fettlösliche Vitamine (dazu gehören Vitamin A, D, E, K) beeinflussen die Ausbildung der Körperzellen an den Außenflächen der Organe, z. B. Hautzellen, Oberflächenzellen im Darmkanal und in den Atemwegen (A); sie regulieren den Kalzium- und Phosphorstoffwechsel im Körper (D) sowie die Fruchtbarkeit (E) und die Gerinnungsfähigkeit des Blutes (K). Vitamine der B-Gruppe sowie Vitamin C sind wasserlöslich. Da sie in den Fetten fehlen, werden sie vorwiegend über pflanzliche Futterstoffe verabreicht.

Vitamin B_2 (Riboflavin) ist ein essentieller Bestandteil von Enzymen. Es hat eine besondere Funktion bei der Energiegewinnung durch Verbrennung (Oxydationsprozeß) in den Zellen. Andere Vitamine des B-Komplexes, wie Pantothensäure und Nikotinsäure, haben ähnliche Wirkungen. Das in allen Fischprodukten vorkommende Vitamin B_{12} ist an der Blutbildung beteiligt.

Enzyme und Hormone bildet der gesunde Organismus ständig selbst und regelt die vielfältigsten physiologischen Vorgänge in feinster Dosierung und Abstimmung. Als leistungsfördernde (ergotrope), gesundheitsstabilisierende und krankheitsvorbeugende Stoffe kommen aber neben Fütterungsantibiotika und Kokzidiostatika (Polyetherantibiotika) auch chemisch synthetisierte Enzym- und Hormonpräparate in industriell hergestellten Fertigfuttermitteln zum Einsatz.

Antibiotika sind vor allem vor Pilzen, aber auch durch Bazillen gebildete Stoffwechselprodukte, die die Eigenschaft haben, bestimmte krankheitserregende Mikroorganismen in der Entwicklung zu hemmen oder abzutöten. Solche Antibiotika werden z. B. in den Mitteln Penicillin, Aureomycin, Terramycin, Oleandomycin und Bacitracin verabreicht.

Wer seine Futtermischung selbst herstellt, kann entsprechende Präparate beim Tierarzt beziehen und die Mischungen nach genauer Anweisung durch verschiedene Wirkstoffe ergänzen.

Fettlösliche Vitamine – Funktionen, Auswirkungen eines Mangels und Überschusses (nach Jeroch, 1987)

Vitamin	Funktionen/ Angriffspunkte	Auswirkungen eines Mangels	Auswirkungen eines Überschusses
A	Sehvorgang, Aufbau und Schutz epithelialer Gewebe, Fortpflanzung, Knochenwachstum, Eiweißsysthese, Steroidsynthese, Infektionsabwehr	Störungen der Funktion des Nervensystems (u. a. Krämpfe) Wachstumsstörung, höhere Krankheitsanfälligkeit, verminderte Schlupfleistung, gestörte Entwicklung der Küken nach dem Schlupf	Knochengewebsabbau, Abmagerung und Legeleistungrückgang, Wachstumsdepression
D_3	Ca-Resorption und Ca-Transport, Einfluß auf die Phosphatresorption, Knochen- und Eischalenbildung, Einfluß auf Befruchtung und Schlupfleistung	Verkrümmung der Gliedmaßen und Lähmungserscheinungen beim Küken (Rachitis), geringere Eischalenstärke (höherer Anteil schalendefekter Eier), Rückgang der Legeleistung, verminderte Schlupfleistung	Erhöhte Freisetzung von Kalzium aus den Knochen, Ablagerung von Kalziumphosphat im Gewebe, in Organen und Blutgefäßen
E	Antioxidative Wirkung, Erhaltung der Struktur und Funktion lipidreicher Membranen (gemeinsam mit Selen), Schutzwirkung für stoffwechselaktive organische Selenverbindungen, Bestandteil bzw. Aktivator von Zellenzymen, die für die Zellatmung verantwortlich sind, Biosynthese ungesättigter Fettsäuren, Bedeutung für das Immunsystem	Fertilitätsstörungen, Enzephalomalazie, (Kleinhirnschädigung) bei Broilern, Exsudative Diathese (Kapillarwandschädigung) bei wachsendem Hühnergeflügel, Muskeldystrophie, herabgesetzte Schlupffähigkeit	Wachstumsdepressionen, erhöhter Vitamin-D-Bedarf
K	Blutgerinnung, Beeinflussung der Permeabilität der Blutgefäße, Leberstoffwechsel, Knochenkalzifizierung	Hämorrhagien (Qualitätsminderung bei Schlachtgeflügel), erhöhte Embryonensterblichkeit und erhöhte Blutungsneigung bei den geschlüpften Küken	

B-Vitamine und Vitamin C – Funktionen und Auswirkungen eines Mangels (nach Jeroch, 1987, ergänzt)

Vitamin	Funktionen/Angriffspunkte	Auswirkungen eines Mangels
B_1	Kohlenhydratstoffwechsel (insb. Glukosestoffwechsel), Transketolasereaktion	Wachstumsdepression, Befiederungsstörungen, Ataxie, Muskelkrämpfe, Koordinationsstörungen, verminderte Schlupfleistung
B_2	Energiegewinnung (Atmungskette), Eiweißstoffwechsel, Auf- u. Abbau der Fettsäuren	Beinschäden u. Bewegungsstörungen bei wachsendem Geflügel verringerte Schlupffähigkeit infolge erhöhter Embryonensterblichkeit, lebensschwache, kleine Küken, schlechtes Wachstum u. erhöhte Verluste nach dem Schlupf
B_6	Aminosäurenstoffwechsel, Energieumsetzungen, Hormonstoffwechsel	Wachstumsstörungen, Muskelmagenerosionen, erhöhte Erregbarkeit, Ataxie u. schwere Krämpfe verbunden mit hoher Mortalität
B_{12}	Intermediärstoffwechsel der C_1-Fragmente, Bildung labiler Methylgruppen	Verringerte Schlupfrate, schlechtes Wachstum der geschlüpften Küken u. geringe Überlebensrate
Niazin	Energiegewinnung, Oxydation u. Synthese von Fettsäuren, Glyzerinsynthese u. -abbau	Periosisähnliche Symptome bei Küken, schlechte Befiederung, Dermatitis, verminderte Schlupfleistung
Pantothensäure	Kohlenhydrat-, Fett- u. Aminosäurenstoffwechsel, Biosynthesen (u. a. Steroide), Hormonstoffwechsel	Wachstumsstörungen, Befiederungsstörungen, Läsionen am Augenlid, an den Schnabelenden u. den Zehen (Dermatitis), Beeinträchtigung von Lege- u. Schlupfleistung
Folsäure	Nukleinsäuresynthese, Erythrozyten- u. Leukozytenbildung	Perosis, langsameres Wachstum, schlechte Schlupfleistung, gestörtes Wachstum bei den geschlüpften Küken
Biotin	Kohlenhydrat- u. Fettstoffwechsel, Synthese verschiedener Proteine	Hautschädigungen, Fettleber- u. -nierensyndrom bei Küken, Perosis, Dermatitis, erhöhte Sterblichkeit der Embryonen und damit schlechte Schlupfleistung, Ataxie bei den geschlüpften Küken
Cholin	Fettstoffwechsel (insbesondere der Leber) Überträger von Nervenreizen, Methyldonator	Perosis, Störungen des Fettstoffwechsels
Vitamin C	Anti-Skorbut-Vitamin, aktiviert Hormone und Enzyme	Wachstumsstörungen, Anfälligkeit gegen Infektionskrankheiten

Nährstoff-, Mineralstoff- und Aminosäurentabelle zur Geflügelfütterung

(Erarbeitet von der Dokumentationsstelle der Universität Hohenheim) – 15/06/1986 –

1000 g Futtermittel enthalten	Trockensubstanz g	Asche g	Rohnährstoffe							Mineralstoffe			Aminosäuren		
			Rohprotein g	Rohfett g	Rohfaser g	Stärke g	Zucker g	verdauliches Rohprotein g	Umsetzb. Energie (N-korr.) MJ	Kalzium g	Phosphor g	Natrium g	Methionin g	Zystin g	Lysin g
Ackerbohne (Samen / Flocken)	871	35	261	14	79	418	34	211	10,2	1,5	4,1	0,30	2,0	2,8	17,2
Backabfälle	877	25	106	28	11	572	107	85	13,6	0,5	2,5	4,82	1,8	2,2	2,6
Baumwollsaatextraktionsschrot aus geschälter Saat	900	61	463	17	79	30	52	354	9,9	3,2	10,7	0,90	6,5	6,7	19,3
aus geschälter Saat aufgefettet	893	60	473	37	79	27	52	361	10,4	3,2	10,6	0,98	6,4	6,7	19,2
Baumwollsaatkuchen / Expeller aus geschältem Saat 4 – 9 % Fett	915	62	440	65	96	27	43	336	11,0	2,9	9,0	1,10	5,9	5,3	18,6
Baumwollsaatöl	999	1	–	998	–	–	–	–	34,8	–	–	–	–	–	–
Bierhefe, getrocknet	893	75	448	15	19	55	13	342	11,4	2,9	13,5	1,50	6,6	4,9	31,8
Biertreber, getrocknet	904	43	227	77	155	34	9	189	10,6	3,9	6,1	0,41	5,7	4,9	9,6
Blutmehl	893	39	825	6	3	–	–	748	14,1	2,1	1,4	6,80	8,7	8,8	70,2
Buchweizen (Körner)	874	29	111	25	111	397	10	72	10,8	0,9	3,1	–	2,0	2,6	5,9
Buchweizen, geschält	875	20	116	25	10	466	11	95	12,5	0,5	4,0	0,16	0,6	1,1	5,7
Buttermilchpulver	947	79	306	57	–	–	396	233	12,8	24,1	10,1	–	8,3	3,2	23,2
Dikalziumphosphat	999	999	–	–	–	–	–	–	–	232,3	172,4	–	–	–	–
Dikalziumphosphat wasserfrei	999	999	–	–	–	–	–	–	–	–	214,8	–	–	–	–
Erbse (Samen)	871	32	226	13	58	446	57	180	11,1	0,9	4,1	0,31	2,7	2,5	15,2
Erdnuß, enthülst	948	25	281	479	35	–	19	222	21,8	0,6	4,4	0,10	3,9	4,1	9,8
Erdnuß, ganze Frucht	941	29	249	362	175	–	–	200	16,5	0,8	2,1	–	–	–	–
Erdnußextraktionsschrot aus enthülster Saat	886	58	499	13	57	91	108	439	9,7	1,4	6,0	0,35	5,0	7,4	18,0
aus teilenthülster Saat	908	56	466	12	97	63	86	367	9,5	1,8	5,6	0,44	4,6	7,0	16,8
Erdnußkuchen / Expeller aus enthülster Saat, 4 – 9 % Fett	906	56	489	63	49	87	103	431	11,3	1,4	5,8	0,08	4,9	7,3	17,6
aus teilenthülster Saat, 4 – 9 % Fett	906	62	439	61	108	53	73	347	10,4	1,3	5,7	0,25	4,4	6,6	15,9
Erdnußöl	999	1	–	998	–	–	–	–	36,0	–	–	–	–	–	–

(Fortsetzung)

Futtermittel															
Federmehl, hydrolysiert	932	43	842	34	5	–	4	646	12.8	2.8	1.2	1.18	7.5	39.3	20.1
Fischlebermehl	915	79	460	304	1	–	–	414	19.4	15.9	9.3	1.89	13.8	5.0	29.9
Fischmehl															
55 – 60 % Protein unter 3 % Fett	884	242	583	22	6	–	–	515	10.2	76.2	32.2	10.12	17.5	6.1	48.0
55 – 60 % Protein 3 – 8 % Fett	898	216	582	62	2	–	–	513	11.7	77.4	32.7	10.28	17.8	6.2	48.8
60 – 65 % Protein unter 3 % Fett	877	214	627	24	4	–	–	554	11.0	54.5	29.2	8.63	20.5	5.7	53.1
60 – 65 % Protein 3 – 8 % Fett	906	190	624	55	1	–	–	551	12.0	56.3	30.2	8.92	21.2	5.9	54.8
65 – 70 % Protein unter 3 % Fett	908	186	669	24	2	–	–	591	11.7	50.0	27.3	6.84	18.3	5.4	54.9
65 – 70 % Protein 3 – 8 % Fett	915	161	667	50		–	–	589	12.5	50.4	27.5	6.89	18.4	7.5	55.4
Fischmehl, norddeutscher Gewässer															
60 – 65 % Protein über 8 % Fett	881	140	620	118	–	–	–	547	14.0	54.3	30.6	–	22.2	7.2	51.5
Tropische und subtropische Gewässer															
60 – 65 % Protein unter 3 % Fett	887	184	622	25	1	–	–	549	11.0	52.8	29.4	–	23.1	6.2	51.8
60 – 65 % Protein 3 – 8 % Fett	901	178	627	42	2	–	–	554	11.6	53.6	29.9	–	24.1	6.5	50.8
Südamerikanische Atlantikküste															
60 – 65 % Protein 3 – 8 % Fett	932	244	615	73	–	–	–	543	12.4	43.6	26.9	8.21	17.3	7.1	51.4
65 – 70 % Protein 3 – 8 % Fett	918	180	686	52	–	–	–	606	12.9	43.0	26.5	8.09	18.3	7.4	54.2
(Dorschmehl)															
55 – 60 % Protein	881	237	582	33	4	–	–	514	10.6	56.5	40.8	10.23	20.6	5.8	54.1
60 – 65 % Protein	892	219	631	31	–	–	–	557	11.3	70.2	38.6	13.38	21.5	9.5	51.7
65 – 70 % Protein	898	198	664	30	1	–	–	586	11.8	67.9	38.8	15.10	24.5	10.5	65.1
(Heringsmehl)															
über 65 % Protein, 3 – 8 % Fett	898	129	682	63	1	–	–	603	13.2	22.0	17.0	5.59	19.8	6.8	53.9
über 65 % Protein, über 8 % Fett	914	141	673	95	1	–	–	594	14.1	22.4	17.3	5.69	19.5	6.8	53.1
(Küstenfischmehl)															
45 – 50 % Protein	886	284	482	47	22	–	–	426	9.4	107.2	16.8	11.08	12.4	3.8	33.8
50 – 55 % Protein	884	246	523	51	12	–	–	462	10.2	83.1	31.7	10.61	13.4	4.2	36.5
(Menhadenmehl)	905	210	608	87	–	–	–	537	12.8	50.4	28.8	3.39	15.4	4.4	38.6
(Rotbarschmehl)	918	230	578	93	1	–	–	510	12.5	86.6	44.7	–	15.9	5.9	42.0
(Sardinenmehl)	915	188	604	67	1	–	–	533	12.1	76.0	41.4	5.90	16.9	6.7	50.1
Frischpreßsaft, eingedickt	536	102	339	77	2	–	–	255	7.7	2.0	10.9	10.42	1.7	1.7	8.1
Frischpreßsaft, getrocknet	920	106	762	27	3	–	–	572	11.8	4.6	14.1	14.08	10.2	–	30.5
Fleischfuttermehl	906	26	770	98	1	–	–	665	15.8	1.3	2.9	1.22	10.2	3.9	–
Fleischknochenmehl															
40 – 45 % Protein	949	443	436	60	–	–	–	372	9.0	145.5	68.8	8.53	5.5	5.4	24.8
45 – 50 % Protein	959	418	473	58	–	–	–	404	9.5	111.3	67.4	5.91	6.6	5.6	30.6
50 – 55 % Protein	946	284	523	90	1	–	–	447	11.6	79.0	38.3	6.49	7.5	4.8	29.2

1000 g Futtermittel enthalten	Trockensubstanz g	Asche g	Rohnährstoffe Rohprotein g	Rohfett g	Rohfaser g	Stärke g	Zucker g	verdauliches Rohprotein g	Umsetzb. Energie (N-korr.) MJ	Mineralstoffe Kalzium g	Phosphor g	Natrium g	Aminosäuren Methionin g	Zystin g	Lysin g
Futterknochenschrot, nicht entleimt	932	507	366	34	9	—	—	245	5,9	184,6	88,8	7,38	3,6	1,9	13,8
Futterreis	879	10	81	13	7	679	62	69	14,6	0,2	1,3	0,10	1,8	1,1	3,0
Futterzucker	965	28	18	1	4	—	902	—	15,6	0,4	0,1	0,08	—	—	—
Garnelen, getrocknet	867	260	504	33	19	—	24	331	7,7	65,5	12,2	—	9,1	4,0	24,7
Gerste, Körner	870	24	104	19	46	517	19	80	11,2	0,7	3,4	0,35	1,6	2,0	3,7
Gerste (nackt), Körner	888	20	121	19	22	609	21	91	12,2	—	—	—	2,2	2,5	4,0
Gerste, geschält	892	18	124	20	12	644	31	100	13,4	0,7	1,8	—	2,3	2,9	3,9
Gerstenfuttermehl	873	33	117	29	64	316	65	81	10,1	0,9	4,0	2,34	1,9	2,0	4,5
Gerstenkleie	886	46	124	34	106	299	—	83	9,1	1,0	4,2	1,07	1,9	2,2	4,8
Griebenkuchen	925	49	591	267	—	—	—	562	19,8	28,8	17,7	6,53	11,7	5,8	30,5
Grünmehl (Gras) über 19 % Protein	922	118	196	41	195	46	53	97	5,3	8,2	4,1	0,92	3,0	1,9	7,4
Grünmehl (Gras) 15 – 19 % Protein	920	121	170	37	198	42	97	84	5,1	7,7	3,1	0,44	2,8	1,9	6,7
Grünmehl (Gras) 13 – 15 % Protein	910	106	142	35	229	37	85	70	4,8	4,5	2,7	0,82	2,1	1,8	6,5
Grünmehl (Luzerne) über 19 % Protein	902	112	207	30	215	51	32	149	5,9	21,5	3,0	1,84	3,0	1,4	11,2
Grünmehl (Luzerne) 17 – 19 % Protein	906	103	178	26	238	29	56	118	5,2	18,8	2,8	0,63	2,5	1,9	8,5
Grünmehl (Luzerne) 15 – 17 % Protein	907	118	161	24	257	33	33	107	4,9	16,2	2,7	0,72	2,3	1,8	7,9
Grünmehl (Luzerne) 13 – 15 % Protein	893	86	140	26	263	39	28	88	4,1	11,3	2,5	0,73	2,0	1,5	6,9
Hafer, Körner	884	29	110	48	103	395	16	82	10,2	1,1	3,1	0,34	1,8	2,3	4,3
Hafer (nackt), Körner	884	21	135	58	23	538	14	111	13,6	1,0	4,3	—	2,0	4,4	5,3
Haferfutterflocken	916	21	131	68	20	566	16	104	14,8	0,8	3,9	0,05	1,9	2,7	5,1
Haferfuttermehl	909	23	135	67	48	486	15	115	14,0	1,0	5,2	—	2,1	—	5,3
Haferschälkleie	908	59	73	32	234	62	21	52	7,0	1,5	2,5	0,36	0,7	0,7	2,7
Haferspelzen	929	53	32	13	311	38	15	6	1,8	1,1	1,0	0,28	0,3	0,2	0,8
Hefe, Sulfitablaugenhefe, getrocknet	906	77	448	34	25	66	5	372	10,6	3,9	12,9	1,42	5,0	3,1	28,7
Hirse, Körner	877	26	102	36	51	517	8	84	13,0	0,4	2,9	0,08	1,6	1,1	2,2
Hirse entschält	885	12	118	31	17	553	9	105	14,4	0,2	1,4	0,06	2,1	0,9	1,8
Kartoffelflocken	880	41	74	3	27	630	35	57	12,2	0,4	2,3	0,96	1,5	0,3	4,6
Kartoffelquellstärke	928	4	4	6	—	896	9	—	15,1	—	—	—	—	—	—

Kartoffelschnitzel	883	48	81	3	26	600	19	42	10,8	0,4	2,3	0,22	1,4	1,1	3,4
Kartoffelstärke	836	3	2	2	–	828	–	–	9,0	0,2	0,5	0,22	–	–	–
Kaseinpulver	890	49	780	9	–	–	–	706	13,8	25,8	13,0	0,09	25,0	2,7	64,9
Knochenfett	988	3	–	985	–	–	–	–	35,1	–	–	–	–	–	–
Knochenfuttermehl, entleimt	923	851	59	3	1	–	–	44	1,0	291,9	140,3	4,61	1,3	0,7	2,9
Kohlensaurer Futterkalk	999	999	–	–	–	–	–	–	–	381,0	0,4	–	–	–	–
Kokosextraktionsschrot	894	67	212	25	145	17	97	142	6,3	1,5	5,7	0,92	4,0	4,1	5,1
Kokosextraktionsschrot, aufgefettet	895	64	208	48	136	17	98	139	6,9	1,5	5,7	0,92	4,0	4,1	5,1
Kokoskuchen/Expeller, 5 – 8 % Fett	899	61	207	67	137	16	95	138	7,5	1,6	5,3	0,88	3,1	3,4	5,4
Kokosöl	999	1	8	990	–	–	–	–	36,3	–	–	–	–	–	–
Krebsabfälle	918	350	414	24	28	–	–	272	6,8	110,8	16,5	–	7,4	3,3	20,3
Lebertran (Dorsch) zur Herstellung von Emulsionen	999	1	–	997	–	–	–	–	24,6	–	–	–	–	–	–
Lein, Samen	910	46	229	334	66	36	24	206	18,2	2,5	3,6	0,85	4,6	3,5	9,2
Leinextraktionsschrot	886	59	343	25	91	62	36	254	8,3	4,0	8,4	0,97	7,1	5,2	12,4
Leinextraktionsschrot, aufgefettet	891	56	327	51	83	62	37	243	8,8	4,0	8,5	0,97	7,1	5,3	12,5
Leinkuchen/Expeller, 4 – 8 % Fett	899	58	335	62	97	69	34	249	9,1	3,7	7,6	0,85	5,9	5,7	11,6
Leinöl	999	1	–	998	–	–	–	–	37,5	–	–	–	–	–	–
Linse, Samen	875	23	229	6	39	443	33	207	11,3	1,9	3,0	0,32	2,2	4,3	16,8
Lupine gelb süß, Samen	895	42	404	44	149	39	46	367	8,6	2,4	4,5	0,18	3,0	7,1	19,3
Magermilchpulver	941	79	341	6	1	–	472	292	11,5	13,2	10,1	4,98	9,4	3,5	26,3
Mais, Körner	879	14	95	41	23	612	14	74	13,7	0,4	2,9	0,21	1,8	1,8	2,7
Maisflocken	872	9	91	33	12	634	21	80	14,3	0,3	2,4	0,14	2,1	1,9	2,0
Maisfuttermehl	886	25	104	59	50	488	38	76	11,7	0,7	3,9	0,27	2,0	1,9	4,4
Maiskeime (Maismühlenindustrie)	933	52	154	201	100	343	38	116	12,2	0,6	5,4	–	2,8	2,8	6,9
Maiskeime (Stärkeindustrie)	980	47	136	482	56	141	54	103	18,3	0,6	5,7	–	2,4	2,4	6,2
Maiskeimextraktionsschrot (Maismühlenindustrie)	893	38	119	16	73	405	46	97	10,2	0,6	6,7	0,30	2,1	2,1	5,4
(Stärkeindustrie)	889	44	219	20	84	354	50	179	10,3	0,5	7,5	0,36	3,9	3,9	9,9
Maiskeimkuchen/Expeller (Maismühlenindustrie), 4 – 8 % Fett	914	35	126	58	68	407	46	103	11,2	0,6	6,9	0,31	2,3	2,3	5,7
(Stärkeindustrie), 4 – 8 % Fett	932	33	210	69	98	229	118	172	11,5	0,5	7,8	0,38	3,8	3,8	9,4
Maiskleber	905	21	644	43	14	129	6	615	14,6	0,9	3,9	0,43	15,7	8,6	12,7
Maiskleberfutter, eiweißreich	880	33	357	40	45	204	30	284	10,6	1,1	3,8	1,58	9,2	5,7	7,1
Maiskleberfutter bis 23 % Rohprotein	880	56	207	34	77	205	20	156	7,8	1,3	7,8	2,54	4,4	4,8	6,8
23 – 30 % Protein	887	52	241	36	82	180	20	182	8,1	0,9	8,3	1,35	5,0	4,9	6,8
Maiskleie	894	22	112	45	109	455	22	60	6,1	1,2	5,1	0,18	1,7	1,5	4,0

1000 g Futtermittel enthalten	Trockensubstanz g	Asche g	Rohprotein g	Rohfett g	Rohfaser g	Stärke g	Zucker g	verdauliches Rohprotein g	Umsetzb. Energie (N-korr.) MJ	Kalzium g	Phosphor g	Natrium g	Methionin g	Zystin g	Lysin g
Maisöl	999	1	–	998	–	–	–	–	36.1	–	–	–	–	–	–
Maisquellstärke	939	7	4	2	2	899	15	–	15.6	0.5	1.9	–	–	–	–
Maisstärke	872	1	3	1	2	856	5	–	14.6	2.7	8.5	0.59	–	–	–
Malzkeime	920	63	279	9	132	40	129	238	10.4	2.6	7.4	1.01	4.0	4.0	12.5
Maniokmehl / Maniokschnitzel	871	37	22	4	31	690	27	8	12.7	1.3	1.0	0.35	0.1	0.2	0.4
Maniokmehl / Maniokschnitzel, Typ 55	866	54	23	6	55	625	30	9	11.9	1.6	0.7	0.23	–	–	–
Melasse (Zuckerrübenmelasse)	770	83	101	–	–	–	482	40	10.9	4.7	0.2	5.34	–	–	–
Milchzucker	965	5	3	–	–	–	957	–	7.6	–	–	–	–	–	–
Milokorn, Körner	878	16	103	31	23	637	10	86	13.9	0.8	2.7	0.62	1.8	1.8	2.2
Palmkernextraktionsschrot	886	39	168	19	175	7	27	109	4.8	2.5	6.4	0.09	3.6	3.1	6.2
Palmkernextraktionsschrot, aufgefettet	884	39	169	42	176	7	27	109	5.6	2.5	6.4	0.09	3.6	3.1	6.2
Palmkernkuchen / Expeller, 4 – 9 % Fett	908	42	187	66	153	40	28	121	6.8	2.2	6.0	1.01	3.3	2.3	6.3
Palmkernöl	995	1	–	994	–	–	–	–	36.4	–	–	–	–	–	–
Rapsextraktionsschrot	886	73	349	20	124	40	77	250	6.3	6.3	10.5	0.21	6.7	7.8	18.7
Rapsextraktionsschrot, aufgefettet	876	85	350	40	125	39	76	251	6.6	6.2	10.4	0.21	6.7	7.7	18.5
Rapskuchen / Expeller, 4 – 8 % Fett	902	69	338	60	117	37	67	243	7.1	5.6	9.5	0.72	6.4	5.4	18.1
Rapskuchen / Expeller, 8 – 12 % Fett	905	76	329	94	110	34	62	236	7.7	6.2	11.2	–	6.2	5.2	17.5
Reis, Körner	893	51	81	20	85	580	53	60	11.2	0.6	1.5	0.03	2.0	1.0	3.3
Reisfuttermehl gelb	903	100	131	151	79	233	71	83	10.4	1.0	6.1	0.54	2.3	1.6	7.9
Reisfuttermehl weiß	892	71	126	125	38	409	64	91	13.9	1.0	13.0	0.37	2.7	3.1	5.9
Reisstärke	883	3	7	6	–	865	2	–	14.9	0.4	0.1	0.97	–	–	–
Rindertalg	990	1	4	982	–	–	–	–	30.7	–	–	–	–	–	–
Roggen, Körner	871	19	98	16	24	520	56	58	11.4	0.8	2.9	0.23	1.2	1.7	3.7
Roggenfuttermehl	875	26	149	29	29	303	110	107	11.9	1.1	8.0	0.17	–	–	–
Roggengrießkleie	878	44	145	32	51	176	100	103	11.2	2.0	8.1	0.55	1.9	1.8	5.5
Roggenkleie	881	51	144	32	70	136	90	90	7.2	1.5	10.0	0.60	1.9	1.4	6.2
Schlempe (Gerste), getrocknet	916	58	236	53	119	49	16	184	8.5	1.6	9.3	0.30	5.1	4.2	5.8
Schlempe (Mais), getrocknet	903	40	253	67	108	95	16	197	8.9	1.2	7.2	1.82	2.4	3.9	8.3
Schlempe (Roggen), getrocknet	890	60	290	30	80	–	–	226	8.6	–	–	–	–	–	–

Futtermittel															
Schlempefeststoffe (Mais), getrocknet	915	30	242	72	113	–	–	189	9.1	0.8	2.1	0.55	4.2	3.8	8.2
Schlempelösung (Gerste), getrocknet	904	69	253	67	94	–	16	202	10.4	1.8	8.6	0.51	–	–	–
Schlempelösung (Mais), getrocknet	915	91	258	48	48	91	34	206	10.3	4.2	8.2	2.74	4.2	4.5	8.3
Schweineschmalz	999	1	–	998	–	–	–	–	35.4	–	–	–	–	–	31.3
Seealgenmehl	936	102	460	48	96	–	–	80	3.9	19.8	1.1	9.10	7.5	1.3	–
Seetieröl, gehärtet	999	–	–	999	–	–	–	–	28.3	–	–	–	–	–	–
Sesamextraktionsschrot	909	99	432	15	63	45	22	334	8.4	11.3	12.0	0.24	12.4	6.9	12.6
Sesamkuchen/Expeller, 4 – 8 % Fett	889	122	406	53	76	15	28	314	8.7	14.5	9.5	0.08	11.0	10.6	11.1
Sojabohne, Samen dampferhitzt	935	51	364	202	58	44	62	289	14.9	2.2	7.0	0.65	4.9	5.2	22.1
Sojabohnenextraktionsschrot															
aus geschälter Saat, dampferhitzt	889	59	501	9	33	67	105	428	10.3	2.8	6.8	0.22	6.5	8.0	31.1
ungeschälter Saat, dampferhitzt	870	58	448	13	62	58	84	369	9.7	2.8	6.0	0.20	6.4	6.9	29.9
ungeschälter Saat,															
mit überhöhtem Schalenanteil	880	58	422	12	81	63	92	347	9.4	3.4	6.5	0.34	6.3	6.3	27.0
Sojaöl	999	1	2	996	–	–	–	–	37.0	–	–	–	–	–	–
Sonnenblume, Samen	918	32	193	336	198	–	–	144	15.4	2.6	4.2	0.18	3.3	5.5	7.9
Sonnenblumenextraktionsschrot															
aus geschälter Saat	894	88	384	13	135	21	76	322	8.5	3.8	10.9	0.34	8.2	5.6	14.1
Sonnenblumenkuchen/Expeller															
aus geschälter Saat, 4 – 8 % Fett	900	57	453	56	105	17	64	380	10.5	2.9	10.4	0.07	8.1	6.6	15.2
Sonnenblumenöl	999	1	2	996	–	16	–	–	36.3	–	–	–	–	–	–
Sorghumhirse, Körner	877	21	103	35	26	649	20	70	13.1	0.3	3.7	0.18	1.6	2.0	2.5
Sorghumkleberfutter	902	59	235	50	62	201	–	175	9.0	3.5	9.1	–	3.9	–	7.0
Sorghumkleie	881	25	109	61	44	305	–	59	6.9	1.5	5.6	–	2.9	–	–
Tierlebermehl	923	54	677	152	13	–	–	437	13.6	3.0	6.9	–	8.2	11.0	42.1
Tiermehl 55 – 60 % Protein	928	232	581	64	3	–	–	437	10.6	59.2	37.6	6.26	9.2	5.3	26.2
60 – 65 % Protein	931	196	627	60	8	–	–	471	11.0	49.2	26.8	3.42	7.5	5.5	35.0
50 – 55 % Protein, fettreich	944	212	531	143	9	–	–	400	12.5	68.0	33.8	5.48	8.6	5.5	27.3
55 – 60 % Protein, fettreich	937	199	567	117	15	–	–	426	12.1	55.6	27.7	6.32	9.8	5.6	31.1
60 – 65 % Protein, fettreich	938	131	629	125	8	–	–	473	13.3	44.2	23.6	3.44	1.4	7.3	36.8
Trockenschnitzel	906	50	88	6	183	–	48	27	5.5	8.5	1.0	2.18	–	1.2	5.0
Viehsalz	999	999	–	–	–	–	–	–	–	2.5	–	364.36	–	–	–
Weizen (hart), Körner	885	19	132	20	25	589	33	110	12.6	0.5	3.2	0.26	2.0	2.9	3.6
Weizen (Sommer), Körner	867	17	117	17	22	580	27	94	12.5	0.6	3.6	0.17	1.7	2.7	3.3
Weizen (Winter), Körner	876	18	119	18	26	582	27	95	12.6	0.7	3.2	0.21	1.7	2.6	3.3
Weizenfuttermehl	882	39	179	49	42	324	67	143	11.7	1.1	7.1	0.31	2.6	3.1	7.8
Weizengrieß	868	10	118	16	6	693	20	102	14.1	0.4	2.3	0.06	2.2	3.0	2.7

1000 g Futtermittel enthalten	Rohnährstoffe								Umsetzb. Energie (N-korr.)	Mineralstoffe			Aminosäuren		
	Trockensubstanz	Asche	Rohprotein	Rohfett	Rohfaser	Stärke	Zucker	verdauliches Rohprotein		Kalzium	Phosphor	Natrium	Methionin	Zystin	Lysin
	g	g	g	g	g	g	g	g	MJ	g	g	g	g	g	g
Weizengrießkleie	878	48	158	46	82	182	66	105	8,3	1,3	8,8	0,47	2,4	3,6	6,8
Weizenkeime	872	43	252	76	32	204	126	200	11,9	0,7	8,5	0,15	4,1	4,7	13,4
Weizenkleber	899	9	774	14	2	70	4	605	12,3	0,8	2,2	–	13,5	13,2	17,2
Weizenkleberfutter	878	26	163	61	88	191	19	121	8,7	–	–	0,38	2,6	–	4,6
Weizenkleie	880	58	143	37	108	145	56	98	7,1	1,6	11,5	0,10	2,2	2,7	6,0
Weizennachmehl	881	36	176	47	29	407	62	119	12,5	0,6	5,6	0,20	3,0	4,1	6,3
Weizenstärke	854	1	1	1	–	851	–	–	14,6	0,3	0,6	0,18	–	–	–
Wicke, Samen	892	61	273	17	55	292	37	239	10,9	1,0	4,1	–	4,1	2,2	19,0
Zucker, rein	999	1	–	–	–	–	998	–	17,3	–	–	–	–	–	–
Zuckerrübenblätter (Troblako)	880	136	110	14	121	–	130	76	6,1	10,8	1,9	7,88	–	–	–
Zuckerrübenschnitzel, teilextrahiert, getrocknet (Steffenschnitzel)	900	49	84	7	140	–	157	25	6,0	4,9	0,8	1,69	–	–	–
Zuckerrübenschnitzel (Vollschnitzel)	916	47	54	4	65	–	638	17	10,7	2,3	0,9	2,40	–	–	–

Die Putenfütterung erfolgt am besten durch Verabreichung bewährter und qualitätsgeprüfter Futtermischungen auf der Grundlage von Getreide.

Zusammensetzung einiger in Putenleistungsprüfungen verwendeter Mischungen (nach Riedel/Vogt, 1964)

| | | Englische Leistungsprüfung | | Kalifornische Leistungsprüfung | |
		1.–10. W.	10.–16. W.	1.–8. W.	ab 9. W.
Proteingehalt		27,5 %	18,4 %	28 %	20 %
Maisschrot	%	35	25	25,55	10
Milokornschrot	%	–	–	20	25
Weizenschrot	%	11	25	–	–
Gerstenschrot	%	–	18	–	13,25
Weizenmehl	%	–	–	–	10
Fett	%	2	–	–	–
Sojaschrot	%	36	25	20	10
Baumwollsaatschrot	%	–	–	–	10
Trockenhefe	%	1	0,25	–	–
Luzerne-Grasgrünmehl	%	1,5	3	5	10
Fischmehl	%	–	–	15	2,5
Heringsmehl	%	5	–	–	–
Fleischknochenmehl	%	5	–	5	5
Magermilchpulver	%	1	–	–	–
Molkepulver	%	–	–	2,5	–
Kohlens. Kalk	%	21	1	11	2
Phosphors. Kalk	%	–	2	–	–
Knochenfuttermehl	%	–	–	–	1,5
Salz	%	0,25	0,25	–	0,5
Mangansulfat	%	0,04	0,04	0,025	0,025
Eisensulfat	mg/kg	50	50	–	–
Kupfersulfat	mg/kg	10	10	–	–
Kalziumjodat	mg/kg	2	2	–	–
Zinkkarbonat	%	0,02	0,02	–	–
Vitamin A	I.E./kg	8800	5500	2500	2500
Vitamin D$_3$	I.E./kg	1230	1230	2250	2500
Vitamin E	I.E./kg	44	44	11	4,5
Vitamin K	mg/kg	2	1	–	–
Vitamin B$_2$	mg/kg	2,8	4	3	3
Nikotinsäure	mg/kg	40	40	20	40
Ca-Pantothenat	mg/kg	5	–	3	–
Cholinchlorid	25 %ig	0,7	– 0,11	0,2	–
Vitamin B$_{12}$	mcg/kg	2,25	2,25	–	–
Penicillin	mg/kg	10	10	–	–
Aureomycin oder Terramycin	mg/kg	–	–	10	10
Methionin	mg/kg	50	50	–	–

Zusammensetzung einiger englischer Putenfuttermischungen in % (nach Misersky, 1961)

		Putenstarter-futter 1.–8. Woche	Aufzucht futter 8.–20. W.	Mastfutter 4 Wochen vor Mastende	Zuchtputen-futter
Weizenschrot		15	20	32,5	25,
Haferschrot		15	15	25	20
Maisschrot		15	11,87	–	17,25
Gerstenschrot		6,25	10	30	15
Fischmehl		10	10	–	2,5
Milchpulver		5	–	–	2,5
Fleischknochenmehl		–	–	11,2	–
Lebermehl		–	–	–	2,5
Erdnußschrot		15	10	–	2,5
Trockenhefe		5	5	–	2,5
Grasgrünmehl		10	10	–	5
Knochenfuttermehl		2	3,75	–	1,25
Kohlens. Kalk		1,25	3,75	0,85	2,5
Viehsalz		–	–	–	0,5
Vitamin- u. Mineralstoffmischung		0,5	0,63	0,46	0,5
Rohprotein	%	25	22	14–15	16
Vitamin A	I.E./kg	4000	6000	4000	5000
Vitamin D$_3$	I.E./kg	500	750	500	600
Vitamin B$_2$	mg/kg	5	9	4,5	6,5
Mangan	mg/kg	70	130	70	90

Zu dem Zuchtputenfutter werden höchstens bis zu 30 g Körner gegeben. Zu dem Aufzuchtmehl werden im folgenden Verhältnis Körner gegeben:
— mit 8 Wochen 1 Teil Körner zu 2 Teilen Aufzuchtmehl

— mit 16 Wochen 1 Teil Körner zu 1 Teil Aufzuchtmehl
— mit 20 Wochen 2 Teile Körner zu 1 Teil Aufzuchtmehl

Die Mineralstoffmischung im Putenfutter (nach Gigas, 1986)

Mineralstoff	Putenaufzucht und Mast g/kg	Putenelterntiere/Zucht g/kg
Phosphor	148	45
Kalzium	310	342
Natrium	46	15
Mangan	2,00	0,80
Kupfer	0,10	0,10
Zink	1,48	0,75

Sonstige Mineralstoffträger, Angaben in g je kg (nach Jeroch, 1972)

	Rohasche	Ca	P	Na
Phosphorsaurer Futterkalk	1000	255	175	–
Kohlensaurer Futterkalk	1000	380	–	–
Muschelkalkgrit	1000	380	–	–
Knochenmehl, entleimt	852	302	141	5
Futterknochenmehl, nicht entleimt	569	211	97	13

Grobfuttermittel für die Putenfütterung (nach Gigas, 1986)

Futtermittel Art	Trocken- substanz g/kg	Verdauliches Rohprotein g/kg	Nettoenergie- gehalt kJ/kg
Wiesengras	160	15	821
Kartoffeln, gedämpft	237	13	2596
Kartoffelsilage, gedämpft	228	14	2449
Rohe Mohrrüben	128	8	1247

Putenmischfutterrezepturen (DLG-Standard, 1982) – auf Angaben für Mastputen wird hier verzichtet

im kg Mischfuttermittel	Putenküken	Alleinfutter für Jungputen	Zuchtputen
Energiegehalt (EZG)	72	–	–
Rohprotein	280	140	150
Methionin	5,5	–	2,8
Methionin und Zystin	10,5	–	–
Zucker	80	120	120
Kalzium	12–20	7–17	20–30
Phosphor	8	7	6–9
Natrium	1,2–1,3	1,2–1,3	1,2–1,3
Mangan	70	50	40
Zink	70	50	60
Vitamin A	10 000	8 000	8 000
Vitamin D_3	2 000	1 600	1 600
Vitamin E	15	10	25
Vitamin K_3	2	2	2
Pantothensäure	10	10	10
Vitamin B_1	2	2	2
Vitamin B_2	4	4	4
Nikotinsäure	50	50	50
Vitamin B_6	6	–	4
Cholin	1 000	1 300	1 300
Folsäure	1	1	1
Vitamin B_{12}	10	–	12
Biotin	0,25	–	0,20

Für Putenküken empfiehlt Pingel (1978) folgende Zusammensetzung des Mischfuttermittels:

20 % Gerstenschrot
20 % Maisschrot

20 % Weizenschrot
10 % Weizenkleie
20 % Eiweißkonzentrat
3 % Futterhefe
5 % Mineralstoffmischung
2 % Wirkstoffkonzentrat

Putenmischfutterrezepturen (DDR-Qualitätsanforderungen, 1982)

in kg Mischfuttermittel		PS[1])	ZP[2])	PF[3])
Energiegehalt	min.	550	560	560/600
Rohprotein	min.	260	205	200
Verdauliches Rohprotein	min.	210	170	165
Lysin	min.	16	12	11
Methionin und Zystin	min.	10	8	7
Rohfaser	max.	50	50	60
Rohasche	max.	115	135	85
Kalzium		13	28	11,5
Phosphor		10,8	8,7	6,5
Natrium	max.	3,0	2,5	2,5
Chlorid	max.	5,0	4,5	5,0
Vitamin A		10 000	22 000	33 000
Vitamin D_3 1 750		4 500	6 750	
Vitamin E		15,0	36,0	57,0
Vitamin K_3		3,5	3,0	4,0
Vitamin B_1		2,0	3,0	4,5
Vitamin B_2		3,0	9,0	13,5
Vitamin B_6		2,0	9,0	13,5
Vitamin B_{12}		0,020	0,022	0,033
Nikotinsäure		30,0	67,0	100,5
Pantothensäure		7,0	20,0	30,0
Biotin		0,125	0,18	0,27
Folsäure		0,75	0,75	1,125
Cholin-Chlorid		1 000	1 500	2 250

[1]) Putenstarterfutter
[2]) Zuchtputenfutter
[3]) Putenfutter

Perlhühner

Stall und Auslauf

In der neueren Fachliteratur werden Angaben zu Haltung und Fütterung der Perlhühner überwiegend auf die Produktion von Perlhuhnfleisch durch die Mast bezogen. Im Rahmen dieses Buches, das in erster Linie für die Hobby- und Ausstellungszucht bestimmt ist, werden demgegenüber die Schwerpunkte auf die Haltung und Pflege in Liebhaberhand gesetzt.

Grundsätzlich gelten für Unterbringung, Auslauf und Fütterung die gleichen Regeln wie für das Haushuhn (s. z. B. Schmidt, H.: Handbuch der Nutz- und Rassehühner, Verlag Neumann-Neudamm, Melsungen 1985). Die Perlhuhnhaltung erfordert aber die Berücksichtigung einiger Besonderheiten, die mit den artgemäßen Bedürfnissen der Tiere aufgrund ihrer Abstammung vom tropischen Helmperlhuhn zusammenhängen. Artpezifischer Bewegungsdrang, im Verhältnis zum Haushuhn kürzere Domestikationszeit (weniger Anpassungsfähigkeit an Stallhaltung) und höhere Wärmebedürftigkeit müssen die Perlhuhnhaltung bestimmen.

Ideal ist der unbegrenzte Freiauslauf, wobei buschbewachsenes Grasland in Sonnenlage geeigneter ist als Waldgelände. Perlhühner als Savannen- und Steppen-Laufvögel streifen tagsüber futtersuchend umher, wobei sie von ihrer gut ausgeprägten Flugfähigkeit Gebrauch machen.

Daher sollte sich der Züchter, der seine Tiere im Freilauf hält, mit Nachbarn, Landwirten, Förstern und Jägern arrangieren. In jungem Saatgetreide, im Gemüse- und Beerenkulturen können die Vögel Schäden anrichten. Ist die Auslaufmöglichkeit günstig, sollte man Perlhühner morgens nicht füttern; dann suchen sich die Tiere den größten Teil ihres Tagesbedarfes selbst. Sie nehmen beachtliche Mengen an Grünzeug, Kerbtieren, Würmern, Knollen- und Obstfrüchten, besonders Fallobst, zu sich. Die abendliche Fütterung sollte im Stall erfolgen, damit Übernachtungen im Freien wegen der Raubzeuggefahr vermieden werden.

Kann man dem Stamm oder der Herde nicht unbeschränkten Auslauf bieten, so ist für ein Zuchtpaar eine Volierenfläche von 60 m^2 erforderlich. Voll flugfähige Perlhühner, die aus dem Gehege nicht entweichen sollen, werden mit einer Netzbespannung daran gehindert. Die Haltung in kleineren und nichtbegrünten Gehegen ist zwar möglich, die Tiere büßen aber etwas von ihrer Vitalität und ihrer natürlichen Beweglichkeit ein, so daß das Aussehen meistens darunter leidet. Auch ist die Schreckhaftigkeit der Tiere zu berücksichtigen. Daher sind weiche, netzartige Überspannungen der Voliere besser als verdrahtete. Am besten werden Perlhühner unter sich im Artenverband gehalten; gegenüber Haushühnern und Fasanen verhalten sie sich oft „zänkisch". Die gemeinsame Haltung mit Puten ist wegen der Nahrungskonkurrenz im Freilauf nicht zu empfehlen. Auf trockene Auslaufflächen ist stets zu achten. Haus-Perlhühner in Mitteleuropa sind in der Regel unseren klimatischen Verhältnissen so angepaßt, daß sie auch im Winter in gut isolierten Ställen ohne Heizung gehalten werden können. Allerdings ist bei Tieren, die aus Frankreich und Italien importiert werden, Vorsicht geboten. Sie sind aufgrund der wärmeren Herkunftsgebiete nicht so abgehärtet.

Die Stallanlage entspricht normalen Hühnerställen, die Einrichtung muß aber dem Wesen des Perlhuhnes entsprechen. Dazu gehört die hohe Anbringung der Sitzstangen, die möglichst nicht abgeflacht, sondern, den Ästen in der Natur entsprechend, rund sein sollen. 50 bis 60 cm unter der Decke angebrachte Sitzstangen bieten den Tieren gute Möglichkeiten zum Aufbaumen. Während Baumeister (1985) empfiehlt, die Legenester am Boden anzubringen, stimmen viele Züchtererfahrungen und Darstellungen in der Fachliteratur darin überein, daß die Legenester im Stall etwas erhöht angebracht werden sollen. An einer abgedunkelten Stelle werden in etwa 1 m Höhe Holzkästen angebracht, die man noch mit Reisig so verkleiden kann, daß sie den Tieren als geeignete Schlupfwinkel zur Eiablage erscheinen. Auch Höhlungen aus Strohballen werden gerne angenommen. Viele Hennen legen aber nur in selbstgewählte Nester, manchmal

außerhalb des Stalles an geschützten Plätzen im Auslauf oder im Gelände. In die Stallnester legt man am besten Gipseier.
Die Stalltemperatur soll im Mittelwert 20 °C, die relative Luftfeuchtigkeit 55 bis 65 % betragen. Zugige Ställe sind ebenso ungeeignet wie schlecht belüftete, im Sommer zu warme, stickige Ställe, die dann auch meistens von den Tieren bei Freiauslauf kaum aufgesucht werden.
Futter- und Trinkgefäße entsprechen denen anderer Hühnervögel. Selbstverständlich gehört zur Stallpflege die Einstreu aus trokkenem Strohhäcksel, Hobelspänen oder Laub. Ein Sandbad im Stall kommt dem Pflegebedürfnis der Tiere sehr entgegen.

Fütterung und Tränke*

Für die Perlhuhnfütterung stehen keine speziellen Futterstandards zur Verfügung. Alle erprobten Futtermischungen für die Junggeflügel- und Putenernährung sind geeignet. Die Angaben von Debaste (1974) zum Nähr-, Mineral- und Wirkstoffbedarf für die Perlhuhnmast sind gute Anhaltspunkte für die Fütterung der Zuchtperlhühner in der Schau- und Liebhaberzucht.

---

*) s. auch Seite 247ff.

Der Proteingehalt des Futters muß bei Küken bis zur 4. Lebenswoche 23,7 % betragen; von der 5. bis 8. Woche 22,4 %, danach 20,8 %.

Futterverbrauch pro Tier und Tag (nach Debaste, 1974)

Wochen	Gramm
1	11
2	18
3	30
4	38
5	43
6	49
7	56
8	65
9	69
10	77
11	82
12	82

Die Zufütterung von Grünzeug, wie feingeschnittene Brennesseln, Schafgarbe, Schnittlauch, Löwenzahn usw., ist ebenso aufzuchtfördernd wie konditionserhaltend bei den Zucht- und Ausstellungstieren. Besonders die Möhrenfütterung im Winter ist ratsam. Selbstverständlich müssen den Perlhühnern jederzeit Grit, Muschelkalk und sauberes, im Winter leicht temperiertes Trinkwasser zur Verfügung stehen.

Nähr-, Mineral- und Wirkstoffbedarf für die Perlhuhnmast (nach Debaste, 1974)

Futterperiode	Umsetzbare Energie kcal/kg Futter (kJ/kg Futter)	Rohprotein %	Methionin + Zystin %	Lysin %	Kalzium %	verfügbarer Phosphor %	Phosphor insgesamt %
Starter	3070 (12 894 kJ)	23,7	0,87	1,35	0,82	0,48	0,69
Vormast	3150 (13 230 kJ)	22,4	0,83	1,27	0,82	0,47	0,67
Endmast	3220 (13 524 kJ)	20,8	0,76	1,16	0,74	0,42	0,62
Vitamin A	(I.E.)		12 000		Vitamin B$_6$	(mg)	3
Vitamin D$_3$	(I.E.)		2 500		Biotin	(mg)	0,1
Vitamin E	(mg)		10		Folsäure	(mg)	1,5
Vitamin K$_3$	(mg)		4		Cholin	(mg)	1 600
Vitamin B$_1$	(mg)		1		Vitamin B$_{12}$	(mg)	0,01
Vitamin B$_2$	(mg)		4,5		dl.-Methionin	(mg)	500
Pantothensäure	(mg)		30				
Zink	(mg)		55		Eisen	(mg)	25
Magnesium	(mg)		500		Kupfer	(mg)	3
Mangan	(mg)		70		Kobalt	(mg)	0,6
Jod	(mg)		1,5				

Gänse

Stall und Auslauf

Die folgenden Angaben beziehen sich auf die Haltung eines Gänsestammes von 1,3 Tieren. Wenn auch Gänse im allgemeinen robuster und klimaunempfindlicher sind als z. B. Hühner, so benötigen sie doch einen geschützten Stall, nicht nur zur Übernachtung, Fütterung und als Legestätte, sondern zum Schutz vor rauher Witterung, vor allem im Winter.

Besonders wichtig sind Licht, Luft und Trockenheit. Man rechnet pro Tier ½ m² Grundfläche. Ein separater **Brutraum** ist zusätzlich empfehlenswert. Die Stallanlage entspricht grundsätzlich der von Puten und Perlhühnern (s. entsprechendes Kapitel). Die Fenster werden am besten stets offen gehalten, außer bei strengem Frost. Auf jeden Fall muß der Stall zugfrei und trocken sein. Daher sind Verkleidungen aus teerfreier Dachpappe oder Holzplatten zweckmäßig. Der Fußboden muß etwas höher als der Naturboden liegen, damit Eindringen von Regenwasser und Schnee unmöglich wird. Böden aus Lehm oder Zement sind wegen der besseren Reinigungsmöglichkeiten gewachsenem Boden vorzuziehen.

Wichtig ist die **Einstreu**: Da Gänse viel flüssigen Kot abgeben, muß die Unterlage aus einer dicken Lage Torfmull bestehen, auf die eine Schicht Stroh aufgeschüttet wird, die regelmäßig zu erneuern ist. Sägespäne sind wegen ihrer Saugfähigkeit ebenso geeignet, wenn auch für die Verwendung des Stallmistes als Dünger Stroh vorzuziehen ist.

Das **Stallklima** ist von untergeordneter Bedeutung, allerdings ist für die Gewinnung von Bruteiern bei frühlegenden Gänsen frostfreie Temperatur nötig. Steigt das Klima über 25 °C, werden Befruchtung und Legeleistung stark beeinträchtigt. Die Tiere müssen bei großer Hitze auf jeden Fall durch Baden und Schattenaufenthalt im Auslauf Kühlungsmöglichkeiten haben.

Als **Legenester** werden für jede Gans Boxen aufgestellt, die so groß sein müssen, daß das Tier bequem auf einer aufgeschichteten Strohschicht sitzen kann. Da Gänse in der Regel stets das gleiche Nest aufsuchen, ist die Kontrolle der Abstammung auch ohne Fallnester meistens leicht möglich. Werden jedoch Fallnester angebracht, so wird der obere Teil unter einem Lüftungsschlitz von ca. 12 cm Höhe durch eine dünne eingehängte Holzplatte so verschlossen, daß diese nach unten beweglich ist. An zwei Scharnieren hängt darunter eine ca. 18 cm breite Klappe, die die Gans beim Eintreten nach hinten drückt, das Herunterfallen damit auslöst und das Nest verschließt. Regelmäßige Kontrolle und rechtzeitiges Freisetzen nach dem Legen sind wichtig.

Zur Fortpflanzung sind die **Lichtfaktoren** im Stall von Bedeutung. Analog zu anderen Geflügelarten bedingt die Wirkung der Lichtdauer eine Stimulierung oder Hemmung der Keimdrüsentätigkeit. Gänse unterliegen allerdings noch stärker dem natürlichen jahreszeitlichen Fortpflanzungszyklus. Soll die Brut schon im Februar oder

Einfluß der Beleuchtungsdauer auf die Legeleistung von Gänsen während der Frühjahrsperiode (nach Schneider, 1978)

Merkmal	Beleuchtungsdauer			
Rasse	natürlich	8 h	12 h	16 h
Eizahl (Stück)				
Legegans	38,7	48,4	30,0	28,3
Ital. Gans	41,3	54,7	35,5	31,7
Legedauer (Tage)				
Legegans	119	129	102	99
Ital. Gans	117	137	104	88
Eigröße (g/Ei)				
Legegans	175	183	170	171
Ital. Gans	168	172	164	162

März beginnen, ist ein 8stündiger Lichttag erforderlich. Diese Beleuchtungszeit ist sowohl dem natürlichen Lichtrhythmus als auch einem kostanten 12- oder 16-Stunden-Lichttag überlegen. Allerdings beschleunigt die Langtagsbeleuchtung von 12 Stunden den Eintritt der Legereife und den Ablauf der Ovulation. Als nachteilig hat sich dabei nach neuesten Forschungen die Verkürzung der Legedauer und die Verminderung der Eizahl herausgestellt. In der Regel erfolgt die erste Eiablage 3 bis 4 Wochen nach Beginn der Lichttagsverlängerung. Wünscht der Züchter eine zeitliche Ausdehnung der Bruteiproduktion durch Vorverlegung des Legebeginns oder über die Auslösung mehrerer Legezyklen, so muß die Lichttagsverlängerung praktiziert werden. Allerdings ist das Risiko des Auftretens einer Teilmauser zu bedenken.

Für den Rassegeflügelzüchter ist die Haltung der Gänse im Weideauslauf unerläßlich. Hier gilt natürlich der Grundsatz: Je größer der Auslauf und je reichhaltiger die Gras- und Kräutervegetation, desto besser Befruchtung, Aufzucht, Gesunderhaltung und Schauverfassung der Tiere. Der Zusammenhang zwischen Schwimmwasser und Paarungsaktivität ist bei Gänsen noch stark umstritten (Schneider, 1983), wenn auch die Befruchtungsdepressionen bei Wasserpaarung in der Regel geringer sind. Daher sollte dem Zuchtstamm ein Wasserbecken von mindestens 2 m Länge und 50 cm Tiefe zur Verfügung stehen. Das Wasser muß stets sauber sein, um Krankheitsverbreitung und Verschmutzung der Tiere vorzubeugen. Zur Herstellung eines derartigen Schwimmbassins beachte man die Angaben von W. Kupsch (1952): „Zunächst wird das Geländestück etwa 85 cm tief ausgehoben, so daß nach der Einbringung einer etwa 25 cm starken Tonschicht für das fertige Bassin noch eine Höhe von 60 cm verbleibt. Die Wandungen werden entweder schräg abgestochen oder senkrecht gelassen und mit einem Geflecht aus Korbweiden oder aus leicht zu biegenden Strauchhölzern versehen. Das Ausflechten hat den Vorteil, daß sich in den Zwischenräumen des Flechtwerks allerlei Getier ansammelt, das für Geflügel eine willkommene Nahrung bildet. Die Tondichtung hinter dem Geflecht braucht nicht so stark zu sein wie die Tondichtung der Sohle. Hier genügt bei fettem Ton schon eine Stärke von 18 bis 20 cm. Der Ton für die Sohle wie für die Seitenflächen muß in frischem Zustand eingebracht und festgestampft werden." Selbstverständlich ist auch die Abdichtung durch Betonaufstrich oder Dachpappe möglich.

Fütterung und Tränke*

Gänse haben im Vergleich zu anderem Geflügel ein relativ großes Futteraufnahmevermögen und eine günstige Verdauungsleistung. Daher stellen sie an die Futtermittel keine allzu hohen Anforderungen. Hauptsächlichste Energieträger sind Getreide und Getreideprodukte. Geringere Energiekonzentration ist in Grünfutter, Futterrüben und Möhren enthalten. Mittleren Energiegehalt haben Zuckerrüben und gedämpfte Kartoffeln. Der Eiweißbedarf bezieht sich sowohl auf die Menge als auch die Qualität des Proteins. Der Tierkörper kann bestimmte, lebenswichtige Aminosäuren nicht selbst synthetisieren (z. B. Lysin, Zystin und Methionin).

Daher müssen diese Stoffe unbedingt im Futter enthalten sein. Fischmehl, Magermilch, Futterhefe und Sojaextraktionsschrot haben den höchsten Eiweißgehalt bei gleichzeitig optimaler Aminosäurenzusammensetzung. Relativ hoch ist auch der Gehalt an Proteinen in Ackerbohnen und Erbsen.

Kalzium, Phosphor, Natrium, Mangan und Zink erfüllen als Mineralstoffe wichtigste Aufgaben im Stoffwechsel. Da in pflanzlichen Futterstoffen der Mineralstoffgehalt nicht ausreicht, sind entsprechende Beimischungen erforderlich. Ein gutes Weichfuttergemisch muß folgende Zusammensetzung an Mineralstoffen haben (g/kg): 284,00 Kalzium, 69,00 Phosphor, 57,00 Natrium, 0,73 Mangan, 0,25 Kupfer, 0,45 Zink, 1,00 Eisen.

*) s. auch Seite 247ff.

Für Befruchtung, Bruteiqualität, Schlupf und Krankheitsresistenz haben **Vitamine** besondere Bedeutung. Allerdings sind Vitaminüberdosierungen unbedingt zu vermeiden.

Zufütterung von Vitaminen ist deshalb notwendig, weil in den Futtermitteln die Vitamine A, D und B nicht ausreichend enthalten sind.

Schneider (1983) empfiehlt ein Vitaminpräparat mit folgender Zusammensetzung: 400 000 I.E. Vitamin A, 45 000 I.E. Vitamin D_3, 180,0 mg Vitamin B_2, 180,0 mg Vitamin B_6, 0,6 mg Vitamin B_{12}.

Nährstoffgehalt reiner Pflanzenfuttermittel (nach Schneider, 1983)

Futtermittel	Trockensubstanz g/kg	EFh*) je kg	Verdaul. Rohprotein g/kg	Lysin g/kg	S-halt. Aminosäuren g/kg
Wiesengras	160	56	15	–	–
Rotklee, Knospe	145	52	17	1,4	0,7
Luzerne, Knospe	166	55	30	1,9	1,0
Luzerne, getrocknet	900	303	147	–	–
Kart., ged.	237	177	13	1,0	0,5
Zuckerrüben, roh	234	161	6	0,5	0,15
Zuckerrüben, trocken	930	564	7	–	–
Gehaltsrüben	140	89	6	0,4	0,2
Mohrrüben, roh	128	85	8	0,4	0,2
Mohrrüben, gekocht	121	78	7	0,4	0,2

*) EFh = Energetische Futtereinheit/Huhn
  1 EFh = 14,67 kJ

Vorschläge für die Fütterung während der Weidegänsemast (nach Scholtyssek/Doll, 1978)

Futterzusammensetzung	Getreidemast			Hackfruchtmast		
	Vormast %	Hauptmast %	Endmast %	Vormast %	Hauptmast %	Endmast %
Mohrrüben	–	–	–	50	20	–
Hafer	67	37	20	30	20	20
Gerste	30	30	40	20	30	40
Mais	–	30	40	–	30	40
Eiweißkonzentrat	3	3	–	–	–	–
Verzehr je Tier und Tag	250 g	750 g	500 g	500 g	750 g	250 g

Eine ältere, aber bewährte Fütterungsart für Zuchtgänse während der Wintermonate überliefert Kupsch (1952):
30 % Maisschrot, 20 % Gerstenschrot, 10 % grobe Weizenkleie, 10 % Haferschrot, 15 % Dorschmehl, 10 % Fleischmehl und 5 % Biertreber.

Pro Gans werden davon täglich etwa 50 g, vermischt mit 50 g Hafer und angemengt mit Butter- oder Magermilch, gefüttert. Muschelschrot und Grit dürfen bei dieser Fütterungsart nicht vergessen werden.

Als Futtertröge eignen sich am besten übergitterte Metallbehälter, die leicht zu reinigen sind. Zufütterung von Möhren (auf einer Drahtreibe fein gerieben) und Weißkohl (Köpfe mit dem Wurzelende nach oben aufhängen) empfiehlt sich. Werden

Gänse zeitweise im Stall gehalten oder haben keine Schwimmgelegenheit, müssen sie ständig frisches Trinkwasser zur Verfügung haben. Zur Reinigung von Augen und Nasenlöchern braucht die Gans ein Wassergefäß, das so tief ist, daß sie mindestens den halben Kopf hineinstecken kann. Bei dem relativ hohen Wasserbedarf achte man auf regelmäßiges Nachfüllen und selbstverständlich auch auf sorgfältige Reinigung der Tränken.

Selbst hergestelltes Erhaltungsfutter sollte keinen Weizen enthalten, da die Tiere sonst leicht verfetten. Leicht herzustellen ist ein Weichfutter aus 130 g Hafer, 100 g Kartoffeln, 50 g Gerstenschrot und 25 g geschnitzelten Rüben pro Gans und Tag. Noch einfacher ist die Verabreichung eines Alleinfuttergemischs, wie es für Legehühner im Handel ist, das, durch eingeweichtes Brot, Kartoffeln und geschnittene Brennesseln ergänzt, in feucht-krümeligen Zustand vorgelegt wird. Eine solche Ration gibt man den Tieren morgens, läßt sie dann tagsüber auf die Weide und füttert abends noch einmal eine Körnerration von etwa 75 g pro Tier.

Die Fütterung der Zuchtgänse richtet sich danach, ob sich die Tiere in der Legeperiode oder in der Legeruhe befinden. Außerhalb der Legeperiode können die Tiere bei zu starker Fütterung verfetten und dann in der Zucht versagen. Deshalb ist während dieser Zeit nur für den Erhaltungsbedarf und den Federwechsel zu sorgen, d. h., ein Energieüberangebot muß vermieden werden. Während die Körpergröße einen nur geringen Einfluß auf den Futterbedarf hat, ist das Körpergewicht ausschlaggebend dafür. Eine Gans mit einem Durchschnittsgewicht von 6,0 kg benötigt pro Tag 101 EFh (verdauliches Rohprotein 20 g). Dieser Bedarf wird nur zum Teil, wenn auch beträchtlich, aus Weide und Grünfutter gedeckt. Ist eine maximale Grünfutteraufnahme von 1 kg/Tier und Tag möglich, so entsteht ein Defizit von 45 EFh und 5 g Protein. Das kann durch Verabreichung von 85 g Hafer und 2 g Vitamin- und Mineralstoffmischung ausgeglichen werden.

Bedarf an EFh während der Legeruhe je Gans und Tag (nach Jeroch, 1972)

Lebendmasse kg	EFh[*]
5,0	88
5,5	95
6,0	101
6,5	108
7,0	114
7,5	120
8,0	126

Während der Legeperiode benötigt eine 6 kg schwere Gans bei einer Legeintensität von 50 % etwa 166 EFh, 40 g Protein, 2,3 g Lysin und 1,6 g Methionin und Zystin. Das Mischfutter sollte bei einer Konzentratfütterung folgende Gehaltswerte aufweisen: 548 EFh, 132 g Rohprotein, 7,6 g Lysin, 4,6 g Methionin/Zystin, 3 g Mineralstoffgemisch, 3 g Vitaminpräparat.

Obwohl für den Rassezüchter die Gänsemast nicht im Vordergrund steht, ist die Weidegänsemast nach der Aufzucht, zumindest für den Eigenbedarf, interessant. Steht eine Weidefläche von 150 m^2 zur Verfügung, ist nur relativ wenig Zufütterung erforderlich.

Beabsichtigt man eine Junggänsemast vom ersten Tag an, so hat sich folgende Futtermischung bewährt: 12 % Weizenkleie, 30 % Gerstenschrot, 15 % Maisschrot, 20 % Haferschrot, 10 % Eiweißkonzentrat, 5 % Trockenhefe, 5 % Sojabohnenschrot und 3 % Mineralstoffgemisch.

Diese Futtermischung bekommen die Junggänse in den ersten 4 Wochen viermal täglich.

Danach wird auf die Fettmast umgestellt und zerkleinertes Grünfutter in die feuchtkrümelige Masse hineingemischt.

---

[*] EFh = Energetische Futtereinheit/Huhn
1 EFh = 14,67 kJ

Enten

Stall und Auslauf

Enten sind unter dem Hausgeflügel neben denGänsen am meisten widerstandsfähig gegen Kälte. Daher benötigen sie auch im Winter nicht unbedingt frostfreie Ställe, stets aber muß die Unterkunft zugluftfrei und trocken sein. Die Zuchtenten werden in der Regel in Stämmen von je 1 Erpel und 4 bis 7 Enten gehalten. Als Stallfläche genügt für 4 Tiere 1 m². Ruhige Lage des Stalles und gute Belüftung sind weitere wichtige Voraussetzungen. Die Stallanlage entspricht im übrigen der von Puten und Gänsen.

Die relativ empfindlichen Füße der Enten vertragen keinen Dauerfrost in Verbindung mit feuchtem Stallboden. Daher ist unbedingt für trockene, saubere **Einstreu** aus Kurzstroh oder Hobelspänen zu sorgen. Als günstigster Bereich der Stalltemperatur haben sich 5 bis 20 °C erwiesen. Will man schon im ausgehenden Winter brüten lassen, muß der Stall über 8 °C warm sein, da sonst die Keimlinge absterben. Auch darf die Luftfeuchtigkeit nicht über 80 % liegen, anderenfalls verschmutzen Gefieder und die Eier. Sinkt die Außentemperatur unter −10 °C ab, müssen die Tiere auf jeden Fall im Stall gefüttert werden, weil die Füße auf Schnee- oder Frostboden erfrieren können. Außerdem führt gefrorenes Futter unweigerlich zu Verdauungsstö-

Stallmodelle für die Entenhaltung (aus Pingel, 1985)

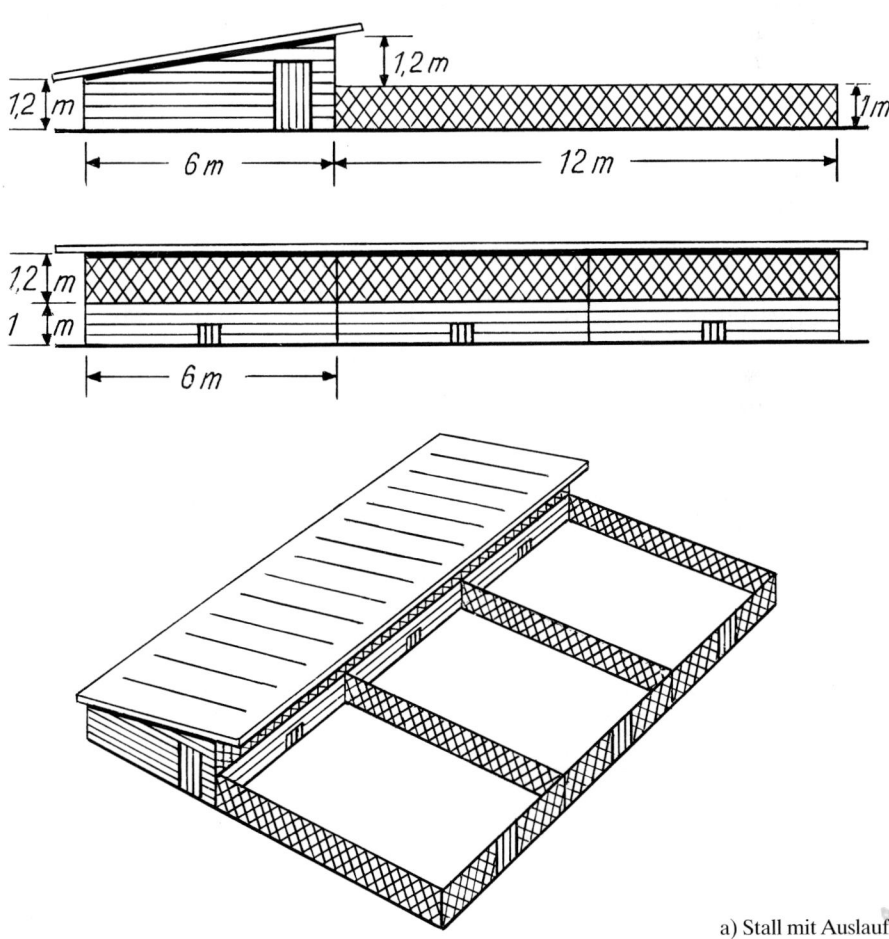

a) Stall mit Auslauf

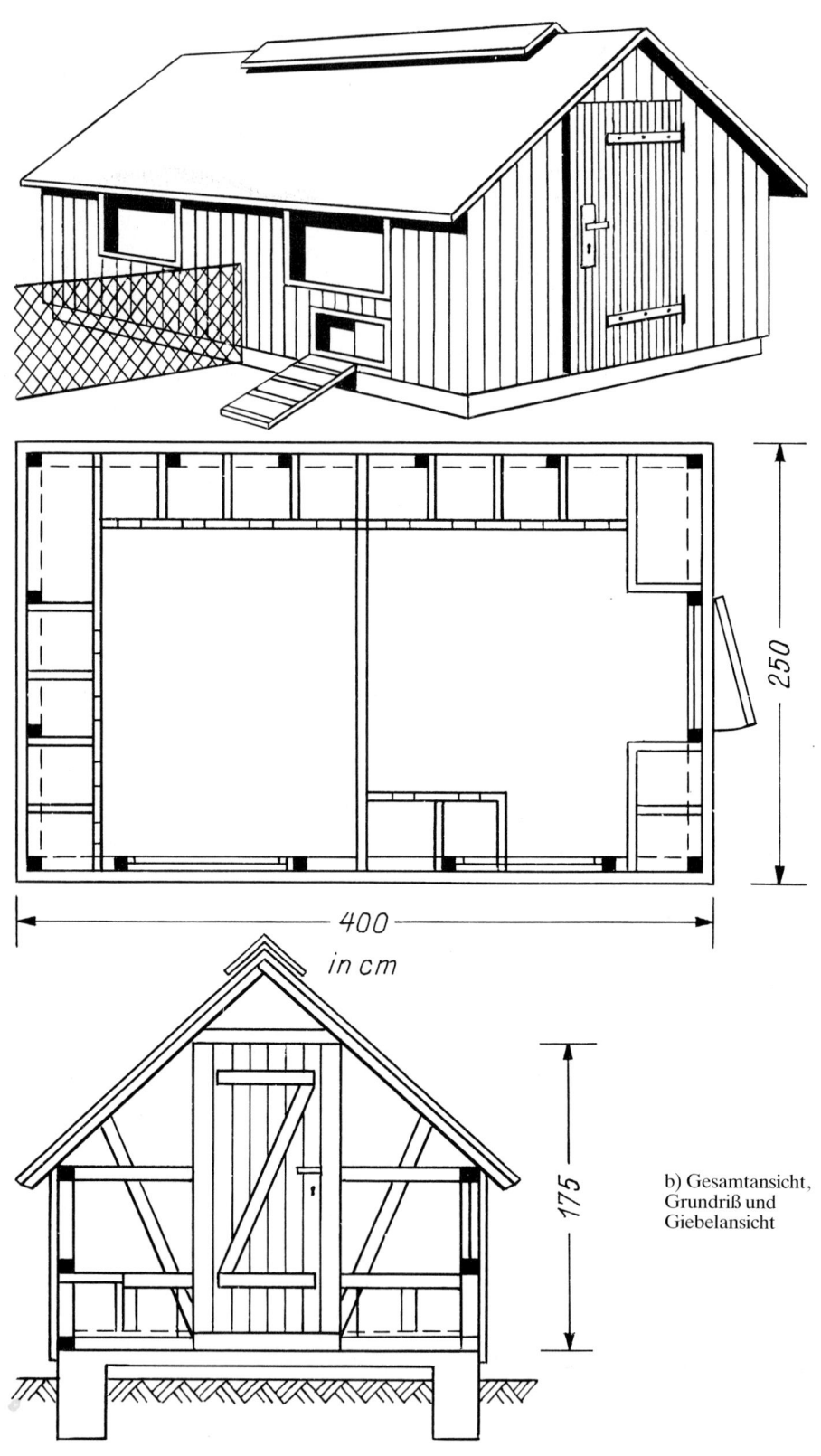

b) Gesamtansicht,
Grundriß und
Giebelansicht

in cm

rungen. Der Aufenthalt im Freien ist auch im Winter für Zuchtenten vorteilhaft, wenn auch bei strenger Kälte auf die Mittagsstunden zu beschränken.

Ähnlich wie bei der Gans ist der Faktor **Licht** für die Gesunderhaltung und Leistung von großer Bedeutung. Die Legetätigkeit wird durch eine bestimmte Länge des Lichttages intensiviert. Ist aber der Lichttag zu lang, geht die Legetätigkeit zurück. Nach der Legeperiode sollte die Beleuchtungszeit nicht länger als 7 bis 8 Stunden am Tag betragen. Da Enten von Natur aus scheu sind, ist nachts eine schwache Beleuchtung zweckmäßig.

Warzen-Enten brauchen Lege- und Brutnester in einer Grundfläche von 36 cm × 40 cm und einer Höhe von 12 cm, die mit Sand ausgelegt werden; zusätzlich ist Stroh einzustreuen. Andere Entenschläge kommen mit kleineren Maßen der Nester aus. Schwere Rassen (Deutsche Peking, Rouen-Enten) brauchen Nester in den Maßen 50 cm × 50 cm.

Damit möglichst wenig Futter verloren geht, stellt man die Gefäße für Futter und Wasser im Entenstall weit genug auseinander. So nehmen die Tiere nicht gleichzeitig Futter und Wasser auf, was sonst zur Futtervergeudung führt. Die Trinkgefäße müssen so tief sein, daß die Enten den Kopf fast ganz eintauchen können, um Schnabel und Augen zu säubern. Allerdings sollten die Tränken nicht so offen sein, daß die Tiere darin zu baden versuchen. Die unnötige

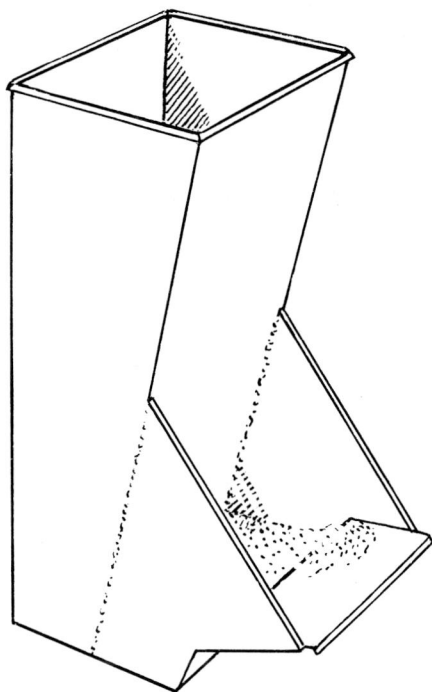

Futterautomat, Metallbauweise
(aus Pingel, 1985)

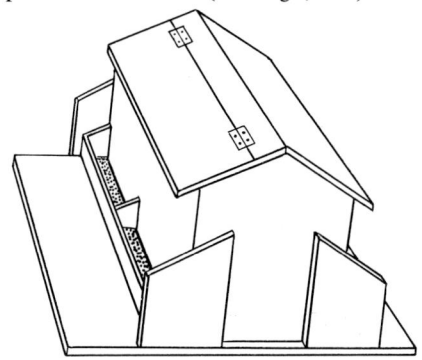

Modell eines Futterautomaten, Holzbauweise, für pelletiertes Mischfutter (aus Pingel, 1985)

Durchnässung des ohnehin ständig feuchten Stallbodens ist so zu vermeiden.

Als **Platzbedarf** für Enten wird von Vogt (1977) angegeben:

1. bis 2. Woche	20 Tiere	je 1 m²
3. bis 5. Woche	8 bis 10 Tiere	Stallgrund-
6. bis 8. Woche	4 bis 5 Tiere	fläche

Als Auslauf sind dazu mindestens 1 m² mit Stroheinschüttung oder 12 bis 15 m² Weideauslauf erforderlich. Der Auslauf soll möglichst als sogenannte Umtriebsweide genutzt werden, d. h., die zeitweise Beweidung durch Absperrung ist der ständigen Beweidung vorzuziehen. Nach längerer Weidezeit (5 bis 7 Jahre) muß die Grasfläche umgebrochen und kann der gärtnerischen Nutzung zugeführt werden. Nach mindestens 1 Jahr Bewirtschaftung kann die Neuansaat erfolgen. Bei Böden mit gutem Bewuchs rechnet man für eine Ernte ca. 12 m², bei geringerer Vegetation 15 bis 20 m². Stehen nur sandige Flächen zur Verfügung, benötigt eine Zuchtente minde-

stens 10 m² Auslauffläche; für eine Mastente genügt die Fläche von 1 bis 2 m². Allerdings muß dann der Boden durch ständiges
Säubern und Harken gepflegt werden. Die
Einzäunung kann bei nicht flugfähigen
Rassen 60 cm Mindesthöhe betragen. Bei
flugfähigen Schlägen (Hochbrut-Flugenten, Zwerg-Enten, Smaragd-Enten) muß
eine Netz- oder Drahtabdeckung erfolgen,
will man das Entweichen der Tiere verhindern.

Obwohl die Ente als typischer Schwimm-
vogel das Wasser als ihr eigentliches Ele-
ment sehr schätzt, braucht sie es doch nicht
unbedingt, abgesehen von der lebensnot-
wendigen Trinkwasseraufnahme. Selbst die
Zucht mit relativ befriedigenden Befruch-
tungsergebnissen ist bei Trockenhaltung
möglich.

Allerdings leidet doch meistens die Kondition der Tiere, und die Schlupfergebnisse
befriedigen nicht. Der Rassegeflügelzüchter wird auf jeden Fall versuchen, seinen
Tieren Schwimmwasser zu bieten, denn
ohne Badegelegenheit büßen sie viel von
ihren natürlichen Verhaltensweisen ein.
Ideal sind Naturgewässer mit guter Wasser-
qualität, da die Enten dort einen Teil ihrer
Nahrung selbst suchen können. In Erman-
gelung fließender Bäche oder größerer Teiche kann der Züchter, wie im Kapitel
„Gänse" schon beschrieben, künstliche
Teiche oder wenigstens Wasserbehälter, die
in den Boden eingelassen werden, als Badegelegenheit anlegen. Die Vorteile der
Haltung an natürlichen Gewässern mit Vegetation wird durch die Aufstellung deutlich:

Nährstoffgehalt verschiedener Sumpf- und Wasserpflanzen (nach Martyschew, zit. in Pingel, 1985)

Pflanzen*)	Gehalt in % der Trockensubstanz				
	Rohprotein	Fett	N-freie Extraktstoffe	Rohfaser	Asche
Sumpfpflanzen					
Pfeilkraut	21,64	3,68	18,81	36,72	19,15
Schwimmpflanzen					
Kl. Wasserlinse	25,75	4,65	27,24	24,57	17,79
Vielwurzlige Wasserlinse	20,94	2,66	35,18	26,60	17,79
Dreiblättrige Wasserlinse	30,40	2,70	24,00	20,80	22,10
Algen	19,25	3,19	21,60	32,26	27,40
Unterwasserpflanzen					
Wasserpest	18,30	2,50	42,50	16,00	20,10
Hornblatt	17,38	2,64	38,86	27,99	13,33

*) Sämtliche Nährstoffgehalte beziehen sich auf Pflanzen im Entwicklungsstadium vor der Blüte

Soll eine bestimmte Wasserfläche abgeteilt
werden, ist die Anbringung eines Zaunes
über und unter Wasser in einer Höhe bzw.
Tiefe von 0,80 bis 1,00 m erforderlich. Ver-
schlammen und Aushöhlen des Ufers kann
dadurch verhindert werden, daß Flecht-
werk, Lattenroste oder Bretter angebracht
werden.

Sogar salzhaltige Gewässer sind für die Entenhaltung noch geeignet, wenn der Salz-

gehalt nicht mehr als 0,6 % beträgt.
Auch wird die Vermehrung der Wasserpflanzen und Kleinlebewesen in Teichen
durch die organische Düngung mit dem
Entenkot gefördert. Erfolgt eine zu starke
Trübung des Wassers, wird eine einmona-
tige Pause der Benutzung empfohlen, was
besonders für die kombinierte Nutzung
von Gewässern für die Fischwirtschaft nötig ist.

Fütterung und Tränke*

Wie bei den anderen Groß- und Wassergeflügelarten ist auch für die Entenfütterung eine hohe Nährstoffkonzentration von Bedeutung. Zur günstigen Beeinflussung der Darmperistaltik (Darmbewegung) und der Bakterienflora im Blinddarm ist eine gewisse Menge an Rohfasern im Futter erforderlich.

Besonders bei der Ente spielt das Wasser neben der Trockensubstanz in der Ernährung eine große Rolle. Eine erwachsene Ente benötigt pro Tag eine Wassermenge von mindestens 1,25 l. Wasser fördert den Ablauf vieler physiologischer Prozesse und ist Hauptbestandteil des Organismus.

Getreide ist zwar ein wichtiger Energieträger in der Entenfütterung, reicht aber nicht aus, um den Bedarf an Eiweiß, Mineralstoffen und Vitaminen zu decken. Gerste und Weizen haben einen relativ hohen Eiweiß- und Energiegehalt. Roggen sollte im geschroteten Zustand nicht mehr als 15 % der Ration ausmachen. Ebenso hoch ist die Menge an Hafer wegen seines relativ hohen Rohfasergehaltes anzusetzen. Ein ausgezeichnetes Entenfutter bildet Mais. In der Mast allerdings verwende man in der Schlußphase statt Mais Gerste, um eine bessere Fettqualität zu erzielen. Die groben Maiskörner müssen gebrochen verabreicht werden. Anstelle von Mais kann Milokorn bis zu einem Anteil von 20 % verfüttert werden. Weizenkleie mit einem Rohfaseranteil von 15 bis 20 % ist der Roggenkleie gegenüber zu bevorzugen.

Nach Pingel (1985) bewirkt Buchweizen in geringen Mengen eine Verbesserung der Schlachtkörperqualität. Obwohl der Anteil an Eiweiß in Ackerbohnen, Erbsen und Süßlupinen relativ hoch ist, decken sie jedoch den Eiweißbedarf nicht vollständig ab. Zur Erzielung eines ausgeprägten Gefiederglanzes kann Leinsamen verfüttert werden; überdies bildet er eine wertvolle Diätfuttergrundlage. Eicheln und Kastanien sollten in geschrotetem bzw. geschältem, entbittertem und getrocknetem Zustand nicht mehr als 15 % der Ration ausmachen. Extraktionsschrote aus Sojabohnen, Erdnüssen und Sonnenblumen sind ebenso wertvoll als Energieträger wie Raps, doch darf ihr Anteil im Futter wegen ihres Gehaltes an schädlichen Stoffen nicht mehr als 5 % ausmachen.

Bis zu 30 % des Futtergetreides können durch gedämpfte oder silierte Kartoffeln ersetzt werden. Auch Kartoffelflocken und -mehl sind in gezielten Versuchen erfolgreich eingesetzt worden (Baczkowska, 1970).

Vor dem Blühen sind Grünfutterpflanzen besonders reich an Eiweiß, Vitaminen und Mineralstoffen. Da der Verdauungstrakt der Ente 25 bis 30 % länger ist als der des Huhns, kann sie Grünfutter besser nutzen. Erwachsene Enten können bis zu 200 g Grünfutter täglich verdauen. Im Ernährungswert stehen an erster Stelle Leguminosen (Luzerne und Rotklee vor der Blüte), junges Gras, junge Brennesseln, Löwenzahn und Gemüseabfälle. Zur Entenmast werden Ackerbohnen (*Vicia faba*) als hauptsächliche Eiweißquelle eingesetzt. Trotz des bitteren Geschmacks nehmen Enten auch gerne Wegwarte und Schafgarbe auf. Markstammkohl als Winterfütterung ist wegen seines hohen Gehalts an Eiweiß, Mineralstoffen und Vitaminen wertvoll.

Wasserlinsen (s. Tabelle auf Seite 278) gehören mit zum besten Entenfutter. Allerdings müssen sie frisch verabreicht werden. Kartoffeln werden mit Getreideschrot vermischt als Weichfutter gegeben. Bis zu 500 g täglich sind einer Schlachtente zuträglich; Zuchtenten dürfen dagegen nicht mehr als 150 g pro Tag erhalten, da sie sonst verfetten. In der Winterfütterung leisten Möhren wegen ihres hohen Karotingehaltes und ihrer diätetischen Wirkung gute Dienste (Mastenten 50 g, Zuchtenten 100 g und mehr pro Tag). Relativ geringen Nährwert haben Futterrüben und Rote Bete.

Silagefutter kann nur bedingt empfohlen werden. Rübenblätter, Kohl, Mais sowie gedämpfte Kartoffeln sind aber als Getreideersatz im Winter recht wertvoll.

Auf stehenden oder langsam fließenden Gewässern nimmt die Ente nicht nur einen beträchtlichen Teil der pflanzlichen Nahrung, sondern auch Nährstoffe durch den

---

*) s. auch Seite 247 ff.

Verzehr von kleinen Fischen, Froschlaich, Schnecken, Wasserflöhen, Insekten und Würmern auf. Am günstigsten sind Gewässer mit einer Tiefe von etwa 1 m und die Relation 100 m² Wasser : 25 bis 30 Enten. Bis zu 1 kg Wasserpflanzen werden pro Tier und Tag aufgenommen. Auf Weideland vertilgen Enten Nacktschnecken (Zwischenwirt des Hühnerbandwurms) und Spitzhornschnecken (Zwischenwirt des Schaf-Leberegels).

Die Zufütterung tierischen Eiweißes ist auch bei Wasser- und Wiesenweide erforderlich. Fisch- und Fleischmehl sind bis zu 5 % der Tagesration zweckmäßig. Das relativ teure Fischmehl kann durch Magermilch ersetzt werden (0,1 bis 1,5 l). Buttermilch, Molke und Quark sind hervorragendes Eiweißfutter. Schließlich werden auch Tierkörpermehle, Frischblut und Schlachtabfälle (zerkleinert) als Entenfutter eingesetzt.

Energie- und Eiweißbedarf der Enten je Tier und Tag (nach Pingel, 1985)

Lebend-masse g	Trocken-substanz g	Umsetzb. Energie kcal/kJ	Verdaul. Rohprotein g	Lysin g	Methionin und Zystin g
100	20	60/ 252	2,8	0,15	0,10
250	48	135/ 567	6,4	0,34	0,24
500	85	235/ 987	11,2	0,59	0,41
750	120	335/1 407	16,0	0,85	0,59
1 000	140	405/1 701	18,5	1,00	0,66
1 500	180	515/2 163	23,5	1,27	0,84
2 000	200	545/2 289	25,0	1,35	0,89
2 500	200	545/2 289	25,0	1,35	0,89

Die praktische Fütterung ist am einfachsten durch die Verabreichung von fertigem Mischfutter in pelletierter Form. Neben der Arbeitserleichterung hat diese Methode den Vorteil der Futtereinsparung, da die Tiere weniger davon vergeuden. Als Größen haben sich für Küken bis zur zweiten Lebenswoche 3 mm Pelletdurchmesser, für Mast- und Zuchtenten 5 mm Pelletdurchmesser. Man reicht solches Pelletfutter in Nachfülltrögen oder Automaten.
Die Zubereitung von Mischfutter im feuchtkrümeligen Zustand bedeutet das Zerkleinern und Mischen der Futterstoffe, die dann mit Wasser, Magermilch oder Molke angerührt werden. „Entengerecht" ist ein Weichfutter, das bei 10 kg Trockensubstanz 3 bis 4 l Wasser enthält. Werden Kartoffeln vorgesehen, müssen sie grundsätzlich gedämpft werden, da sie dann schmackhafter und besser verdaulich sind. Da Weichfutter, besonders bei höheren Temperaturen, schnell säuert, muß die Menge so bemessen sein, daß die Ration in etwa 20 Minuten aufgenommen ist. Das be-

deutet wiederum, daß die Futtertröge gleichzeitig allen Enten Platz zum Fressen bieten müssen. Regelmäßige und pünktliche Verabreichung der Mahlzeiten fördert die reibungslose Nahrungsaufnahme und Futterhygiene.
Die Empfehlung in manchen Fachbüchern, Getreide in gekeimtem Zustand zu verfüttern, muß nach neuesten Erkenntnissen abgelehnt werden, da die Keime weniger nährstoffreich sind als das Korn selber. Grünpflanzenfütterung muß die Schnabelform und die Schlundweite der Enten berücksichtigen. Ist das zerschnittene Grünzeug zu grob, so wird es, besonders von Küken und Jungenten, nicht aufgenommen und geht verloren. Auch kann die Ente trockenes, mehliges Futter kaum aufnehmen; es fällt bei hochgerecktem Kopf wieder aus dem Schnabel.
Die Gestaltung der Futtertröge beeinflußt wesentlich die Futteraufnahme und kann bei richtiger Anordnung die Futtervergeudung senken. „Durch Veränderung der Tröge konnte die Futtervergeudung bei pel-

letiertem Futter (mit 30 % Abrieb) von 5,3 % auf 0,6 % gesenkt werden" (Pingel, 1985).

Niemals sollte der Trog zu mehr als einem Drittel gefüllt werden, da anderenfalls viel Inhalt hinausgeworfen wird. Der schon erwähnte Abstand zwischen Futtertrog und Tränke sollte am besten 5 m betragen, sonst tragen die Tiere das Futter zum Wasser und verlieren die Stoffe in der Tränke. Zu große Abstände sind allerdings wegen des hohen Verlustes an Bewegungsenergie ebenso ungünstig.

Unerläßlich ist die Möglichkeit zur ständigen Wasseraufnahme in der Entenhaltung. Am besten sind Stülptränken mit einem Wasserstand von etwa 2 cm und einer Rinnenbreite, die das Eintauchen von Schnabel und Kopf zuläßt. Breitere Rinnen führen durch die Badeversuche der Tiere zur raschen Verschmutzung des Wassers. Günstig ist das Aufstellen der Tränke auf Rosten; dadurch wird der Boden trockener gehalten.

Abschließend sei noch einmal auf die Wichtigkeit des Nähr-, Wirk- und Mineralstoffbedarfs hingewiesen. Die fertigen Futtermischungen enthalten meistens die richtige Menge und Zusammensetzung. Besonders der Bedarf an Kalzium ist bei legenden Enten relativ hoch, denn zur Produktion eines Eies braucht das Tier 2,8 g.

Für den Knochenwachstum ist Phosphor von besonderer Bedeutung, wobei das Kalzium-Phosphor-Verhältnis entscheidend ist. Für die ausreichende Reservebildung im Dotter des Bruteies sind solche Stoffe äußerst wichtig, damit die Embryonalentwicklung nicht gestört und eine hohe Schlupffähigkeit erzielt wird. Dazu tragen auch wesentlich die Spurenelemente und die Vitamine A, B_2 und B_{12} bei.

Nähr-, Mineral- und Wirkstoffbedarf im Mischfutter der Enten (modifiziert nach Dean, zit. in Pingel, 1985)

		Entenküken 0 bis 2 Wochen	Mastenten 3 bis 8 Wochen	Jungenten	Zuchtenten
Rohprotein	%	22	16	16	16
Lysin	%	1,1	0,8	0,75	0,7
Methionin + Zystin	%	0,75	0,6	0,6	0,55
Umsetzbare Energie	kcal/kg	3 000	3 000	3 000	2 800
	kJ/kg	12 600	12 600	12 600	11 760
Kalzium	%	0,6–1,0	0,6–1,0	0,6–1,0	2,75
Phosphor	%		0,65	0,6	0,6
gesamt verfügbar	%	0,4	0,35	0,35	0,35
Natrium	%	0,17	0,14	0,14	0,14
Chlor	%	0,12	0,12	0,12	0,12
Mangan	mg/kg	55	55	55	44
Zink	mg/kg	32	32	32	55
Selen	mg/kg	0,15	0,15	0,15	0,15
Jod	mg/kg	0,40	0,35	0,40	0,35
Vitamin A	I.E./kg	8 800	5 500	5 500	8 800
Vitamin D_3	I.E./kg	1 100	880	880	880
Vitamin E	I.E./kg	11	7	5	11
Vitamin K	mg/kg	2,2	1,1	1,1	2,2
Vitamin B_2	mg/kg	7,0	3,0	3,0	7,0
Vitamin B_{12}	mg/kg	9,0	5,0	5,0	9,0
Niazin	mg/kg	50	40	30	50
Pantothensäure	mg/kg	13	6	6	11
Cholin	mg/kg	600	400	400	600

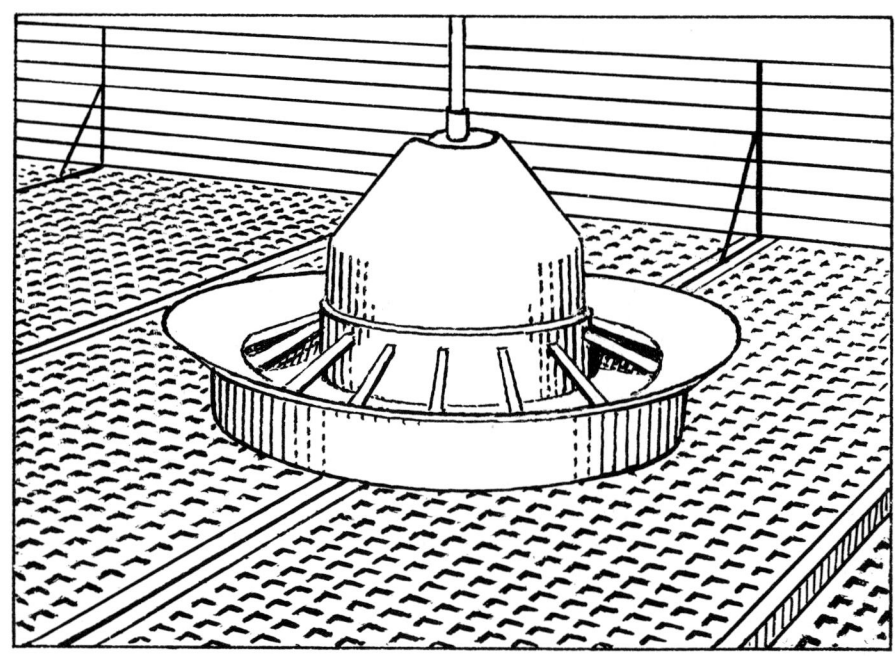

Rundautomat mit aufgesetztem Ring zur Einschränkung der Futtervergeutung (aus Pingel, 1985)

Verhaltenskunde

Die neuzeitliche Rassezucht von Groß- und Wassergeflügel, die nicht in erster Linie der Erzeugung von Tierkörperprodukten dient, sondern aus Freude und biologischem und zum Teil ökologischem Interesse am Hausgeflügel, muß „tierethisch" ausgerichtet sein, d. h., der Züchter, der seine Tiere durch den Jahresablauf hindurch begleitet und edles Rassegeflügel auf Schauen präsentiert, handelt dann verantwortlich, wenn er sich kundig macht über das natürliche Verhalten als Erbe der wilden Stammformen. Obwohl unser Hausgeflügel im Domestikationsprozeß physiologische und ethologische Veränderungen erfahren hat, bildet ein angeborener Grundstock von Verhaltensweisen den Rahmen, der individuelles Verhalten, Wahrnehmung elementarer Bedürfnisse, artgemäße Bewegungsabläufe, Fortpflanzungs- und Sozialverhalten und nicht zuletzt psychische und physische Leistungen bestimmt. Rassemerkmale im Phänotyp, Gesundheit und Kondition sind erheblich abhängig von den Möglichkeiten artgemäßen Verhaltens des Geflügels in menschlicher Obhut. Die Haltungsbedingungen in meist begrenzten Raumverhältnissen erfordern unbedingt die Beachtung artgerechter Sozialformen, der Beziehungen zur Umwelt und instinktgebundener Verhaltensabläufe. Daher bedeutet die Kenntnis und Berücksichtigung solcher Forschungsergebnisse aus der Ethologie und Haustierkunde eine unbedingte Verpflichtung, will der Züchter seinen anvertrauten „Mitgeschöpfen" aus „Verantwortung", wie es das neue Tierschutzgesetz formuliert, gerecht werden.

Im folgenden werden die wichtigsten Befunde aus der Verhaltenskunde des Hausgeflügels, konzentriert auf die Arten des Groß- und Wassergeflügels, dargestellt. Als Leitfaden dient die hervorragende Arbeit von C. Engelmann (1984) die leider zum Verhalten des Perlhuhnes keine Aussagen macht. Da aber diese Art in ihrem Verhaltensrepertoire und den zugrundeliegenden Erbkoordinationen und lernspezifischen Entfaltungen weithin der wilden

Stammart entspricht, wird der Leser auf das entsprechende Kapitel (Seite 20 bis 24 ff.) verwiesen. Schließlich bilden die Arbeiten von I. Eibl-Eibesfeldt (1967/1980) weitere Grundlagen.

Sinnesleistungen

Groß- und Wassergeflügel gehören, wie Vögel allgemein, zu den Augentieren, d. h., der **Gesichtssinn** ist der Leitsinn neben dem Gehör. Puten, Gänse und Enten waren ursprünglich flugtüchtige Vögel, die meistens offene Biotope bewohnten; die Pute kann sogar als typisches Steppentier gelten.

Puten und Enten haben einen Sehwinkel von 160° je rechter und linker Seite. Daher ist der binokuläre Gesichtsraum, in dem die Tiere mit beiden Augen dasselbe Ob-

Gesichtsfeld des Geflügels. Die schraffierte Fläche gibt die Zone räumlichen Sehens an (aus Engelmann, 1984)

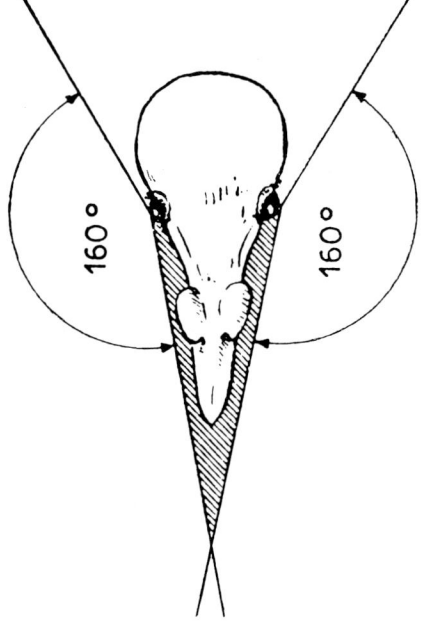

a

b

c

d

Sehweite
Gänse erkennen Artgenossen auf 120 m (a) und gehen auf sie zu (b). Diese kommen ihnen auf der Hälfte der Strecke entgegen (c).
Enten erkennen einander auf 80 m nicht. Die Ente im Vordergrund biegt in den Weg zum Stall ein, ohne die weibliche Ente im Hintergrund zu beachten (aus Engelmann, 1984).

jekt räumlich sehen, sehr klein. „Er beschränkt sich auf eine Zone in der Form eines gleichseitigen Dreiecks, dessen Grundlinie die Verbindung zwischen beiden Augen ist und dessen Spitze vor dem Schnabel liegt. Sie endet 8,5 cm vor der ‚Grundlinie‘ oder 2 cm vor der Schnabelspitze, bei einer Breitenausdehnung von 15 °“ (Engelmann, 1984). Hin- und Herbewegen des Kopfes oder Zickzackgang ermöglicht den Tieren aber das abwechselnde Fixieren eines Gegenstandes mit dem linken und rechten Auge. Das relativ große Blickfeld, in dem sie auch Vorgänge sehen, die sich hinter ihnen abspielen, ergibt sich dadurch, daß sie den nach vorn, oben oder unten überblickten Raum mit etwa 70°, den seitlichen, d. h. einäugig erfaßten Raum, zu 160 ° je Seite erfassen.

Die Gans ist Spezialist für das Sehen in die Ferne, während diesbezüglich die Ente weitaus weniger gut fixieren kann. Gänse können ihre Artgenossen noch auf die Entfernung von 120 m erkennen, Enten versagen in dieser Hinsicht schon bei 80 m Entfernung. Der scharfe Sehsinn der Gänse wird in der folgenden Tabelle, auch im Unterschied zu anderen Arten, besonders deutlich.

Entfernungen in m, auf die bestimmte Objekte von den Geflügelarten nicht mehr sicher wahrgenommen werden (nach Engelmann, 1984)

Objekt	Gänse	Enten	Große Hühner	Zwerg- hühner	Tauben
Maiskorngruppe	8	4	6	6	6
Maiskorn	3	3	5	4	4
Weizengruppe	3	2	5	3,5	3
Weizenkorn	1,0	0,7	1,3	1,0	1,0
Teller, weiß	35	15	15	10	8

In einem Test liefen Enten bei einem Abstand von 100 m auf Gänse zu; erst bei 70 m erkannten sie ihren Irrtum. Puten haben ein Gesichtsfeld von 300°; dieser weite Überblick ermöglicht ihnen eine gute Fernsicht. „Auf einen weißen Teller gingen sie – unter abgewandelten Bedingungen – zu, wenn er sich nicht weiter als 8,0 m (Hähne) bzw. 4,0 m (Hennen) entfernt befand. Einen kegelförmig aufgeschütteten Haufen von Maiskörnern bemerkten die Truthähne auf 5 m, die Hennen auf 4 m. Einzelne, selbst in der Nähe ausgelegte Maiskörner fanden sie rein zufällig" (Engelmann, 1984).

Im Unterschied zu früheren Annahmen ist inzwischen sichergestellt, daß auch beim Groß- und Wassergeflügel der **Tastsinn** gut ausgeprägt ist. Die taktile Empfindlichkeit erleichtert so den Enten das Verschlingen von Wasserpflanzen und Kleinlebewesen. Umgekehrt erschwert ihnen der speziell angepaßte Schnabel als Seihapparat die Aufnahme von kleinen Körnern. Sie sind nicht imstande, Kornbruchstücke von 3 bis 4 mm Durchmesser sicher mit dem Schnabel zu packen.

Auch ist das Augenmaß für verzehrbare Größen von Futterteilchen bei der Ente experimentell nachgewiesen. Während die Gans die Größe des Weizenkorns bevorzugt, stellt für die Ente die Größe des Maiskorns die Grenze der leichten Verzehrbarkeit dar. Obwohl die Futterstoffe zunächst optisch erfaßt und bewertet werden, hängt die Reihenfolge abnehmender Beliebtheit einzelner Getreidearten auch von der „taktilen" Qualität ab. So lautet sie bei der Ente: Mais – Weizen/Gerste – Hafer – Roggen, bei der Gans: Hafer – Weizen – Gerste – Roggen – Mais. Im Test nahmen Gänse von den beiden dargebotenen Futtersorten folgende Anteile auf: Gerste 48,2 %, Weizen 76,2 %; Enten: Gerste 56,8 %, Weizen 68,8 %.

Beim Verzehr von Grünfutterpflanzen sind Enten wenig wählerisch. Sie nehmen ebenso die filzig behaarten Blätter der Süßlupine auf wie die derben Sellerie- und Ligusterblätter. Allerdings sind sie abweisend gegenüber Blättern mit rauher, blasiger Oberfläche, wie Gurken- und Brennesselblätter. Auch scheint die Lernfähigkeit gegenüber mehr oder weniger genießbaren Pflanzen bei der Ente geringer ausgeprägt zu sein als z. B. beim Huhn. „Sie reißen wahllos Kostproben heraus, ohne sich die jeweilige Widerwärtigkeit einzelner Formen tiefer einzuprägen" (Engelmann, 1984).

Gänse bevorzugen tastend Gräser vor groben Blättern. Auch scheinen sie Wert auf „guten Geschmack" zu legen, so daß sie taktil nicht nur die Beschaffenheit, sondern auch den Gehalt der Bitter- und Süßstoffe ermitteln. Taktile Fähigkeiten führen bei Enten und Gänsen auch zur Bevorzugung bestimmter Konsistenzen der Futtermischungen. Eingeweichte Maiskörner werden deutlich trockenen vorgezogen. Enten gehen lieber an nasse Schrote mit bis zu 90 % Feuchte, Gänse bevorzugen im Wahlverfahren die jeweils nasseren Schrote, z. B. 70 % vor 25 % Feuchtigkeitsgehalt. Weicht der Wassergehalt aber nur 10 % ab, so können Gänse diesen Unterschied taktil nicht mehr feststellen.

Der **Geschmackssinn** des Wassergeflügels führt zur Ablehnung bitterer Lösungen, wobei Gänse mehr geschmacksempfindlich sind als Enten. Im Unterschied zu Taube und Huhn haben Gänse und Enten mehr Geschmacksknospen, die Enten z. B. 200, Huhn und Taube 50 bis 75. Da durch den größeren Flüssigkeitsbedarf bei Wasservögeln die Geschmackstoffe leichter zu den Knospen vordringen können, führt das zu einer höheren Empfindlichkeit.

Besonders bei der wilden Stockente ist der **Geruchsinn** gut erforscht. „Die Versuchstiere waren imstande, unter 6 verschlossenen Kästen einen herauszufinden, der alleine unter allen Nelkenölduft ausströmte. Auf 1 bis 1,5 m nahmen die Wildenten den Geruch wahr, wenn der Wind auf sie zustand. Vor die Aufgabe gestellt, zwischen geschmacklich vergälltem, mit Nelkenölduft gekennzeichnetem Weizen und geschmacksfreiem, der mit Rosenöl markiert war, zu wählen, versagten die Enten nicht; sie fanden mit überraschender Sicherheit das richtige Futter heraus, wobei sie wiederum die Düfte auf 1,5 m bemerkten" (Engelmann, 1984).

Bei allen Geflügelarten entspricht wahrscheinlich die **Gehörempfindlichkeit** der des Menschen, d. h., Schallwellen zwischen 16 und 20000 Hz werden wahrgenommen. Das Kollern des Putenhahns liegt im optimalen Hörbereich um 3000 Hz. Der Hörbereich des Puters geht von 2000 bis 6000 Hz. Die Balzlaute der Hausente sind im Vergleich mit der Stockente durch Domestikation geringer geworden. Auch andere stimmliche Ausdrucksmittel sind reduziert, so daß wahrscheinlich auch damit eine Einbuße der Gehörempfindlichkeit verbunden ist. Den differenzierten Lautäußerungen männlicher und weiblicher Puten (der Hahn hält beim Kollern die Tonfolge immer genau ein), entspricht das relativ gute Gehör dieser Art.

Die Prägung

Das Phänomen der Prägung wurde hauptsächlich durch die Arbeiten von K. Lorenz seit 1935 gründlich erforscht.

„Viele angeborene Verhaltensweisen werden durch unspezifische Schlüsselreize ausgelöst. Rhythmische Rufe und die verschiedensten bewegten Objekte lösen beim Graugansgössel kurz nach dem Schlüpfen die Folgereaktion aus. Es läuft ebensogut einem Menschen wie einer Gans oder einem vor ihm hergezogenen Kistchen nach. Folgt es einem solchen Objekt auch nur kurze Zeit, so bleibt es dabei" (Eibl-Eibesfeldt, 1980).

Als Kriterien für die Prägung gelten:

1. Sie findet immer nur in einer bestimmten sensiblen Phase statt. Bei Enten liegt diese zwischen der 13. und 16. Stunde nach dem Schlupf. Nach Engelmann kann sich bei Enten das Prägungsalter bis zur 80. sogar bis zur 240. Stunde erstrecken.

2. Die vom auslösenden Objekt herrührende erworbene Kenntnis wird zeitlebens beibehalten. Das Objekt der Prägung wird zeitlebens bevorzugt; die Prägung ist irreversibel.

Eibl-Eibesfeldt überliefert dazu: „F. Schutz (1965) zog Entenerpel verschiedener Artzugehörigkeit mit Hühnern, Gänsen und Erpeln anderer Arten auf und entließ sie nach einigen Wochen des Beisammenseins auf einen See, auf dem auch Artgenossen umherschwammen, die sie bis dahin nicht gesehen hatten. Nun hatten sie die Wahl. Es stellte sich heraus, daß die Erpel im folgenden Frühjahr meist die Prägungsart anbalzten, und zwar in den meisten Fällen nicht das Stiefgeschwister, sondern ein anderes Individuum der Prägungsart."

3. Als Kennzeichen des Prägungsobjekts dienen nur überindividuelle, artkennzeichnende Merkmale. Daher ist der aufrechte Gang des Menschen, seine Extremitäten, Stimme, Bewegungen usw. prägend für ein Gänseküken. Es folgt dann allen Menschen nach, unabhängig von der konkreten Person, von der die Prägung vorgenommen wurde.

4. „Geprägt wird immer nur eine bestimmte Reaktion auf ein bestimmtes Objekt" (Eibl-Eibesfeldt, 1980), d. h., geprägte Enten z. B. können sich durchaus mit Artgenossen vergesellschaften, werden aber als Geschlechtspartner die Art bevorzugen, von der die Prägung herrührt.

5. Die Prägung („Festlegung des Objektes einer Triebhandlung") kann zu einem Zeit-

punkt erfolgen, zu dem die entsprechende Triebhandlung (z. B. Sexualität) noch nicht ausgereift ist.

6. Lernen durch Prägung unterscheidet sich hinsichtlich der Art der Reaktion; so erwies sich die Nachfolgereaktion bei Enten als wirksamer, wenn sie in einem zusammengedrängten Zeitraum geübt wurde, während Assoziationslernen besser verlief, wenn die Übungen über einen längeren Zeitraum verteilt wurden.

Die biologischen Vorteile der Prägung liegen auf der Hand: Soziallebende Tiere eignen sich so frühzeitig und „festsitzend" Verhaltensweisen an, die sie im späteren Leben im Artenverband vorteilhaft einsetzen können. Lernen wird geradezu intensiviert und konserviert. Normalerweise kommen in der freien Natur keine Fehlprägungen vor, so daß mögliche Nachteile, wie sie in menschlicher Obhut beobachtet werden, (z. B. lebenslange homosexuelle Fixierung von Erpeln untereinander, die im Kükenalter auf Erpel geprägt wurden) auszuschließen sind.
Am leichtesten prägbar sind Gänse und Puten, letztere sind in einem Alter von 72 Tagen noch prägbar. Anschluß an den menschlichen Pfleger, spätere Kontakt- und Sexualbemühungen können sich aber für die Zucht negativ auswirken, da eigene Artgenossen mehr oder weniger unbeachtet bleiben. Meistens sind jedoch die artspezifischen Farben, Zeichnungen und Verhaltensweisen sexuell so anziehend, daß fehlgeprägte Puten und Gänse wieder zum artgemäßen Verhalten zurückkehren.
Am besten untersucht ist die Nachfolgereaktion. Künstlich erbrütete Entenküken reagieren deutlich auf das Rufen einer Ente vom Tonband als auf sichtbare erwachsene, aber stumme Enten. Rufe von erwachsenen Enten und das Piepen einer Gruppe von Entenküken üben auf diese einen gleichstarken Reiz aus. Interessanterweise gehen während der Domestikation angeborene Bindungen an charakteristische Artkennzeichen (Spiegelzeichnungen auf den Flügeln, weiße Ränder der Schwanzfedern) meist nicht verloren, auch wenn sich die übrige Gefiederfarbe völlig verändert hat. Nach den Untersuchungen von Shapiro (1963, zit. in Eibl-Eibesfeldt, 1982) erkennen Küken von weißen Peking-Enten wildfarbige Rouen-Enten. Sie bevorzugen im Wahlversuch eine weiße Ente vor einem blauen („wildfarbigen") Huhn. Allerdings wäre dieser Versuch nur dann stichhaltig, wenn die Wirkung der weißen und der wildfarbigen Ente in der Intensität der Lockrufe gleichartig gewesen wäre, da Entenküken das akustische Signal während der sensiblen Phase vorziehen.

Sozialverhalten

Alle domestizierten Arten des Groß- und Wassergeflügels gehen auf wildlebende Stammformen zurück, die ein mehr oder weniger ausgeprägtes Sozialleben pflegen, wenn auch jahreszeitlich und brutzyklisch bedingt die Paarbindung und die Aufzuchtgruppe die engere Sozialform darstellen. Der biologische Sinn des Lebens im Sozialverband besteht in größerem Schutz vor Bedrohung und einer großen Entlastung der eigenen Aufmerksamkeit. Die individuelle Sicherheit ergibt sich aus der „arbeitsteiligen" Übernahme von Wächterrollen, die durch bestimmte Reaktionen auf Gefahren, z. B. durch stimmliche Warnung, Auffliegen, Weglaufen, die übrigen Artgenossen rechtzeitig auf Bedrohungen aufmerksam machen. Daher ist das Kontaktbedürfnis bei allen Geflügelarten angeboren und erfordert auch in der Haustierhaltung entsprechende Bedingungen, um „psychische" Gesundheit, Wohlbefinden und damit Leistungsfähigkeit, Kondition und natürliches Aussehen zu gewährleisten.
Die Gänseherde besteht eigentlich aus einzelnen Familienverbänden. Deutliche Partnerschaftsbeziehungen haben nur Angehörige dieser Familien; sie schließen sich aber – durch Domestikation abgeschwächt – einer größeren Herde an. „Kerntruppe" bleibt die durch Gössel erweiterte Einehe. Daher ist die Haltung eines einzelnen Paares mit seinen Jungen durchaus artgerecht.

Bei Enten sind die sozialen Bindungen noch schwächer ausgeprägt. Wenn auch die Artgenossen im losen Gruppenverband für das einzelne Tier sozusagen die „soziale Heimat" darstellen, entsteht eine eigentlich enge Bindung erst zwischen der führenden Ente und ihren Küken. Kurz vor dem Eintritt in die Geschlechtsreife löst sich aber auch dieser enge Sozialverband wieder auf. Alt- und Jungtiere integrieren sich in den lockeren Gruppenverband der Erwachsenen.

Bei weiblichen Puten ist eine klar ausgeprägte Rangordnung, wie sie beim Haushuhn gut erforscht ist, erkannt worden. Daher schließen sie sich auch ohne Schwierigkeiten Haushühnern an und betrachten diese als ihre Artgenossen. So ist „tierethisch" zu rechtfertigen, daß z. B. auch auf dem Hühnerhof eine einzelne Pute zu Brutzwecken gehalten wird. Stets spielen für Puten Artgenossen oder Haushühner eine bedeutendere Rolle als das Revier oder der Stall. Die Bindung verschafft ihnen solche Sicherheit, daß sie auch zusammen unbekannte Gebiete unter dem Schutz der Gruppe aufsuchen.

Partnerbindung im Kükenalter

Im Unterschied zur Hühnerglucke, die schon mit den noch nicht geschlüpften Küken über ruhige Glucktöne Verbindung aufnimmt, äußern sich Enten während der Brut nicht. Erst während des Schlupfes ruft das Alttier in zunehmendem Maße und macht damit die Küken mit den stimmlichen Ausdrucksmitteln der Artgenossen vertraut. Dadurch ist die Basis der Prägungsbindung gelegt. Werden Entenküken in der Schlupfphase mit anderen tierlichen Lauten konfrontiert, folgen sie nach dem Schlupf diesen Lautquellen.

Auch die gegenseitige Synchronisation während des Schlüpfvorganges ist bei Enten ermittelt. Die Küken schlüpfen bis zu 11 Stunden früher, wenn schon länger bebrütete Küken im Ei Laute von sich geben. Die gegenseitigen Signale wirken also beschleunigend auf die Schlupfaktivität.

Bei Gänseküken sind zweifache Laute aus dem Ei heraus unterscheidbar. „Den zwei-

bis mehrsilbigen Wi-Laut äußern Gössel als zufriedene Antwort auf Geräusche, die von außen an ihr Ohr dringen (z. B. die Schlupfgeräusche ihrer Gefährten und die Lautäußerungen der brütenden Gans), bei Erwärmung nach Abkühlung im Ei und bei den eigenen Befreiungsversuchen aus der Schale. Ein anderer Laut, das Weinen oder Pfeifen des Verlassenseins, ist zu hören, wenn Gössel Schwierigkeiten beim Schlupf haben (z. B. Eintrocknen der Eihaut) oder ihr Ei auskühlt. Sie erregen dadurch die Aufmerksamkeit der brütenden Gans, die über diese Kontaktaufnahme jede aggressive Handlung gegen die schlüpfenden Gössel unterläßt. Gleichzeitig erlischt bei ihr der den Gänsen eigene Trieb, die Eischalenränder zu beknabbern" (Engelmann, 1980).

Durchschnittlich am 27. Bruttag lassen Putenküken als erste Kontaktlaute zur brütenden Pute Pieplaute hören. Vor dem Schlupf im Zeitraum von 12 bis 24 Stunden sind dagegen Putenküken im Ei stumm. Während und nach dem Schlupf ist das Piepen lebensnotwendig. Die Altpute ist stark aggressiv stimuliert und würde die Jungen töten, wenn diese nicht als Hemmung ständig Pieplaute ausstoßen würden. In gezielten Versuchen (Schleidt/Magg, 1960) fand man heraus, daß taube Brutputen ihre Jungen regelmäßig töten, nachdem der beschwichtigende Pieplaut der Küken nicht wahrgenommen werden konnte. Merkwürdigerweise huderten die Puten ausgestopfte Iltisse, wenn diese aus einem kleinen Lautsprecher wie Putenküken piepten.

Umgekehrt verlieren taube Küken den Kontakt zur Mutter, wenn diese außer Sichtweite ist. Die Nachfolgereaktionen der Putenküken ist in der Prägephase sehr variabel, d. h., sie lassen sich relativ leicht auf sich drehende, bewegende oder flatternde Attrappen prägen. Größe, Form oder Farben scheinen dabei keine Rolle zu spielen.

Auf den mütterlichen Alarmruf reagieren Putenküken unterschiedlich, je nachdem, ob ein Luft- oder Bodenfeind angezeigt wird. Bei ersterem recken die Jungen aufmerksam ihre Köpfe hoch und spähen nach oben. Bei Warnung von Bodenfeinden laufen sie flüchtend in verschiedenen Richtungen davon. Als dritter Ruf ist die Anzeige „Feind in der Nähe" ermittelt worden, wonach sich die Küken eilends verstecken. Der Einfluß der führenden Pute ist größer als der der Geschwister untereinander. Wahrscheinlich kennen sich die Jungen vor dem 3. Monat noch nicht individuell. Nach dieser Zeit beginnen spielerische Kämpfe untereinander, die im 5. Monat am heftigsten sind.

Entenküken lassen bei Verlassenheit einen Klagelaut hören, auf den die Altente reagiert. Zwar kennen sich die Geschwister anfangs gegenseitig nicht, doch sichern sie den Zusammenhalt der Gruppe durch Stimmführungslaute. Auch scheint die Berührung der Jungen untereinander ausschlaggebend zu sein für den Zusammenhalt in der Familie.

Wenn auch die Bereitschaft der Wildgans, sich auf das erste Lebewesen prägen zu lassen, das ihr nach dem Schlupf begegnet, bei der Hausgans nicht mehr so stark ist, ist doch die Bindung zur Mutter und den Geschwistern bei Gösseln von großer Bedeutung. Als Stimmführungslaute dient das charakteristische „Wi-Wi", das bis zum Reifealter beibehalten und dann durch ein kurzes abgehacktes Schnattern abgelöst wird.

Rangordnung, Kampf, Aggression

Mit Ausnahme der Enten bilden alle Arten des Großgeflügels Rangordnungen; bei Puten geschlechtsspezifisch, d. h., die Hähne kämpfen untereinander, die Hennen ihrerseits. Die soziale Stufenleiter entsteht bei den Hähnen weniger durch aktive Kämpfe als durch ständiges „Prahlen", allerdings bilden kämpferische Auseinandersetzungen am Anfang die Ausgangslage. Wird ein fremder Hahn einer „Männergesellschaft" zugesetzt, so entbrennen wieder erbitterte Kämpfe in einer Kettenreaktion. Die zuvor festgelegten Postitionen scheinen vergessen und müssen wieder neu bestimmt werden. Bei Puten sind auch rassenunterschiedliche Auseinandersetzungen festgestellt worden. So gelten Schwarze Puten im Vergleich zu Bronze-Puten als aggressiver. Weiße und Beltsvill-Puten zeigen weitaus geringere Kampflust.

Gänseküken legen die Rangordnung bereits in den ersten Lebenstagen fest. Die Tiere strecken die Köpfe bei waagerecht getragenem Hals frontal einander zu und schnattern heftig. Das unterlegene Tier

Bewegungsmuster der Gans und deren Überlagerung in Konfliktsituationen
von oben links nach unten rechts:
Alarmstellung, Drohen auf Distanz, Angriff, Konflikt zwischen Angriff und Flucht, Verteidigung, Demutsgeste, Annäherung an den Sexualpartner (nach Fischer, 1965, aus Schneider, 1985)

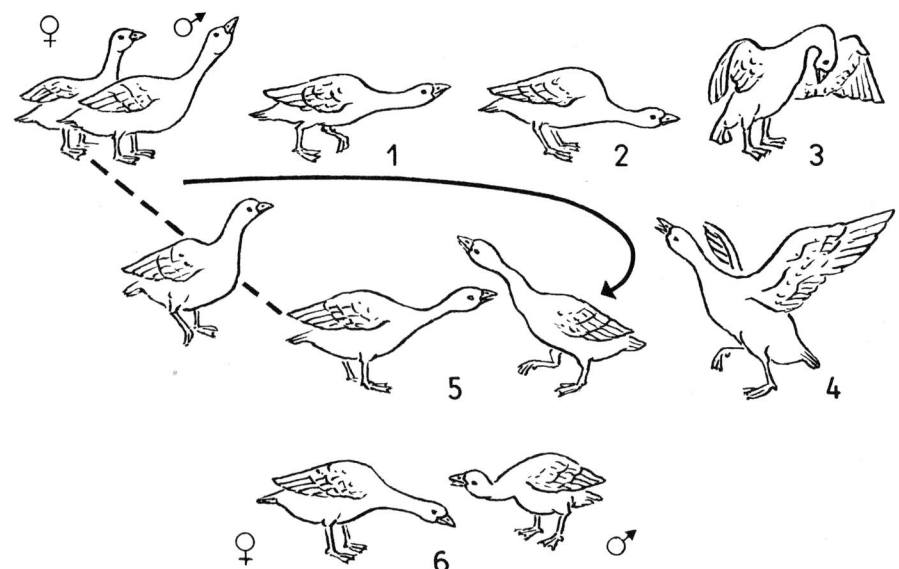

Balz und Paarung (nach Fischer, 1965, aus Schneider, 1985)

wendet den Kopf weg, worauf das überlegene an ihm vorbeisieht. Auch dient der eingezogene und gekrümmte Hals bei erwachsenen Gänsen als Demutshaltung und wirkt aggressionsbeschwichtigend. Angehobener Kopf, ausgestreckter Hals und scharfes Ansehen des Gegners, das „Fixieren", werden als Bedrohung und Herausforderung empfunden.

Der stärkste Ganter führt jeweils die Schar, verbunden mit den Vorrechten bei der Nahrungsaufnahme und der Pflicht der Feindabwehr und des Kampfes mit fremden Artgenossen.

Enten scheinen ohne Rangordnung auszukommen. Jungtiere bilden zwar eine „Aufzuchtgemeinschaft" und verhalten sich aggressiv gegen Jüngere, regeln aber ihre Individualdistanz untereinander durch Auseinanderrücken und Lagern in einem bestimmten Abstand voneinander. Dadurch wird die Rangordnung nebensächlich.

Bei den Moschus-Enten-Erpeln hat sich eine Verhaltensweise herausgebildet, die als Vorstufe des „Triumpfgeschreis" angesehen werden kann. Begegnen sich zwei Erpel, deren gegenseitiges Stärkeverhältnis geklärt ist, bedrohen sich beide durch Halsvorstrecken gegen die Körperflanke des anderen oder an diesem vorbei, wodurch eine Auseinandersetzung vermieden wird. Kennen sich beide Erpel nicht, drohen sie sich frontal an, und der Kampf ist die unausweichliche Folge" (Engelmann, 1980).

Erpel kämpfen nach menschlichem Ermessen „ebenso plump wie ungeschickt". Da die Kämpfe häufig auf dem Land stattfinden, kippen die Tiere nach hinten und kämpfen sozusagen „im Sitzen". Zunächst nähern sich die Rivalen mit eingezogenem Hals und bewegen den Kopf auf und ab. Auf dem Wasser umkreisen sie sich mehr-

Ganter im Kampf
a) Angriff, b) und c) Kampfphase, d) Entscheidung: Flucht und Verfolgung (aus Engelmann, 1984)

mals und packen sich rasch gegenseitig im Brustgefieder, ziehen einander heran und beißen sich in Brust, Nacken oder Körper. Das Schlagen mit den Flügeln nach Stockentenart scheinen unsere Hausenten als Kampfmittel in der Domestikation verloren zu haben; sie zeigen es kaum noch. Kämpfe auf dem Land verlaufen durch gegenseitiges Wegdrücken mit der Brust unter heftigen Bissen. Der Schwächere gibt, meistens auf dem Hinterteil sitzend, den Kampf auf und flüchtet.

Die Kampfmethoden der Gänse sind weitaus stärker entwickelt, so daß daraus sogar selektiv Kampfgänse als Sportvögel herausgezüchtet wurden. Mutig, kraftvoll schlagen die Ganter mit den Flügeln und zeigen regelrechte Nahkämpfe, wobei sie jedoch die Beweglichkeit und die überraschenden Angriffe der Hähne des Haushuhnes vermissen lassen.

Baden und Gefiederpflege

Beim Wassergeflügel hat das Baden als Komfortverhalten ein große Bedeutung. Es dient außer der Reinigung auch der Beseitigung von Unbehagen und der Steigerung des Stoffwechsels. Nicht nur im Schwimmwasser, sondern auch in Trögen und Pfützen versuchen Enten und Gänse, mit kräftigen Flügelschlägen und flachem Eintauchen des Körpers das Gefieder abzuspülen. Schwimmend gelingt das am besten durch schnelles Eintauchen von Kopf und Hals, wobei durch ruckartiges Aufrichten des Vorderkörpers und Zurückbiegen des Halses Wasser über die Körperoberfläche rinnt. Diese Bewegung lassen die Tiere auch dann ablaufen, wenn sie nur mit dem Kopf in ein Wassergefäß gelangen können. Auch das anschließende Spreizen des Gefieders scheint „programmiert" zu sein.

291

Erst dann schließt sich die Gefiederpflege durch Putzen mit dem Schnabel an.

Gänse und Enten ordnen und glätten die Federn, fetten sie mit einem Sekret aus der Bürzeldrüse ein und machen so das Gefieder wasserfest. Schon im Alter von 2 Wochen zeigen Jungenten diese typischen Verhaltensabläufe. Artspezifisch ist auch das Schütteln der Schwanzfedern, das Schlagen mit den Flügeln bei aufgerichtetem Körper und das Kopfschütteln. Schließlich gehört noch das Kratzen mit den Zehennägeln an Kopf und Hals zum Komfortverhalten. Auf die Glättung des Bauch- und Brustgefieders verwenden Gänse und Enten besondere Sorgfalt, wobei Enten mehr mit dem Schnabel über die ganze Federpartie fahren als die einzelne Feder zu bearbeiten. Die Gefiederpflege gelingt natürlich am besten, wenn reichlich sauberes Wasser zur Verfügung steht.

Spezielle Putzbewegungen kann man bei Gänsen beobachten. Die Tiere benutzen nicht nur den Schnabel zum Einölen, sondern auch den Hals, die Kehle und die Kopfseiten. Fehlt ihnen dazu Wasser, so versuchen sie, Sand und Erde durch das Gefieder rinnen zu lassen, wobei Kahlstellen am Hals und Gefiederverschmutzung entstehen können. Dieses Verhalten zeigen auch Warzen-Enten. Das Schwanzschütteln scheint starkes Wohlbehagen auszudrücken: Gänse zeigen es auch nach dem Tretakt und bei intensiver Gefiederpflege. Puten pflegen ihr Gefieder ähnlich wie Hühner. Sie ziehen die einzelnen Federn durch den Schnabel. Verschmutzte oder ausgefranste Federn verleiten die Tiere dann nicht selten zum Federfressen. Das Staubbad gehört unbedingt zum Komfortverhalten der Puten, und die Möglichkeit dazu sollte in keiner Stall- und Auslaufanlage fehlen. Eindeutig festgestellt ist, das Staubbaden mit einem Rückgang der Aggression verbunden ist; außerdem beugt es der Langeweile und dem Federfressen vor.

Fortpflanzungsverhalten

Die Balzspiele der wildlebenden Stockenten beginnen schon im Herbst. „Es handelt sich mehr um ‚Schaustellungen' (Lorenz, 1968) oder um ein Gesellschaftsspiel der männlichen Gemeinschaft" (Engelmann, 1910). Schon Heinroth (1910) unterschied bei dieser Balz „Antrinken", „Scheinputzen", „Sichschütteln", „Grunzpfiff", „Kurzhochwerden" und „Auf- und Ab-Bewegungen". Am Schluß der Balzhandlung steht intensives Geschnatter. Die Weibchen greifen schließlich in die Balz ein, indem sie hinter einem Erpel herschwimmen und dabei rückwärts über die Schulter Drohgesten gegen einen anderen Erpel ausführen. Fast alle Wildentenarten zeigen dieses typische „Hetzen". Entweder der balzende Erpel greift dann den „verhetzten" Rivalen direkt an, oder er begnügt sich mit einer symbolischen Andeutung durch Hochschrecken des Schnabels und Zuwendung des Hinterkopfes gegen die Ente.

Die „Hochzeit" ist dann vollzogen, wenn der Erpel dieses Muster mehrmals wiederholt. Der Paarung geht die Aufforderung durch die Ente mit vorgestrecktem Hals und flachem Hinducken auf die Wasserfläche voraus. Begleitet wird diese Zeremonie durch das „Pumpen", ein immer schnellerwerdendes Schnabeleintauchen und langsames Aufrichten und Hochstrecken von Hals und Kopf, woran sich der Erpel dann beteiligt. „Nach der Paarung hebt der Erpel ruckartig seinen Vorderkörper aus dem Wasser, als ‚Aufreißen' bezeichnet, und folgt mit lang ausgestrecktem Hals, im ‚Nickschwimmen' der Ente" (Engelmann, 1984).

Beim Hauserpel ist dieses Balzmuster reduziert. Es fehlen „Grunzpfiff" und „Pfeifen". Das Schwanzschütteln, die Kopfwendungen und das Androhen laufen nur rudimentär ab. Die Bewegungen, die beim Wilderpel mit Stimmlauten verbunden sind, fehlen beim Hauserpel völlig, dagegen zeigt die Hausente das „Pumpen" und das „Nickschwimmen", wenn auch mit abgeschwächtem Vorstrecken des Kopfes in Schräglage (Winkel von 45°). Unsere Hausenten sind bezüglich der Gatten nicht wäh-

Balzspiele der Erpel
a) Kurz-Hochwerden, b) Hindrehen des Hinterkopfes zur Ente, c) Umwerben, f) „Pumpen" als Paarungseinleitung, g) Tretakt, h) Abweisungsgebärde der Ente (aus Engelmann, 1984)

lerisch. Fast alle Erpel werden zum Tretakt zugelassen. Hauserpel paaren oft ohne Vor- und Nachspiel, so daß die Grenzen zwischen echter Begattungsbalz und brutaler „Vergewaltigung" verwischt sind. Allerdings gehen auch Wilderpel manchmal so vor.

Der Brutinstinkt und die Nestbindung ist bei den meisten Hausenten stark reduziert oder völlig entfallen. Sie legen daher ihre Eier auch oft an andere Stellen im Stall oder Auslauf ab. Hochbrut-Flug- und

Zwergenten brüten jedoch meist regelmäßig, Smaragd-Enten noch recht häufig.

Die lebenslange Einehe der Graugans ist schon sprichwörtlich geworden. Besonders die Forschung von K. Lorenz und seiner Schüler haben viele Einzelheiten gesichert. Die Werbung der geschlechtsreifen Ganter beginnt zunächst in einiger Entfernung von der Gans. Mit aufgestellten Flügeln, hochgerecktem Hinterteil und übertrieben kraftvoller Haltung versucht der Ganter, die Aufmerksamkeit des Weibchens auf

Triumpfgeschrei (links), Imponierschwimmen und Triumpfgeschrei des Ganters nach dem Tretakt (aus Engelmann, 1984)

sich zu lenken. Das Imponiergehabe an Land verläuft mit gelockerten, in den Ellenbogen leicht angehobenen Flügeln und herausgedrücktem Nacken. „Bei jedem Schritt dreht sich der ganze Vogel eigentümlich steif und gewichtet viel weiter nach rechts und nach links, als dies sonst der Fall ist" (Lorenz, 1978). Das Imponierfliegen setzt das protzende Verhalten fort. Immer wieder, schon beim geringsten Anlaß, demonstriert der Ganter seine Flugtüchtigkeit vor der Gans, obwohl ihm eigentlich das Auffliegen schwerfällt. Beim Schwimmen zeigt das Männchen stets seine volle Breitseite. „Die Gans ihrerseits blickt hin und wieder, gleichsam verstohlen, zu dem Wichtigtuer hin, der bei alledem der Gans zwar beständig folgt, sich aber immer in einer angemessenen Entfernung von ihr und ihrer Familie aufhält. Zur nächstfolgenden Phase, der symbolischen Verteidigung des Weibchens, geht der Ganter erst über, wenn die Gans dazu anregt. Der Ganter greift dann irgendeinen nebensächlichen Gast auf dem Teich oder auf dem Lande an, kurz und nur zum Schein, zuweilen allerdings auch Gegner, vor denen er bislang Furcht hatte, und sucht danach stolz und siegesbewußt seine Auserwählte (oft unter Einschaltung kurzer Flüge). Nach einer im einzelnen verschieden langen Zeit des Abwartens stimmt die Gans bei ebenfalls schräg vorgestrecktem Kopf in das ‚Triumpfgeschrei‘ des heimkehrenden Siegers ein, und von diesem Augenblick an gehört das Paar fortan zusammen" (Engelmann, 1984).

Der biologische Sinn steht im Zusammenhang mit der von Darwin 1859 beschriebenen „geschlechtlichen Zuchtauswahl" durch die Weibchen und der Sicherung der nachfolgenden Brut und Aufzucht. Nach der Verpaarung verteidigen die Tiere ein gemeinsames Brutrevier, in dessen Mittelpunkt das Nest errichtet wird. Artgenossen werden schon am Rande des Reviers mit harten, kurzen und hohen Trompetentönen gewarnt. Die eigentliche Paarung wird eingeleitet durch eine Bewegung, die ursprünglich zum Nestbau gehört haben dürfte. Sie erinnert an das Heraufholen von Nestbaumaterial vom Teichboden. Gründelnd schwimmen die Tiere nebeneinander, der Ganter berührt die Gans seitlich, die schließlich eine Körperseite tiefer einsenkt, um dem Ganter das Aufsteigen zu ermöglichen.

Zwar treten bei der Hausgans auch noch einzelne Elemente der Balz- und Paarungshandlung auf, sind aber gegenüber der Wildform aus dem Zusammenhang gerissen. Die ursprüngliche Einehe der Graugans ist bei der Hausgans von der Vielehe abgelöst worden. Durch die Domestikation hat einerseits die Fortpflanzungsintensität (Fruchtbarkeit, Legeleistung, relative Unabhängigkeit der Spermien- und Eizellenbildung von der Jahreszeit, Frühreife) zugenommen, andererseits sind die Balzrituale und das Inzesttabu reduziert und verändert. Schon einjährige Hausganter balzen andeutungsweise und zeigen dann relativ rasch ihre Paarungsbereitschaft. Er wirbt um die Gans, indem er in ihrer Nähe

Futterbrocken aufnimmt und sie ständig begleitet. Auch die Gans nimmt kleine Futterstückchen oder Steinchen auf und wendet sich aktiv an den Ganter, indem sie sich an ihn drängt. Gegenseitiges Gefiederkraulen und Berühren der Schultern mit den Hälsen gehen dem Hinducken der Gans voraus. Manchmal drücken stürmische Ganter auch ihre Auserwählte einfach im Rücken durch Auflegen von Kopf und Hals hinunter. Die Landpaarung verläuft durch Aufsitzen des Ganters und schaukelnden Bewegungen beider Partner. Auf dem Wasser zeigen die meisten Ganter noch das Imponierschwimmen ihrer wilden Ahnen, nehmen aber auch die Paarung ohne Vorspiel recht oft so stürmisch vor, daß sie wie eine „Vergewaltigung" erscheint.

Bei Puten sind Balz und Paarung noch recht ursprünglich. Bekannt ist der balzende, radschlagende Puter. Dieses Verhalten ist aber nicht auf eine einzelne bestimmte Henne gezielt, sondern zunächst nur allgemeiner Ausdruck seiner Paarungsbereitschaft. Meistens geht die eigentliche Paarungshandlung von der Henne aus, die den Hahn aktiv aufsucht. Sie nähert sich dem Hahn und legt sich mit weit ausgestrecktem Hals flach auf den Boden. Doch der Puter vollzieht nicht sofort die Paarung, sondern imponiert erst noch eine Weile mit seinem gespreizten Gefieder und den Farben der Kopf- und Halshaut. Nach dem Aufsteigen tritt er die Henne mit beiden Füßen abwechselnd, was bei sehr schweren Hähnen nicht selten zu Verletzungen der Hennen führt. Daher sind in der Zucht bestimmte Schutzmaßnahmen durch Auflegen von Tretdecken entwickelt worden. Kurz vor der Kopulation hat die Pute das Schwanzgefieder hochgestellt, der Hahn die Steuerfeder zusammengeklappt und sich auf die Fersen niedergelassen. Nach der Paarung erfolgt kein weiteres Zeremoniell.

Von Störungen bei der Putenpaarung berichtet Engelmann (1984): „So stampfen Puter zuweilen den Boden neben der still und ausgestreckt daliegenden Pute mit den Füßen, wobei sie der Henne in ihrer Benommenheit sogar auf den Kopf treten. Manche Puter steigen verkehrtherum auf und verhindern dadurch den natürlichen Paarungsablauf und damit die Befruchtung. Derartige Triebschwächen sind häufig bei jungen Truthähnen beobachtet worden. In Zuchtbetrieben treten dadurch recht empfindliche Verluste auf, zumal gerade bei Puten das ‚Anstoßnehmen' oder der Geschlechtsneid, d. h. das Stören anderer Hähne bei der Paarung, stärker ausgebildet ist als beim Huhn."

Vererbung

Biologische Grundlagen

Die Weitergabe der Erbinformation von einer Generation auf die folgende bezeichnen wir als Vererbung. In den Kernfäden der Zellkerne, den Chromosomen, sind die Erbinformationen verschlüsselt gespeichert. Die Chromosomen bestehen aus langen Ketten von Desoxyribonukleinsäuremolekülen (DNS). In den Chromosomen befinden sich die kleinsten Träger der von Vater- und Muttertier erhaltenen Erbmerkmale, die Gene, die ebenfalls aus DNS bestehen. Die Kernfäden sind, mit Ausnahme der Geschlechtschromosomen, paarig (diploid) vorhanden.

Sind die Gene an den gleichen Stellen des Chromosomenpaares lokalisiert, werden sie als Allele bezeichnet; sie liegen sich gegenüber und wirken auf das gleiche Merkmal ein.

Alle Erbmerkmale werden bei der Teilung jeder Zelle durch Verdoppelung aller Gene an die Tochterzelle weitergegeben.

Dabei können aber ausschließlich vorhandene Merkmale (Genotyp), nicht aber erworbene Merkmale (Phänotyp), übertragen werden.

Pute, Gans und Warzen-Ente haben 40, Abkömmlinge der Stockente 39 Chromosomenpaare. Wie bei allen Vögeln ist auch bei der Pute das weibliche Tier heterogametisch (beim Säugetier das männliche). Folglich ist beim Puter das Geschlechtschromosom paarig (XX) vorhanden, bei der Pute jedoch nur einfach (X0).

Die Geschlechtszellen (Samen- und Eizellen) entstehen durch die sogenannte Reduktionsteilung, d. h., jede Geschlechtszelle besitzt nach dieser Teilung einen einfachen (haploiden) Chromosomensatz. Dadurch wird erreicht, daß mit der Befruchtung (Verschmelzung von Samen- und Eizelle) zur Zygote das neu entstehende Lebewesen wieder den normalen, d. h. diploiden Chromosomensatz hat, wobei je die Hälfte der Erbanlagen vom Vater- und Muttertier stammen.

Da bei der Reduktionsteilung zwar jede Samenzelle, aber nur jede zweite Eizelle ein Geschlechtschromosom erhält, entstehen bei der Befruchtung wieder männliche und weibliche Zygoten.

Farbvererbung

Gebrauchskreuzungen und Kennrassen sind in der Putenzucht kaum bekannt. „Eine Ausnahme bildet die braune (kalifornische) Pute. Sie soll sich zur Gebrauchskreuzung mit Bronze-Puten eignen. Die Kreuzung brauner Hahn mit bronzener Henne ergibt bronzene Hahnenküken und braune Hennen." (Gigas, 1986).

Beim Puter werden in folgenden Farbenschlägen die Genpaare geschlechtsgebunden vererbt:

Bronzeglanz, Albino, Braun.

Für die farbbestimmenden Gene bei Puten werden (nach Gigas, 1986) folgende Symbole verwendet:

C	=	Farbe (dominant)
c	=	weiß (rezessiv – vermindert Farbstoffbildung)
B	=	schwarz
b	=	bronze
b_1	=	Verhinderung der Flügelstreifung
D	=	Schieferfaktor, Verdünnung der Hautfarbe
d	=	weitere Aufhellung der Farbe
(E	=	Verhinderung der Farbe Braun)
e	=	braun
N	=	Bronzeglanz
n	=	ohne Bronzeglanz
n^a	=	Albino (stark letal)
R	=	Verhinderung der Farbe Rot
r	=	bräunlich rot
sl	=	rezessives Schiefergrau
sp	=	gescheckt

„Geschlechtsgebundene Aufhellung des Gefieders bei Gänsen wird durch das dominante Gen Sd bewirkt. Sein rezessives Allel sd ist der Faktor für intensive Pigmentie-

Genformeln einiger Putenfarbenschläge (nach Gigas, 1986)

Gefiederfarbe	Genformel der Hähne	Genformel der Hennen
Bronze	CC dd NN bb RR	CC dd N-bb RR
Schwarz	CC dd NN BB RR	CC dd N-BB RR
Schwarzflügel (Bronze)	CC dd NN b^1b^1 RR	CC dd N-b^1b^1 RR
Narragansett	CC dd nn bb RR	CC dd n-bb RR
Rote Bourbon	CC dd NN bb rr	CC dd N-bb rr
Jersey Buff (Gelb)	CC dd NN BB rr	CC dd N-BB rr
Jersey Buff	CC dd NN b^1b^1 rr	CC dd N-b^1b^1 rr
Schiefergrau (dominant)	CC DD NN bb RR	CC DD N-bb RR
Blau	CC DD NN BB RR	CC DD N-BB RR
Weiß	cc mit jeder anderen Kombination	

rung des Gefieders. Bei grauen Gänserassen liegt dieser Faktor homozygot vor. Der Sd-Faktor ist dominant. Daher führt eine Verpaarung von weiblichen weißen Höckergänsen mit männlichen grauen zu geschlechtskenntlichen Küken. Die männlichen Nachkommen haben hinsichtlich der Federpigmente die Erbformel sd Sd verbunden mit hellgrauer Dunenfärbung, die weiblichen Tiere die Struktur sd mit dunklerer Dunenfärbung. Auch die Schnäbel sind bei den Gänseküken dunkler pigmentiert als bei den Ganterküken" (Schneider, 1983).

Männliche Gössel der Emdener Gänse zeigen hellere Graufleckung an Kopf, Nacken und Schultern als die weiblichen Küken. Die Pigmentverdünnung ist beim Ganter in doppelter Dosis vorhanden. Bei beiden Geschlechtern wird das autosomale (nicht an das Geschlechtschromosom gebunden) Gen C („Ausfärbung") durch den Scheckungsfaktor sp abgeschwächt. Daher fällt die Farbaufhellung geschlechtsspezifisch unterschiedlich aus, so daß man von einer Kennrasse sprechen könnte.

Genformeln bei Emdener Gänsen:

Ganter: C C Sd Sd sp sp
Gans: C C Sd – sp sp
Folgende Gene sind bei der Gans in der Farbvererbung wirksam:

C = Farbstoffbildung
c = Farbstoffverhinderung (rezessives Weiß)
Sp = Volle Ausfärbung

sp = Verhinderung der vollen Ausfärbung (Scheckungsfaktor)
Wb = Weißer Brustfleck
wb = Brustfleckverstärkung
Ns = Aalstrich
ns = Aalstrichverstärkung
Sd = Pigmentverdünnung
sd = Pigmentverstärkung

Nur der Faktor Sd sd ist an das Geschlechtschromosom gebunden, alle anderen Gene werden autosomal vererbt.
Geschlechtsgebunde Vererbung bei Enten ist nur in den 3 Farbfaktoren A = nicht braun, a = braun, Bu und bu = Verdünnungsfaktor beim Orpingtongelb und G = blau/nicht blau bekannt.
Die Wildfarbigkeit der Stockente und ihrer domestizierten Abkömmlinge wird mit dem Faktor M in 3 unterschiedlichen Ausprägungen differenziert:

M^r = eingeschränkt wildfarbig
M = wildfarbig
M^d = dunkelwildfarbig

Bei daunentragenden Küken sind die Unterschiede am deutlichsten.
Der Helligkeitsgrad der Wildfarbe wird außerdem von einer zweiten Allelenserie bestimmt:

Li = dunkler Typ
li = heller Typ
Li^h = Harlekin

Liegt die Aufhellung durch Li vor, so ist die Bauchseite völlig gefärbt; bei erwachsenen Enten wird das Gefieder durch li nicht wesentlich beeinflußt. Dagegen bewirkt die

Aufhellung durch Li^h auch bei erwachsenen Tieren fast weißes Gefieder, das nur auf dem Kopf graue und an Flügeln und Schwanz hellgraue Pigmentierung zeigt. Die grünschwarze Spiegel, Kopf- und Halsfarbe sowie der rötlich-violette Brustansatz werden von Li^h nicht beeinflußt.

Das Symbol C bezeichnet den für die Pigmentbildung generell verantwortlichen dominanten Faktor. Umgekehrt verhindert das durch c symbolisierte rezessive Allel jegliche Pigmentbildung. Der Faktor E bewirkt die Schwarzfärbung und in Verbindung mit dem dominanten und geschlechtsgebundenen Faktor G die Blaufärbung. Reinerbig blaue Tiere tragen das Symbol GG, mischerbige Gg.
Die khakibraune Färbung bei Enten wird durch die Verbindung der Faktoren Li, Li^h und d hervorgerufen; gelbe Orpington-Enten sind eigentlich „buff" (Symbol für den Verdünnungsfaktor = bu). Bestimmte Gene bewirken die Ausbildung weißer Gefiederbezirke, z. B. S = weiße Brust und weißer Hals, b = weiße Brust. Die Faktoren Kw und R führen zu weißen Handschwingen.

Genformeln der wichtigsten Farbenschläge der Enten:

Wildfarbig	Cc ee gg DD
Schwarz	CC EE GG DD
Blau	CC EE GG DD
Khakifarben	CC ee gg dd
Orpingtongelb	CC ee GG dd bu bu
Weiß	cc

Der perlgraue oder -blaue Farbenschlag der Warzen-Ente entsteht durch das rezessive Gen n, „der aber gegenüber N offensichtlich nur unvollständig rezessiv ist, da die Kombination Nn eine dunkelblaue Farbe ergibt" (Pingel, 1985). Vermutlich ist eine autosomal rezessive (nicht an das Geschlechtschromosom gebundene) Anlage – pp – für die vollständige Aufhellung zum Weiß bei der Warzen-Ente verantwortlich.

Verschiedene Phänomene bei der Scheckung:

Dominante Weißkopfscheckung = C (kann auch auf andere Bezirke ausgedehnt sein)
Rezessive Weißscheckung = d (kleine weiße Abzeichen)

Streifungsmuster bei Warzen-Enten (früher „gesperbert" genannt) sind in zwei Auswirkungen bekannt: b = barred = gestreift (ähnlich dem Streifungsmuster bei Hühnern), br = braungeriffelt (Streifung auf grauem Grund).

Genformeln der Farbenschläge der Warzenenten:

Wildfarbig, schwarz	cc NN PP
Weißkopfscheckung	Cc NN PP
Dunkelblau	cc Nn PP
Perlgrau	cc nn PP
Weiß	PP
Schwarz mit kleinen weißen Abzeichen	cc NN PP dd
Schwarz mit weißen Streifen	cc NN PP bb

Brut und Aufzucht

Puten

Die gezielte Zucht beginnt mit der Auswahl geeigneter Elterntiere. Um den Grundsatz „Der Hahn ist mindestens die halbe Herde" zu illustrieren, führt Römer (1955) folgendes Beispiel an: „Wenn 15 angepaarte Hennen je 30 bis 40 Eier bzw. je 21 Küken = zusammen 315 Nachkommen bringen, so sind seine Eigenschaften in jedem Küken vertreten, die jeder Henne dagegen nur in 21 Tieren." Obwohl in der Rassezucht der Phänotyp (Form, Gefiederfarbe und -zeichnung) eine entscheidende Rolle spielt, sollte aber auch unter dem Gesichtspunkt der Qualität des Erbgutes ein von einer legestarken Mutter abstammender Hahn eingesetzt werden. Einjährige Hähne sind dann für den Zuchtstamm vorzuziehen, wenn sie alle Merkmale einer guten Vererbung zeigen. Mehrjährige können

schon im dritten Jahr unfruchtbar sein. Auch ist zu beachten, daß allzu schwere Hähne die Begattung nur schwer vornehmen können oder die Hennen beim Tretakt erheblich verletzen. Das Alter neugekaufter Hähne kann man ungefähr bestimmen: Beim zweijährigen Hahn sind die Sporen etwa 6 bis 8 mm lang; sind sie länger als 10 mm, so ist altersbedingte Unfruchtbarkeit sehr wahrscheinlich. Auch sollte der Haarbüschel nicht länger als 12 cm sein. Die in den USA und England entwickelten Satteldecken als Verletzungsschutz für Hennen aus Segeltuch oder dünnem Leder können selbst angefertigt werden. Ihre Länge sollte ca. 28, die Breite 26 cm betragen. Ein weiterer Verletzungsschutz ist das Abfeilen der Zehennägel und Sporen des Hahnes.

Zu einem Hahn können je nach Größe des Farbenschlages bis zu 20 Hennen gesetzt werden, besser ist jedoch die Verpaarung im Verhältnis 1 : 10 oder 1 : 15. Die Zusam-

Verschiedene Körperformen (aus Gigas, 1986)
a) normaler Zuchttyp
b) und c) X- und O-beinige Tiere nicht zur Zucht geeignet

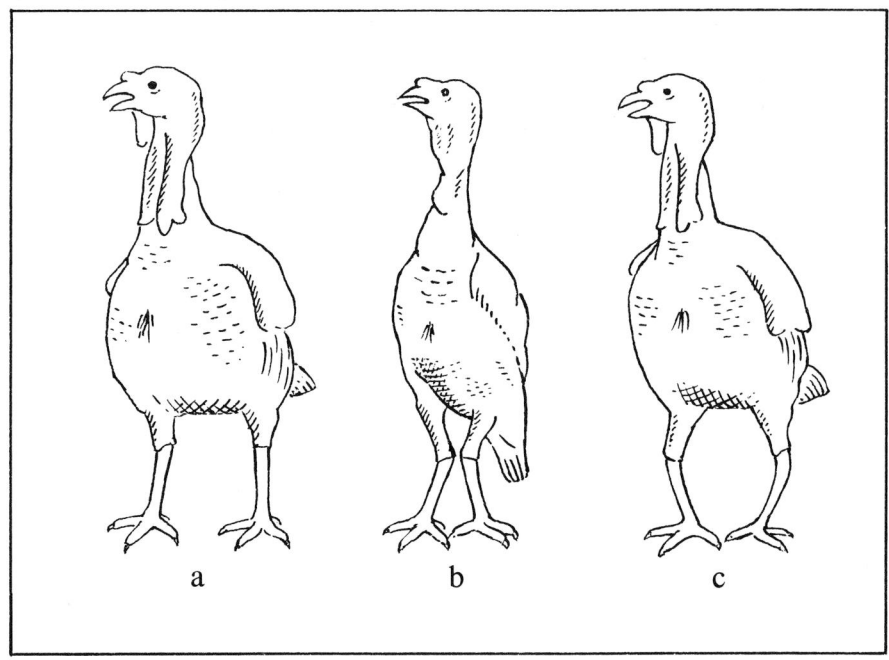

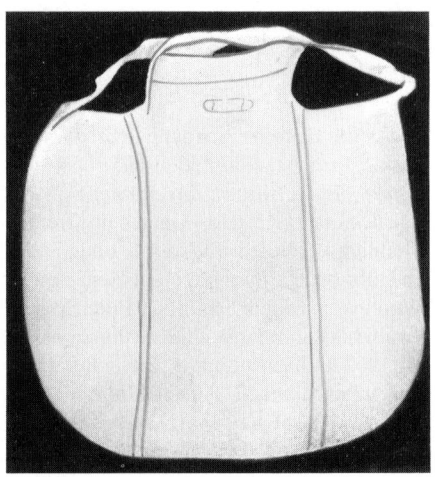

Schutzsattel für Puten (aus Gigas, 1986)

sollte 9 Monate sein. Die Auswahl der Zuchthennen erfolgt unter den Kriterien Alter, Legeleistung, Exterieur und Farb- bzw. Zeichnungsmerkmale. Einjährige Puten (Mindestalter 8 Monate) können für die Zucht genauso wertvoll sein wie bewährte mehrjährige Tiere. Es ist ein Irrtum anzunehmen, daß schwere Putenhennen aufgrund ihres höheren Altersgewichtes auch schwerere Nachkommen erbringen als altersbedingt etwas leichtere Junghennen.

Befruchtung und Bruteiqualität

Die Befruchtungsrate hängt von verschiedenen Faktoren ab. Außer den schon genannten Alters-, Gewichts- und Erfahrungskriterien der Hähne spielen Temperaturen, Lichteinflüsse, Krankheiten, Störungen bei den Paarungsakten und vererbte Neigungen bei Hähnen und Hennen eine Rolle. Auch können zu starke Inzucht und schlechte Behandlung der Bruteier verantwortlich sein für unbefriedigende Befruchtungsraten.

Nach einem einzigen Begattungsakt (Mindestmenge des Spermas 0,2 ml) kann die Befruchtungsfähigkeit des Spermas im Eileiter der Henne 3 Wochen vorhalten. Dadurch wird meistens ein ganzes Gelege befruchtet. Die Befruchtung setzt erst nach einigen Tagen ein (regulär: 7 Tage; Ausnahmefälle: 24 Stunden). Da der Hahn nicht mit Beginn der Stammzusammenstellung alle Hennen paart, kann es bis zu 3 Wochen dauern, bis alle befruchtete Eier legen.

Die künstliche Besamung, wie sie in Farmen zur Erzeugung von Massenprodukten üblich ist, dürfte für den Züchter von Rasseputen nicht in Frage kommen.

Qualität und die Behandlung der Bruteier sind ausschlaggebend für den Schlupferfolg. Je nach der im Standard geforderten Körpermasse muß das Mindestgewicht zwischen 70 und 95 g liegen. Größere Eier haben eine nicht nur bis zu 10 Stunden verlängerte Brutdauer, sondern können auch zu unbefriedigenden Schlupfergebnissen führen, während die besten Resultate mit Eiern mittlerer Masse erzielt wurden. Beim Zusammenstellen eines Geleges in

menstellung sollte schon im Dezember erfolgen, denn der Legebeginn liegt − ohne Lichtprogramm − im Februar/März. Die Bruteier können dann zum Zeitpunkt des Legehöhepunktes mit meist recht guter Befruchtungsrate gesammelt werden. Die Vorteile (nach Gigas, 1986):

− geringer Anteil brutuntauglicher kleiner Eier
− gute Befruchtung
− kurze Sammel- und Aufbewahrungszeit der Bruteier vor der Einlage verhindert das Absinken der Schlupffähigkeit
− optimale Aussage über züchterischen Fortschritt hinsichtlich der Schlupfleistung
− geringe Altersunterschiede der Stammnachzucht

Bei enger Verwandtschaftszucht ist die Festigung von gewünschten Merkmalen in Form und Farbe, jedoch auch vielfach Leistungsminderung die Folge. Gelegentlich sehen wir auch durchaus positive Auswirkungen der Inzucht, z. B. in Form einer Leistungssteigerung.

Bei schweren Rassen und Althähnen sollte die Anzahl der Hennen nicht mehr als 8 betragen. Die durchschnittliche Befruchtung von etwa 80 % der Eier wird so besser erreicht. Das Mindestalter des Zuchthahnes

der Naturbrut und bei der Einlage in der Kunstbrut achte man darauf, daß die Massedifferenz der Eier möglichst nicht 10 g übersteigt.

Sauberkeit der Schale, normale Form und feste Schalenqualität sind Auslesekriterien für Bruteier. Verschmutze Eier führen zu stärkerer Keimbesiedlung während der Brut und sind deshalb auszuschließen. Risse und Brüche in der Schale lassen Krankheitserreger eindringen, während Kalkablagerungen die Qualität des Bruteies nicht mindern, wenn sie nicht übermäßig (Quer und Längsrillen, Auswüchse) sind. Vor dem Einlegen durchleuchte man die Eier, um ihre innere Beschaffenheit zu erkennen. Eier mit Blut- und Fleischflekken, doppeltem Dotter, zu großer oder falsch sitzender Luftblase sind ebenso brutuntauglich wie solche mit Fremdkörpereinlagerung und beweglicher Luftblase.

Häufiges Absammeln (am besten mehrmals am Tag im Abstand von 3 Stunden) und saubere Legenester bringen einen hohen Anteil sauberer Eier. Nach dem Sammeln werden die Eier am besten sofort desinfiziert, wofür sich eine Mischung von Kaliumpermanganat und Formalin (je m³ Rauminhalt 20 g Kaliumpermanganat auf 30 g Formalin), im Desinfektionsschrank angewendet, bewährt hat. Das Formalin muß stets auf eine Grundlage aus Kaliumpermanganat im Bodengefäß gegossen werden. Nach 20 Minuten Desinfektionszeit ist der Schrank gut zu lüften. Richtig desinfizierte, einwandfreie Bruteier können bis zu 14 Tage aufbewahrt werden.

Bei 70 bis 80 % relativer Luftfeuchtigkeit und 12 bis 15 °C Temperatur, mit dem stumpfen Ende nach oben gestellt, erfolgt die Bruteilagerung. Auch der Transport soll so vorgenommen werden. „Eine weitere Schlupfverbesserung bei Lagerzeit über eine Woche wird erreicht, wenn man diese Eier am siebenten Tag auf 37,5 °C erwärmt und sie sofort nach Erreichen der Temperatur abkühlen läßt" (Gigas, 1986). Das dreimalige Wenden am Tage begünstigt ebenfalls die Schlupffähigkeit.

Aufbau des Puteneies (aus Gigas, 1986)

1 Kalkschale
2 äußeres Blatt der Schalenhaut
3 inneres Blatt der Schalenhaut
4 Luftkammer
5 äußeres dünnflüssiges Eiklar
6 mittleres dünnflüssiges Eiklar

7 inneres flüssiges Eiklar
8 Eimembran
9 Hagelschnüre
10 Eikeim
11 weißer Dotter
12 gelber Dotter
13 weißer Dotter

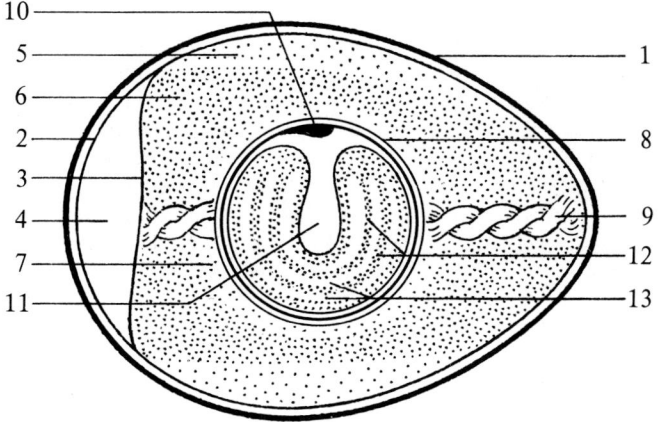

Naturbrut

Die Naturbrut entspricht der Pute insofern, als sie über einen gut erhaltenen natürlichen Bruttrieb verfügt, auch wenn die Formulierung „in ihrem dem Wildschwein noch sehr nahekommenden Zustand" von Römer (1955) eher scherzhaft anmutet. Hennen legen bei großem Auslauf an Stellen, die ihnen zur Brut geeignet erscheinen, doch entstehen bald Verluste durch Krähen, Wiesel, Iltisse, Katzen und Igel, so daß die Brut doch im sicheren Raum durchgeführt werden sollte. Da in der gezielten Zucht Fallnester verwendet werden, errichtet man der Brutpute am besten ein eigenes Brutnest. Dazu können Steine oder ein Holzkasten verwendet werden. Auf Sandgrund wird eine Mulde aus Heu oder Stroh angelegt, die mit einem Schädlingsbekämpfungsmittel bestreut wird. Bleibt die Pute zu dem vom Züchter gewählten Zeitpunkt nicht sitzen, wird die Methode der **Zwangsbrut** angewandt.

Das Brutnest wird mit einem Lattenrost oder Korb so verschlossen, daß die Henne bequem sitzen und durch entsprechende Öffnungen Futter und Wasser aufnehmen kann. Das Aufstehen muß durch die richtige Höhe unterbunden werden. Einige vorgewärmte Gipseier unter der Henne lösen überdies den Bruttrieb aus. Man läßt sie zunächst störungsfrei 2 Tage sitzen und nimmt sie dann für 15 Minuten heraus. Nach 3 bis 4 Tagen gleichbleibender, ruhiger Betreuung geht die Henne meistens von alleine auf das Nest zurück. Bleibt sie dann 3 Tage ruhig auf dem Nest sitzen, kann man die eigentlichen Bruteier unterlegen.

Das Gelege sollte nicht mehr als 16 Eier zählen (20 bis 23 Hühnereier). Verläßt die Henne dauernd unruhig das Nest, hilft meistens eine Verdunkelung der Nestecke oder des Stalles. In Abständen von 2 Tagen hebt man die Glucke auf und läßt sie eine Weile in den Auslauf. Füttern, Tränken und Entleeren sowie ab und zu ein kurzes Staubbad trägt zum Wohlbefinden des Tieres bei. Das Abheben vom Nest muß vorsichtig erfolgen, damit keine Eier durch die Füße oder Flügel herausfallen. Befinden sich die Bruthennen in gutem Futterzustand, kann man sie auch ein zweites Mal brüten lassen, kei-

Zwangsbrut (aus Gigas, 1986)

nesfalls aber öfter, da das Brutgeschäft doch sehr an den Kräften zehrt. Legt der Züchter größeren Wert auf möglichst viele Eier einer wertvollen Zuchthenne, so kann die unerwünschte Brutlust durch Brutentwöhnungskäfige unterbunden werden, wie sie für Haushühner üblich sind. Die Brutzeit beträgt 27 bis 29 Tage.

Kunstbrut

Die Kunstbrut mit Puteneiern erfolgt nach der gleichen Methode wie bei Eiern von Haushühnern (s. dazu auch Schmidt, H.: Handbuch der Nutz- und Rassehühner, Verlag Neumann-Neudamm, Melsungen 1985). Die Grunddaten noch einmal im Überblick: Vorbrutphase − 1. bis 24. Tag, Temperatur 37,6 °C, relative Luftfeuchtigkeit 55 bis 66 %, tägliches Wenden − mindestens 3mal, Wendewinkel zwischen 90° und 180°. Kühlung vom 15. bis 18. Bruttag täglich für die Dauer von 5 Minuten, 19. bis 24. Bruttag − 10 Minuten. Während der Schlupfbrutphase − Temperatur 37,2 °C, relative Luftfeuchtigkeit 80 bis 85 %.

Aufzucht und Fütterung der Jungputen

Natürliche Aufzucht

Die natürliche Aufzucht hat Vor- und Nachteile. Putenhennen im Freilauf führen meistens die Küken unzuverlässig, d. h., sie schweifen zu weit umher und bieten den wenige Tage alten Jungen zu wenig Ruhe und Wärme. Zweckmäßig sind daher Kükenheime mit überdachtem Stall- und vergittertem Auslaufteil. Die Altpute, die nach dem Schlupf noch einmal gegen Ungeziefer behandelt wurde, verbleibt zunächst einige Tage abgesperrt im Heim. Die Öffnungen erlauben nur den Küken den Auslauf in das Gehege. Dadurch werden Verluste durch die wandernde Glucke vermieden; die Küken können jederzeit unter ihr Schutz und Wärme suchen. Zu beachten ist grundsätzlich, daß Putenküken mehr Wärme benötigen und mehr vor Nässe geschützt werden müssen als Hühnerküken. Ins Freie sollten die Jungen daher nur bei trockenem Wetter und wenn sich der Boden in den Mittagsstunden erwärmt hat. Bewährt haben sich durch Rol-

Brutfehler (nach Siegmann, 1983, zit. in Gigas, 1986)

Befund	Ursache
Unbefruchtete Eier	Ungünstiges Geschlechtsverhältnis, schlechte Verfassung der Elterntiere, Behandlung mit ungeeigneten Therapeutika, Fehler bei der künstlichen Besamung
Abgestorbene Embryonen 1. Schieren	Unzureichende Brutschrankfestigkeit, unsachgemäße Bruteilagerung und -handhabung, fehlerhafte Bruttechnik
Abgestorbene Embryonen 2. Schieren	Mangelernährung der Elterntiere, Infektionen, fehlerhafte Bruttechnik
Lang hingezogener Schlupf	Unterschiedliche Lagerzeit der Bruteier, schwankende Bruttemperatur
Steckengebliebene Küken	Zu geringe Luftfeuchtigkeit
Feuchte und klebrige Küken	Bruttemperatur zu niedrig, Luftfeuchtigkeit zu hoch
Große, schwammige Küken	Zu niedrige Bruttemperatur, Luftfeuchtigkeit zu hoch
Vermehrt Nabelentzündungen	Zu großer Keimgehalt im Brüter
Mißbildungen	Erbfehler, Mangelernährung der Elterntiere, fehlerhafte Bruttechnik

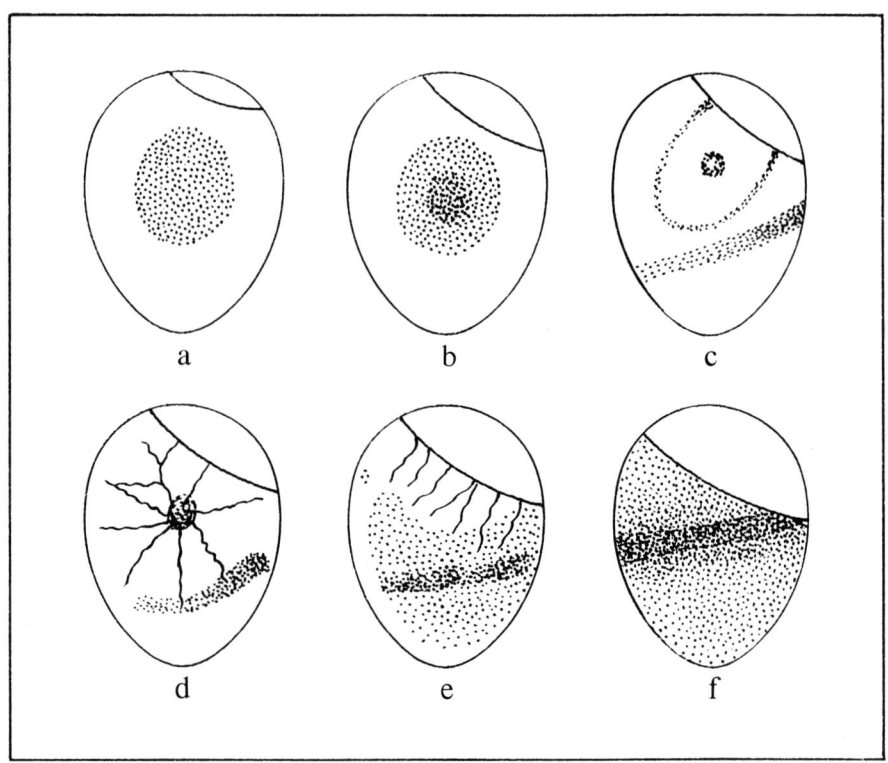

Schierbilder bebrüteter Eier (aus Gigas, 1986)

a) frisches Ei
b) unbefruchtetes Ei am 10. Bruttag
c) abgestorbener Keim am 10. Bruttag

d) lebender Keim am 10. Bruttag
e) lebender Keim am 20. Bruttag
f) lebender Keim am 24. Bruttag

len transportable Kükenheime, die immer wieder auf frische Grünstellen zu setzen sind. Sind die Jungen ca. 3 Wochen alt, können sie zeitweise mit der Mutter in den größeren Auslauf; niemals jedoch bei Regenwetter und bei durch Nebel bedingter hoher Luftfeuchtigkeit oder taunassem Bo-

den. Einer Putenglucke sollten nicht mehr als 20 Küken beigegeben werden. Führen mehrere Hennen, so kann man die Jungenschar so vergesellschaften, daß auch fremde Küken verteilt werden, um „freigewordene" Puten wieder zum Legen zu bringen. Es ist allerdings darauf zu achten, daß

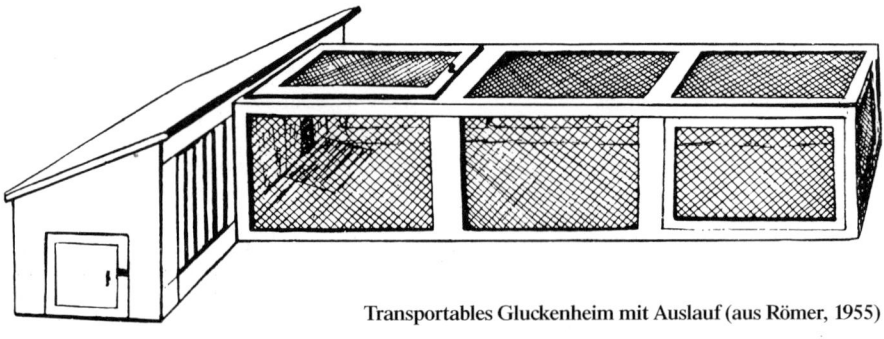

Transportables Gluckenheim mit Auslauf (aus Römer, 1955)

die Glucken die fremden Jungen annehmen. Am besten setzt man sie abends unter die Adoptivmutter. Römer (1955) empfiehlt, „der Mutter oder jedem Küken etwas Menthollösung auf die ‚Nase' zu träufeln."

Künstliche Aufzucht

Bei der künstlichen Aufzucht muß der Wärmebedarf der Küken in den unterschiedlichen Stufen der Entwicklung berücksichtigt werden. In den ersten Tagen benötigen sie 35 bis 37 °C, in Kükenkopfhöhe am Rand des Aufzuchtbehälters gemessen. Pro Woche kann dann die Temperatur um 2,5 bis 3 °C abgesenkt werden. Von der 4. bis zur 9. Woche muß die Temperatur aber noch 20 bis 25 °C betragen. Diese Angaben beziehen sich auf die Wärme unter der Schirmglucke; die Raumtemperatur muß durchschnittlich bei 20 °C liegen. Alle für die Aufzucht von Hühnerküken geeigneten Wärmequellen sind auch zur Putenaufzucht einsetzbar, allerdings ist der Raumbedarf unterschiedlich. Ein Putenküken benötigt:

1. bis 2. Woche 90 cm^2, 3. bis 4. Woche 180 cm^2, 5. bis 6. Woche 270 cm^2, 7. bis 8. Woche 360 cm^2, 9. bis 10. Woche 495 cm^2, 11. bis 12. Woche 675 cm^2.

Genügend **Frischluft** und richtige Bodeneinstreu sind für die Kükenaufzucht unerläßlich. Rost- und Lattenböden sind zwar in Aufzuchtbetrieben für gewerbliche Zwecke üblich, sollten jedoch in der Rassegeflügelzucht vermieden werden. Allerdings haben sich Aufzuchtbatterien mit Drahtboden, wie sie für Hühnerküken verwendet werden, in den ersten 3 Wochen bei genügender Fläche auch in der Putenaufzucht bewährt. Als Einstreu auf dem Festboden wird am besten Sand mit gehäckseltem Stroh verwendet. Feuchtigkeit und Schadgase führen zu Schädigungen der Augen-, Nasen- und Schlundschleimhäute und begünstigen außerdem die Verbreitung von Krankheitskeimen.

Die möglichst naturnahe Aufzucht in der Hand des Rassegeflügelzüchters erfordert bei den Jungputen nicht unbedingt ein ausgeklügeltes Lichtprogramm. Dennoch sollte bedacht werden, daß die Küken anfangs viel Licht brauchen. Ausreichende Freßfläche an den Trögen und Tränkflächen, an den stets sauber zu haltenden Wasserbehältern begünstigen das Kükenwachstum.

Platzbedarf an der Futtereinrichtung pro Küken:

1. bis 6. Woche 4 bis 6 cm, 7. bis 14. Woche 8 bis 10 cm, ab 15. Woche 12 bis 15 cm.

Putenküken
an der
Stülptränke
(aus Gigas, 1986)

Tränkefläche in cm

	Tränkrinne	Rundtränke
1. bis 6. Woche	1 bis 2	0,5 bis 1
7. bis 14. Woche	3 bis 4	1 bis 2
ab 15. Woche	3 bis 4	1 bis 2

In den ersten 6 Lebenswochen erhalten Putenküken Starterfutter. Dazu liegen unterschiedliche Angaben aus Großbritannien und den USA vor:

Britische Empfehlung:
1. bis 8. Woche – Kükenstarter mit 28 % Protein, 8. Woche bis 6 Wochen vor dem Legebeginn – Aufzuchtfutter mit 20 % Protein und Körner.

US-amerikanische Empfehlung:
1. Prestarter in den ersten 14 Tagen mit 30 % Protein

2. Starter bis zum Ende der 6. Woche mit 28 % Protein

3. Pregrower von der 7. bis zum Ende der 10. Woche mit 24 % Protein

4. Grower von der 11. bis zum Ende der 16. Woche mit 20 % Protein

Der Rassezüchter ist gut beraten, wenn er das entsprechende Alleinfutter aus dem Handel verwendet. Kleingeschnittene Brennesseln, Löwenzahn, junges Gras und Vogelmiere bieten Abwechslung auf dem Speisezettel. Die Bereitstellung von nicht zu feinem Quarzsand, Grit und Magensteinen ist überdies unerläßlich. Auf die Verfütterung von Küchenabfällen sollte möglichst verzichtet werden, da die Inhaltsstoffe zu einseitig und für eine ausgewogene Fütterung nicht geeignet sind.

Perlhühner

Im Rahmen dieses Buches soll die Haltung und Zucht des Perlhuhns als Rasse- und Ausstellungsgeflügel im Vordergrund stehen. Daher können neuere Angaben zur wirtschaftlichen Verwertung des Perlhuhns (Eier- und Mastfleischproduktion) nur in den Grundzügen skizziert werden. Hauptsächlich in Frankreich und Italien, in den letzten Jahren auch in beiden Teilen Deutschlands ist ein ansteigendes Interesse an der Perlhuhnproduktion festzustellen. So wurden 1974 in Frankreich ca. 40 Millionen Perlhühner vermarktet; das entspricht ungefähr 25 % der westdeutschen Jungmastgeflügelerzeugung. Der Grund für die wirtschaftliche Bedeutung ist das wohlschmeckende Fleisch mit hohem Eiweißgehalt und niedrigem Energieträgeranteil.

In der Produktion wurden spezielle Linienhybridzuchtverfahren entwickelt. Genau dem Bedarf der Tiere angepaßte Leistungsfütterung, regelmäßige und leistungsgünstige Beleuchtung, Verwendung von leistungsbezogenen Ställen mit kontrollierter Lüftung und Wärmeregulierung führten zur erheblichen Leistungsverbesserung der Perlhuhnproduktion. Erhöhte Legerate, besseres Durchhaltevermögen, schnelleres Wachstum und günstige Futterverwertung sicherten die Rentabilität, so daß z. B. in Italien (Morinie bei Bologna) Zuchtbetriebe mit über 25000 Tieren entstanden. In Galliano, Frankreich, wurden moderne Gebrauchskreuzungen aus verschiedenen Perlhuhnschlägen entwickelt, deren Hennen in einer 9 bis 10monatigen Legedauer 160 bis 170 Eier bringen. Nach 12 Wochen Mastdauer wird ein Durchschnitts-Lebendgewicht von ca. 1200 bis 1300 g und nach 14 Wochen bis zu 1500 g erreicht.

Schon 1966 betrug der Hennenbestand in der UdSSR 30000 Tiere. In der Statistik wurde die Legeleistung mit 70 bis 100 Eiern je Henne und Jahr angegeben.

Neben dem wirtschaftlichen Nutzen werden in Polen und in der CSSR Perlhühner als jagdbare Tiere eingesetzt. Allein in Librice (CSSR) sollen im Jahr 1966 bis zu 40000 Perlhühner aufgezogen worden sein.

Auch in der Bundesrepublik Deutschland erlangt die Perlhuhnproduktion zunehmende Bedeutung. Gewichtsentwicklung, Futterverbrauch und Futterverwertung sind statistisch genau erfaßt, Mastergebnisse und Kostenkalkulation sind durch Vogt, Tüller und Schulze-Messing in „Nutzung von Gans und Perlhuhn", Heft 32 der Schriftenreihe der Landwirtschaftskammer Rheinland, 2. Auflage 1986, veröffentlicht. Weitere Angaben zu allen Fragen der Fütterung, Haltung, Zucht, Hygiene und moderner Biotechnik findet der interessierte Leser in: Scholyssek/Doll, Nutz- und Ziergeflügel, Stuttgart 1978.

Im Geflügelhof des Rassezüchters werden Brut und Aufzucht der Perlhühner grundsätzlich nach den Methoden der Hühner- und Putenzucht betrieben. Nur selten brüten die Perlhennen in Naturbrut; am ehesten gelingt das bei großflächigem, mit Büschen und Bäumen bestandenem Auslauf, in dem die Tiere vereinzelt eigene Nester anlegen und meistens so gut verstecken, daß der Züchter nicht immer genaue Kenntnis davon hat. Als Beispiel für eine solche überraschende Naturbrut sei ein Kurzbericht aus der DDR aus dem Jahre 1971 wiedergegeben: „Wo ist die Perlhuhnhenne? Diese Frage stellte sich der Zuchtfreund Fink aus Dorndorf, Kreis Jena, weil die Henne eines Tages nicht in den Stall zurückkehrte. Der Ärger des Züchters war verständlich, denn 40 Eier hatte das Tier gelegt und das Gelege nunmehr verlassen. Die Schuld für das Verschwinden wurde einem Bussard oder Habicht zugeschrieben. Doch nach 10 Tagen stellte sich die Henne wieder ein. Sie kam aber nur, um von nun an hin und wieder Futter an der gewohnten Stelle aufzunehmen. Danach verschwand sie wieder. Bald sorgte sie jedoch für eine Überraschung erfreulicher Art. Mit 14 Küken kam sie zurück und zeigte ihrer Nachkommenschaft, wo sie keine Futtersorgen und Gefahren zu befürchten hatten. Die Perlhuhnhenne verriet dem Zuchtfreund nicht, wo sie ihren Brutplatz nach eigener Wahl eingerichtet hatte. Zuchtfreund Fink konnte nur vermuten, daß sie im nahen Wald irgendwo noch einmal ein Nest belegt hatte.

Gefallen an der ganzen Angelegenheit fand anscheinend auch eine Artgenossin, denn bald verschwand auch sie. Da auch diese Perlhuhnhenne lange wegblieb, wurde sie bereits aufgegeben. Aber sie besann sich ebenfalls eines Besseren und kam mit 11 Küken zurück. Ein nicht unwesentlicher Grund ihrer Rückkehr dürfte das Wetter gewesen sein, denn inzwischen war es Mitte September geworden."

Zur Gewinnung von Bruteiern errichte man den Hennen im Stall aus Reisig und Stroh einfache Legenester und sperre die Tiere zu Beginn der Legereife zunächst im Stall ein, bis sie die Nester angenommen haben. Die Legetätigkeit setzt ungefähr im April ein und geht ohne Unterbrechung dann bis in den Herbst hinein, so daß mit einer Eizahl von 80 bis 100 gerechnet werden kann. Legen die Hennen im Freien, etwa unter Büschen oder in eigens dafür aufgestellte Reisigschirme, so müssen diese täglich kontrolliert und die Eier entnommen werden.

Als Bruteier für die Kunstbrut sind die 45 bis 50 g schweren, dickschaligen Eier recht gut zu verwenden, da Brucheier kaum vorkommen. Die Befruchtung ist bei dem üblichen Geschlechtsverhältnis von 1:3 bis 1:5 meist sehr gut. Es kann allerdings vorkommen, daß der Hahn nicht alle Hennen tritt, sondern nur 2 oder 3 „Lieblingshennen" annimmt. Darin zeigt sich die ursprünglich monogame Veranlagung der Wildform. Die Zucht mit zwei- oder mehrjährigen Hennen erbringt meistens kräftigere und widerstandsfähigere Jungtiere als die Nachkommen von einjährigen Tieren.

Aufbewahrung, Behandlung und Brut der Eier entsprechen grundsätzlich den Maßnahmen bei der Putenzucht. Die Brutzeit bei Perlhühnern beträgt durchschnittlich 27 Tage. Von 3 bis 4 Hennen kann man innerhalb von 8 Tagen bis zu 30 Bruteier sammeln, wenn die Tiere sich in der besten Legephase befinden. Sie bringen dann Serien von 15 bis 20 Eiern hintereinander. Das Bruteigewicht sollte nicht unter 45 g liegen, wenn auch manchmal die Eier von den leichteren Farbenschlägen (Weiß, Chamois) etwas kleiner, aber doch brauchbar sind.

Perlhuhnküken sind anfangs gegen Nässe und Kälte empfindlich. In den ersten Wochen sollte die Temperatur unter der Wär-

mequelle 34 °C betragen; sie kann je nach Witterung gesenkt werden, so daß nach 4 Wochen 20 °C erreicht sind. Gesunde Küken wachsen rasch und benötigen ausreichend zugfreie Frischluft. Die Futterstoffe während der Aufzucht sind die gleichen wie für Hühnerküken. Auch haben sich die eiweißreichen Mischungen, die für die Putenaufzucht verwendet werden, bewährt.

Für 100 Küken werden folgende **Tränken** und **Tröge** benötigt:

Alter	Tränken	Tröge
1. bis 2. Woche	1	2 à 1 m
3. bis 12. Woche	1 − 2 (∅ 1,5 m) Rundtränken bzw. 2 m Rinnentränke	3 − 4 à 1 m

Am interessantesten ist freilich die natürliche Aufzucht der Küken mit einer führenden Perlhuhnglucke. In der ersten Zeit muß allerdings die Glucke in einem Häuschen verbleiben, damit sie nicht mit den noch nicht so kräftigen Küken weit umherschweift. Ein kleines, eng vergittertes Gehege ermöglicht den Küken etwas Auslauf in die Sonne; sie müssen aber jederzeit zu der Mutter zurückkehren können. Erst wenn die Jungen gut befiedert sind, dürfen sie mit der Glucke freilaufen. Bei kühler und feuchter Witterung muß die ganze Familie im überdachten, trockenen Raum gehalten werden. Die Kükenschar wird am besten in den warmen Maitagen aufwachsen. Im einzelnen gibt Ghigi (1930) folgende Zeitdaten an:

24 Stunden nach dem Schlüpfen unter der Glucke ohne Futter halten, 8 Tage im Raum, in dem sie geschlüpft sind, belassen, 15 bis 20 Tage im Freien, aber mit der im Gluckenhäuschen eingeschlossenen Bruthenne, dann erst unbeschränkter Freilauf und allmähliche Absetzung von der Glucke.

Zusätzlich zum Mehl- oder Pelettfutter ist die Verabreichung von viel geschnittenem Grünzeug, getrockneten und frischen Ameisenpuppen und Mehlwurmlarven förderlich.

Gänse

Ursprünglich ist die Gans, gemäß ihrer Abstammung von der wilden Grau- und Schwanengans, monogam veranlagt; unsere Hausgänse pflanzen sich aber domestikationsbedingt in Stämmen fort. Als richtige **Anpaarungsverhältnisse** haben sich bewährt:

Leichte Rassen   1 : 6 bis 7
Mittelschwere Rassen   1 : 5 bis 6
Schwere Rassen   1 : 3 bis 4

Obwohl die **Zuchtreife** je nach Rasse zwischen 8 und 11 Monaten erreicht wird, sollten der Zuchtganter zwei- bis vierjährig, die Gänse mindestens zweijährig sein; sie sind 10 bis 12 Jahre lang fortpflanzungsfähig. Die Befruchtung ist von verschiedenen Faktoren abhängig. Neben Gesundheit, Kondition und Legefähigkeit bzw. Spermabildung des Ganters spielen der Grad der Inzucht und vor allem die Fütterungs- und Haltungsbedingungen eine erhebliche Rolle. Der Einfluß des Schwimmwassers auf die Befruchtung ist wissenschaftlich noch nicht genau geklärt, wenn auch als Faustregel gelten kann, daß die Paarung auf dem Wasser regulär zu einer höheren **Befruchtungsrate** führt, weil das Paarungsverhalten öfter und intensiver ausgeübt wird.

Einfluß des Schwimmwassers auf das Befruchtungsergebnis (nach Roedewyk, zit. in Schneider, 1983)

Haltungsform	Anzahl Betriebe	Befruchtungsergebnis %
Ohne Wasser	8	80
Badebecken	6	76
Schwimmwasser	6	84

Bei der **Fütterung** ist auf den richtigen Gehalt von Vitamin E im Futtermittel zu achten, da ein Mangel zur Degeneration des Hodengewebes führt. Auch die Unterversorgung mit Vitamin A kann zu Befruchtungsdepressionen führen. Neuere Untersuchungen zeigen, daß Zink in der Mineralstoffmischung von großer Bedeutung ist.

Die **Zuchtkondition** des Ganters kann bei Überschwere ungenügend sein. Sterilität entsteht nicht selten durch Verfettung. In ausländischen Zuchtbetrieben (z. B. Polen) werden die Ganter wöchentlich 3 Tage von der Herde getrennt und nur mit 75 % der normalen Futterration versorgt.

Zu den Krankheiten, die Befruchtungsdepressionen verursachen, gehören z. B. Penisnekrose und Kloakenentzündungen.

Mehr als das Klima wirken die **Lichtverhältnisse** auf das Befruchtungsergebnis ein. In wissenschaftlichen Kontrollen wurde die beste Besamungseignung mit 87 % bei einem Lichttag von 10 Stunden festgestellt. Der natürliche Lichttag brachte ein Ergebnis von 70 %, der stark verlängerte (14 Stunden) dagegen eine negative Besamungseignung von 56 %. Die Paarungsaktivität des Ganters läßt bei − 2 °C und über 25 °C erheblich nach.

Sowohl bei den Vorbereitungen für die natürliche als auch für die künstliche Brut ist die **Bruteiqualität** von entscheidender Bedeutung. Die Merkmale werden in innere und äußere unterschieden. Die Sichtprüfung richtet sich auf

− Sauberkeit
− Größe
− Form
− Schalenbeschaffenheit

Da auf verschmutzten Eiern Krankheitserreger überleben und sich ausbreiten können und außerdem die Poren verstopft werden (Störung des Gasaustausches), kommen verkotete und verklebte Eier für die Brut nicht in Frage. Waschen und Desinfizieren führen nur in Ausnahmefällen zum Erfolg. Allerdings wird der Gänsezüchter angesichts der relativ begrenzten Legefähigkeit seiner Tiere alles versuchen, weniger verschmutzte Eier doch zur Brut zu verwenden.

Die **Eigröße** ist im Standard angegeben, d. h., zu große und zu kleine Eier werden ausgeschlossen. Bei ihnen besteht ein Mißverhältnis zwischen Eiklar-/Dottermasse und Schalenoberflächenanteil, das Störungen in der Embryonalentwicklung verursachen kann. Auch ist der Schlupfzeitpunkt abhängig von der Eigröße, so daß bei der Kunstbrut möglichst gleichgroße Eier in die jeweiligen Schlupfhorden gelegt werden sollten. Zur Erzielung von relativ großen, lebenskräftigen Küken sind größere Eier vorzuziehen, niemals jedoch übergroße Eier mit 2 Dottern (Doppeleier).

Die **Eiform** hat relativ wenig Einfluß auf die Schlupffähigkeit, wenn auch extrem runde oder spitze Eier aussortiert werden sollten.

Einfluß der Schalendicke auf das Brutergebnis (nach Schneider, 1983)

Schalendicke	Dichte (g/cm³)	Schlupf-%
Dünn	(1,070 − 1,080)	50,5
Normal	(1,085 − 1,095)	58,3
Dick	(1,100 − 1,105)	64,6

Eier mit zu dünner Schale zerbrechen leicht und zeigen generell einen erhöhten Feuchtigkeitsverlust des Eiinnern. Dadurch werden die Embryonen geschwächt. In Versuchen schlüpften aus dünnschaligen Eiern 8 bis 14 % weniger Küken als aus Eiern mit normalen und dicken Schalen. Manche Gänse legen erblich bedingt Eier mit defekten Schalen, während Haarrisse meistens beim Legen auf zu harte Einstreu oder auf dem Stallboden entstehen. Auch kann ungenügende Versorgung mit Kalzium, Phosphor, Mangan, Zink und Vitamin D die Ursache sein. Vor der Verwendung sind die Bruteier auf die Beschaffenheit der Luftkammer mittels einer Schierlampe zu prüfen. Ist die Luftblase zu groß, beweglich oder seitlich verlagert, sind solche Eier nur bedingt bruttauglich.

Die **innere Bruteiqualität** wird von der Beschaffenheit der Keimscheibe und den Nährstoffen der Eiflüssigkeit bestimmt. Wesentlichen Einfluß hat die bedarfsgerechte Fütterung; darüber hinaus ist dieses Merkmal erblich. Der Erblichkeitsgrad liegt zwischen 10 und 20 %.

Erregerbedingte Krankheiten im Ei führen häufig zur Schädigung oder zum Absterben der Embryonen. Besonders die direkte Infektion kommt bei Pullorumseuche, Salmonellose, Geflügelpest und Influenza vor. Indirekte Ansteckung wirkt sich mehr in der 2. Hälfte der Brut aus und führt oft zu lebensschwachen Gösseln, die eine ungenügende Resorption und Infektionen des Dottersackes aufweisen. Wachstums- und Entwicklungsstörungen sind die Folge.

Die **Aufbewahrung** der Bruteier muß bei einer Umgebungstemperatur unter 20 °C, niemals jedoch unter 8 °C erfolgen. „Als optimal gelten für die Lagerung bis zu 7 Tagen 16 bis 17 °C und für darüber hinausgehende Fristen 8 bis 10 °C" (Schneider, 1983).

Die relative Luftfeuchtigkeit muß 80 bis 88 % betragen. Gänseeier können zwar bis zu 4 Wochen ihre Keimfähigkeit behalten (Dürigen, 1906), nach neueren Untersuchungen ist jedoch eine Lagerungsdauer von 14 Tagen das Optimum, um befriedigende Schlupfergebnisse zu erzielen. Der Schlupfzeitpunkt wird durch verlängerte Lagerungsdauer verzögert. Aus 14 Tage alten Eiern schlüpfen Küken 6 bis 8 Stunden später aus als bei 1 bis 7 Tage gelagerten Bruteiern. Daher legt der erfahrene Züchter ältere Eier 8 bis 12 Stunden früher ein als frischere Eier. Spezielle Verfahren, um Bruteier unbeschadet länger aufbewahren zu können, wie periodische Erwärmung (Anbrüten) während der Lagerung, Aufbewahrung in Polyäthylenverpackungen und die Lagerung in Stickstoffgas kommen eigentlich nur für den „chemisch sachkundigen" Züchter in Betracht.

Das **Desinfizieren** der Bruteier sollte möglichst auch in der „kleinen Züchterwerkstatt" vorgenommen werden. In einem luftdicht verschlossenen Raum werden die Eier 20 bis 30 Minuten begast (Aufgießen von 21 ml Wasser und 35 ml Formalin auf 117 g Kaliumpermanganat pro m² Rauminhalt). Dabei soll die relative Luftfeuchtigkeit nicht unter 75 % und die Temperatur nicht unter 22 °C absinken. Die anschließende Lüftung des Begasungsraumes verhindert die Schädigung des Keimes. Weniger gebräuchlich, aber ebenso wirksam ist die Tauchdesinfektion in einer Lösung aus Peressigsäure in einer 0,2- bis 0,4%igen Konzentration.

Naturbrut

In den meisten Kleinzuchten für Ausstellungszwecke wird die Naturbrut durchgeführt. Der Erfolg dabei beginnt mit der Anordnung und der Pflege der Legenester. Mindestens 2 bis 3 Wochen vor Legebeginn werden diese an möglichst dunklen und ruhigen Stellen im Stall angelegt. Saubere Einstreu und regelmäßige Reinigung beugen der Verschmutzung der Eier vor. Manche Züchter überlassen auch den Gänsen die Wahl, ihre Nester an geeigneten Plätzen im Stall anzulegen. Selbst bei vorgefertigten Nestern an Stellen, die der Züchter wünscht, muß es der Brutgans vorbehalten bleiben, das Nest endgültig fertigzustellen. Sie baut aus Stroh und Bauchfedern eine Mulde und legt bald das erste Ei, das durch ein Porzellanei ersetzt wird. Die nachfolgenden Eier werden mit Bleistift seitlich am spitzen Ende beschriftet und entsprechend gelagert, übrigens im Unterschied zu Hühnereiern nicht mit dem stumpfen Ende nach oben, sondern stets waagerecht. In der Regel legt die Gans 12 bis 15 Eier. Mehr sollten pro Gans nicht untergelegt werden; Puten bedecken nur 12, mittelschwere Hühnerglucken nur 4 bis 5 Gänseeier. Das Bruteigewicht sollte niemals über 200 g betragen.

Brüten mehrere Gänse nebeneinander, so sind Abtrennungen von 1 m Höhe aus Brettern oder Spanplatten erforderlich. Der beste Nestuntergrund besteht aus feuchtem Sand, darauf kommen Sägespäne, Torfmull und von der Gans eingetragenes Stroh und die Dunen. Brutkästen von 1 m Tiefe, 50 cm Breite und 60 cm Höhe sind dann zweckmäßig, wenn die Gänse gezielt „gesetzt" weden sollen. Auch kann man bei diesem Verfahren nach dem Schieren die Gesamtzahl der befruchteten Eier besser verteilen, vorausgesetzt der Zeitpunkt der Bruten ist identisch.

Die brütende Gans darf möglichst nicht gestört werden. Zur Nahrungsaufnahme und Entleerung geht sie meistens regelmäßig von selbst vom Nest, sofern dies nicht abgesperrt ist. Zweimal täglich soll sie Gelegenheit haben, das Nest kurzzeitig zu verlassen. Das tägliche Bad dient sowohl dem Wohlbefinden der Brutgans als auch der Befeuchtung der Eier. Fehlt die Bademöglichkeit, müssen die Eier täglich gut mit einer Blumenspritze befeuchtet werden, was besonders bei Gänseeiern, die von Hühner- oder Putenglucken bebrütet werden, erforderlich ist. Damit die Legetätigkeit der brütenden Gans nicht vorzeitig einsetzt, gebe man ihr nur Hafer, mit etwas

zerstoßener Holzkohle vermischt, um Durchfall zu vermeiden. Geht die Gans nicht alleine vom Nest, so wird sie behutsam angehoben und zur Futteraufnahme veranlaßt. Um das schmerzhafte Beißen zu vermeiden, nimmt man das Tier mit einer Hand schnell hinter dem Kopf und ergreift mit der anderen Hand die Flügelspitzen; so wird das Schlagen unterbunden. Gehen doch einmal Eier zu Bruch, so werden die anderen beschmutzten Eier mit einem feuchten Tuch vorsichtig gereinigt.

Gänse können zwei- oder dreimal hintereinander brüten, wenn man das Gelege jeweils kurz vor dem Schlupf wegnimmt und in einem Brutapparat ausschlüpfen läßt. Das Durchleuchten wird am besten am 8., 14., und 21. Tag durchgeführt, um unbefruchtete und abgestorbene Eier entfernen zu können. Steht die Brutgans gegen Ende der Brutzeit öfter auf, so hängt das mit der zunehmenden Eigenwärme der Eier zusammen und ist natürlich.

Die Brutdauer kann variieren. Frühestens 28, spätestens 32 Tage nach festem Brutbeginn erfolgt der Schlupf. Ist die Mutter beim Schlupf sichtlich nervös und unruhig, so nimmt man zunächst die Gössel weg, um Beschädigungen zu vermeiden. Auch gehen manche Gänse mit den ersten geschlüpften Küken vom Nest und lassen die übrigen Eier kalt werden. Erst nach Abschluß des Schlupfes werden die Gössel untergeschoben, so daß die Gans ihre Aufgabe des Führens übernehmen kann.

Das früher übliche Schwemmen der Eier 2 Tage vor Beendigung der normalen Brutzeit in 39 bis 40 °C warmem Wasser kann dann entfallen, wenn die Befeuchtung durch die Gans nach dem Bade oder durch Übersprengen regelmäßig geschieht. „Geburtshilfe" durch vorzeitiges Öffnen der Bruteier sollte unterbleiben, da sonst das Eintrocknen der inneren Eihaut den Schlupf unnötig erschwert; auch können Blutgefäße dadurch verletzt werden.

Kunstbrut

Bei der Kunstbrut der Gänseeier sind wie bei allen anderen Geflügelarten außer der Qualität der Bruteier folgende äußere Faktoren bestimmend: Temperatur, Luftfeuchtigkeit, Gasaustausch, Wenden und Kühlen. Im Schrank- oder Flächenbrüter sind Temperaturen von 37 °C (Untergrenze) und über 40 °C zu vermeiden, da sonst Schlupfverzögerungen bzw. Absterben der Embryonen die Folge sind. Richtiges Kühlen fördert die Schlupfergebnisse bis zu 10 %. Vom 7. Bruttag an sollte zwei- bis dreimal 10 bis 30 Minuten täglich bei geöffnetem Brutapparat mit laufendem Ventilator gekühlt werden. Gleichzeitiges Besprühen der Eier mit kaltem Wasser erhöht den Kühleffekt. Niemals sollten aber die Eier unter 30 °C abgekühlt werden. Um Schlupfverzögerungen zu vermeiden, sorgt man für ein rasches Ansteigen der Temperatur nach dem Kühlen.

In der Vorbrut muß die relative **Luftfeuchtigkeit** 60 bis 70 %, in der Schlupfbrut 80 bis 90 % betragen. Die Folgen zu trockener Brut sind Eindickung der Dottersubstanz und ungenügende Resorption des Dotters. Mängel der frischgeschlüpften Küken sind in diesem Fall: zu klein, mit trockenen, spröden Daunen verklebt, Anhaften von Schalen- und Eihautresten an Hinterkopf und Rücken, Hyperämie, Blutungen, Mißbildungen des Kopfes. Dagegen führt zu hohe Luftfeuchtigkeit zu Fehllagen der Küken, Verkleben des Schnabels und Ersticken im Fruchtwasser. Geschlüpfte Küken zeigen dann auch schwache Vitalität, erscheinen schwammig und schwer mit schleimigen Daunen.

Mindestens dreimal täglich ist das **Wenden** der Gänseeier erforderlich, wurde doch ermittelt, daß Brutgänse innerhalb von 24 Stunden die Eier 96mal wendeten. Der Wendewinkel muß 160 bis 180 ° betragen; ab dem 25. Bruttag müssen die Eier ruhen,

um falsche Pickstellen und erhöhtes Stekkenbleiben der Küken zu vermeiden.

Die Belüftung des Brutapparates für den richtigen Gasaustausch ist von großer Bedeutung. Kohlendioxid und Wasserdampf müssen beseitigt, Sauerstoff zugeführt werden. Eier von Wassergeflügel benötigen besonders viel Sauerstoff.

„Nach neueren Untersuchungen muß auch dem **Licht** Bedeutung für die Embryonalentwicklung beigemessen werden. In Brutversuchen fand man bei mit Licht bebrüteten Leghorneiern am 2. Bruttag eine höhere Embryonenmasse als bei der im Dunkeln durchgeführten Kontrollbrut. Erstere Versuchstiere schlüpften bereits am 18. und 19. Bruttag mit einer Lebendmasse von 39 g, während für die aus dem unbeleuchteten Brutapparat geschlüpften Küken eine Brutdauer von 20 bis 21 Tagen und eine Lebendmasse von nur 36 g festgestellt wurde. Bei Eiern mit hoher und niedriger Dichte, die gewöhnlich eine etwas höhere Embryonalsterblichkeit aufweisen, bewirkte das Licht eine Schlupfverbesserung. Die größte Wirkung soll Licht in der ersten Brutwoche haben. Auch bei Putenküken war eine größere Aktivität zu beobachten, wenn die Brut bei Licht erfolgte. Für Gänse liegen vergleichbare Untersuchungsbefunde noch nicht vor" (Schneider, 1983).

Die Temperatur und relative Luftfeuchtigkeit in dem Raum, in welchem die Brutapparate stehen, sind weitere Faktoren. Die Temperatur beträgt am besten 21 bis 31 °C, die relative Luftfeuchtigkeit 50 bis 60 %. Günstig ist die Abfuhr der verbrauchten Luft ins Freie.

Außer dem schon erwähnten Desinfizieren der Bruteier vor dem Einlegen (vorheriges

Brutanweisung für Gänseeier im Schrankbrüter (nach Schneider, 1983)

	Vorbrut, 1. bis 26. Tag	Schlupfbrut 21. bis 31. Tag
Temperatur °C	37,6 − 37,8	37,3 − 37,5
Relative Luftfeuchtigkeit	37 − 70	80 − 90
Wenden	3 x; 180°	−
Kühlen	Ab 7. Tag bis 29. Tag zwei- bis dreimal täglich 10 bis 30 Minuten, dabei die Eier mit kaltem Wasser besprengen	
Schieren	10., 21. und 27. Bruttag	

Erwärmen der Eier über den Zeitraum von 12 Stunden bei 25 °C!) ist die Schlupfdesinfektion zweckmäßig. Sie wird dann durchgeführt, wenn etwa 10 % der Eier angepickt sind.

Das Entnehmen der Küken erfolgt, wenn die Daunen abgetrocknet sind. Zu langes Verbleiben in der feuchten Luft des Apparates kann zu Entzündungen der Atemwege führen.

Die wichtigsten Ursachen für schlechte Schlupfergebnisse (nach Schneider, 1983)

Mangel	Ursache
Klare Eier, Frühabsterber	Schlechte Zuchtkondition
	Falsches Anpaarungsverhältnis
	Krankheiten
	Zu lange Bruteilagerung
	Frosteinwirkung
	Inzuchtschäden
Abgestorbene Embryonen in der Mitte der Brutperiode	Temperaturschwankungen während der Lagerung
	Fäulniskeime
	Salmonellose
Abgestorbene Embryonen am Ende der Brutperiode	Wirkstoff- sowie Mineralstoffunterversorgung der Elterntiere
	Krankheiten
	Zu hohe Bruttemperatur
	Sauerstoffmangel
	Zu niedrige Wendehäufigkeit
Vor dem Picken Steckenbleiben	Letalfaktoren
	Krankheiten
	Zu niedrige Luftfeuchtigkeit
	Kurzzeitige Überhitzung der Eier, Fehler beim Wenden
Nach dem Picken Steckenbleiben	Zu feuchte Brut
	Länger andauerndes geringfügiges Unterschreiten der Temperatur
	Kurzzeitiges Überhitzen der Eier
Falsche Pickstellen Zu früher Schlupf Zu später Schlupf	Zu lange währendes Wenden
	Hohe Bruttemperatur
	Niedrige Bruttemperatur
	Lange Bruteilagerung
Lange Schlupfdauer	Ungleichmäßige Bruttemperatur
	Differenziertes Bruteialter
	Starke Abweichung in der Bruteigröße
Verklebte Küken mit anhaftender Eischale Verklebte Küken	Zu niedrige relative Luftfeuchtigkeit
	Zu niedrige Temperatur
	Zu hohe relative Luftfeuchtigkeit

Die wichtigsten Ursachen für schlechte Schlupfergebnisse (Fortsetzung)

Mangel	Ursache
Dottersack nicht eingezogen, Nabel schlecht verwachsen bzw. blutig	Zu hohe bzw. stark schwankende Temperatur Zu niedrige relative Luftfeuchtigkeit Krankheiten
Kleine Küken	Zu geringe Eigröße Zu niedrige relative Luftfeuchtigkeit Zu hohe Temperatur
Große, schwammige Küken	Zu hohe relative Luftfeuchtigkeit unzureichende Ventilation
Mißgebildete Küken	Erbliche Anlagen Zu hohe Temperatur
Intensiv gelb gefärbte Küken	Zu starke Formalinbegasung

Die Geschlechtserkennung bei Eintagsgänsen ist relativ leicht möglich. Die Kloakenuntersuchung (Ausstülpen durch leichte Druckanwendung) zeigt beim männlichen Küken an der Unterkante den kleinen, nach vorn spiralförmig verlaufenden Penis, beim weiblichen Tier die rosettenförmige Eileitermündung und am unteren Kloakenrand ein kleines spitzes Gebilde.

Künstliche Aufzucht

Die Aufzucht der Gänseküken erfolgt bis zum Ende des ersten Lebensmonat ohne Führungsgans unter Zufuhr künstlicher Wärme. Am geeignetsten sind Infrarotstrahler, die gleichbleibende Wärme garantieren. Trotz Erwärmung der Ruhefläche müssen die Gössel ausreichende Bewegungsmöglichkeiten finden. Ein Temperaturgefälle zwischen Wärmequelle und Raum sorgt sowohl für Bewegung als auch für Abhärtung der Küken.

Der **Raumbedarf** bis zum 3. Lebensmonat für 8 Gössel:

1. Monat bis 1 m^2
2. Monat bis 2 m^2
3. Monat bis 8 m^2

Da Gänse durch ihr Trink- und Freßverhalten zusätzlich zum weichen Kot viel Feuchtigkeit auf dem Stallboden verursachen, muß die Einstreu aus kurzgeschnittenem Stroh oder Hobelspänen reichlich sein und häufig gelockert, aufgefüllt und regelmäßig erneuert werden. Tränk- und Futtergefäße werden am besten auf Roste gestellt, unter denen flache Becken das Spritzwasser auffangen. In den ersten Lebenstagen bewähren sich Stülptränken, danach Rinnen- oder Durchlauftränken; der Tränkplatz muß für jedes Küken 1 cm Länge betragen. Anfangs reicht man das Futter außer in den üblichen Trögen auch auf Pappflächen, um das Fressenlernen zu erleichtern. Selbstverständlich muß die Pappe kurzzeitig erneuert und nach Verschmutzung verbrannt werden.

Temperaturen für die Gösselaufzucht (nach Schneider, 1983)

Tag	Wärmequelle °C	Raumtemperatur °C
1.– 3.	31–29	26
4.– 7.	30–28	24
8.–12.	27–25	22
13.–18.	24–22	18
19.–21.	21–18	18

Unabhängig von der späteren Verwendung als Zucht- oder Mastgänse werden Gänseküken im ersten Monat einheitlich gefüttert. Die relativ hohe Wachstumsintensität erfordert einen hohen Bedarf an Energie und Eiweiß. Am besten eignet sich Aufzuchtalleinfutter mit mindestens 550 EFh, 200 g Rohprotein, 11,0 g Lysin, 7,5 g Methionin und Zystin, 25 g Mineralstoffmischung und 10 g Wirkstoffmischung je kg. Je nach Rasse/Schwere benötigt das Küken in der 1. Woche 55 bis 70 g, in der 2. Woche 90 bis 110 g, in der 3. Woche 130 bis 170 g, in der 4. Woche 190 bis 220 g Alleinfutter täglich.

Zur Aufnahme von Grünfutter können Gänseküken schon vom 3. oder 4. Tag an ins Freie, falls trockenes Wetter ist. Auch ist auf Windschutz zu achten. Ab der 2. Woche kann bei freiem Auslauf die Grasweide die Hauptnahrung darstellen. Zum schnelleren Wachstum reicht der Züchter jedoch einmal am Tag Konzentratmehl. Die früher übliche Fütterungsmethode mit gekochter Gerstengrütze, geriebenen Möhren, Fischmehl, gekochten, zerhackten Kartoffeln, hartgekochtem Ei, Magermilch und feingehacktem Grünfutter kann auch heute noch angewandt werden. Sie ist allerdings arbeitsaufwendig; außerdem ist die Nahrung hinsichtlich der Gehalte an Kohlenhydraten, Eiweiß, Vitaminen und Mineralien nicht immer ausgewogen. Auf sorgfältige Reinigung der Futtertröge bei Weichfutterverabreichung ist zu achten.

Zur Erzielung der Schwimmfähigkeit benötigen die Gössel frühzeitig Badegelegenheiten, damit das Einfetten des Gefieders angeregt wird.

Nach dem 9. Lebensmonat sind feste, geschlossene Ställe bis in den Herbst hinein für Junggänse nicht unbedingt erforderlich. Strohaufschüttungen unter schattenspendenden und regendichten Dächern sind als Ruhe- und Nachtlager ausreichend. Allerdings müssen die Tiere dann vor Raubzeug und Rattenbelästigungen durch Drahtabtrennung geschützt werden.

Enten

Alle Angaben zur Brut der Gänse treffen im wesentlichen ebenso für die Hausenten-abkömmlinge der Stockente und mit wenigen Ausnahmen auch für die Warzen-Ente zu. Beschaffenheit, Auswahl, Aufbewahrung und Behandlung der Bruteier, Bruttechnik und -hygiene haben für die Entenzucht besondere Bedeutung, da die Tiere außer Hochbrutflug-, Zwerg- und Smaragd-Enten kaum noch zuverlässige Selbstbrüter sind. Dagegen werden Warzen-Enten in kleineren Zuchten fast ausschließlich durch Naturbrut vermehrt.

Das Gewicht der Bruteier richtet sich nach der jeweiligen Rasse und ist den Standardbestimmungen zu entnehmen. Werden Enteneier Hühnerglucken untergelegt (6 bis 8), so muß damit gerechnet werden, daß die Glucke vorzeitig das Nest verläßt. Eine Ersatzglucke oder Einlage in den Brutapparat können in den letzten Tagen der Brutzeit die Eier zum Schlupf bringen. Die Brutzeit für Eier der Stockentenabkömmlinge beträgt 28 Tage, für die der Warzen-Ente 35 Tage.

Die brütende Ente soll möglichst nicht gestört werden. Besonders Warzen-Enten bevorzugen einen erhöhten Brutplatz; auch verläßt diese Art das Gelege oft für längere Zeit, ohne daß die Eier durch Abkühlen geschädigt werden. Futter und Wasser müssen in der Nähe des Brutnestes aufgestellt werden, damit die Tiere jederzeit und leicht Nahrung aufnehmen können. Das Baden der Brutente trägt außer zum Wohlbefinden zum Befeuchten und Kühlen der Eier bei. Der Vorteil der Kombination von Natur- und Kunstbrut besteht darin, daß von besonders wertvollen Zuchtenten bald wieder Eier für die nächste Brut vorhanden sind. Im Unterschied zu Gänseeiern werden im Brutapparat Enteneier in den ersten 3 Wochen 0,2 bis 0,3 °C wärmer bebrütet. Das Wenden der Eier geschieht zweimal täglich um 180°. Das Schieren erfolgt am besten am 7., 14. und 22. Tag.

Während der Vorbrut (1. bis 24. Tag) beträgt die Bruttemperatur 37,6 bis 37,8 °C, in der Schlupfbrut zwischen 37,3 und 37,5 °C, bei einer relativen Luftfeuchtigkeit von 50 bis 60 %; während der letzten 4 Tage soll die relative Luftfeuchtigkeit auf 75 bis 80 % erhöht werden. Die Lage soll wie bei Gänseeiern waagerecht sein. Stehen die Eier auf der Spitze, kommt es zu einer mangelhaften Ausbildung der Eihaut während der Brut.

Wenn ca. 30 % der Küken geschlüpft sind, werden sie aus dem Apparat genommen. Die Geschlechterbestimmung erfolgt wie bei Gänseküken. Schon frischgeschlüpfte Erpel haben den deutlich entwickelten Penis. Ein einfaches Verfahren der Geschlechtersortierung beschrieb Kamar (1962): „Man tastet dabei den unteren Kehlkopf (Syrinx) ab, der durch den verknöcherten Endabschnitt der Luftröhre und den Anfangsteil der Bronchien gebildet wird. Er ist beim Erpel, auch schon nach dem Schlupf, durch die sogenannte Paukenhöhle erweitert. Man umfaßt den Hals des Kükens mit der linken Hand von unten her, wobei man durch leichten Druck des linken Daumens die Kehlkopfunterschiede ermitteln kann. Die rechte Hand fixiert den Körper des Tieres. Vor dem Sortieren sollten die geschlüpften Küken noch nicht gefüttert worden sein" (zit. in Rudolf, 1977).

Natürliche Aufzucht

Die natürliche Aufzucht mit der Brutente bietet dem Züchter zugleich interessante Beobachtungen und in gewisser Hinsicht Arbeitsersparnisse. Besonders Warzen-Enten sind sichere Führerinnen, die sogar das Verschwinden einiger Küken bemerken. Die Kükenschar reagiert auf Lock- und Fluchtrufe der Mutter, die ausgeprägt nur bei den Stockentenabkömmlingen zu hören sind. Untereinander kennen sich die Küken bald besser als die Altente die einzelnen Kinder. Aktivität, Ruhephasen und Freßverhalten werden meist kollektiv ausgeführt.

Obwohl Wasserauslauf vom ersten Tag an ermöglicht werden sollte, sind die Küken vor Unterkühlung zu schützen. Sie fetten zwar aus der Bürzeldrüse gleich ihr Flaumgefieder ein, wodurch sie Schwimmfähigkeiten erreichen, ermüden aber relativ rasch und zeigen das typische Badeverhalten erst im Alter von ca. 14 Tagen. Bis zur 10. Lebenswoche bleibt die Familie zusammen, bis sich die Beziehungen zur Altente auflösen.

Werden Entenküken von Hühner- oder Putenglucken geführt, muß darauf geachtet werden, daß sie nicht durch das weite Umherziehen ihrer „Laufmütter" ermatten.

Ventilrundtränke (aus Pingel, 1985)

Künstliche Aufzucht

Die künstliche Aufzucht muß in einem trockenen und zugluftfreien Aufzuchtraum mit warmem Boden erfolgen. In dem Raumteil (etwa ⅓), in dem Futter und Wasser aufgestellt werden, wird die Wirkung des Spritzwassers und der Futtervergeudung dadurch abgemildert, daß ein Drahtboden mit darunter angebrachtem Wasserauffangbecken eingebaut wird. Da die Tiere beim Fressen und Trinken häufig koten, wird der Schlafraum auf diese Weise trocken gehalten. Eine Holzplatte zwischen Freß- und Schlafraum verhindert weitgehend das Verschleppen der Einstreu (kurzes Stroh, Hobel- oder Sägespäne) in das Freßabteil. Die Wärmezufuhr erfolgt durch einen Infrarotstrahler (für 75 Küken reichen 250 W aus).

Entenküken unter dem Infrarotstrahler
(aus Pingel, 1985)

Stalltemperaturen für die Entenaufzucht in °C (nach Pingel, 1985)

Tag	unter Wärmequelle		Raumtemperatur
	Peking-Enten	Warzen-Enten	
1. – 3.	30	35	24
4. – 7.	28	32	22
8. – 14.	26–21	30	20
15. – 21.	18	28–24	18
22. – 28.	18	22–20	18

Bedingt durch den relativ hohen Stoffumsatz haben Entenküken einen sehr hohen Sauerstoffbedarf. Daher ist für gute Lüftung zu sorgen, keinesfalls jedoch darf Zugluft bestehen, da die Tiere sich leicht erkälten.

Bevor die Jungtiere auf Schwimmwasser gelassen werden, müssen sie Badegelegenheit haben, um das Gefiedereinfetten auszulösen.

Ausreichendes **Licht** im Aufzuchtraum ist nicht nur wegen der Orientierung erforderlich, sondern begünstigt auch den Wachstum. Eine schwache Lichtquelle (0,5 W je m^2) nachts kann die Gefahr des gegenseitigen Erdrückens verhindern.

In der ersten Lebenswoche erhalten die Küken das Futter von Futterbrettern mit etwa 2 cm erhöhtem Rand. Die Tiere finden dann leichter die Nahrung und lernen besser die Aufnahme. Danach werden Tröge verwandt; 1 m Länge reicht für 50 Entenküken aus. Für die gleiche Anzahl ist eine Tränkrinne von 50 cm Länge vorzusehen.

Bis zur 4. Lebenswoche erhöht sich das Körpergewicht um das Zwanzigfache. Diese Entwicklung erfordert die Fütterung mit hochwertigen Nährstoffen. Ein fertiges Alleinfutter sollte daher je kg folgende Gehaltswerte haben:

Umsetzbare Energie 2900   kcal (12 180 kJ)
Nettoenergie   580   EFh
Verdaul. Rohprotein 160   g
Lysin   9,0 g
Methionin und Zystin   7,5 g
Mineral- und Wirkstoffe (s. Tab., Seite 258ff.)

Pelletiertes Aufzuchtfutter wird weniger verstreut als Futter in Mehlform, darf aber nicht mehr als 3 mm Durchmesser haben. Wird Mehlfutter verabreicht, muß es feuchtkrümelig (mit Wasser vermischt) sein.

Folgende Mengen an Trockenfutter sind vorzusehen:

| | Peking-Enten | Warzen-Enten | |
		männlich	weiblich
1. Woche	30 g	25 g	20 g
2. Woche	70 g	50 g	40 g
3. Woche	110 g	85 g	70 g

Werden die Futterstoffe selbst zusammengestellt, so muß auf das richtige Verhältnis der Inhaltsstoffe geachtet werden (s. Tabelle, Seite 258ff.). Zur Aufzucht eignen sich: gekochter Reis, Gersten- und Maisschrot, in Magermilch oder Molke eingeweichtes altbackenes Weißbrot, Weizenkleie, gedämpfte Kartoffeln, feingehacktes Grünzeug, Wasserlinsen, dicksaure Milch, Quark, tierische Eiweißfuttermittel und kleine Körner ab der 3. Woche.

Im Jungentenalter müssen die Tiere behutsam an größeren Auslauf gewöhnt werden. Die Temperatur im Freien darf anfangs nicht weniger als 8, später 5 °C betragen. Der Auslauf muß überwiegend trocken sein (evtl. Strohaufschüttung), damit die Ausbreitung von Krankheitserregern im feuchten Untergrund eingedämmt wird. Für jede Jungente müssen mindestens 3, besser 5 m^2 Fläche zur Verfügung stehen, am besten dicht mit Gras bewachsen. Die Futter- und Tränktröge müssen für 50 Tiere jeweils 2,5 m lang sein. Ab der 9. Lebenswoche erhalten für die Zucht vorgesehene Jungenten nur noch etwa 75 % der bisherigen Futtermenge, damit die Legetätigkeit rechtzeitig eingeleitet wird. Jungerpel werden von der 3. Lebenswoche an zusammen mit den Enten aufgezogen, damit sie die erforderliche Geschlechtsaktivität erlangen. Im Alter von 4 bis 5 Wochen lassen sie schon ihre typische heisere Stimme hören, die sich deutlich von dem lauteren Quaken der Enten unterscheidet.

Krankheiten

Krankheiten des Groß- und Wassergeflügels bewirken Verluste bei Brut und Aufzucht sowie Schwächung der Zucht- und Ausstellungstiere und bereiten dem Züchter Enttäuschung und Ärger. Daher sind Vorbeugemaßnahmen in der Haltung und Fütterung, richtiges Erkennen von Krankheiten und sachgemäße Behandlung durch rezeptfreie Medikamente in der Züchterhand und im Bedarfsfall der Einsatz des Tierarztes unabdingbar. Damit der Kleintierhalter in der eigenen Praxis die häufigsten Geflügelkrankheiten bei den hier dargestellten Arten schon im Ansatz einigermaßen erkennen kann, soll ein Überblick über die häufigsten Krankheiten gegeben werden. Dies ersetzt nicht die tierärztliche Diagnose und Behandlung in akuten Fällen.

Virusinfektionen

Ansteckende Gehirn-Rückenmark-Entzündung
Zitterkrankheit – Epidemischer Tremor – Aviäre Enzephalomyelitis – AE

Sie tritt vereinzelt bei Puten, Enten und Perlhühnern auf. Über das Brutei wird ein Virus übertragen und führt bereits bei den Embryonen zu hoher Sterblichkeit. Infizierte geschlüpfte Küken zeigen unsicheren Gang, Beinschwäche und Mattigkeit. Lähmungserscheinungen mit häufigem Absitzen auf den Sprunggelenken und Seitenlage treten nach einigen Tagen auf. Solche gelähmten Küken können bald kein Futter und Wasser mehr aufnehmen und gehen ein.

Nach dem 11. Tag sinkt die Erkrankungsziffer deutlich ab; Neuerkrankungen treten nach der 4. Lebenswoche kaum noch auf. Infizierte überlebende Küken zeigen später stark an die Mareksche Lähmung erinnernde Krankheitserscheinungen. Linsentrübungen an beiden Augen, unsicherer Gang und Einknicken der Läufe sind weitere Indizien. Die Diagnose wird dadurch erschwert, daß erkrankte Küken ein ähnliches Bild wie bei der Frühform des Vitamin-E-Mangels (Enzephalomalazie) zeigen. Nur die histologische Untersuchung des Gehirns und Rückenmarks bringt einwandfreie Klärung.

Geflügelpocken
Pockendiphtheroid

Die Erreger der Geflügelpocken, die vor allem Puten, Enten und Perlhühner, seltener Gänse, befallen können, sind spezifisch, d. h., der P-Virus kommt nur bei Hühnern und Puten vor. Durch Schleimhaut- oder Hautverletzungen tritt der Erreger ein oder wird von Zwischenträgern (blutsaugenden Insekten) übertragen. Nicht zuletzt sind Wildvögel für die Einschleppung verantwortlich. Die Hautform der Pockenerkrankung ist an zunächst fleckigen Veränderungen, dann an perlmutterglänzenden, reiskorn-, erbsen- bis kirschkerngroßen Knötchen an den unbefiederten Körperteilen zu erkennen. Die Pocken werden dunkelbraun und rauh. Die Schleimhautform äußert sich in Bildung von diphtheroiden Belägen auf der Schleimhaut der Schnabelhöhle, der Gaumenspalte, der Rachenhöhle, der Zunge und des Kehlkopfes. Da die Auflagerungen rasch zunehmen, kommt es zu schweren Atembeschwerden und schließlich zum Ersticken. Puten werden meist erst ab der 14. Lebenswoche, häufig in Mischformen, befallen. Die Tiere bleiben im Überlebensfall unterentwickelt, die Befruchtung und Eiproduktion ist stark eingeschränkt.

Influenza-A-Infektionen

Diese wurden ab 1967 bei Puten und 1970 (Schettler) bei Enten beschrieben. Puten zeigten Absenkung der Legeleistung um 10 %, Rückgang der Wasser- und Futteraufnahme, Atembeschwerden, Tränenfluß und Durchfall. 5 bis 10 % der infizierten Tiere verendeten. 3 Wochen alte Entenküken wiesen zentralnervöse Störungen, Auftreibungen der Unteraugenhöhlen, Lungen- und Luftsackentzündungen auf. Die Sterblichkeit betrug 20 %.

Gänsepest

Die gefürchtete Gänsepest — Gänsesterben — wird durch ein Reo-Virus (Krauss, 1965/1967) hervorgerufen. Die Krankheit wird auch als „Gänse-Influenza" bezeichnet. Sie zeigt sich meist in der ersten Lebenswoche durch steigernde Benommenheit, Durchfall und Verenden der Gänse nach ½ bis 2 Tagen. Auch können manchmal Ausfließen von Nasensekret und Verklebung der Augenlider beobachtet werden. Die Inkubationszeit beträgt 3 bis 4 Tage, die Sterblichkeit 100 %. Erst die bakteriologische Untersuchung ermöglicht die Abgrenzung von Salmonelleninfektionen.

Virusbedingte Leberentzündung
Virushepatitis

Seit 1950 ist die Virushepatitis der Enten erforscht (Levin/Fabricant, 1950). Das Virus wird mit dem Kot ausgeschieden und führt im Aufzuchtstall zum plötzlichen Ausbruch der Krankheit. Auch ist die Luftübertragung von älteren Tieren auf Entenküken und die Einbringung durch Menschen oft die Ursache. Infizierte Küken zeigen Gleichgewichtsstörungen, Mattigkeit und Blauverfärbung des Schnabels. Die Inkubationszeit beträgt 2 bis 5 Tage. Vor dem Verenden fallen die Tiere auf die Seite,

kommen nicht mehr auf die Läufe, rudern krampfhaft und drehen den Hals rückwärts. Bis zum Ende der 2. Lebenswoche verenden meist schon 50 %, während von der 3. bis 6. Woche kaum noch Tiere eingehen. Die Ausscheidung der Viren erfolgt danach noch längere Zeit. Bei der chronischen Form wird ein starker Rückgang der Legeleistung verursacht. Schutz vor Ansteckung kann bedingt durch das Fernhalten von Wildenten in den Zuchtgehegen erreicht werden. Außer der spezifischen Schutzimpfung der Küken und Jungenten ist eine Behandlung nicht möglich. Dorn (1971) empfiehlt in erkrankten Beständen ein Notimpfung mit Rekonvalensz-Serum durch Injektion von 0,5 ml in die Schenkelmuskulatur (nach Schoop und Staub, 1958).

New Duck Desease

Diese auch als Pasteurella-anatepestifer-Infektion der Enten bezeichnete Erkrankung ist ebenfalls artspezifisch und wird durch den gleichnamigen Erreger hervorgerufen. Infizierte Enten zeigen Schläfrigkeit, Lidbindehautentzündung, Nasenausfluß und nervöse Störungen. Die Todesrate ist 5 bis 10 % im Durchschnitt und kann bis zu 75 % betragen.

Bakterielle Infektionen

Mykoplasmose
CRD – PPLO-Infektion

Sie wird auch als Chronische Atmungskrankheit bezeichnet. Häufiger als bei Enten kommt sie bei Puten vor. Bei letzteren wird zwischen *Mycoplasma meleagridis*-Infektionen und *Mycoplasma gallisepticum*-Infektionen unterschieden. Die Erreger gelangen meistens durch den Samen infizierter männlicher Tiere in die Eileiter der Hennen und infizieren so auch die Bruteier. Küken und Jungtiere leiden am Anfang an Bindehautentzündungen und Ansammlung eines wässrigen Sekretes zwischen den Augenlidern und in den Nasenöffungen. Rasselnde, schniefende und schmatzende Atemgeräusche sind die ersten Anzeichen. Rückgang der Futteraufnahme, gesträubtes Gefieder und Mattigkeit gehen der Abmagerung und dem Tod voraus. Putenküken zeigen diese Krankheitssymptome ab der 2. Lebenswoche. Die Tiere versuchen dann, das Nasensekret durch Kopfschütteln oder durch Abwischen an den Flügelunterseiten loszuwerden. Während der Mast kann bei Puten eine spezielle Form der Mykoplasmose, die infektiöse Sinusitis, die besonders den Kopfbereich betrifft, auftreten. Die *Mycoplasma gallisepticum*-Infektion führt bei Puten zu grauweißen, flächigen Luftsackentzündungen, die andere Form verursacht meist nur kleine, gelbe, herdförmige Luftsackveränderungen.

Zur Behandlung werden verschiedene Antibiotika verwendet, die vom Tierarzt zu bestimmen sind. Tiere, die von der infektiösen Sinusitis befallen sind, können durch Injektion in die aufgetriebenen, vereiterten Unteraugenhöhlen behandelt werden. Spezielle Desinfektionsmaßnahmen sind erforderlich, da die Mykoplasmen z. B. Temperaturen von − 25 °C einige Jahre überleben können, dagegen ist ihre Wärmestabilität wesentlich geringer. Nach Fabricant (1953) sind sie schon bei 5 °C nach 3 Wochen nicht mehr infektiös, bei 50 °C überleben sie nur 20 Minuten.

Ansteckende Gelenk-Sehnen-scheiden-Entzündung
Infektiöse Synovitis

Putenküken erkranken meist erst nach der 10. Lebenswoche, wenn sie von Salmonellen, Streptokokken, Staphylokokken, Pasteurellen oder Coli-Bakterien infiziert sind. Als häufigste Erreger wurden *Mycoplasma synoviae* und *M. gallinarum* festgestellt (Olson, 1964). Bei Puten sind Lähmungserscheinungen, seltener Gelenkschwellungen zu beobachten, bei denen es

dann zu einer Ablösung des Knorpels vom Knochen des Gelenkkopfes am Sprung- und Kniegelenk kommt. Die Inkubationszeit beträgt 24 bis 80 Tage. Die Krankheit ist bei vollem Ausbruch unheilbar. Infektiöse Synovitis und die Ausbreitung der Mykoplasmen kann durch Verabreichung von Antibiotika gestoppt werden.

Geflügelcholera
Läppchenkrankheit – Pasteurellose

Puten, Gänse und Enten können von der gefürchteten Pasteurellose befallen werden. Übertragen wird diese bakterielle Krankheit durch Eindringen der Erreger *Pasteurella multocida gallinarum* und *P. m. haemolytica* über die oberen Atemwege oder Hautverletzungen in den Organismus. Als Überträger der Infektion gelten Säugetiere.

Bei der akuten Verlaufsform zeigen Puten Mattigkeit und gesträubtes Gefieder, Wassergeflügel wässriges Augensekret und Lähmungserscheinungen. Nur die mikroskopische Untersuchung kann die mögliche Verwechslung mit der Newcastle-Krankheit ausschließen. Bei Puten wird der Krankheitsverlauf oft durch chronische Lungenentzündung noch kompliziert. Antibiotika und Sulfonamide werden zur Behandlung eingesetzt. Geflügelcholera ist in der Bundesrepublik Deutschland anzeigepflichtig.

Der Verzehr von bakteriell befallenen Enteneiern kann zum Tode führen. Verursacht werden diese Infektionen durch Salmonellen. Häufig sind ausländische Fleischmehle salmonellenverseucht; auch können Blutmehle, die zur Geflügelfütterung verwendet werden, Salmonellen übertragen.

Salmonellose
Paratyphus − Infektiöse Enteritis

Sie kann bei allen Geflügelarten vorkommen und ist auf den Menschen übertragbar. Die spezielle Form bei Enten wird durch *Sallmonella typhimurium* hervorgerufen. Daher ist die Enteneiverordnung aus dem Jahr 1954 zu beachten.

Enteneier dürfen nur verkauft werden mit der Aufschrift „Enteneier! 10 Minuten kochen!". Schon äußerlich kann das Ei infiziert werden, wenn es mit erregerhaltigem Kot in Berührung kommt. Auch ist die direkte Infektion vom Eierstock her möglich. Mehr als 1000 verschiedene Arten von Salmonellen sind inzwischen identifiziert worden. Die Erreger können schon nach 48 Stunden die Eischale durchdringen und den Inhalt verseuchen.

Stehende Gewässer und künstlich angelegte Schwimmteiche für Wassergeflügel beherbergen meist Salmonellen und tragen zur Verbreitung der Infektion bei.

Infizierte Küken sind stark wärmebedürftig, schläfrig, appetitlos und zeigen gesträubtes Gefieder und Durchfall. Manchmal treten Atembeschwerden auf. Verklebte und verkrustete Augen sind Folgen der durch Salmonellen-Infektion bedingten Bindehautentzündung. Spezielle Kennzeichen der Salmonellosen bei Enten- und Gänseküken sind Lähmungserscheinungen der Beine und Verdrehen des Kopfes. Infizierte Entenküken suchen verstärkt die Wärmequellen auf, haben die Lider halbgeschlossen und die Flügel gesenkt. Nach 6 bis 7 Tagen verenden die stark erkrankten Tiere.

Erwachsene Tiere, die ständig Salmonellen ausscheiden, erscheinen äußerlich gesund. Sichtbar erkrankte Tiere müssen sofort abgesondert werden.

Pullorumkrankheit
Weiße Kükenruhr

Diese auch als *Salmonella pullorum-gallinarum*-Infektion bezeichnete Krankheit kann alle Groß- und Wassergeflügelarten befallen. Hunde, Schweine, Ratten und Mäuse sind Überträger. Auch Menschen können unter *Pullorum*-Infektionen leiden. Die Erreger sind Salmonellen der Gruppe D.

Infektionen über die Bruteier, Verbreitung und Vermehrung im feuchtwarmen Brutschrankmilieu und über Zwischenträger

führen zur allgemeinen Schwäche der Küken; sie haben erhöhten Wärmebedarf, nehmen wenig Futter auf und zeigen dünnflüssigen Kot. Die weiße Farbe des Kotes führte zur Bezeichnung „Weiße Kükenruhr". Atemnot tritt nur bei einzelnen erkrankten Tieren auf. Die Sterblichkeit kann 100 % betragen.

Paracolon-arizona-Infektion

Dies ist eine typische Putenkrankheit, die allerdings auch bei Reptilien, Hühnern, Enten, Wild- und Ziervögeln auftritt. Säugetiere und der Mensch werden selten befallen.

Die Krankheit verläuft seuchenartig und ist mit der Salmonellose verwandt. Goetz stellte 1954 Erreger fest, die in ihrem biochemischen Verhalten den Salmonellen sehr ähnlich sind. Befallene Putenküken sind auffallend schwach, leiden unter Durchfall und sitzen häufig auf den Fersengelenken. Durch die grau-weiße Trübung der Hornhaut erblinden viele Küken schon eine Woche nach der Infektion. Halsverdrehen und Lähmungserscheinungen sind weitere Anzeichen. Bis zu 50 % des Bestandes können verenden. Sichere Diagnose ist nur durch bakterielle Untersuchung möglich.

Coli-Infektion
Coli-Ruhr – Coli-Septikämie – Coli-Bazillose

Sie führt bei Puten und Wassergeflügel zu hoher Sterblichkeit in den ersten Lebenstagen. Zu den Krankheitserscheinungen in diesem Fall gehören Mattigkeit, erhöhter Wärmebedarf, gesträubtes Gefieder, Durchfall, Augenentzündungen mit Erblindung, Gelenkschwellungen und Leistungsrückgänge bei Alttieren. Bestimmte Coli-Bakterienstämme, die sich von den beim gesunden Tier im Darm vorkommenden Coli-Bakterien unterscheiden, überleben besonders lange in trockenem Staub bei hoher Temperatur in den Aufzuchtställen mit niedriger Luftfeuchtigkeit. Dann werden häufig die Atemwege infiziert.

Geflügeltuberkulose

Die Erreger, die mehr Puten und Perlhühner als Enten und Gänse befallen, sind Bakterien, *Mycobacterium avium*, die sich vom Darm aus auf die übrigen Organe ausbreiten. Die Ansteckung kann über Kot und Bruteiinfektion geschehen.

Zwischen Auftreten der sichtbaren Krankheitserscheinung und der Aufnahme von Erregern liegt meistens die Zeitspanne von 2 bis 3 Monaten. Befallene Tiere magern stark ab, die fleischigen Kopfbehänge bilden sich zurück, die Tiere zeigen Lähmungen, blasse oder gelblich verfärbte Gesichtshaut und haben in der Endphase Durchfall. Die Tuberkulinprobe (Kehllappenprobe) wird bei Puten in einer Falte der Haut am Halswinkel durch Injektion durchgeführt. Nach 32 bis 48 Stunden kann die Reaktion geprüft werden. Kranke Tiere zeigen geschwollene Kehllappen unter aufgetriebener Haut im Bereich der Injektion.

Staphylokokkeninfektion

Außer lokalen Wundinfektionen (z. B. Ballenabszesse) kommt es zu seuchenartigen Staphylokokkeninfektionen bei Puten, Gänsen und Enten, die mit Gelenks- und Sehnenscheidenentzündungen, vor allem im Bereich der Sprunggelenke, verbunden sind. Bei Putenküken führen die Infektionen nicht selten zu Nabelentzündungen (Erreger: *Staphylococcus aureus*).

Sind die Tiere durch Umweltbelastungen, vorausgehende Erkrankungen, Allergien oder Gifte geschwächt, kommt es leichter zu einer Infektion durch Eitererreger. „Nach eigenen Erfahrungen können besonders schwere Staphylokokkeninfektionen auftreten, wenn die Blutbildung, z. B. durch vorausgehende Sulfonamidvergiftung, geschädigt ist. Die dadurch bedingte Verminderung der weißen Blutzellen (Leukopenie), denen im Organismus die Infektionsabwehr zukommt, kann von einer starken Vermehrung der Staphylokokken begleitet sein, die dann in den gesamten Organismus ausgeschwemmt werden kann (Septikämie)" (Dorn, 1973). Außer

den erwähnten Merkmalen sind blaurot verfärbte Ellbogen- oder Handwurzelgelenke nässende, blutig-sulzig durchtränkte Schwellungen, Benommenheit, gesträubtes Gefieder und Lähmungserscheinungen weitere Anzeichen für diese Erkrankung. Antibiotika, verabreicht über Futter und Trinkwasser, sind geeignete Heilmittel. Einzelne wertvolle Zuchttiere läßt man am besten durch Injektionen behandeln.

Eileiterentzündung

Im Kükenalter entstehen Eileiterentzündungen durch Coli-Infektionen; häufiger haben adulte Tiere entzündliche Salpingitis als Folge von Infektionen, die von kleinen Schleimhautverletzungen im Eileiter herrühren. Bakterien aus dem Kloakenbereich sind eingewandert und haben die durch hohe Legeleistungen und übergroße Eier strapazierte Eileiterwand und ferner die Pickwunden an der vorgestülpten Eileiterschleimhaut infiziert. Puten, Gänse und Enten leiden zwar seltener unter dieser Infektion als Hühner und Tauben, aber auch sie werden im Eileiter von Coli-Bakterien, vereinzelt auch von Salmonellen und Pasteurellen befallen. Außer Bakterienbefall sind Virusinfektionen an diesem Organ festgestellt worden.

Pilzinfektionen

Schimmelpilzkrankheit
Aspergillose

Sie wird durch verschiedene Schimmelpilzarten, z. B. *Aspergillus fumigatus*, *A. niger*, *A. glaucus*, hervorgerufen.

In verschimmelter Einstreu und verdorbenem Futter befinden sich ebenso Erregersporen wie in feucht ausgebrachtem Stroh und aus frischem Holz hergestellten Hobelspänen. Die Tiere atmen die Sporen ein und zeigen schon als Küken struppiges Gefieder, Atembeschwerden und vereinzelt Nasenausfluß. Bei Jungtieren ist die Sterblichkeit höher als mit zunehmendem Lebensalter. Nach der 3. Lebenswoche zeigen Puten, Gänse und Enten, die unter Brutschrankinfektionen leiden (z. B. durch *Aspergillus fumigatus*) käsige Beläge in den Augen und Hornhauttrübungen. Bei Puten hat Moore (1952) die schweren Atembeschwerden (Schniefen) und die Entzündung des Glaskörpers im Auge beschrieben.

Die Infektion kann manchmal dadurch gestoppt werden, daß kleinere Kükengruppen in hygienisch einwandfreie Umgebung umgesetzt werden oder Einstreuwechsel nach Entfernung des Staubes und gründliche Naßdesinfektion erfolgt. Brutei-Infektionen sind durch Begasung einschließlich der Brutapparate zu verhindern. Futtersilos sollten alle 2 bis 3 Monate durch eine Innendesinfektion entseucht werden. Zur Vorbeuge empfiehlt Pingel (1985) die Verabreichung von 1 bis 3 g Kupfersulfat in 1 l Trinkwasser.

Kammgrind
Erbgrind − Favus

Dieser wird durch einen speziellen Hautpilz, *Trichophyton*, bei Puten hervorgerufen. Im Augenbereich sind weiß-gelbliche, mehlartige, manchmal kleinschuppige Beläge festzustellen. Im fortgeschrittenen Stadium wachsen diese zu borkenartigen Krusten zusammen. Wird der Befall chronisch, so ist der gesamte Hals von dem Pilz besetzt.

Protozoenkrankheiten

Erkrankungen dieser Art werden durch einzellige Lebewesen verursacht.

Kokzidiose

Sie ist am weitesten verbreitet; es handelt sich bei den Kokzidien um Einzeller von runder bis eiförmiger Gestalt mit einem Längsdurchmesser, der je nach Art 15 bis 30 μm (1 μm = $\frac{1}{1000}$ mm) beträgt. In der Darmwand entnehmen sie als Schmarotzer flüssige Nährstoffe und zerstören dabei die Zellen. Die Oozysten, die mit dem Kot ausgeschieden werden, sind als Kokzidiendauerformen durch eine 3schichtige Schale gegen äußere Einflüsse geschützt. Im Tierkörper verläuft die Entwicklung der Kokzidien dadurch weiter, daß die Verdauungssäfte die Hülle der Sporen auflösen und die Oozysten freisetzen. Aus der abgestorbenen Darmzelle gelangt die fertige Oozyste mit dem Kot an die Außenwelt und wird von Fliegen, Käfern, Mäusen, Ratten und auch durch den Menschen verschleppt.

Während beim Haushuhn ca. 10 verschiedene Arten von Kokzidien bekannt sind, kommen bei der Pute unter den 7 spezifischen Arten am häufigsten *Eimeria adenoides* und *E. meleagrimitis* vor. Die erste Art verursacht nach 6 Tagen milchig-weißen, schleimigen Darminhalt im geröteten Enddarm; *E. meleagrimitis* ruft bei 3 bis 6 Wochen alten Putenküken starke Darmentzündungen mit schokoladenfarbenem, teils blutigrotem Darminhalt hervor. Ältere Tiere werden gegenüber diesen Erregern resistent.

Von den 5 verschiedenen bei Gänsen bekannten Kokzidienarten sind *E. anseris* und *E. nocens* die wichtigsten. Relativ häufig sind Darmkokzidien; die Art *E. truncata*, die zu Nierenschädigungen führt, kommt weniger vor.

Da im Handel befindliche Mittel in Überdosierung Schäden hervorrufen können und nur gegen bestimmte Erregerarten wirksam sind, ist die Diagnose bei Puten und Wassergeflügel durch den Tierarzt erforderlich, der in Verbindung mit entsprechender Vitamin-Therapie die Behandlung vornehmen kann.

Die Desinfektion mit schwefelkohlenstoffhaltigen Präparaten vernichtet die Oozysten (bei Tränken- und Trögedesinfektion 20minütige Einwirkungszeit − Nachspülung mit klarem Wasser!). Abflammen des Stallinneren mit Lötlampe oder Brenner ist ebenfalls zweckmäßig. Trockene Einstreu und Verabreichung von Kokzidiostatika über das Aufzuchtfutter sind geeignete Vorbeugemaßnahmen.

Ansteckende Leber-Blinddarm-Entzündung — Schwarzkopf-krankheit
Typhlohepatitis — Histomoniasis — Blackhead

Die Schwarzkopfkrankheit der Puten kommt auch beim Perlhuhn vor; sie wird durch einzellige Flagellaten, *Histomonas meleagridis*, hervorgerufen, die sich in erster Linie von Bakterien ernähren. Blinddarmwürmer (Pfriemenschwänze oder Heterakiden) dienen als Zwischenwirte. Mit ausgeschiedenen Würmern und deren Eiern gelangen die Protozoen in Stall und Auslauf und werden wieder von den Puten aufgenommen. Die in den Blinddarm gewanderte Larve setzt sich in der Wand fest und entwickelt sich zum Flagellaten. Lund entdeckte 1966, daß auch Regenwürmer bei der Verschleppung von *H. meleagridis* beteiligt sind. Die Übertragung der Erreger von Pute zu Pute erfolgt durch infiziertes Futter und Wasser, obwohl die ungeschützten Protozoen an der Außenwelt nur eine kurze Überlebenszeit haben und außerdem durch den niedrigen pH-Wert des Kropfinhaltes meistens abgetötet werden.
Die Inkubationszeit beträgt bei Puten 9 Tage. Häufig erkranken die Jungtiere im Alter von 6 bis 10 Wochen. Bei älteren Tieren wird die Krankheit wegen ihres schleichenden Verlaufs kaum entdeckt. Nach einer Wärmeperiode kann die Krankheit aber plötzlich mit Todesfällen ohne vorherige Krankheitserscheinungen ausbrechen.
Die Krankheit erhielt ihre Bezeichnung durch die dunkle Verfärbung des Kopfes, die allerdings nicht in jedem Fall auftritt, wenn Histomoniasis vorliegt. Auffallende Blässe der Kopfhaut kann ebenso ein Indiz dafür sein. Allgemein zeigen sich die Puten bei Flagellaten-Befall schläfrig, das Gefieder ist struppig, die Flügel hängen schlaff herunter. Der Kot ist schleimig, gelblichweiß. Die Tiere magern ab und verenden häufig erst nach mehrwöchigem Siechtum. Organuntersuchungen erbringen bei der Diagnose ein sicheres Bild aufgrund der Leberveränderungen; die Blinddärme sind stark verdickt.

Wurmbefall

Im Körper aller Geflügelarten schmarotzen Würmer (Helminthen). Nährstoffe aus Darm, Magen, Schlund, Kropf und Luftröhre werden dadurch den Vögeln entzogen und außerdem durch die Haftorgane der Würmer Verletzungen an den Schleimhäuten verursacht. Solche Gewebeschädigungen bilden die Eingangspforte für andere Krankheitserreger, so daß sich Wurmbefall mehrfach schädlich auswirkt. Da Verwurmung praktisch in jedem Geflügelbestand vorkommt, ist das Ausmaß zu regulieren. Wurmbehandlungen sind weit wichtiger als die Bekämpfung anderer Parasitenarten. Geflügelwürmer werden nicht von Säugetieren oder Menschen übertragen.

Alle Arten des Groß- und Wassergeflügels können von folgenden Würmern befallen werden:

Rund- oder Fadenwürmer — Nematoden
1. Spülwürmer — Ascariden
2. Haarwürmer — Capillarien
3. Pfriemenschwänze oder Blinddarmwürmer — Heterakiden
4. Magenwürmer — *Amidostimum* und *Echinurea*
5. Luftröhrenwürmer — *Syngamus trachea*
Band- oder Plattwürmer — Cestoden
Kratzer — Acanthocephalen

Spulwürmer

Pute und Perlhuhn, nicht jedoch Gans und Ente sind Wirtsvögel für die schmarotzenden runden, gelb-weißen, an beiden Körperenden zugespitzten Würmer. Sie kommen im Dünndarm vor und erreichen eine Länge von 3 bis 12 cm. Die größeren Tiere sind die Weibchen.
Aus den ausgeschiedenen Wurmeiern entwickeln sich Larven, deren Entwicklung von den Bedingungen der Außenwelt abhängt (10 bis 12 Tage bei günstigen Bedingungen, sonst einige Wochen). Die im Ei entwickelte Larve gelangt durch Aufpicken in den Geflügelmagen, wo durch die Ver-

dauungssäfte die Eihülle aufgelöst wird. Nach einem kurzen Aufenthalt im Dünndarm wandert die Larve wieder in die Darmschleimhaut. Nach weiteren 22 Tagen ist sie im Darmlumen zum geschlechtsreifen Wurm ausgewachsen. Die Gesamtentwicklung (Präpatentperiode) vom Ei zum geschlechtsreifen Wurm dauert etwa 50 Tage.

Im Tierkörper produziert das Wurmweibchen mehrere Monate lang einige Millionen Eier. Dadurch kommt es in Stall und Auslauf leicht zur Verseuchung mit Spulwurmeiern.

Zeigen Puten und Perlhühner blasse Kopfhaut, gelbweiße bis weiße Läufe, gesträubtes Gefieder und Abmagerung, so kann mit stärkerem Spulwurmbefall gerechnet werden. Ein Teil der Tiere hat dann auch Durchfall. Verstopfungen des Darmlumens durch Spulwurmansammlungen können zum raschen Tod führen, wie überhaupt Jungtiere innerhalb weniger Tage so geschwächt werden können, daß sie eingehen.

Kotuntersuchungen erbringen den Nachweis der Wurmeier, im aufgeschnittenen Darm können Spulwürmer ohne Mikroskop identifiziert werden.

Da die Spulwurmeier an der Außenwelt lange überleben können, müssen zur Desinfektion schwefelkohlenstoffhaltige Präparate in 5- bis 6%iger Lösung nach einer gründlichen Naßreinigung verwendet werden. Tröge und Tränken werden 15 Minuten in einem entsprechenden Bad gereinigt. Richtige Versorgung mit Vitamin A kann dem Wurmbefall vorbeugen.

Haarwürmer

Nur in Ausnahmefällen kommen Capillarien bei Gänsen und Enten, häufiger jedoch bei Puten und Perlhühnern vor. Die 0,5 bis 6 cm langen Rundwürmer leben in Schlund, Kropf, Dünndarm und Blinddarm. Die verschiedenen Haarwurmarten haben unterschiedliche Präpatentperioden (Präpatenz-Zeitspanne von der Infektion bis zum Auftreten von Larven oder Eiern im Kot des Wirtstieres), einige von ihnen

benötigen zur Weiterentwicklung Regenwürmer. Die Eier von *Capillaria obsignata* können aber nach der direkten Aufnahme durch das Geflügel innerhalb von 6 bis 7 Tagen Larven und schon nach 3 bis 4 Wochen geschlechtsreife Würmer hervorbringen, die dann wieder zahlreiche Eier ausscheiden. Die mechanische Verschleppung vom Kot zum Trog und in die Tränke ist bei Scharrvögeln häufig, wobei auch der Übertragung durch Fliegen eine gewisse Bedeutung zukommt.

Appetitlosigkeit, blasse Kopfteile, Abmagerung und Durchfall sind oft Anzeichen für starken Wurmbefall. Bei Puten ermittelte Hinshaw (1967) die Haarwurmarten *C. contorta* und *C. annulata*, die im Kropf schmarotzen.

Haarwurmeier lassen sich nur mikroskopisch feststellen. Bei Befal ist auch der Darm stark entzündet, die Schleimhaut verdickt, sie erscheint grau-weiß. Im fortgeschrittenen Stadium sind Schleimhautblutungen festzustellen.

Pfriemenschwänze
Blinddarmwürmer

Als Überträger der bei Puten gefürchteten Schwarzkopfkrankheit und Parasiten sind die 1 bis 2 cm langen Rundwürmer mit spitz auslaufendem Hinterende genauso schädlich wie bei Enten und Gänsen, in deren Blinddärmen sie ebenfalls schmarotzen. Dort entwickeln sich die Larven zu geschlechtsreifen Pfriemenschwänzen. Die Gesamtentwicklung verläuft in 24 bis 36 Tagen, wobei kein Zwischenwirt benötigt wird. Regenwürmer verschleppen aber die Eier, so daß Geflügel in Auslaufhaltung regulär stärker befallen ist als in Stall- oder Batteriehaltung.

Kommt es zu größeren Ansammlungen von Heterakiden im Blinddarm, treten Wachstumsstörungen und Gewichtsverluste auf.

Ist die Schwarzkopfkrankheit bei Puten sicher festgestellt, so ist neben den anderen Maßnahmen die gründliche und wiederholte Abtreibung von Pfriemenschwänzen unbedingt erforderlich.

Magenwürmer

Die Magenwurmseuche, verursacht durch 1 bis 2,5 cm lange, leicht rötlich gefärbte, sehr dünne Rundwürmer, kommt speziell bei Gänsen und Enten vor. Ganze Herden von Gänseküken können durch Magenwurmbefall in kurzer Zeit eingehen.

Schon in 24 Stunden entwickelt sich aus den mit dem Kot ausgeschiedenen Wurmeiern das 1. Larvenstadium. Im 3. Stadium sitzt die Larve auf dem Gras und wird so von der Gans aufgenommen. In stehenden Gewässern überleben Larven etwa 1 Monat unter der Wasseroberfläche. Sie dringen von hier aus durch die Haut schwimmender Gössel und wandern in den Magen. Die Larve häutet sich in der Schleimzeit zwischen Drüsen- und Muskelmagen und verletzt diese dabei erheblich. Der geschlechtsreife Wurm entwickelt sich dann in dem entstandenen Blutgerinsel.

Stark befallene Jungtiere zeigen Mattigkeit sowie Durchfall und fressen nur noch wenig. Entwicklungsrückstände und starkes Abmagern sind die Folge, oft begleitet von Schluckbeschwerden und Kopfschlenkern. Innerhalb kurzer Zeit können die Gössel ohne vorher erkennbare Krankheitszeichen eingehen.

Die sichere Diagnose gelingt durch Magenuntersuchungen.

Luftröhrenwürmer
Rotwurmseuche

Bis zu einem Alter von 1 Jahr können Puten in der Luftröhrenschleimhaut von den ca. 0,5 bis 2 cm langen Luftröhrenwürmern befallen werden. Die Bezeichnung Gabelwurm rührt daher, daß die Männchen mit den größeren Weibchen in dauergeschlechtlicher Verbindung leben und, so vereint, die Form eines Y bilden. In der Luftröhrenschleimhaut saugen die Würmer mit den Mundsaugnäpfen Blut und erscheinen vollgesaugt blutrot.

In 3 Stadien durchläuft die Larve ihre Entwicklung, nachdem die in die Luftröhre ausgestoßenen Eier von den Vögeln abgeschluckt und ausgeschieden wurden. Wieder aufgenommene Eier bringen im Darm Larven hervor, die sich dort in die Wand bohren. Mit der Blutbahn werden die Larven über Leber und Herz in die Lunge transportiert. Dort wird die Entwicklung vollendet, und die beiden vereinigten Geschlechtstiere wandern in die Luftröhre. Eier, die von Regenwürmern, Landschnekken, Fliegen und Insekten aufgenommen wurden, bleiben dort lange Zeit infektionsfähig. Die Kleintiere funktionieren somit als Sammelwirte und geben, vom Geflügel aufgenommen und verdaut, die Larven frei.

Junge Puten, die von *Syngamus trachea* befallen sind, zeigen Atembeschwerden, strecken den Hals auffällig nach vorne und schleudern oft mit dem Kopf. Heiseres Husten, Gewichtsverlust und Müdigkeit gehen den Todesfällen voran.

Band- oder Plattwürmer

Alle Geflügelarten, also auch Groß- und Wassergeflügel, können die verschiedenen Arten von Bandwürmern beherbergen. Es gibt wenige Millimeter lange Arten, *Davainea proglotina*, *Amoebotaenia sphenoides*, und bis zu 25 cm lange Schmarotzer, *Railletina cesticilla*, *Choanotaenie infundibulum*, *Hymenelopis carioca*. Die großen Arten benötigen zur Entwicklung Zwischenwirte, wie Fliegen, Lauf-, Mist- und Mehlkäfer, die kleinen bedienen sich verschiedener Schneckenarten.

Der Infektionskreislauf ist dann geschlossen, wenn diese Zwischenwirte vom Geflügel gefressen werden.

Im letzten Glied des Wurmes werden die Eier ausgeschieden und können sich fortbewegen. Jedes Bandwurmglied kann mehrere 100 Eier enthalten. Im Darm des Zwischenwirtes schlüpfen dann die Larven, durchbohren die Wand und gelangen nach 3 bis 4 Wochen zum Finnenstadium. Erst im Vogel erfolgt die Entwicklung zum geschlechtsreifen Bandwurm.

Bandwurmbefall ist schwer festzustellen, da die Vögel keine typischen Krankheitszeichen erkennen lassen. Bei andauerndem Durchfall, Mattigkeit, absinkender Legeleistung und Lähmungserscheinungen

(Auswirkungen der giftigen Ausscheidungsprodukte der Bandwürmer) ist auf entsprechenden Befall zu schließen.

Die Diagnose des Kotes zeigt die großen Bandwurmarten mit bloßem Auge; bei den kleinen Formen ist die mikroskopische Untersuchung des Abstriches erforderlich.

Spezielle Bandwurmkapseln, die organische Zinnverbindungen enthalten, eignen sich am besten zur Einzelbehandlung.

Außenparasiten

Durch Saugen von Blut oder Gewebsflüssigkeit, Anfressen von Haut und Federteilen können Ektoparasiten beim Geflügel erheblichen Schaden anrichten. Hemmungen des Wachstums und der Legeleistung sind ebenso Folgen wie starke Beunruhigung, besonders in den eigentlichen Schlafphasen. Nicht zuletzt ist zu beachten, daß Außenparasiten Krankheitserreger und Dauerformen der Darmparasiten übertragen oder den Darmschmarotzern als Zwischenwirte dienen.

Ektoparasiten werden eingeteilt in:

Spinnentiere (Milben)	Insekten
− Rote Vogelmilben	− Federlinge
− Kalkbeinmilben	− Flöhe
− Hauträudemilben	− Fliegen
− Luftsackmilben	− Käfer
− Bindegewebsmilben	
− Federmilben	
− Federbalgmilben	
− Zecken	

Rote Vogelmilbe − Blutmilbe (*Dermanyssus gallinae*)

Sie schmarotzt mehr auf Puten als auf Wassergeflügel und kann in Ausnahmefällen auch auf Säugetiere und Menschen übergehen.

Im nüchternen Zustand sind die etwa ¾ mm großen Milben oval und von gelbgrauer Farbe. Vollgesaugt erscheinen sie schwarzrot und kugelartig prall. Aus den

Eiern (ein Weibchen kann im Laufe von ca. 2 Monaten bis zu 50 Eier legen) schlüpfen die Larven innerhalb von 1 ½ bis 12 Tagen bei einer Temperatur zwischen 10 und 35 °C. Der Schlupf kann aber auch schon bei Temperaturen von 30 bis 35 °C nach 36 Stunden erfolgen, hingegen schlüpfen die Larven unter 9 °C nicht aus. Die Entwicklung zur geschlechtsreifen Milbe verläuft nach mehrmaliger Häutung in der Zeitspanne von etwa 1 Woche. Die Parasiten halten sich tagsüber in Spalten und Ritzen der Stallwände, unter Sitzstangen und an Futtertrögen, häufig an feuchten Stellen unter den Tränken und bei starkem Befall auch in der Einstreu auf.

Sie bevorzugen als Lagerplätze lichtabgewandte Stellen, von denen aus sie dann nachts die Vögel überfallen. Das einzelne Tier kann dann von mehreren hundert Milben befallen und durch Blutsaugen so geschwächt werden, daß es an Blutverlust stirbt. Äußere Anzeichen für starken Milbenbefall sind blasse Kopfteile, Blutspritzer auf den Eierschalen, Absinken der Legeleistung. Befallene Puten suchen die Schlafplätze nur zögernd auf. An den Auflagen der Sitzstangen sind die Milbenansammlungen mit bloßem Auge gut zu erkennen. Der pulverfeine, graue Milbenkot findet sich häufig an der Unterseite von Käfigböden.

Da Milbeneier in geschützten Stellen kaum zu bekämpfen sind, konzentriert sich die Maßnahme hauptsächlich auf die Ausrottung der Larven und Geschlechtstiere durch Einpudern des Geflügels, Ausräuchern mittels Räuchertabletten oder durch Spraybehandlung mit den marktüblichen hochwirksamen Mitteln, von denen die Tropfmittel noch einfacher in der Anwendung sind.

Kalkbeinmilben

Der Befall durch Kalkbeinmilben, *Knemidocoptes mutans*, sollte beim Groß- und Wassergeflügel eigentlich der Vergangenheit angehören, denn moderne Stall- und Auslaufhygiene hat diese Schmarotzer weitgehend ausgerottet. Sie kommen nur noch in stark vernachlässigten Geflügelbeständen vor.

Die ¼ bis ½ mm großen Milben siedeln sich unter den Hornschuppen an Läufen und Füßen des Geflügels an und vollziehen dort auch ihre Entwicklung von der Larve zum Geschlechtstier.

Die Schädigung besteht in der Durchbohrung der Haut unter den Schuppen, was zu Entzündungen und rindenartig zerfurchten Auftreibungen führt. Der grobe, graue, bröckelige Belag bewirkt bei den Vögeln Juckreiz, Zehenpicken und Laufbehinderungen. Besonders mehrjährig befallene Tiere zeigen solche häßlichen und beschädigten Läufe und Zehen.

Die Folgen des Milbenbefalls können durch Einweichen der Läufe in Seifen- oder Sodalösung und Ablösung der Borken, der Befall selbst durch Insektizidbäder oder Besprühen, Einpinseln, Einpudern (mit Spray, Öl oder Pulver, z. B. Neguvon-Lösung, Wendelinus-Öl und -Spray), beseitigt werden. Die Bekämpfung in der Stallanlage geschieht am besten wie bei Vogelmilben.

Luftsackmilben

Starke Entzündungen der Lungen und Luftsäcke können bei Puten Luftsackmilben, *Cytodites nudus*, verursachen. Dabei sind manchmal Atembeschwerden die Folge. Eine wirksame Bekämpfung dieser Ektoparasiten ist bisher nicht bekannt.

Federmilben

Bei Puten und Enten treten nicht selten Federmilben, *Megninia*, auf. Erkennbar sind diese Spinnentiere nur bei durchfallendem Licht an den Schwung- und Steuerfedern. Direkte Gewebsschäden verursachen sie nicht, da sie sich nur von Feder- und Hautteilen ernähren. Durch Juckreiz wird aber das Geflügel beunruhigt; außerdem sind Federnausfall und struppiges Gefieder unangenehme Auswirkungen.

Die Bekämpfung kann wie bei Vogelmilben durch Besprühen und Einstäuben mit Insektiziden erfolgen.

Federlinge

Von voriger Art sind die Federlinge, *Mallophaga*, als Insekten zu unterscheiden. Sie dürften die am stärksten verbreiteten Außenparasiten des Geflügels sein. Es sind mehr als 40 Arten bekannt. Nicht alle nehmen Blut auf; einige leben nur von Haut- und Federteilen.

Die Gesamtentwicklung vom Ei über die Larve bis zum geschlechtsreifen Insekt dauert 3 bis 6 Wochen; die Lebensdauer beträgt einige Monate. An den Federschäften, meist unter den Flügeln oder um die Kloake, verkleben Federlinge ihre Eier mit einem Sekret. Stark befallene Puten, Gänse und Enten können bis zu mehrere 1000 Federlinge beherbergen, so daß sie oft sehr geschwächt sind. Der Befall steigert sich meistens mit zunehmender Ermattung des Vogels.

Einpudern der Einzeltiere, Einsprühen der Stallung mit ähnlichen Wirkstoffen wie bei der Vogelmilben-Bekämpfung sowie Begasung (Schutz der Tränken, Tröge und Nester!) vernichten zwar Larven und geschlechtsreife Federlinge, nicht jedoch die Eier. Daher sind Wiederholungsbehandlungen erforderlich.

Flöhe

Blutsaugende Flöhe der *Ceratophyllus*-Arten kommen bei Geflügel als Außenparasiten selten vor. Da sie aber auch vorübergehend an Menschen gehen, muß ihnen Beachtung zukommen. Erkennbar sind Flöhe am braun-schwarzen, seitlich abgeflachten Körper von 2,5 bis 3,5 mm Länge.

Die Entwicklung vom Ei bis zum geschlechtsreifen Insekt verläuft nach mehreren Larvenstadien und einem Puppenstadium im Zeitraum von 4 bis 7 Wochen.

Flöhe fügen dem Geflügel dadurch Schaden zu, daß sie Blut saugen, die Tiere stark beunruhigen und so zum Absinken der Legeleistung beitragen.

Die Bekämpfung entspricht im Prinzip der bei Vogelmilben, muß aber stets das Übersprühen der Kotgruben und der Einstreu einschließen, da sich die Flohlarven dort entwickeln.

Schließlich sei noch auf **Stubenfliegen**, *Musca domestica*, und verschiedene **Käferarten** (Mehl-, Dung-, Speck- und Aaskäfer) als Krankheitsüberträger hingewiesen. Die Larven des Mehlkäfers, *Tenebrio molitor*, können Küken anfressen und blutende Hautverletzungen verursachen.

Als Zwischenwirte für den Geflügelbandwurm dienen Mehl- und Dungkäfer; sie können außerdem bakterielle und virusbedingte Infektionen übertragen.

Stoffwechselkrankheiten

Gicht und Perosis treten hauptsächlich bei Puten und Enten auf.

Gicht

Wir unterscheiden zwei Formen:
— Eingeweidegicht
— Gelenkgicht

Es handelt sich um eine Krankheit, die infolge von gestörter Harnsäureausscheidung mit Rückstau von Harnsäure in den Nieren und Ausfällung von Harnsalzen auftritt. Sie führt bei der ersten Form zu Durchfall und Kloakenverklebung der Küken. Drängen die Tiere auffällig zur Wärmequelle und erscheinen matt, so kann Gichterkrankung vorliegen.

Die Gelenkgicht zeigt sich durch Anschwellen der Fuß- oder Ellenbogengelenke und weißen Harnsalzablagerungen unter der Haut.

Außer verstärkten Gaben von Vitamin A und B als Vorbeuge- und Kräftigungsmittel sind keine zuverlässigen Behandlungsmittel bekannt.

Perosis

Hierbei kommt es, meist durch Fütterungsmängel bedingt, zu Knochenverformungen der Fersengelenke. Die Schienbeine sind aufwärts verbogen, und die Beugesehnen über den Fersenhöckern gleiten seitlich ab.

Krankheitserscheinung, Diagnose, Behandlung und Vorbeuge sind besonders in der Junggeflügelmast bedeutungsvoll.

Mangelkrankheiten*

Eine Reihe von Krankheitserscheinungen ist auf Ernährungsstörungen, d. h. in der Regel auf Fütterungsfehler, zurückzuführen (s. hierzu die entsprechenden Ausführungen in den jeweiligen Kapiteln).

Vitaminmangel

Vitamin A

Wachstumsstillstand, Blässe der Gesichtshaut, rauhes Gefieder, Beinschwäche, wässriges Augensekret, Austrocknung der Binde- und Hornhaut mit Ansammlung käsiger Massen unter den Augenliedern; schnupfenähnlicher Nasenausfluß (besonders bei Puten). Puten erhalten als Stoßbehandlung im Kükenalter 4000 bis 8000 I. E., im Junghuhnalter 10000 bis 20000 I. E.

Vitamin D

Durch verminderte Kalziumeinlagerung kommt es zu einer Störung der Knochenbildung beim wachsenden Tier. Erwachsene Tiere leiden in diesem Fall an ständig ablaufender Knochenumbildung (Osteomalazie). Die Knochen werden weich, verbiegen sich zum Teil und zeigen verdickte Gelenke (Rachitis).

---

*) s. auch Tabelle auf den Seiten 252, 254, 256, 257.

Der Einsatz von Vitamin D₃ (pro Tier ca. 500 bis 2000 I. E. über mehrere Tage) beseitigt rachitische Erscheinungen in relativ kurzer Zeit. Bei Multivitamin-Kombinationen muß der Anteil der Vitamin-D_3-Konzentration entsprechend hoch sein.

Vitamin E

Küken mit Mangelerscheinungen dieser Art zeigen Benommenheit, fortschreitende Lähmungserscheinungen, strampeln in Seitenlage krampfartig und drehen im Endstadium den Kopf auf den Rücken (Enzephalomalazie). Das Seitlich-rückwärts-Überschlagen mit auf den Rücken gelegtem Kopf ist eine typische Erscheinung für Vitamin-E-Mangel. Eine direkte und vollständige Heilung ist nicht möglich, die Ausdehnung kann nur durch Verabreichung von 25 mg Vitamin E pro Tier und Tag über das Trinkwasser vermieden werden.

Vitamin B

Bei Vitamin-B_1-Mangel (Thiamin- oder Aneurinmangel) verdrehen die Küken den Kopf seit- und rückwärts, zeigen Lähmungserscheinungen und Streckstellung der Läufe. Durch vollständiges Grätschen sind die Tiere nicht mehr in der Lage, zu stehen und zu laufen. Multivitaminpräparate und Bierhefe können solche Mängel beheben.
Vitamin-B_2-Mangel (Riboflavin- oder Laktoflavinmangel) führt zu Wachstumsstörungen ab der 2. Lebenswoche, besonders zu Zehenverkrümmungen nach innen bis zur faustähnlichen Einbiegung der Zehen. Nach Ferguson (1961) führt Riboflavin-Mangel bei Putenküken im Schnabelwinkel und an den Augenlidern zu Schorfbildung. Außer Vitamin-Kombinationen ist die Verfütterung von Milch und Hefe hilfreich.
Pantothensäure-Mangel verursacht bei Küken borkige Krusten an Augenlidern, Schnabelwinkel und Zehen. Schon die Embryonen können infolge dieses Mangels in den letzten Bruttagen absterben.

Schlechtes Wachstum, rauhes, struppiges Gefieder, manchmal Lähmungen und Krämpfe sind die Folgen von Nikotinsäuremangel (Nikotinamid-, Niazinmangel). Die Verabreichung von Vitamin-B-Komplex oder synthetischer Nikotinsäure wirkt innerhalb weniger Tage.
Vitamin-B_6-Mangel (Pyridoxinmangel) führt außer zu den schon erwähnten Symptomen zu ruckartigen Bewegungsstörungen und geringer Schlupffähigkeit der Küken.
Vitamin-B_{12}-Mangel (Cobalaminmangel) ist oft die Ursache für hohe Embryonalsterblichkeit während der Brut. Mushett und Ott (1949) fanden Zusammenhänge zwischen Vitamin-B_{12}-Mangel und Muskelmangelnerosionen.
Zeigen Küken Hautschäden an den unbefiederten Körperstellen, bei Puten auch schorfig-schrundige Hautveränderungen an den Zehenballen, so liegt meistens Biotin-Mangel vor. Abhilfe schafft hier wie bei Folsäuremangel die Verabreichung von Multivitaminpräparaten und Hefe.

Cholin

Der Perosis-Erkrankung (s. Seite 330) geht meistens Cholin-Mangel voraus. Weitere Folgen sind verzögertes Wachstum und Leberverfettung.

Vitamin C

Verminderte Abwehr gegen Infektionskrankheiten, Schwächung durch Streß, Schilddrüsen-Unterfunktion und Nachlassen der Legeleistung, Fruchtbarkeit und Schlupffähigkeit sind die Auswirkungen.

Aminosäurenmangel

Der Vogelkörper benötigt einen ausgeglichenen Aminosäurenspiegel; das gilt insbesondere für die Anteile an essentiellen Aminosäuren in der Ration. Nach Dorn (1971) ergeben sich im einzelnen folgende Mangelerscheinungen:

Arginin:	Wachstumsstörungen, Wachstumshemmungen der Handschwingen (Federfahnen bleiben geschlossen)
Histidin:	Dotterbildung gestört
Isoleucin:	Wachstumsstillstand Gewichtsverlust
Leucin:	Wachstumsstillstand Eiproduktion setzt aus
Lysin:	Wachstums- und Pigmentstörungen der Federn, verzögerte Geschlechts- und Legereife
Methionin/ Zystin:	Wachstumsverzögerung, Befiederungsstörung (an den Enden aufgerollte Handschwingen und aufgebogenen Deckfedern), erhöhter Fettansatz
Tryptophan:	Wachstumsstillstand, Gewichtsverlust, Rückgang der Legeleistung
Valin:	Wachstumsstillstand

Mineralstoffmangel*

Kalzium-, Phosphor-, Natrium-, Chlor-, Kalium-, Magnesium- und Schwefelmangel führen zu Rachitis, Verdünnung der Eischale, Wachstumsverzögerungen, Verdünnung der Rindenschicht der langen Röhrenknochen und ganz allgemein zu erhöhter Sterblichkeit.

Spurenelement-Mangel**

Ist im Futter zu wenig **Mangan** enthalten, treten Formveränderungen und Verkrümmung von Schienbein- und Mittelfußknochen sowie Störung des Knorpelwachstums der Embryonen auf.
Mangel an **Eisen** führt zur Senkung des Hämoglobingehalts und damit zur Blutarmut. **Zinkmangel** ruft aufgetriebene Röhrenknochenenden, hohe Embryonalsterblichkeit und rauhes Gefieder hervor. Wachstumsstörungen, Knochenbrüchigkeit und -verformung sowie Organblutungen nach Schädigung des Gefäßgewebes sind Folgen von **Kupfermangel**. **Jodmangel** ruft Schilddrüsenvergrößerung und Schlupfverzögerungen hervor. Bei Puten sind Sprunggelenkschwellungen Auswirkungen von Mangel an **Selen**.

Andere Erkrankungen

Lidbindehaut-Entzündung mit Hornhauttrübung
Keratokonjunktivitis

Enten und Puten, meist im Alter von 12 bis 16 Wochen, können von dieser Krankheit befallen werden und zeigen dann Lichtscheue und Schläfrigkeit. Die Augen werden meist geschlossen gehalten. Wahrscheinlich verursacht die Entzündung auch Schmerz, denn die Tiere kratzen und reiben die Augen an Flügeln und Rücken. Obwohl die Sterblichkeit befallener Tiere selten mehr als 1 % beträgt, ist doch der krankheitsbedingte Wachstumsstillstand für die Entwicklung negativ.
Die Krankheit, deren genaue Ursachen noch weitgehend unbekannt sind (Pilze und Bakterien, starke Ammoniakbildung in den Ställen, Versprühen von Insektiziden, schlechte Belüftung usw.), beginnt mit leichter Schwellung der Augenlider sowie Rötung der Lidbindehäute. Dann wird ein klares Sekret abgesondert, und es kommt zu einer Trübung der Hornhaut.
Der Übergriff auf den ganzen Tierbestand geht ebenso zügig wie die Selbstheilung nach einigen Wochen vonstatten.

---

*)
**) s. auch Tabellen auf den Seiten 252 und 254.

Beinschwäche der Puten

Die Beinschwäche (auch Hock Disorder) ist wahrscheinlich Folge einer Wachstumsstörung der Knochen im Bereich der Sprunggelenke im Zusammenhang mit Rachitis. Weiche Röhrenknochen, lahmer Gang und später starke O- und X-Beine erschweren die Aufzucht.

Aortenriß

Im Alter von 12 bis 16 Wochen kann bei Puten, hauptsächlich bei Hähnen mit schneller Gewichtszunahme, der Aortenriß (Aortenruptur) auftreten. Wahrscheinlich bestehen Zusammenhänge zwischen dem Energiegehalt des Futters und dem hohen Blutdruck einzelner Tiere. Außerdem werden die Mitwirkung von Streßfolgen (Hitze, Überbesetzung, Unruhe) und genetische Einflüsse vermutet.

Es kommt zu Gefäßzerreißungen, die zum plötzlichen Verenden der Tiere führen können. Genaue Beobachtungen ließen vorheriges Erblassen der Kopfhaut in kurzer Zeit als Folge der inneren Verblutung erkennen.

Treten mehrere Verluste dieser Art auf, muß der Stall verdunkelt werden. Hähne und Hennen werden getrennt und erhalten zur Beruhigung Medikamente über das Futter.

Kannibalismus

Nicht nur in der Intensivhaltung kommt bei Puten der leidige Kannibalismus vor. Wahrscheinlich ist dieses Phänomen überwiegend genetisch bedingt, was aus Vergleichen verschiedener Zuchtlinien unter einheitlichen Haltungsbedingungen anhand der Häufigkeit des Auftretens zu schließen ist. Besonders bei leichten Putenschlägen tritt diese Unart immer wieder auf. Begünstigt wird dieses Verhalten durch überbesetzte Stallungen und Aufzuchtbatterien in Verbindung mit Überhitzung und Sauerstoffmangel. Legende Puten sind bevorzugte Ziele für das Abpicken von Federn und Haut im Kloakenbereich, schließlich zum Herausziehen des Darmes.

Entsprechende Zuchtwahl kann den Kannibalismus vermindern. Zeigen einige Tiere Pickwunden, die auch durch „Zehenpicker" an den Zehen verursacht werden können, ist der Stall abzudunkeln und die Zahl der Legenester zu erhöhen, damit mehr Ausweichmöglichkeiten bestehen.

Vergiftungen

Schädliche Arzneimitteldosen in Futtermitteln

Aprolium. Besonders bei Enten wirkt sich dieses Gift sehr schädigend aus. Schon ein Gehalt von 0,016 % im Futter verursacht einen Rückgang der Gewichtszunahme. Junge Gänse zeigten im Versuch nach Verabreichung der gleichen Menge keine Krankheitserscheinung (Lühmann, 1964). **Zoalen** als Futterzusatz bewirkt bei Enten schon bei 0,016 % Anteil einen Rückgang der Gewichtszunahme in der 1. Lebenswoche. Futtermittel sind Trägerstoffe für **Nitrofurazon**, das bei Gänseküken bei 140 g in 1 t Futter schon Todesfälle, bei Enten schlechte Gewichtszunahme verursacht. Klimes und Kruza stellten 1962 fest, daß die Menge von 0,022 % Nitrofurazon in der Futtermischung bei Enten bereits nach 2 Wochen zahlreiche Todesfälle hervorruft. **Nicarbin** bewirkt ab 240 g/t Futter bei Enten geringere Gewichtszunahme, **Nitrophenis** ab einem Anteil von 0,036 % im Futter bei Gösseln in den ersten Lebenswochen Gleichgewichtstörungen.

Pflanzengifte

Nehmen Gänse den Kreuzblütler **Gänsesterbe-Schöterich** auf, den die Tiere sogar mit Vorliebe fressen, führt der Wirkstoff Glycosid zunächst zu Krampfzuständen und dann zum Tod. Früher wurde die Gänsesterbe, *Erysimum crepedifolium*, auch Schotendotter genannt. Andere Bezeichnung waren „Sterbekraut" und „Hederich". Wo die Pflanze in größerem Ausmaß auftritt, ist die Weidehaltung der Gänse unmöglich. Schon wenige Minuten nach der Aufnahme zeigen die Tiere Unruhe, Schwanken, Zittern, Krampfanfälle und Lähmungserscheinungen.

Dahme und Müller stellten 1955 bei Enten Leberentartungen fest, nachdem die Tiere **Kreuzkraut**, *Senecio vulgaris*, gefressen hatten.

Die Aufnahme von **grünen Kartoffeln und Kartoffelkeimen** führt durch den darin enthaltenen Giftstoff Glycoalkaloid bei Enten zu Lähmungen und Todesfällen innerhalb von 1 bis 2 Tagen.

Schädlingsbekämpfungsmittel

Bei **Ratten- und Mäusegiften** ist ebenso vorsichtige Anwendung geboten wie beim Versprühen von Inektiziden, und beim Auftragen von Karbolineum als Holzschutzmittel und zur Vorbeuge gegen Milben. Die zur Außenparasitenbekämpfung gebräuchlichen Mittel, wie Nikotinsulfat und Phosphorsäureester, rufen zunächst beim Großgeflügel Atembeschwerden, Beinschwäche, Lähmung, Durchfall und nicht selten den Tod hervor.

Getreide-Beizmittel, wie chlorierte Kohlenwasserstoffe und Quecksilber, führen beim Geflügel zu Krämpfen, Blutstauungen und Nierenschädigungen.

Vergiftungen durch **mineralischen Dünger** sind weniger gefährlich; Verätzungen im Schlund, Kropf und Vormagen können aber auftreten. Kampsalpeter (Kalk-Ammon-Phosphat-Salpeter) ruft bei Gänseküken in Mengen von 8 g/kg Körpergewicht Mattigkeit, Gleichgewichtstörungen und Durchfall hervor (Kaemmerer, 1965, zit. in Dorn, 1971).

Ausstellungswesen und Bewertung

Sinn und Zweck der Rassegeflügelausstellung

Dem Bund Deutscher Rassegeflügelzüchter der Bundesrepublik Deutschland gehören 175 217 Mitlieder an, davon 20 493 Kinder und Jugendliche (Stand 1988). Allein schon diese Zahlen signalisieren einen relativ hohen Grad an Interesse und Aktivität. Unter insgesamt 24 302 gemeldeten Käfignummern (zum Teil von mehreren Tieren durch Herden und Stämme besetzt) wurden bei der 70. Nationalen Rassegeflügelschau in Frankfurt/Main 1988 rund 1 420 Vertreter des Groß- und Wassergeflügels ausgestellt. Wenn man bedenkt, daß längst nicht alle Züchter bei dieser Bundesschau Tiere zeigten und daß aus den jeweiligen Zuchten nur einzelne schaugeeignete Tiere ausgestellt wurden, so kann – auch und vielleicht gerade im Zeitalter der Technisierung und Automation – nicht zuletzt bei der Jugend ein hohes Maß an Natur- und Tierverbundenheit, Freude an der gezielten Rassezucht und Engagement im friedlichen Wettstreit festgestellt werden.

Für die Rassegeflügelzüchter geht von den alljährlich stattfindenden Ausstellungen eine bestimmte Faszination aus. Das gesamte Zuchtjahr, vom zeitigen Frühjahr, wenn die Zuchtstämme zusammengestellt und die Brutvorbereitungen getroffen werden, über die Aufzucht- und Auslesephase bis zu den Schauen selber, steht im Zeichen des sportlichen Vergleiches der eigenen Tiere mit denen anderer Züchter. Dabei dient die Ausstellung zugleich der Orientierung des Zuchtstandes der einzelnen Rassen und Farbenschläge.

Als Grundmotiv zur Rassegeflügelzucht kann unzweifelhaft die Liebe zum Tier angenommen werden, die ihr spezielles Beobachtungs- und Betätigungsfeld sucht. Der Mensch hat im Verlauf seiner stammesgeschichtlichen Entwicklung über weite Wegstrecken das Tier zur Seite gehabt. Wahrscheinlich hat sich bei vielen, wenn nicht gar allen Menschen, eine Art Grundbedürfnis nach kreatürlicher Partnerschaft eingeprägt, das freilich durch Erziehungseinflüsse entfaltet oder eingedämmt wird. Die Beschäftigung mit Rassegeflügelzucht und -ausstellung stellt sozusagen ein Refugium dar, in dem der Mensch intensiv und zugleich dem natürlichen Jahresverlauf folgend, eine Tierart begleitet und sich von ihr im Freizeitbereich begleiten läßt. Die Ausstellung am Ende des Zuchtjahres bedeutet so Höhepunkt und Ansporn zur Fortsetzung zugleich.

Die Wechselwirkung zwischen Mensch und Tier hat ihren Einfluß auch auf das Verhältnis der Menschen unter sich, auf das Miteinander. So steht neben dem fairen Wettstreit, der durch Bewertung und Preisvergabe erfolgt, die Kameradschaft, die verbindende Kommunikation, oft die intensive Freundschaft im Mittelpunkt des Geschehens rund um die Ausstellung.

Nicht zu Unrecht bezeichnen manche Berichterstatter von Schauen hochbewertete Tiere als lebende Kunstwerke. Tatsächlich gestaltet der Züchter im Rahmen der biologischen Gesetzmäßigkeiten und unter Beachtung artgerechter Lebensmöglichkeiten für das Tier Modelle, die einem Bildnis, einer musikalischen Komposition oder einer Skulptur vergleichbar sind. Das menschliche Grundbedürfnis nach Kreativität und Ästhetik wird dadurch gespeist, daß in Verbindung von Tierliebe und Anwendung züchterischer Geschicklichkeit Formen und Farben sozusagen als Verwirklichung gemeinsamer Zuchtideen durch das Tier verkörpert werden. Erst dieser gemeinsamen Vorstellung entstammen die Kriterien zur Beurteilung; erst durch die Beurteilung kann ermittelt werden, welche Exemplare der Standardvorstellung als höchstem Ideal am nächsten kommen. Der Grad der erreichten Annäherung entscheidet über die Plazierung. Damit erlebt der Züchter seine Arbeit im Rangverhältnis zu den Bemühungen anderer Züchter. Deshalb ist Rassegeflügelzucht eindeutig Sport im Sinne der Sportidee des antiken Griechenlands, wie sie in der Neuzeit wieder verstärkte Bedeutung weltweit gefunden hat. Nicht zuletzt dient das Ausstellungswesen der Erhaltung und Förderung züchterischer Kulturgutes. Nicht nur Bauwerke, Gemälde, Musikwerke, Dichtungen usw. stellen erhaltenswürdiges Kulturgut dar, sondern auch vom Menschen geschaffene Haustierrassen. Sie sind kulturell über ihren primären Nutzwert hinaus wertvoll und bedeuten gewissermaßen lebende Dokumente des menschlichen Gestaltungswillens und schöpferischer Fähigkeiten. Dabei sind nicht unbedingt die Endergebnisse entscheidend, d. h. die tatsächlich erzielten Zuchtresultate, sondern der Prozeß der Züchtung und Ausstellung selbst.

Allein die Vielfalt der Rassen und Farbenschläge des Ausstellungsgeflügels ist ein wunderbares Spiegelbild menschlicher Vielfalt und Pluralität der Ästhetik. Das Gleichförmige bedeutet Stagnation, totalitäre Konzeption und ist letztlich deshalb menschenfeindlich, weil das Individuelle, einmalig Persönliche unterzugehen droht. In diesem Sinn ist Rassegeflügelzucht und -ausstellung kulturell wertvoll. Sinn und Zweck bestehen letztlich in der wertvollen Chance zur Selbstbesinnung und Selbstbescheidung, die im Umgang mit dem Geschöpf dem Menschen selber immer wieder seine eigene Geschöpflichkeit zum Bewußtsein bringen kann.

Schauvorbereitungen

Die eigentlichen Vorbereitungen für die Beschickung der Ausstellungen beginnen mit der Auswahl der dafür in Frage kommenden Tiere. Dieser Beurteilungsprozeß verlangt vom Züchter einen hohen Kenntnisstand zu den typischen Form-, Farb- und Zeichnungsmerkmalen seiner Rasse. Da diese jedoch nie statisch-objektiv sind, sondern immer dynamisch-zuchtstandsbezogen, muß der Aussteller schon bei der Auswahl seiner Schautiere Vergleichsmöglichkeiten mit Tieren anderer Zuchten haben. Durch Besuche bei anderen Züchtern und bei den alljährlich stattfindenden Tierbesprechungen von Schauen, kann eine bestimmte „Betriebsblindheit" überwunden

werden, d. h., die eigenen Tiere, die man bei ausschließlich interner Begutachtung sowohl über- als auch unterbewerten kann, werden meist genauer beurteilt, wenn eine breite Palette von Vergleichstieren zur Verfügung steht.

Grundsätzlich kommen nur völlig gesunde Tiere in bester Kondition für die Ausstellung in Frage. Dazu bedarf es einer fürsorglichen Pflege, die sich auch auf das äußere Erscheinungsbild der Tiere erstreckt. Vollständiges und sauberes Gefieder, einwandfreie Kopfbehänge und Augen ohne Bißverletzungen oder Kammfehler, glatte Schuppung an den Läufen, richtige Zehenlage, vollständige Zehennägel, bei belatschten Rassen gepflegte und korrekte Lauf- und Fußbefiederung sind unabdingbare Voraussetzungen zur Schaubeschickung. Man achte besonders auf gerade verlaufenden Brustbeinkamm, den man durch Abtasten ermitteln kann, und einwandfreien Bau des Rückenskeletts. Sorgfältig prüfe man, ob die Farbe der beiden Augeniriden übereinstimmt, ob Ober- und Unterschnabel korrekt geformt sind und ob die Beinstellung der normalen Haltung entspricht. Von besonderer Bedeutung ist die Feststellung, das sich die Tiere nicht in der Halsmauser befinden. Zur Ermittlung der Schaukonditionen gehört auch die Beachtung der Kotkonsistenz; sind die Ausscheidungen auffallend weich oder sogar überwiegend flüssig, sollte man diese Tiere nicht ausstellen, weil die Kotbeschaffenheit wahrscheinlich Anzeichen einer Darmerkrankung ist.

Erhebliche Enttäuschungen können Tiere sowohl für ihre Züchter als auch für die Preisrichter verursachen, wenn bei ihnen Milbenbefall festgestellt wird. Beim verantwortungsbewußten Züchter ist es freilich das ganze Jahr über selbstverständlich, daß sich seine Tiere in ungezieferfreien Ställen aufhalten, aber während oder nach der heißen Sommerperiode sind Extra-Kontrollen unerläßlich. Die für Schauzwecke vorgesehenen Tiere bedürfen einer gezielten Überprüfung, wobei besonders die Afterregion daraufhin zu untersuchen ist, ob Milben oder Federlinge vorhanden sind.

Schon im Verlauf der Jungtierentwicklung entscheidet die Art und Weise, wie der

Züchter mit seinen Tieren umgeht, über deren Verhalten im Schaukäfig. Vom Junggeflügelalter an kann man die Tiere vertraut machen, indem man sie öfters in die Hand nimmt (allerdings ohne Hast und Jagen), sie behutsam streichelt und sie ab und zu schon in Stall und Auslauf in die Stellung bringt, die die rassetypische Haltung und Form begünstigt. Das gezielte Schautraining wird dann einige Zeit vor der Beschickung im Käfig durchgeführt. Dabei ist es weniger wichtig, daß das einzelne Tier besonders lange im Schaukäfig verbleibt, sondern die Eindrücke, die es während des Aufenthaltes darin gewinnt. So sollten die Tiere zunächst jede Scheu vor dem Menschen verlieren, was besonders bei lebhaften, von Natur aus scheuen Rassen wichtig ist. Man erreicht dadurch, daß man ruhig vor dem Käfig stehenbleibt, langsam vor und zurückgeht, behutsam die Tiere anspricht und Leckerbissen reicht. Bald schon verbinden sie den Aufenthalt im Käfig mit der Annehmlichkeit der besonderen Fütterung und fühlen sich nach und nach wohl. Auch fremde Menschen sollten bedächtig an den Käfig herantreten, so daß sich die Tiere nicht nur an den bekannten Pfleger gewöhnen. Manche gewitzten Züchter machen ihre Tiere mit dem weißen Kittel des Preisrichters vertraut, indem sie ihn ab und zu anziehen und die Tiere vorsichtig ansprechen. Mittels des Preisrichterstabes erfolgt nun die Dressur. Dabei ist es vorteilhaft, wenn das Tier zunächst lernt, aufmerksam, aber ohne Scheu den Stab zu beachten und gewissermaßen in Position zu gehen. Die Körperhaltung, die für die jeweilige Rasse typisch ist, muß natürlich in ausgeprägter Weise sozusagen vom Tier „mitgebracht" werden. Das Ansprechen mit dem Stab ist lediglich eine Verstärkung. Die optimale Stellung kann nur durch die glückliche Verbindung der Anlagen, die im Tier vorhanden sind, mit der dressurähnlichen Aufmunterung durch den begutachtenden Mensch erreicht werden. Unmittelbar vor der Schau erfolgt eine letzte Überprüfung des äußerlich sichtbaren Gesundheitszustandes, der Vollständigkeit des Gefieders und möglicherweise die Korrektur der Zeichnungsfelder im Rahmen der erlaubten Schauvorbereitungen. Müssen Tiere gewaschen werden (die meisten reinweißen Farbenschläge), so sollte dies schon einige Tage vorher geschehen. In der Waschlösung verwende man möglichst keine scharfen Chemikalien, da dadurch die Gefiederstruktur verändert werden kann. Mindestens so wichtig wie der Waschvorgang ist das anschließende Spülen. Am Ende müssen alle Laugenreste aus dem Gefieder entfernt sein, da sonst trotz Trocknung die Federn zusammenkleben können. Natürlich dürfen die Tiere nach der warmen Wäsche nicht kalter Temperatur ausgesetzt werden.

Andererseits ist zu hohe oder langandauernde Wärme mit der Gefahr verbunden, daß sich dann die Tiere in den meist kalten Ausstellungshallen erkälten.

Gewarnt werden muß eindeutig vor dem Versuch, Tiere zu bleichen, denn das Entfärben bestimmter Federpartien ist im Prinzip dasselbe wie Färben, d. h., es fällt bei der Bewertung unter die Kategorie der unerlaubten Handlung oder unstatthafter Maßnahmen und wird mit Ausschluß geahndet. Jede andere Art von Manipulation an den Tieren, um deren Schauwert zu erhöhen, ist selbstverständlich ebenfalls nicht zulässig.

Der Transportkorb muß mit sauberer, geeigneter Einstreu versehen sein, damit die zuvor gereinigten Läufe und Zehen nicht beschmutzt werden. Nach Möglichkeiten setze man die Tiere jeweils einzeln in die Fächer des Transportbehälters, so ist eine gegenseitige Verschmutzung oder Verletzung durch Beißen ausgeschlossen.

Werden so die ausgewählten Schautiere an den Umgang mit Menschen und an den Aufenthalt im Käfig gewöhnt, erhalten sie eine vernünftige Pflege und „Schaukosmetik", ohne unzulässige Manipulation. Befinden sich die Tiere zum Zeitpunkt der Bewertung in sichtbar guter Kondition, so sind wesentliche Voraussetzungen für die begehrten Schauerfolge erfüllt.

Verlauf einer Ausstellung

In der Bundesrepublik Deutschland werden alle Angelegenheiten einer Geflügelausstellung mit verbandsrechtlicher Bedeutung durch die Allgemeinen Ausstellungs-Bestimmungen (AAB) des Bundes Deutscher Rassegeflügelzüchter e. V. geregelt. Allen folgenden Angaben liegen die 1985 beschlossenen Allgemeinen Ausstellungsbestimmungen (AAB) zugrunde.

Die Ausstellungen werden unterteilt in:

- Nationale Rassegeflügelschau,
- Anerkannte Bundesschauen,
- Verbandsschauen,
- Vereinsschauen,
- Sonderschauen,
- Werbe-, Lehr- und sonstige Schauen.

Als Bundesschauen gelten:

1. Deutsche Junggeflügelschau Hannover,
2. Deutsche Rassegeflügelschau für Hühner, Groß- und Wassergeflügel,
3. Deutsche Zwerghuhnschau,
4. Deutsche Rassetaubenschau,
5. Bundes-Ziergeflügelschau,
6. Bundes-Jungendschau.

Der zeitliche Abstand zwischen den Schauen ist geregelt, bestimmte Schauen genießen gegenüber anderen Terminschutz (z. B. Nationale Rassegeflügelschau und Deutsche Junggeflügelschau gegenüber Bundes-, Landesverbands- und Sonderschauen). Die Vereinsschauen bedürfen der Genehmigung des jeweiligen Landesverbandes. Zwischen dem 15. 2. und 1. 9. durchgeführte Werbe-, Lehr- und sonstige Schauen müssen vom Landesverband ausdrücklich genehmigt werden.

Sind diese Vorbedingungen erfüllt, verläuft die Ausstellung in folgenden Phasen (Grobkategorien):

- Anmeldeverfahren: Dabei melden die Züchter nach vorgeschriebenem Muster ihre Tiere. Die Ausstellungsleitung bereitet die Schau organisatorisch vor bis zur Bereitstellung der Käfige und Verpflichtung der Preisrichter;

- Bewertungsphase: Speziell geschulte Preisrichter führen nach festgelegten Bewertungsgrundsätzen die Bewertung durch (s. auch folgende Abschnitte);

- Besuchs- und Kommunikationsphase: Zweifellos ist der Höhepunkt der Schau die Begegnung zwischen den Züchtern bei den Vereinsabenden und Siegerehrungen und nicht zuletzt bei der Ausstellung selbst, wobei die Züchter in der Regel mit großem Interesse die schriftlichen Bewertungen zur Kenntnis nehmen und engagiert darüber diskutieren;

- Phase der Schauauflösung: Das Aussetzen der Tiere, das In-Empfang-Nehmen der gekauften, der Heimtransport und schließlich das Abräumen der Käfig- und Volierenaufbauten einschließlich der Reinigung und Desinfektion nimmt die Züchter, besonders die Ausstellungsbediensteten einer Großschau noch einmal in Anspruch. Zur endgültigen Abwicklung gehören dann noch die Ermittlung der Großen Preise, die Auszahlung (oft durch Versand) der Preisgelder und Begleichung anderer Verbindlichkeiten (z. B. Hallenmiete, Transportkosten usw.).

Bei der Durchführung einer Ausstellung kommt der Ausstellungsleitung besondere Bedeutung zu. Sie führt die schriftliche Vorbereitung anhand genauer Listen und Register durch, sorgt für die Werbung, unterstützt die Preisrichter durch Bereithalten gut vorbereiteter Unterlagen (Bewertungsbögen, Käfigkarten usw.), regelt unvorhergesehene Zwischenfälle und sorgt insgesamt für einen reibungslosen Ablauf in allen Phasen, einschließlich der Versorgung der ihr anvertrauten Tiere in den Käfigen mit Futter und Wasser.
Ihre Aufsichtsführung verpflichtet sie dazu, unnötige Belästigungen der Tiere durch Besucher zu vermeiden. Besonders während der Bewertung sollte die Ausstellungsleitung dafür sorgen, daß die Preisrichter nicht durch andere Personen gestört werden.
Sie beruft einen Obmann oder bei Bedarf mehrere Obleute aus dem Kreis der amtierenden Preisrichter.

Ihnen obliegt:

- die Überwachung der Einhaltung des Standards,

- die Bestätigung der Note „v" (vorzüglich) sowie der Spitzenauszeichnungen gemäß Anweisung der Ausstellungsleitung,

- die Bestätigung einer „unstatthaften Maßnahme" (u. M.).

Zur Wahrnehmung dieser Aufgaben ist der Umfang der durchzuführenden Bewertungsaufgaben für den Obmann geringer.

Bewertung und Zuchtorientierung

Zur Bewertung wird das Geflügel in folgende Einheiten unterteilt:

a) Volieren:
  1. Puten, Perlhühner, Gänse = 1,2
  2. Enten, Hühner, Zwerghühner = 1,4
  3. Tauben = 8 Tiere beiderlei Geschlechts
  4. Ziergeflügel = 1,1 bis 1,5 (je nach Art)

b) Stämme:
  1. Puten, Perlhühner, Gänse = 1,1
  2. Enten, Hühner, Zwerghühner = 1,2
  3. Taubenpaare = 1,1
  4. Ziergeflügel = 1,1

c) Einzeltiere:
  1. Puten, Perlhühner, Gänse, Enten
  2. Hühner
  3. Zwerghühner
  4. Tauben
  5. Ziergeflügel (mit geschlossenem Fußring).

Bei der Bewertung stehen die Merkmale Gesundheit, Schauverfassung und Rassereinheit obenan. Dabei fordert die neue AAB: „Für alle Schauen gilt der gleiche Bewertungsmaßstab. Mit einer milden oder nachsichtigen Bewertung, z. B. auf kleinen Schauen oder Jugendschauen, ist weder dem Aussteller noch der Zielsetzung des Bundes, die Rassen züchterisch zu verbessern, gedient." Werden Tiere zwischen dem 16. Februar und 31. August bewertet, erfolgt die Einstufung in folgende Güteklassen:

I	=	Vielversprechendes Jungtier mit sehr guten Anlagen,
II	=	Jungtier mit guten Anlagen; Fertigbild jedoch noch fraglich,
III	=	Jungtier mit weniger guten Anlagen; Fertigbild sehr fraglich,
IV	=	Jungtier mit sichtbaren Ausschlußfehler.

Das gleiche System gilt für die Bewertung der Alttiere in diesem Zeitabschnitt.

Der Preisrichter verschafft sich in der Regel zunächst einen Überblick innerhalb der jeweiligen Rassegruppe oder auch innerhalb der zusammengehörigen Farbenschläge der Rassen. Im Käfig werden sachkundig Form- und Haltungsmerkmale, Größe und Stand, Harmonie und das Ganze des Farb- und Zeichnungsbildes in Augenschein genommen, wobei das richtige Ansprechen der Tiere wichtig ist, damit „sie sich zeigen". Unerläßlich ist die Handbewertung, wodurch der Skelettbau so weit als möglich und noch einmal die Kopfpunkte und Feinheiten des Farbbildes einschließlich der Augen- und Lauffarbe überprüft werden. In die vorgedruckte Beurteilungskarte trägt dann der Preisrichter in den Rubriken „Vorzüge, Wünsche, Mängel" gegebenenfalls Bemerkungen ein, die in kurzer Satzform, in verständlicher Sprache abgefaßt werden müssen. Damit gibt der Richter entscheidende Hinweise auch für die Verwendbarkeit des einzelnen Tieres für die Zucht über die Beschreibung des äußeren Bildes hinaus. Besondere Bedeutung bekommen die typischen Merkmale der jeweiligen Rasse im Text, so daß die Kritik die spezifischen Schwerpunkte hervorhebt bzw. moniert. Im wörtlichen Sinn bedeutet Kritik Unterscheidung, d. h., aus der Bewertung sollten sowohl wirkliche Vorzüge als auch verbesserungsbedürftige Merkmale des Tieres hervorgehen. Eindeutig müssen schwere Mängel oder gar Ausschlußfehler in der Begrifflichkeit erscheinen. Damit erhält der Züchter wertvolle Hinweise zur Fortsetzung seiner Zuchtbemühungen, die über den Augenblick der preisorientierten Schau hinausgehen.

Die letzte Fassung der AAB sieht folgende Qualitätsnoten vor:

„vorzüglich" (v):
Wenn das Tier durch seinen überragenden Gesamteindruck das Bestmögliche des züchterisch Erreichbaren darstellt. Die Note „v" darf nur mit schriftlicher Bestätigung des zuständigen Obmannes vergeben werden; der amtierende Preisrichter hat ebenfalls zu unterzeichnen.

„hervorragend" (hv):
Wenn das Tier bis auf einen kleinen Wunsch den Forderungen von „v" entspricht.

Es sind besonders hohe Anforderungen zu stellen. (Das beste sg-Tier mit hv auszuzeichnen ist unangebracht und verwässert die Note hv).

„sehr gut" (sg):
Wenn sämtliche typischen Rassemerkmale in hohem Maße vorhanden sind, das Gesamtbild des Tieres eindrucksvoll und harmonisch erscheint und kein Mangel feststellbar ist.

„gut" (g):
Wenn das Tier kleine Mängel hat, jedoch keinen groben Fehler in der Form oder einen anderen Hauptrassemerkmal aufweist (In der Spalte „Mängel" der Bewertungskarte muß ein solcher vermerkt sein).

„befriedigend" (b):
Wenn ein Tier trotz festgestellter Mängel oder Fehler für die Zucht noch brauchbar erscheint.

„ungenügend" (u):
Erhalten Tiere ohne erkennbaren Rasseoder Zuchtwert; offensichtliche Kreuzungsprodukte, ferner bei Vorhandensein eines Ausschlußfehlers nach AAB VII. 6.

„ohne Bewertung" (o. B.):
Bleiben Tiere ohne Ring, zu großem Ring, mit älteren als den zugelassenen BR-Jahrgängen, ungepflegte Tiere, schlecht entwickelte Tiere, gekennzeichnete Tiere; Tiere mit starken Beschädigungen (einschl. Gefieder). Ferner kranke Tiere und Tiere mit starkem Ungezieferbefall, die sofort der Ausstellungsleitung zu melden sind (Die Bezeichnung „o. B." wird auch für solche Rassen bzw. Farbenschläge in der Klasse „Neuzüchtungen" angewandt, für die eine Bestätigung des BZA noch nicht vorliegt).

„unnatürliche Merkmale" (u. M.):
Wenn bei einem Tier unstatthafte Maßnahmen gem. AAB VIII. festgestellt und vom Obmann bestätigt wurden (Eine Zweitschrift der Berwertungskarte – Originale und Durchschrift – ist der Ausstellungsleitung auszuhändigen; eine weitere Durchschrift erhält der zuständige Landesverband von dem Preisrichter).

„nicht anerkannt" (n. a.):
Diese Bezeichnung ist anzuwenden bei noch nicht anerkannten Rassen bzw. Farbenschlägen, wenn diese in der allgemeinen Klasse stehen oder bei nicht dafür zugelassenen Schauen gezeigt werden.

Besondere Angaben in den AAB bestimmen die Ausschlußfehler:

— Mißbildungen des Skeletts und des Gefieders,

— Starke Übergrößen bei Zwerghühnern,

— Andere als im Standard geforderte Kammformen,

— Gesichtsschimmel bei Mittelmeerrassen und Jungtieren der nordwesteuropäischen Rassen mit weißen Ohrscheiben (Bei Alttieren letzterer ist leichter Gesichtsschimmel kein grober Fehler),

— Andere als im Standard geforderte Augenfarbe, zweierlei Augenfarbe, Pupillenveränderungen,

— Fehlen der Sporen bei den Hähnen,

— Andere als im Standard geforderte Lauffarbe.

Während das Waschen der Tiere in bleichmittelfreier Seifenlauge und ein gelindes Einfetten von Schnabel, Kamm, Kehllappen, Läufen und Zehen mit farblosem Öl oder Fett gestattet ist, gilt jede physikalische, chemische oder medizinische Einwirkung auf befiederte oder unbefiederte Körperpartien des Ausstellungsgeflügels, soweit dies der tatsächlichen oder vermeintlichen Verbesserung des Schönheitswerts dienen soll, als unstatthafte Maßnahme und Täuschungsversuch. Ebenso das Ausstellen von Tieren mit ausgeweiteten, übergefärbten, aufgeschnittenen oder zusammengelöteten Fußringen. Zu den unstatthaften Maßnahmen gehören schließlich noch das Ausstellen fremder Tiere als eigene sowie auch die ungerechtfertigte Bezeichnung „Tiere aus eigener Zucht". In weiteren Abschnitten der AAB sind geregelt: Einspruch gegen die Bewertung, Neuzüchtungen und bisher nicht zugelassene ausländische Rassen sowie die Durchführung von Neubewertungen.

Am Ende dieses Buches möchte ich meinem Wunsch Ausdruck geben, daß der Leser in Text und Bild das wiedergefunden hat, was er von der Beschäftigung mit edlem Groß- und Wassergeflügel sowie von seiner Betrachtung und Beobachtung her kennt und immer wieder sucht: wahre Freude und Beglückung, Faszination der rassigen Formen und Gestalten, herrliche Farbenspiele und Zeichnungen der Vogelfeder und nicht zuletzt die Ursprünglichkeit der Verhaltensweisen unserer Puten, Perlhühner, Gänse und Enten, die bis heute das Leben ihrer wilden Ahnen und die Wandlung als Wegbegleiter der Kulturentwicklung des Menschen gleichermaßen widerspiegeln. Wenn mein Buch zu dieser stillen Freude am Umgang mit den Gefiederten etwas beitragen konnte, dann hat es seinen Sinn erfüllt.

Horst Schmidt, Schwalmstadt,
im Frühjahr 1989

Literaturverzeichnis

ALDOROVANDI, U.: Ornithologia, Frankfurt/M. 1610

AMERICAN POULTRY ASSOCIATION: The American Standard of Perfektion, New York 1985

BALDAMUS, A. C. E.: Illustriertes Handbuch der Federviehzucht, Dresden 1876

BATTY, J.: Pictorial Poultry Keeping, Surrey/England 1980

BAUMEISTER, M./MEYER, H.: Geflügelhaltung als Hobby, Niedernhausen 1985

BDRG, Deutscher Rassegeflügel-Standard, München 1984

BENL, G.: Vererbung, Minden 1974

BLANCKE, B.: Unser Hausgeflügel, 1. Band: Das Großgeflügel, Berlin 1920

BOETTICHER, H. von: Die Perlhühner, Wittenberg 1954

BOETTICHER, H. von: Fasanen, Pfauen, Perlhühner, Reutlingen 1982

BOETTICHER, H. von: Gänse- und Entenvögel aus aller Welt, Leipzig 1952

BRANDSCH, H.: Geflügelzucht, Berlin 1981

BREASTED, J. H.: Geschichte Ägyptens, Stuttgart o. J.

BREHM, A.: Brehms Tierleben, Leipzig 1926

BROWN, E.: Races of DOMESTIK Poultry, Surrey/England 1985

BÜCHNER, L.: Liebe und Liebesleben in der Thierwelt, Berlin 1879

BUFFON, G. L.: Naturgeschichte der Vögel, Brünn 1788

BUNGARTZ, J.: Wasser- und Ziergeflügel, Leipzig 1886

COMBERG; G./HINRICHSEN, J. K.: Tierhaltungslehre, Stuttgart 1974

COOK, W.: Ducks and how to make them pay, London 1894

DARWIN, Ch.: Das Variieren der Tiere und Pflanzen im Zustande der Domestikation, Stuttgart 1873

DEBASTE, H.: Perlhuhnproduktion in Frankreich, Deutsche Geflügelwirtschaft, (31, 32), 1974

DELACOUR, J./SCOTT, P.: The Waterfowl of the World, London 1959

DER GROSSE GEFLÜGELSTANDARD, Band 1 + 2, Reutlingen 1984

DOLL, P.: Chronik − 100 Jahre BDRG, Nürnberg 1981

DOLL, P.: Chronik des Sondervereins Deutscher Putenzüchter, Mindelheim 1982

DOLL, P.: Die Entstehung der Entenrassen, Ludwigshafen 1985

DORN, P.: Handbuch der Geflügelkrankheiten, Stuttgart 1971

DÜRIGEN, B.: Die Geflügelzucht nach ihrem jetzigen rationellen Standpunkt, Berlin 1906

DÜRIGEN, B.: Katechismus der Geflügelzucht, Leipzig 1890

EIBL-EIBESFELDT, I.: Grundriß der Vergleichenden Verhaltensforschung, München 1982

ENGELMANN, C.: Leben und Verhalten unseres Hausgeflügels, Leipzig und Radebeul 1984

ENGELMANN, C.: Vererbungsgrundlagen und Zuchtmethoden beim Geflügel, Leipzig und Radebeul 1975

FANGAUF, R./MARKROTT, H./VOGT, H.: Geflügelfütterung, Stuttgart 1960

FILLER, J.: Zuchtgrundsätze in der Kleintierzucht, Berlin 1946

FRANZ, O.: Wasser- und Wasser-Ziergeflügel, Reutlingen 1981

FRIDRICH, C. G.: Geflügelbuch, Stuttgart 1896

FRISCH, J. L.: Vorstellung der Vögel Deutschland, Berlin 1763

FRITZSCHE, K.: Geflügelkrankheiten, Berlin 1959

GAUSS, H.: Der Hühner- und Geflügelhof, Weimar 1860

GEHRING, U.: Tierbilder aus vier Jahrtausenden, Mainz 1983

GESNER, C.: Vollkommenes Vogelbuch, Frankfurt/M. 1669

GEWALT, W.: Haltung und Zucht von Park- und Ziergeflügel, Reutlingen o. J.

GHIGI, A.: Revisione del Genere *Guttera* WAGLER, Bologna 1905

GHIGI, A.: Sulla forma progenitrice della Faraone domestica, Milano 1907

GHIGI, A.: Ricerche sistematice e sperimentali sulle *Numidinae*, Bologna 1911

GHIGI, A.: Sulle forme orientali del Genere *Guttera* WAGLER, Bologna 1915

GHIGI, A.: Su di una nuova razza di Gallina di Faraone, Bologna 1924

GHIGI, A.: Monografia delle Galline di Faraone (*Numididae*), Piacenza 1927

GHIGI, A.: L'élevage de la Pintade huppée, Rev. d'Hist. Nat., Paris 1929

GHIGI, A.: Una seconda razza nuova di Gallina di Faraone, Bologna 1930

GIGAS, H.: Puten, Berlin 1986

GILLIARD, E. T./STEINBACHER, G.: Knaurs Tierreich in Farben, München/Zürich 1969

GISENKO, A. J. u. MISCHIN, J. P.: Neue Ergebnisse über geographische Verbreitung und Biologie der Schwanengans auf Sachalin, Zool. Journ. 1952/53

GLEICHAUF, R./BARTSCH, R.: Hausgeflügel. In: xx: Die Tierwelt Mitteleuropas, Leipzig 1966

GLEICHAUF, R./BARTSCH, R.: Züchtungs- und Vererbungslehre für Geflügelzüchter, Berlin 1954

GMELIN, C. C.: Gemeinnützige systematische Naturgeschichte der Vögel, Mannheim 1809

GROW, O.: Modern Waterfowl Management and Breeding Guide, USA 1972

GRZIMEK, B.: Grzimeks Tierleben, Zürich 1974

HEINROTH, O. und HEINROTH, M.: Die Vögel Mitteleuropas, Hamburg/Berlin 1954

HERRE, W./RÖHRS, M.: Haustiere – zoologisch gesehen, Stuttgart 1973

HERTWICH, P.: Artbastarde bei Tieren, Handbuch der Vererbungswissenschaften, Berlin 1936

HILZHEIMER, M.: Die Haustiere in Abstammung und Entwicklung, Stuttgart 1909

HODGES, R. D.: The histology of the fowl, London, New York, San Francisco 1974

HOFFMANN, G./VÖLKER, H.: Anatomie und Physiologie des Nutzgeflügels, Leipzig 1966

HOFMANN, F.: Beurteilung des Geflügels, Radebeul 1969

JEROCH, H.: Geflügelernährung, Jena 1972

JEROCH, H.: Geflügelfütterung, Berlin 1987

JOHANSEN, H.: Die Vogelfauna Westsibiriens, J. Ornith. 1959/100

JOHNSGARD, P. A.: Ducks, Geese and Swans of the World, London 1978

JUHRE, F.: Ratschläge zur Gänse- und Entenhaltung, Berlin 1946

JUHRE, F./HOFFMANN, G.: Das Rassegeflügel, Berlin 1960

KATZ, D.: Mensch und Tier, Zürich 1948

KESSEL, M. von: Putenmast, Stuttgart 1969

KOLB, E.: Lehrbuch der Physiologie der Haustiere, Stuttgart 1974

KOLBE, H.: Die Entenvögel der Welt, Leipzig und Radebeul 1981

KRAMER, R.: Taschenbuch der Rassegeflügelzucht, Würzburg 1899

KUPSCH, W.: Das Gänsebuch, Berlin 1943 und Stuttgart 1952

LINNÉ, D. von: Systema naturae, Stockholm 1758

LORENZ, K.: Antriebe tierischen und menschlichen Verhaltens, München 1968

LORENZ, K.: Das Jahr der Graugans, München 1978

LORENZ, K.: Über tierisches und menschliches Verhalten, München 1965

MAHELKA, K.: Sbornik VŜZ Brno 1964

MALIK, V.: 1000 rad drobnochovatelom, Bratislava 1982

MARSDEN, S. J./MARTIN, J. H.: Turkey Management, Danville/USA 1955

MARTIN, Ph. L.: Illustrierte Naturgeschichte der Tiere, Leipzig 1884

MEHNER, A.: Gänse-, Enten und Putenrassen. In: Handbuch der Tierzüchtung, Band 3, Hamburg und Berlin 1961

MEHNER, A.: Lehrbuch der Geflügelzucht, Hamburg und Berlin 1962

MOODY, A.: Waterfowl and Game Birds in captivity, London 1932

MÜNTER, W.: Nutzbringende Gänsezucht, Leipzig o. J.

OGILVI, M. A.: Duck of Britain und Europe, Bekhamsted 1975

PETER, V.: Putenzucht, Berlin 1961

PETERSEN, J.: Jahrbuch für die Geflügelwirtschaft 1988, Stuttgart 1987

PINGEL, H./JEROCH, H.: Biologische Grundlagen der Geflügelproduktion, Jena 1978

PINGEL, H.: Enten, Berlin 1985

PORZIG, E.: Das Verhalten der landwirtschaftlichen Nutztiere, Berlin 1969

PRÜTZ, G.: Musterbuch des Geflügels, Stettin 1884

RAETHEL, H.-S.: Enten, Stuttgart 1988

RAETHEL, H.-S.: Hühnervögel der Welt, Melsungen 1988

REICHHOLF J.: Biogeographie und Ökologie der Wasservögel, Anz. orn. Ges. Bayern 1975/14

REINHARDT, L.: Kulturgeschichte der Nutztiere, München 1912

RHEIN, U.: Der Geflügelhof, 1985

RIEDEL, P.: Das Putenbuch, Berlin und Stuttgart 1933

RIEDEL, P./VOGT, H.: Das Putenbuch, Berlin und Stuttgart 1964

RUTSCHKE, E.: Die Wildgänse Europas, Berlin 1987

RÖMER, R.: Die Truthühner, Reutlingen 1955

RÖMER, R.: Praktische Geflügelfütterung, Berlin 1931

RÖMER, R./PARET: Gänse und Enten, Stuttgart 1955

RÖMER, R./WEINMILLER, L.: Wirtschafts-Geflügelzucht und -haltung, Stuttgart 1931

RUDOLPH, W.: Die Entenmast, Berlin 1961

RUDOLPH, W.: Die Hausenten, Wittenberg 1978

SALZWEDEL, H.: Der Geflügelpraktiker, Berlin 1930

SCHOLTYSSEK, S.: Handbuch der Geflügelproduktion, Stuttgart 1967

SCHOLTYSSEK, S./DOLL, P.: Nutz- und Ziergeflügel, Stuttgart 1978

SCHMEIL, O.: Leitfaden der Tierkunde, Heidelberg 1930

SCHMID, B.: Zur Psychologie unserer Haustiere, Frankfurt 1939

SCHMIDT, H.: Die Hühnerrassen, Band 1 + 2, Minden 1981

SCHMIDT, H.: Die Rassen der Zwerghühner, Minden 1980

SCHMIDT, H.: Handbuch der Nutz- und Rassehühner, Melsungen 1985

SCHMIDT, L.: Moderne Geflügelhaltung, Stuttgart 1962

SCHMIDT, W.: Unsere Gänse und Enten, Reutlingen o. J.

SCHMIDT-TREPTOW: Taschenbuch für die tierärztliche Kleintierpraxis, Berlin 1963

SCHNEIDER, J.: Die Kleintierzucht, Leipzig/ Berlin 1922

SCHNEIDER, K. H.: Gänse, Berlin 1983

SCHRÖDER, H.: Zur Ernährungsweisen von Wildgänsen, Falke 1975

SCHUHMANN, H.: Erbpathologie der landwirtschaftlichen Haustiere, Berlin/Hamburg 1957

SCHUMMER, A.: Anatomie der Hausvögel, Berlin/Hamburg 1973

SCHWARZE, E./SCHRÖDER, L.: Kompendium der Geflügelanatomie, Stuttgart 1972

SPLITTGERBER, H.: Zur Perlhuhnmast, Deutsche Geflügelwirtschaft, (6), 1973

TREUENFELS, H. von: Praktische Entenzucht und -haltung, Berlin 1925

TRÜBENBACH, P.: Rationelle Truthühnerzucht, Chemnitz 1921

TÜLLER, R.: Truthühner, Reutlingen 1984

TÜLLER, R./SCHULZE-MESSING, H.: Nutzung von Gans und Perlhuhn, Bonn 1985

VANCEA, I./BARBULESCU, E./MARA, D.: Rase de Pasari Domestice, Bukarest 1981

WISSEL, C. von/STEFANI, M./RAETHEL, H.-S.: Fasanen und andere Hühnervögel, Melsungen 1966

WOLTERS, H. E.: Die Vogelarten der Erde, Hamburg 1962

WULF, A.: Nutzentenzucht, Leipzig o. J.

WULF, A.: Truthuhn, Perlhuhn und Pfau als Hausgeflügel, Leipzig o. J.

ZEUNER, F. E.: Geschichte der Haustiere, London 1963

Deutscher Kleintierzüchter, Ausgabe Geflügel, Reutlingen

Geflügelbörse, Germering

Garten und Kleintierzucht, Berlin

Avicultura, Doetinchem, Holland

Österreichischer Kleintierzüchter, Wien

Poultry Press, Connersville, USA

Racefjerkraevl, Dänemark

The National Geography Magazine, USA

The Feather Fancier, Forest, Ontario, Canada

Tierwelt, Zofingen, Schweiz

Artenverzeichnis

Sachregister